BOARD OF DIRECTORS

AND CORPORATE GOVERNANCE

董事会与公司治理

仲继银 著

第 3 版

THIRD EDITION

企业管理出版社
ENTERPRISE MANAGEMENT PUBLISHING HOUSE

图书在版编目（CIP）数据

董事会与公司治理 / 仲继银著 . —3 版 . —北京：企业管理出版社，2018.10（2023.1 重印）

ISBN 978-7-5164-1804-8

Ⅰ . ①董… Ⅱ . ①仲… Ⅲ . ①公司—董事会—研究 Ⅳ . ① F276.6

中国版本图书馆 CIP 数据核字（2018）第 235532 号

书　　名： 董事会与公司治理（第三版）

作　　者： 仲继银

责任编辑： 尚元经　李　坚

书　　号： ISBN 978-7-5164-1804-8

出版发行： 企业管理出版社

地　　址： 北京市海淀区紫竹院南路17号　　邮编：100048

网　　址： http：//www.emph.cn

电　　话： 总编室（010）68701719　发行部（010）68701816

编辑部（010）68414643

电子信箱： qiguan1961@163.com

印　　刷： 三河市东方印刷有限公司

经　　销： 新华书店

规　　格： 170毫米×240毫米　16开本　47.5印张　650千字

版　　次： 2018年10月第1版　2023年1月第3次印刷

定　　价： 168.00元

前　言
Preface

公司治理的理论体系与本书结构安排

公司治理是一个综合性很强的研究领域，涉及法学、经济学和管理学等多种学科。可以说，到目前为止，还没有一个比较成型、能够广为接受的理论体系。

公司治理也是一个庞杂和众说纷纭的领域，仁者见仁，智者见智。往往监管者和机构投资者更多的是仁者之见，乐于追求理想和规范的最优解；而企业界和经理人更多的是智者之见，思考的是如何在每日的公司治理实践中妥善地处理各种矛盾与冲突，求得一种妥协和平衡的满意解。

我们对公司治理的理解是社会、监管机构、各类股东、董事和经理等各方面互依互动而形成的有关公司运作的一套制度规范、游戏规则和最佳做法。

1　公司制企业的五个属性与公司治理中要处理的三种关系

为了对公司治理问题有个比较系统性的理解，我们需要先从公司制企业的基本特性谈起。比较广为接受的公司制企业基本属性是五个：公司具有独立的法人人格，公司股东承担有限责任，公司要通过董事会实现集中和专业化的管理，公司股份具有可转让性。这五个特性实际上是具有内在联系、相辅相成的。正是股东承担有限责任，才需要明确公司的独立法人人格，公司债权人才有可追索的确定财产对象。在有限责任的条件下，公司的股份才能自由转让。

公司要实行董事会的集中和专业化管理则有两个方面的基本理由。在股东享受有限责任的好处并可以通过转让股份退出公司的情况下，公司的财产和事务需要有一个确定、稳定和可追究责任的董事会来管理。另一方面，通过董事会的集中性和专业化管理，提高决策质量和管理的效率，吸纳众多股东提供股权资本，才能有效地扩大公司的规模。

公司制企业的五个基本属性

1. 公司的独立法人人格，公司名义起诉和应诉，以公司名义占有、拥有和转让财产。

2. 股东的有限责任，债权人只能追索公司财产。

3. 通过董事会实现集中和专业的管理。

4. 公司股份的可转让性，股东拥有对公司的终极控制权，非上市公司章程限制及其他股东的优先购买权等，上市公司则是完全自由转让。

5. 股东控制或投资者的所有权。

由上述公司制企业五个基本属性派生出来的公司治理问题，就是要处理好下述三种关系。股东作为一个整体和公司管理机构——董事会之间的关系；控制性股东和中小股东之间的关系；公司控制者（不论董事还是股东）和公司其他利益相关者（银行、员工、供应商和顾客等）之间的关系[①]。

---

① 参见保罗·戴维斯《英国公司法精要》，法律出版社2007年版。

公司治理中要处理的三组关系

1. 股东作为一个整体和公司管理机构——董事会之间的关系。

2. 控制性股东和中小股东之间的关系。

3. 公司控制者（不论董事还是股东）和公司其他利益相关者（银行、员工、供应商和顾客等）之间的关系。

2 三个层次的公司治理问题与中国公司的相对位置

对于股权集中度很高的非上市公司或者是仍有控制性股东存在的上市公司来说，上述第一种关系——让董事会对股东负责是容易做到的一件事情，但是股权集中和控制性股东的存在会产生一个严重问题，就是控制性股东完全控制董事会，可能会不顾其他非控制性的股东，尤其是一些中小股东的利益，而完全按自己的利益最大化来运营公司，从而引起第二组关系——控制性股东和中小股东关系的难于处理问题。我们可以将此称为“股权集中、股东控制公司的公司治理问题”，属于第一层次的公司治理问题。

对于股权分散，没有控制性股东存在的大型上市公司来说，公司治理的主要问题是第一种关系——股东作为一个整体和公司管理机构——董事会之间的关系。但是这里可能存在的一个问题是，董事会对股东“过度负责”，可能会影响利益相关者，进而引起第三组关系——公司控制者和公司利益相关者关系的正确处理问题。我们可以将此称为“股权分散、董事会控制公司的公司治理问题”，属于第二层次的公司治理问题。

进一步地，对于一些股权高度甚至是极度分散的大型上市公司来说，可能股东选举董事都因面临集体行动困境而实际变成了为经理层挑选出来的董事盖上橡皮图章了。这样的公司要解决好上述第一种关系，真正加强董事会对股东的责任，需要同时加强董事会对经理层的控制。我们将此称为“股权高度分散、经理层控制公司的公司治理问题”，属于第三层次的公司治理问题。

根据我们上面对公司治理问题层次的划分，就典型情况来说，中国企业的主要公司治理问题领域是第一层次和第二层次的问题。约束控股股东和授权董事会，是中国企业构建现代公司治理结构的首要任务。董事会的构建和有效运作是我们要重点学习的。发达国家最新最流行的解决第三层次公司治理问题的一些做法，还不是我们当前最需要的。我们的当务之急和关键挑战是解决发达国家历史上已经解决了的第一层次和第二层次的公司治理问题。

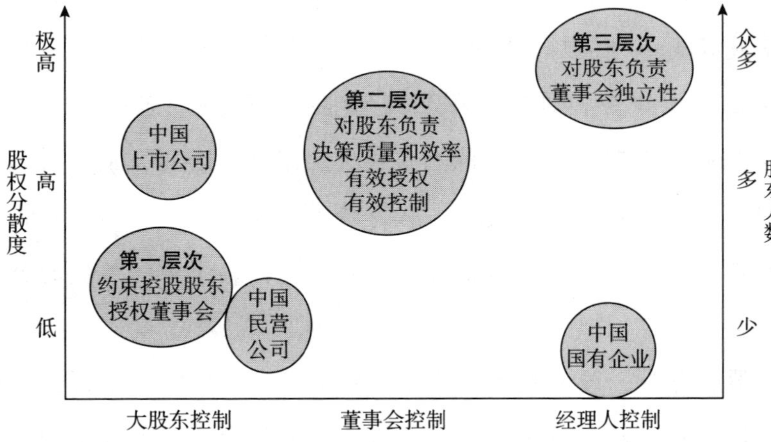

图0-1　三个层次的公司治理问题与中国三类公司的相对位置

3 本书的结构与章节安排

正是基于这样的认识，本书取名《董事会与公司治理》，并以主要篇幅从法律规则到最佳实践，全面探讨现代公司董事会的构建与有效运作问题。

掌握公司治理，需要从正确理解公司存在的目的开始。第1章“董事会主导下的股东价值创造”，论述了公司为什么要为股东利益而存在，但是要由董事会主导，并实行以董事会为中心的公司治理模式。

授权董事会之前，要先建立基本的约束机制，这就是第2章的内容，董事会的法理基础，主要是回答为什么公司制企业必须要由董事会管理，和董事掌握管理大权需要承担的基本法律职责是什么，以及高质量董事会的关键环节。

比照前面两章中的公司治理理论和基础规则，第3章综合性地探讨了中国公司治理中存在的一些不足，对公司治理问题理解上的一些谬误，为我们随后要进行的董事会治理探讨提供更具有现实针对性的问题。

从第4章开始，我们就进入董事会管理领域。在清楚认识了现代公司董事会的类型与结构（第4章）之后，我们先探讨战略性董事会的构建及其职责发挥问题（第5章），这是董事会的首要职责。紧接着再探讨中国公司治理结构建设中最难处理的一个问题，就是董事会、董事长与首席执行官的关系问题（第6章）。不解决“关键人”和“一把手”的问题，中国公司的董事会是不可能真正到位的。

在解决了董事会整体角色问题之后，我们进入董事会运作中的一些具体领域。首先是董事会委员会的一些基本问题和执行委员会、提名与治理委员会等董事会重要委员会的构建与运作（第7章），然后是两个任务最繁重的董事会委员会的构建与职责发挥问题（第8章“审计委员会与公司风险监控”和第9章“薪酬委员会与董事高管激励”）。第10章我们探讨董事会的会议与绩效评估，这是保证董事会实际运作效果的两个关键问题。

公司治理要真正有效，需要将那些一般规则与企业的具体情况相结合。这就要求我们把视线放开，探讨不同类型企业的董事会与公司治理问题。首先是所有制和控股股东身份不同的国有企业和民营及家族企业的董事会与公司治理问题（第11章），然后是作为特殊行业的银行和组织体系与一般企业不同的集团企业的董事会与公司治理问题（第12章）。

第13章和第14章，我们探讨的是公司治理系统中的两个重要角色——

员工和股东。着重探讨了如何用股权激励手段把员工变成股东及如何促进员工参与（第13章），以及股权分散后公司治理中最重要的股东——机构投资者（第14章）。不能正确解决股东控制问题，就无法完成公司治理转型，真正实现董事会主导和职业管理，第15章深入而集中地探讨了这一问题。

第16和第17章，我们把目光完全聚焦在中国现实的各种类型公司的各种公司治理问题上。第16章主要探讨如何改进中国上市公司治理的问题，对中国主板上市公司和创业板公司的治理现状和改进策略进行了探讨。第17章，对公司治理的概念进行了扩展，审视一些重要的公司管理行为中的治理之道。这一章的主体内容是根据中国企业这几年来发生的具体案例事件，阐述相应的公司治理策略问题，以期对读者将一般性的公司治理原则和最佳做法应用到具体的企业经营和管理实践中去有所助益。

仲继银

2018年8月于中国社会科学院

目　录
Contents

第1章　董事会主导下的股东价值创造

第4章 组建董事会：类型与结构

第6章　董事会、董事长与首席执行官

第7章 董事会的委员会与董事选举

第10章 董事会的会议与绩效评估

第11章 国有和民营企业的董事会与公司治理

第13章 股权激励、员工参与和公司治理

第15章　股东控制与公司治理转型

第16章 改进中国上市公司治理：问题与建议

第17章　从管理到治理：中国企业的案例故事

第1章

董事会主导下的股东价值创造

从根本上说，一个国家的竞争力取决于其经济的竞争力，经济的竞争力取决于其企业的竞争力，企业的竞争力取决于其在产品/服务市场和资本市场这两个市场上的竞争力，资本市场上的竞争力则与其公司治理质量高度相关[①]。

① 战略管理大师迈克尔·波特从企业《竞争战略》和《竞争优势》开始，研究到《国家竞争优势》，开创性地从微观和企业角度探讨国家竞争力的来源。波特非常强调政府如何为企业创造良好的成长环境。当然，同样环境下，为什么有的公司能够成长壮大而有的公司不能，企业的内功修炼，也是值得关注的。参见迈克尔·波特1988，1997及2002b。

纵观当今世界，公司的发展程度与国家的发展程度密切相关，越是发达的国家，公司规模越大、数量越多。一国人均收入水平，与其总体经济规模一样，是决定一个国家的公司发展程度和其公司进入世界500强个数的因素。

与经济发达、公司发达相伴的是法治发达，凡是法治发达的国家，公司发达、经济发达。由此我们不难理解发达的逻辑：良好法治促进公司发展，公司发展促进经济发展和国家发达。法治发达国家的一个共同特点是，公司独立，公司为股东利益而存在，但由董事会主导，只是程度略有差异而已。

1.1 顾客第一，员工第二，股东第三？

一位“教师爷”级的中国企业大佬，一再宣扬“顾客第一，员工第二，股东第三”，并号称这是21世纪企业的“普世价值”。如果说，“顾客第一，员工第二，股东第三”是他自己的一套企业价值理念，无关他人，这倒没有什么可值得讨论的。但如果说，这是其企业经营原则，作为一家上市公司，其自身持股比例只有个位数，我们大可怀疑他是否有权力这么做，又是否真这么做并且做到了。进一步地，说这是21世纪企业的“普世价值”，则是更值得我们深入讨论一下了。

单说顾客第一，没什么错，还有更响亮的“顾客就是上帝”之说呢，这只是在强调顾客的重要性而已。但是，当明确地把顾客、员工和股东排出了个第

一、第二和第三的顺位时，就不再仅是强调顾客如何重要，而是给出了解决三者之间利益冲突问题的决策规则。

公司制企业利用股东的资本投入和员工的人力及智力投入，通过为顾客服务而获得利润。如果没有顾客，没人需要你的服务，企业就没有必要存在了。在这个意义上，不仅企业，现代这个高度分工社会中的每个人及其他一切类型的组织，都需要“顾客”，并且应该有“顾客第一”“顾客就是上帝”的理念。

但是，作为一种解决利益冲突问题的决策规则，能够做到并且应该做到“顾客第一”原则的是志愿者、公益和非营利组织。非营利组织，可以收取合理费用，但不以营利为目的，更不能把“盈利”分配给其“出资者”——他们是捐助和赞助者，而不是“股东”。非营利组织没有股东，谈不上股东利益；有员工，但不能以员工利益最大化为目的，必须“顾客”第一。

以员工利益最大化为目的的组织是员工合作社。与此相近的是员工所有制企业。员工所有制企业中，员工同时是股东，有工薪和分红两种收入。但是，由于工薪分级、股份差异，员工所有制企业也要正确处理“员工”和“股东”这两者之间的利益冲突。员工合作社和员工所有制企业都不能把“顾客第一”作为其组织决策规则。实践中，员工合作社和员工所有制企业往往还不如股东所有的公司制企业更能为顾客利益着想。因为员工合作社和员工所有制企业的决策者自身是员工，让他把顾客利益排第一，就是把自身利益排第二，这是圣人才能做到的。

相比之下，股东所有的公司制企业，其决策者是股东或其利益更多与股东利益挂钩的经理人，他们在平衡员工利益和顾客利益的时候，出于战略考虑，或为了自身的长期利益，可能会更倾向于顾客利益。沃尔玛公司可能是这方面的一个典型案例。沃尔玛坚持消费者利益至上战略，无情地追求效率，平均价格低于竞争对手14%。沃尔玛反对工会，努力保持员工低工资。沃尔玛在全球采购低成本商品，加速了美国制造业就业机会流向中国和其他低工资国家。这一切被概括为所谓的“沃尔玛效应”，被《商业周刊》和很多美国人猛烈批评为一种“增长的恶性循环”——低价格、低工资、低生产力、低增长，甚至引发了一场“终止沃尔玛”的社会运动。

请注意，我们说，沃尔玛坚持消费者利益至上“战略”。也就是说，沃尔玛这样的公司，把顾客利益放在非常重要的位置，是为了股东利益的最大化。只有股东利益最大化才是公司制企业存在的理由，实际上，这也是公司作为一种企业制度的竞争优势所在。可是股东利益最大化总是不断地受到各种质疑，其中最强的质疑来自所谓公司社会责任论和利益相关者理论。

1.2 公司为谁而在：股东价值，还是利益相关者？

公司为谁的利益而存在，这是一个100多年来伴随着公司的成长而纷争不断的话题。今天这样一个西方危机、中国困惑的时代，对这一问题的理解、思考与回答，更有其重要的现实意义。

1.2.1 公司存在的基础法则：股东利益

公司，不是小型私人企业发展壮大自然而成的，其作为一种企业制度是法律的创设物。回溯公司制度产生的历史，我们知道，公司最初是被作为依官方旨意集合民间之力兴建公共工程的手段。随后，公司被作为普通工商业可以采用的企业组织形式得到发展，诞生了今天我们所要讨论的现代公司。

普通工商业企业由私人兴办，为业主利润而存在，这是无可争议的事实。但是当这些私人业主兴办的普通工商企业，采用了公司制之后，事情是否就发生了变化呢？对此，在著名的1917年道奇兄弟诉亨利·福特一案中，密歇根州高等法院给予了明确的回答：“一个商业公司设立和运行的主要目的是为股东创造利润。董事被赋予权力也是为了服务于这个目的。董事可以行使自由判断权，但这只能是为了实现这个目的，不能自作主张地去改变这个目的，或者消减利润，或者为了将利润用于其他目的而不将之分给股东[①]”。该案所确立

① 关于此案细节及道奇兄弟与福特公司关系的来龙去脉可参见仲继银著《公司治理案例》第7章第1节“亨利·福特：从创业者到公司控制者”。

的公司目的是股东财富最大化理论被美国各州法院所普遍接受，成为美国公司的一个基础法则。1989年美国公司的主要注册所在地特拉华州法院还在一项判决中重申，“董事的义务便是在法律允许的范围内最大化股东的长期利益”[①]。

在法律上，公司为股东利益而存在这一基础法则没有实质变化的情况下，为什么关于公司目的的争论却长期不休，股东价值论时常成为攻击对象，社会责任论和利益相关者论等等经常甚嚣尘上？对此，我们还是要从历史源流上寻找答案。

在现代公司制企业登上历史舞台半个多世纪，并在英美国家已经成为社会经济生活的主角之后，1923年英国学者Oliver Sheldon提出了企业社会责任的概念，把企业社会责任与公司经营者满足产业内外各种人类需要的责任联系起来，并认为企业社会责任有道德因素在内。

1953年，伯文（H.Bowen）在其《商人的社会责任》一书中，正式提出了企业及其经营者必须承担社会责任的观点，并首次给公司社会责任（CSR）下了一个明确的定义：商人按照社会的目标和价值，向有关政策靠拢，做出相应的决策，采取理想的具体行动和义务。由此开拓了现代企业社会责任研究领域，被誉为“企业社会责任之父”。戴维斯提出了“责任铁律”，即商人的社会责任必须与他们的社会权力相称，企业对社会责任的回避将导致社会所赋予权力的逐步丧失。日本学者山城章指出现在的经营者无论在伦理上或实际上，已不容许只追求自己企业的利益，必须站在与经济社会调和的立场上，有效结合各种生产要素，生产物廉价美的商品，为社会提供各项服务。

现代公司所应承担的社会责任是指公司的管理者在决策时，既要考虑股东的利益，也要考虑其他与公司有关的主体的利益。不过，这种社会责任只是一种道义上的而非法律上的。产生要求公司承担社会责任这种道德呼吁的背景是公司成为了社会经济资源配置的主导力量，随公司对经济的影响日益扩大，公司的力量逐渐渗入到了社会、政治、文化、艺术等各个领域。

掀起有关公司目的争论的是伯利和多德。伯利坚持股东优先论，多德坚

---

① 贝恩布里奇：《理论与实践中的新公司治理模式》，法律出版社2012年版，第51页。

持利害相关者论，他们在1930年代大萧条后的公开争论产生了广泛影响。

伯利认为公司首先应对股东负责，为了股东利益的最大化即使牺牲一些社会利益也在所不惜。公司经营者对股东负有受托责任， 只有在对股东有利时才能够行使权力。公司的目标就是最大化股东财富，不能因屈从社会因素而牺牲股东利益。诺贝尔经济学奖获得者弗里德曼是伯利理论的坚定追随者，坚持一致于公司基础法则的古典理论，企业的责任就是股东利润最大化，企业有且仅有一个社会责任——在法律和规章制度许可的范围之内，利用它的资源从事旨在增加其利润的活动。公司管理者仅仅是股东的代理人，除非能增加股东的财富，否则他没有权力花费或者分发金钱。为何公司要被一系列的社会责任所限制和束缚，公司既没有权力也没有义务将股东的利益转移到一般的公众身上。如果不设法增加股东财富，而是考虑像社会责任这样的外部因素，这就超越了公司的边界，是不合理的。

多德认为董事的受托责任应该扩展到保护整个社会的利益，而不仅仅是股东的利益。企业应当提供社会服务，为了雇员、债权人、顾客和广泛社会成员，即使以牺牲股东利益为代价也值得。在后来一些学者的努力下，利益相关者理论的分析框架、核心理念和研究方法逐渐明晰，并明确指出企业对利益相关者负有社会责任。这些利益相关者包括企业的股东、债权人、雇员、消费者、供应商等交易伙伴，也包括政府、当地居民、社区、媒体、环保主义者等压力集团，甚至还包括自然环境、人类后代、非人物种等受到企业经营活动直接或间接影响的客体。

1.2.2 消减公司权利，增加公司责任？

股东价值论反映的是一种古典的公司责任观，公司所承担的社会责任只有一个：使用自己的资源从事旨在实现股东利益的行为，只要这些行为符合游戏的规则。社会责任论和利益相关者论兴起并且发挥影响，正在于公司经营所在社会环境的变化，在一定程度上改变了“游戏的规则”。

对公司社会责任的关注起因于19世纪末开始公司日益大型化及其引发的诸多社会问题。首次系统论述公司社会责任概念的伯文就指出，现在企业家比以前社会责任更强的原因有：政府的管制威胁与劳工运动压力；所有权与经营权分离以及职业经理人的出现等。

股权分散、股东疏远，职业经理人控制公司，公司从股东直接控制下的一种“经济组织”发展成了一种“社会组织”，这是引起有关公司目标的股东价值论和利益相关者论争议的一个重要原因。面对十分强势、影响力巨大的现代公司，社会的反应出现了两种倾向：消减公司权利，还是增加公司责任？

消减公司权利显然很难，只有一些极端和激进主义者有此主张。不要大公司，就得有大政府。大政府之恶和难以控制，更甚于大公司。市场经济和民主国家没有强势政府，如果再没有强势公司，如何完成一些巨型工程，发展关键产业？于是，增加公司的社会责任成为了一种看似很“自然而然”的选择，并由此发展出了一套复杂的理论体系，公司社会责任论、利害相关者论以及公司公民论等等。

美国主流的公司法学者在坚持着古典的公司责任观，并以其清晰的逻辑指出了社会责任论和利害相关者论在公司基础法则层面上的不可行性。哈佛大学法学院院长克拉克（Robert C Clark）认为，“以清楚的标准，像‘谋求股东利益的最大化’为公司客观目标，远比以模糊的目标，像‘合理、适当地考虑公司其他利害关系人之利益’，来得容易监控经营者，自然能期待其以负责任、有效率的方式经营公司。”如果在经营层应考虑的目标中加上社会责任，会使本来已位高权重的董事会拥有更大的自由裁量权，其权力的行使更难以被控制和监督。

名著《企业所有权论》的作者汉斯曼在其“公司法历史的终结”一文中指出，在公司的历史实践中，国家主导模式、利益相关者主导模式和雇员主导模式毫无例外地受挫，唯股东利益主导模式立于不败之地。股东是剩余风险的承担者和剩余价值的索取者，管理人员仅仅应对股东的利益负责。做到这点，公司在股东价值最大化的目标下参与竞争，就能更好地承担它对利益相关者的责任。其他利益相关者的利益可以通过合同、政府的监管而得到有效的保护，没有必要让他们参与公司治理。

1.2.3 股东价值之下的利害相关者关系管理

股东价值最大化的公司具有其逻辑上的一致性，符合现代经济发展的历史经验，也具有现实的可操作性。但是，这并不意味着社会责任论、利害相关者论以及公司公民论等，就都是一堆垃圾。

在遵守以创造股东价值为目标这一基础法则的前提下，通过政府法律和监管规章施加产品责任、环境责任以及通过合同责任保护员工等其他利害相关者，社会完全可以“用”好并“管”好公司。从创造长期股东价值和公司战略管理层面考虑，社会责任论和利害相关者论实际为公司经营提供了很好的管理工具。

1984年，弗里曼在其《战略管理：利害相关者分析方法》里把利害相关者分析引进管理学中，并把利害相关者定义为影响企业的经营活动或受企业经营活动影响的个人或团体。任何一个健康的企业必然要与外部环境的各个利益相关者之间建立一种良好的关系，从而达到一种双赢的结果。处理好公司、股东与相关利益者之间的关系有利于提高公司的社会声望，提高公司的反应能力和增加创造性地解决问题的能力。

创造股东价值是普通商业公司存在的根本目的，社会责任只应是一种锦上添花的道义性要求，关照利害相关者只应是一种公司战略手段，二者均不可是公司的经营目的。

公司制企业号称“顾客第一，员工第二，股东第三”等等，只能说是一种“我是圣人”一类的自我宣传和美化，不仅做不到，实际也根本就没有这么做的。这么说说，反正无害。顾客不会去验证自己在你心里是不是真的排第一，顾客的地位和利益最大化都来自市场竞争，不是企业家的善心。股东也不在乎你嘴上说他排第几，反正你业绩不好他可以炒你，还可以用脚投票，让并购者来收拾你。

公司制企业要真是“顾客第一，员工第二，股东第三”，那请将利润分成大中小三份，依次分给顾客（按顾客购买支出比例）、员工（按工资比例）和股东（按股份比例）。

1.3 公司由谁主导：股东、经理还是董事？

与公司为谁的利益而存在密切相关，并且经常混淆在一起的一个问题是，公司应该由股东、经理人还是董事主导，也就是公司控制权的配置原则，对实际公司治理有着重大影响。特别是对于中国这样的公司制度是舶来品的国家，对于公司应该由谁来主导这一问题的认识，直接决定了公司治理机制设计的出发点和公司治理改进的目标选择。

1.3.1 董事会形式差异背后的功能一致

发达国家在近二十多年的公司治理改革进程中，已经再度加强了董事会主导公司的力度。换句话说，英美国家的公司治理逻辑又回到了它的法律和历史起点：公司以董事（会）为中心，公司事务由董事（会）管理。

德国在公司组织架构形式上与英美国家有所差异，二者之间有纵向双层董事会和单层董事会之分，但是在董事会管理公司这一基础规则上没有差异。日本的委员会型公司与英美现代公司一样，平行双会制的监事会型公司则是英美前现代公司时代“股东直接选任董事管理公司，同时选任监事监督董事和公司事务”这一做法的现代翻版。

与其说，德国和日本是与英美不同的公司治理模式，不如说是公司制度发展阶段差异。作为现代公司缔造者的英国，在公司制度发展上却落后于美国了。与美国公司很早很快就从大股东和家族控制走上了职业经理人管理和市场控制不同，相比美国，英国至今仍然有较强的家族控制特色，也较少大型公众公司。

美国能够终结现代公司的大股东控制和家族控制，在职业经理人管理和市场控制上遥遥领先，有其具体的政治、历史和文化原因，以至美国学者罗伊坚持认为“美国是特例”。在1994年出版的《强管理者，弱所有者——美国公司财务的政治根源》一书中，罗伊提出是美国式民主和分散化的政治结构，拆散了大型金融中介机构（银行），使广泛分布的股东而不是银行在20世纪初成为美国公司资本的主要来源。

在2003年出版的《公司治理的政治维度——政治环境与公司影响》一书中，罗伊进一步论证，“政治环境决定了大型公众公司能否诞生并逐步壮大，它还决定着公司能否轻松地实现所有权和控制权的分离。[①]”在美国、英国、瑞典、日本、意大利、德国和法国这七个富裕的民主和法治国家中，具体政治环境上的差异也导致了他们公司治理模式上的差异。一直没有社会民主主义传统的美国政治环境，十分适宜现代公众公司的成长，而欧洲大陆式的社会民主主义一直与美国式的公众公司难以融合。

美国的大股东和银行退出公司，使公司的实际管理权威向董事会集中，进而发展出了现代公司的职业经理人和市场控制体系——发达的职业经理人市场和证券市场。德国、法国、意大利、日本和瑞典等，在股权分散、职业经理人管理和市场控制（证券市场）发展上，不仅落后于美国，也落后于英国。这些国家的公司保持着较高的股权集中度，更多地是大股东和银行通过董事会而控制着公司。

以美国的标准来评判，德日法意等这些国家董事会的独立性远远不够，但是其董事会制度也是比较完善的，董事会的权威和管理权利也是得到充分尊重并落到了实处的。尽管我们很少看到这些国家也有美国公司那样，董事会把大股东和公司创始人赶走的案例，但是也没有像目前中国时常发生的这种双董事会或者创始人—经理人不服从董事会、不承认董事会权威的乱象。

1.3.2 公司为股东而在、由董事主导的理论逻辑

公司为股东价值还是为利益相关者而存在，争议相对不大，并且这种争议对实际公司治理改进的影响也不大。学术上存在着公司社会责任论和利益相关者论等等，但是在实践上，特别是公司法则基础上，世界主要国家并没有从公司制度的根基上否认股东价值的。把公司社会责任和利益相关者利益纳入公司

① 罗伊：《公司治理的政治维度：政治环境与公司影响》，中国人民大学出版社2008年版，第291页。

决策者的视野，特别是将其作为一种公司战略管理和保持可持续竞争力的一种工具，对于改进公司治理、创造长期股东价值也是有益处的。

公司应该由股东、经理人还是董事主导，也就是公司控制权的最佳配置问题，不仅存在着激烈的争议，这种争议对实际公司治理的改进也有着重大影响。

英美国家的公司制度，有其自然演化的历史。现代公司法人虽然是经过激烈政治争议之后诞生的一种法律创造，但有其现实经济活动中工业从业者们的商业组织形式创造为基础。无论特许公司时代，还是现代公司时代，公司发起者们追逐利润的动机都是十分鲜明的。福特汽车公司股东对股东价值的追求和审理道奇诉福特案的密歇根州法院法官对公司的股东价值创造宗旨的理解，远远早于现代股东价值理论的提出。董事管理公司，更是在荷兰东印度公司和英国东印度公司的皇家特许状中就确立了的“公司”的本质属性。1844年的英国公司法案，不过是将这一特性直接附加在了民间自由组建和自治性的现代公司身上。从早期的特许公司时代开始，董事制度和公司融资权利就是一对孪生兄弟。相比之下，现代类型的股东权利和股东大会制度倒是后来才逐步发展出来的。

明明是要以创造股东价值为目标的公司，却为什么要由董事主导，而不能是股东主导或经理人主导？这里的关键在于公司融资制度。现代公司之所以能够迅速发展壮大，关键在于其可以从广泛的股东手中进行直接融资。公司要从广泛的股东手中融资，就要对广泛的股东群体负责，就要有具体的人负责按照对广泛的股东群体负责这一目标来管理公司，这些人就是公司法理定义上的董事。

接下来的问题就是，大股东是否是公司董事的最佳和合理人选呢？经理人是否是公司董事的最佳和合理人选呢？因为利益冲突的存在，大股东和经理人都不是公司董事——全体股东利益看护人的最佳和合理人选。大股东和经理人都有强烈的通过制造虚假信息而牟利的动机（前者是股份高位套现，后者是奖金和股票期权兑现），这种可以利用公司控制权获取巨额私人收益的诱惑，将使他们很难保持对全体股东利益的忠心。

作为公司制度发展的后来者，中国需要好的理论来指导公司发展。在公司制度发源地和作为公司制度发展领先者的英美国家，实践领先于理论，实践检验出来的和竞争中胜出的做法，有其背后的逻辑，就是最好的理论。更多独立人士出任公司董事的现代做法，是从早期以大股东和经理人为主导的董事会实践中逐渐发展出来的。换句话说，独立董事会是在与大股东董事会和经理人董事会的竞争中胜出的现代最佳实践。导致独立董事会胜出的逻辑，和投资者主导型公司在与消费者主导型（消费者合作社）、员工主导型（员工合作社）及政府主导型（国有企业）的竞争中胜出的逻辑一样，都是因为具有与公司发展前景高度一致的更为纯粹的利益，都相对更少利益冲突。

1.3.3 股东价值、资本市场与公司治理的关系

公司经营的目标应该是全体股东的价值最大化，但为什么在实践中往往演变成了大股东的价值最大化？这恰恰是因为缺乏现代公司治理规则的约束，导致了股东价值和大股东价值的冲突。大股东价值和全体股东价值冲突会在哪呢？其实就是大股东要控制公司，他有一个控制权的私人收益。任何组织都是一样的，领导要求办一件事，如果领导控制不严，通过这件事一定会出现办事者私利的最大化。股东和经理人之间或者在大股东直接介入公司管理情况下的全体股东与大股东之间的关系就是这样的。如果大股东一手操控公司上下所有事务，一定会出现他自己利益的最大化，比如不公平关联交易，以权谋私，让他自己的亲属挂职拿钱之类的。这也是为什么要有董事会管理公司事务的原因。要以此来约束大股东，避免大股东把公司当做工具，谋取所有股东之外的私利，要控制大股东通过管理公司获取有违全体股东价值最大化的大股东单方面价值最大化行为。

就资本市场和公司治理的关系来说，公司治理是前提，如果没有基本的公司治理规则，公司制企业、公司制度就不会被很好地运用，就会被滥用，结果就是出现资本大亨、强盗资本家等等现象，甚至将公司演变成为一种赌博工具。很多人会误解，认为股权分散才能搞好公司治理。其实，应该是搞好公司治理自然会股权分散，公司才可能迅速的发展。没有基本良好的公司治理，资本市场是不可能很好地发展的。

反过来，资本市场的健康发展对于公司治理的改进和公司的快速发展和壮大也是至关重要的。一百年前美国通过公司制企业和资本市场融资联通了铁路网。如果政府来做这些大项目，成本会非常高昂。政府的钱哪里来的？还是要通过“集中决策”来分配税收带来的资金。而公司制企业却要通过“说服”来使成千上万的人购买股票，相比之下，显然是后者所受的风险更小一些。

资本市场对于改进公司治理，最大的压力来自于公司要持续进行股权融资。从以市场力量改进公司治理的角度来说，2010年下半年，中国A股市场出现股票破发是个好事。一个只要某部门批准就不愁股票发不出去，也不愁股票卖不出高价的资本市场，对于改进公司治理是毫无作用的。

1.4 股东价值与市值管理

说来奇怪，股东价值的概念并没有被中国企业所普遍接受，市值管理却盛极一时。股东价值和市值管理二者之间有一定的联系，但有很大甚至是本质上的差异。一些中国企业包括很多中介机构在内，不接受股东价值概念，却热衷于所谓市值管理，其背后有概念认识上的误区，更有中国资本市场发育程度和公司治理水平低等方面的原因。

1.4.1 市值管理不是股东价值管理

股东价值（shareholder value），顾名思义就是公司为股东所创造的价值。规范公司治理条件下，公司股东可以从公司获得的价值就是资本增值和分红，也被称作总体股东回报（TSR，total shareholder return）。中文“市值”所对应的英文是capitalization，按字面直译是“资本化价值”，实际含义就是把公司未来所能创造的收益资本化为现值。

在股本总数不变的情况下，一个时期内的公司市值增长就是资本增值，此时的市值最大化等同于股东价值最大化。但是，构成股东价值（总体股东回报）的另外一个部分——分红，则与公司市值成反比关系。公司盈利全部留存，不给股东分红，公司的市值会增长，此时理论上的股东价值是不变的。公司将盈利用于分红，公司的市值则会相应减少，但是公司的股东总体回报是增长的。此外，公司通过融资，增加股本总额，也会直接带来公司市值的增长，但这不会带来任何股东价值的增长。

概括来说，股东价值是个流量概念，是期末股价减去期初股价加上分红。市值是个存量概念，是股价乘以股数。分红和增资扩股两大因素，都会带来公司市值和股东价值之间的增长方向上的偏离，这使市值管理从概念和目标设定上就偏离了创造股东价值这一公司存在的基本目的。

市值管理等同于把公司做大，股东价值管理则与公司做大无关，而是要把公司做强。一味地追求公司市值上的增长，可能与股东价值无关，甚至会损害股东价值。必要的时候，出售、拆分和缩减公司规模等等，会带来公司市值的减少，但可能创造更多的股东价值。

1.4.2 股东价值管理，需要构建有效激励机制，加强公司治理

股东价值管理，顾名思义就是从实现股东价值和创造长期股东价值的角度，来指导企业决策。当然，股东价值管理的引入和实现，需要有真正的股东存在，需要有股东能够规范和有效地发挥作用的机制和条件，需要有尽可能健全的公司治理系统，特别是董事会。董事会的根本职责就是确保公司经营方向和公司管理政策要与股东的利益一致，要以长期股东价值最大化为目标。

正确的股东价值管理，需要从提高公司治理水平，特别是构建有效的激励机制入手，使公司管理层与股东的利益一致。

从公司治理的角度看，有关高管人员薪酬的关注焦点是，高管人员薪酬在多大程度上是与公司业绩相关的，并通过这种相关性来使高管人员和股东的利益趋向一致。国际上最为常见的绩效挂钩高管薪酬方式就是股票薪酬，如受限股票、股票期权和长期现金计划等等。美国以及世界范围内的上市公司都在通过一些股权激励工具使经理人与股东利益一致并延长了经理人的时间眼界，为经理人创造长期股东价值提供动力。

股东价值理论之父拉帕波特在其《创造股东价值》一书中，给出了四种使公司管理层与股东利益一致化，从而致力于创造股东价值的途径：有效的公司控制权市场、较高的管理层持股比例、与股东利益挂钩的激励机制和竞争性的经理人市场。这正是当前中国公司治理机制建设中急需加强的四个领域。

需要特别指出的一点是，股东价值管理不是行为短期化。就长期和竞争市场来说，股东价值本质上是顾客价值的派生物。没有坚实的顾客价值做基础的企业，其股东价值只能来自昙花一现的短期炒作，是个最终必将破灭的泡沫。没有产品和业务流程领域的价值创造活动，仅仅是靠资产的倒来倒去，可以一时地在"资产负债表上"表现出某种骄人的规模业绩，却不能创造出正的净现金流入，终究没有长久的可持续性。

1.4.3　股东价值管理的全球化

全球化的机构投资者，推动了公司治理和股东价值管理的全球化。欧美国家公司自不必说，就是自有一套特色的日本公司，也在转向股东价值管理。

传统上日本企业的目标不同于西方国家。西方国家公司的目标主要是为股东创造利润。日本公司中，一般把员工的需要放在优于股东的位置。但是事情正在发生改变。有很多因素影响日本公司中的长期雇佣做法。服务部门重要性的持续提高，劳动者构成的改变，主要是高龄人口和妇女就业的增加，带来了对弹性工作时间的需求。

另一方面，这些年来，来自股票市场的压力，已经迫使一些企业重构他们劳动关系。如果日本的不景气持续下去，将会出现不可逆转的终身雇佣制的衰落。持续的不景气产生了雇员和股东之间的零和博弈状态，与非常紧张的冲突性关系。股东不能继续容忍企业把雇员作为剩余索取者对待。很多日本公司已经引入了像经济增加值（EVA）这类股东价值管理工具来衡量他们的业绩。

从1990年代后期开始，股票期权这类美国风格的高管人员激励方式开始逐渐被引入日本。一些日本公司在1997年日本商法改革使股票期权合法化之后开始授予高管人员股票期权。此前的日本商法与中国2006年以前的公司法一样禁止公司回购股票，从而因没有合适的股票来源而无法实施真正规范的股票期权。以股票期权作为一种激励手段来提升企业价值的做法受到了越来越多的日本企业欢迎。甚至像丰田汽车这样一些比较保守的，以传统的终身雇佣和年功序列制为荣的大企业，也开始引进股票期权和其他一些与绩效挂钩拉开薪酬差距的激励机制。

1.5 以董事会为中心的公司治理模式

欧美国家在理论和实践上都遵循着一种以董事会为中心的公司治理模式，这即是一种明确的公司法律规定，也是一种蕴涵在其长期的社会经济和政治历史背景中的自然演进过程。中国1904年的《清公司律》明确设定了以董事会为中心公司治理模式，但却一直到今天都没有真正地发展成为现实。这其中，有我们自身的社会经济和政治结构不匹配因素，也与我们对董事会中心公司治理模式的核心概念和原理的理解不足有关。

1.5.1 董事会中心公司治理模式的基本含义

公司由董事（会）主导，由董事会或是在董事会的指导之下进行管理，也就是以董事会为中心的公司治理模式。董事会中心公司治理模式的三个核心原则分别涉及到：董事和股东的关系，董事之间的关系，董事和公司执行层的关系。公司的股东不同于合伙人，不能仅凭其所有者的身份来管理公司。股东，或者是在共同决定制下的股东和雇员，通常选举一个人员（董事）团队担负最高管理职责。董事会通过作为一个同仁团队的共同行动来作出决策，这不同于在所有的组织中都有的等级制安排和管理人员之间的责任分工。公司的高级执行人员最终要对董事会负责。

公司应该由董事会或是在董事会的指导之下进行管理，英国《1844年合股公司法》已经确立了这一现代公司治理的基础规则。美国标准公司法第8.01节规定：a. 每个公司必须设立董事会。b. 公司所有权力应由董事会或者在董事会授权下行使；公司的经营和事务应由董事会管理或者在其指导下管理[1]。特拉华州普通公司法第141条（一）规定：公司业务和公司事务应当由董事会管理，或者在董事会指导下处理[2]。

1.5.2　董事会的实质：涉及三组关系的三个核心概念

董事会中心公司治理模式，或说董事会的实质，包含有关董事和股东间关系，董事间关系，和董事与公司执行层间关系的三个核心概念。

董事与股东间关系：董事由股东选举产生

董事会中心公司治理模式的第一个核心概念是股东选举产生董事，通常是按年，在公司必须召开的年度股东大会上进行。这一概念在世界范围内的一个重要例外是德国的共决制，员工选举一半的董事（德国双层董事会结构中的上层的监督董事会成员）。不是由股东选举产生，如由政府任命等等，则不是现代公司治理意义上的董事。

美国标准商事公司法第8.03（c）规定，董事应由第一次股东年会以及之后各届股东年会选举（前引《最新美国标准公司法》第91页）。特拉华州普通公司第211条（二）规定，应当按照章程细则规定的日期和时间，召开股东年度会议并选举董事[3]。

理解公司制企业中股东选举董事这一概念，可以比较一下合伙制企业。合伙企业法的默认规则是，企业的所有者（合伙人）仅仅因其是所有者而管理合伙企业。如美国的统一合伙法（1997年修订版）第401条“合伙人的权利与义务”之（6）规定，“在合伙事务的管理和经营方面，合伙人之间享有平等的权利”[4]。相比之下，公司的所有者（股东），仅仅作为股东，没有权力去直接管理公司。公司股东的权力是选举董事，和对由董事们提交给股东大会，要

---

① 沈四宝编译：《最新美国标准公司法》，法律出版社2006年第1版，第90页。
② 徐文彬等译：《特拉华州普通公司法》，中国法制出版社2010年第1版，第38页。
③ 前引《特拉华州普通公司法》第80页。
④ 虞政平编译：《美国公司法规精选》，商务印书馆2004年第1版，第568页。

求股东表决的事项进行投票表决。

董事间关系：地位平等的同仁团队

董事会中心公司治理模式的第二个核心概念是，由一个地位平等的精英小组作为一个同仁团队，通过共同行动来制定决策。

公司董事会通常都要由1位以上的董事组成。1969年以前，美国标准公司法要求至少三位董事。最近的一项修改允许单人董事会存在。2006年的英国公司法要求公开公司的董事不能少于2人。中国公司法对有限责任公司和股份有限公司分别作出了董事会人数不能少于3人和5人的规定。

公司董事会的规范是，所有董事都拥有同样的投票权，出现不同意见时，实行多数决定原则，董事会内多数人的意见就构成了其决策事项范围内的最终决策。这是董事会作为一个同仁团队的集体决策和其他各种集体决策组织之间的本质不同。在层级制组织中，随着业务或规模的增长，可能会由一种集体决策取代独裁决策，并可能致力于达成共识，但是总有一个人拥有做出决策的终极权力。

在层级制组织的决策中，通常会把权威在各个人中进行划分。与此不同，董事作为个人没有任何权力，董事只有作为一个集体通过董事会会议才拥有权力。

董事与经理层间关系：董事会选聘和监督经理层

董事会中心治理模式的第三个核心概念是，董事会拥有选聘和监督公司高级管理人员（特别是首席执行官）的最终权力与责任。这一点是很多中国公司董事会不能真正到位的一个主要表现。

发达国家公司法规通常准许，也有极个别公司这么做——通过章程规定，由股东选举公司总裁或其他高级经理。美国标准公司法第8.40节规定：“（a）公司的高级管理人员可以依内部细则规定而产生，或者由董事会依据内部细则任命。（b）董事会可以选择若干人担任一个或者多个公司职务。如经内部细则或者董事会授权，一名高级职员可以任命一名或者多名高级职员”（前引《最新美国标准公司法》第106页）。美国特拉华普通公司法第142条

（二）规定：“高级职员的选任方式和任期由章程细则规定，或者由董事会或者其他管理机构确定”[①]。

但是在发达国家的公司治理实践中，几乎所有公司的做法都是由董事会任命首席执行官和其他高级经理人员。而且，美国法院坚持董事会任命经理人员的原则，认为剥夺董事会控制经理或公司其他人员的终极权力，违反了“公司应由其董事会或是在其董事会的指引之下进行管理”的公司法原则。

1.5.3 董事会的价值创造：集中管理、团队决策和监督管理层

为什么在发达国家的公司法规和公司治理实践中，长期以来都坚持实行以董事会为中心的公司治理？对此，学术界有各种各样的解释，大致可以分为价值创造和利益协调。

从价值创造的角度看董事会的作用，或说是公司为什么需要一个董事会，主要有三种解释：董事会满足了公司集中管理的需要，董事会通过团队决策提高了公司重大事项的决策质量，以及董事会通过对公司管理上的监督降低了代理成本。

拥有众多股东的企业需要集中管理，或说是要有一个管理中心，要有中央管理。让企业的众多所有者——特别是如果他们持有的是可自由转让的权益——经常和持续地会集到一起来做出决策，对于企业来说是不现实的。这解释了为什么所有者众多时不能按照合伙法的默认规则行事——全部的所有者都参与管理企业。

集中管理的需要是一个企业家要创立一个预期有众多所有者的企业时会选择公司而不是合伙的原因。但是，仅仅这一原因不足以完全解释董事会的存在，比如，为什么股东们要每年选举董事会成员。很多所有人众多的非公司制企业，都是通过协议具体指定谁将管理企业，而不是定期选举。更基本的是，集中管理的需要没有解释为什么这种管理要用共同行动的同仁团队形式。

一个独裁者或是自我永续的寡头执政体也可以提供集中管理。为什么要在

① 前引《特拉华州普通公司法》第43页。

公司管理的最高层面上设置一个董事会而不仅仅是一位首席执行官？这需要有关董事会作用的第二种观点——团队决策理论来回答。

斯蒂芬·贝恩布里奇（Stephen Bainbridge）在其《理论与实践中的新公司治理模式》[①]一书中，根据行为心理学研究结果提出，在需要做出判断的事项上，团队，如公司董事会，要比单独的个人能够做出更好的决策。问题是，这种团队决策理论是否足以证明，如董事会那样的同仁团队决策（Peer Group Decision-Making），是否一定优于层级制团队决策（Hierarchical Group Decision-Making）。

团队可以比单独个人作出更好的决策，但是到目前为止，有关团队决策的实验研究并没有证明，该团队一定要以同仁（一人一票的委员会）方式行动，并最终以多数决定原则解决分歧，而不是以内阁方式行动——赋予某个人拥有最终发言权。这也许正是中国公司董事会的现实，董事长或总裁，往往也是实际上的大股东或者是上级委派的公司关键人，拥有最后发言权，并事实上把董事会当作了一个咨询顾问机构。

除集中管理和团队决策之外，董事会还可以作为一种公司管理的监督机构发挥作用，这是董事会的第三种价值创造角色，也是当前有关董事会职责的流行和主流观点。这一理论认为，由股东选举产生的董事会，是监督公司管理层的必要工具。

这一理论的出发点是，通过高层代理人监督低层代理人来最小化代理成本，如偷懒、逃避责任和不忠实等等。但是谁来监督监督者？股东作为剩余索取者，具有监督最高代理人的最好激励，但是在公众持股公司中，因为股东太多太分散而难以形成有效的来自股东的直接监督。由此得出推论，由股东选举产生的公司董事会来代表股东们进行监督。

这一理论并没有解释对董事会的需要，只要股东们选举产生，无论何人，站在公司管理层的最高点即可。换句话说，可以通过由股东选举产生公司的首席执行官来达到同样的监督效果。

监督理论实际上依赖于一个自相矛盾的假设：股东太多并且闲散，以至

---

① 贝恩布里奇：《理论与实践中的新公司治理模式》，法律出版社2012年版。

不能自己亲自去监督管理层，却又能有效地参与和组织起来去挑选出警觉的董事，为股东们履行监督职责。

1.5.4　作为利益协调机构的董事会？

把董事会看作是一种利益协调机构的理论可谓是五花八门。并且，这里又可以分为狭义说和广义说两种。

狭义说承认公司股东主权至上，其他各方持有的都是合同利益。这时，董事会作为一种与股东会不同的公司权力机关，主要是要协调公司控制性股东和非控制性股东之间的关系。广义说则否认公司股东主权至上，坚持一种利益相关者（Stakeholder）观点，或者是与比利益相关者概念类似的公司委托人或公司选民（Constituent）观点，认为公司董事会要代表公司所有各方面，协调各方之间的利益冲突。

根据这一解释中的一种说法，公司采用董事会，可以保护非控制性股东受到控制性股东的剥夺，特别是在公司分配方面。非控制性股东可以通过公司董事会获得对企业管理问题的一些发言机会，包括公司分配问题。这是包括中国在内，当前有关董事会治理和董事会改革讨论中的一种主要呼声，特别表现在希望通过增加独立董事来保护中小股东利益。

但是，董事会中心公司治理模式要比其他的治理模式，如合伙制默认规则，更容易让控制性股东剥夺非控制性股东。股东定期选举董事，是控制性股东在想要压制非控制性股东时，将非控制性股东从董事会中排挤出去的一个途径。当然，存在有关各方在分歧发生之前所同意的一些机制，保证非控制性股东留在董事会中。相比之下，合伙制法律保证所有的所有者都对管理有发言权，只要他是合伙人（除非有其他的协定），仅仅凭借其作为合伙人的身份，就有资格参与合伙企业的管理。即使非控制性股东留在了董事会中，董事会的多数决定规则（而在合伙制中是遵循事先协议）也使控制性股东可以损害非控制性股东，从公司得到不成比例的利益分配。

非控制性股东可以通过在出现分歧之前制定股东协议来保护自己在公司分配中的权利。但是，这种协议行为损害了董事会通过多数决定规则来管理公司这一董事会中心治理模式的基本原则。历史上，英美法院都经常以这一理由推翻这种协议。当前的公司法通常许可这种协议。与此相反，有关合伙制和其他非公司制企业的法律，不仅关注，而且鼓励有关企业分配及其他事项的协议。

董事会的存在不仅是为了协调股东之间的请求权矛盾，还要协调股东和公司其他权利人，如经理、雇员、债权人以及社区等等。这把问题追溯到了伯利和多德关于公司目的的争论。各种各样的团体——股权投资者、贷款人、经理人以及雇员等等都对公司收入做出了贡献，并且都期望从这一收入中获得一个份额。所有这些对创造公司收入的贡献的最终价值的不确定性，导致无法完全按事前合同约定对每方请求权人进行恰当的补偿。由此产生了对一个拥有权力在事后做出有关分配决策的协调机构的需要。

这一理论似乎是解释了由股东选出的代表和员工选出的代表共同组成的德国共决制下的监督董事会的存在。但是，对于美国以及世界绝大多数国家来说，董事会中心公司治理模式中，董事会都是由股东选举产生的。如果董事会中没有由各方权利人选举出的代表，为什么还需要一个董事会？对此问题的一种解释是，董事会具有中立仲裁者的角色，是一个独立而非代表性的机构。但是，如果是这样，为何还要坚持由股东选举董事？各种各样的公司权利人（选民）们怎么会设计出一种只有一种权利请求人（股东）拥有法定权利选举他们认为合适的人员作为各种请求权之间的分配仲裁者？

似乎没有一种理论，能够完美无缺地解释董事会中心公司治理模式的存在理由。可是公司董事会却是实实在在地就在那，并且正是董事会中心治理模式的公司发展壮大了起来，真真切切地在改变和创造着我们这个现代世界。这里，一定有什么事情做对了，一定有什么原因我们还没有发现。

1.6 全球公司治理运动的兴起

股份公司是与市场经济和法制社会一道成长起来的一头创造力和破坏力都

同样无限而不易驯服的野兽[①]。自从股份公司产生的第一天起，公司治理问题就困扰着我们，直到今天我们仍然面对这一全球性的难题，并且可能永远也无法真正彻底和一劳永逸地解决这一难题。

1.6.1　第三项全球性运动

公司治理改革——投资者保护运动

传统上英美国家的机构投资者都是被动投资、用脚投票、并不参与公司治理的。但是1990年代以来，发端于英美国家、以机构投资者为主力的公司治理运动蓬勃兴起。各个国家的领先公司、机构投资者、证券交易所和监管机构、政府部门，以及经济合作与发展组织和世界银行等国际组织，都已积极参与其中。公司治理成为继环境保护运动和消费者保护运动之后，迅速推开的第三项全球性运动——投资者保护运动。

宏观上，全球公司治理——投资者保护运动兴起的原因并不难理解。我们只有一个地球而有全球性的环境保护运动，贸易和资本自由化使全球只有一个产品市场而产生了全球性的消费者保护运动，全球只有一个资本市场而产生了全球性的公司治理——投资者保护运动。

推动这场全球性公司治理运动的市场力量包括全球性的投资者的压力，国际领先企业之间的竞争，证券交易所之间的竞争等等。不同的国家因不同的原因而开始审视公司治理机制问题，但走上了一个相同的方向，那就是提高公司价值，各方共同努力制定公司治理准则。

很多国家和各种各样的机构发布了公司治理准则。一些准则由监管者如证券交易所发布或支持，如，南非的金氏准则、英国的卡德伯里准则、EASDAQ[②]准则和多伦多证券交易所准则；有的准则由一些协会或与之合作发布，如美国的公司董事协会和投资者关系协会、澳大利亚投资经理协会和法国

① 发达国家中正在兴起一种生活民主运动或叫全球民权运动，主导思想就是防范公司过于强大后的负面作用。已经有几本这方面的书有了中文版，如：戴维·科顿（2006），泰德·纳杰（2006）。

② 欧洲证券经纪商协会自动报价系统，于1996年9月30日正式开始运作，总部设在布鲁塞尔，是第一个覆盖全欧、专职服务于成长性中小型高科技企业的独立股票市场。

的Vienot报告。证券交易所主持公司治理准则制定、致力于改善公司治理结构是为了保持市场信心和吸引投资者。

新的全球公司治理标准正在激烈的讨论、竞争和形成之中，各个证券交易所、投资者、领先企业均要在这一投资者与融资者之间游戏规则的制定中发挥影响。

急需改进公司治理，提高在全球资本市场上的竞争力

越来越多的机构投资者认为，在对潜在投资对象进行估价时，与财务类指标相比，董事会质量指标的重要性更大。越是公司治理总体质量落后的地区和国家，认为董事会质量因素更重要的投资者比例越高，投资者愿意为公司治理良好的公司股票支付的溢价也越高。

中国一些海外上市公司在路演时，投资者主要关注的问题就是公司治理结构是否健全，高管人员薪酬多少、如何制定的。投资者的观点是，“在中国巨大的市场上，有赚钱机会，能赚钱是没有疑问的，我们担心的就是你董事会和经营者如何能够跟我投资者利益一致地去赚钱。”

那么投资者认为哪些具体的机制和做法对改进董事会和公司治理质量至关重要和有高度影响呢？建立一个独立董事占多数的董事会、董事长和首席执行官职位分设、设置首席独立董事、建立董事会的专业委员会并授予重任、董事会自身做正式的年度绩效评估、董事会对首席执行官做正式的年度绩效评估、董事会对董事做正式的年度绩效评估、提高外部董事薪酬中股票和股票期权的比例等等。

这些公司治理的良好做法都是国际投资者非常看中和信赖的健全公司治理、提高董事会绩效的手段。在发达国家，这些做法主要源自那些领先企业的公司治理实践，它们通过高度透明的信息披露而相互学习，投资者再以资本的力量推动这些好的做法，监管机构最后再以硬性和准硬性的规则普及这些做法。

国际资本市场越来越看重公司治理，不未雨绸缪积极主动地改进公司治理水平，就有在国际资本市场上出局的危险。反过来，如果能在公司治理方面积极行动，就可以在资本市场上得到溢价收益。越是整体公司治理水平较低的国

家，率先健全公司治理机制的公司股票越可以得到更高的资本市场溢价——投资者在其他条件相同情况下，愿意为公司治理良好公司股票多支付的价格百分比。这可能是一种“好人举手效应”，当周围都是难被信任的坏人时，你站出来做个好人——用行动证明你真是个好人，你会得到特别的信任，从而额外得到更多的收益，很多著名企业最初的突破与崛起都是利用了这样一种机制。

1.6.2　英国：遵守或解释原则推动下的公司治理改革

2017年是凯德伯瑞报告发布25周年。1992年发布的《凯德伯瑞报告》和其所附凯德伯瑞准则，掀起了以对标公司治理准则为核心内容的一场全球性的现代公司治理改进运动。

英国公司治理准则

根据英国公司治理准则，上市公司要在其年度报告中依照“遵守或解释”的原则，对其遵守英国公司治理准则规定的情况进行披露，对未遵守公司治理准则规定的情形，给出解释，交代背景、未遵守的理由和缓和措施等，并给出预计能达到公司治理准则规定的时间。

“遵守或解释”是以公司治理准则推动上市公司实际改进其公司治理情况的核心原则，已在英国上市公司报告中实行了25年，并被其他国家广泛模仿。中国也制定了公司治理准则，但对“遵守或解释”原则缺乏重视，对上市公司实际遵守公司治理准则的情况更是缺乏系统的跟踪研究，使公司治理准则的落实总是不能到位。

从1992年的《凯德伯瑞报告》开始，经过1995年的《格林伯瑞报告》、1998年的《哈姆佩尔报告》、1999年的《特恩布尔报告》和2003年的《希格斯报告》及《史密斯报告》，2003年，英国财务报告理事会（The Financial Reporting Council，FRC）发布了关于上市公司治理的《联合准则》。此后，根据公司治理实践发展情况，英国财务报告委员会每隔几年就会对公司治理准则进行修改和发布新版，目前的最新版本是2016年发布的《英国公司治理准则》

（The UK Corporate Governance Code）。

英国财务报告理事会是英国的独立监管机构，负责推动高质量的公司治理和财务报告以促进投资。在制定英国公司治理和管家职责准则的同时，英国财务报告理事会也制定英国的会计和精算工作标准，并负责有关准则和标准的监督和执行工作。财务报告理事会认为，英国的公司治理是强壮的，但是仍然需要继续改进。公司治理景观正在变化，有很多工作可以做，以提高对企业的信任和促进强壮的经济。

富时350指数公司遵守公司治理准则情况

为把握英国公司治理发展，特别是上市公司对公司治理准则的遵守情况，英国财务报告理事会每年对英国上市公司（富时100指数公司和富时250指数公司）的公司治理情况进行研究，发布相关的研究报告。目前的最新版本是2017年1月发布的《公司治理和管家职责的发展2016》（Developments in Corporate Governance and Stewardship 2016）。

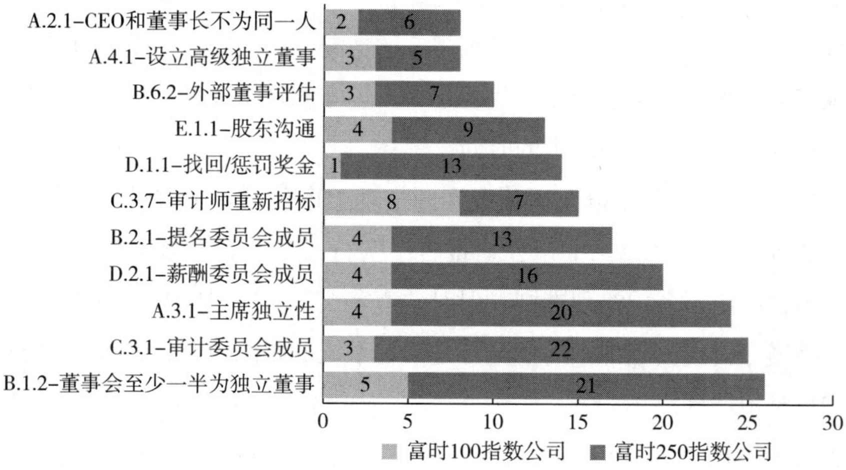

图1-1　富时100和富时250指数公司中未遵守公司治理准则的情况Top11

数据来源：Practical Law，Annual Reporting and AGMs 2015: What's Market Practice? 2016年11月发布，数据截至2016.10.31

英国上市公司对公司治理准则的遵守率很高。根据英国财务报告理事会（FRC）数据，90%富时350指数公司遵守了全部54项规定，或仅其中一两项未遵守。2016年，完全遵守率从2015年的57%上升到了62%。2015年时，新上市公司的遵守率较低，而2016年大多数公司在上市前就已确保了对这些准则的遵守。图1–1列出了公司未遵守率最高的前11项准则。准则的B.1.2条款规定至少一半董事（不包括董事长）应该是独立的，这条规定是富时350指数公司遵守比例最低的，但未遵守的企业数量也从2015年的42家降低到了2016年的26家。

对未遵守公司治理准则的情形，上市公司所给出解释的质量不高的现象普遍存在。比如，准则A.3.1规定董事长应满足独立性标准，首席执行官不应该担任董事长。2016年度有24家公司未遵从此项规则，其中多数是董事长不符合独立性标准，也有些是首席执行官兼任董事长，这两种做法在准则中都被认定为非最佳做法。准则D.1.1规定公司设计基于业绩的薪酬体系时，应该包括收回已支付酬金或拒绝支付酬金的条款，有14家公司未遵守该规定。这些公司对此给出的解释各异：有2家公司声称，因为其主要业务在海外，遵守该项准则会违反当地的劳动法规；1家公司是由于这些条款未在其中一位董事的合同中体现；其他更多的是表示，将在下次修正后的薪酬计划中纳入这些条款。

1.6.3 动力、能力和工具：公司治理的三个关键问题

从管理角度看，这场遍布全球的公司治理改革，主要由动力、能力和工具由三个要素构成，这也是改进中国公司治理的三个关键问题。

首先是动力。要通过股票期权、管理层持股等股东价值导向的薪酬和激励计划，解决公司管理层（包括董事和经理）的动力问题，使公司管理层与股东的利益一致，激励管理层向创造股东价值这一正确的公司经营方向努力。

其次是能力问题。不是有了足够的动力，想赚钱就能赚钱的。比动力更重要的是能力，尤其是公司组织的能力。要建立独立和有效的董事会，培养董事会作为一个公司高层管理团队的战略决策与风险监控能力，由良好的制度、文化和公司治理机制保障“三个臭皮匠胜过一个诸葛亮”，而不是“三个诸葛亮不如一个臭皮匠”。如何从董事会构建开始，积累基业长青的组织资源，这是本书要探讨的主要内容。

第三是工具。在管理层个人有动力、董事会集体有能力去创造股东价值的情况下，实际创造股东价值还需要引入一系列适用的股东价值管理工具，识别价值驱动因素，并用事前性、非财务指标和事后性、财务性指标，执行先导指标管理。有各种各样的股东价值管理工具，包括EVA（经济增加值）、CVA（现金增加值）、综合计分卡和战略绩效评估等，将创造股东价值的目标和公司内部的各种管理流程联系在一起。

一些著名的管理顾问公司同时向公司经理人和那些积极的投资者们出售各种各样的股东价值管理工具、战略绩效评估工具和投资者关系管理服务等等。吸收一些先进和规范方法，结合中国的会计准则和市场状况，开发出适合中国企业运用的价值管理工具，是走出市值管理误区，把“改进公司治理，创造股东价值”落到实处的一个重要环节。本书不对这方面的内容进行具体探讨，有兴趣的读者可以参阅“阿尔弗洛德·拉帕波特2002”“罗杰·莫林等2002”“詹姆斯·奈特2002”以及“罗伯特·卡普兰等1998及2006”等。

1.6.4 良好公司治理就是让内部人控制权的私人收益降到最低

不论董事、经理还是控股股东，作为“实际控制人”都是在对公司进行一种“内部人控制”。良好公司治理就是要把这些内部人实际控制权的私人收益[①]降到最低。

可以说，这世界上的任何事情都是处在一种“内部人控制”的状态之下，尤其是当知识和信息成为权力的一个重要来源的时候，“内部人控制”更是成为了一种几乎不可避免的状态。任何事情都是深处内部、深处矛盾漩涡中心的人最为了解情况，对有关方面看法、力量的实际感触最深，这是毫无疑

① private benefits of control，如在中国一些上市公司中，大股东通过关联交易、利润操纵，甚至直接把上市公司当作“提款机”等途径，从对上市公司的控制权中获益。大股东的官僚主义，不负责任，大股东（国有股东、法人股东）本身的治理结构问题等等，又导致管理层的控制权收益，不分配，尽力配股，无限扩张和过度多元化等损害股东价值的行为。

问的现实。

让内部人自觉利用其掌握的内部信息在与公司重要外部人和大多数利害相关者利益一致的方向上努力，这是一个如何使有关方面激励相容的问题。如果内部人利用其所掌握的内部信息并以损害公司重要外部人和大多数利害相关者利益为代价来谋取私人收益，则是对法律系统的挑战。

个人内心的道德底线，当事人相互之间的口头和书面契约及合理合法的行为谈判及博弈过程，和由外部第三方提供的法律、舆论与市场形象约束等等，共同构成了一个三层交错的激励和约束体系。股份公司的良好运转，也依赖于这三层交错的激励与约束体系的建立与健全。

1.6.5　改进公司治理的终极动力来自市场竞争

潘多拉的盒子一旦打开，魔鬼就会自行繁衍和壮大。股份公司、证券交易所、投资银行、会计师行、律师行，甚至是管理顾问公司等等，他们自行组成了一套市场规则体系和一个利益共生体系，同在这套体系中发展、壮大和谋取利益。利益的最终源泉从哪来？消费者、中小投资者和员工，总之是亿万大众和老百姓。“老百姓就是老背幸”，这是一位个体富豪的话，很是一针见血地指出了残酷的达尔文主义的社会现实。但是，政治、商业和学术三种力量能够有规则地竞争，并且其各自的内部也存在激烈竞争的时候，为了争取第三方的支持，亿万大众和老百姓，无论作为消费者、中小投资者，还是作为员工，就都有一定的力量了。

当社会公众利益受到侵害的时候，政治就必然会介入。不管政治家的个人道德如何，作为政治家要想有所成就就必须要打出维护社会公正的旗号，并且要尽可能地有点实际效果。这正如培根的个人道德不良问题，并不影响其《论说文集》中道德文章的伟大感召力。安然等公司出事之后，可给布什和美国两会的议员们提供了一个大显身手的机会。政治市场内部的竞争引发了一种动力，导致华尔街和华盛顿的战争进入到了一个新的阶段。在一系列的国会听证、司法审判、深入调查之后，轰轰烈烈地出台了一个《美国2002年公众公司会计改革和投资者保护法案》[1]。

从具体的公司治理机制上看，消费者、中小投资者和员工如何发挥作用呢？无论是美国模式的中小投资者有权模式，还是德国模式的员工有权模式，都是一种中间状态的企业制度安排。最终的力量还是要来自市场竞争。产品市场上的竞争会给消费者以权力，消费者的货币选票最终决定了企业的兴盛与衰败。作为产品市场派生市场的资本市场和劳动市场，则分别给了中小投资者和员工以权力。中小投资者可以用脚投票、用手投票和用脑投票来参与公司治理，员工可以通过合理化建议、消极怠工和辞职等方式参与公司治理。仅靠资本运作，没有产品市场支持的公司最终是要崩盘的，不顾中小投资者利益的大股东最终是要被抛弃的，视员工如草芥的老板最终会成为孤家寡人的。

人有多大胆，地有多大产是句“文革”式的狂话，你最好别信；但是人有多大心胸和多远眼光才能做多大的事情，这是不由得你不信的。公司治理向何处去，看全球产品、人才和资本市场上的竞争态势吧。

1.7 良好治理成就世界一流公司

商业成功有多种因素，机遇和运气可以成就一家公司短暂或者一段时期的兴盛，但长期可持续的成功需要良好的公司治理。

良好公司治理的首要作用是规避企业成功后的失败风险，更是帮助企业在失败中合理有效地分担风险，迈过失败的废墟，继续前行。

1.7.1 从企业家经营失败后自杀谈起

中国时常出现经营失败的企业家跳楼自杀或者“人间蒸发”，其中除极少数属于骗局之外，绝大多数属于企业经营中十分正常的市场判断、技术路线选

① 该法案的中英文对照本已由知识产权出版社于2007年出版，书名为《美国索克斯法案》，张安华译。国内媒体通常译为萨班斯-奥克利法案，简称萨奥法案。

择等方面失误所致。

在良好的公司治理和风险控制条件下，正常的经营判断失误不会导致企业整体上的难以为继。即使遭遇灭顶之灾，企业难以为继，在健全的公司治理体系之下，可以合理有效地分担失败损失，失败的企业家不仅不需要自杀，还更可以有东山再起的机会。

如果经营失败就要自杀，世界上就不会有福特汽车，不会有3M公司，不会有Twitter公司，更不会有如此辉煌的苹果公司了。在最后成功创建了延续至今的福特汽车公司之前，亨利·福特有过五次经营失败的经历；3M公司创立之始就遭遇了判断失误；Twitter公司是从失败的播客公司中衍生出来的；乔布斯曾因经营不善被赶出苹果公司，再次回到苹果公司后缔造了苹果更大的辉煌。

创业就一炮成功，并能一直延续的企业太少了。更多的企业是在经历了诸多失败之后才真正成熟起来的。企业经营失败，会给投资者及各种利益相关者带来经济损失，但也有从失败中总结出来的经验和由失败历练出来的独特能力积累在企业家身上，这是一笔无形的社会财富。

如果一个公司不能有一套良好的公司治理机制，让失败项目中总结出来的经验财富得到利用，可谓是赔了夫人又折兵，企业也就难以长期持续。如果一个社会不能通过一套良好的公司治理系统，让遭遇失败企业的各方利益相关者按规则分担损失，让有失败经验的企业家能有东山再起、继续前行的机会，则是一种企业和社会财富的双重损失。

经营失败的企业家自杀，是其个人的悲剧，更是一种社会财富的损失，这种财富损失比其经营失败所带来的直接经济损失更大。在以万民创业、万众创新为国策的当下中国，我们不仅要通过成功企业家的示范激励人们创新和创业，更要通过一套有效的现代公司治理体系，对创业失败者和经营失败企业家提供保护，使由失败经验所构成的社会财富能够积累起来，再次投入到新的财富创造中。

1.7.2　两次重大失败与福特汽车公司的创建

亨利·福特从一名业余汽车制造爱好者起步，经过多次与投资者之间的

“公司治理博弈”，逐步从一个浪费股东钱财的完美主义者，成为了一个真正用心造车的伟大创业家，并最终成功创建出了福特汽车公司。

1898年，四位投资人出资2000美元为亨利·福特的汽车试验提供资金。投资人获得2/3的专利比率，亨利·福特保留1/3，汽车出售获利也按此比例分配。1899年有近10位投资者共同出资15000美元创建了底特律汽车公司，亨利·福特为公司机械主管，月薪150美元。激励机制的缺乏导致底特律汽车公司的失败。

1901年5位投资者和亨利·福特共计6人，组建了一家60000美元股本的新公司——亨利·福特公司。亨利·福特占1/6的股份，但是没有薪水了。新公司给予亨利·福特的“激励”还是不够，亨利·福特与投资者之间仍然存在分歧。1902年亨利·福特仅仅带走900美元现金和自己名字的使用权离开公司。这是亨利·福特第二次被排除在汽车制造者的行列。在1902年，没有几个汽车先驱遭遇过两次重大失败。

第三次上路的福特先找到了两名赛车制造资助者，合作的内容就是制造两辆同样的赛车，其中一辆归一位投资者所有，另一辆名为999的赛车在1902年10月25日的一次生产商挑战杯赛中打破了美国纪录。凭借赛车上获得的巨大的汽车制造名声，亨利·福特找到了一位新的投资者——底特律最大的煤炭商人马尔科姆森。两人合作的基本原则就是“有钱者出钱，有力者出力，利益均分”：马尔科姆森提供种子资金，福特负责制造出样车，以便吸引足够的风险投资来创建一家新公司。新公司中，两位原始合伙人要占51%的股份，这51%由两人各持一半。由此诞生了1903年正式创立的福特汽车公司。

“失败是成功之母”，这是亨利·福特经常挂在嘴边的话。底特律汽车公司和亨利·福特公司股东们的投资损失，转化为了亨利·福特能够做出好车的名声和一身真功夫，也转化为了“福特汽车公司”股东们几乎是史无前例的巨额投资回报。是责任分担机制清晰的一套现代公司治理体系保证了亨利·福特没有被失败击垮，能够一次一次地走出来，最终缔造出了一家世界级的一流公司。

1.7.3　3M：从失败中站起来，用机制保证创新

没有哪家公司能比3M的历史更好地诠释了失败是成功之母的道理，从错误中学习，在行动中创新。公司如人，要成长，不怕犯错误，就怕你什么都不干。

1902年，五位创始人创立了3M公司，他们的创业冲动来自当时明尼苏达州正因矿藏而繁荣。他们与其他梦想开矿致富的创业者们一样，“先成立起公司，然后才进行调查研究”。与其他人不同的是，他们在面临失败后，坚持把公司发展下去，并通过有效的公司治理机制，在资金和人才两个方面都引入新生力量，最终成为了一家持续发展的世界一流公司。

1904年底，3M公司股票在当地酒吧里两股才能换一杯最廉价的威士忌，董事会每天都在开会，寻找一个解决之道。创立者们决心不放弃公司，员工也同心协力。合伙人们决定消减自己的薪水，直至取消，还要个人再出资给员工发工资，以便把公司维持下去。最后公司接受了一位名为奥博的投资者建议，决定脱离采矿业，转向制造砂纸和砂轮。1905年，奥德威在确信不需要他介入日常运营的条件下投资了2.5万美元，同时有几位创始人兑换掉了他们的股份，奥博和奥德威合计占到了3M公司60%的股份。

奥博和奥德威除了以资金在财务上挽救了3M公司之外，还设定了公司的新发展方向和基础制度架构，引入了3M公司的成长建筑师和实际缔造者威廉·麦克奈特。3M公司首任总裁由最初五位投资者中的布赖恩担任，1905年公司重组后新进入投资者奥博担任第二任总裁，但是很快于1906年由另一位新投资者奥德威接任。1909年奥博第二次出任总裁，在位20年。1929年，由公司内部成长起来的麦克奈特接替奥博，成为3M公司第一位由职业经理人担任的总裁。

麦克奈特担任总裁20年之后，1949年转任董事会主席，任职到1966年。从1966年开始，3M公司领导层进入了5年左右一届的有序更替时代。这些人在出任到最高职位之前，多数都是前任总裁，职业升迁路径基本是总裁、运营总裁或美国业务总裁——总裁兼首席执行官——董事会主席兼总裁及首席执行官。

麦克奈特在3M公司服务59年，让3M公司声誉卓著，他自己却默默无闻。

这一鲜明对比，刺激了《基业长青》两位作者的高瞻远瞩公司和对照公司比较研究，并得出如下论断：伟大公司无需伟大构想，更无需魅力型伟大领袖，公司组织本身才是终极创造。来自于自身历史而形成的文化基因和自觉形成的一系列内部机制和政策，使3M公司作为一个组织已经超越了个人，成为了柯林斯和波拉斯所称谓的“一部突变机器”，不论谁来当首席执行官，都会继续演进。

1.7.4 乔布斯的失败、东山再起与现代公司治理

从失败到东山再起，乔布斯的商业履历完全是在现代商业和公司治理规则下展开的。

苹果公司的前身是苹果合伙企业，存续了不到一年的时间。1976年4月1日，乔布斯和沃兹涅克达成了合伙协议，约定二人各自占有合伙企业45%的权利，余下10%的权利给予第三位合伙人韦恩。拉来第三位合伙人是为了避免以后两人在重大问题上达不成一致意见，陷入僵局。但在企业成立不到两周的1976年4月12日，因为害怕乔布斯的负债经营会使自己债务缠身，韦恩就退出了。

1977年1月3日，马库拉、乔布斯和沃兹涅克三人签署了文件，正式创建了苹果公司。马库拉、乔布斯和沃兹涅克各占30%的公司股份，另外10%为霍尔特所有，霍尔特是个优秀的电力工程师，被乔布斯拉来解决电源问题。苹果公司股票于1980年12月12日上市。

乔布斯一直想自己出任苹果公司总裁，并且毫不怀疑自己完全有这个能力。但是苹果公司董事会中只有他自己一个人这样认为。自己不能出任总裁，次优选择就是找一个能够听自己话的人出任总裁。1983年4月，斯卡利出任苹果公司总裁兼CEO，乔布斯任董事长。斯卡利任总裁兼CEO，但实际掌控公司或者说实际的CEO职权掌握在乔布斯手中。乔布斯沉迷于技术和新产品研发，而对公司管理混乱和销售日益恶化的状况认识不足。1985年，董事会决定让斯卡利全权掌握公司，对公司进行了一系列的机构重组，乔布斯除了董事长职务之外，对公司具体部门和重要事务不再有任何直接管理权（最初是保留了一个新产品开发部副总裁的职务，后来干脆是一个更空的“新产品构想者”职务）。

1985年9月17日，乔布斯向苹果公司董事会提交了辞呈，辞呈中的一段内

容是："苹果公司最近的机构重组让我没有任何事情可做，甚至也不让我接触日常管理方面的汇报文件。我只有30岁，我还想为电脑事业贡献自己的力量，也希望取得一定的成就。"被迫离开苹果后，乔布斯首先创办了NeXT公司，并获得了罗斯·佩罗特和佳能公司的支持；后又买下了一个电脑动画制作组，将其办成了著名的皮克斯动画制作公司。

由于NeXT公司拥有苹果公司需要的操作系统技术（以此为基础研发Mac OS X），1996年12月20日苹果公司买下了NeXT公司，聘请乔布斯作为苹果公司的特别顾问。1997年7月，乔布斯以1美元的薪酬出任苹果公司"临时"CEO，一直到2001年1月，被正式任命为苹果公司的CEO。在乔布斯的领导下，通过iPod、iTunes和iPhone等一系列新产品的成功推出，苹果公司走向了新的辉煌。

从乔布斯（自身担任董事长并是公司大股东）先前败给斯卡利（CEO）和后来赢了阿米利欧（董事长兼CEO）的两次苹果权力斗争中，我们可以清楚地看到，是董事会中的多数派支持决定胜负，公司大股东身份和董事长职务本身都不起决定作用。不管你是谁，创始人、大股东或董事长兼CEO，公司内部领导权配置的最高决定者都是多数派董事。董事会的权力到位，有董事会的裁决机制，多大、多激烈的公司内部权力斗争，都可以和平解决，不会因权力斗争而使公司瘫痪以至分崩离析。

1.7.5　Twitter：公司缺了谁都行，不能缺了董事会

联合创始人内部的冲突，创始人与投资人之间的冲突，三位创始人的连续出局，都没有阻挡住Twitter公司的成长步伐。那么是谁缔造了Twitter？可以说，是从创始人、员工到投资人和用户，作为一种相互作用但以董事会为核心——谈判、妥协和集体决策中心——的公司治理系统缔造了Twitter。

1999年夏，埃文·威廉姆斯对外发布了Blogger网站，就是博客，使没有电脑编程知识的人也可以创建网络日志。2003年2月，谷歌收购了Blogger。诺阿·格拉斯是埃文·威廉姆斯的邻居，编写了一款名为AudBiog的软件，就是语音博客，或叫播客。在埃文·威廉姆斯把Blogger卖给谷歌之后，诺阿·格拉

斯说服埃文·威廉姆斯投资，创建了名为Odeo的一家播客公司。可是，2006年初，苹果公司在其iTunes中加入了播客功能，以播客为核心业务的Odeo公司失去前景，马上陷入了困境。在讨论公司新方向时，杰克·多西提出的“状态（你正在做什么）”概念引起了大家的兴趣，诺阿·格拉斯尤其兴奋，并为其起了Twitter这一名字。

埃文·威廉姆斯通过将其出售Blogger时所得谷歌股票兑现，偿还了Odeo公司外部投资者们的500万美元，将Odeo公司公司重组为Obvious孵化器公司，并专门拿出了100万美元用于培育Twitter。2007年4月，作为唯一所有者的埃文·威廉姆斯决定，自己将保留Twitter公司70%的股权，聘杰克·多西为公司第一任首席执行官，给20%股份，比兹·斯通和杰森·古德曼每人得3%股份，余下4%股份分给工程师和新员工。同时确定，埃文·威廉姆斯、杰克·多西和比兹·斯通三人是公司的联合创始人。

2013年11月7日，Twitter公司股票在纽交所上市。三位Twitter的用户，一位好莱坞的影星、一位波士顿的警察和一位慈善组织负责人，分别代表着Twitter在娱乐、政府和公益三个领域里的价值，敲响了开市的钟声。Twitter的三位联合创始人，埃文·威廉姆斯、杰克·多西、比兹·斯通和公司CEO迪克·科斯托罗，四人并肩而立在交易大厅里。是这些人，再加上公司员工和投资者，共同缔造了Twitter。

在从Odeo公司的一个项目中发展出Twitter公司的过程中，作为Odeo公司主要创始人的诺阿·格拉斯已经出局了（主要是被项目负责人杰克·多西挤出局的）。作为Twitter创意者、项目负责人和首任CEO及联合创始人的杰克·多西，正式在CEO职位上的时间（2007年4月到2008年10月）仅一年半也出局了（主要是被投资人罢黜的）。这还没有完，作为Twitter早期唯一投资者和公司主要创始人的埃文·威廉姆斯，在公司第二任CEO的职位上也是仅仅坐了两年时间（2008年10月到2010年10月），就被公司投资者和董事会罢黜了。但是，这一切都并没有阻止Twitter作为一家独立公司的发展步伐。

Twitter的历程表明，公司的创立与发展过程中，各种各样的矛盾和冲突本身都不是问题，关键是有没有一个董事会投票这样的明确、权威的决策中心与裁决机制。

第2章

董事职责与董事会：公司制的基石

公司的业务及日常事务应由董事会负责。除法律、公司章程或本管理章程规定由股东行使的之外，董事会可以行使公司的一切权力和权利、采取任何合法行动及完成任何合法事项。——IBM公司管理章程（By-Law）[①]第三章第一节“董事会的基本权利”（1958年4月29日制定，2001年1月1日修订）

① 本书中IBM公司管理章程译文均引自武立中译本（内部交流文稿）。

现代公司治理的基石或者说首要原则就是公司的业务和事务应当由董事会管理，或者在董事会的指导之下管理。本章中我们要探讨的主要内容就是，公司制企业为什么要有董事会这样一种制度安排，作为董事会的成员——董事，要承担什么样的职责和义务，以及董事如何合理合法地规避其法律责任。

2.1 董事会在现代公司机关中的核心地位

现代公司中，尤其是那些上市公司，维持组织稳定性和可持续发展的核心动力来自董事会。股东之间、股东与经理人、员工及公司其他利害相关者之间，总是存在着从战略、理念到利益等等各个方面的矛盾和冲突。协调与化解这些矛盾与冲突，保持一种合作与稳定、对大家都有利的状态，正是董事会的基本职责。董事会是由全体股东付费，在有关部门的监管规则之下，按照兼顾各类利害相关者利益的原则，指导和管理公司日常运作的机构。正如IBM公司管理章程中开宗明义所言："公司的业务及日常事务应由董事会负责。除法律、公司章程或本管理章程规定由股东行使的之外，董事会可以行使公司的一切权力和权利、采取任何合法行动及完成任何合法事项。"

2.1.1 股东的有限责任与董事的管理权力

现代公司制企业与传统企业制度，以及现代的非公司制企业制度，最大的不同点是什么？表面上有两条：有限责任和董事会。但是实质上，这两条之间又是相互依存、密切关联在一起的，甚至可以看作是“一条”，也就是现代公司治理的一条基本逻辑。

现代公司制企业作为一种法律的产物，股东享有了有限责任的益处，相应地在管理上就可能并且必须让渡权力，由董事会行使公司管理的权力。正是这两个方面的平衡设置，才使现代公司制企业的发展壮大成为可能，并且事实上已经成为了现代经济中最强大的力量。如果没有配套的董事和董事会制度，有限责任制度则会被股东滥用于过度的冒险、掠夺，而不是真正的企业发展。

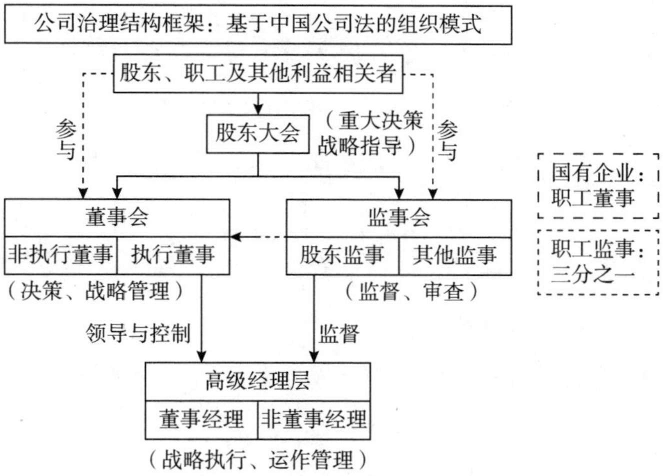

图2-1　中国公司法的公司机关设置

如何理解公司制企业董事会拥有公司管理权力？再怎么地，董事会不也在股东会之下吗？当股东大会就是大股东会，甚至就是大股东一人的时候，董事会还哪来的公司管理权力？可以说，这是一个很好的质疑，也是中国目前绝大多数公司的真实写照，更是中国公司治理难于实质推进的一个根本原因所在。我们现在就从这个根本性的问题谈起。

专栏 2-1　中国《公司法》有关董事会和监事会及其职权的规定

规制中国上市公司董事/监事选聘、董事会/监事会构成和董事会/监事会职能的法律是1994年7月1日开始施行的《中华人民共和国公司法》（2005年10月第二次修订）。

《公司法》设置了两类公司：有限责任公司和股份有限公司。上市公司属于股份有限公司，其董事/监事选聘、董事会/监事会构成和董事会/监事会职能受《公司法》中股份有限公司有关条款的规制。

股份有限公司首任董事会成员由公司创立大会选举（公司法第91条第3款），以后的董事会成员（非职工代表）由股东大会选举和更换，并决定其报酬事项（公司法第38条第2款）。董事任期由公司章程规定，但每届任期不得超过3年，任期届满可以连选连任（公司法第46条）。

《公司法》第109条规定了股份有限公司董事会的规模和职责。董事会是股份有限公司必须设立的机构，其成员为5—19人。董事会对股东大会负责，行使下列职权（《公司法》第47条，与有限责任公司董事会职责相同）：

（一）召集股东会会议，并向股东会报告工作；

（二）执行股东会的决议；

（三）决定公司的经营计划和投资方案；

（四）制订公司的年度财务预算方案、决算方案；

（五）制订公司的利润分配方案和弥补亏损方案；

（六）制订公司增加或者减少注册资本以及发行公司债券的方案；

（七）制订公司合并、分立、变更公司形式、解散的方案；

（八）决定公司内部管理机构的设置；

（九）决定聘任或者解聘公司经理及其报酬事项，并根据经理的提名决定聘任或者解聘公司副经理、财务负责人及其报酬事项；

（十）制定公司的基本管理制度；

（十一）公司章程规定的其他职权。

《公司法》第54和55条规定了监事会的职能如下：

（一）检查公司财务；

（二）对董事、高级管理人员执行公司职务的行为进行监督，对违反法律、行政法规、公司章程或者股东会决议的董事、高级管理人员提出罢免的建议；

（三）当董事、高级管理人员的行为损害公司的利益时，要求董事、高级管理人员予以纠正；

（四）提议召开临时股东会会议，在董事会不履行本法规定的召集和主持股东会会议职责时召集和主持股东会会议；

（五）向股东会会议提出提案；

（六）依照本法第一百五十二条的规定，对董事、高级管理人员提起诉讼；

（七）公司章程规定的其他职权。

监事可以列席董事会会议，并对董事会决议事项提出质询或者建议。

监事发现公司经营情况异常，可以进行调查；必要时，可以聘请会计师事务所等协助其工作，费用由公司承担。

2.1.2　法律实施中的董事和董事会概念

有限责任，董事会管理公司，道理讲得很好，可是实际运作中如何能够保障股东不会操纵董事会，胡作非为，而又通过有限责任逃避惩罚呢？个人躲在幕后，“法人犯罪”，这确实是现代社会中现代企业制度下的一个最大问题。以至安·比尔斯在《魔鬼词典》中给“公司”下了这样一个定义：“一种巧妙的装置，个人可以利用它获利却不用承担任何责任。”

法律在赋予了“公司”以生命的同时，也设置了防范它胡作非为的各种措施。就防范股东滥用有限责任制度和公司独立法人地位而言，最重要和最核心的概念有两个：一是在一定条件下“撕破公司面纱”，否认公司的独立法人人格，从而直接追究股东的责任；二是通过赋予董事会管理权力、追究董事个人责任而防范公司和其股东的不良行为。在撕破公司面纱问题上，中国目前还没有明确的相关法律制度和实际判例，我们留到以后再谈。这里先谈第二个问题，以加强对“董事会权力和董事责任”问题的理解。

专栏 2-2 中国《公司法》——有关“撕破公司面纱”的规定

第二十条 公司股东应当遵守法律、行政法规和公司章程，依法行使股东权利，不得滥用股东权利损害公司或者其他股东的利益；不得滥用公司法人独立地位和股东有限责任损害公司债权人的利益。

公司股东滥用股东权利给公司或者其他股东造成损失的，应当依法承担赔偿责任。

公司股东滥用公司法人独立地位和股东有限责任，逃避债务，严重损害公司债权人利益的，应当对公司债务承担连带责任。

从法律实施和公司治理角度来看，“董事”是一个功能或职能性的概念，而不是一个简单的公司管理职务设置。就是说，要从实质上认定公司的董事，而不管他是否名义上拥有董事头衔。英国议会早在1844年通过的特别法令，就明确了“所谓董事就是指对公司事务进行指导、处理、管理和监督的人”。美国法律研究院1994年通过并颁布的“美国法律重述”之《公司治理原则：分析与建议》给“董事”所下的定义是：指被任命为公司董事的个人或者根据有关的法律或公司决定行使董事职责的人。就是说，名义上被任命为董事的个人是“董事”，事实上在行使董事职责的人也是“董事”。

美国的“公司法服务专业州”，注册大公司最多的特拉华州，在其“普通公司法”中明确规定“公司的业务和事务应当由董事会管理或者在其指导下管理”。在该法的同一章同一节中（法律出版社2001年版中译本第四分章第104节）还明确界定了“凡在本节中所提到的董事会，董事会成员以及提到股东时，应当被认为是分别指：公司管理机构，管理机构成员以及公司成员”。就是说，董事会是公司管理机构，董事是管理机构成员，而股东是组成公司的成员。如果股东或者任何人实际介入了公司管理，行使了本该归属董事会的职权，则该股东或该人在法律上就可以被认定为“董事”。

为什么要有这种“事实董事”的概念？它有什么用处？很简单，有了这样的概念之后，法院就可以追究那些操纵或者架空董事会者个人的“董事”责任。如果没有这样的规定，就难以有效地防范和惩治那些隐藏在“有限责任之墙”和“董事会之幕”背后的“关键人”“垂帘听政者”。董事责任的概念，在中国公司法中已经很明确了，但是因为缺乏“事实董事”的概念和相应的法律实施，而使中国公司中很多董事会的权力不能落到实处，不能有效地“治理”大股东或者控股股东的肆意操纵行为，董事会成为大股东的橡皮图章，公司成为大股东的“掠夺”工具。目前中国公司治理中，与董事会权力不能落到实处并存的是，对董事个人的责任追究和处罚不到位。这其中包括我们的监管逻辑本身有问题。比如各种上市公司违规行为，监管部门更多地是处罚“公司”，而不是处罚具体的有关责任人。处罚公司实际是处罚了所有股东，本来已经受到大股东或者董事、高管违规行为侵害的中小股东，还要再次受到利益损害，这不是有些荒唐吗？

2.1.3　股东、公司章程与董事会权力

为什么公司制企业这么好的一种企业组织形式要在18、19世纪，人类历史这么晚的一个时期才真正兴起？从根本上说，公司制企业的发展和公司治理的进步，是跟人类“政治智慧”的发展程度高度相关的。股东通过出资和制定章程来组建公司，然后交由董事会管理这套做法，实际就是民主政治原则在企业组织中的应用。董事会就是公司中的一种“代议制政府”。与民主政治原则有所不同的是，股东是按股、按出资的多少来投票选举董事的，而不是民主政治领域里的按人投票。看到了这一点之后，最先发展起民主政治的国家，最先崛起了现代的公司制企业，也就不足为怪了。

股东以出资和拥有的股本成为公司共和国的公民，章程则是公司共和国的宪法，董事会则是公司共和国的政府机构。政府的行政权力来自公民，但是公民不能随意剥夺已经赋予政府的权力；同样，董事会管理公司的权力来自股东，但是股东不能随意收回已经赋予董事会的权力，前者要修改宪法，后者要修改章程。

公民可以通过一套民主程序来“治理”政府，但不是可以直接给政府下命令的行政上级；股东可以通过股东大会和公司章程来“治理”董事会，但也同样并不是董事会的领导或者行政上级。

正确认识和实质性地加强董事会的权力，并相应地加强董事的责任，这可以说是目前中国要真正发展现代公司制企业和加强公司治理的关键点，甚至可以说是起点。

专栏 2-3　美国和英国的公司章程

在美国和英国，公司章程（Company's Constitution，公司的宪法）都由两个部分构成。这两部分文件在英国称公司组织大纲（Memorandum of Association，组织备忘录）和组织章程（Articles of Association），在美国称为公司注册章程（Articles of Incorporation，也译公司组织章程或公司组成证明文件）和公司管理章程（Bylaws，也译公司章程细则）。

美、英两国的这两部分文件的内容与作用是基本一致的。公司注册章程（美）与公司组织大纲（英）中规定的主要是公司与外界的关系，包括公司名称、公司经营目的、公司的法律管辖地以及公司的资本额等，因此也被称为公司的外在宪章。这一外在宪章是法定的必须向政府的公司注册机构递交的公司设立的必备文件。

公司管理章程（美）和组织章程（英）则是用以规范公司内部事务的，主要规定了公司内部管理方面的一些规则，包括股东会、董事会、高管职位设置等等内容，因此也被称为公司的内部宪章，并通常被视为是公司与其股东之间以及股东与股东之间的契约。

在美国，公司注册章程必须由发起人签署并呈报州务卿（负责公司注册事务），而管理章程一般不须向州务卿提交。管理章程比注册章程易于修改，但是管理章程的规定要遵从注册章程，不能与注册章程发生抵触。

2.2 公司为什么需要董事会

公司为什么需要董事会？这个问题可以分解为三个层面：先是公司为什么

需要至少一位董事，然后是公司为什么需要多位董事，最后是为什么多位董事要组成一个董事会、通过“董事会”这样一个会议体来行使权力，也就是公司为什么需要董事会？

公司为什么需要董事？需要从公司的历史起源和现代公司法确立上寻找答案。简单说，特许公司时代，因为成立公司是一种特权，因此先有政府（议会）任命的董事，董事以公司的名义去融资而后才有股东，这使“董事管理公司”成为一种事实和惯例。

到了普通公司时代，为了防止有限责任股东滥用公司法人地位，通过“至少要有一位董事”和“董事管理公司”的法律设置，增加一个责任追究通道。多位董事并要进而组成董事会，则是随公司对外融资、规模扩大和严格管理规则而产生的一种需要。

从法定的董事机关到实际运作中的董事会设置的发展，是公司规模扩大、利益关系复杂的一个结果。以会议体形式行使权力的董事会制度，相比可单独行使权力的董事制度，是对董事权力行使方式的进一步规范，有利防范董事权力的滥用。作为一个集体的董事会，要比各自行使权力的董事，在决策水平、决策过程和透明度上有大幅度提高，也使董事决策的过程记录成为董事责任追究可资利用的基础。

董事制度方便了将公司管理权力赋予有能力的人，不愿意或能力不足的股东可以当甩手掌柜，董事制度由此成为公司广纳人才的有力方式。董事会主导人物从官员、创办者、大股东、银行家到经理人和独立董事，越来越从倚重传统资源向倚重人力资本、专业能力方向转化。董事会相应地从公司控制和保证规范角色，向更多的战略制定和帮助公司创造业绩方向转化。

2.2.1　现代公司董事地位的确立

从公司的起源和演化历程来看，董事先于“现代公司”，更先于现代概念上的股东（不仅有收益权而且有投票权）而存在。公司制度的一个主要优点是可以进行股权融资，也正因此，在公司的发展历史中，先有董事，他们一般是官员、议员，得到政府的特许授权进行融资，利用民间资本。当公司制度被推广到民众中后，普通公司创始人、大股东将其事业组建为公司形式时，便需要通过董事这种法定机关来行使公司管理权力，并担负公司不法行为的后果。特许公司董事代表着权贵们的融资特权，普通公司董事则是为了防范融资欺诈而施加的一种责任。

以最早和最著名的“股份公司”荷兰东印度公司为例①，其成立之初的76名“董事”源自组建成荷兰东印度公司的六个城市中的那些“早期公司”，是由各城市议会随特许权的授予而任命的，他们组成了荷兰东印度公司六个商部各自的“董事会”。六个商部从自己的董事中推选出代表，组成“17人会议”负责荷兰东印度公司的总体决策和管理，等于是荷兰东印度公司的董事会。荷兰东印度公司的投资者享有有限责任，但是并无自行选举产生董事的权力。这些董事多半是城市议会成员或者政府官员，投资者是如同中国晚清官督商办企业里的商股股东一样仰人鼻息的。他们的“股东权力”要比今日中国国有控股企业里的中小股东还差，这些中小股东至少还有个“投票权”，尽管实际不起作用。

早期合股公司发展中的欺诈横行和南海泡沫等，使英国出台了《1719年泡沫法案》，直到《1825年泡沫法案废止法》，合股公司才再度发展起来。此后经过《1844年合股公司法》和《1855年有限责任法》等，到《1862年公司法》颁布，现代公司的基础规则和治理机制就基本奠定了：注册成立公司（不再是特许），公司法人独立（财产和诉讼），股东有限责任，股东选举产生董事和监察人，董事管理公司，监察人检查审核公司账目。

英国《1844年合股公司法》已经确立了“董事管理公司”这一现代公司的基础治理规则：“董事是指导、处理、管理或监督公司事务的人”（The Word “Directors” to mean the Persons having the Direction, Conduct, Management, or Superintendence of the Affairs of a Company，英国1844年合股公司法第3条）②。成立公司必须至少三位董事和一位或更多监察人（第7条）。“股东

---

① 英国东印度公司虽然成立时间比荷兰东印度公司早一年，但是荷兰东印度1602年成立时就成为了一家可连续运营的实体企业，即其所融资金可多次航行，而英国东印度公司要在10年之后才从“每次航行单独融资、各有不同股东”的“项目运营”状态转变为可一次融资多次航行连续运营的实体企业。因此，荷兰东印度公司是最早的“股份公司”。

② 载虞政平主编《英国公司法规汇编：从早期特许状到当代公司法，1530–1989》，法律出版社2000年第1版，第42页。

投票选举产生董事和监察人（第26条）”。“董事们根据本法和公司章程处理和管理公司事务，任命、解聘公司秘书和公司职员，举行定期会议及临时会议，任命主持这些会议的主席（第27条）”。

到了现代公司法确立之后的普通公司时代，股东出资注册成立公司，为什么还要由董事管理，而不是由股东直接管理？特别是在那些并没有（也无权）对外公开招股的封闭公司中，可以不设立由多人构成的董事会，但却需要至少一位董事（如中国公司法中“执行董事”安排）？实际这样的公司都是股东在亲自管理公司，法律上的“董事”设置还有什么意义？

英国在禁止了合股公司发展一百多年之后，为了应对工业革命引发的公司发展需要，又要防止南海泡沫那样的惨剧重演，便通过了董事制度的设置及其他一些措施（如撕破公司面纱和监察人制度）来对公司法人行为的滥用加以防范。安·比尔斯在《魔鬼词典中》给“公司”下了这样一个定义：“一种巧妙的装置，个人可以利用它获利却不用承担任何责任。”现代公司制度与生俱来的社会融资便利，使其很容易被老股东和公司董事、实际控制人合谋用来诈骗新股东和公众股东钱财。董事（会）作为公司法定机关的设置，以及相应的董事民事和刑事责任追究——董事要作为自然人来承担公司违法行为的法律责任——可以把董事送进监狱，是现代社会控制公司行为、给予其独立法人地位的前置条件。

2.2.2 董事责任，影子董事和事实董事

董事的设置是为了防止股东躲在公司法人的背后胡作非为，那如何防止公司的实际控制人躲在董事的背后来实际操纵公司又逃避责任呢？英国公司法上有明确的“影子董事（Shadow Director）”概念，影子董事是“这样的人，公司董事们惯常地按照他的旨意和指示行动”。在承担责任的场合，影子董事被当作正式董事对待，并课以严格的责任。美国和其他一些国家则有一个“事实董事（De Fecto Director）”的概念，没有正式董事身份的人，但是“他的行为表现出是以董事身份在活动（如经常参加董事会会议并积极参与公司决策等），他就被视为事实上的董事”。

从英国1844年合股公司法“董事是指对公司事务进行指导、处理、管理和监督的人”到美国法律研究院1994年通过并颁布的“美国法律重述”之《公司治理原则：分析与建议》给“董事”所下的定义——董事指被任命为公司董事的个人或者根据有关的法律或公司决定行使董事职责的人——都表明，名义上被任命为董事的个人是“董事”，事实上在行使董事职责的人也是“董事”。

美国注册大公司最多的特拉华州，在其“普通公司法”中明确规定“公司的业务和事务应当由董事会管理或者在其指导下管理”。在该法的同一章同一节①中还明确界定了“凡在本节中所提到的董事会，董事会成员以及提到股东时，应当被认为是分别指：公司管理机构，管理机构成员以及公司成员”。就是说，董事会是公司管理机构，董事是管理机构成员，而股东是组成公司的成员。如果股东或者任何人实际介入了公司管理，行使了本该归属董事会的职权，则该股东或该人在法律上就可以被认定为“董事”。

为什么要有这种“事实董事”的概念？它有什么用处？很简单，有了这样的概念之后，法院就可以追究那些操纵或者架空董事会者个人的“董事”责任。如果没有这样的规定，就难以有效地防范和惩治那些隐藏在“有限责任之墙”和“董事会之幕”背后的“关键人”“垂帘听政者”。董事责任的概念在中国公司法中已经很明确了，但是因为缺乏“事实董事”的概念和相应的法律实施，而使中国公司中很多董事会的权力不能落到实处，董事会成为大股东的橡皮图章，公司成为大股东的“掠夺”工具。

2.2.3 为什么需要董事会的逻辑解释

学术界对于公司制企业为什么需要一个董事会已经有了很多的讨论，如法学界的“管家理论”、经济学界的“委托代理理论”和管理学界的“团队决策理论”等等。如同盲人摸象，它们各自基于一定的事实而各有道理。但是，最基本的道理，也往往是最简明的道理，它的基本逻辑是什么？我们也许可以通过一些简单的思想实验，就能够有个清晰的理解。这里的要点有三个。

---

① 《特拉华州普通公司法》，法律出版社2001年版，中译本第四分章第104节。

没有有限责任，就没有公司的永续生命和无限的扩张前景

首先是因为要让公司股东享有有限责任，没有有限责任，就没有公司的永续生命和无限的扩张前景。

公司制度本身是一套人为设计的事物，不是自然事物。公司是现代民法体系建立起来之后才发展起来的一种新型企业组织形式。公司是法人，是法律上的居民，法律既是给予公司生命的父母，又是护佑公司成长的关键社会环境。股东有限责任和董事会集中管理等基本治理规则，为公司制企业提供了无限的成长边界和吸纳资源及管理能力的空间。

如果没有有限责任，也就是无限责任，那么谁还敢与陌生人合作、共同成为一家公司的股东？这就像几千年的传统社会一样，经济活动的组织仅限于官方靠武力执行的政府企业和民间靠亲缘血缘维系的家族企业，再加上一点宗教组织所附属的企业活动。

近现代的“大国崛起”与历史上的“大国崛起”，有一个根本性的差异，就是启动了以公司制企业为主体的工业化和经济现代化过程。正是有限责任及其相应的法律支撑，扩展了公司制企业的股东边界，才会产生成千上万以至几十、几百万股东共同拥有的现代大型企业组织。

如果没有配套的董事和董事会制度，有限责任制度则会被股东滥用于过度的冒险、掠夺，而不是真正的企业发展

有限责任制度在带来了扩大股东合作范围和促进股东承担新事业风险这一正效应的同时，如果缺乏相应的约束，也会刺激股东的过度冒险行为，并成为股东掠夺债权人和公司其他利益持有人的一种工具。在有限责任条件下，股东通过提高公司的财务杠杆及从事一些高度风险的项目，可以以有限的损失博取接近于“无限”的高额利润。美国银行业股东的有限责任是从多倍责任经过100多年逐步发展过来的，就是因为银行业企业股东更有掠夺存款人利益和过度冒险的动机与便利条件[①]。

---

① 参见第12章“银行和集团企业的董事会与公司治理”。

公司制企业中，法律上“董事”的引入，就是为了在提供了有限责任的同时，设立一个追究“无限”责任的通道。作为股东，你可以在财务上享受有限责任的保护，但是如果你由此而胡作非为，则追究你作为“董事”的责任。作为董事的责任，没有了“有限责任”之墙的屏蔽，既是直接追究到个人的，也是“无限”的。这里的“董事”既是一个人的概念，也是一种机制和一种公司法律机关的概念。法律如何通过“董事”来追究到个人的责任，我们下面再详谈。

董事和董事会制度，进一步扩展了公司制企业的合作边界

现代公司制企业中的董事会制度设计，不仅有其上述防范性的一面，也有建设性的一面。防范性一面的主要表现是可以在股东借有限责任而通过公司胡作非为的时候，追究其作为董事的个人责任。董事会制度对公司制企业发展的建设性的一面则表现为扩展了公司制企业的合作边界。有限责任制度扩展了股东之间物质资本的合作边界，使不相识的股东之间可以共同投资和拥有一家企业。董事和董事会制度则进一步扩展了拥有物质资本的“富人”和拥有管理才能的“穷人”之间的合作边界。

我们可以试想一下，如果没有现代公司制企业及其董事和董事会制度，穷人只能简单地给富人打工，听从富人的指挥调遣。这种情况下只有那些既有物质资本又有管理才能的人才能建立起较大一些的企业，而再有才能的穷人也只能是个低级打工的命运。中国几千年的传统社会就是这个样子，整个社会的想象力甚至都限于贫穷落难的才子要遇上富家小姐才能改变命运。上帝是公平的，也是人性使然，富家后代甚至仅仅是一个人富裕之后，往往就不再刻苦和努力，“奋斗、拼搏”似乎只是穷困者所能依然拥有的禀赋。

在人类发明现代公司制度之前，我们即使能够找出来一些所谓百年老店，其规模与现代大型公司相比，也实在是小得可怜。同时拥有创建企业的物质资本和管理企业的人力资本的人已经是凤毛麟角，再足够幸运地拥有能够继承和光大父业的后代，就绝对是小概率事件了。“富不过三代”的根本原因，并非是家规不好、家教不严，而是没有能够让有才能的穷人与不想再辛劳的富人及其后代之间相互信任并有效合作的一种机制。股份公司制度为这种合作提供了一种用合同替代信任的出路，让企业管理从基于信任关系的“人治”走向基于

契约关系的“法治”。一套以有限责任为基础、以董事会为核心的现代企业制度，则可以使富人与穷人双方各得其所，“富人”作有限责任的股东，享受财富的快乐并保持财富的升值；有才能的“穷人”得到经营和管理的机会。以至发展到现代的大型公众公司，穷人和普通人也可以作大公司的股东，让财富创造财富，而不再百分之一百地靠双手吃饭了。

如果说股东会按股说话，是股东们按投入公司的资本数量来决策公司大政方针的地方；董事会按人说话，就是股东们按个人能力才识来进行公司日常经营决策的地方。现代的独立董事主导的董事会，是资本市场高度发展后逐渐演变出来的，公司法上资格股规定的取消，则是对这种演变趋势的适应。就中国目前的公司发展和股权分散状态来说，特别是在众多的非上市公司中，还是要以股东为主构成的董事会才能发挥作用。

国美事件中有人提出公司治理的基本精神是“妥协”的说法，这是一种在中国传统思想基础上的理解，我们不敢苟同。理论走极端，实践要妥协，但是如果说公司治理的基本精神是“妥协”的话，就有些过了。你把“原则”往哪里放？你可以拿“原则”做交易？中国传统文化就是不喜欢当面锣对面鼓地讨论问题，解决分歧。可以普遍地不遵守明规则，大搞潜规则。

公司是西方现代法治理念下的产物，提倡的是“按规则解决分歧，按规则合作”。中国还是有些缺乏这方面的意识的，中国企业往往延续了“人治”的习惯。公司治理的基本精神其实是契约精神，在公司法所奠定的基本规则的基础上，通过公司章程等，事先明确一些可能发生的矛盾或者冲突的解决办法和规则。无论是什么样的分歧事项，只要是按照这些事先定好的规则解决所得到的结果就要服从。尽管有人会因结果不尽如人意而后悔，但也要为此负责。

2.3　恪守管家本分：董事的忠实义务

法律在赋予公司制企业董事权力的同时，相应地设置了约束这种权力的责任。从责任对象来说，董事的法律责任包括对公司的责任、对雇员的责任、对债权人的责任以及对第三人的责任等等，其中对公司的责任可以说是最为核心的。董事对公司的法律责任则主要包括忠实义务和勤勉义务两个大的方面。中国《公司法》第一百四十八条也明确规定了“董事、监事、高级管理人员对公司负有忠实义务和勤勉义务”。

2.3.1 忠实义务的核心内容

董事忠实义务的核心内容就是，公司董事不能利用其作为董事的身份，侵占和损害公司而谋求私利。除了挪用公款、收受贿赂、滥用公司财产等等这些很明显的过错行为之外，还包括董事不能与公司竞争、不能利用公司机会、不能泄露公司机密、不能从事内幕交易和公正处理有利益冲突的交易等等。

作为“管家”的董事，难免与公司之间发生一些利益冲突事项，其中最为典型和常见的就是董事从公司获取报酬和董事向公司借款。董事自然希望报酬多多益善，但是股东则希望董事报酬应该适可而止。

法律对于那些不可避免的董事与公司之间有利益冲突的交易事项，基本采取“批准”和“公平”两项检验标准。所谓“批准”标准，就是要事先通过一套程序来把关，包括有利害冲突的董事回避投票，或者经过股东的批准等等。所谓“公平”标准，就是在缺少事先的程序标准的情况，如果能够证明该项交易对于公司是公平的，则该项交易仍然可以有效。

专栏 2-4 解决忠实义务问题的核心原则：批准与公平

《特拉华州普通公司法》关于公司与其董事、经理或其董事、经理有利益关系的实体之间交易“有效性”的规定

（a）一家公司和一位或数位本公司的董事或官员之间的合同或交易，或者一家公司和其他任何一家公司，合伙组织，团体或其他组织的合同或交易不能仅仅因为该家公司的一位或多位董事或官员正好也是合同或交易对方的董事或官员；或者仅仅因为他们在此合同或交易中有钱财利

益；或者仅仅因为该公司的董事或官员出席或参与了批准该合同或交易的董事会或董事会的委员会；或仅仅因为在计算上述会议的投票数时，把上述有个人利害关系的董事等也计算在内；就应当认为该合同或交易是无效的或是可以令其无效的；如果：

（1）重要的事实如上述董事等和该合同或交易的关系或在其中的个人利益以及合同和交易本身都已告知董事会或有关委员会或已经为他们所知晓，而董事会和委员会是善意地因为有与此合同或交易**无个人利害关系的董事中的多数肯定票**，才同意该合同或交易的，即使是上述无个人利害关系的董事人数不能构成会议的法定人数；或者（批准原则，无利益关系的董事批准——作者注，关键词句亦由作者加为粗体）

（2）重要的事实如上述董事等和该合同或交易的关系或在其中的个人利益以及合同和交易本身都**已告知有权对此事表决的股东或已经为这些股东所知晓而股东仍是善意地专门为此表决通过**；或者（批准原则，知晓情况下的股东批准——作者注，关键词句亦由作者加为粗体）

（3）在该合同或交易在被董事会或其委员会或股东赞同或批准的当时，**对公司来说是公正而合理的**。（公平原则 ——作者注，关键词句亦由作者加为粗体）

（b）在董事会或一个委员会的会议上要批准该合同或交易时，如要计算当时的法定人数，则可把普通董事和对此有个人利害关系的董事都计算在内。

《特拉华州普通公司法》第四分章“董事和官员”，第144节“有个人利害关系的董事；法定人数”，特拉华州法典，第8篇，第144节，1983年。

中国在书面上已经明确了董事的忠实义务，但是相应的司法实践经验还不多。有关方面对这一问题的理解也还不够深入和具体。下面我们从公司法实践最长的英国选取几个经典案例，来对董事忠实义务作进一步的说明。英国学者丹尼斯·吉南在其所著《公司法》一书[1]中为我们提供了几个有关董事忠实义务的法院判例。为了易于理解，我们进行了改写和重新表述。

2.3.2 不能与公司竞争

判例：实业开发顾问公司诉其前首席执行官库雷

董事应该尽力为公司工作，不能与公司竞争。即使是在董事离职之后，仍然负有不能与公司竞争的法律责任。这一点，我们可以从下面这个英国1972年的判例中看得很清楚。

被告库雷是个优秀的建筑师，曾任原告实业开发顾问公司的首席执行官。实业开发顾问公司提供过顾问服务的东方煤气局要建造四个补给站，实业开发顾问公司非常想获得该合同。库雷代表实业开发顾问公司与东方煤气局接洽，但被告知东方煤气局高管不愿聘请实业开发顾问公司。库雷意识到这是为自己获得这项合同的良机，于是装病而终止了与实业开发顾问公司之间的雇佣合同。随后不久，库雷采取了一些措施，最终为自己获得了东方煤气局这四个补给站的合同。实业开发顾问公司起诉库雷，要求其返还建造这四个补给站所获利润。

法院判决库雷违反了其忠实义务，须向公司返还所获利润。实业开发顾问公司自身可能得不到该合同的事实无关紧要。在审理该案的罗斯吉尔法官看来："可见，不能肯定地说，原告就能获得该合同……但是另一方面，原告也总是有机会说服东方煤气局改变主意，具有讽刺意味的是，被告正好有义务设法说服对方改变主意。被告现在说，原告没有遭受任何损失，这倒显得很奇怪，因为他根本就没有成功地说服对方改变主意。"（吉南，297页）。

中国的很多企业高管，无论国企的还是民企的，离职之后从事与公司竞争性的业务活动，很少受到法律的处罚，导致原企业因此而步履维艰，甚至陷入困境。

---

① （英）丹尼斯·吉南著，朱羿锟等译：《公司法》，法律出版社2005年6月第1版。

2.3.3　不能利用公司机会

判例：雷格尔公司诉其董事古利夫等人

雷格尔公司拥有1家电影院，欲再购2家电影院，以便将3家影院一并出售。雷格尔公司成立了一家新的子公司，由其购买2家新影院，但因为雷格尔公司拿不出购买影院的全部资金，便由公司董事购买了该子公司的一部分股份，凑足了必要的资金，该子公司购买了这2家新影院。最终雷格尔公司及其子公司的股份得以出售并且赢利。雷格尔公司的新控股者起诉这些董事，要求返还所获利润。

法院判决这些董事必须向雷格尔公司返还利润。因为只有担任董事职务，他们才有机会了解到可以购买该子公司股份，并因此获利。法院尤其强调，只有以下情形成立，董事就有义务向公司返还其自身所获利润：董事所为与公司事务如此相关，以至于可以合理地认为，是利用了其作为董事的机会和所得信息（吉南，298页）。

和与公司同业竞争相比，很多中国企业高管，甚至就没有把利用公司机会当作是违法行为。很多集团公司的高管在下属公司中持有股份，如果深究，其中可能大量存在利用公司机会的问题。

2.3.4　可以存在的竞争和可以利用的机会

判例：比索银矿业公司诉其董事克罗裴

董事不能与公司竞争和不能利用公司机会，并非绝对的。如果法律绝对禁止董事从事任何与公司之间有竞争的业务活动，也绝对禁止董事利用公司机会，就会丧失很多公平的交易和有利的机会，尤其是对于非上市公司来说，情况更是如此。

迪克森与比索公司董事会接洽，欲将其与比索公司财产毗邻的126个探矿权出售给比索公司。比索公司董事会经过讨论之后，拒绝了该交易。然而比索公司的地质专家随后组建了一个克罗斯鲍矿产公司购买该探矿权。克罗裴是比索公司的董事，参与了早先比索公司董事会拒绝该项交易的决策。但是克罗裴个人在克罗斯鲍公司投资了，是股东。克罗裴遭到比索公司起诉，要求将其取得的克罗斯鲍公司股份返还给比索公司。

加拿大最高法院认为，克罗裴无须返还。从事实来看，克罗裴及其董事同僚完全是出于善意为比索公司利益而行事，拒绝该要约有充分的商业理由。没有证据表明，克罗裴拥有隐瞒董事会的秘密信息或者其他信息。法院还查明，克罗斯鲍公司邀请克罗裴加入，并非因为其比索公司董事的身份，而是作为一个普通的风险投资者（吉南，299页）。

2.3.5 不能与可以：差异何在?

不仔细分析的话，上述两个“不能”的案例和一个“可以”的案例之间，很难看出明显的差异。这之间的界限应该如何把握?

第一个“不能”的案例中，首席执行官没有努力为公司赢得这个商业机会，而是辞职后自己干；第二个“不能”的案例中，董事是直接利用了作为董事才有的投资机会；而第三个“可以”的案例中，该董事是在公司明确否决该项目之后才投资的。差异就在这里，董事可以在公司明确拒绝一项业务或一次机会之后，再自己从事该项业务或利用该项机会。

那么董事是否可以有预谋地以“董事”之权力有先否决一个公司机会，然后再自己干呢? 这里的关键点就是，其作为公司董事所做出决策是否是“善意”的。如果被证明该董事为了能以后自己干，当初故意隐瞒了一些重要的相关信息或者没有充分利用相关信息，而致使董事会做出了拒绝的决策，则会判处该董事违背了其应尽的忠实和勤勉义务。

与公司竞争和利用公司机会这两方面的董事忠实义务问题，在中小企业、合资企业和非上市公司中要比在大型企业和上市公司中更为普遍一些，也是中国健全公司治理、强化董事责任的一个关键环节。下面我们再根据美国法律研究院《公司治理原则：分析与建议》（楼建波等译，法律出版社2006年8月第1版）对这个问题作些介绍。《公司治理原则：分析与建议》是美国法律研究院的“美国法律重述”项目之一，虽然本身并非法律文本，但因广为法官引用，实际影响很大，有成为美国实际法律的可能。该研究院制定的“统一商法典”

已经由美国各州立法机构通过，成为了名副其实的美国统一商法典。

2.3.6 可以与公司进行的竞争：治理原则与例证

美国法律研究院《公司治理原则》的第5.06节规定，董事或者高级主管不得从事与公司相竞争的活动而为自己谋取金钱利益，除非：①这种竞争给公司带来的合理的可以预见的损害，要小于公司从这种竞争中可能获得的合理利益，或者这种竞争不会给公司带来损害；②这种竞争是在进行了有关利益冲突和竞争的信息披露之后，经过了无利益冲突的董事的批准；③这种竞争获得了无利益冲突的股东的事前授权。

这里的竞争包括对客户的竞争，对供应的竞争，对雇员或者商业财产的竞争等等。但是只有该董事是直接为个人利益而行为时才被看作是与公司竞争。如果一名董事仅仅是在另外一家竞争对手的董事会任职，则不在此列。

如果没有合同约定的限制，一名董事或高管，为在公司任职结束后与公司进行竞争而进行有限度的准备，这一事实本身并不构成违反义务。关键要看这种准备的性质和其对公司业务的影响。如果在这一准备过程中，将公司的商业机密挪作己用或滥用保密信息，或者攫取公司机会，或者为个人利益而游说公司客户等等，则违反了董事或高管应尽的忠实义务。

例证：由无利益冲突的董事批准，可以进行竞争，但是如果情况发生变化，则要重新审查

X公司从事平板玻璃的生产活动并拥有1家工厂。产品的需求非常旺盛，远远超过了X公司的生产能力，在可以预见的未来一段时期，X公司不能满足产品订单的需求。X公司董事会决定不扩大生产规模，以免放松产品质量控制。A先生是X公司的董事但非高管，他希望自己建设一家工厂，以满足X公司不能满足的对平板玻璃的市场需求。在这种情况下，X公司的无利益冲突的董事可以作出适当的结论，认为A先生计划开厂的行为对X公司并不构成威胁。A先生得到了授权，可以开设新厂。

但是，在A先生建设了他自己的工厂之后，X公司的董事会又决定扩建X公司的工厂，以满足增长的市场需求。A先生一面担任X公司董事，一面其工厂又与X公司竞争，这就违反了董事的义务。这时，除非X公司的董事或股东判断，留用A先生担任公司董事给公司带来的利益要超过这种竞争对公司的损害，否则A先生应该辞去X公司董事的职务（美国法律研究院《公司治理原则》第352页）。

2.3.7 可以利用的公司机会：治理原则与例证

美国法律研究院《公司治理原则》的第5.05节规定，董事或者高级主管不得从公司机会中获利，除非：①首先将该机会提供给公司，并且披露有关利益冲突及公司机会之情势；②该机会被公司所拒绝；或者③拒绝该机会对于公司是公平的，经披露之后该机会的利用已经被无利益冲突的董事所批准，公司对该机会的拒绝已经经过无利益冲突的股东的事先授权或者批准。

什么是公司机会？美国法律研究院《公司治理原则》在其5.05（b）节中给出的定义是：①作为董事或高管而获知的任何商业机会，如果：A）是在履行职责时而得知，或者有理由相信提供机会的人意图是将这个机会提供给公司；B）通过使用公司的信息或财产而获得，并且有理由相信，该董事或高管能够预见到该机会对公司是有利的。②作为董事或者高管所知晓的任何商业机会，该机会是与公司正在从事或者将要从事的商业活动具有密切联系的。

例证：什么情况下属于和什么情况下不属于利用公司机会

A先生是从事钢铁制造业的X公司的首席执行官。尽管X公司目前没有进行业务多元化的计划，但如果A先生在履行其作为X公司首席执行官职务的过程中获得并接受了一个收购从事发展太阳能商业化用途的Y公司全部股权的机会，如果A先生将这个机会据为己有，他就属于攫取了上面有关公司机会定义中①A）下的公司机会（是在履行职责时而得知，或者有理由相信提供机会的人意图是将这个机会提供给公司）。

如果其他事实与上面的情况相同，但是A先生获得的机会是通过参与Y公司股票私募而进行投资，而且A先生是以其个人身份而非X公司首席执行官身份获悉该机会的；那么A先生并不负有将该投资机会提供给X公司的义务。

如果其他事实与上面的情况相同，但A先生被提供的机会是生产铁矿石的

Z公司的股权，而且A先生是以其X公司首席执行官的身份获悉该机会的；那么A先生获得的机会就属于前述定义中①A）下的公司机会，而且他必须将此机会提供给公司。即便A先生不是在履行其作为X公司首席执行官职责过程中获悉该机会的，根据前述公司机会定义中②条（该机会是与公司正在从事或者将要从事的商业活动具有密切联系的），他也必须将这个机会提供给公司（美国法律研究院《公司治理原则》第336页）。

有关董事和高管利用公司机会的问题，可能是公司治理和董事忠实义务及公平交易义务中最难判断与有效解决的难点问题之一。在美国这样公司治理法律发达的国家中，董事、高管或者控股股东已经很少有明显的对公司和中小股东的掠夺性行为，但是利用公司机会的问题则不那么容易解决。中国在这个方面最多只能说是刚刚起步。甚至可以说，缺乏对利用公司机会行为的有效控制，是中国职业董事、职业经理人制度发展不起来的一个根本原因。

2.4　善意之后还要行为到位：董事的勤勉义务

2.4.1　勤勉义务的内涵及其与忠实义务的区别

勤勉义务（Duty of Care），也称注意义务或审慎义务，和忠诚义务一并构成公司董事和高管法律义务的两大种类。忠诚义务的着重点在于董事行为的目的和做出决策的出发点是否正确，是否是为了公司的利益最大化；勤勉义务的着重点则是董事行为本身和做出决策的过程是否尽职和是否到位。

通俗地说，所谓“勤勉义务”，就是要求董事处理公司事务时能像处理个人事务时那么认真和尽力，或者说董事必须以一个谨慎的人在管理自己的财产时所具有的勤勉程度去管理公司的财产。在美国，有关董事勤勉义务，最常被引用的正式表述有两个。一个是美国《示范公司法修正本》，其表述是，董事在履行职责时必须，①怀有善意；②要像一个正常的谨慎之人在类似的处境下应有的谨慎那样去履行职责；③采用良好的方式，这是他有理由相信符合公司利益的最佳方式。另一个是来自1966年宾夕法尼亚州的判例：一般的审慎之人在类似情况下处理其个人事务时应尽到的勤勉、注意与技能。

在英美国家的公司治理法律传统上，忠实义务和勤勉义务的区别是明显的。法院对违反忠实义务行为的审查相当严格，而对于违反勤勉义务行为的审查则相对宽松。但是从经济学的角度看，所谓忠实义务和勤勉义务两者在本质上都是因为存在代理成本和利益冲突而降低了投资者的福利，它们之间却并没有多少实质性的区别。以至《公司法的经济结构》一书的作者说，“在给定报酬的条件下，工作努力程度与此不相称，这称为违反勤勉义务；而在给定工作量的情况下，获取了过高的报酬，这称为违反忠实义务。这两者之间有什么区别呢？”

纯粹的法学家倾向于用是否存在利益冲突来解释忠实义务和勤勉义务的区别，美国法律学会的《公司治理原则》甚至采用了一个“公平交易义务”的概念来涵盖传统上忠实义务概念所指的那些内容。从事法律分析的经济学家则认为对违反义务行为的惩处机理和政策取向不同，也许是区分忠实义务和勤勉义务的一个更好解释。属于“偷懒”和“工作不努力”性质的违反勤勉义务的行为，具有连续性和持续性，可以通过一些公司自律和市场化的办法，如考评、升迁和解聘等来解决，而忠实义务，则通常是针对那些巨大的一次性盗用行为，行为人抱有“捞一把就跑”的心态，事后性的市场惩罚措施远远不够用，此时法律上的“责任规则”就成为了最有效的办法。而且与违反勤勉义务的不努力、不谨慎行为相比，法院更容易辨别违反忠实义务的盗用行为，相应的质询成本和判错概率也低。

判别一个董事是否“勤勉”的标准，要比判别其是否“忠实”难得多。从判例法上看，董事违反勤勉义务可以分为三种情况或说是不够勤勉的三种程度：不作为、严重的疏忽和纯粹的过失。著名公司法专家克拉克采用演员上台后表演拙劣的三个等级来比喻董事不够勤勉这三种情况。董事的不作为——演员上了台却说不出台词，这是因为他甚至没有想过去记住它；董事的严重疏忽——演员上了台却把台词说错了，这是因为他的台词背得不熟；董事的纯粹过失——演员上了台，台词也说得对，但是演技却很糟糕，这是因为他缺乏天分或者排练得不够充分。针对董事违反勤勉义务的起诉，一般都处于上述的第一个等级，即成为了一名董事之后，没有承担起这个职位应尽的正常职责。不参加董事会会议，不用心了解公司经营状况，不认真阅读公司有关报告等等，都属于违反了勤勉义务。下面我们从英国和美国的有关判例中摘取几例，以进一步说明董事的勤勉义务。

2.4.2 勤勉义务判例的历史发展：标准趋向提高，范围趋向扩展

多彻斯特财务公司诉其董事，董事疏忽大意，被判赔偿公司损失。这是英国1977年的一个判例。多彻斯特财务公司有S、P和H三名董事，但只有S全天候打理公司事务，P和H是非执行董事，很少来公司。S和P都具有会计师资格，H具有丰富的会计经验但是没有会计师资格。基本案情是：S让公司贷款给与他有关联关系的个人和公司。之所以能够这样做，是因为P和H应S的要求，签署了公司账户的空白支票。该贷款违反《贷款人法》，且没有足够的担保，以至于公司无法收回该贷款。公司提起诉讼，指控三名董事疏忽大意和滥用公司财产。法院判决，这三名董事均须赔偿公司的损失。S作为执行董事严重疏忽大意，P和H作为非执行董事在履行其职责时没有尽到应有的必要技能和审慎义务，尽管有证据证明他们是基于善意而行事的。从该案可以看出，在法官看来，非执行董事不参加董事会，或对公司事务不闻不问，而只是依靠经理或其他高管的技能与勤勉，均属于不合理。

多彻斯特财务公司判例对非执行董事的勤勉义务适用了一个比以前更高的标准。在1925年的一个类似案例——城市衡平火灾保险公司案例中，董事会几乎将管理大权都交给了董事长。董事长有欺诈行为，但是法院并没有判定其他董事违反勤勉义务。判决该案的法官认为：“①与可以合理期望的与其具有同等知识和经验的人相比，董事无须具有更高的技能；②董事无须对公司事务给予持续的关注，其义务是在定期董事会上履行职责，具有间歇性……他无须参加所有的董事会会议，但只要可以合理地认为他可以参加的，即应参加；③鉴于业务机会稍纵即逝以及章程细则之规定，其所有职责均可适当地托付给其他

高管，只要没有可疑事由，董事托付高管诚实地履行职责是合理的。”

董事疏忽大意，违反勤勉义务，给公司带来损失要赔偿，给第三人带来损失也要赔偿，这在英国1989年的一个判例——托马斯·桑德斯合伙公司诉哈维中有明确的表现。原告为建筑师，承揽办公室室内修整工程，其工程内容之一是提高入口地板。被告是该工程分包商地板公司的董事。当问及其地板是否符合有关规格时，他书面确认说符合。但事实是该地板并不符合要求，该建筑师被最终用户请求赔偿。因地板公司已经清算，便要求被告赔偿。该请求得到法院支持，其理由便是董事的疏忽大意。尽管书面确认书是以公司名义发出的，但是被告是该领域的专家，在发出有关陈述时就应该承担审慎义务。他应该对其疏忽大意负责。本案法官没有发现，为什么公司人格会影响个人的疏忽大意的责任（本节案例资料摘编自丹尼斯·吉南《公司法》）。

提高董事勤勉职责标准也会带来一种风险：因缩小了可选董事范围而降低了公司治理的质量。不过，真正的危险只存在于董事责任的法律标准不清晰，以及法院判决行为不可把握或者存在腐败的情况中。

2.5 董事的免责安全港：商业判断准则

董事违反忠实义务、谋求私利是无法免除其法律责任的，但是对于由于疏忽等原因带来的违反勤勉义务的问题，则有一些是可以免除责任的。否则，过于严格的勤勉义务标准可能会不利于公司吸引那些有能力、称职的人担任董事。同时由此导致董事行为过于保守，对于公司股东价值的最大化也会有不利影响。

2.5.1 不以成败论英雄：注重决策过程而非结果的董事责任标准

董事最多也就是一些经验比较丰富的人而不是神，因此不应当要求公司董事和高级主管能够保证事先预见到公司会面临的每一个危险，发现和解决公司存在的每一个潜在问题，防止和阻止公司的每一个可能的不正当行为。

商业判断准则为正常的商业决策提供一种保护，使其与那些董事持续渎职所作的决策相区别。商业判断准则的核心思想是，保护那些合理和信息充分的商业决策，不论事后的结果证明这些决策的对与错，以便激励风险承担和创新性的企业行为。通俗点说，就是公司治理的法律和责任追究规则上，要“不以成败论英雄”。成或败作为一种结果，都是公司股东要接受的——享有收益、承担风险。对于公司董事和高管，这种“结果”则是通过一系列的市场机制来发挥其激励与约束作用的。

商业判断准则为公司董事和高级主管提供了一种安全港，让他们能够在理性地相信是为公司的最佳利益行事的情况下，做出诚实、基于可靠信息的决策。这一准则通常“假定”董事和高管实施了恰当的行为，从而要求对此提出质疑的人提供证据，即起诉者负有证明董事或高管违反了注意义务的举证责任。

2.5.2　商业判断准则的三个构件：善意、无私利和知情决策

商业判断准则是由法院在判例法中逐渐发展起来的，缺少成文法上的完整描述。美国法律研究院在其《公司治理原则：分析与建议》的第4.01d条中给出了一个比较清晰的定义，其三个关键的构成要件是：①与该商业判断的有关事项没有利益关系；②在当时情况下可以合理地相信所知悉的有关商业判断事项的范围是恰当的；③理性地相信该商业判断是为公司最佳利益而做出的。

根据商业判断准则，符合有关构件标准的商业判断，无论其最终执行的结果如何，都会受到法律的保护，董事无须承担个人赔偿责任。但是这里有一个前提条件，就是这首先必须得是一项“商业判断”，必须是运用了判断力的、一项自觉做出的商业决策。在没有明确地做出有关“商业决策”的情况下，“商业判断准则”是提供不了保护，并且也没有必要提供这种保护的。比如某位董事持续收到财务报告但是没有阅读，从而导致公司财产被掠夺，或者董

事没有为公司建立必要的审计监督程序，从而造成某位主管携公司资金潜逃等等，都不能得到商业判断准则的保护。

善意即是出于公司的最佳利益，它和无利害关系，是两个相关联的商业判断准则适用的先决条件。如果一项商业决策被发现董事在其中有利害关系，“商业判断准则”则不再适用，此时“举证责任”将转移到该董事身上，他要证明该项交易对于公司是公平和合理的。

个人独断的拍脑袋决策是得不到商业判断准则保护的。只有知情决策，基于向董事会提交的解释性的报告而做出的决策，才能得到商业判断准则的保护。法院基于商业判断准则而不干涉商业判断，是假设当事人已经以合理的谨慎行使了判断。董事们要想得到商业判断准则的保护，就必须在做出一项决策之前，获得他们可以合理地相信可以获得的全部重要信息。公司董事会的决策不是作学术研究，不可能有十分充裕的时间并不计代价地获得全部信息后才决策。公司要在市场上竞争，很多商业决策必须在有限的时间内做出。因此商业判断准则允许董事在确定他应当在何种范围内知情时，将实际可利用的时间考虑在内。

获得多少信息才算是“可以合理地相信是可以获得的全部重要信息”呢，这并没有一个精确的标准。根据美国法律研究院的有关评注，评判这一问题要考虑如下一些要素。①所做出商业决策的重要性；②决策所允许的收集信息的时间；③获得有关信息的费用；④董事对研究某一事项的人员及作介绍的人员的信任程度；⑤公司当时的业务状况及董事会需要注意的其他事宜。

2.5.3 董事可以依赖公司高管和专家，但是专家董事则要运用自己的专业知识

现代公司的规模和复杂性都迫使公司董事在很大程度上要依赖其他董事或高级主管、职员、专家以及董事会的专门委员会。除非存在可疑的情形或不同寻常的事实，使得不作进一步查证显得非常不合情理，董事和高级主管没有义务对他们所依赖的信息、报告、陈述等进行亲自调查和求证。

根据英美国家有关董事勤勉义务的法院判例，一般而言，在下述情况下，董事可以免于承担责任。在没有其他信息的情况下，董事可以假定经理人员和高级职员是忠诚的；如果董事是诚实地依赖由负责任的公司高级职员、顾问或者董事会的委员会准备的信息、意见、报告或者陈述，那他就可以不承担责任。但是，如果一位董事自身所拥有的对有关事务的专业知识足以使这种依赖成为不合理和没有根据的，那么该董事就不能被认为是在真诚地行事，也就是要承担责任。

这就是说，对于专家型董事和非专家型董事，在判别他们是否是在忠实合理地依赖公司高管和专家的“标准”上是有差异的。没有专业知识的人出任董事可以依赖专家，只要其行事的过程是忠实于公司的，则可以不承担责任。但是像律师、会计师和银行家等这样一些专业人士出任董事，则必须要运用自己的专业知识，如果他们也是不动脑筋地“依赖”公司高管和专家，没有发现作为一个专家应该能够发现的错误信息或建议，则要承担违反勤勉义务的法律责任。

专栏 2-5 《特拉华州普通公司法》关于董事可以善意地信任专家的规定

董事会中的一员或是由董事会任命的委员会中的一员在履行他们的职务时，如善意地信任公司的记录，或信任由任何一位公司官员或雇员或董事会中的委员会，或者合理地信任某个由公司小心地或为公司利益小心地挑选出来的，在职业或专门知识都胜任合格的某个人在其业务范围中向公司提出的信息，意见，报告或陈述，则对这种信任应当充分地给以保护。

《特拉华州普通公司法》第四分章“董事和官员”第141节（e）。

2.5.4 忠实正直并且没有严重疏忽的错误，归市场管，不受法律的惩罚

缺乏对董事责任的追究，会阻碍董事和董事会在现代企业制度中的真正到

位；缺乏经营判断准则的保护，使董事和董事会的权力受到随意干预，也同样会阻碍董事和董事会在现代企业制度中的真正到位。就董事的忠实义务、勤勉义务和经营判断准则的综合作用来看，我们可以将公司治理的基本法律根基概括如下。

法律创建了现代公司制企业，赋予股东有限责任的好处，赋予董事（董事会）管理公司的责任与权力。在严格追究董事的忠实和勤勉这两大义务的同时，也以经营判断准则对董事决策权力的行使提供了充分的保护。所有正常、合理范围内的商业决策都受到商业判断准则的保护。任何对董事所作决策的法律责任上的质疑，都不能根据该决策本身的质量和是非曲直以及决策带来的实际最终结果好坏来衡量。除非，这一决策事项带有欺诈、利益冲突或是非法的，或是达到了重大过失和重大疏忽的程度。

现代公司制企业能够发展到不受发起人、创始人和任一单一股东的控制，如“脱缰野马”或说“断线风筝”一样，自由驰骋、高飞，依赖的就是来自董事（董事会）这种机制的推动。董事们责任大，权力同样大。他们可以放开手脚、敢作敢为，只要目的正确、别犯程序性的错误，是非任由评说，成败则由市场奖惩。

专栏 2-6　中国《公司法》有关董事忠实和勤勉义务的规定

第一百四十八条　董事、监事、高级管理人员应当遵守法律、行政法规和公司章程，对公司负有忠实义务和勤勉义务。董事、监事、高级管理人员不得利用职权收受贿赂或者其他非法收入，不得侵占公司的财产。

第一百四十九条　董事、高级管理人员不得有下列行为：

（一）挪用公司资金；

（二）将公司资金以其个人名义或者以其他个人名义开立账户存储；

（三）违反公司章程的规定，未经股东会、股东大会或者董事会同意，将公司资金借贷给他人或者以公司财产为他人提供担保；

（四）违反公司章程的规定或者未经股东会、股东大会同意，与本公司订立合同或者进行交易；

（五）未经股东会或者股东大会同意，利用职务便利为自己或者他人谋取属于公司的商业机会，自营或者为他人经营与所任职公司同类的业务；

（六）接受他人与公司交易的佣金归为己有；

（七）擅自披露公司秘密；

（八）违反对公司忠实义务的其他行为。董事、高级管理人员违反前款规定所得的收入应当归公司所有。

第一百五十条　董事、监事、高级管理人员执行公司职务时违反法律、行政法规或者公司章程的规定，给公司造成损失的，应当承担赔偿责任。

专栏 2-7　中国《公司法》有关股东诉讼董事、高管的规定

第一百五十二条　董事、高级管理人员有本法第一百五十条规定的情形的，有限责任公司的股东、股份有限公司连续一百八十日以上单独或者合计持有公司百分之一以上股份的股东，可以书面请求监事会或者不设监事会的有限责任公司的监事向人民法院提起诉讼；监事有本法第一百五十条规定的情形的，前述股东可以书面请求董事会或者不设董事会的有限责任公司的执行董事向人民法院提起诉讼。

监事会、不设监事会的有限责任公司的监事，或者董事会、执行董事收到前款规定的股东书面请求后拒绝提起诉讼，或者自收到请求之日起三十日内未提起诉讼，或者情况紧急、不立即提起诉讼将会使公司利益受到难以弥补的损害的，前款规定的股东有权为了公司的利益以自己的名义直接向人民法院提起诉讼。

他人侵犯公司合法权益，给公司造成损失的，本条第一款规定的股东可以依照前两款的规定向人民法院提起诉讼。

第一百五十三条　董事、高级管理人员违反法律、行政法规或者公司章程的规定，损害股东利益的，股东可以向人民法院提起诉讼。

专栏 2-8 北京中院司法判决明确上市公司董事勤勉责任

基本案情

2007年，因深信泰丰在2003年、2004年的信息披露中存在虚假记载和重大遗漏，中国证监会依据原证券法相关规定，认定原董事丁力业为“其他直接责任人员”，对其处以警告并3万元罚款。丁力业不服该处罚决定，向北京市一中院提起行政诉讼。

2008年10月8日，针对原深圳市深信泰丰（集团）股份有限公司董事丁力业不服证监会行政处罚决定一案，北京市第一中级人民法院作出一审判决，驳回原告丁力业的诉讼请求，原告未在法定期限内上诉，中国证监会胜诉。

原告丁力业

自己不是证券法所指的“直接负责的主管人员和其他直接责任人员”，并不实际参与深信泰丰的经营管理，对于本案所涉及的2003年中报、年报等定期报告及2003年、2004年未履行临时公告事项完全不知情，由于公司实际控制人向原告刻意隐瞒经营举措，导致其无法履责，因此请求法院撤销中国证监会的行政处罚决定。

中国证监会

深信泰丰的违法行为涉及2003年年报存在的信息披露虚假记载行为，2003年中报及年报存在的信息披露重大遗漏行为，以及2003年度和2004年度存在未按照规定履行临时公告义务等违法行为。

根据证券法、公司法以及中国证监会信息披露方面行政规章的相关规定，上市公司董事会及其董事依法应当勤勉尽责，督促上市公司积极履行信息披露的法定义务，保证信息披露的真实性、准确性、完整性。

原告书面委托其他董事代为出席应视为原告的行为，原告应当承担代理董事的行为后果；原告还数次参加审议通过深信泰丰为其他公司提供贷款担保的董事会，因而主观上对定期报告所涉及的相关信息披露重大遗漏行为是知情的。原告属于深信泰丰相关定期报告违法信息披露行为的其他直接责任人员，应当依法承担相应的法律责任。

法院认定

深信泰丰的行为违反了证券法和中国证监会信息披露行政规章的相关规定，侵害了广大投资人的利益，危害了资本市场的正常秩序，依法应当受到行政处罚。本案原告在深信泰丰信息披露违法案件中未能履行法定的忠实勤勉义务，依法应当承担相应的法律责任，中国证监会对原告作出了警告并罚款3万元的处罚，认定事实清楚、适用法律正确、程序合法、处罚适当。

资料来源：于扬："首例司法判决明确上市公司董事责任"，《证券时报》2008年12月04日第1版。

2.6 高质量董事会的5个关键环节

高质量的经济发展需要强有力的公司治理，公司治理的核心是董事会，董事会的质量直接决定了公司治理的水平，进而影响着经济发展的质量。

高质量董事会有公司外部和内部两个方面的决定因素。公司外部的决定因素包括良好并得到有效执行的公司和证券法规，开放和充分竞争的资本市场、产品市场和经理人市场，强有力的并购与公司控制权市场，以及会计师事务所等看门人机制。

公司内部可以影响甚至决定董事会质量的因素很多，从股东、董事、经理到董事会秘书等公司董事会的直接参与主体，都是可以影响甚至决定公司董事会质量的重要因素。从这一角度，我们可以梳理出决定公司董事会质量的五个关键环节：股东权利归位，董事会权力到位并随时在位，独立有效的战略性董事会，对经理人的充分授权与有效监督与高素质的董事会秘书。对于一个高质量的董事会来说，这五个关键环节缺一不可。

2.6.1 股东权利归位

股东权利归位，严格按公司治理规范行使股东权力，是高质量董事会的基础。在股东权力越位和缺位的情况下，都无法建立起一个高质量的董事会。

股东权力越位普遍存在于有控股股东存在的上市公司中。这一类公司中，如果控股股东不能严格遵守公司治理规范，往往会使公司董事会形同虚设，本该董事会行使的权力，实际由控股股东掌控。在这一类的公司中，完善公司治理、构建高质量的董事会的首要任务，是约束控股股东权力。

约束控股股东权力的关键步骤是把其限制在股东大会的边界之内，控股股东要和其他股东一样，只能通过股东大会上的投票权行使其股东权力。要使控股股东甘心于只在股东大会的职权范围内行使权力，关键措施有两条：一是落实撕破公司面纱制度，二是强化公平交易义务。

撕破公司面纱制度就是中国公司法第二十条的规定："公司股东应当遵守法律、行政法规和公司章程，依法行使股东权利，不得滥用股东权利损害公司或者其他股东的利益；不得滥用公司法人独立地位和股东有限责任损害公司债权人的利益。公司股东滥用股东权利给公司或者其他股东造成损失的，应当依法承担赔偿责任。公司股东滥用公司法人独立地位和股东有限责任，逃避债务，严重损害公司债权人利益的，应当对公司债务承担连带责任。"公司控股股东应该知道，遵守公司治理规范，不越位，不越权，是其自身风险管理的第一道闸门。

控股股东越位越权的原因有两个：一是无知，二是自利。无知的问题可以通过公司治理知识的普及来解决，自利的问题则需要通过强化公平交易义务来解决。控股股东之所以要掌控公司的实际控制权，甚至是越位和越权，根本目的是为了获取控制权的私人收益，从公司获取超越其纯粹股东收益（分红和资本增值）之外的超额利益。这种超额利益，通常都是通过不公平关联交易来获取的。堵住不公平关联交易，就可以基本堵住控股股东越位越权的利益动机。

股东权力缺位，主要存在于中小股东权利保护不足情况下的股权高度分散公司中，同时也存在于终极股东自身动力不足情况下的多层代理结构中，例如国有层层控股结构之下的一些公司。无论股权如何分散，也无论代理层级多么复杂，代理链条多长，公司股东至少要能够正常行使如下两项权力：通过股东大会选举产生公司董事、监事和选聘为公司提供外部审计职责的会计师事务所。股东不能有效完成这两项职责，则是严重缺位，公司将陷入严重的内部人控制失控状态。

2.6.2　董事会到位并随时在位

股东归位后，董事会要真正到位并且还要随时在位。中国的上市公司和进行董事会建设的国有公司几乎全部设立了外部董事任职的董事会的审计、薪酬、提名、战略以及风险等委员会，也几乎都有成文的董事会会议规则和各个委员会会议规则等等。这些董事会结构和形式上的向国际领先水平看齐甚至是领先于国际水平，本身也许并没有什么错，无非就是多做几篇表面文章，额外支出一点成本而已。但是，如果认为“这就是现代公司治理”，会贻误我们对现代公司治理的真正掌握，致使我们的董事会永远无法真正到位。

董事会的真正到位，首先需要法律上董事义务和责任追究体系的到位，然后是全体董事管理公司权力的到位（职责的落实，董事选举董事长和董事会选聘首席执行官），再后才是董事会本身如何更好地运作的问题（行为上的到位）。只有这义务、权力和行为的三个到位，董事会才算真正到位。而且，董事会到位之后，还要“随时在位”。为了保证董事会职能上的“随时在位”，需要设置执行委员会在董事会闭会期间代行董事会的权力，还需要通过紧急状态下的管理规则，设置“紧急状态下的董事会会议”机制。就是在极其特殊的紧急状态下，正式的董事会成员构不成董事会会议的法定人数时，公司在场的哪些人按什么顺位，补足董事会会议需要的法定人数，召开紧急状态下的董事会会议，行使董事会的权力。

可以把董事会的执行委员会和“紧急状态下的董事会会议”看作是现代公司董事会为了保证自己的真正到位并随时在位而设立的两级应急机制。可是直到目前为止，我们还没有看到任何一家中国公司的董事会有类似的应急机制设置。有的公司如中国平安，有“执行委员会”，但实际是一种董事会之下管理层成员构成的公司管理委员会。也有的公司有董事会常务委员会，但其常务委员会人员构成以执行董事为主，削弱了非执行董事的作用，从而丧失了董事会执行委员会的“治理”功能。

中国的公司法和有关监管部门还没有为公司董事会这类应急机制（特别是紧急状态下的董事会会议）的启动提供一种默认规则。这也许可以说是中国构建现代公司治理体系中的一个最大疏忽：只注重冰山表面上露出来的部分，忽略了下面更大的主体部分和其他支撑性部分。

2.6.3 独立有效的战略性董事会

法律规定的董事会职责和董事义务只是有效董事会的一个起点，实际运作中的董事会，具体要完成哪些任务，这是一个管理学和公司治理实践的问题。大多数公司的失败都可归因于战略方向、管理和监督方面的失误和失效。要改变这种状态和避免这种厄运，一个人专断地凭感觉的战略决策方式必须让位于依靠董事会集体智慧的民主的战略计划过程。导致公司董事会战略职责不到位的因素也很多，其中包括对公司治理问题认识上的不足，过于强调了董事会相对于经理层的监督角色而忽视了董事会的战略指导角色。我们将在第4章和第5章中，分别探讨董事会的独立有效和战略职责这两个问题。

2.6.4 对经理人的充分授权与有效监督

企业的事业是生意，提升公司治理水平的根本目的还是促进企业发展。良好的公司治理绝不应该仅仅是一套约束机制，更应该是一套有效的激励机制。股东归位、董事会到位和随时在位并且能够有效发挥战略职责的情况下，真正高质量的董事会还要对经理人充分授权和有效监督。可以说，是否能够对经理人充分授权和有效监督，是高质量董事会的一个核心要素。

中国公司治理中，经理人权力要么是过大，要么是不足。过大时，往往使董事会形同虚设；不足时，则是无所作为。经理人权力过大，并致使董事会形同虚设的情况，通常出现在大股东过度控制公司或是股东缺位这两种情况下。大股东过度控制公司，大股东直接出任或者是直接任命经理人，都会导致董事会权力虚置。股东缺位的情况下，经理人实际控制公司，董事会成员也实际处于经理人的操控之下。经理人权力不足，通常出现在股权制衡比较严重的情况中，各主要股东事实上各自把持了公司的一些重要管理岗位，股东间关系直接又延伸到了经理人之间。这种情况下，但看各个个体的经理人，似乎有着直接来自各个股东的权力，权力很大。但是经理层作为一个整体，来自全体股东通过股东会—董事会—经理层这一正式公司治理链条授权的权力不足，尤其缺乏公司有关战略选择方面经理层该有的一些决策权。

现代公司治理中正确处理股东归位、董事会到位和经理人自主权之间关系的核心准则是董事会中心主义。根据董事会中心主义的授权原则，股东保留的决策权力要事先在公司章程和股东协议等公司文件中明确列示出来，除此之外的所有公司管理权力都归属于董事会。董事会在自身所拥有的公司管理权力中，根据公司发展的具体情况，向经理层进行授权并进行相应的监督。高质量董事会的实际作用发挥，主要就表现在能否为公司挑选到合适的优秀经理人，对该等经理人进行充分授权，并同时进行有效监督。

2.6.5　高素质的董事会秘书

董事会秘书在董事会运作和公司治理上有着广泛而又重要的职责。高质量的董事会必须要有高素质的董事会秘书，或者说，高素质的董事会秘书本身就是高质量董事会的一个重要构成部分。有关董事会秘书的问题，我们将在下面有关董事会构建和董事会会议等章节中进一步探讨。

2.7　大股东、董事会与总裁：公司制度里“人”的关系

要真正通过有效的公司治理来发挥“公司的力量”，就必须治理好那些治理公司的“人”，那么，在公司制度之下，大股东、董事和总裁及企业管理层之间应该是种什么关系呢？

小打小闹的个体经营者不存在委托代理关系一类的公司治理问题，所有投入与利润都是自己的。但如果说要发展规模的话，就一定会涉及到合作问题，“有钱的出钱，有力的出力”，所以就会要防范“出力”的经理人将股东的钱装进自己腰包的事情发生。经理人合理的自我保护是很正常的，可以避免大股东随意操作。但如果这种自我保护变成了直接与大股东对抗，利用职务去谋取私利就不行了。

就股东、董事会和总裁之间的关系来讲，实际上大股东可以是董事长、总裁或者财务经理，这都没有关系，但它各自的职责是不同的。作为股东是个“出钱”的人，承担有限责任，作为董事会是把股东的资金集中到一起进行统一管理。董事会对全体股东负责，大股东违背全体股东利益而做出某种决策，你要予以驳回，反之则要尊重。公司董事会不能切割大股东与全体股东之间的关系，要将二者当作一个整体来对待。

董事会负有公司管理的法律责任，但要通过应由董事会全权任命的总裁具体行使行政权力。总裁可以从外部聘任，也可经董事会聘任后由包括大股东和董事会成员在内的任何人出任，但都需要对董事会负责。所以董事会就有权力——通过不与聘任——阻止大股东担任总裁一职。就像当年的新浪公司，王志东时任总裁，同时也是股东之一，董事会完全可以将其总裁职务解聘。当时中国社会就不是很理解，媒体也都站在王志东角度去评论事件，说是“资本意志与创业意志的对话”。其实董事会解聘总裁职务太正常不过了，你要有能力，可以行使股东权利，重选董事会，如果没有能力自然是要出局的。

概括来讲，董事会的职责就是“指引方向选好人”，把握住大的战略方向，然后选个好总裁来执行，总裁无法胜任的时候随时替换。但对总裁的评定肯定不能规定某个特定的标准，只能是在遵守基本规则的前提下，选择适应公司发展的最好人选。

第3章

迷失的中国公司和其董事会

公司治理的核心要义起源于法人独立，股东作为公司成员要在享有有限责任的同时，做出治理权力上的牺牲——股东个人财产和公司法人财产做出区分，股东个体权力要通过治理规则才能形成公司行动。法人独立性和股东有限责任内在地要求董事管理公司，董事承担法人行为不端的后果。

3.1 中国崛起需要公司的力量

公司替代政府成为经济活动的主体，居民以消费者、投资者和劳动者三重身份参与“公司治理”，政府从经济活动的主体转变为经济活动规则的制订和监督执行者，是缔造全球激荡的现代百年经济增长历程的组织和制度基础，是长期可持续经济增长的唯一模式。

3.1.1 公司是构成现代世界的最基本组织

在美国第16任总统亚伯拉罕·林肯于1863年说完政府“民有、民治和民享”不过十几年之后，美国第19任总统拉瑟福德·海斯（Rutherford B. Hayes，1877～1881年）就说，“人民拥有、人民治理和为人民服务的政府已经不存在了；现在是公司拥有、公司统治和为公司服务的政府”。发生这一巨变的原因是维多利亚时代英国的一项伟大发明——《1862年公司法》。由这一公司法所创建并赋予其自由的公司，开启了工业化、全球化和现代经济增长的伟大历程。

黑格尔曾经预言现代社会的基本单位将是国家，马克思认为将是公社，列宁认为将是政党，希特勒也认为将是政党。历史上的一些圣徒和贤人认为世界的基本单位将是教区教堂、封建庄园和君主国。所有这些预言都错了——当今这个世界上最重要的组织是公司。公众持股的巨型股份公司决定着这个世界的基本经济形态和生活方式。

股份公司是人类少数几项伟大的制度创造，是西方世界繁荣的基础，是余下世界未来的最好希望。普通民众的工作和生活与这些巨型公司之间的相互联系程度就是区分发达国家和发展中国家的一个主要标尺。如果没有股份公司，我们现在生活所依赖的很多东西是不会发明和生产出来的。

今天一些全球最大公司，甚至已经脱离了民族国家的控制，成为统治世界的力量。公司创造了全球生产总值的90%以上，吸纳了全球就业人口的80%以上；全球100大经济体中，51个是公司，49个是国家；全球最大10个公司的销售总额，超过了全球100个最小国家的GDP总和；全球有161个国家的财政收入比不上沃尔玛公司的销售收入。

只有弹丸之地的荷兰，凭什么率先步入现代世界，成长为现代型强国？原因只有一个，就是荷兰人最先发明了现代股份公司制度和支撑股份公司发展的证券交易所。在欧洲的历史上，国家的经济决策第一次由商人们做出，而不是由王室、一小撮统治者或教廷来决定。通过股份公司和股票市场制度，经济权力广泛分布于人民手中的荷兰，战胜了经济权力集中在王室手中的西班牙。

人类有史以来统治世界时间最长、范围最广的“大英帝国”，凭借有限责任制、债务人监狱和专利法三大法宝，以股份公司为主要载体，启动了轰轰烈烈的产业革命和现代经济增长历程。

英国产业革命的三大法宝及其现代形式	
专利法	知识产权保护体系
债务人监狱	个人破产制度
有限责任—公司制企业	公司治理系统

现代经济的运作主体是市场化和民营化的大公司，而不是政府和行政机构，甚至也不是国有企业这种政府和市场之间的“中间状态组织”。在世界企

业500强排行榜上，除了中国是以国有或国有控股企业形式上榜之外，主要发达国家无一不是主要依靠民营和市场化公司上榜的，并且民营和市场化公司上榜数量基本就是当今国家发达、富裕和现代化程度的标志。

中国在经济总量上已经成为世界第二大经济体，但是中国的经济体系还没有完全的“现代化”。现代经济的运作主体是市场化和民营化的大公司，而不是政府和行政机构。目前主宰中国经济的国有企业，作为介于市场化公司和政府机构之间的一种组织，不能永远处于这种“中间状态”。未来一定要一部分回归到“政府机构”或“特种企业”状态，一部分进一步改革为真正市场化的公司。

没有企业的强大与崛起，中国的强大与崛起是不可能的，或者说是虚假和表面的。中国企业的强大与崛起有着前所未有的庞大国内市场和经济增长机遇，但是没有良好的公司治理，或者说公司治理环境的不足、系统的虚弱和机制的缺乏，中国公司就不可能真正强大——成为一些行业的全球市场、技术和发展方向的主导者。我们呼唤大公司的成长，关注大公司的治理问题，但是我们反对政府“特意”支持和扶持大企业。我们认为加强竞争和建立有效的公司治理体系，是促进大企业成长的更好方法，也是真正有效率的大企业能够成长起来的唯一路径。

促进企业发展的有效办法是政府加强产品责任，保护消费者，而不是保护生产者欺负消费者。发展大企业的有效做法是政府要保护竞争和促进中小企业发展，而不是扶持大企业。发展资本市场的有效办法是保护投资者，让公司上市和证券发行成为争取投资者的竞争而不是争取证监会和发审委的竞争。通过完善公司治理体系，将控制权的私人收益降到最低，使公司大股东愿意选择退出，从而实现公司快速的股权分散化。是良好公司治理促进股权分散化和直接融资发展，而反过来则就只是“圈钱”了。

3.1.2 中国为什么没有伟大公司

中国为什么没有出现伟大的公司——持续发展、长期强盛的企业组织，这是一个大题目。并且在我看来，这个题目和中国为什么没有发展出真正具有国际竞争优势的现代产业，没有真正崛起进而成为真正的经济强国，只是同一个问题的两个问法。但是这个问法本身却是蕴涵了很深的含义，正是所谓正确地提出问题等于解决了问题的一半。

能不能成为伟大公司，与一个国家或区域统计上的企业平均寿命短之间没有多少内在联系。企业平均寿命短可以是没有伟大公司的一个结果，而不是原因。而且另一方面，产生了伟大公司的国家，总体上的企业平均寿命也并没有长到哪里去。公司一方面如同人一样，“伟大”永远属于少之又少的个体，绝大多数只能是平平凡凡地降生与死去。另一方面又与人不一样，伟大公司的长生不老与平凡公司的寿命短暂，产生于同样一组条件：变革的环境和激烈的竞争。

那么中国没有出现伟大公司的根本原因在哪里？伟大公司是在市场竞争中自然成长起来的。但是公司制度本身却是一套人为设计的事物，不是自然事物。公司是法人，是法律上的居民，法律既是给予公司生命的父母，又是护佑公司成长的关键社会环境。

法律史大师梅因说：“一个国家文化的高低，看它的民法和刑法的比例就能知道。大凡落后的国家刑法多而民法少，发达的国家民法多而刑法少。”公司正是现代民法体系建立起来之后才发展起来的一种新型企业组织形式。股东有限责任和董事会集中管理等基本治理规则，为公司制企业提供了无限的成长边界和吸纳资源及管理能力的空间。

日本明治维新全盘引进了德国民法典，三井、住友等传统的家族企业纷纷改制为公司制企业，通过公司制组织形式引进人才和上市融资进而成长为二战前统治日本经济的巨型企业集团。在中国几千年的历史中，最发达的是行政权力和管束人们行为的各种律条，但真正的法、法制和法治都十分欠缺。中国最早的公司法，可以追溯到1904年的大清《公司律》，但是却没有得到真正的落实。近代中国仁人志士曾提出过很好的通过股份制和现代公司振兴中国的思想，只是这种声音被“革命”抢占了主流地位。直到今天，中国也还没有真正解决“公司自治”的问题，官权侵犯民权、公权侵犯私权的现象比比皆是，阻碍现代公司发展的“官督商办”机制还借尸还魂地广泛存在着。

中国改革开放四十年，但是稍微正式一点的公司制企业发展历程（以《中国人民共和国公司法》颁布算起），才二十几年的时间。还没有出现称得上“伟大”二字的公司，也不足为奇。不过，看一下这几年印度大企业的崛起，经济领先的中国应该深刻认识到自身的不足之处了。改革早年因为意识形态问题的一些无谓争论影响了我们的市场经济和公司制企业发展，我们不可能不慢慢地一步一步摸索。今天，已经加入世贸组织多年，我们已经没有理由不勇往直前地全力构造有利公司发展的竞争的市场环境和公平的法律环境了。

伟大公司一定是要通过市场机制和契约手段有机地组合和成长起来。在现代全球经济增长历程中，我们还没有看到哪个政府直接地一手创建出了一个真正称得上伟大的公司。政府可以创建“庞大公司”，但不会是“伟大公司”。因为政府创建国有企业的钱来自税收，而税收是强制征收起来后才能集中管理和使用的。

现代公司发展的资金来自创业者的原始投资，产品创新带来的利润留成，以及资本市场上的广大投资者投入。这是一套由千万投资者分散决策、自愿投资到公司集中管理和使用资金的机制，是从产品市场、劳动市场到资本市场，从股东、董事会到经理人员，从法律支撑保障到管理能力整合，一整套的公司治理系统。

中国产品“质次价廉”，如“洪水猛兽”一般令世界恐惧，招致焚烧、封杀等，背后的原因是什么？ 中国企业凭借行政垄断，体量上的庞大，进入了世界500强，但是，哪家在国际市场上能够凭借技术或市场势力称雄，除了财大气粗的采购之外，还有什么能够令人惧怕的行为？

改进公司治理系统，没有法律是不行的，仅有法律是不够的。急待改进和加强的事项很多，如董事信托责任的有效落实，投资者权利的保护，资本市场和公司控制权市场的发展与成熟，管理者素质和公司治理水平的提升等等。

另外一个重要的问题就是有效地促进竞争和强力地反垄断。“庞大”不是伟大，创生中国伟大公司的正确方式不是扶持现有大公司或是组建大公司，更不是“资产重组”和“拉郎配”，那是在复制“恐龙”。创生中国伟大公司的正确方式恰恰是促进创业、促进中小企业发展。平等的市场进入机会，公平的竞争环境，公正、公开、透明和确定并可预期的法律规则。破除树立典型、政策倾斜等传统做法，英雄不问出处，让“国有”“民营”等等企业出身成份标签尽快退出历史舞台。政府的角色是维护规则，让市场——消费者和投资者，用他们的货币选票筛选出伟大的中国公司。

中国可以在2000多年前就创造出世界上最有效率和最强大的政治组织，不能在2000年之后创生出伟大的公司——企业组织吗？看上去似乎山重水复、障碍很多，但实际上障碍只有一个：就是体制和思想观念上的作茧自缚！

3.1.3　失去的150年

历史上，中国曾长期领先于西方，绝不是经济总量上的世界第二，而是绝对的世界第一。在14世纪，中国有多种不同种类的投资者和商人，但是这些合伙企业少有存续很长时间的。15世纪的早期，中国达到了经济帝国主义的顶峰，出现了许多依赖于政府的巨型“公司”，官僚经营着包括制瓷等在内的许多产业中的国家垄断企业。直到18世纪，中国的工厂都远远超过了西方的想象。1793年，乾隆皇帝给英王乔治三世的信件说道：“天朝物产丰盈，无所不有，原不藉外夷货物以通有无。”这是一个非常不幸的见解，正是从那时开始，中国人面对的是一种商业组织的新形式。

自从最初的经济生活开始，商人们就在为他们的经营活动寻找一种能够“分担风险、分享回报”的方式。欧洲中世纪法律的一个基本原理是“法人实体”（Bodies Corporate）——市镇、大学和基尔特（Guilds）具有超越其成员的生命。16和17世纪，欧洲的君主们创造了“特许公司”实现他们帝国扩张的梦想。这些特许公司之一的东印度公司，以一只由26万当地人构成的军队（这是英国军队人数的2倍）“统治”着印度。

在19世纪的英国发生了一些根本性的变化。当时最强大的经济权力最终将现代公司背后的三个伟大思想集成到了一起：它可以是一种“法人”，具有和自然人一样的能力从事商业；它可以向任何数量的投资者发行可交易的股份；这些投资者可以享有有限责任，这样他们最多只是失去已经承诺给企业的金钱数量。西方世界关于独立企业的想法是革命性的，它们不再由政府的垄断所限制，资本开始追逐最有效率和最为灵活的公司，它们不再限于家族合伙的范围之内，变成越来越大的混合集团企业。相比之下，中国和伊斯兰世界等那些以前领先的文明，没有成功地发展私人公司，远远落在了西方的后面。亚洲取得最显著经济成功的日本，也是最为鲜明地拥抱了公司的国家。

为什么中国有四大发明，却没有产业革命，从而落后于西方了？为什么中国的洋务运动失败而日本的明治维新成功，从而使中国在追赶西方的道路上又落后于这个曾一向是中国学生的东邻岛国了？这两个问题的原因是一个，就是认识上的误区和法治上的落后，使中国没有给予公司这一现代商事组织和现代经济增长主体以足够重要和独立自主的地位。

现代公司得到发展，是独立法人概念得到突破的一个结果。1862年英国公司法，是公司这一现代人类经济组织方式发展的一个全新起点。几千年的传统社会里，只有皇家和皇帝能够代表国民整体，能够有一种集体行为的权利。从特许公司里诞生出现代公司，公民可以自由组建公司，由公司代表其组成成员——股东的集体意志，是在传统社会里的居民个人和皇家皇帝之间创造出来了一个中间层集体组织，是公民结社自由和自治权利扩张的表现，整个社会的经济和文化活动都由此重构，进入现代法人社会时代。

威廉·伯恩斯坦在其《财富的诞生：现代世界繁荣的起源》一书中提出，实现经济增长的四个前提条件是可靠的财产权、科学理性主义、现代资本市场、交通通信技术。事实上，可靠的财产权与资本市场正是支撑现代公司治理的两个关键要素，而科学理性主义和交通通信技术则是在“公司制企业”这种强有力的组织结构支撑下才取得发展并突飞猛进的。

很多人把西方的成功归功于技术的威力和自由主义价值观。但是，现代公司制这种企业组织形式非常有效地促进人们的生产性努力，可以说，公司本身就是技术促进器。如果没有有限责任公司，蒸汽和电子都将变得相对无力。如果没有马休·波尔顿（Marthew Boulton）这位杰出的商人和企业家——他出资购买了瓦特的专利，和瓦特合伙组建了波尔顿—瓦特公司，生产和销售瓦特的蒸汽机[①]，瓦特的蒸汽机也许就会像中国的四大发明中的任何一项一样，是一种伟大的发明，但是没有，或者至少是会延迟很久才能引起一场伟大的产业革命。

① 霍华德·敏斯：《巨富们——一部金钱与权力写就的历史》，海南出版社2003年第1版，第五章。

经济学家已经解释了为什么公司这种制度对于经济发展至关重要。公司制使企业家们可以在保证投资者最多只是损失掉他们已经投入企业的资金的情况下融集资金，使投资者通过多家企业的小份额和易于转让的股份来分散风险，增大了生产性投资的资本之池；公司制导致了自身具有生命的一种组织的诞生，并且能很快地从一种业务转化为另一种业务，政府很难对此进行限制；公司制为大型组织提供了一种有效的管理结构，通过股份权益的私人所有和公司资产的集中管理相结合，解决了马克思所谓的生产资料私人所有制和社会化大生产之间的矛盾问题。

公司可能会僵化，可能会滥用其所聚集的经济资源，但是投资者可以简单地把他们的资金放在别处这一事实是一种有力的治理机制。相比之下，即使是在今天的中国，普通民众对于政府用税收资金所进行的大规模投资，或者普通储蓄者对于银行巨额信贷资金的投向，几乎没有什么有效的治理机制。

3.1.4　股份制企业的重新萌芽与成长

中国在公司制企业发展100多年之后，开始引进公司，却还没有完全接受与公司有关的一些基础性理念。中国公司法学习了发达国家的经验，也设置了与发达国家公司治理规则基本相似的一些规则，不过还是有一些关键环节不到位，并由此形成了中国公司董事会地位尴尬、权力不到位的状态。

伴随中国改革开放四十年高速经济增长的企业体制变革历程，就是以现代企业制度之名推进的公司制企业的引入和成长历程，也是中国微观经济基础的一个重构过程。1994年《公司法》的实施使现代公司制企业在中国正式登场，1999年《证券法》的实施，为股份制企业的扩张打开了空间。上市公司股权分置改革的完成以及国有大盘股的A股市场上市，最终使股份制企业成为了中国的主流企业制度形式之一。

股份制概念和股份制企业在中国的历史并不短，只是一直没有真正发展起来。创建于1872年的轮船招商局是中国最早的股份制企业，此后，开平矿务局、中国通商银行等股份制企业亦相继创立。民国时期，股份制企业数量、规模有所扩大，法律、法规也有所完善。股票交易活动开始出现，并诞生了中国第一家证券交易所——1918年6月开业的北京证券交易所。但是，新中国的计划经济时期，股份制的概念和股份制企业均退出了中国的历史舞台。直到1978年改革开放以后，股份制的概念和股份制企业在中国经过一个“从农村到城市、从自发到自觉”和“从无序到有序、从沿海到全国”的重新萌芽与发展过程而成为一种重要的企业组织形式。

改革开放后，中国股份制企业的萌芽最先是完全自发性地出现在一些农村地区。1978年农村实行联产承包责任制后，一些地区的农民自发采用“以资代劳、以劳带资”等方式，通过各种生产要素入股，形成了一批合股经营、具有股份制性质的乡镇或乡村企业。1984年后，城镇集体企业和国有小型企业开始进行股份制试点，股票柜台交易开始出现。由于没有正式的法律依据，舆论上处于激烈的争论之中，早期股份制企业和股票交易均具有一定的“灰色”，以至今天对于到底谁是新中国第一家股份制企业和谁发行了新中国企业第一股还存在着争议。

整个1980年代股份制试验都带有摸索、试探的性质，没有全国统一的任何规范，主要是改革意识比较强的一些地方政府在推动。在推动中国早期股份制企业发展上比较有代表性的地方政府是上海和深圳。1990年3月，中央政府正式允许上海和深圳两地试点公开发行股票。1992年初邓小平南巡讲话破除了有关股票市场、股份制的一些思想禁区，掀起了新一轮的改革开放浪潮，股份制成为国有企业改革的方向，越来越多的国有企业实施股份制改造并开始在股票市场发行上市。1993年，股票发行试点正式由上海、深圳推广到了全国范围。

1994年新中国第一部公司法开始生效，通过“试点”诞生出来的中国股份制企业开始有了国家法律层次上的正式身份。在这部《公司法》诞生以前，中国的企业立法是依据所有制不同而分别立法的，如中外合资经营企业法、外商投资企业法、中外合作经营企业法、全民所有制工业企业法和私营企业暂行条例、乡镇企业法等等。从《公司法》及其后的《合伙企业法》《个人独资企业法》，开始按股东人数和股东责任形式进行企业立法。《公司法》明确了股东的有限责任，为“资合”开辟了道路，从而为真正的股份制企业的发展提供了法律保障。

尽管公司制企业可以不是股份制的，但是股份制企业一定是公司制的。只有在公司制所提供的股东有限责任和董事会集中管理等制度前提下，真正的股份制企业才成为可能，才能发展起来。

1999年《中华人民共和国证券法》的正式实施，标志着新中国股票和股票市场“试点性质”的结束，正式为国家法律所承认。如果说《公司法》提供了股份制企业产生的基本制度基础，《证券法》则为股份制企业的发展，特别是股票发行、股东人数和股本规模扩大等等提供了基本制度空间。《公司法》和《证券法》构成的基本法律体系，以及资本市场的发展，为中国股份制企业的规范和快速发展提供了基本制度支撑。

经过二十多年的探索、试验与快速发展之后，中国的股份制企业（股份有限公司与有限责任公司）已经成为了主流企业形式，新增企业几乎全部按《公司法》注册为有限责任公司或者股份有限公司，传统的国有企业（全民所有制工业企业）和集体所有制企业，基本都改制成为了公司制企业。2006年中国规模以上工业企业中，传统类型的国有企业和集体企业以及过渡类型的股份合作企业和联营企业四种企业类型合计只占企业数量的12%，工业总产值的14%。

2006年1月1日，大幅度全新修订后的《公司法》和《证券法》开始实施，又开启了中国公司和股份制企业成长的新时代。这个新时代的主要任务就是改进公司治理，造就具有国际水准、国际竞争力和行业领导能力的现代大公司。改进公司治理，创生伟大公司，已经成为了中国真正崛起面临的一个关键挑战。

3.2 迷失的中国公司董事会

在发展现代公司制度实践上的落后和有关认识及理念上的误区与不足，导致中国在公司治理机制的设计上缺乏系统性，也缺乏适应性和灵活性。就董事会制度来说，还存在一些机制设计上的缺陷，导致包括上市公司在内的董事会难以真正到位，难以摆脱走过场和橡皮图章角色。不过，实际运作中，由于股权结构、股东构成及相关人员的认识水平，不同公司之间在董事会的实际到位程度和董事会监事会的实际治理水平上还是存在着很大差异，也存在着很大的可以有所作为的空间的。中国的公司内部治理机制制度设计上，董事会权力本身没有得到充分的确认和法律保护，导致中国公司整体上的董事会难以真正到位。

董事会中心主义原则的缺失，直接导致了中国当前公司治理中的一些混乱，包括董事会和法人代表之间公司代表权限上的混乱，股东会、董事会和经理层之间职责范围上的混乱，并进一步导致了中国公司的控制权在政府、大股东和经理层之间摇摆，股东、董事会和经理层之间“闹剧”不断。

3.2.1 法律基础的贫弱

中国规制公司运作的基本法律体系还十分粗陋，并且在一些关键的环节上成为阻碍公司制企业发展的障碍。

中国的公司法中就蕴含了大量的人治思维，如公司法定代表人的规定。我们之所以组建公司，创建法人，就是要超越自然人的能力和寿命限制；在公司法中给法人指定一个自然人作代表，有意无意之中使法人在能力上回归到了自然人的水平上，致使一个自然人作为一个关键人实际控制中国公司。

中国公司法规定的股东会和董事会、监事会之间的授权线路不清。股东会选举董事、授权董事会管理公司；同时又选举由股东代表担任的监事，股东代表和员工代表共同构成的监事会监督董事会。股东会和董事会、监事会这三会关系跟中国封建皇帝用一个左丞相和一个右丞相的三人关系完全同构，不知是中国传统人治文化通过起草者们的潜意识无意之中混入中国公司法，还是起草者们面对五千年文化作出的无奈的妥协。

有关董事职责的司法和执法严重滞后，如上市公司股东投诉公司管理层玩忽职守法院不受理，再如破产企业法定代表人三年内不能担任公司董事的规定由于没有相应的数据库记录而实际难于执行。

在执行董事和监事还没有承担其足够的法律责任的情况下，又对独立董事和独立监事寄予过高的希望，开始在一些政策文件上强调独立董事和独立监事的作用。独立董事和独立监事是在执行董事和执行监事已经能够良好地承担起其法律责任的前提下的一种锦上添花的机制，不可能指望其雪中送炭。

但是，法律也并不是在真空中制定出来的，更不能在真空中完善。尤其是公司法律的进步，需要公司本身发展带来的压力，需要市场力量的推动。我们从下一章开始就要进入“董事会运作与管理”领域。董事会管理里一些董事会运作规范的最佳实践或最佳做法主要就是来自于市场竞争的压力，来自于企业自身的创新和实践，来自于投资者的压力。学习、借鉴来自先进市场经济的理论、经验和做法，可以提高我们的董事会运作和公司治理水平，同时也能推动我们公司法律体系的进一步发展。

3.2.2　董事会中心主义：中国的迷失

1904年颁布的《大清公司律》，可以说比中国现行公司法中的董事制度更为接近现代公司机关设置上的董事会中心主义这一本质。

清公司律明确规定：“各公司以董事局为纲领，董事不必长川住公司内，然无论应办应商各事宜，总办或总司理人悉宜秉承于董事局”（第67条）。清公司律中没有经理的概念，总办或总司理人就是经理的角色。“公司总办或总司理人、司事人等均由董事局选派，如有不胜任及舞弊者，亦由董事局开除，其薪水酬劳等项均由董事局酌定”（第77条）。“公司寻常事件，总办或司理人、司事人等照章办理，其重大事件应由总办或总司理人请董事局会议，议定后列册施行”（第78条）。可以说，这是非常明确的董事会中心主义立法，充分体现出了董事会集中管理的公司制企业本质。1914年公司条例、1929年公司法、1946年公司法，以至台湾地区公司法，都和1904年公司律一脉相承，遵循董事会中心主义原则。台湾地区公司法中关于股份有限公司董事会职权的第202条是：“公司业务之执行，除本法或章程规定应由股东会决议之事项外，均应由董事会决议行之”。

清公司律在给予董事局职责上更大空间、行为（会议有效规则）上更大自由的同时，也对董事局设定了更高的运行（会议次数）标准。“董事局每一星期须赴公司会议至少一次，总办或总司理人可将应办各事向董事局请示，如有紧要事件，可请董事局随时至公司会议酌夺”（第95条）。中国现行公司法规定的董事会议次数标准是一年不少于两次，实际运作中也多不超过十次，可谓是差异巨大。这种差异背后的事实就是，董事会到底是不是公司的核心决策和领导机关。

由于将无限公司、两合公司、有限公司和股份有限公司等基本属性完全不同的公司都放在了同一部公司法中，台湾地区公司法第8条专门规定了各种类公司中的公司负责人。“本法所称公司负责人：在无限公司、两合公司为执行业务或代表公司之股东；在有限公司、股份有限公司为董事。公司之经理人或清算人，股份有限公司之发起人、监察人、检查人、重整人或重整监督人，在执行职务范围内，亦为公司负责人。”

为什么无限公司、两合公司与有限公司、股份有限公司之间公司负责人不同？前两种公司中法定的公司负责人为执行业务或代表公司之股东，而后两种公司中法定的公司负责人为董事？根源就在于前两种公司中存在着担负无限责任的股东，而后两种公司不存在担负无限责任的股东。世界上不存在无需承担责任的权力，股东欲保有绝对的公司管理权力，则需采用无限公司或两合公司结构，对公司债务承担无限责任。否则，股东欲享有有限责任，则需让渡公司管理权力给董事，只能保有有限权力，主要是通过股东大会对董事会人选进行控制、对董事会权力空间进行限定。

中国式的股东、董事会和经理层“矛盾闹剧”，根源就在于中国公司治理中董事会中心主义的缺失，股东会、董事会和经理之间权力划分的原则不清晰。明确董事会中心主义的公司治理原则，股东通过公司章程明确保留的权力之外，都是董事会的权力，而经理层的权力则是完全来自董事会。遵循这一规则，作为公司股东的权力或诉求就要完全通过股东会或者法律手段，公司治理上经理层则根本没有向“董事会”叫板的权力。

3.2.3 谁能代表公司？董事会，还是法人代表

公司作为法律上拟制的人，自己不能说话，它的意志如何体现，由谁来代表？在英美国家，根据董事会中心主义原则，这个问题很清楚：董事会是

公司核心，董事会代表公司。经董事会授权的董事、董事会主席、首席执行官，以及董事会任命的公司秘书等，可以各在自己的层面和权限范围内代表公司。

日本公司有个代表董事的概念，但是与中国的法人代表概念不同。对于小型和没有设立董事会的公司，如果只有一位董事，他就相当于是董事会，也是代表董事（代表取缔役），全权代表公司；如果有两位以上董事时，每位董事可以各自代表公司，也可以根据章程规定由董事互选或者由股东会决议选任出代表董事来代表公司。对于设置了董事会的公司，又分有监事会的传统型公司和无监事会的委员会制公司。传统型公司设置代表董事，由董事会从董事中选出，往往不只1人，他们对公司的代表权完全来自董事会的授权，实际是通过代表董事会来代表公司。委员会制公司则是通过董事会任命的代表执行官（往往也不只1位）来代表公司。韩国有与日本基本相同的代表董事，也是从属或说派生于董事会的——其本身要是董事，其代表权也是源自董事会。

严格遵循清《公司律》董事会中心主义传统的中国《1914年公司条例》规定“董事得各自代表公司（第158条）”，也就是说公司董事均为公司法人代表，并是全权代表（凡关于公司营业事务，无论涉论与否，均有办理之权限，第31条；以章程或各股东之同意，所加于代表权之限制，不得对抗不知情之第三者，第32条），也就是说，公司董事均为公司法人代表。

到了1929年公司法则规定：“公司得依章程或股东会之决议，特定董事中之一人或数人代表公司”。也就是说，公司董事需经公司章程或股东会会议授权才能对外代表公司，这使“谁能代表公司”的决定权从董事会转移到了股东的手中。台湾公司法规定，有限公司“应至少置董事一人执行业务并代表公司，最多置董事三人，应经三分之二以上股东之同意，就有行为能力之股东中选任之。董事有数人时，得以章程特定一人为董事长，对外代表公司”（第108条）。有限公司之董事，和无限公司中执行业务的股东，除作为股东所担负的责任存有限和无限之别外，在行使公司管理权力和承担相应责任方面，是完全一样的。

中国现行公司法（第13条）将法人代表限定在了公司董事长、总裁或无董事会情况下的执行董事范围内（中国公司法规定股东人数比较少、公司规模比较小的可以不设立董事会，设立执行董事行使董事会职能），具体由公司章程规定，这是把决定“谁能代表公司”的权力分配给了股东。章程是股东制订，并需经股东会批准才能修改的。

在不设董事会的小公司，执行董事就等于是董事会，执行董事任法人代表，也就等于是董事会代表公司，没有什么问题。在设立董事会的公司，由公司章程规定的董事长或经理（中国公司法中的经理，应该理解为总裁）出任的法人代表权，是不是从属于董事会的权力范围之内呢？表面上看，法人代表是独立于董事会的一个公司法定机关，法人代表的权力来自公司法和公司章程，可实际上，就普通股份公来说司，董事长是由董事过半数推选产生的，经理是董事会任命的，这样一来，无论公司章程规定董事长还是经理担任法人代表，谁最后出任法人代表还是由董事会决定的，法人代表的权力也就事实上属于董事会的权力范围之内了。

可是在国有或国有控股公司中，董事长由有关部门指定，大型国有公司总裁也是有关部门直接任命，这种情况下的董事长或总裁，及其所出任的法人代表权，就都独立于董事会而存在了，并进而使法人代表成为了与董事会并列的公司机关，并且是事实上比董事会的地位还高。在国企改革中提出“建立以法人代表为中心的现代企业制度”，等于是将本来就很边缘化的中国国有公司董事会干脆给否定掉了，这些年的董事会试点工作也等于是没有意义了。

逻辑上说，以法人代表为中心，就谈不上是什么现代企业制度了。现代企业制度的基本特征是法治和集体决策，法人代表为中心事实上就是回归人治和个人独裁，回归到“朕即天下”和家长制的老传统中去了。

公司治理规则上说，法人代表为中心，一把手全权在握，通过什么机制约束其权力的滥用呢？放着现成的董事会制度和相应的董事责任规则不用，再建立一套法人代表的制约规则，从零开始构建出一套法人代表的忠实和勤勉义务规则及商业判断准则？就一个最简单的问题来说，董事会决策情况下，公司经营中避免不了的自我交易和关联交易类事项，可以通过关联董事回避制度来解决，而法人代表只有一个人，如何解决？

3.2.4 股东和经理夹层中的中国公司董事会

中国现行公司法为了让股东会、董事会和经理之间职责清晰，对股东会、董事会、监事会及经理的职责和权力分别进行了逐条列举性的规定，这是一种看似清晰实则混乱的做法。如股东大会“决定公司的经营方针和投资计划”（2005年公司法第38条第一款），董事会“决定公司的经营计划和投资方案”（2005年公司法第47条第三款），这二者之间界限何在？谁能准确清晰地理解这二者之间的区别呢？经营方针和经营计划之间、投资计划和投资方案之间，具体边界怎么划分？

再如，董事会“制定公司的基本管理制度”（2005年公司法第47条第十款），经理“制定公司的具体规章”（2005年公司法第50条第五款），这个基本管理制度和具体规章之间的边界又在哪里？甲公司中可以作为具体规章的事项，到乙公司也许需要作为基本管理制度，如库存之于钢铁公司和金银首饰公司，前者中库存相对于投资和生产运营重要性低得多，后者中则高很多，甚至可说是至关重要。

还有，界定经理职权的中国公司法第五十条最后又加了一句“经理列席董事会会议”，这是什么意思，是经理的权力还是义务？如果说是经理的权力，那么讨论经理业绩表现、决定经理报酬待遇以及讨论是否要解聘经理的董事会会议，也必须要允许经理本人参加吗？如果说是经理的义务，则可说是一句废话，经理能够拒绝董事会对其参加董事会、为董事会提供信息和向董事会报告工作的要求吗？诸此种种，以为清晰反致混乱的规定，导致了中国公司中频繁出现股东、董事会和经理层之间拿着同样一本公司法打架，都说是要界定清晰各自的职责。

在股东会、董事会和经理层之间的权限划分上，现代公司法的基本原则是董事会中心主义——股东保留的公司管理权力需要事先和明确列举（通过公司章程和股东协议等），此外的全部公司管理权力默认配置给董事会行使（并由董事承担相应责任），经理层的公司管理权力则完全来自董事会的授予。

发达国家公司法没有对股东大会、董事会和经理权力做出分别列举的。这种列举本身即使再详细，也不可能穷尽公司实际运作中面临的各种各样的决策和权力分配问题。没有列出来的决策归谁？已经列出来的那些决策种类，实际尺度如何掌握？如果我们仅限于中国公司法字面上所列举的股东大会权力、董事会权力和经理权力，那是很难对股东、董事和经理权力有个清晰和正确理解的。我们必须从这种“分家分权”式的思维中跳出来。

与其费力地为股东会、董事会和经理各自列举出那么多职责，不如明确一个董事会中心主义的职责划分原则。这就是“公司要由董事会管理或者在其指导下管理，除非在公司章程中另有规定”（参见美国特拉华州普通公司法第141节）。在董事会中心主义的职责划分原则下，股东会要保留哪些公司管理权力采取明确列举方式，由股东在公司章程或股东协议等文件中规定，剩下的都是董事会的。而经理的全部管理权力都来自董事会的明确授权，董事会授予经理哪些权力，经理才能拥有哪些权力。

明确了这样一个基本原则之后，投资也好，经营也好，方针、方案或者计划，有关股东会和董事会之间权力边界划分的制度规定，股东会拥有最终的决定权力，董事会和经理之间具体的权力边界划分则由董事会决定。像经理是否列席董事会会议，什么情况下需要列席，什么情况下不能列席等等这样的问题，完全由董事会根据会议的具体内容和议程而定。股东会、董事会和经理之间，也就没有什么架可以打了，他们之间的权力边界划分也主要不再是一个法律的问题，而是一个公司治理实践问题了。三会一层“各自职责清晰、依法运作”的公司治理问题也就转化为一个“定好公司章程和公司治理规则，作好职责划分和职位描述”的公司管理问题了。

3.2.5 公司控制权在政府、大股东和经理人之间摇摆

从1910年和1920年的杜兰特自其所创建的通用汽车公司两度出局，到1985年身为大股东和董事长的乔布斯从苹果公司的出局，我们都可以看到这样一个基本规则：不管你是谁，创始人、大股东或董事长兼CEO，公司内部领导权配置的最高决定者都是多数派董事。中国的情况则是，从2001年新浪公司董事会解聘其创始人王志东CEO职务，到2012年的雷士照明公司董事会解聘其创始人吴长江，和2013年的无锡尚德公司董事会解聘其创始人施正荣董事长职务，创

始人“不服从董事会决议、不承认董事会权威”的历史闹剧不断重演。

在新浪这样的民营公司里，闹剧之后，董事会的意志最终还是能够得到贯彻，公司治理的基础规则还是能够发挥作用。如果说民营公司里董事会往往成为大股东操控下的傀儡，国有公司里董事会则往往直接就是国有大股东——政府有关部门意志的橡皮图章，有时甚至得不到形式上的尊重。政府或者有关部门可以高高在上地以文件和指令等方式越俎代庖，行使本该由董事会行使的权利。一些重要行业或者仅因其规模已经很大的民营公司，往往要得到政府的“格外关照”，这种关照的背后，则是政府权力的介入。法治的不足，包括对董事会权力规定的不足和对股东权利保护的不足，导致中国公司的实际控制权，无论国有还是民营，都处在从政府和大股东到经理人之间的一种不确定状态。

中国的公司内部治理机制制度设计上，董事会权力本身没有得到充分的确认和法律保护。在股东会、董事会和经理层之间的权限划分上，现代公司法的基本原则是董事会中心主义——股东保留的公司管理权力需要事先和明确列举（通过公司章程和股东协议等），此外的全部公司管理权力默认配置给董事会行使（并由董事承担相应责任），经理层的公司管理权力则是完全来自董事会的授予。可是，中国现行公司法对股东会、董事会、监事会及经理的权力分别进行了逐条列举性的规定，这看似清晰，实则混乱。基本机制设计上的制度性缺陷，导致中国公司整体上的董事会难以真正到位，难以摆脱走过场和橡皮图章角色。

政府对经济生活的过度介入，甚至政府就是中国经济活动的超级主体，政府可以超越法律，可以随意干预市场行为和公司自治空间，导致中国公司在缺乏有效的董事会这一稳定控制结构的同时，大股东或者经理人作为公司“实际控制人”所建立起来的公司控制结构也是高度不稳定的。公司其实也如同一个国家：缺乏一个稳定的控制结构，比拥有任何一种稳定的控制结构都更坏。

3.2.6　中国公司董事会：为什么就这么难？

中国政府相比其他发达国家在现代公司法的供给上明显滞后，与此同时中国的商人也缺乏对现代公司法的需求，对公司制企业形式的运用并不积极。

1908年底，《大清公司律》颁布四年之后，才共有227个公司依法在农工商部进行了注册。这其中实际有很多当铺、银号、小商店之类的传统企业，注册为了公司，但继续保持着注册前的经营方式。它们之所以注册，可能并非利用公司制的股东有限责任和董事会管理等制度优势，而只是试图利用《公司律》中的一些条文，来抵制官方干涉和苛捐杂税。

公司制所要求的董事会集中管理——民主决策机制，一直在中国商业中没有得到重视，至今也是中国公司治理中的薄弱环节，并且是中国传统文化之下的商人们所普遍厌恶的。恰恰是董事会这种治理机制的设置，才能使有限责任不会被滥用，中小投资人和债权人的利益可以得到一个基本保障。

今日中国稍具规模的企业都要普遍注册为公司。但是注册归注册，实际运作上可以完全不把公司法所要求的那一套董事会等内部治理机制当回事。在中国的传统家族和宗族商业思维及家长制习惯下，董事会是无关紧要的，强有力的家长才是最重要的。一家拟上市公司，为了上市备案才正式成立了董事会，运作一年之后，大股东、老板、“大家长”决定不上市了，就直接把董事会给解散了。

中国人自己兴办的第一家“公司”上海轮船招商局，在经过了从1872年到1909年这四分之一世纪之久的“官督商办”之后，终于不再“官督”而“商办”。在其创建27年之后和《大清公司律》颁布5年之后的1909年，轮船招商局才作为公司正式注册，并第一次组建了一个由股东选举产生的董事会，在大清倒台之后才进入了“董事会全权管理”的真正公司状态，却最终还是在1933年被中华民国政府给国有化掉了。

岩崎弥太郎1870年以3艘轮船创建了他的三菱轮船公司，1885年与政府办的一家轮船公司合并为日本邮船会社，制订了类似于“官督商办”的企业章程，由政府保证利息、任命社长、副社长和理事，账目完全由农商务省审查。可是，到1893年日本通过了普通公司法之后，日本邮船会社就立即改组成了一个按公司法注册成立的完全商业公司，最终发展出了一个三菱工业帝国。

3.2.7 让董事会独立，放公司飞

现代公司制企业起始于股东的有限责任，经由董事会的集中管理，走向

企业的永续生命。股东的有限责任带来了股东敢于投资、敢于放手让董事会经营。企业做好了股东投入的资本增值，企业做得不好股东只亏损掉投入的资本而不负连带责任。股东要积极参与公司治理，但是不能越位干预。如果股东越位干预的话，在公司破产、受到债权人起诉等情况下，则会被法院“撕破公司面纱”、承担连带责任。公司制企业的股东享受到了有限责任的好处，则相应地要有公司所得税和股东投资收入的个人所得税这一双重纳税的义务。法律上为公司制企业提供的独立于其股东的永续生命资格，则更是需要健全公司治理机制才能使企业能够在市场上实际生存和发展下去。

董事会正是股东们按股权比例付费聘请来作为一个集体打理公司业务的最重要的一种公司治理机制。建设一个专业型的董事会，不要使董事会与股东会权力同构，在董事会层面形成稳定与合作的局面，才能最终走向股东可以换，员工可以换，客户可以换，但是公司依旧存在并且能够持续发展和兴盛的状态。那些百年老店式的现代公司，都已经和其创始人、创始家族、原始股东等等没有什么关系了，累积下来的主要就是一种以董事会制度为核心的组织资本。

对于有限责任，中国需要在公司注册上慎用和在公司运作上用好，而不是公司注册上随意滥用、公司运作上实际不用或没用。注册上采用有限责任公司，则必须遵守公司制企业的基础治理规则，从而能够充分享用与有限责任相关的制度优越性（融资和破产）。

现代公司是与现代股票市场同步发展和壮大起来的，是工业化、城市化、大规模经济建设所需要的大规模现代市场方式公司融资行为的结果。作为独立法人，公司就要遵守一些基础治理规则，这是公司获得独立法人权力和保护第三人（利害相关者，所有会受到公司法人行动影响的人）的需要。但是仅有这种需要，不足以推动现代公司如此蓬勃地发展和壮大起来。在有了独立法人的基础治理规则之后，同样内在于股东有限责任的公司组织的融资便利（股东之间无连带责任）和风险承担能力（公司破产股东损失有限），使公司能够集众人之力做大事，推动着公司的快速发展。中国改革开放三十多年，从1994年引入公司制度也已经有20多年了，除一些国有垄断企业，还是少有现代大型公司，其基本原因不外乎基础治理规则和公司融资权利的双重不足。

废除政府和国有系统的金融垄断权力，废除公司股票和债券发行等方面的审批制度，废除非上市公司股东人数的200人上限，建立自由资本市场，把公司股票融资和上市从特权变为权利。对于改进公司治理和推进公司发展，无论发行审批人员和监管人员多么专业、多么懂行，公司“跑会竞争”都不如在市场上直接面对投资者进行的“资本竞争”来得重要，也更有实效。

即使是在现行公司法和证券法的框架之下，通过改进监管导向，也可以在很大程度改进中国公司的治理实践。比如鼓励公司通过章程给予董事会更大的授权，同时加强监管层对董事责任的追究和惩处力度。宽松化发行审批制度，通过加快公司IPO、再融资及换股收购等方面审批速度，放宽审批条件，使发行审批制度逐渐趋向事实上的废除。

当前，企业是资金紧张，资本市场是神经紧张，正是监管层退出，让企业和资本市场之间市场化对接的好时点。无论发股、发债，自由随便，能否卖得出去及卖价如何，完全市场说了算。好公司和坏公司，治理水平不同的公司之间，在资本市场上的融资能力和融资成本将明显不同，改进公司治理的市场动力将会日渐增强，监管层也可轻松一些，并更为专注于自己的本职：惩处虚假披露和打击内幕交易。

现代公司治理结构研究开山之作《现代公司与私有财产》作者认为，再融资需求是迫使管理层自觉遵守公司治理规则的主要力量。为了可持续融资，股东仅有利是不行的，还要有权。近代中国的“官利”制度下，股东仅有利，没有权，一方面会使公司不堪重负，无以为继，另一方面也会使股东之利最终变得不可靠。为了社会融集资本的稳固，解决公司股东个人财务不稳定和公司资本稳定之间的矛盾，建立起来了股票交易所。股票交易所使微弱的股东个人力量形成了强大的股东集体力量。这种股东集体力量即来自通过资本市场形成的公司金融压力，更来自股东大会上的股东投票权。

现在最需要我们做的是，如何在保持股东参与公司治理积极性的同时，努力增强董事会和监事会的独立性与积极性。通过重构并夯实公司基础规则和放开市场竞争（资本、经理人及产品等多个方面），让公司股东放心放手，让公司董事、监事和经理走上舞台，独立、积极并负责地管理、控制和发展壮大公司。

3.2.8　董事会文化——平等、合作、信赖与负责

董事会是作为一个会议体、一个团队来行使权利的。在董事会这个团队中是绝对要两个平等的：“股东面前人人平等”和“法律面前人人平等”。

“股东面前人人平等”就是每位董事都有同样的义务要代表所有股东的利益，要对所有股东都像一个忠实的管家一样，尽到诚信和勤勉义务。法律要求董事尽职尽责，注重其过程而非结果，这很类似于一切官僚组织内部都会强调的别犯“程序性错误”的概念。世界十大管理顾问公司有九家在美国，这也跟美国注重决策程序的董事会治理文化有关。

“法律面前人人平等”就是每位董事都有同样的法定权力和法定责任，具体表现为董事会“集体决策个人负责”的特性上。董事会会议纪要和决议需要董事个人签字，董事会通过了一项错误决策的话，即使讨论中表示过反对意见但没有明确投反对票并记录在案的董事也要承担法律责任。

有了平等之后，董事之间还要以一种负责的态度，形成一种信任和合作的工作关系。

信任降低合作的成本，是社会繁荣的基础，同样是公司制度建设和持续成长的前提。上市公司外部有政府、社区、交易所、竞争者、银行、供应商和客户等等各种关系，内部有股东、董事、经理和员工等等各种关系，董事会的任务就是要处理好方方面面的关系，保持一个合作的局面。公司法主要是保护股东利益的。从公司法的角度看，董事会的权力来自股东会，但是公司要长期发展，需要一种管理上的稳定和持续。董事会要在公司法之外，还受到劳动法、产品责任法、消费者保护法等方方面面的约束。

大股东之间、大股东与小股东之间，股东与公司的其他利害相关者之间要保持合作、信赖与相互负责的关系，公司才能既有短期盈利，又有长期前景，这一切都应该是董事会的任务。遵纪守法可以保证你不犯错误，但却不能给你带来竞争优势。外部法规对公司的监管，要防止公司的欺诈和不良行为，但更要给公司留下自由的空间，让公司各方当事人之间通过自由的谈判达成妥协，形成公司治理机制上的创新。股东的目光太短浅、不守承诺、太急于分红和经理层不顾股东回报、总以长期前景的名义追求个人事业的扩大和职位的升迁，

都是一种不负责任的表现。健全的公司治理机制设计，就是要通过诸多具体的手段来在各方面之间建立起通畅的沟通渠道和解决争议的程序与规则。

社会之间、国家之间以及企业之间，甚至是不同的家庭之间，各自当事人合作效率的高低，在很大程度上就取决于其内部是否具有一种合作、信赖与负责的文化。形成了一种合作、信赖与负责的文化，则可以节省沟通成本、谈判成本，可以更有效率地达到组织的目的。尤其是在处于危急时刻，组织的文化特性将发挥至关重要的作用，是所谓理念共失败规则共成功。合作之道，这也正是我们对公司治理的理解：合作关系管理[①]，各方之间换位思考，行为到位而不越位——培育一种合作、信赖与负责的商业文化。

3.3 中国公司董事会构建和运作上的流行谬误

中国公司的董事会要真正到位还任重道远。一方面是因为中国就没有组织高层以委员会制进行决策的历史传统，另一方面是从法律规则、行为习惯到思想认识都没有对现代公司中的董事会有个正确的对待，在董事会构建和运作方面的流行性谬误可以说是数不胜数。

曾经非常著名的中国商业第一股——郑州百文股份有限公司（重组为三联商社）是中国很早的整体上市企业，没有母公司，甚至没有绝对控股的股东。50%以上是流通股，第一大股东（郑州国资局）只有12%的股份，甚至早于有关部门规定而引入了独立董事，但该公司却出现了严重的公司治理问题。整体上市和全流通，以及股权多元化、股权分散和设置独立董事之后，依旧存在公司治理问题，就是董事会没有真正到位的问题。

3.3.1 代表性董事会泛滥

董事会构建上，一个主要的流行性谬误就是把“代表性董事会”——董事

① 参见第17.1“公司治理：一个扩展的理解”。

会中要有各个方面的代表，各利益相关方要在董事会中形成制衡关系，当作正确和规范的董事会来追求。这种对董事会代表性的追求，贯穿着从公司法、监管规则到实际运作的各个层面。公司法中是董事会要有职工代表，监管规则上是安排独立董事代表中小股东利益，实际运作中是大股东们按股权比例分配董事会席位。

这种代表性的董事会制度安排，先天地削弱了董事会的整体性，其必然结果就是董事会战略决策职能的缺失。董事会更多地是一个各方面进行谈判和利益博弈的场所。在股权集中度很高、股东人数不多的非上市公司里，这种代表性董事会的负面影响也许不是很大，因为这种公司的主要战略决策（比如公司从事什么业务的决策）职能还是由股东来承担的。但是在上市公司中，即使股权集中度还很高、大股东持股比例在50%以上，但是股东人数已经很多，公司性质上已经完全属于公众公司，代表性董事会的负面影响就很大了。缺乏董事会作为一个整体承担对全体股东及整个公司（其他利害相关者）的受托责任的概念，导致上市公司的独立性和独立发展空间都受到限制。往往上市公司只是被其母公司作为融资工具而已。

上市公司必须按照规范的董事提名程序进行董事候选人提名，由股东会选举。一旦当选，权力和义务就应该都是一样的。无论是中小股东、公司员工还是公司债权人，哪个方面的利益受到侵犯，都是所有董事共同承担法律责任。要通过严格和强力的对所有董事的法律责任追究，来阻吓董事权力行使中的偏袒行为。尽管这是一种事后性的追究，但却是我们唯一可以选择的方式。企图通过代表性的董事会构成安排来事前制衡董事权力行使中的偏袒行为，实际是得不偿失的。一方面这些“代表”很容易被收买，未必真能“代表”，使这种安排所希望有的“得”未必能够实现。另一方面，这样做导致了董事会制度功能上的本末倒置，失去了董事会作为公司制企业实现“集中管理”的工具的价值，得到了一个吵架而不是一个理性地讨论、分析问题和战略决策的董事会。

3.3.2　管CEO的是董事会，不是董事长

董事长负责战略性职责，总经理负责执行性职责，这是中国公司治理中一

个经典性的、流行时间最长的谬误。谬误的起源大概是我们引进了董事会，设置了董事长之后，实在不知道董事长到底该做些什么事情。

在中国企业的体制演变中，总经理是清楚的。1980年代开始企业改革之后，原来是书记、厂长说了算的状态逐渐演变为总经理说了算。而进入1990年代中后期，根据公司法改制为公司制企业之后，法律要求设立董事会，并同时要求设立董事长，2006年修改后的公司法生效之前，还必须董事长是公司的法定代表人。这回不像厂长改为经理那样，同样一个管事的人换了个叫法，而是新生成了一个职务。如果是董事长兼总经理事情还相对好办一些，可偏偏又是普遍要求董事长和总经理要分任，这两个职务之间“谁大谁小”“谁是单位一把手”就有点糊涂了。这种糊涂甚至搞得一些董事长兼总经理的人也时常自问：“我应该算是董事长兼总经理还是总经理兼董事长呢？”

导致这种现象的原因是，我们从公司法开始，就过于强调“董事长”的角色了。规定董事长是公司法定代表人，把董事长当作一种公司机关来设置，而对董事会作为一个整体的角色重视不够。以至我们有些公司里没有董事会，但是有董事长。现代公司中作为董事会主席的“董事长”，只是董事会运作上的一个需要，是公司内部的事情，根本就与公司法无关。同时，我们又在公司法上规定了公司设经理，并且明确列举了经理的职权。这就更是干涉“公司内政”了。公司归董事会管理或在董事会指导之下管理，公司在董事会之下设置哪些执行性职务，多与少，兼任与分任等等，完全是每一个公司根据自己的股东和股权结构以及企业规模和业务状态而定的事情。

董事会没有真正到位，董事长和总经理“超前到位”，这就产生了中国特殊和特色的董事长与总经理职责分工难题。董事长负责战略性职责、总经理负责执行性职责，便是对这一中国特殊和特色难题的一个似是而非的解答。这是绕过董事会真正到位这一实质性问题，而从表象上解决问题。现代公司是董事会整体负责公司的战略性职责，董事长和总经理都是董事会设置的高层管理职务而已。董事长作为董事，与其他董事一样，是由股东选举，受股东之托的；而担任“董事长”这一职务则是由全体董事选举，受全体董事之托的。董事长负责董事会的组织性工作，总经理负责公司日常业务的管理工作，都是受托于董事会，为董事会打工的。

3.3.3 内部制衡，不是多多益善

监事会、独立董事及董事长和总经理分任等等，内部制衡多多益善，可以改进公司治理，这一谬误的出现，跟代表性董事会谬误的出现有一个共同的基本原因，就是在缺乏外部的法律救济措施情况下，过于强调现代公司组织内部的制衡关系了。

中国公司组织的内部制衡机制是世界上最多的。中国已经把主要发达国家所有的各种各样的公司内部制衡机制全部搬过来了，同时还保留着我们自身所特有的一套内部制衡体系。

德国的公司内部制衡就是上层的监督董事会和下层的管理董事会分开，同时上层的监督董事会中有股东和工会及员工两方面的代表。日本传统的公司形式中有一套与董事会平行的监事制度。中国搬来了，公司设置一个与董事会平行的监事会，董事会（国有必须，非国有不必须）和监事会（国有和非国有均必须）中都有员工代表。

美国的主流模式是董事长兼任首席执行官，但是强调董事会的独立性和独立董事任职的董事会审计、薪酬和提名等委员会，中国学来了，并且额外给独立董事赋予了更多的职责。

英国和日本的普遍情况是董事长和首席执行官分任，中国也学来了，非常强调董事长和总经理要分任。

公司组织内部制衡机制上，世界上有的我们全有了，我们还有自己独特的一套党组织的纪检系统，以及企业内部工会制度和职工代表大会制度。

可是结果呢，我们这么多的内部制衡机制是不是有效地防止了公司的不良行为？答案是明显的，否。在世界主要国家中，中国公司内部人控制的泛滥，董事和高管的忠实和勤勉义务的缺乏，是位居前列的。

企业还是要以发展为主要目标，企业内部制衡机制不仅不是越多越好，反而可能是越多越乱，甚至是制衡变成了掣肘。内部制衡要以精良和有效为目的，真正管用的方法一种就好。同时，我们更不能企图以内部的制衡机制替代外部的法律上的责任追究体系。

3.3.4 董事会真正到位，还要随时在位

我们的上市公司和进行董事会建设的国有公司几乎全部设立了外部董事任职的董事会的审计、薪酬、提名、战略以及风险等委员会，也几乎都有成文的董事会会议规则和各个委员会会议规则等等。这些董事会结构和形式上的向国际领先水平看齐甚至是领先于国际水平，本身也许并没有什么错，无非就是多做几篇表面文章，额外支出一点成本而已。但是，如果认为“这就是现代公司治理”，则会致使我们的董事会永远无法真正到位。

董事会的真正到位，首先需要法律上董事义务和责任追究体系的到位，然后是全体董事管理公司权力的到位（职责的落实，董事选举董事长和董事会选聘首席执行官），再后才是董事会本身如何更好地运作的问题（行为上的到位）。只有这义务、权力和行为的三个到位，董事会才算真正到位。而且，董事会到位之后，还要“随时在位”。为了保证董事会职能上的“随时在位”，需要设置执行委员会在董事会闭会期间代行董事会的权力，还需要通过紧急状态下的管理规则，设置“紧急状态下的董事会会议”机制。就是在极其特殊的紧急状态下，正式的董事会成员构不成董事会会议的法定人数时，公司在场的哪些人按什么顺位，补足董事会会议需要的法定人数，召开紧急状态下的董事会会议，行使董事会的权力。

可以把董事会的执行委员会和“紧急状态下的董事会会议”看作是现代公司董事会为了保证自己的真正到位并随时在位而设立的两级应急机制。可是直到目前为止，我们还没有看到任何一家中国公司的董事会有类似的应急机制设置。有的公司如中国平安，有“执行委员会”，但实际是一种董事会之下管理层成员构成的公司管理委员会。也有的公司有董事会常务委员会，但其常务委员会人员构成以执行董事为主，削弱了非执行董事的作用，从而丧失了董事会执行委员会的“治理”功能。

中国的公司法和有关监管部门还没有为公司董事会这类应急机制（特别是紧急状态下的董事会会议）的启动提供一种默认规则。这也许可以说是中国学习现代公司治理中的一个最大的谬误：只看到了冰山表面上露出来的部分，忽略了下面更大的主体部分和其他支撑性部分。

尽管可以说到目前为止，中国公司的董事会很多是“形式到位”，还很少真正“作为到位”，但是不久的将来，那些没有或者不能真正“作为到位”的董事会将从中国公司管理的舞台上消失。股票全流通之后股权分散化的进程已经呈现出了加速度，股票全流通和股权分散化企业的董事会已经无法再仅仅作为一个形式而存在，他们必须“作为到位”，否则将会有别人取而代之。

3.4 中国公司治理的六个认识误区

中国的现代企业制度引入是从有关股份制的讨论开始的，由此导致人们对公司治理的理解也局限在了“股份制”的思维之中。越过了对“公司制”的一些基本制度要素的深入研究，直接跳到了在很大程度上是公司制企业运作结果的“股份制”上，产生了很多本末倒置性质的公司治理理解谬误。

3.4.1 一股独大、股东制衡及战略投资者与公司治理

一股独大和公司治理水平低是中国公司中的普遍和并存现象，但是这并不意味着他们之间就有必然和内在的因果关系。与其说是一股独大导致公司难治理，还不如说是中国的公司治理难和治理水平低，导致了“一股独大”成为强势股东的一种最优选择。公司治理水平低，“控制权的私人收益”高，人们才选择坚持“一股独大”和“绝对控股”。

恶人能够得到惩罚的基本公司法律制度和好人能够得到更多机会的竞争性的资本市场制度是公司治理大厦的两块基石。不解决这两个基本问题的情况下，期望通过引进前几大股东之间的相互制衡来改进公司治理完全是一种幻想。前几大股东势均力敌情况下的公司治理是，或者几大股东合谋剥夺其他的中小股东和利害相关者，或者几大股东互相反目致使公司不得安宁。曾被列为“大股东制衡”思维下公司治理典范的东北高速就是这方面的一个例证。东北高速的前三大股东持股比例及董事会席位比例，都是任何两方相加大于第

三方，任何一方都不能独霸，结果是你方唱罢我登场，董事会换届都成为了超级难题。

一股独大不行，几大国内股东相互制衡不行，引进国外战略投资者又成为了中国企业趋之若鹜、竞相模仿的一种选择。似乎有外资入股，有老外坐进董事会，公司治理就可以规范了。也许这是最近几年中国以改进公司治理为名所做出的一件最蠢的事情了。外资股东也好，老外董事也好，在法制健全、资本市场竞争充分的母国可能是规规矩矩的，但是到了中国也就“入乡随俗”，恢复了自然的恶的本性，合谋、榨取和掠夺一样不差了。低价对外引进战略投资者，高价国内发行股票，结果没见到任何公司治理上的改进，只见到了外资狠狠地稳赚一笔，高管薪酬成倍地暴涨一番，国内中小投资者深度套牢、欲哭无泪。对于中国当前的某些公司改制，说是“以改进公司治理为名与外资合谋窃取国有资产”，恐怕也不算为过。

“以我为主、谦虚学习”也许是我们在公司治理方面学习西方发达国家所应采取的正确态度。日本明治维新，全盘照般德国民法，改造国内企业制度，二战后及至当前又不断地引进和消化西方的现代企业制度，但是没有一窝蜂和倾斜定价性地引进外资战略投资者，也没有请几个老外坐进董事会，日本的企业却一样娴熟地掌握了现代公司治理技术，一样称雄世界。中国人就那么笨吗？就不能自己深入地学习和探索，玩转现代公司和董事会制度吗？

3.4.2　全流通和整体上市与公司治理

通过股权分置改革实现股份全流通，在打通通过资本市场改进公司治理的通道上向前迈进了重要一步，但是全流通本身并不能直接改进公司治理。这一点在这两年来的中国公司治理表现上已经得到了证明。

没有全流通时期，公司的实际控制人——控股股东一方面握着非流通股，另一方面自身利益与二级市场表现没有多大的直接联系，导致资本市场对公司实际控制人缺少实质影响，更谈不上对其控制权的威胁。全流通之后，只要过了解禁期限，控股股东和中小股东之间有了一个一致的利益基础。但是，如果内幕交易不能得到有效禁止，控股股东的努力方向并不会自动转向真正创造股东价值的轨道上来。股改之后，股价水平明显脱离公司经营业绩基础的超级起飞与跌落，就是控股股东得到流通权之后的第一波行为表现。不是资本市场对控股股东行为产生积极影响，而是控股股东新的利益取向扭曲着资本市场的发展。要资本市场对公司治理发生实质影响，需要公司控制权市场——并购行为的活跃，而这仅仅全流通是不够的，还要股权分散到一定程度才行。而公司股权的快速、有效分散正是健全公司治理的结果。

认为阻碍中国公司治理改进，与股权分置并列且广受诟病的另一个要素是分拆上市及由分拆上市带来的上市公司与其母公司之间普遍性的关联交易。通过整体上市，消灭上市公司与其母公司之间的关联交易，来完善公司治理，这是近年来中国改进公司治理努力中的另一个“良好愿望”。不可否认，关联交易是中国上市公司中普遍存在的现象，并且也是上市公司母公司和实际控制人侵犯上市公司利益的一个重要渠道。但是关联交易本身并非问题所在，关联交易本身也不可能杜绝。问题在于关联交易为什么会变得系统性地对上市公司和中小股东不公平？与其说是关联交易阻碍公司治理，还不如说是有效公司治理的缺乏，导致关联交易变成不公平交易，变成公司实际控制人掠夺公司的工具。

这里的关键问题是建立起保证公平交易的公司治理机制。保证公平交易的公司治理机制，关键构件是法律上确定控股股东、公司董事和高管对公司的“公平交易义务”。这是公司制企业和公司治理的一个基本制度构件。即使是一人有限责任公司，只要是公司，股东承担有限责任、公司享有独立的法人财产权，就有股东、董事和高管对公司的公平交易义务。是这一基本公司治理机制本身的不到位，导致分拆上市情况下，控股股东把其与公司之间的关联交易变成了掠夺公司的工具。忽略公平交易义务这一根本机制的建设情况下，仅仅是全流通和整体上市，不仅解决不了“掠夺”问题，而且会产生“掠夺”行为的新形式和新工具。

美国法律研究院通过并颁布的《公司治理原则》正文总计1007页，从第1页到第232页讲述公司目标、公司结构和注意义务，然后就是有关公平交易义务的问题及公司受到不公平侵害之后的救济问题。篇幅上是救济占一半，公平交易义务占四分之一，其他的总计占四分之一。

把控股股东对公司的公平交易义务问题解决了，整体上市还是分拆上市，以及已经整体上市的企业还可以把一部分业务分拆出来再单独上市，这些交易形式本身就都不再构成对公司治理改进的阻碍，而只是可供选择的公司财务安排。

3.4.3 交叉持股与公司治理

交叉持股也是中国在股权层面打转转解决公司治理问题产生的一个流行谬误。这一谬误的产生来自对二战后日本交叉持股制度产生背景的不甚了解和对其公司治理作用的错误理解。

二战之前主导日本经济的是家族财阀控制下的层层控股的金字塔式企业结构。这一企业结构的成功得益于家族企业的文化基础和明治维新引入德国民法进行改制奠定的公司制企业制度基础。正是在一个公司制企业的基本制度基础上，日本的家族企业才走出了传统的家族企业规模限制，成为统治日本经济的力量并使日本成为了工业强国。这一时期中，资本市场也得到了家族财阀企业的充分利用，1936年日本的上市公司市值就已经是其国内生产总值的136%。

二战后日本的交叉持股下的系列企业制度正是战前的家族财阀金字塔企业结构在解散财阀和反垄断法等外部强加的制度冲击下，适应股权分散状态、应对资本市场并购威胁而产生的一种特定的企业结构形态。解散家族财阀时，财阀家族和财阀母公司的股份被转卖给公众、财阀家族的成员被禁止在企业中任职，对公司保持超强控制的大股东一夜之间就不在了。家族财阀股份转卖给公众之后，公众持有日本上市公司股份的比例高达70%。但是，这种非自然发育出来的分散的公众股东都很贫穷，无心长期持有，纷纷出售股份，资本市场出现美国式的恶意并购行为。公司法禁止公司回购自己的股份、反垄断法限制一家公司持有另一家公司的股份数量，这使绿色邮件（高价回购）和白衣天使（找友好者收购）等美国式的公司反并购措施都无法采用。于是，“父母不在了，兄弟姐妹相互帮忙”，前财阀所属、如今独立的企业在经理人们的共同努力下，相互“交叉持股”这一日本特定制度和财阀家族文化遗产基础上的反并购措施产生了。多个友好企业之间交叉持股，长期持有，目的是抵御“外敌”，加强管理层对公司的控制。从股东价值导向的现代公司治理角度来看，这种交叉持股恰恰是阻碍公司治理，而不是改进公司治理的。

中国有关部门曾经极力推广交叉持股制度，幸好没有太大范围地铺展开来。无论是国有企业还是民营企业，解决中国公司治理问题的一个关键都是大股东和实际控制人对公司的公平交易义务问题。基本的公平交易义务不到位情况下，一股独大下是上市公司成为一个大股东的提款机，交叉持股下则是上市公司成为大股东共用的提款机，成为多个大股东之间利益交易的俱乐部而已。

3.4.4　股权分散与公司治理

“只有股权分散才可能真正健全公司治理”，这也是一个典型的本末倒置性的谬误。事实是，只有真正健全公司治理，才能有效、高效地通过股本扩张走向股权分散。

产生股权分散改进公司治理谬误的原因可能是多方面的。首先是我们看到了现代发达国家股权分散的大公司，就把股权分散理解为现代企业制度的本质特性，进而认为是股权分散带来了健全的公司治理。其次是我们看到成熟资本市场上，公司股权高度分散、并购成为了一种非常重要的外部治理手段，以及没有大股东的控制，董事会的独立性增强，公司治理得到改进等等，进而又把股权分散作为公司治理完善的前提条件了。其实，这些都是由现实推论历史、由表象推断实质的错误。公司制的历史和实质都是先有健全的公司治理基本制度，然后才逐步孕育出来了公司股权分散这一结果。

简单观察一下这个世界就可以发现，越是公司治理良好、董事会独立性高、小股东权益得到有效保护的国家，公司股权分散程度越高，新建公司由股权集中走向股权分散的速度也越快。典型的代表就是美国和英国。正是由于基本公司治理规则的到位，小股东能够得到有效的法律和资本市场保护，大股东得不到多少纯粹股东利益（分红和资本增值）之外的利益（控制权的私人收益），人们愿意当小股东，搭个便车不介入管理，大股东也愿意放手，让那些能够给公司更有效运作、带来利润和股价上涨的人（有能力的董事和经理）行使实际的公司控制权。发达国家中，即使是公司股权相对比较集中的德国和日本，其股权分散程度也是仅次于美国和英国，而高于任何其他国家的。相比中国的话，德国和日本的公司也是股权高度分散的。发达国家普遍股权高度分散而落后国家普遍股权高度集中，其背后的原因是发达国家的公司法制健全和公司治理良好，使其公司能够有效地通过股权分散来实现资本的积聚和企业的扩张，而落后的国家则基本的市场经济法制尤其是民法和公司法制落后，使其公司无法走上股权分散而依旧集中管理、高效运作的现代企业的资本积聚和组织成长之路。

中国企业对外股权合资和扩张公司股本时，经常要坚持一个51%的绝对控股原则，并且把这看得比什么都重要。这正是想要利用不健全的公司治理而掠夺别人所需要的一种工具，或者是对公司治理不放心而采取的一种防范。试想，如果谁都不放心或者想通过控股来有机会掠夺别人，那么坚持“51%原则”的人也就没有可以合作的对象了。没有愿意作49%的人，也就没有了51%。要让人愿意作49%，就得让51%的控制权没有任何“私人收益”。控制权没有私人收益，或者说降低控制权的私人收益，就是健全公司治理的另一个说法而已。公司治理不健全，掌握公司实际控制权的人有巨大的私人收益，人们要么不投资，投资就一定要坚持51%的原则。这样一种“51%原则”博弈的结果是，你只能靠找到比你傻的人合作，除非你是“政府机构”，有垄断权力，或者你是“黑帮”，有胁迫别人的势力。

不是要等到股权分散才能真正健全公司治理，而是要先真正健全公司治理，使人们能够放心并快乐地作个小股东，使控股股东也能放心和放手地让公司走向股权分散，才能出现治理良好、股权分散和以董事会为核心的现代公司。

3.4.5 外聘职业经理人与公司治理

国有企业的主管部门高调地搞“全球招聘国企高管”，民营企业的老板则顶不住舆论的压力纷纷要从外部引进“职业经理人”，二者都以为这样可以使企业更为“现代化”，可以改进公司治理。就像以为股权分散才可能改进公司治理一样，以为从公司外部引进职业经理人才能改进公司治理，又是犯了一个倒果为因的错误。

英美德日等发达国家职业经理人制度是其公司治理进步的一个结果。从1860年到1870年前后，几个主要发达国家相继颁布了新的公司法规，引入“股东有限责任、董事会集中管理”的现代公司治理制度，然后经过几十年的发展，到1900年前后，大量的第一代创始人退位时，兴起了职业经理人接班这一做法。这个时候，这几个发达国家的大股东权力限制和中小股东权利保护等法律已经很健全，公司运作中董事会也已经完全到位，跟随创业者的经理人们也正好成熟到了能够继续领导公司前进的程度，创始人可以放心地退居二线、享受自己创业成功的果实了。有效的公司治理，能够保证不再介入经营的公司股东能够享受到公司经营的成果（当时最低的要求就是常规性的年度固定分红），而基本不必担心公司财产会被经理人偷窃或者分享不到公司经营成果。而中国的现状仍然是，大股东的权力没有受到严格的限制，小股东的权利没有得到有效的保护，董事会更是没有真正到位，不介入经营的股东享受公司经营成果（年度固定分红）不仅没有形成常规，而且是“稀有现象”。这种情况下企图在公司治理上搞“跨越式发展”，让外来的经理人入主公司，其结果可想而知：即使不会“公开造反”，也肯定是“吃里爬外”，让创始人和投资者都成为“弱势群体”和“不幸的股东”。

实际上，职业经理人的本质含义就是“拿薪水的公司管理人员”，因为早期的公司股东自己直接管理公司，往往是作为经理的薪水和作为股东的收益不作区分的，后来逐渐有没有股权的经理人走上高级管理岗位，得到相应高额的薪水，人们才把这种人概括为“职业经理人”，就是以“经理人”——从事公司管理工作的人——为职业的人。在现代健全的公司税制条件下，股东直接管理公司也要把自己该得的薪水和自己的股东收益分开，因为前者可以只纳个人所得税，后者要付企业所得和个人所得双重税。而且，二者不核算清楚的话，也搞不清楚企业产品的真实成本和自己作为股东的真实投资收益。至于这个拿薪水的经理人是否来自外部，或是否要“全球招聘”，更是与职业不职业的没有关系。几乎所有成功的全球性大公司都是以内部成长起来的经理人接班为惯例，外部招聘是公司处于危机或者有意实现转型情况下的一种例外安排。把“职业经理人”主导公司这一良好公司治理的结果当改进公司治理的原因，把外聘经理人这一例外做法当常规做法使用，不仅是中国公司治理的误区，而且简直是悲哀。

中国现在的公司治理环境下，对于那些创始人仍然年富力强的企业来说，引进外部职业经理人的做法恐怕要暂缓，还是抓紧进行内部培养比较稳妥。中国的第一代创业富豪们似乎对此已经深有认识。在《福布斯》中国富豪排行榜排名前400 位的富豪中，年龄在60 岁以上的一共有38 位，除了个别尚不能确定外，其中29 名都有子女在公司任高管或者已经全面负责公司的日常管理。

想要外聘职业经理人的企业老板和那些以职业经理人自居的人，也许都应该拿IBM的沃森、通用汽车的斯隆或者谷歌的施密特做做参照。

3.4.6 公司治理与规范运作

作为世界上最为独特的一个国家，中国在公司治理上有很多自己的特色是正常的，但是如果这些特色是因为我们对现代公司治理基本逻辑的“误读”或者是因为某些利益集团出于自身利益考虑而进行的“改造”，则要另当别论了。

把改进公司治理等同于公司规范运作，一方面缩减了公司治理的内涵，另一方面又缺乏实质意义地扩张了公司治理的边界。以董事会为中心的现代公司治理实质有“业绩”和“合规”两个方面的内涵，并且业绩要摆在首位。为了确保公司运作合规，董事会要完成提供责任和监督检查两项任务。这里的提供责任主要包括向股东报告工作，确保公司行为符合法律法规的要求，查看公司审计报告等等。董事会的监督检查工作主要包括检查经营业绩和运营状况，监督预算，控制和纠正不良行为等等。为了取得业绩，董事会要完成制定战略和制定政策两项任务。这里的战略任务包括董事会要进行公司战略分析，为公司确定发展方向和战略规划。制定政策任务则包括批准预算，决定高管薪酬和创建企业文化等，以支撑公司战略的实现。

企业的事业是生意，不能创造业绩的企业，其运作上的一切“规范”也都失去了意义。只看到公司治理的“规范”方面，导致我们对公司治理上的偏差，甚至进一步在公司治理和加强监管之间画上了等号。看看中国都是什么人最为积极地在喊加强公司治理，是政府和监管部门，甚至非常领先地提出了“公司治理监管”的概念。整套整套的指导意见和规范意见，很多方面已经是“过度监管”了，直把“公司治理”变成了“治理公司”，搞得企业在制度创新上完全无所作为。为什么我们很少看到中国的企业家、机构投资者和经理人等等，在公司治理探索上表现出积极性来？如果这些实际的第一线的公司治理实践者们没有积极、主动和创造性地参与，而只是被动地应付监管部门推动的规范标准，中国的公司治理能够真正改进吗？

在日本领先进行公司治理改革的索尼公司总裁出井伸之，在其著作《迷失与决断——我执掌索尼的十年》中，用了专门一章（共七章）的篇幅，探讨公司治理问题。日本2002年修改后的公司法，在法律上提供了一种新的选择，公司可以通过设立主要由外部董事任职的审计、薪酬和提名等三个董事会内设委员会，从而废除传统的监事制度，转化为委员会制公司。本来是索尼率先在日本自主性地搞了董事会委员会制度，公司法的这一变革是对这一类企业自主公司治理改革的肯定，但是出井伸之却称之为“修改后《公司法》的致命缺陷”，并披露索尼最初甚至不想转化为委员会制公司，最后是担心如果索尼都不选择日本公司法上这一新类型的公司治理形式，则会对这一“日本好不容易出现的公司治理制度上的进步”有不利影响才选择了转化为委员会制公司。根据出井伸之的看法，“要治理公司这样一个有生命力的事物，就不能拘泥于流行、前例或者是其他公司的旧例，而应当不断摸索最适合自己的方法”，“公司治理制度的关键在于尽量简单化，并公开，易于大众理解”（出井伸之，2008）。

在着眼于业绩的公司治理改进方面，股东、董事和经理都有发挥自身能动性的空间，也更多地需要公司自主性的公司治理创新，使公司治理创新成为公司发展和走向卓越的一股重要驱动力。就公司的规范运作来说，首要的是外部法律上的强制规范，公司的各个层面都必须遵守。过于强调公司内部治理上的“规范”含义，其实是一种舍本求末，导致过多的制衡，以至成为掣肘，实际还不能真正解决规范的问题。对付那些纯心作恶的人只能是以恶治恶，法律上给予严厉的处罚和监禁。企图通过加强公司治理上的内部制衡措施来解决那些存心作恶问题肯定是徒劳的。

3.5 东北高速：中国公司治理的一面镜子

可以说，东北高速是中国公司治理的一面镜子，能够梳理清楚东北高速的公司治理问题，就能梳理出中国公司治理中的主要认识误区和操作难题了。

3.5.1 “三角形”治理结构的败局

东北高速是由黑龙江省交通厅下属的黑龙江省高速公路公司、吉林省交通厅下属的吉林省高速公路集团有限公司和招商局集团下属的华建交通经济开发中心三家国有单位以哈大高速公路、长平高速公路的经营性净资产以及松花江大桥的部分权益为投入发起设立的股份有限公司，在上交所上市。

三大股东的持股比例分别是：黑龙江高速26.905%，吉林高速22.288%，华建交通17.919%（公司2007年年报）。董事会中，三大股东分别派出4名、3名和2名董事。这样一种三大股东持股比例相当、董事会席位比例相当的安排，曾被认为是“公司治理典范”“任何两边之和都大于第三边，典型的三角形结构”，可以避免中国公司中常见的一股独大危害。但是可惜，这一“三角形”的结构，却没有真正三角形的稳定性。其实际运作的结果是，先经理层内部人控制失控，再股东之间内讧。

首先是摆脱不掉的行政干预。1999年东北高速成立时，黑龙江省交通厅委派张晓光担任董事长，吉林高速方面委派总经理，华建中心委派监事会主席。从董事席位分配到主要高管职位安排，都是股东之间协商而定。股东直接管到主要高管职位，董事会也就难以真正成为公司管理的权力中心了。在股东是国有企业，尤其又是高速公路这种行政性色彩很浓的国有企业情况下，牢牢把握任命大权的是两地国资委。从两地国资委，到两地高速公司，到董事会，再到经理层，一条长长的委托代理链条。本该全权负责任命和监控经理层的董事会，如果不能真正到位，经理层“内部人控制”的失控也就成为了一种必然。

东北高速的董事会管不了大股东派来的董事长，第二和第三股东也制衡不了大股东侵占上市公司利益的行为。2002年底，东北高速爆出挪用4亿信贷资金炒期货事件，2005年初又爆出2.9亿资金丢失（最高院终审裁决中国银行哈尔滨松街支行负责，东北高速已经追回了这笔资金，2009年3月3日公司公告），随后董事长张晓光被捕。东北高速2005年、2006年年报显示，2005年12月31日止，第一大股东黑龙江高速占用公司资金16020万元。而到2006年底，黑龙江高速仍经营性占用东北高速资金5000万元。

东北高速没有了"一股独大"的结果，不是没有了一股独大下大股东侵犯上市公司利益的危害，而是没有了真正能对上市公司负责任的大股东。期望前几大股东之间相互制衡而避免大股东侵犯公司利益，是中国公司治理中的一种流行性谬误。股东侵犯公司利益问题的解决只能是严刑峻法，没有任何其他替代性的途径。这里不光是保护中小股东的问题，还有保护公司债权人的问题。这里的公司债权人也不仅仅是银行，还包括公众、公司供应商和用户及一切会与公司打交道或会受到公司行为侵害的第三人。

3.5.2　股东的事后性治理与事前性治理

东北高速管理中出了问题之后，股东们"一致"地否决了管理层提交股东会表决的股东大会议案，但是却不能"一致"地提出建设性的解决方案。2007年5月23日，在东北高速召开的2006年度股东大会上，三大股东全票否决了公司董事会提交的《2006年度报告及其摘要》《2006年度财务决算报告》《2007年度财务预算报告》三项议案。同时，还投票通过了《东北高速提前偿还股东9亿元贷款》和《对吉林东高油脂有限公司实施撤销清算》两项临时提案。这成为中国公司治理史上的一个"罕见"事件。但是，我们应该说这是东北高速公司治理上的一种改进，就是股东会要有所作为，而不能仅仅是一种表面文章。

但是，股东会的这种事后性的"治理"行为，与其本应有的事先性的有效治理制度安排相比，是低效率并且有负效应的。由于公司治理问题，根据上海证券交易所相关规定及要求，公司股票从2007年7月3日起开始实施其他特别处理，东北高速成为沪深两市第一家因公司治理而被"ST"的上市公司。公司还要面对各种夸大和不实性的负面报道。2008年7月17日，东北高速董事会专门针对一些“不实报道”（《东亚经贸新闻》的“东北高速陷‘高管门’”和《上海证券报》的“代理班子成‘入侵者’东北高速内讧再起”等），发布了一份长长的澄清公告。

股东们对公司进行事先性的有效治理制度安排，主要就是制订好章程和公司治理规则。当然，这方面也要有公司法和其他法律机制，在公司章程有所不足或者不明确时，为公司提供一种替补性的默认或说推定适用规则安排。东北高速的股东们在公司出现严重问题时，多少都有些慌了手脚，首先想到的是如何保护自身利益，要求以至起诉公司返还本来就是“包装上市”形成的历史烂账性质的“贷款”或“借款”，而不是合力选聘出新的董事会和管理层。东北高速的管理层之所以能够形成一种与股东对抗的势力，一方面是因为几大股东之间没有形成合力，另一方面是中国有关股东、董事会和经理层之间的权限划分规则不清晰。

3.5.3 中国式公司治理制度设计的改进

公司前几大股东之间形不成一种作为纯粹股东的合力，是因为股东直接介入到了管理层职位中去。管理层、董事会和股东之间矛盾的背后有大股东之间矛盾的根子，而不是纯粹的职业经理人和股东之间矛盾。东北高速所产生的董事会换届难题，有其自身股权结构、股东构成方面的原因，也有中国公司法和公司治理制度设计上的原因。

中国式的股东、董事会和经理层“矛盾闹剧”，根源在于中国公司治理中对公司章程地位的不理解和不尊重，中国公司法中对股东会、董事会和经理之间权力划分的原则不清楚。

股东通过股东会选聘和解聘董事，董事通过董事会设置、选聘和解聘包括董事长在内的所有公司管理层职务，这是股份有限公司治理的基本规则。现代公司治理的标准是董事会具有绝对权力解聘任何一位管理人员，即使这位管理人员业绩优异；股东可以通过股东会以简单多数同意原则、无需理由地解聘任何一位董事，除非是特殊的类别董事或者是以累积投票制选举出来的董事。

中国公司法规定董事任期三年，可以连选连任。既然可以连选连任，并且也没有连选连任的期数限制，三年任期的概念也就没有什么实质意义，还不如像英美公司那样，每年股东大会都选举一次董事。这样也就不存在东北高速所谓董事会“超期服役”的问题了。

如果公司章程没有规定对公司董事进行分类，在主要几个大股东之间分配董事提名名额，那么某一位股东没有推荐出来董事或者没有到会投票，并不能影响其他到会股东投票选举出来全部的公司董事。这样，2008年6月30日的东北高速股东会选举出来的8位董事，就可以构成一个完整有效的董事会。公司章程中规定的董事会人数，也可以由股东会全权修改。但是，文化总是对公司治理发挥影响。在6月30日选举新一届董事会成员的股东会上，东北高速的大股东和三股东给二股东留出了名额，并且最终在8月31日的股东会上达成了“圆满”结果。如果有关方面能够一直都明确地按公司治理规则办事，这期间关于6月30日股东会及其选出的董事会的合法性的争论、被解聘的原经营层人员“重新占领公司”的一幕及其后续的多种“中国式公司治理闹剧”，就都不应该产生了。

2008年6月30日股东会后，东北高速股东与经理层之间关于“股东会决议”执行问题的一些争议的产生，有其背后股东之间矛盾的原因，也有对股东会、董事会、经理层权限划分原则不清楚的原因。中国公司法对股东会、董事会和经理权力分别列举，实际无法准确把握。应该明确董事会中心主义的授权原则，就是除股东通过公司章程明确保留的权力之外，都是董事会的权力，而经理层的权力则是完全来自董事会。遵循这一规则，作为公司股东的权力或诉求就要完全通过股东会或者法律手段来行使。公司治理规则上，经理层根本没有向“董事会”叫板的权力。但是在东北高速纷争的现实中，原经理层人士手中夹杂了公司股东的权力，是股东权力和经理层权力混淆带来了混乱。

选聘和解聘董事会成员是股东会的绝对和首要权力，也是公司治理的头等大事。如果连董事都选举不出来，股东们如何能够“一致”地为公司提出建设性的解决方案。东北高速大股东、二股东催公司还款，三股东要求关闭带来问题的子公司，这些问题都应该是作为一个整体的董事会来面对和解决的。

如何把“股东之手”限制在股东会的边界之内，如何让董事会真正独立

（独立于任何一方股东，只对法律上有效的股东会决议和整个公司负责）和有效，以及进一步地实现经理层人员的完全职业化和市场化，是摆在是绝大多数中国上市公司面前的一个尚待完成的艰巨任务，也需要对一些中国公司治理基础法则进行修改。除应废除对股东会、董事会和经理层之间进行分别列举式的职责规定，明确董事会中心主义的公司内部治理和授权原则，并由此给予公司更大的自治空间之外，还需要多个方面的配套跟进。

3.6 万科之争中董事会的作用

董事会中心主义是一种授权原则，按这种授权原则要实行以董事会为中心的公司治理模式。在以董事会为中心的公司治理模式下，控制权的私人收益降到最低，大股东会更多地减持和退出，关键人和实际控制人这些角色也会失去作用，公司会很快走上股权分散、董事会控制和职业经理人管理的道路。

万科被誉为中国公司治理典范之一，股权分散、职业经理人管理，事实是否如此？长达两年之久的万科之争，提供了一个检验万科公司治理运作真实状况，特别是其董事会的作用有多大的重要机会。

3.6.1 董事会的独立性：谁有权决定面对一项收购时的公司政策

作为一种公司治理机制，敌意并购是公司控制权市场发展的最高阶段。所谓“敌意并购”是就被收购公司管理层的态度而言的。这里的公司管理层是包括公司董事会在内的，严格说就是指公司董事会。公司管理层不欢迎敌意并购，并往往会采取一些抵制行为。对公司股东来说，敌意并购是件幸福的事情。这就像有人来竞争小区物业管理，对现任物业公司是个坏事，对小区业主则是个好事。可是“野蛮人”、敌意并购，就和资本市场上的做空一样，本来都是中性词语，都是维持资本市场健康和改进公司治理所必需的金融手段，却被中国舆论（甚至包括一些监管层人士）妖魔化了。

宝能收购万科股份，最初并非敌意。宝能希望王石能够接受自己做万科的第一大股东，但是王石不接受，王石认为以宝能的信用和管理能力，不配做万科的第一大股东。王石自己选择站在了宝能收购行为的对立面，把这场收购变成了敌意并购。在这样一个重要的问题面前，我们没有看到当时万科董事会出面，从全体股东和公司整体利益出发做出决断。

按现代公司治理原则，在出现并购等公司控制权竞争情况下，公司董事会都要成立一个特别委员会，进行评估。由于这种情况下，公司执行董事存在严重利益冲突，执行董事要回避相关事项的董事会决策过程，更不要说由身为执行董事的公司董事长个人直接做出相关决策了。在国外，一般很少执行董事，也很少股东董事，外部董事基本都是独立董事。在中国，如当时的万科公司董事会，除了执行董事和当时第一大股东华润方董事之外，就是独立董事了。这种情况下，就应该是全体独立董事作为无利益关联董事组成特别委员会，进行评估、讨论并做出董事会层面的决策。遗憾的是，在整个万科之争过程中，我们都没有看到万科公司独立董事作为一个整体发出的任何声音。唯一出声的独立董事华生，是以个人身份发表文章，并不代表万科公司全体独立董事，更不代表万科公司董事会。

宝能在公开市场收购万科股份之所以演变为一场引起各方高度关注的敌意并购，关键因素就是超级强势的公司董事长替代了公司董事会做出决策，将其变成了敌意收购。相比之下，安邦收购民生银行股份时，尽管被媒体宣扬为“强行入室”，但是民生银行方面能够相对平静并比较超然地面对，使安邦的股份收购没有演变为敌意并购，民生银行的董事会构成和公司治理模式演变也相对平稳。

导致万科和民生银行对公开市场收购做出不同反应的原因在于二者之前公司董事会独立性和公司治理基因不同。民生银行股权更为分散，众多大股东之间势均力敌，公司董事长不是公司创始人，相比其董事会不是太强势，这些都给民生银行的董事会提供了更大的独立性和权力空间。万科则是有单一优势股东存在，是单一优势股东支持下的创始人控制，董事长很强势。这种模式下的公司董事会就是一个强势大股东和同样强势的经理层之间的联合论坛，合则一致，不合则翻脸，董事会的独立性和董事会的真实权力空间都很小。

3.6.2 董事会的有效性：谁及如何判定董事会决议的通过与否

万科之争前半场的宝万之争中，完全没有独立董事集体的声音，甚至就看不见董事会的身影，可以说是完全缺乏董事会的独立性。到了后半场，宝万之争演变为华万之争，引爆华万之争的是一次董事会决议的通过与否之争。

为了稀释宝能持有万科股份的比例，2016年6月17日的万科公司第十七届董事会第十一次会议，讨论万科通过定向发行股份收购深圳地铁前海国际发展有限公司的议案。张利平独立董事以潜在的关联与利益冲突为由回避投票。万科公司认为议案以10名投票董事中的7人赞成，比例超过三分之二，获得了董事会通过。但是公司股东华润认为，议案获得公司全体11名董事中的7人赞成，比例不足三分之二，没有获得董事会通过。华润在此时与万科之间出现分歧，原因很简单，也很正常，这种巨量的定向股份增发，会在稀释宝能所持股份比例的同时，也稀释华润所持股份比例。问题的关键在于公司董事会本身要对如此重大事项的决策规则做出清晰界定。

中国公司法规定董事会形成有效决议的赞同比例计算，是以包括未出席和弃权董事在内的“全体董事”为分母的。在有关联关系董事回避时，董事会形成有效决议的赞同比例计算，则是以扣除有关联关系董事后，同样包括未出席和弃权董事在内的“全体无关联关系董事”为分母的。宝万之争中的关键问题是如何认定张立平独立董事的所谓“回避投票”，这决定着要不要把张立平算在“无关联关系董事”内。

中国公司法第125条的规定，“公司董事与董事会会议决议事项所涉及的企业有关联关系的，不得对该项决议行使表决权”。意图是避免与“决议事项所涉及的企业”有关联关系（直接或者间接的利益关系）的董事参与投票，损害公司利益。万科公司公告给出的张利平选择回避的理由是，“由于其本人任职的美国黑石集团正在与公司洽售在中国的一个大型商业物业项目”。这里的利益关系，是张利平所任职的黑石与万科公司之间有关联关系，而不是与“决议事项所涉及的企业”深圳地铁集团之间有关联关系。黑石“正在与公司洽售在中国的一个大型商业物业项目”，这会使张利平在万科收购深圳地铁前海国际发展有限公司的议案上，立场偏向深圳地铁方面吗？如果不会，张利平的这个回避理由就不成立，他的回避就可以被看作是没有实际出席董事会会议，由此他就要被计入分母。

如何定性张利平的回避，直接决定了万科2016年6月17日董事会定向增发议案的通过与否。作为董事，在与董事会所议事项所涉企业或人存在关联关系时，回避是一种法定的公平交易义务，而不是一种权利。作为一种公平交易义务，相关董事要将相关的关联关系事项在董事会会议正式开始之前，向董事会报告。如果相关董事没有报告，并参与了相关事项的董事会投票，该董事会决议则存在法律瑕疵，可以被判定为无效。

关联董事回避不是董事的一种权利，在其向董事会报告了相关关联事项之后，要由董事会来判定他是否需要和是否有权回避。参加董事会是董事的法定义务，如果董事可以以任意一种所谓关联关系而回避投票，等于是为董事提供了一种逃避其法定义务的便利。不存在有实质影响的关联关系而回避，和存在有实质影响的关联关系而不回避，同样会影响董事会的决策质量，也会使董事会难以有效作为。

就万科2016年6月17日的董事会会议来说，问题的关键是，在董事会正式开始之前，是否就张利平董事的关联关系申明进行了讨论，并明确做出了张利平是否需要回避的决定。如果做出了该等决定，则可进而在会议正式开始时，就明确本次董事会会议有投票权的总人数，到底是10人还是11人。可是在宝万之争中，我们不仅没有看到万科董事会有此前置决策过程，甚至在争议发生之后，也没有“亡羊补牢”，进行后续的讨论与补充决策。

3.6.3　职业经理人制度的基石是独立有效的董事会，不是开明大股东

2017年1月华润将所持万科股份全部转让给深圳地铁集团，6月恒大又将所持万科股份全部转让给深圳地铁集团，深圳地铁集团占万科股份比例达到

29.38%。万科公司股权结构模式回到了上市前的1988年股份制改造时的原点状态，当时第一大股东深特发（深圳特区发展集团）持股30%。万科30年完成了一个轮回，重新成为了地方国有控股企业。

深圳地铁作为万科新任第一大股东和事实上的控制性股东，表态要做万科公司的基石股东，全力支持万科管理层，保持万科公司治理模式不变。“基石股东”，相比之前称呼华润的“策略性大股东”一词，似乎更是个开明大股东，是个甘居幕后的公司支持者。万科之争从宝万之争发展到华万之争，“策略性大股东”华润对万科的“策略”发生变化，已经表明了立足于开明大股东支持下的职业经理人制度是不成熟，也不稳定的。

贴上“基石股东”标签的深圳地铁，持有万科股权的比例（29%）高于以前的“策略性大股东”华润（15%），似乎可以作为万科股权稳定的一块基石，可是资本市场环境变化，会使这种稳定的效力下降。万科之争本身就说明了这一点。

华润以仅持股15%左右的单一优势股东模式保证了万科十五年的稳定，因为2000年时的中国资本市场是相对小并且凝固的。今天中国资本市场的规模和流动性都远非2000年时可比。资本市场的流动性和资金规模，敌意并购者的资金调动能力，中小股东权利意识的觉醒等等，已经使15%甚至是20%左右的单一优势持股难以保障公司控制权的稳定了。2012年的格力董事会换届选举和2015年的康佳董事会换届选举，持股20%多的第一大股东都没有完全实现自己的意志。如果不是政府干预使蓬勃兴起的公司控制权市场动力暂时熄火，万科之争的结果可能就不是现在这种结局了。深圳地铁虽然持股比例高于当年华润，但是相比第二大股东25%的股权比例，没有形成单一优势股东模式，使其作为万科公司股权稳定基石的作用，也许还没有当年华润的效力更大。

即使29%的第一大股东股权可以保证公司股权上的稳定，把职业经理人制度建立在开明大股东支持的基础上，也只能是一种短暂的权宜之计，甚至可以说是一厢情愿，一种说辞而已。如果没有独立有效的董事会，开明大股东之下的职业经理人，实质上更近似于中国传统的东家与掌柜的关系，而不是现代公司的职业经理人制度。现代公司的职业经理人制度是和董事会中心主义的公司治理模式同步发展起来的，只有在独立有效的董事会控制之下，才有真正成熟和稳定的职业经理人制度。

就万科目前的情况来说，新的董事会构成模式和先前的董事会构成模式完全一样：经理层、第一大股东和独立董事。但是现在万科的股权结构与之前不同，之前的第一大股东华润虽然持股比例没有现在的第一大股东深圳地铁高，但是华润是单一优势股东，没有具有实力的第二大股东，现在万科有一个持股25%多的第二大股东宝能，并且其在新的董事会中还被完全忽视了。可以说，目前的万科“职业经理人”模式蕴藏着第一大股东改变主意和第二大股东逼宫的双重不确定性。

1994年的万科之争，是中国证监会和深交所有关人员的介入和调停，使君安放弃了对万科控制权的继续争夺。2016年的万科之争，是中国证监会、保监会和国资委都有表态，并有深圳市政府出面协调，才达成了目前的结果。从深特发、华润到深圳地铁，从创始人王石到继任者郁亮，万科都是政府和国有开明大股东支持下的一种关键人控制模式，没有走上“股权分散、董事会控制和职业经理人管理”之路，距离董事会中心主义的现代公司治理模式更是很遥远。

第4章

组建董事会：类型与结构

公司董事会不再仅仅是一个法律形式，它已经成为一种竞争利器。伟大公司无需伟大领袖，伟大的董事会则意味着伟大的公司。潮流已经改变，从现在就开始行动!

法制化下的组织发展和人治化下的组织发展最大的区别就是高层决策体制不同。法制化下的组织高层是委员会决策，人治化下的组织高层则是关键人决策。现代公司的董事会就是在股东会授权下的高层决策和监督委员会。能否组建好一个董事会，是公司从“人治结构”走向“法制结构”的关键一环。

4.1 为什么要特别关注董事会管理

董事会应该是在恰当的文化氛围（对董事会职责的正确认识）下，由恰当的人（有效董事会的组建）按照恰当的程序（董事会的会议与运作）完成恰当的工作（董事会的宗旨、任务、监控与战略指导）。如何做到这四个“恰当”，就是董事会管理要研究的内容。

4.1.1 伟大的董事会意味着伟大的公司

通用、花旗、福特、强生等等国际知名大公司，经过了百年的历史之后，它们在一直传承着的除了一个名字之外还有什么？股东已经换了，员工已经换了，产品也换过不知道多少代和多少种类了，组织的创建者及其后任的伟大领袖们也早已经不在了。以公司名称为代表的一个文化性的符号体系，以董事会为核心的一套制度、管理和运作规则体系，这可能是所有伟大公司都共有的特性，是公司不变的本我。根据《基业长青》一书作者的实证研究结果，伟大公司无需伟大领袖，个人过于伟大的领袖反倒对公司的长期发展有害。但是，那些伟大公司一定都有一个伟大的高层管理团队，一个伟大的高层领导集体，这就是一个独立和有效的董事会。

公司作为一个法人之所以能够超越自然人，其关键就在于董事会，是董事会作为一个独立和有效的高层团队在管理公司。那些百年老店不是一个人开的，也不是一种产品做成的，它有一套治理机制，董事会则是其核心。那些个人英雄主义式企业家的故事值得我们欣赏甚至顶礼膜拜，但是难以模仿，更无法广泛推广。因为运气也好，因为才干也好，已有相当家业的老板们，与其期待一个杰克·韦尔奇来替你打理一切，不如更现实一些，从那些知名公司董事会的运作中学些经验。公司的稳定和持续健康发展需要建设一个良好的董事会，使三个臭皮匠胜过一个诸葛亮，而不是三个和尚没水吃，甚至三个诸葛亮不如一个臭皮匠。

4.1.2　董事会的运作越来越受到外部人员，特别是资本市场的关注

如果公司为投资者创造利润，谁会关心其董事会是如何组织的，或者董事会里坐着的全是首席执行官的朋友？谁会关心董事会是否定期开会，有没有独立董事，或者是否参加了会议？事实是这个世界越来越重视这些。新媒体技术和全球投资者共同体的形成意味着公司治理安排被置于仔细的审视之下。一些知名财经杂志在不断地批评那些没有为全体股东利益经营的公司。

建立一个良好的公司治理结构能够降低融资成本，能够大幅度提高公司从国际资本市场上融资的成功率。当公司寻求海外股权融资时，他们将遭遇国际投资者团体的期望。这些投资者团体越来越受到那些公司治理原则和准则的影响。与此同时，一个公司治理服务产业系列正在成长，它们为机构投资者和其他投资者提供是否继续持股以及在诸如董事选举等事项上如何投票的咨询服务。一些股东投票咨询机构（proxy voting agencies）如美国的机构投资者服务公司（ISS）和投资者责任研究中心（IRRC），建立了全球上市公司治理数据库，分析全球几千家公司的年报和股东年会议案。

4.1.3　董事会受股东之托管理公司，但同时要对各种利益相关者负责

公司有了股东会，为什么还需要董事会？股东众多开股东会成本高，因此股东会向董事会授权，让董事会经营管理公司，这只是一个方面。更为重要的一个方面是，一旦出资入股组成公司，就是要作为一个整体来共同努力，董事会所不同于股东会，甚至一定程度上要独立于股东会的特性就在这里。这也是股东会按股投票而董事会按人投票的道理所在。

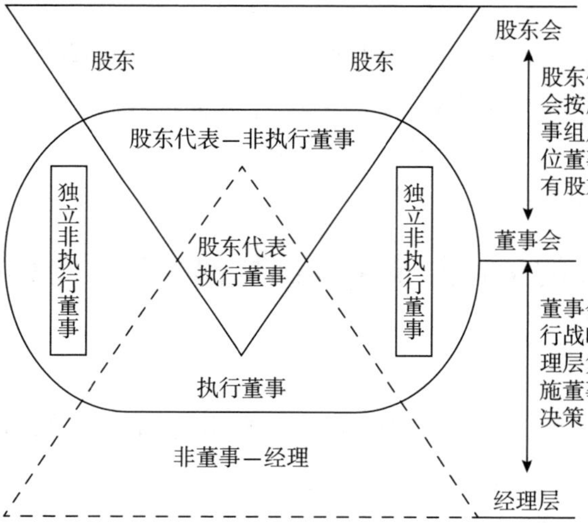

图4-1　公司治理结构框架——以董事会为核心的三重设置

中国公司中大股东绝对控股的同时，还占有绝对多数的董事会席位，这是极为不合公司治理基本原则的现象。股东会都你大股东说了算，董事会还你控制，小股东不满只能退出。退出自由为小股东提供了一种制衡大股东的机制，但是事情一闹到需要退出的威慑，剑拔弩张，就失去了合作的感情和文化基础，公司也就难以“永续经营”了。

树立起董事会是公司高层管理团队的意识，健全董事会，提高董事会的质量和公司的稳定性和持续性是改进公司治理的关键。

另一方面，董事会成员的选聘权力掌握在股东手上，董事会要对股东负责，但是现代公司董事会的责任对象不仅仅是股东和股东大会，还要包括公司

外部的监管部门以及其他各种利益相关者。公司履行社会责任和照顾利益相关者等等概念，都是要在董事会到位之后才能真正成为现实。

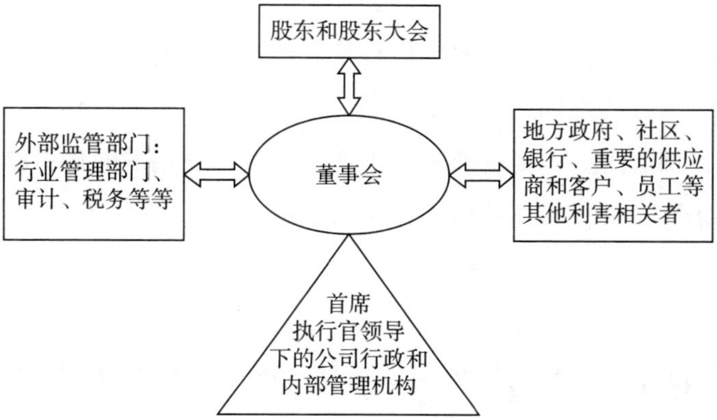

图4-2　董事会为核心的规范和健全的公司治理结构框架

4.1.4　董事会管理：连接公司治理和公司战略的桥梁

公司治理被翻译为法人治理结构，使人们总是偏重于把公司治理理解为法律问题，这对于中国这个需要加快法制化建设步伐的国家来说，是有重要意义的。健全公司治理结构、提升公司治理质量，需要依靠法律手段来为那些更为规范的公司治理做法保驾护航。但是，与法规相比，公司治理更是一个公司高层管理和领导体制问题。遵纪守法可以保证你不犯错误，不能给你带来竞争优势。公司治理和董事会运作，更主要的是一个管理问题。

董事会要通过自身质量的提高以及通过更好的领导和战略管理，来给公司增加价值。这是一门新的实用学科——董事会管理，是连接公司治理和公司战略管理的桥梁，是公司制企业的股东、董事、经理人、员工以及与公司打交道的有关方面人士都应该了解和掌握的一个知识领域。

公司治理是一个很实际的事情，而不是一个纯粹的理论探讨，也不存在“一个型号适应全体、放之四海而皆准”的公司治理模板。每一个董事会必须根据其自身所处环境制定公司战略、控制其业务。但是有一些基本的最佳做法，至少值得所有上市公司参考，无论其处于什么地域和产业。我们主要以董事会建设方面走在前列的一些国际大公司为例，对现代公司董事会的组成、董事会的会议和董事会的委员会做一概述。这些国际领先的董事会做法也许还不能完全适用于中国，但其所蕴涵的原理是有借鉴价值的。我们相信，无论国家之间还是同一国家的不同历史时期之间，在表象上的巨大差异之下，都有一些共同的东西，都有一些不变的原理。把那些不变和通用的原理，结合变化了的或说不同的条件，进行具体的应用，是为上策。

4.2 世界各国的董监事会模式：形式上差异，功能上趋同

在公司治理的“结构”层面或法律形式上，德国的双层董事会、英美的单层董事会、法国的单层或双层董事会选择权留给股东等等，各国有所不同，但是就公司治理的功能，即大型公众公司的高层管理实践来看，各个国家之间是趋同的。在日本这个最特殊的资本主义国家中，继索尼公司率先引入美国模式的公司治理做法、建立了一个美国式的董事会之后（引入独立董事、每年选举一次董事等等），很多公司也已经开始学习美国公司的治理做法。

4.2.1 三种类型的公司董事会

董事会是建立有效公司治理结构的关键环节。董事会要能有效地代表股东及其他利益相关者，对公司经理人员进行监督和激励，对整个公司的运作进行指导，有效地发挥其监督和决策作用。

董事会结构是影响董事会作用的一个关键要素。处在不同司法辖区和不同商业环境下的世界各国之间，公司董事会采取的结构差异很大，大致上可以概括为三种主要类型：单层董事会制、纵向双会制和平行双会制。

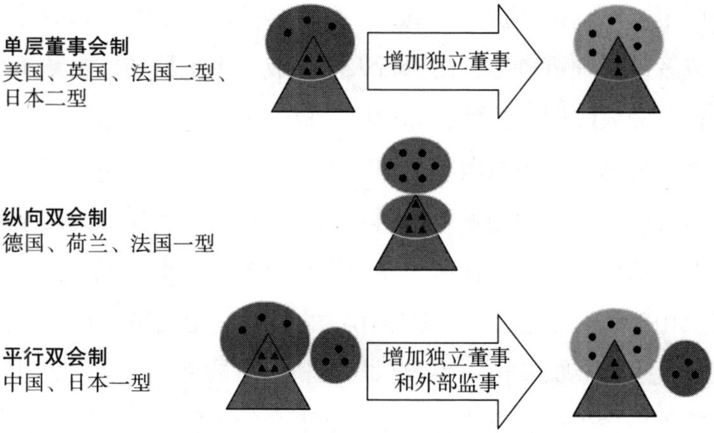

图4-3　三种类型的董事会

单层董事会制

执行和非执行董事均由股东直接选举产生，二者被纳入单一结构里，以确保所有董事都有平等的地位，共担集体决策的责任。由于设置了强有力的非执行董事，这一类型董事会可以负起广泛的职责。

这一模式下的公司治理结构包括三层机关：股东大会、董事会和经理层。股东大会选举董事组成董事会，董事会代表股东利益监控公司运作。但是董事会自身也可以实际执行管理职责。公司法的规定是“公司是由董事会或者在其指导之下进行管理的”。董事对股东负有勤勉和忠实两项基本义务。为了避免董事进行业务决策时对风险的过度规避，法律上设置了“业务判断准则”来保护董事。就是如果董事们能够证明他们是出于善良愿望，并确实是为了公司的利益而进行的决策，将会被免除责任。

单层董事会是目前世界大公司中的主流模式。这一模式存在于英国及其他受英国传统影响的国家。除德国、奥地利和荷兰之外，绝大多数的欧洲国家通常也是实行这种英美模式的单层董事会制度。

纵向双会制

纵向双会制下监督功能和管理功能分设。监督董事会或者说“上层”，由股东选举产生，全部是非执行人员，一般主要关注于监督和指导公司管理层。“下层”或者说管理董事会，由执行人员组成，由上层的监督董事会选聘。该模式可以在欧洲大陆国家找到，如德国、奥地利和荷兰。法国以及芬兰分为两种模式，大型公司多采用纵向双会制，中小型公司多采用单层董事会制。

纵向双会制的代表性国家是德国。德国公司中，下层的管理董事会负责管理公司，上层的监督董事会任命、监控和指导管理董事会成员。监督董事会根据公司规模由3到21人组成。根据1976年的共同决定法案，员工超过2000人的企业，监督董事会成员要由一半股东代表和一半员工与工会代表共同组成。股东选举监督董事会中的股东代表和监督董事会的主席。一人可以担任的其他公司监督董事会席位最多为10个。

纵向双会制的一个关键特征是上层的监督董事会拥有任命和撤换下层的管理董事会成员的权力，这使其与独立董事日益增多的单层董事会制之间在功能上是明显趋同的，而与下面的平行双会制中的监事会则有着本质上的不同。

平行双会制

平行双会制下也是监督功能和管理功能分设。“董事会”主要执行管理功能，同时负有对经理层的监控职能，与董事会地位平行的监事会没有管理功能，只是执行对董事会和经理层进行监督的功能。虽然这种平行双会制和上面的纵向双会制都可以归为双会制，但是二者之间有着本质性的不同。这里的监事会和董事会成员均由股东选举产生，地位平等，谁也不能撤换谁。中国和中国台湾省都属于这种类型。

日本2002年公司法改革之后，有两种董事会类型。一种是“委员会制公司”，不设监事会，但要在董事会下设立由外部董事任职的审计、薪酬和提名等三个法定的董事会委员会，可以归为上面的单层董事会制。日本的委员会制公司董事会与欧美国家的单层董事会制之间的一个差异是，前者的审计、薪酬和提名等三个董事会委员会是公司法定机关，后者的所有董事会委员会均非公司法定机关，而是源于交易所上市规则或者公司治理最佳实践的要求。日本的传统型公司，要设立平行的董事会和监事会，属于平行双会制类型。这类与董事会平行设立监事会的日本公司董事会，与中国的平行双会制之间，也有一个差异，就是日本不要求这类公司董事会再设立法定的董事会委员会，尤其是不需要再设立董事会的审计委员会。这类公司的董事会委员会设立属于公司的自愿行为。

在这些基本模式之间，有各种各样的变种。在美国，公司设置单层董事会，但是倾向于比英国公司有更多的非执行董事，并且首席执行官对公司发展方向拥有更大的作用。在一些亚洲国家特别是日本，董事会规模很大，包括很多执行层人员。

无论采用什么样的结构，董事会都应该确保做到如下三点：董事会要尽到其对公司及其所有股东的责任；公司管理要受到董事会的有效监督与指导；董事会成员有义务领导公司达到业经认可的公司战略目标。

4.2.2 日本公司的两种董监事会模式：监事会制和委员会制

日本在2002年的商法改革后，允许企业自由选择放弃日本传统模式的与中国公司法规定比较类似的股东会—董事会—监事会治理结构模式（监事会制公司），转向美国模式的股东会—董事会—外部董事任职的董事会委员会这一当今世界多数大型企业的主流治理结构模式（委员会制公司）。选择董事会模式改革的企业，可以废除原先依法必设的监事制度，但必须在新模式的董事会下设立审计、薪酬和提名等三个委员会。所有这三个委员会的成员都必须是外部董事。

平行双会制还是单层制模式：日本企业的自主选择

根据商法有关条款，选择单层董事会（日本汉字为取缔役会）的企业，可以废除原先依法必设的监事（日本汉字为监查役）制度，但必须在新模式的董事会下设立由外部董事（社外取缔役）主导的审计、薪酬和提名等三个委员会。日本商法上规定的外部董事的定义是：①没有具体运营公司业务，和②现在和过去都不是公司或其分支机构的执行董事、执行经理、经理和雇员。日本赋予了选择董事会模式改革的公司一个新名称——“委员会制公司”，而保持传统平行双会制的公司则称为监事会制公司。

尽管形式上审计、薪酬和提名三个委员会也都是董事会的内部机构，但是日本委员会制公司的这三个委员会是公司法上要求必设的公司机关，并且其决策不能被公司董事会所推翻。这是日本委员会制公司治理结构上的一个独特之处。在美国，公司法并不干涉董事会的内部结构设置，有关董事会下属委员会的设置主要是由证券交易所的上市规则所要求的。董事会下属委员会的所有权力来自董事会，董事会自然有权接受或者拒绝来自其下属委员会的建议。此外，美国公司中并没有一种统一形式的董事会内部结构，事实上也是不同的公司拥有不同的董事会委员会设置。

法定执行经理制度是日本委员会制公司的一个重要特性。在日本的委员会制公司里，董事会主要专注于有关重要管理政策和法律要求的重大事项的决策，同时监督董事和执行经理的职责履行情况。有关公司业务的决策制定问题，董事会通过决议将其绝大部分的权力授权给公司执行经理。这一制度安排实际是在公司董事会和公司经理之间设置了一个新的组织层次和法定机关。这是与美国企业制度不同的。美国公司董事会的主要职责是监控高层经理的行为和结果，确保公司整体利益。美国企业中在董事会和公司经理之间并没有另外一层法定机关。从功能的角度看，日本委员会制公司中的董事会和其执行经理之间的关系，在一定程度上与德国公司的监督董事会与管理董事会之间的关系很类似。

日本在公司法上将委员会制公司的董事会和执行经理之间做出正式的划分，其目的是要加强董事会的监督作用，并确保监督和决策制定职能的分开。董事会任命全部的执行经理。执行经理有权就董事会授权他们的事项进行决策。董事会还要在执行经理中任命一位或几位代表执行经理（代表执行役）。代表执行经理的角色跟传统日本企业制度中的代表董事（代表取缔役）一样，每位代表执行役都有法定的权力一般性地在有关事务上代表公司。董事会还必须在代表执行经理中任命一位公司总裁和首席执行官。公司执行经理的任期为一年，但是没有连任期数的限制。一般情况下，执行经理人数的最大限度在公司章程中规定，如日立公司的章程中规定公司执行经理的最大数额为40人。

如果要让我们对日本的委员会制公司这种新型企业治理结构作个简化理解的话，可以说，就是把传统上的大型董事会一分为二，主要执行监督职能的部分为新的董事会，主要执行业务经营职能的部分为新的执行经理。取消了公司监事制度，增加外部董事和由外部董事任职的董事会委员会承担监督和控制职能。传统上作为股东集体诉讼对象的公司董事和监事，变为公司董事和法定公司执行经理，传统上由代表董事和其他董事负责业务经营的执行，变为由代表执行经理和其他法定执行经理来负责。

转向委员会制公司：索尼、日立和野村

在新商法生效后的第一个公司股东大会季节——2003年公司股东大会上，有46家上市公司选择了改革，废除监事会，建立新模式的董事会和董事会委员会制度。2004年股东大会之后，有16家上市公司选择了董事会制度改革，2005年又有11家。此后开始很少再有日本企业选择转向委员会制公司。根据日本公司董事协会调查数据，从委员会制公司的这种法定形式可以采用开始，到2008年底为止，一共有82家上市公司选择了从传统的监事会制公司转为委员会制公司。期间，因为被并购、下市以及转回监事会制公司等原因，委员会制公司累计减少了12家，仍有70家日本上市公司属于委员会制公司。

实行美国式董事会制度的先行者是索尼公司。索尼公司早在1997年就通过压缩董事会人数，引入外国人做独立董事，将原来日本式的庞大董事会中不再担任董事的成员转为执行经理，建立一个日本公司独特的董事会之外的公司执行经理委员会制度。这个执行经理委员会，在英文中也被称为执行委员会，但是该执行委员会与美国公司中一部分董事会成员构成的在董事会闭会期间代行董事会职权的执行委员会是两码事。其实日本公司的这个执行委员会更像是一个委员会形式的中国公司的经理办公会。

紧随索尼之后，比较大张旗鼓地转向新型董事会制度的是日立公司和日立系统的20多家公司，包括日立化学、日立软件工程、日立信息系统等等。根据日立公司年报，选择转向委员会制的主要目的是：①大幅度改进管理的速度；②更强有力的公司治理；③更为透明的管理行为。在转制后日立公司的董事会中，有三个与公司法要求完全一样的委员会，有四名外部董事加入了日立董事会，有三名董事同时出任执行经理职务，董事长没有同时担任执行经理角色。

系列企业整体转向新董事会制度的还有野村系列的10多家企业，包括野村

控股、野村证券、野村资产管理、野村信托银行、野村投资、野村投资者关系、野村研究咨询、野村企业服务等等。

根据日本公司监事协会调查数据，截至2013年10月31日，全日本一共有89家公司选择了委员会制公司形式[①]。其中，上市公司57家，非上市公司32家。上市公司中，44家在东京证券交易所一部上市，3家在东京证券交易所二部上市，10家在日本的其他证券交易所上市。44家东京证券交易所一部上市的委员会制公司中，有9家是日立系企业。根据东京证券交易所发布的2015年度东证上市公司治理白皮书[②]数据，全部3414家东证上市公司中，监事会制公司3357家，占98.3%，委员会制公司57家，占1.7%。57家委员会制公司全部是在东证一部上市的公司，占东证一部上市公司总数的2.5%。其中，有25家公司为日经400指数股公司，占日经400指数股公司总数（400家）的6.3%。

推动日本公司采用委员会制形式的主要力量是外资。外国人持股比例越高，选择委员会制公司形式的公司比例越高。外国人持股30%以上的公司中有7.3%的公司选择了委员会制公司形式，外国人持股20%～30%和10%～20%的公司中，分别有3.6%和1.8%的公司选择了委员会制公司形式，而外国人持股不满10%的公司中只有0.6%的公司选择了委员会制公司形式。

行业也是一个重要影响因素。与普遍缺乏兴趣转向委员会制公司的状态形成鲜明对照，电子行业中的主要公司都选择了转向委员会制。很多选择转向委员会制的公司表示，提高公司业务战略的决策速度以及加强对这些决策的贯彻与执行能力是其转制的主要原因。特别是在电子行业，为了与迅速变化的市场保持同步，提高决策制定流程的效率以及分离战略决策与运营管理两种职能，已经变得非常关键。

多数企业的选择：法律形式上不转，实际行为上转

2002年日本公司法改革所提供的委员会制公司形式没有受到日本企业的

① 委員会設置会社リスト，http://www.kansa.or.jp/support/iinkai-list1310.pdf。

② 東証上場会社 コーポレート・ガバナンス白書2015，http://www.jpx.co.jp/equities/listing/cg/tvdivq0000008jb0-att/white-paper15.pdf。

欢迎。实践中，日本公司最为流行的公司治理改革方式是保留传统的平行设置公司监事和董事会的监事会制公司形式，与此同时，进行多方面的自主性的实际改革，包括引进很多新的公司治理机制，比如缩减董事会规模，增加独立董事和独立监事，设立非法定的执行经理制度和一些非法定的董事会下属委员会等等。

即使像丰田这样最为坚持日本传统的公司，拒绝在法律上转型，但是也同样在实际运作上进行了大量改革。大幅度缩减了其董事会的规模，并且增加了外部监事。丰田也建立了“执行经理”制度，尽管丰田称其为“常务经理”（managing officer）而不是索尼称谓的“执行经理”（executive officer），但实际内容是一样的。

日本监事会制公司中，最为普遍设立的董事会下属委员会是薪酬委员会和提名委员会。对于那些没有在法律形式上转向委员会制的公司，没有必要设立董事会审计委员会，因为其公司监事会可以履行董事会审计委员会的职责。这些日本企业认为，由监事会履行监督职责是人们已经习惯了的传统做法，与董事会下设审计委员会同样有效。但是外国投资者对此表示质疑，他们认为，监事在董事会上没有投票权，不能撤换经理层，这使其监控作用大打折扣。

绝大多数日本企业更愿意在管理实践层面上学习美国企业的治理结构做法，而不愿意在法律形式上直接进行转换，这种情况出现的原因是多方面的，其中的一个重要因素可能是“面子”或文化问题。日本的企业经营者们一直都是很骄傲的，有很强的“惟我独尊”意识。他们不像美国经理人们那样一直要面对着强大的资本市场压力和同样很强大的产业工会压力。日本资本市场上很少“并购”，资本市场管不了“企业干部”。日本的工会是企业工会，虽然每年也有要求增加工资的“春斗”，但是往往流于形式。此外，喜欢把从外面学到的新的技巧、技术等等融进自己的传统之中，“和体西用、洋为和用”等等，似乎已经成为了日本的一种文化。

4.3 执行董事、非执行董事和独立董事：一个整体

现代公司取得成功的两个关键点是：①任命具有必要竞争力并能协同工作的董事会成员和高级执行层人员。一个成功的治理框架必须建立起董事会和其高级管理人员之间的合作伙伴关系——董事会提供监督和指导，经理层负责日常运营。②避免部门或个人利益导致董事会分裂和不能正常运转。董事会中执行董事、非执行董事和独立董事的比例合适，是达到这一目标的重要环节。

运作良好的董事会应该协同工作，并且至少达到一定程度的一致——不能由一个人或者特殊的利益集团占主导，阻碍健康的讨论。

4.3.1 董事会的规模：重要的是质量而不是数量

发达国家倾向于完全由公司自己决定董事会规模。公司法往往只是规定“不少于1人”或者是“不少于2人”就行。中国公司法则对不同类型公司的董事会人数做出了不同的范围规定。首先是股东人数比较少、公司规模比较小的公司可以不设董事会，指定1名执行董事担负“董事会”的职责。然后是有限责任公司董事会人数要在3到13人之间，国有独资有限责任公司董事会人数要不少于5人，股份有限公司董事会人数要在5到19人之间。

专栏 4-1 《特拉华州普通公司法》关于董事会权利和董事会组成的规定

（a）公司的业务和事务应当由董事会管理或者在其指导下管理，除非是在组成公司证明文件（注册章程——作者注）中另有规定。

（b）公司董事会应当有一个或一个以上成员。董事人数应当在公司组织细则（管理章程——作者注）中确定，或按细则规定的办法来确定，除非在组成公司证明文件中已经确定了董事的人数。在此情况下，如果要改变人数也应当通过修订组成公司证明文件才能实现。

《特拉华州普通公司法》第四分章“董事和官员”第141节“董事会；权力；人数，资格，任期和会议的法定人数；委员会；董事类别；非营利公司；信任书面文件；会议外的作为，其他”。

董事会的具体人数是由公司章程规定的，但可以定期调整。美国公司一般是在公司管理章程（或称章程细则，BYLAW）中对董事会的人数作出规定，并有一个范围上的限定。比如，IBM公司在其管理章程中规定“公司董事的数量为15人，经修改本管理章程后可增加至不超过25人或减少到不少于9人”①。

从实际运作角度来看，技能需求和团体动力是决定董事会规模的两个考虑因素。董事会中董事的人数对董事会的工作效率影响很大，董事会人数还影响外界对董事会的印象。无论如何，大的团队总是更难于管理和组织。成员太多使董事会行动迟缓，容易出现分歧，形成小帮派，影响共同意志的形成。成员太少，又难以形成合理的知识、能力和经验结构。董事会人数与公司规模相关，公司越大，越需要多样化和复合性，董事会人数相对越多一些。“小的是美好的”，近年来董事会规模呈现下降趋势，一般在10人左右。

一些机构投资者要求公司董事会定期评估其自身规模，并决定一个能最有效适应未来运作需要的规模（美国加州公职人员退休基金组织 CalPERS②）。董事会规模不能太小以致不能保持必需的专家和独立性，也不能太大以致不能有效运作（美国机构投资者协会 CII③）。发表了著名的Cardon报告，由布鲁塞尔股票交易所组织的比利时公司治理结构委员会甚至明确提出，在大多数情况下董事会成员不宜超过11人。

正常情况下，董事会的人数最好是单数。双数董事会下，简单多数同意

---

① IBM公司管理章程第三章“董事会”第二节“人数、资格、选举及任期”（1958年4月29日制定，2001年1月1日修订）。

② California Public Employees' Retirement System，美国最大的公共养老基金组织，是全球股东价值导向公司治理运动的最积极推动者之一，参见第12章。

③ Council of Institutional Investors，主要是由一些养老基金（包括公共的、工会的和公司的）组成的一个非营利的协会组织，其基金成员管理的总资产超过3万亿美元，都是长期型股份持有人（long-term shareowners），非常关注公司治理。

通过类的决策，容易出现投票僵局（赞成票与反对票数量一样）。解决这种双数董事会投票僵局的办法大致有三类：一是将问题提交股东会审议批准，这样操作增加决策成本，同时也相对削弱了董事会的权力空间；二是董事长多一票，这样操作增加了董事长角色的重要性，相对削弱了普通董事的权力空间；三是暂缓决策，进一步研究之后再讨论，这样做增强了董事们“意见一致化”的重要性，等于是“明显多数同意”才能通过。就第一和第三种情况来说，分别提升了股东会和经理层的权力空间（第三种情况下往往要更多地向经理层授权），第二种情况则提升了董事长个人的权力空间。

4.3.2 独立董事的价值

无论董事会采取什么样的正式结构，都应该有足够的独立董事，他们给董事会带来客观的观点。仅有非执行董事是不够的，非执行董事——不是经理层人员，不介入公司的日常运营活动，可能与公司有生意或其他联系，使他们不能客观和独立。独立，根据英国卡德伯里委员会报告，“独立于公司经理层，并且没有生意或者某种关系能够影响其独立判断的执行。”

董事的最大美德是独立，独立允许他或她从一个完全自由和客观的角度挑战管理决策、估价公司绩效。与独立董事人数相比，更为重要的是独立董事的经验和合适的质量。高质量独立董事参与决策过程，有利于公司获取资本，因为多数投资者会因其利益有人维护而感到安全。独立董事不应该被看作是监管者或者警察，执行层的每一决策都需要他们的批准。他们通常作为整体股东利益的监护人，特别是在有潜在利益冲突的领域，如薪酬和公司控制权变革等。

独立董事通过带来有价值的外部视野，应该也能为决策制定程序增加价值。要有效地做出贡献，独立董事必须具有充分的财务和业务信息，必须咨询其所有重要的决策。他们同时也应该关注非股东利害相关者的利益。特别是在董事会的如下诸多议题中，独立董事能够增加重要意见：①在有关战略的争论中提供不同的、外部的观点；②与业务各方面有关的政策制定与实施；③首席执行官的任命、薪酬和免职；④质疑预算和计划所依赖的假设；⑤会计政策的选择和所有对外发布财务报告的评估和批准。

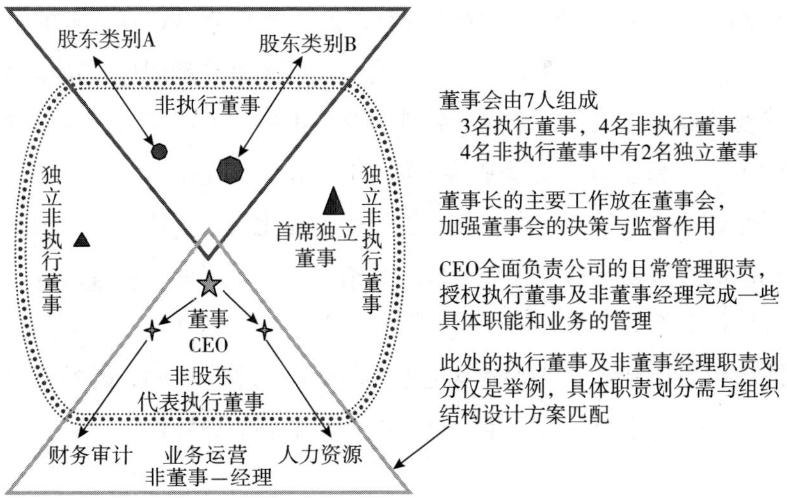

图4-4 董事会的构成示例

近年来，在单层董事会制国家，普遍存在要求增加独立董事的趋势，以引入二元制的监督和制衡机制。尤其是机构投资者，普遍要求在其所投资的上市公司中，董事会成员绝大多数应为独立非执行董事。美国加州公职人员退休基金组织等都要求上市公司董事会的绝大多数成员应是独立的。美国机构投资者协会公司治理结构指导原则的要求较低，也是“至少三分之一董事应该是独立的”。除日本之外，全球各洲公司董事会中，非执行董事都占到50%以上。加拿大、美国和拉美国家公司董事会中非执行董事比例则在70%以上。

通用汽车董事会的政策是：董事会中大部分应是独立董事。董事会很希望吸收不仅是首席执行官，还包括管理人员在内的人做董事。成为公司高级管理人员的前提条件并非首先成为公司董事。有些管理人员有权参加董事会的日常会议——尽管他们还不是董事会成员，而一些首席执行官则无法参加。董事会有关公司治理结构方面的决定是由外部董事做出的。英特尔公司董事会的政策是：董事会中应含有一定数量的独立董事，而且，除了首席执行官外，董事会愿意吸收其他经营管理人员作为董事。

伊士曼①化工公司的政策是，在董事会里，独立董事应占有效多数，并且

① 伊士曼是一家全球500强公司。公司创立于1920年，总部位于美国田纳西州的金斯堡，2006年的销售额达到75亿美元，全球员工大约11000人。

至少比内部董事多2人。除了首席执行官以外，董事会愿意有众多的管理人员来当董事。然而，董事会认为，对担当公司任何高级管理职位，董事会成员资格是不必要的或不必成为一个先决条件。全部由独立外部董事组成的董事委员会负责就董事会和公司其他管理事务进行审查和提出建议。

为了保证董事会外部董事的独立性，伊士曼化工公司还给出了独立董事的定义及相应的一些规定。“独立董事”是指一个独立于公司管理之外，并且与公司没有任何关系的人。否则，将妨碍独立董事作出独立判断。原则上公司不与董事或由董事控制的其他实体发生重大的商业关系，否则，外部董事的独立性将大打折扣。董事委员会每年审查一次外部董事的独立性。

4.3.3 外部董事与独立董事的区别

外部董事和非执行董事同义，是指不在上市公司担任任何管理或技术职务（除董事、董事会委员会成员或主席等职务之外，没有任何其他如经理、总工之类的职务）的董事。外部董事是美国常用的概念，非执行董事则是英国常用的说法。中国证监会最早的说法是“外部董事”，并将其定义为不在公司任职的董事。外部董事与内部董事，或非执行董事与执行董事构成董事会全体成员。

独立董事是外部董事或非执行董事中，有充分“独立性”的董事。独立性的定义目前还不统一。中国“上市公司章程指引”112条规定独立董事不能由下列人士担任：公司股东或股东单位的任职人员；公司的内部人员（如公司经理或公司雇员）；与公司关联人员或公司管理层有利益关系的人。

纽约股票交易所对独立董事的定义是：独立于管理层，并且从董事会的角度看，独立于某种关系，这种关系将影响董事作出独立判断；公司及其下属机构的管理人员或雇员没有资格作为独立董事。

最严格的独立董事定义也许是美国通用汽车公司，其具体规定如下：在年度董事会会议对公司董事候选人投票表决时的前5年中，独立董事不是公司及其分支机构的雇员或者未曾在管理层任职；不是公司及其分支机构的重要咨询顾问；与公司及其分支机构的重要的或潜在的客户和供应商无任何关联交往；与公司及其分支机构没有涉及个人利益或服务的合同关系；与公司及其分支机构是其重要税收来源的税务机构无关联交往；配偶、父母、兄弟及子女与公司及其分支机构的关系也应符合上述规定。

不同机构投资者之间对独立董事或董事独立性的定义略有区别，但都强调独立董事不能是公司及其股东单位的人，不能与公司管理层有亲缘关系等等。机构投资者要求公司董事会在有关治理结构的披露中阐明其独立董事的标准。

4.3.4　中国公司独立董事制度的建立

从资本市场和投资者的观点来看，中国公司治理结中一个严重的问题是董事会与经理层高度重合，董事会失去对经理层的监督功能（由执行董事们自我监督是存在矛盾的）。按一个比政策规定的最低要求更高的比例来设置非执行董事可以为董事会监督功能的发挥提供基础。非执行董事占绝大多数，并进一步给出良好的董事会结构设置，建立起保证非执行董事尽职和工作积极性的机制，可以大大增强投资者对公司董事会的信心。

中国最早有关外部董事的规定来自1999年的《关于进一步促进境外上市公司规范运作和深化改革的意见》，要求非执行董事占1/2以上，同时要求非执行董事应有足够的时间和必要的知识能力履行其职责。这是为了适应香港联交所的规定而出台的。中国境内上市公司外部董事制度的引入要晚一些。2001年中国证监会就已经发布《关于在上市公司建立独立董事制度的指导意见》，要求上市公司董事会中至少要有三分之一的独立董事。2005年修订、2006年开始实施的中国新公司法，在其123条中规定，“上市公司设立独立董事，具体办法由国务院规定。”

专栏 4-2　　中国证监会关于独立董事的定义

《关于在上市公司建立独立董事制度的指导意见》规定下列人员不得担任独立董事：

——在上市公司或者其附属企业任职的人员及其直系亲属、主要社会关系（直系亲属是指配偶、父母、子女等；主要社会关系是指兄弟姐妹、岳父母、儿媳女婿、兄弟姐妹的配偶、配偶的兄弟姐妹等）；

——直接或间接持有上市公司已发行股份1%以上或者是上市公司前十名股东中的自然人股东及其直系亲属；

——在直接或间接持有上市公司已发行股份5%以上的股东单位或者在上市公司前五名股东单位任职的人员及其直系亲属；

——最近一年内曾经具有前三项所列举情形的人员；

——为上市公司或其附属企业提供财务、法律、咨询等服务的人员；

——公司章程规定的其他人员；

——中国证监会认定的其他人员。

4.3.5 “独立不关联，关联不独立”吗？

在张利平的“回避”引起华润和万科之间就万科2016年6月17日董事会决议有效性的争议之后，包括学者、媒体和监管部门在内的各方，都没有就关联董事回避问题和该种情况下的董事会决策规则，进行太深入的讨论，可说是一种遗憾。

舆论关注的焦点首先集中在了张利平的独立董事身份上。“独立不关联、关联不独立”，甚至成为了一时的流行语。还有万科独立董事以不拿报酬，作为自己更为独立的一种论据。

关联不关联本身跟独立董事身份没有关系。公司治理上，董事的关联和独立与否，都不是绝对和纯粹的，也不是一个理论概念，而是相对的和实践性的概念。回避相关董事会会议中的关联，是就具体议案和事项而言的，跟他是否是独立董事无关。与独立董事身份有关的关联，通常的判定标准是，在董事会看来，这种关联关系是否足以影响其在董事会上作出独立判断。就中国上市公司来说，中国证监会有具体的独立董事标准，符合那些标准，并且公司董事会没有自己给出一些其他条件，他就是符合规则的独立董事。

独立董事拿不拿报酬，跟其独立性和独立董事身份及其作为公司董事的义务和权利等等，都没有关系。如果既没有任何关联，也不拿报酬，没有任何利益，那可真是“独立”了，但是那样的话，也就没有任何动力了。如果是这种情况，还凭什么让其承担作为董事的义务，又凭什么让其费心费力费时地为公司作决策？

4.3.6　花旗集团的董事会：基本治理规则与构成

花旗集团董事会的基本治理规则

花旗集团在其公司治理准则中规定董事会的人数区间为13到19人。此外，董事会可以聘请名誉董事，名誉董事参加董事会的会议，但是不参与董事会的投票。

董事候选人由董事会的提名与治理委员会根据公司董事会提名准则和公司董事会构成与多样性及新董事应该提供的专业背景等需要来选择，报董事会批准，并最后由年度股东大会选举确定为董事。董事任期一年，到下一个年度股东大会截止。

董事会成员中至少要有三分之二的独立董事。董事们担任其他公众公司董事职务的合适数量由董事会提名与治理委员会根据具体情况而定，以保证董事们能够有充分的时间和精力履行其本公司董事的职责。

花旗集团没有规定董事的最长任职期限，但是规定了董事的退休年龄，这也几乎是美国公司的一个普遍做法。除非经过董事会或董事会提名委员会的特殊批准，董事们工作到其72岁生日之后的公司年度股东大会时要从董事会退休。

提名和治理委员会要对董事会的绩效进行年度评估。该项评估要包括董事会作为一个整体的人才基础和对每一位董事的技能、专业领域和独立性的诊断。

董事会每年至少要进行一次有关公司长期战略计划以及公司未来可能面临的主要问题的讨论。

花旗集团董事会的规模与成员

规模大和业务种类繁多的公司董事会成员比较多，金融类公司的董事会成员也偏多。作为世界最大公司，又是金融类公司的花旗集团，董事会人数也是远远高于13人这一美国公司董事会的平均规模。2001年时，花旗集团董事会有15名董事和1名名誉董事——美国前总统福特（Gerald R. Ford）。花旗集团董事会成员中最为大名鼎鼎的可能要算鲁宾（Robert E. Rubin）了。鲁宾曾任美国财长（1995～1999年）、美国总统经济政策顾问（1993～1995年）等要职，1999年加入花旗集团董事会，时任花旗集团董事长办公室成员和花旗集团董事会执行委员会主席。英美国家大公司董事会中往往会有知名人士承担董事会“地位提供者”的身份，花旗集团有前总统和前财长作为董事会的“地位提供者”，身份是够高的了。

表4-1是作者2001年访问花旗集团时，其董事会的人员构成，其中非常值得我们注意和学习的一点是，董事会中的外部董事以其他公司的董事长和首席执行官为主。

表4-1　　花旗集团的董事会构成：董事职务

董事	公司内职务	公司外职务
Mr. Armstrong	审计委员，1993年开始担任花旗董事	AT&T董事长兼CEO，另两家公司的董事
Mr. Belda	审计委员，1997年开始担任花旗董事	Alcoa Inc董事长兼CEO，杜邦公司董事
Mr. Bialkin	执行、公共事务委员，1986年开始担任花旗董事	Skadden 合伙人，其他三家公司的董事
Mr. Derr	执行、审计委员，1987年开始担任花旗董事	Chevron公司的前任董事长（已退休），AT&T和Potlatch的董事
Mr. Deutch	审计、公共事务委员，1996年（及1987—1993）开始担任花旗董事	麻省理工学院教授，其他五家公司的董事
Mr. Jordan	公共事务、人事薪酬委员，1989年开始担任花旗董事	顾问，其他两家公司的董事
Mr. Mark	审计、公共事务委员，1996年开始担任花旗董事	Colgage-Palmolive 董事长兼CEO，其他两家公司的董事
Mr. Masin	审计主席，执行委员，1997年开始担任花旗董事	Verizon公司的副董事长和总裁，其他五家公司的董事
Mr. Mecum	执行委员，审计主席，1986年开始担任花旗董事	Capricorn公司管理董事，其他四家公司的董事
Mr. Parsons	人事薪酬委员	AOL公司的联席COO，其他一家公司的董事

续表

董事	公司内职务	公司外职务
Mr. Pearson	人事薪酬委员，1986年开始担任花旗董事	Tricon公司的董事长，其他两家公司的董事
Mr. Rubin	董事长办公室成员，执行主席，1999年开始担任花旗董事	其他两家公司董事
Mr. Thomas	执行委员，公共事务主席，1970年开始担任花旗董事	福特基金会前主席，其他六家公司的董事
Mr. Weill	董事长，CEO，董事长办公室成员，执行委员，1986年开始担任花旗董事	AT&T、杜邦和联合科技等三家公司的董事
Mr. Zankel	执行委员，人事薪酬主席，1986年开始任花旗董事	Zankel公司普通合伙人，其他三家公司的董事

资料来源：2001年8月到花旗集团总部的访问。

4.3.7　英国公司董事会的多样性与独立性

英国公司治理准则对董事会的构成、董事任命、董事会执行委员会、董事自身提升、董事会评价等有较为全面的规定。董事会构成上的多样性和独立性是其最为重视的两个问题。

董事会的种族多样性和性别平衡

根据专注于推进英国公司董事会种族多样性的帕克报告（A Report into the Ethnic Diversity of UK Boards，Sir John Parker，The Parker Review Committee），在种族多样化方面，富时100指数公司的董事会并不足以代表其员工、供应商和客户。

2017年10月12日发布的最新帕克报告显示，虽然英国14%的人口是非白人种，但富时100董事会的董事中只有8%是非白人种。截至2017年7月底，在总计1050个富时100指数公司董事席位中，只有85人为有色人种（其中4位占2个董事席位）。富时100指数公司中，有51家公司董事会中没有任何非白人董事。全体非白人董事数的40%多集中于7家公司，这7家公司中的5家公司总部曾在英国之外。只有6位非白人担任公司董事会主席或首席执行官。帕克报告提议英国上市公司提高少数民族董事会成员的数量，以期全白人种董事会2021年前在富时100指数中消失，2024年前在富时250指数公司中消失。

根据专注于评估英国上市公司女性领导的汉普顿–亚历山大报告（Hampton–Alexander Review–FTSE Women Leaders：Improving gender balance in FTSE Leadership，November ；2016）最新数据显示，富时350指数公司女性约占高级职员的四分之一，但仍有12家富时100指数公司的执行委员会中没有女性。在富时350指数公司中，成员全部为男性的董事会数量不断减少，从2011年的152家下降到2016年的11家。汉普顿–亚历山大报告提出，到2020年前将富时350指数公司董事会中女性比例提高到33%。

董事会和其委员会的独立性

英国上市公司在董事会和董事会下属委员会独立性方面的总体合规水平很高。公司治理准则C.3.1规定审计委员会由至少3名（富时350指数外公司至少2名）独立非执行董事组成；D.2.1规定薪酬委员会由至少3名（富时350指数外公司至少2名）独立非执行董事组成；B.2.1规定提名委员会的多数成员应该为独立非执行董事。在董事会和委员会的组成方面，富时小型公司指数和富时新兴指数的合规水平保持与大公司比肩。

表4-2　对英国公司治理准则中董事会与委员会独立性规定的遵守情况

条款	规定	富时350指数公司		富时小型和富时新兴指数公司	
		2016	2015	2016	2015
A.2.1	董事长和首席执行官分任	99%	99%	98%	99%
B.1.2	符合独立董事人数的最低规定	93%	92%	89%	88%
C.3.1	符合审计委员会组成的最低规定	97%	97%	93%	94%
D.2.1	符合薪酬委员会组成的最低规定	95%	95%	86%	90%
B.2.1	符合提名委员会组成的最低规定	99%	98%	95%	97%

注：富时350指数和指数外公司关于独立董事最低数量的要求不同，对董事会和委员会组成的最低要求也不同（例如，公司治理准则B.1.2款规定，FTSE 350公司独立董事应至少占董事会一半席位，而指数外较小公司仅要求至少两个独立董事）。

资料来源：英国财务报告理事会，Developments in Corporate Governance and Stewardship 2016，数据时间范围为2015.9.1–2016.8.30

4.4 通过新董事的选聘改进董事会

新董事筛选是公司更新和变革过程的关键部分之一。它开始于提出新董事需求，直到新董事选举出来，并有效地与整个董事会融为一个致力创造股东价值的整体才算结束。

4.4.1 董事提名程序与选聘标准

国际组织和机构投资者对公司董事会成员标准一般没有具体规定。前些年一些公司的实际做法中包括选聘一些显贵人士（如英国上议院的爵士，美国国会的参议员）起地位提供者作用，提高董事会的社会声望。但在当前的商业竞争环境下，有专业特长、能直接为公司做贡献的董事至关重要。

董事会自身应该负责挑选其成员，并对他们进行推荐以便由股东选举。为了确保董事会质量，需要建立规范的董事选聘与轮换制度，以确保不断有新生力量进入董事会。资本市场认可的董事选聘与轮换制度是：由董事会下属的提名委员会负责制定董事会成员标准，并选聘有专业技能、独立观点和团队精神的人员组成董事会。有些著名公司还建立了不仅限于提名职能的董事会专门委员会，如通用汽车公司的董事事务委员会，其他一些公司的公司治理结构委员会，除董事提名之外，还负责与股东的关系及范围广泛的公司治理问题。

通用汽车公司由董事事务委员会负责和董事会一起，根据每年的情况以及当前董事会的组成情况，对董事会成员所应具备的技能和特定的品质进行评估。评估的标准包括专业领域的差异性、年龄、技能，如对生产技术的了解、国际背景等。董事事务委员会的审查权由董事会直接授予，公司和董事会要为新选入的董事提供机会熟悉公司情况，这包括背景材料，会见公司高级管理人员以及参观公司等。邀请某人加入董事会的邀请书应由董事会发出，或由董事事务委员会主席发出。

英特尔公司由提名委员会负责制定董事会成员标准，并选聘有专业技能和团队精神的人员组成董事会。其具体评价原则包括：有独立观点、年龄适合、有专业知识，例如对制造业的了解、行业技术的发展、公司财务与市场营销以及跨国公司工作经验等。董事会成员应该保证做到详细准备会议议案，并能够参加董事会及其各委员会的工作会议。董事会委托提名委员会初选董事候选人，董事会负责董事候选人的最终确定。

伊士曼化工公司是在董事长和首席执行官的直接参与下，董事委员会负责向董事会推荐董事候选人。董事长和董事委员会主席应代表整个董事会一同扩大对有潜力的新董事加入董事会的邀请面。

关于董事任职数量的限制，就是一个人最多能够担任多少家董事的董事，国外监管部门没有明确的规则，一般是由各个公司董事会自己决定。伊士曼化工公司治理准则中涉及到了这个问题，规定是："董事会认为每位董事服务于另一个董事会是好事，但不能太多，因为太多将减少其服务于伊士曼的宝贵时间和注意力。"

4.4.2 董事提名的五步法

董事选择要以技能、贡献和为董事会增加价值为标准，要能扩展董事会的技能和背景，保证董事会具备与公司战略和业务目标相匹配的实践经验。当董事会席位出现空缺的时候，发现一位经验和技能都合适的新董事并不是一件容易的事。尤其是对那些没有在这方面做好准备的公司来说，确定新董事人选是一项很容易引起争议和冲突的工作。从哪里寻找新董事？据对美国上市公司董事的调查，62%的人回答说，其他董事会成员是新董事候选人来源的一个常用和可靠的渠道，29%的认为猎头公司是好渠道，23%的人认为首席执行官是一个可靠的渠道，只有1%的人认为股东是合格董事候选人来源的可靠渠道。

遵循以下的五个步骤进行董事提名工作，对于确保董事提名工作质量会很有帮助。

步骤1. 当前董事会分析与观察	评估每一位董事的背景、经验和技能 开发出分析和总结这些信息的标板 对董事会构成进行具体的观测，如产业知识、金融知识、区域代表性、国际市场经验等等
步骤2. 公司战略和经营观察	评估公司的战略和经营目标，识别其对当前董事会构成的含义
步骤3. 董事会构成目标	识别出当前董事会构成和公司战略及业务要求之间的差距（如具体某个外国市场的知识），开发出具体的董事会未来构成目标
步骤4. 新董事标准	开发出新董事标准，要能补充和协助董事会完成职责
步骤5. 搜索、面试和提名	委员会可以聘请外部猎头企业帮助寻找候选人。发现候选人后，委员会要面试。委员会要尽可能多地请公司独立董事面试董事候选人。在多种面试结果的基础上，由治理委员会中独立董事的多数同意确定候选人的正式提名

4.4.3　选聘董事的几条指导原则

董事会工作的流程重组创造了新的挑战。独立董事的作用变得越来越复杂和需要时间，拥有经验和时间的董事变得难于寻找。最大的挑战是拥有智慧、勇气和外交才能去进行适宜的改变，以满足监管者、股东、雇员和金融证券界的期望。

以每个董事能够带来的能力和知识为基础建构董事会

通盘考虑每一位董事的专业和知识背景，使董事会作为一个整体拥有理解整个产业、进行公司治理以及对组织的设计和管理做出贡献和能够把握公司经营的能力。因为现代商业的复杂性，导致任何一个个人甚至是一个小的团队，都不可能非常熟悉董事会所面临的所有方面的问题。但是董事会要对所有这些问题进行明智的讨论，并提出指引。这就要求以每个董事能够带来的能力和知识为基础建构董事会，以使董事会作为一个整体具备领导和管理公司所需要的广泛的专业技能。要识别所需要的知识领域，包括经营战略、管理人员开发、技术、组织设计、变革管理、财务、政府事务、经济法和国际经验等等。可以采用专业矩阵——董事会成员在一个轴、关键的专业知识领域在另一个轴——方法来思考这一问题。画出这一矩阵之后，可以很快发现董事会的专业才能缺口，据此指导进一步的董事选聘。

确保董事会成员之间的适当平衡

选择董事会成员时，至少考虑有一位类似规模公司的前任首席执行官，它可以为公司首席执行官提供最为接近本公司具体情况的经验支持。还要选择一位非常了解公司的关键利害相关者情况的董事，包括投资者、供应商、公众和政府。如在欧洲，普遍拥有一位非管理层的雇员或工会代表进入董事会，数量不多的美国公司也在这么做。尽管有一些经验老到的董事和首席执行官不愿意，但是在那些雇员拥有股份的公司，从普通员工中挑选一位成员进入董事会，还是一种普遍被接受的做法。他既作为一个重要的利害相关者集团的代表，也是董事会和员工股东之间的一个联系渠道。

确保拥有足够数量的独立董事

独立的董事会成员可以更好地做出有关经理人员薪酬等困难决策，更客观地进行高层经理人员的评估和任命，挑战新的战略以及处理一些违规和业绩不良行为等。最好有四分之三以上的董事会成员是独立董事。独立董事不能是在没有其他外部董事参与情况下由首席执行官独自挑选的。

董事会成员应该在仅仅参加董事会之外，为公司投入更多时间

董事会成员们往往在多个董事会服务，其结果是没有足够的时间尽到其常规的职责，在出现危机事件需要大力投入时更是难以做到。应该只挑选那些能够为董事会提供服务的人员做董事。考虑聘请那些最近退休的人员，他们的时间自由度较大。应该定期地对董事会成员资格进行重新审查，尤其是在他们的工作情况发生改变的情况下。兼任董事会职务的数量最好不要超过三家，尽管具体情况会随会议频率、委员会的工作量和董事个人能力的不同而差异很大。

注意董事背景的多样化

建立一个背景多样化的董事会，可以提高董事会团队决策的质量，避免“思维共振”的风险。发达国家强调董事会的种族、性别等等方面的多样化。比如伊士曼化工公司的治理准则规定：董事会应由具有不同才能、背景和观点的人士构成。具有不同年龄、种族和民族背景的男士和女士在一起高效地工作，可以提出不同的有用的观点和看法以促进公司的进一步发展。

最为重要的是董事会成员来源的国际化。今天的公司通过下属机构、合资企业或者互联网络，持续增加跨国经营，满足其他国家消费者的需求。欧洲国家公司董事会比亚洲国家和北美国家公司董事会有更多的国际经验。富有国际经验的人士能够帮助董事会更好地理解其运营所在国家的商业和社会文化。并且有利于这些公司在国际市场上融资，因为公司是由有国际视野的人士领导的。

对于中国公司来说，董事背景多样化的一个重要方面是地域背景多样化和体制背景多样化。面对全国投资者的上市公司，董事会中不应该全是一个局部区域的人。体制背景多样化就是在董事会层面实现具有国有企业、民营企业和外资企业三种不同企业管理经验的人之间的融合和取长补短。

4.4.4 谁来选聘独立董事：关键在于标准和程序

经常有一些公司大股东和上市公司之间就谁来聘请独立董事问题发生争执。大股东说，中小股东懂什么，我大股东当然有权利聘请独立董事；上市公司说，你大股东已经绝对控制了股东会，在董事会中也有了多数票，独立董事当然由我来聘。

发生了这种争执的上市公司，一定是上市公司的执行层已经有了相当大的自主和独立意识，想摆脱大股东的控制。与大股东完全操控上市公司，把上市公司当做提款机等等情况相比，这应该说是个好事。但是，在有些公司可能又走向了另一个极端，即独立董事制度成为上市公司执行层建立“中小股东名义下的内部人控制”的工具。在中国当前这种中小股东法律保护体系刚刚开始起步的情况下，“中小股东名义下的内部人控制”与“大股东名义下的内部人控制”相比，未必是一个更好的选择。正如一位下控几家上市公司的集团公司老总发出的肺腑之言：“中小股东，你在哪里？” 他认为当前推进现代企业制度建设的速度过快，企业跟不上。

上市公司的大小股东之间，股东与董事和经理人之间，总是要有些矛盾和冲突，矛盾和冲突不可怕，关键是要尽可能地建立起解决矛盾和冲突的程序。独立董事甚至全体董事的提名，都应该是上市公司董事会的权力。上市公司董事会为了做好这项工作，可以成立一个专门的委员会——提名委员会。股东、董事都有向提名委员会推荐新董事候选人的权力，提名委员会负责初选、确定董事候选人名单，由董事会最后决定提交股东大会选举的董事候选人名单，其中包括独立董事人选。建立了这样的程序之后，所有各方就都按此程序办事。当然大股东可以通过股东大会达到其很多目的，但是你既然是在运作上市公司，就要遵守上市公司的游戏规则。即使感觉是戴着镣铐跳舞，也得戴着这个镣铐，嫌麻烦、感觉得不偿失，你就选择回购和下市，或者转让股份。

建立董事选聘标准和董事选聘程序、董事绩效考评标准和绩效考评程序，写进公司章程，或者是一个公开的董事会治理原则，遵照执行。应该能够减少或者化解“谁来聘请独立董事”之类的争执。这些实际公司治理运作中的具体事情，应该是公司自己解决的事情，不要指望主管部门来个明文规定。股权结构不同、成长阶段不同的上市公司，解决这些具体问题的具体尺度应该有所不同。

4.4.5 中国公司董事会构成与董事选聘中的一些特殊问题

需要推广累积投票制选举董事

法律上董事是由股东大会选举产生的，但董事的提名办法，具体的董事选举办法等等的不同，会导致董事会席位比例和股东持股比例之间的很大差异。采用累积投票制有利于中小股东联合起来推选能够代表其利益的董事。中国《公司法》没有明确规定董事的选举办法。有些上市公司规定了选举董事采用累积投票制：每一股份应有与应选董事人数相同数目的表决权，股东可以就其表决权选举一人或数人。这在股权集中度很高的中国上市公司中是很有意义的。

董事与股东单位关联度太高

中国上市公司的董事与股东单位联系密切——这表现在母公司和上市公司资产、人员和经营没有严格分开和绝大多数董事是由股东单位委派的特征上，董事会运作的大股东控制程度极高。母公司和发起单位绝对控制了中国上市公司的董事人选和董事会，非股东单位在董事会的席位很少。据调查，中国上市公司中非股东单位委派的执行董事被选聘为董事的主要原因是他们是优秀的管理人员，由公司招聘或者职工推选方式产生。独立董事被选聘为董事的主要原因之一是他们曾是公司聘请的顾问。与公司无业务关系的独立董事成为公司董事的主要原因之一是董事的社会名望和专业技能。

仔细观察中国上市公司第一大股东持股比例和其董事会席位比例会发现一个有趣的现象：即在取得绝对控股（50%）地位之前，第一大股东的董事会席位比例高于其持股比例，而在取得绝对控股地位之后，第一大股东的董事会席位比例开始低于其持股比例。导致这种状况的原因可能是中国上市公司董事会独立性差，大股东控制了股东会的情况下，就无需再增加对董事会的控制而控制上市公司了。

董事与公司管理层关联度也太高

中国上市公司的董事与公司管理层也联系密切，甚至可以说是密不可分。董事和管理层高度重合，绝大多数董事是管理层人员，甚至是下属分公司和子公司的经理。相当一部分执行董事是分公司、子公司经理和业务部门经理，这可能是中国独有的现象。因为社会的信任程度和法制化程度都比较低，公司总部对分公司、子公司和业务部门的控制是一个难题。执行董事担任财务部经理的比例较高，可能也反映了同样的一个问题。由于中国上市公司还没有进入到能够进行战略管理——公司总部可以对各个业务部门的资源进行统一的调配，对整个公司的战略和各个业务部门的竞争战略进行有效协调的阶段，分公司、子公司和业务部门均有自立山头的倾向。派遣董事任重要分公司、子公司和业务部门的经理（实际情况也包括重要分公司、子公司的经理被“提拔”为董事），有利于董事会对这些重要业务部门的了解和控制（或者反过来这些重要业务部门的经理也能够利用其董事身份来加强自己部门的独立性）。

董事背景过于单一

到目前为止，中国上市公司还是以从国有企业改制而来的为主体。国有企业是绝大多数上市公司执行董事和非执行董事都工作过的地方，只有独立董事才有较多的政府部门和科研教育工作经验。这也许是中国的上市公司“穿新鞋走老路”——形式上建立了上市公司的法人治理结构框架，实质上却仍然按着国有企业的一套运行——的一个重要原因。这种董事工作经验背景的高度单一性，导致上市公司董事会议事和决策质量低下。大家都是国有企业的思维和行为习惯，董事们把董事长（往往是原来国有企业的厂长和党委书记）看作是传统国有企业情况下的领导和一把手，在董事会上很少有异议和反对票。

董事会与党组织权力的协调

董事会权力与党组织权力的协调是中国上市公司治理中的一个重要问题。为了较好地处理这一问题，在董事会构成上比较普遍的一种做法是，党委书记兼任董事长。董事会（执行董事）与党组（成员）之间有一定的人员重合，执行董事进入公司党组，以尽可能地避免党组会议决定与董事会会议决定之间发生冲突。在这样的制度安排下，除非出现明显的决策偏差，否则，如果执行董事在党组会议上通过党内民主程序充分统一了意见，再到董事会上，是不太可能不通过的。

需要增加非国有股代表

在董事选聘方面，中国公司应该增加国家股之外类别股东推荐的董事比例，并在可行的情况下，尽可能选出持股达到一定数额的个人投资者进入董事会。国家股之外的股东代表进入董事会，能够发挥国家股代表及独立董事均不易发挥或积极性有限的作用，如建立价值导向的管理、增加股东回报的压力以及对关联交易的监督等。国家股之外的股东代表有股东和董事职责的双重压力，在中国现实情况下，更能体现所有者的约束机制，有利于其他股东对公司的支持，也是一种尊重股东权利的表现。

专栏 4-3　董事会构建和运作中的十个错误

①非战略性地招募董事会

②过多的内部人

③过多的关联咨询顾问

④过多的家族成员

⑤任用太多的亲信

⑥错误的酬劳

⑦畏惧多样化

⑧信息堵塞

⑨消极的董事会

⑩失败的领导

资料来源：苏珊.舒尔茨，2003。

4.5 资格、职务改变、任期与退休

4.5.1 董事的任职资格

历史上曾经有资格股的规定，就是一定要持有公司股份的人才能担当董事职务。但是现代公司法基本上都取消了这一规定，把具体规定董事资格的权力交给了公司股东。如美国特拉华州普通公司法，特别强调了“董事不必也是股东，除非在组成公司证明文件（注册章程——作者注）中或在组织细则（管理章程——作者注）中有此规定。该证明文件或细则可以为董事规定其他资格

条件”[1]。中国公司法也没有要求董事持有股份，只是作了消极资格方面的规定，如无民事行为能力的人不能担任董事等等。

专栏 4-4 中国《公司法》第一百四十七条有关董事资格的规定

有下列情形之一的，不得担任公司的董事、监事、高级管理人员：

（一）无民事行为能力或者限制民事行为能力；

（二）因贪污、贿赂、侵占财产、挪用财产或者破坏社会主义市场经济秩序，被判处刑罚，执行期满未逾五年，或者因犯罪被剥夺政治权利，执行期满未逾五年；

（三）担任破产清算的公司、企业的董事或者厂长、经理，对该公司、企业的破产负有个人责任的，自该公司、企业破产清算完结之日起未逾三年；

（四）担任因违法被吊销营业执照、责令关闭的公司、企业的法定代表人，并负有个人责任的，自该公司、企业被吊销营业执照之日起未逾三年；

（五）个人所负数额较大的债务到期未清偿。公司违反前款规定选举、委派董事、监事或者聘任高级管理人员的，该选举、委派或者聘任无效。董事、监事、高级管理人员在任职期间出现本条第一款所列情形的，公司应当解除其职务。

4.5.2 职务改变时的董事任职资格

在有关董事会构成的争论中，一个重要的问题是前任首席执行官或其他执行董事从管理层辞职或退休后其董事身份的处理。机构投资者对此一般都还没有具体的政策，其处理还处于一种非常因人而异的状态。

在通用汽车公司，当首席执行官辞职时，他同时也应向董事会提交辞呈。只有经过新任首席执行官和董事会的讨论，才能决定他是否仍是董事会成员。出于公司治理结构方面的考虑，董事会中的公司前任首席执行官被看作是内部董

---

① 《特拉华州普通公司法》第141节。

事。在英特尔公司，经理人员退休或工作职位发生变动时，不需要退出董事会。

伊士曼化工公司关于前任首席执行官的董事会成员资格的政策是根据具体情况而定。如果当首席执行官退休或辞去职位，此人应同时从董事会辞职；如果这个人又是董事长，董事会会决定他或她退休或辞职后可继续担当首席执行官一年。至于是否继续留在董事会，则由董事会讨论决定。前任首席执行官在董事会任职被视为内部董事。

伊士曼化工公司治理准则还对董事工作职责改变后的董事资格处理作了原则性的规定：一位董事当初选进董事会时所担任的主要本职工作职位发生了改变之后可能会想辞去董事会职务，但董事会认为这种情况下没有必要要求该董事离开董事会。更确切地说，董事会认为董事委员会应根据个人的情况来评定每一种情形并向董事会提出建议。

4.5.3　董事的任职期限和退休

发达国家对公司这种私人部门的组织，一般没有国家统一的任期和退休年龄等规定。公司法的基本规则就是“每位董事在他的接任人被选出并合乎条件之前或者在他未满任期即辞职或被免职前，都应当在职。董事可以在任何时候，在向公司提出书面辞职通知书后辞职”[①]。

一些机构投资者在积极主张实行董事任期限制，比如董事任期为三年，每三年之后需要重新应聘，比如董事会建立硬性的到年龄就退休的制度。但在各著名公司的实际运作中，一般都有具体的退休政策，但往往没有硬性的任期限制。

随着股东权利保护和公司治理运动的开展，优秀董事越来越成为确保董事会质量和提高公司业绩的重要砝码。为了公司利益，要努力留住优秀董事。对董事的任期进行限制有助于董事会吸纳新董事和获得新的想法与观点，给董事会带来新的活力，但同时又会蒙受失去老董事的损失。老董事通过长期的工作，对公司的情况及运作已相当熟悉，能够为董事会作出越来越巨大的贡献。

---

① 《特拉华州普通公司法》第141节。

通用汽车公司和英特尔公司董事会均持有与此类似的看法，没有董事任期限制，但都有退休政策。通用汽车董事会董事的退休年龄为70岁。英特尔公司的董事退休政策规定，除了首席执行官或前任首席执行官外的内部董事，在从董事会退休后，同时被免去他们在公司的其他职务。为了弥补无董事任期限制的不足，通用汽车公司董事会的做法是：董事事务委员会联合首席执行官和董事长每隔五年对每位董事的续任权作出评估，这也为证明每位董事作为董事会成员的必要性提供了依据。

伊士曼公司在其管理章程中确立了一个三年制的董事服务期限限制。就是在某位董事的三年服务时间期限届满时，如果董事会中负责董事提名的董事委员会希望继续聘用，该董事可以根据另外的服务期限继续服务。不过，此时董事委员会要向整个董事会推荐，并且在征得董事会的同意时方可提名此董事在另外的期限内服务。关于退休年龄，伊士曼化工公司管理章程规定，董事会成员的退休年龄是70岁。不过，如果经董事委员会和整个董事会决定，对个别董事的退休年龄可以放宽至71岁。

中国公司法规定了董事任期每届为三年，任期届满可以连选连任。但是，为了加强公司治理，尤其是加强年度股东大会对董事会的制约力度，我们建议中国公司通过章程规定董事每年选举一次，形象地说就是每年要“全体起立”一次，股东们没有异议，重新选举通过了之后再坐下，“重新上岗”。

对于中国公司来说，董事会还是一个比较新生的事物，对董事职务和经理职务之间性质上的差异，还缺乏深入的认识。我们建议中国公司采用“辞去经理职务可以仍然做董事，辞去董事职务也可以仍然做经理”的处理原则，这样有利于董事会和经理层各自人员的稳定性，对明确划分董事会和经理层的职责也有益处。

4.5.4 董事的分类和解聘

在要求较高的公司治理规则上，尤其是在上市公司层面，董事之间的权利和义务都是一样的。但是为了提高公司法的适应性，特别是为了不同类型公司股东能够在公司治理上发挥出不同的作用，也就是增强公司自治，发达国家公司法允许公司对董事进行分类，给予不同的任期以至不同的法定权利。比如美国《特拉华州普通公司法》，就在其第141节（d）款中，提供了按任期的时间期限和按公司股票类别两种方式的董事分类。

按任期分类，就是把公司董事分为三组，每年只能有三分之一的董事任职到期。按公司股票类型进行的董事分类，就是公司在其章程中，对于公司某个类别的股票，给予其持有人选出确定数量的董事，并可以给予这类董事不同于普通董事的投票权力（多于1票或者少于1票）。对于分类的董事，在其任职未到期之前解聘需要理由，而不是像普通董事那样，股东可以在选举董事的股东会议上以“多数同意”原则而无需具体理由解聘。

在机构投资者主导的现代公司治理运动展开之前，经理人控制下的股权高度分散的英美公司中，通过董事任期交叉而实行的分类董事会制度是很流行的一种做法，是有利于经理人保持公司控制权的一种反并购措施。但是这些年来，随着公司治理运动的展开，在全球范围内的上市公司中，股东同股同权、董事一人一票已经成为良好公司治理的共识和共同准则。美国很多公司按任期分类的董事制度，也在机构投资者的巨大压力下取消。目前在财富500强公司中已经只剩下极少数的公司仍然保留着分类董事制度。

我们介绍这些在美国上市公司中似乎已经“过时了”的做法，基本目的是给中国公司深入理解公司治理作一个参考。另外一个原因是，我们认为在中国的公司中，很多美国已经“过时了”的做法，可能恰恰是需要我们引进和加以改造而利用的。比如，在中国一股独大的公司中，可能就需要对超过多少比例的股份的投票权作出限制，可以规定比如三分之一的董事席位必须由持股份额在某个比例以下的股东来选举，并赋予其更多一些的权力。

专栏 4-5 美国《特拉华州普通公司法》关于董事分类和解聘的规定

关于董事分类

（d）根据本章法律组成的公司的董事们可以根据组成公司证明文件，或最初的组织细则，或由股东表决通过的组织细则，分成一类，二类或三类；

第一类董事职位的任期于下一次股东年会结束，第二类董事职位任期于第一类董事任期结束时的一年后结束，第三类董事的任期于第一类董事的任期结束时的两年后结束。

在上述的分类和选举结束之后的每届股东年会上选出的董事都是以完整的任期来接任当时已经任期结束的董事。

组成公司证明文件可以授予任何一类或任何一系列股票的持有人选举一位或一位以上的董事，他们的任期和表决权力应当在组成公司证明文件中规定好。

用这一规定好的方式选出来的董事的任期和表决权力可以比任何其他董事或其他一类的董事的任期和表决权力大一些或小一些。

如果组成公司证明文件中规定由上述的一类或一个系列的股票持有人选举产生的每一位董事在任何事项的表决中都有超过一票或不足一票的表决权，则在本章中所说的董事的多数或其他比例数应当指董事应当有的表决票数的多数或其比例数。

关于董事的解聘

（k）任何一位董事或整个董事会都可以被多数股票持有人在选举董事时有原因地或无原因地免职，除非是：

I）除了是组成公司证明文件有另外的规定，如果一家公司的董事会董事是根据本节（d）项分为类的，则股东只有在有原因时才能免除他们的职务；或者，

II）在一个可以用累计票数方法表决的公司里，如果只有少于整个董事会董事人数的董事被免职；则要免除某一位董事时，如果反对免除他的职务的票数，也足以在使用累计票数方法选任全体董事时选任该董事，则要免除该董事职务时，不能不说明原因；或者，董事是已分成类的，如果在分类选举董事时，反对免除他的职务的票数在分类选举时如果使用累计票数方法足以把该董事选为某一类时，则要免除该董事的职务就不能不说明原因。

《特拉华州普通公司法》第四分章“董事和官员”第141节“董事会；权力；人数，资格，任期和会议的法定人数；委员会；董事类别；非营利公司；信任书面文件；会议外的作为，其他”。

专栏 4-6　IBM公司管理章程（BYLAW）有关董事选举和任期等的规定

选举——董事应在股东年会上选举产生。在每次符合法定人数出席的选举董事的股东会议上，获得多数票的人当选。

任期——每位董事将任职到该董事被选举起计的下一次股东年会并且合格的继任者选举产生时为止，或者直到该董事死亡，或者直到按本管理章程的规定辞职为止。

辞职——任何一位董事可以随时以书面形式向董事会或董事长提出辞呈。该项辞职于辞呈上所述的时间生效。如果辞职时间不应由辞呈确定，则应于收到时立即生效。但除非本管理章程另有明确规定，接受一项辞呈并不必然导致该项辞职生效。

空缺——无论是由于死亡、辞职、增加董事名额或任何其他原因而导致的董事职位空缺均可由董事会来填补。

退休——在不缩短由股东选举的董事年度任期的前提下，董事会可以制订董事达到或者超过一定年龄退休的政策。

IBM公司管理章程，第三章“董事会”，1958年4月29日制定，2001年1月1日修订。

4.6　董事会秘书

董事会秘书的职业素养是决定董事会质量的一个重要因素，也是公司本身在诸多方面能否合法合规顺畅运作的一个重要影响因素。

董事会秘书需要哪些职业素养，要从其工作职责和法律地位谈起。

4.6.1 董事会秘书的工作职责

作为一种法定机关的公司秘书，董事会秘书的职责贯穿于整个公司。大致可以把董事会秘书的职责划分为三类：为董事会服务，为股东服务，为公司服务。

为董事会服务方面，董事会秘书要确保适当的董事会运作程序到位并被遵守，董事会治理规则得到执行。董事会秘书要配合董事长准备会议议程，向董事会成员发放会议议程及其他会议资料，为会议提供其他一些秘书性的工作支持，在会议中提供有关法律和监管政策方面的咨询，纪录、发放和保存董事会纪要，保管法律和监管政策要求的法律性文件，需要时向董事会成员传达有关公司的信息，跟踪并保持告知董事们有关公司治理的当前思想和实践动态等等。

为股东服务方面，董事会秘书是公司联系股东和机构投资者的主要节点。特别是在有关信息披露、股东大会和公司治理事务上，董事会秘书要确保有关沟通渠道的通畅和信息的全面、准确。

为公司服务，是董事会秘书在英美公司法上被称为公司秘书，是公众公司必设的一种法定机关的根本原因所在。董事会秘书应保证公司遵守与本公司业务活动相关的法律法规和行为准则。

4.6.2 董事会秘书的法律地位

在公司法和公司治理基础规则上，公司秘书（董事会秘书）首先是一种职责，然后才是一种执行此种职责的管理职位。公司秘书（董事会秘书）本身就是跟董事会一样的，公众公司所必设的一种内部治理机制。相比之下，董事长、首席执行官等只是公司可以自行设立或者不设立的一种管理职位。英美国家公司法上，只有股东（英国公司法称为成员）、董事和高管人员（officer），并没有董事长、首席执行官等概念。

公司法与公司高管职位设置之间关系的基本规则就是公司应该通过章程或者董事会决议来明确公司的主要高级管理职位，其中必须有的只是负责“公司秘书”职责的一位。比如，在美国《特拉华州普通公司法》有关公司“高管人员”的第四分章第142节中（a）中规定，“每一家公司应当在公司管理章程或者与管理章程不相抵触的董事会决议中说明，有一定职位称呼和责任的，一定的官员。官员中的一位，有责任把股东会和董事会的会议讨论事项记录在专用的记录册中”。这位官员及其所负的职责，就是公司秘书。

英国是现代公司制度和公司法的起源地，英国公司法有关公司秘书的规定，是董事会秘书法律地位的重要范本。英国2006年公司法共有47个部分，1300条，其第12部分为“公司秘书”，包括从第270条到第280条共计11条。

私人公司可以不设公司秘书，一些通常要求由公司秘书完成的职责，可以由公司董事或者是由公司董事授权的其他人来完成。

公众公司必须设公司秘书。公众公司未设公司秘书，在监管部门指令改正的时间期限（不少于1个月不超过3个月）内没有进行改正，公司和公司有关高级管理人员将会受到处罚。

英国2006年公司法对公司秘书的任职资格做出了明确的规定。公众公司董事要有义务采取所有合理措施，确保公司秘书符合以下两条标准。一是，在公司董事们看来，具有履行公司秘书职责所必需的知识和经验；二是，要至少具有以下四种职业资历中的一种。

这四种职业资历是：①在任命其为公司秘书之前的5年中，至少担任3年的公众公司秘书职务；②是英国2006年公司法所认可的7个专业团体中某一团体的成员；③是英国任何地区的出庭律师、辩护人或事务律师；④在公司董事看来，由于担任任何其他团体的任何其他职务或是该团体的成员而有能力履行公司秘书的职责。

英国2006年公司法认可的其成员有资格出任公众公司秘书的7个专业团体是：英格兰和威尔士特许会计师协会，苏格兰特许会计师协会，特许公认会计师公会，爱尔兰特许会计师协会，特许秘书和行政人员协会，特许管理会计师协会，特许公众财政和会计协会。

4.6.3 董事会秘书的管理人员角色

在中国，董事会秘书必须是自然人，是公司的全职工作人员，但在有些国家，董事会秘书可以是自然人，也可以是机构，可以是兼职的，可以是会计师事务所代理的。董事会秘书可以是董事，也可以不是董事。在没有合适的董事会秘书人选情况下，可以由公司的一个部门承担董事会秘书的职责。中国公司法规定上市公司的董事会秘书属于公司高级管理人员。在非上市公司中，董事会秘书算不算公司高级管理人员，可以由公司在章程中自己决定。

在香港，上市公司秘书必须是自然人，但非上市公司的秘书可以是机构。上市公司秘书可以由董事出任。根据联交所上市规则，上市公司的秘书须为一位常驻香港的人士，必须具备上市公司秘书职务所需的知识和经验。具体说，上市公司秘书必须具有以下专业资格中的一种：特许秘书及行政人员工会香港分会会员；律师或大律师；专业会计师。

在董事会秘书是自然人并且是董事的情况下，要根据他有否其他身份来判定他是执行董事还是非执行董事。仅就其董事会秘书职责来说，不能看作是管理层人员。作为自然人的董事会秘书，如果同时是公司全职工作人员，他很可能要承担董事会秘书职责之外的“管理性职责”，这时也许应该把董事会秘书看作是执行董事。

公司秘书或称董事会秘书，与董事长、总裁、财务经理和总会计师等公司常见高管职位一样，属于高级管理人员，归董事会管理，由董事会选任和解聘。换言之，董事会秘书不是董事长秘书，其责任对象不是董事长个人，而是公司和整个董事会。这是中国公司要特别注意的一个问题。

4.6.4 董事会秘书的素质要求

从上述有关董事会秘书的工作职责、法律地位和管理人员角色三个方面综合来看，董事会秘书的最重要素质要求是法律和会计方面的专业资格和知识，这可以说是董事会秘书需要具备的硬素质。对此，英国2006年公司法中规定得很明确，除非你在过去5年至少做过3年的公众公司董事会秘书，否则，你必须具有法律或是会计方面的专业资历，才能被聘为公众公司的董事会秘书。

从公司法的硬性要求角度来说，只对董事会秘书有明确的职业素质要求。英国2006年公司法，对公司董事只有需要年满16岁这一要求（英国2006年公司法第157条）。即使你小学都没毕业，你一样可以成为公司董事。即使你博士毕业，但是你没有法律或会计等相关的专业资历，也没有担任过董事会秘书或其他专业团体中的类似职务，你也不能被公众公司聘为董事会秘书。

硬性的专业资历是成为董事会秘书的入门条件，但这仅仅是一种任职资格，并不能保证你成为一个实践中的高素质的董事会秘书。要成为一个实践中的高素质的董事会秘书，还需要诸多方面的职业素养或软实力。作为公司董事会秘书，也许不像公司董事长兼首席执行官那样要对公司全面负责，但是他的工作所涉及到的范围却是同样大，甚至是更广。

董事会秘书要负责组织董事会会议、股东会议，这要求其在熟知相关法律法规要求的同时，具备有效组织会议方面的能力，要好好学学《罗伯特议事规则》等。董事会秘书要负责信息披露和股东沟通工作，这要求其在理解公司财务和会计的同时，还要理解公司战略，特别是并购和重组等直接与资本市场相关的问题。

董事会秘书要为公司服务，要作为一个公司治理专业人士从整体上监控公司运营的合法合规性及是否完全遵守了公司行为准则等。可以说，董事会秘书要“眼观六路耳听八方”，能及时捕获、精准获取有关信息，并能正确有效地处理相关问题。要了解公司外部治理体系，密切关注和把握公司外部治理动态。要掌握公司内部治理机制的设置与运作，监控公司内部治理运作流程，遇有不畅要及时进行梳理和改进。

专栏 4-7　IBM公司管理章程中有关公司秘书规定

公司高级管理人员应当包括董事长、总裁、财务经理、公司秘书和总会计师，可以包括一个或更多的副董事长、副总裁。高级管理人员由董事会选任，任期直至合格的继任者经适当程序选出或直至死亡、辞职或辞退。

任何高级管理人员经任何一次董事会会议的多数决议可以无需理由随时被辞退。

公司秘书负责：

①分类记录并保存董事会、执行委员会、董事会其他委员会、股东会的会议记录；

②确保各类通知依照法律或本管理章程的规定已适当签发；

③保管公司的名册和印鉴，使用并确认公司印鉴用于公司股权证以及其他各类应当使用公司印鉴的文件上；

④监督依法应保存并申报的账目、报告、声明、证明及其他文件和记录已适当的保存并申报；

⑤履行其职务相关的各类职责，以及董事会、董事长、副董事长、总裁、执行副总裁、高级副总裁随时委派的其他事项。

IBM公司管理章程，第五章“高级管理人员”，1958年4月29日制定，2001年1月1日修订。

4.7 阿里巴巴的双重分类董事会

4.7.1 董事提名和任期双重分类

根据阿里巴巴集团网站信息，阿里巴巴集团董事会由11人组成，其中5位执行董事、1位非执行董事、5位独立董事。马云、蔡崇信、张勇、J. Michael Evans和井贤栋等5位执行董事由阿里合伙人提名产生，1位非执行董事孙正义由公司大股东软银提名产生，董建华、郭德明、杨致远、Börje E. Ekholm和龚万仁等5位独立董事由阿里巴巴公司董事会的提名与公司治理委员会提名产生。

表4-3　阿里巴巴公司董事会构成

董事会成员		审计	薪酬	提名治理	任期分组	提名分组
马云	董事局主席			主席	2017	阿里合伙人
蔡崇信	执行副主席		成员		2018	阿里合伙人
张勇	董事兼CEO				2016	阿里合伙人
J. Michael Evans	董事兼总裁				2018	阿里合伙人
孙正义	董事				2017	软银
井贤栋	董事				2018	阿里合伙人
董建华	独立董事			成员	2016	提名委员会
郭德明	独立董事	主席	成员		2017	提名委员会
杨致远	独立董事		主席	成员	2016	提名委员会
Börje E. Ekholm	独立董事	成员			2018	提名委员会
龚万仁	独立董事	成员			2016	提名委员会

资料来源：阿里巴巴集团网站信息整理，2017年9月6日。

这11位董事，除了因由阿里合伙人、大股东软银和公司董事会提名与公司治理委员会等三个不同方面提名产生而分为三组之外，还按每届任职期限的起止时间而分为了三组。蔡崇信、J. Michael Evans、井贤栋和Börje E. Ekholm等4位为第一组，张勇、杨致远、董建华和龚万仁等4位为第二组，马云、孙正义和郭德明等3位为第三组。阿里合伙人、大股东软银和公司董事会提名与公司治理委员会等三个提名方所各自提名产生的执行董事、非执行董事和独立董事等三类董事，大致均匀地分布在任职时间期限错开的三个组中。这三组董事之间除任期起止时间不同之外，其他方面是相同的，都是三年为一个任期，在任职到期的年度股东大会上重新选举，开始新的三年任期。

4.7.2　董事提名规则：中小股东们的提名权呢？

为了使合伙人制度在公司治理规则上落到实处，阿里巴巴的公司章程规定了一套特别的董事提名规则，把阿里巴巴公司董事的提名权划归阿里合伙人、大股东软银和公司董事会的提名与公司治理委员会等三个主体分别行使。

公司章程规定阿里合伙人有权提名过半数董事，并使该等董事尽可能分布在任职时间期限不同的各组董事中。在由阿里合伙人提名的董事不占董事会多数情况下，阿里合伙人有权提名新的董事人选，以使董事会中由阿里合伙人提名的董事占到多数。目前阿里巴巴公司董事会11名董事中有5位是由阿里合伙人提名产生的，并没有占到多数。

作为上市公司，独立董事的提名有一套必须遵守的公司治理规则，阿里合伙人属于公司管理层群体，其能够提名的董事人选只能是执行董事和普通非执行董事，不能是独立董事（即独立非执行董事）。美国上市公司中，普通非执行董事人数很少，并且通常是独立董事要占董事会多数。这就使阿里合伙人提名多数董事的公司章程权利要完全做到位，实际占到多数，面临一个公司治理做法不合常规，从而有损公司形象的问题。

在软银持有阿里巴巴公司股份不少于15%时，拥有提名1位董事的权利。现有董事中孙正义是软银提名的董事。软银提名的董事有权收到董事会所有委员会的会议通知和资料，并作为观察员参加董事会审计、薪酬、提名与公司治理委员会，以及董事会可能建立的任何其他委员会的会议。这实际就是给予了孙正义以一种特别的董事会知情权。

余下的董事由阿里巴巴公司董事会的提名与公司治理委员会提名，目前董事中余下董事就是5名独立董事。

通常情况下，按照公司法和公司治理规则，所有的股份公司特别是上市公司，都要赋予达到一定股份比例的中小股东们按规则向股东大会提出议案（包括提出董事候选人）和提议召开及按规则自行召开临时股东大会的权利。按照上述的阿里巴巴公司董事提名规则，中小股东要提名公司董事，只能通过公司董事会的提名与公司治理委员会进行。但是，如果公司董事会的提名与公司治理委员会拒绝接受呢?

4.7.3 董事任命与解聘规则：僵局有解?

通常的公司董事任命规则就是公司股东大会上由股东按股份投票权投票选举产生公司董事。董事提名权则是公司董事会和持股一定比例以上的公司股东共同拥有，提名董事人数可以多于要由股东大会选举产生的实际董事人数。最后当选者是在得票过半数的候选人中按得票比例从高到低确定。

阿里巴巴的这套公司董事提名规则，如果仅仅是一种董事提名权利的分配，那么其在实际的公司董事会构成的决定上的作用就会很有限。阿里合伙人提名的公司董事还是要通过公司股东大会由公司股东投票选举产生，谁能成为公司董事的最终决定权就还是在股东大会手上。事实上，与这套董事提名规则配套，阿里巴巴公司章程还规定了一套特别的董事任命与解聘规则。

阿里巴巴公司章程规定，在任何一位被提名的董事没有获得股东大会多数票同意的情况下，提名该董事的一方有权任命一位不同人选出任公司董事，直到下次公司年度股东大会。该等任命在提名方向公司提交书面通知时立即生效，无需股东或董事会的进一步投票或批准。该通知要由阿里合伙人的普通合伙人，或是提名与公司治理委员会的多数成员，或是软银的授权代表签字。在因为辞职、死亡或解聘等原因出现董事席位空缺时，该等董事的提名方有权任命接任的新董事，直到下次年度股东大会。这就意味着阿里巴巴公司股东可以在股东大会上拒绝任命某一方提名的某一具体董事人选，但是不能阻挡该方按其自身意志安排其他人选接替其实际出任公司董事，直到下一次股东大会。

对于董事的解聘，阿里巴巴公司章程规定：下述情况下董事将被自动解聘：①死亡、破产或是债务危机；②有不良行为；③董事个人通过书面通知公司辞职。此外，阿里合伙人提名或任命的董事只能由阿里合伙人解聘，软银提名或任命的董事只能由软银解聘，公司董事会提名与公司治理委员会提名或任命的董事由董事会根据提名与公司治理委员会的提议以多数票同意方式解聘。与董事提名和任命权相比，在董事解聘方面，阿里巴巴公司章程并没有限制股东的权利，“任何董事都可以由股东大会决议解聘”。

我们在阿里巴巴最初披露其合伙人制度时，由于没有看到其特别的董事任命规则，曾指出可能出现一种僵局的情况。现在根据其特别的董事任命规则，在出现提名董事人选没有获得股东大会通过的情况下，可以由该董事的提名方任命过渡董事，到下一次年度股东大会为止。下一次年度股东大会上，提名方可以提名该过渡董事或其他人选为董事候选人，由股东选举通过出任正式董事，完成该董事席位的余下任期。这在一定程度上解决了我们当初指出的“合伙人提名，股东会拒绝，合伙人再提名，股东会再拒绝”的僵局无解问题。可是股东还拥有不受限制的董事解聘权，“任何董事都可以由股东大会决议解聘”，如果这个股东大会不是必须为公司年度股东大会的话，那么如果股东通过召开临时股东大会解聘提名方任命的“过渡董事”，则还是有出现僵局的可能。

4.7.4 阿里独特董事会治理的可持续性

目前有36名阿里合伙人，其中27名公司管理层人员，8名蚂蚁金服管理人员和1名阿里影业管理人员。阿里合伙人制度包含全体合伙人大会和合伙人委员会两层决策结构，都按一人一票规则决策。每年选举新的合伙人，由现有合伙人向合伙人委员会提名，合伙人委员会评估和决定后，向全体合伙人大会提交最后提名人选，由全体合伙人以过75%赞成票选举产生新的合伙人。合伙人委员会由5位成员组成，目前有马云、蔡崇信、彭蕾、张勇和井贤栋。合伙人委员会成员任期三年，可以多个任期。合伙人委员会成员三年选举一次，每次选举，候选人由合伙人委员会提出，但要多出三个名额，实行差额选举。

阿里合伙人有提名或任命（在提名人被股东大会拒绝的情况下）多数董事的权利。阿里合伙人提名董事人选的决定，由阿里合伙人委员会向全体合伙人大会提出人选，由全体合伙人大会过半数同意选举产生。该等人选可以是阿里合伙人，也可以是其他合格人选。如果阿里合伙人提名的董事在股东大会上没有当选，阿里合伙人有权任命另外一人作为过渡董事，直到下年度股东大会。在下年度股东大会上，该过渡董事或阿里合伙人提名的其他替代人选（非当初的董事人选）作为董事候选人，由股东大会选举，填补当初落选候选人的董事席位和余下任期。

阿里合伙人协议的修改需要出席合伙人大会合伙人75%的人同意，该等合伙人大会需要有75%以上的合伙人出席方能举行。阿里合伙人协议中有关合伙人制度的目的和阿里合伙人董事提名权及任命权条款的修改，需要经过董事会中非阿里合伙人提名或任命的董事和符合纽交所上市规则303A款含义的独立董事的多数同意批准。这些提名权和提名程序纳入到了阿里巴巴公司章程，公司章程中有关阿里合伙人董事提名权的相关条款修改需要出席年度股东大会股东投票权95%的赞同。

阿里巴巴公司宣称，“阿里合伙人制度与将高投票权股份集中于几个创始人的双重股份制度不同，阿里合伙人制度的合伙人可以动态调整，可以包含更大的管理层群体。考虑到创始人总要退休的事实，这一做法更可以长期保持创始人所塑造的公司文化”。从上述的阿里巴巴合伙人制度核心内容来看，这套做法确实要比双重股份制度可以体现更大范围的管理层群体的意志。

要有高达95%的股东大会赞同票比例才能修改阿里巴巴公司章程中有关阿里合伙人董事提名权的相关条款，使阿里合伙人制度具有极大强度上屏蔽公司股东和股权结构变化影响的长期持续性。与此同时，非阿里合伙人提名的阿里巴巴公司董事对阿里合伙人协议中有关董事提名权条款的修改具有批准权，这实际上使作为阿里合伙人制度核心内容的董事提名权及其运作方式具有了极强的稳定性，甚至可以说是一种凝固性，很难变革。

一种制度如果运作良好，并且实际效果很好，长期持续和不易变革是好事，但如果实际运作不畅或是效果不好，长期持续和不易变革就不是什么好事了。

4.8 从董事选举纷争看中国公司治理的进步

1994年开始实行的中国公司法已经明确规定了股东通过股东大会选举产生公司董事会，公司董事会选聘和解聘公司管理层，但是这一最基本的现代公司治理规则在落实之中，还面临着种种困难。2015年5月28日，康佳公司股东大会选举出来的公司新一届董事会中，4位由公司大股东和原董事会提名的董事候选人落选，中小股东提名的4位董事候选人当选，占了董事席位的多数。这样一个新董事会，一经股东大会选举产生，就能够立即到位，能够被有关各方所接受，可谓是中国公司治理的一个重大进步，同时也预示着中国公司治理的一种“新常态”。

4.8.1 “双董事会”现象：中国公司董事选举纷争

股东争取更多自己的人进入董事会本身无可厚非。现代公司要由董事会来管理，争取更多的自己人进入并进而能控制董事会，是股东把股权变为公司控制权的一种理性行为。可惜的是，由于有关当事人对一些公司治理基本规则理解得不足，导致了中国公司运作中一幕接一幕地上演本来不该发生的董事选举闹剧。中国式董事选举闹剧的一个极端表现就是“双董事会”现象的一再发生。

如果回到十几年前，像康佳公司这次股东大会这样的董事选举结果很可能就不会被公司大股东和公司原董事会、原管理层所接受。2004年3月1日的《经济观察报》第149期上，曾经整理了三起当时备受关注的中国公司“双董事会”现象——新董事会不被公司原董事会和管理层承认，双方陷入纷争。

2003年4月下旬，西安宇翔实业总公司超过三分之一的股东自行召开股东大会，选举成立了公司新的董事会和监事会，并将老董事会赶出公司办公大楼，但是，老董事会带走了公司所有公章，新董事会无法行使职权；大多数股东接受新董事会，但子公司却认为它不合法。

2003年5月10日，中国泛海及其关联企业通海建设有限公司收购河南旅游集团等几家股东在民生证券的股权，在其所控制股权的比例达到近44%之后，召开了董事会，并选举中国泛海集团的副总裁岳献春出任民生证券董事长。但新董事长5月12日进驻民生证券总部、意欲接管民生证券时，与管理层发生了激烈冲突。争执双方僵持到了2003年12月份。在中国证监会北京证管办、郑州证管办的协调下，12月29日，公司原董事长席春迎主动放弃，公司第一大股东中国泛海控股有限公司终于如愿以偿，其副总裁出任民生证券董事长，新任董事会以及管理层进入民生证券，全面掌控公司。

在2004年1月11日，在福州的同一个大楼内，宏智科技的临时股东大会上，同时产生了两个“董事会”——分别由大股东王栋与公司原董事长黄曼民领导，两个“董事会”各自披露了自己一方股东大会的决议内容。随后双方都自诩正宗，纷纷指责对方的错误和过失。双方都通过律师声称自己是合法的，对方是不合法的。争议到2月上旬，大股东王栋方取胜，黄曼民等原董事开始逐渐退出公司，新任总经理林起泰等正式进入公司办公。

2009年3月16日，湖南正清制药股份有限公司持股13.99%的公司第二大股东成都盈华成投资管理公司召集了公司临时股东大会。出席会议的股东包括盈华成和一些中小股东，共358名股东参与表决，合计持股份额为18.153%。会议选举出来的董事、监事全部是盈华成方面推荐的人员。公司第一大股东（持股34.45%）和第三大股东（持股9.36%），以及公司董事、监事和高管人员全未出席这次临时股东大会。这样，新董事会和监事会得不到实际控制着公司的大股东、原董事会、原监事会和高管团队的承认，又形成了一个“双董事会”格局。

4.8.2　2012年的格力电器董事会换届选举

2012年5月25日，格力电器股东大会进行董事会换届选举，9名董事候选人中有8人当选，组成了公司新一届董事会。8名董事既符合中国公司法中股份有限公司董事会成员人数5到19人的外部规定，也符合格力电器公司章程中董事人数不少于6人的内部规定。格力电器5月28日公告，原公司副董事长董明珠在5月25日举行的新一届董事会会议中全票当选董事长并被续聘为公司总裁，黄辉、庄培也被续聘为公司副总裁，公司新一届董事会开始正常运作。

格力电器这次董事选举让人们感到意外和“不正常”的主要就是珠海市国资委通过其全资拥有的格力集团，作为持股比例约20%的格力电器第一大股东所推荐的格力电器董事候选人周少强在公司股东大会上落选。周少强原为珠海市国资委副主任，不久前刚刚被委派到格力集团担任总裁兼党委书记。在目前中国这样一种商业环境下，集国资委派遣和集团总裁双重身份于一身的董事候选人落选，人们普遍会觉得意外和不正常。

珠海市国资委在5月31日对媒体表示：“格力集团按照团队搭配原则推荐了格力电器第九届董事会成员候选人，新一届董事会由格力电器2011年度股东大会依法选举产生，我们尊重本次股东大会的决议。格力电器董事会一经选举产生，代表的是全体股东的利益，我们相信格力电器董事会会正确履行权利义务。”

格力电器这次的董事选举，与此前发生的原东北高速公司因股东矛盾而新董事会难产，宏智科技和正清制药等的双董事会现象等完全不同，甚至也没有像胜利股份和国美之争等等那样双方公开对垒、争取第三方的投票支持。原东北高速那样的由于争议股东之一方没有提名出新董事候选人而致使董事候选人人数不够，进而无法产生符合法定人数规定的新董事会，正清制药那样大股东和公司现任董监高均缺席争议股东方提议召开的选举新任董事会成员的临时股东大会而产生了两个“董事会”，都属于没有遵守公司法和公司治理基本规则的错误。

4.8.3 2014年的康佳董事选举：中国公司治理的新常态？

2014年5月28日，可以作为一个重要的日子记入中国公司治理发展史。这一天，康佳公司2014年度股东大会的董事会换届选举中，由中小股东提名的董事占据了康佳公司新一届（第八届）董事会7个席位中的4席。第一大股东不能完全掌控公司董事会人选，在中国的国有控股上市公司中，已经不能算是新鲜事了。并且，上市公司和上市公司的国有第一大股东也在逐渐认识和适应这种“公司治理新常态”。

从两波中小股东提出增加董事监事候选人的议案开始，到股东大会的选举结果出来，康佳公司董事会及其公司第一大股东华侨城的反应和应对，都是非常理性、遵守规则，并且能基本平静地接受其结果的。康佳公司董事会先是完全按规则发出中小股东要求增加董事和监事候选人的公告，并将之列入公司发出的股东大会通知之中，这使提出议案的中小股东无需另外支付与广大公司股东之间的沟通费用。也就是说，提出异议的中小股东，和大股东及其掌控之下的原董事会可以在同一个平台上发出自己的声音。双方没有爆发一场选战，公司股东可以在没有额外噪音的情况下，很便利地对所有的候选人进行审视，理性地按自己的意愿从中选择。

康佳公司长期的董事会治理历史，甚至其董事会的名称都用的是香港叫法的董事局，而不是中国公司法所称呼的董事会，使康佳公司自身及其各相关方都比较熟悉以董事会为中心的现代公司治理规则，并能当然地接受按现代公司治理规则产生的公司治理机关。现在，完全按现代公司治理规则，通过股东大会选举产生了新的董事会，即使是其构成人员出乎公司第一大股东和其他一些相关方的预料，但是没有任何人试图不承认这一结果，或不尊重这一新董事会的权威。

4.8.4　“新常态”的三大推手：股权分散，累积投票制和网络投票

就中国目前的公司治理发展状态来说，2012年5月的格力董事选举和2015年5月的康佳董事选举，都是中国公司走向市场控制和职业经理人体制的一个重大进步。

走上控制性股东不能完全掌控董事会人选这一“公司治理新常态”的根本原因是大股东减持或公司融资导致的股权分散。在格力和康佳，还有高度竞争的产品市场压力。格力和康佳这两个案例表明，在控制性股东的股权比例下降到20%左右，同时公司又处于一个高度竞争性行业的话，就很可能出现中小股东联合起来参与公司治理，并大大削弱第一大股东控制权的情况。

在股权分散达到一定程度的基础上，董事选举中的累积投票制和股东大会的网络投票方式加速了中小股东联合起来发挥决定性作用的速度。康佳公司这次股东大会的董事选举中，中小股东推荐的董事候选人能够顺利当选，累积投票制发挥了重要作用。大股东和原公司董事会提名的四名非独立董事候选人和三名独立董事候选人之间得票率差异很小，说明大股东华侨城在力保这七位候选人全部当选，将其投票权平均投给了他们每一位，而中小股东的投票产生了他们之间的差异，决定了谁当选与谁落选。中小股东提名的三位非独立董事候选人和两位独立董事候选人之间，得票率差异则很大，中小股东利用累积投票制，进行了集中性的投票，以确保自己最中意的候选人能够当选。

除累积投票制的作用之外，网络投票也发挥了重要作用。康佳公司股东大会采用现场投票和网络投票两种方式，并在其股东大会通知中非常具体地告知了网络投票的方法，便利了中小股东的参与。有代表22.64%的769名中小股东通过网络进行了投票，这使通过现场和网络两种方式参与股东大会投票的中小股东总数达到了786 人，代表股份占总股份的32.63%。以康佳这次股东大会57.63%的参与率，中小股东32.63%的股份比例占全部出席股份的56.62%。如果这些中小股东达成一致意见，可以在任何议案上都取得胜利。

4.9 日本上市公司董事会发展的新动向

日本和中国是世界主要大国中仅有的两个平行设立公司董监事会的国家。日本自2003年起，采用了由企业自主选择其董监事会法律形式的公司治理改革方式，中国则是董监事会法律形式不变，但监管规则要求公司采用英美董事会治理模式。

十五年来的发展表明，日本企业更倾向于保留监事制度，但同时进行董事会治理改革，在行为上向英美公司治理模式靠拢，和中国企业被动接受的结果差不多。

4.9.1 董事会构成：从外部董事到独立董事的发展

绝大多数的日本公司拒绝了委员会制公司的法律形式，但这并不意味着它们拒绝进行强化董事会机能的公司治理改革。这一点，首先反映了在其董事会结构和运作方式的变化上。传统日本公司的董事会规模庞大，很少或基本没有外部董事，更谈不上独立董事。经过最近十几年来的公司治理改革和发展，聘请外部董事和独立董事的日本公司数量逐年增多。东证一部全体上市公司中，有外部董事的公司比例从2005年的35%逐年上升到了2015年的94.3%，有独立董事的公司比例也从2010年的12.9%逐年上升到了2015年的48.4%。

表4-4　　东证一部上市公司中有外部董事和独立董事的公司比例

年　份	有外部董事（%）	年　份	有外部董事（%）	有独立董事（%）
2005	35.0	2010	48.5	12.9
2006	41.6	2011	51.4	15.0
2007	44.0	2012	55.4	16.7
2008	45.2	2013	62.3	18.0
2009	46.3	2014	74.3	21.5
		2015	94.3	48.4

资料来源：東証上場会社における社外取締役の選任状況＜確報＞，日本交易所集团网站http://www.jpx.co.jp/listing/st ocks/ind-executive/。

日本的外部董事概念与美国的外部董事及英国的非执行董事等概念不同。美国的外部董事和英国的非执行董事基本就是独立董事。日本商法上规定的外部董事的定义是：①没有具体运营公司业务；②现在和过去都不是公司或其分支机构的执行董事、执行经理、经理和雇员。这使日本很多公司通过增加外部董事，来加强大股东和母公司对公司的控制力度，完全没有独立董事的含义。

2009年，东京证券交易所在其上市规则第436条之2中建立了独立董/监事制度。公司要从其外部董事和外部监事中任命至少一位为独立董/监事，并向交易所报告，由交易所确认其资格。在公司外部董事和外部监事中有多人符合独立董/监事标准时，公司可以自己决定是将他们全部还是从中挑选出1位或几位，作为独立董/监事向交易所报告。

根据东证公司治理白皮书2015中的数据，全部3414家东证上市公司总计12038董事和监事中，占62.5%的7526人为独立董/监事。平均每家公司有2.20名独立董/监事，其中监事会制公司平均有2.18人，委员会制公司平均有3.44人。有2058家占60.3%的公司设立了2名或2名以上的独立董/监事。只有独立董事没有独立监事的公司329家，占公司总数9.6%，其中监事会制公司为272家。只有独立监事没有独立董事的公司1818家，占53.1%。1267家公司（37.1%）同时有独立董事和独立监事。

全体东证上市公司中，2012年外部董事超过董事总人数半数和三分之一的公司比例分别是2.2%和12.2%， 2014年这两个比例分别为2.6%和13.4%，均有明显提高。相比之下，董事会中独立董事过半数和过三分之一的公司比例上升趋势不明显。全体东证上市公司中，2012年和2014年均只有0.8%的公司董事会中独立董事所占比例超过了半数，独立董事超过董事会人数三分之一的公司比例略有提高，2012年和2014年分别为4.4%和4.5%。即使是在日经400指数股公司中，独立董事过半数和过三分之一的公司比例也分别只有3.3%和14.8%。

4.9.2 外部董事和独立董事发展的主要推动力量

日本公司法第400条第3款，要求委员会制公司的各个委员会都必须由外部董事占多数席位。委员会制公司中外部董事比例很高，多的达8人以上。日本公司法没有对监事会制公司提出外部董事方面的硬性要求，但是，监事会制公司中也出现了设置外部董事的倾向，没有外部董事的公司比例逐年下降。2008年时大多数（59.2%）的日本监事会制上市公司没有外部董事，到2014年这一比例下降到了三分之一多点（36.2%）。但是外部董事的人数并不多，2014年监事会制公司中外部董事的平均人数只有1.04人。外部董事人数为3人或3人以上的公司只有9.3%。38%的公司只有1位外部董事，16.5%的公司只有2位外部董事。

2012年以后日本监事会制公司外部董事人数增加的主要原因是应交易所监管要求增加独立董事。2012年有67.1%的监事会制公司没有独立董事，2014年这一比例下降到了54.2%。有1位独立董事的监事会制公司比例从2012年的21.4%上升到了2014年的33.8%，有2位独立董事的监事会制公司比例从2012年的7.7%上升到了2014年的8.5%，有3位及以上独立董事的监事会制公司比例从2012年的3.9%下降到了2014年的3.3%。3人的比例保持在2.5%未变，下降的主要是4人（从1.1%下降到0.8%）和5人及以上（从0.3%下降到0.0%）。

2012年以前，外部董事主要是大股东加强控制的一种手段。2008、2010和2012三个年度中，第一大股东持股50%以上的公司中，设有外部董事的公司比例最高，分别为53.3%、58.3%和63.2%，一直在一半以上。相比之下，第一大股东持股不足5%的公司这三年中设有外部董事的公司比例分别为37.7%、40.6%和48.9%，一直不足一半。2012年日本开始要求上市公司提高董事会和监事会的独立性，第一大股东持股不足5%的公司中设有外部董事的公司比例大幅提高到了2014年的73.1%，接近四分之三，并且一举超过了此前一直在设立外部董事方面领先的第一大股东持股50%以上的公司（71.1%）。

按第一大股东持股比例分组的6组公司中，选任独立董事的公司比例随第一大股东持股比例提高而依次下降，从第一大股东持股不足5%公司的63.9%，到第一大股东持股33.3%～50%公司的35.2%。不过第一大股东持股50%以上公司中该比例又略有提高，到37.%。这也许反映出，当股权控制比较牢固的时候，对董事会和监事会的控制可以稍微放松一些。

外部董事的平均人数反映出了与上述的公司比例一样的趋势，就是除2014年之外，以前各年度中，随第一大股东持股比例提高，公司聘请外部董事的平均人数增加。2014年，由于独立董事的监管要求，独立董事增加，使股权分散公司的外部董事人数出现大幅度提高。这在独立董事平均人数上有明显的反映，就是随股权集中度（第一大股东持股比例）的提高，独立董事的平均人数明显下降。

推动日本公司外部董事和独立董事发展的主要市场力量是外国人持股。外国人持股30%以上公司的平均外部董事人数为1.86人，平均独立董事人数为1.46人，而外国人持股不足5%公司的平均外部董事人数和平均独立董事人数分别为0.85人和0.41人。外国人持股比例在30%以上的公司中，有高达86.5%的公司引进了外部董事。相比之下，在外国人持股比例不足5%的公司中，只有56.1%的公司引进了外部董事，二者相差30.4个百分点。这两组公司之间，引进独立董事的比例上差距更大，外国人持股比例在30%以上的公司中，有72.7%的公司引进了独立董事；外国人持股比例不足5%的公司中只有34.7%的公司引进了独立董事，二者相差38个百分点。

4.9.3　董事会的运作：人数、任期和召集人

除了改善董事会结构，增加外部董事和独立董事之外，日本公司中还普遍存在通过缩小董事会规模、缩短董事任期以及选择更恰当的董事会会议召集人等方式，来加强董事会，改善公司治理

日本上市公司董事会人数逐年下降，已经完全不是过去那种动辄几十人的状态。2008、2010、2012和2014年全部东证上市公司董事会的平均人数分别为8.68人、8.35人、8.13人和7.50人，已经低于中国上市公司的董事会平均人数。东证一部公司规模大一些，董事会人数要多一些，2014年为8.61人，比东证二部（6.88人）高出近2人。按公司销售额分组的数据，可以看得很清楚，规模越大的公司董事人数越多。销售额在100亿日元以下、100亿～1000亿日元、1000亿～10000亿日元和10000亿日元以上的公司，2014年董事会平均人数分别为5.37人、7.43人、9.34人和11.58人。按公司人数和公司分/子公司数分组，也可以看出同样的趋势。

日本公司法第332条规定，监事会制公司董事任期两年，但公司可以通过

章程或者股东大会决议缩短董事任期。缩短董事任期可以提高董事会的权威，也会使董事更多为公司利益考虑，从而改进公司治理。56.9%的监事会制公司规定董事任期为一年，日经400公司中更是有高达73.0%的公司董事任期为一年。公司规模扩大、外国人持股增加和董事会中外部董事比例提高，都会推动公司缩短董事任期。销售额1万亿日元以上的公司中有79.0%的公司董事任期为一年，而销售额不足100亿日元的公司中只有40.3%的公司董事任期为一年。外国人持股比例在30%以上的公司中有69.4%的公司董事任期为一年，而外国人持股不足10%的公司中只有51.8%的公司董事任期为一年。有外部董事的公司中有64.2%的公司规定董事任期为一年，而没有外部董事的公司中只有43.7%的公司规定董事任期为一年。

日本没有会长和社长要分任的硬性要求，但是把谁负责召集和主持公司董事会会议作为公司治理状况的一条重要指标，并要求上市公司在其公司治理报告中进行披露。84.4%的日本公司是会长兼社长并为董事会召集人，14.3%的公司是不兼任社长的会长为董事会的召集人。东证一部公司会长不兼任社长的比例要高一些（22.4%），日经400指数股公司中这一比例更高（38.3%）。随公司人数、销售额和分/子公司数的增加，由社长兼任公司会长（董事会召集人）的公司比例下降，会长和社长分任的公司比例上升。

绝大多数日本企业更愿意在管理实践层面上学习美国企业的治理结构做法，而不愿意在法律形式上直接进行转换，这种情况出现的原因是多方面的，其中的一个重要因素可能是“面子”或文化问题。日本的企业经营者们一直都是很骄傲的，有很强的“惟我独尊”意识。他们不像美国经理人们那样一直要面对着强大的资本市场压力和同样很强大的产业工会压力。日本资本市场上很少“并购”，资本市场管不了“企业干部”，日本的工会是企业工会，虽然每年也有要求增加工资的“春斗”，但是往往流于形式。此外，喜欢把从外面学到的新的技巧、技术等等融进自己的传统之中，“和体西用、洋为和用”等等，似乎已经成为了日本的一种文化。

第5章

战略性董事会的构造与职责发挥

发展才是硬道理，能够提高公司业绩的公司治理做法才是最佳做法！

董事会的基本目标是使股票持有人的价值长期保持最大化。这可以通过为伊士曼的股票持有人——顾客，雇员，投资者，供应商和公司经营地或住所地的社区创造更大的价值来实现；这又要公司通过长期集中发展一项成功的业务和通过获得最大的财务回报来实现这一目标。董事会负责确保管理的程序，政策和决策能进一步推动此目标的实现。

董事会应举行年度战略规划会议，在董事会的同意下，首席执行官决定会议召开的时间和议程。

——伊士曼化工公司“公司治理准则”

完善公司治理结构要从建立、健全和强化、优化董事会做起。良好公司治理是一种手段，而不是目的；不仅仅要识破阴谋，更要激励公司奋起。作为给公司“指引方向的人”，董事会的首要职责是进行正确的战略决策，保持公司的长期可持续发展。传统公司的董事会往往消极被动，只是个消防队的角色。当前公司董事会的发展趋势是走向积极的、全面管理公司事务的战略性的董事会。对于习惯于人治和依靠一个能人的中国公司来说，战略性董事会的构建及其职责发挥显得尤为重要。

5.1 急需更多地关注战略，不能以治理的名义过度监管

据研究，在全部的公司价值损失中，只有很小比例是由于违规或董事会监督失败所造成的，近九成是由于公司战略或者运营失误导致的。我们需要回归到“董事”二字的本来含义上来恰当地理解公司治理。

专栏 5-1　“董事”的含义

“董”之说文解字

1. 监督——董之用威。出自《尚书·大禹谟》。

2. 正、修正、管理——董道，正其道，董，正也。《楚辞·涉江》。

3. 深藏、资历老道——董谓深藏，“年六十以上气当大董”。《史记·扁鹊仓公列传》。

董事的英文——director，就是导师，指引方向的人。

董事的日文——取缔役，取缔——管理、管制，役——官员、官吏。

近年来，全球范围内的公司治理议程都越来越不适当地由“合规”压力所驱动。英国是公司治理规则制订方面的领导者，从1992年的卡德伯里报告（Cadbury Report，公司治理的财务方面，提出了董事会最佳实践建议）开始，经过1995念的格林伯瑞报告（Greenbury Report，集中于董事薪酬）、1998年汉帕尔报告（Hampel Report，综合了前面两个报告的内容）和1999年的特恩布尔报告（Turnbull Report，集中于内部控制问题）到2003年的西格斯报告（Higgs Report，专门研究非执行董事的角色和有效性）、史密斯报告（Smith Report，专注于研究审计委员会），在这一系列的报告和随后的规则中，设计了详细和精制的公司控制装置。这种趋势的一个极点是美国的萨班斯—奥克利法案（Sarbans-Oxley Act of 2002），要求公司经理个人签字和承诺其财务报告的真实性。现在全球有近300个公司治理准则。基于这些准则的“良好”治理做法，是否有效地防止了公司欺诈行为，也许还是个疑问。

今天的投资者们需要得到保护，免受公司欺诈行为的损害。但是如果这种治疗公司欺诈行为的方式是使患者处于更大的险境之中则是无效的。如果董事会在管理投资者关系和满足监管规则上付出过多的时间和持续面对过高的压力，可能分散董事会对公司战略和运营事务的注意力，反倒增加了公司经营失败的可能性。这种情况更有可能出现在那些“投资者驱动型”的董事会中，它们过于敏锐地对那些短期性的股东压力作出反应。这类的董事会，非执行董事主导公司政策和满足监管规则方面的行为。与此相反，那些“由战略来引领”型的公司，则为了长期性的改进而抵制短期压力。它们的董事会是作为一个统一的团队来运作的，其非执行董事要超越“警察”的作用，要以其特有的知识资源为公司增加价值。

每个人都认同在这些准则背后的良好用意，但是，目前的状态是，监管已经走得太远了。这些过分严格和细致的监管规则，不仅仅是带来了公司为了形式上“合规”而必须付出的庞大成本，而且侵蚀掉了公司的风险承担倾向，减弱了公司的创新动力。以至有人说，对于资本主义和自由企业制度的创新活力来说，萨班斯—奥克利是比马克思更大的威胁。

表5-1　明确监管、治理与管理的责任划分

	行业监管（政府及其主管部门）的责任	公司治理（代表股东的董事会）的责任	公司管理层（CEO为代表）的责任
经营决策	合法及合规性	与股东利益的一致性	执行董事会的战略决策，细化和落实，提高服务、占领市场和盈利
审计	合规性和审慎性	是否侵犯股东利益	公司内部控制，部门及分支机构的行为是否符合公司总体利益
对公司负责人	资历是否够格	对总经理及执行董事管理职务的聘任、免职，对高层管理人员的考核与激励	总经理对副总经理，公司高级管理层对整个中低级管理人员的授权、聘任及解聘、考核与激励等
对股东	合格的、有责任能力的，准许进入的	股利政策、增资扩股及解散事宜	执行以公司价值最大化为驱动的管理方针

中国已经出现了以加强公司治理的名义而过度监管的问题。加强监管有其积极的意义，但是监管不能越俎代庖，替代了公司治理。来自监管者、媒体、法律、股东等等方面的约束不能把企业治理的自主权给消灭殆尽。

公司治理应该主要是公司董事会的责任，是公司董事会在公司股东、监管部门、外部审计师和媒体等各种外部约束下，通过提升公司治理水平，从橡皮图章、乡村俱乐部和代表性董事会发展为专业性董事会。比如关联交易的公平性、信息披露的质量等等，都首先应该是公司董事会全体董事们集体的责任。是全体股东委托董事会成员作为一个集体来经营管理公司的，有失公平性的关联交易发生，全体董事都负有责任。信息披露则是董事会在向全体股东们汇报工作，当然更是全体董事们集体的责任。外部审计师是公司聘请来帮助董事会改善财务报表质量的，外部审计师应该给董事会就有关如何更好地披露信息以专业建议，但是具体会计政策的选择等等，还是董事会自身的责任。

董事会的根本职责就是确保公司经营方向和公司管理政策要与股东的利益一致，要以长期股东价值最大化为目标。公司监管是公司外部和政府部门的责任，公司治理是董事会的责任，公司管理是首席执行官及其以下经理人员的责任。

5.2 为什么需要构建一个战略性的董事会

成也萧何败也萧何，搞好和搞垮中国企业的都是一个关键性的能人，这可能是没有人不同意的有关中国企业成败决定因素的一个基本判断。五千年的中华文明孕育了无数政治、军事和文化英豪，却少有流传史册的企业家和大型企业字号。在这个已经无法回避的全球一体化的市场竞争时代，反思我们的企业家精神和企业制度建设可能是所有关心国家前途和命运的人都不能不重视的问题。

大多数公司的失败都可归因于战略方向、管理和监督方面的失误和失效。要改变这种状态和避免这种厄运，一个人专断地凭感觉的战略决策方式必须让位于依靠董事会集体智慧的民主的战略计划过程。

构建一个专业化的、能够更好发挥战略职责的董事会，是改进公司治理过程中不容忽视的一个重要问题。

5.2.1 企业领航人：董事会的两大职责与四项任务

法律规定的董事会职责和董事义务只是有效董事会的一个起点，实际运作中的董事会，具体要完成哪些任务，这是一个管理学和公司治理实践的问题。两位英国学者在这方面为我们提供了很有价值的参考意见。他们各自有关董事会任务的模型提出的时间不同，也为我们揭示出了近二十多年来英美国家对董事会任务问题认识的发展脉络。

Bob. Tricker在1980年提出了一个经典的董事会角色模型（鲍伯·特里克，1997）。根据这一模型，董事会的职责包括确保规范和取得业绩两大领域。为了确保规范，董事会要完成责任和监督两项任务。为了取得业绩，董事会要完成战略和政策两项任务。董事会的责任、监督、战略和政策这四项工作各自的具体内容见图5-1。

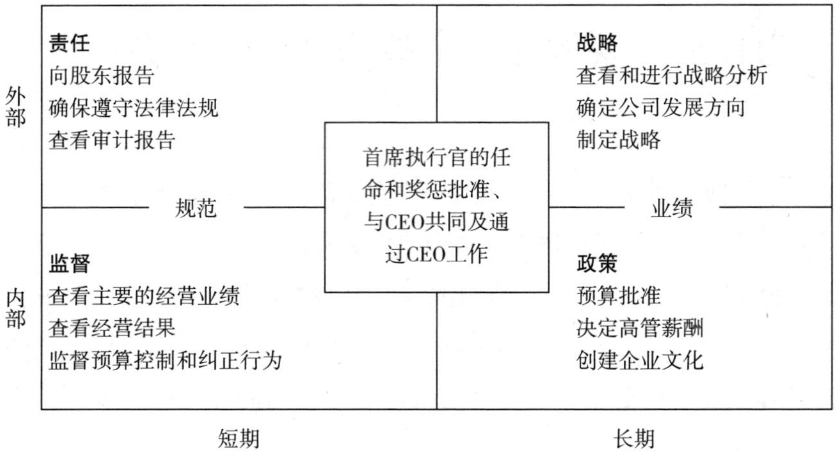

图5-1　经典的董事会角色模型（Tricker1980）

到了21世纪，随着公司治理运动的展开，以及新的管理理论的发展，有关董事会任务的主流观点也发生了一些变化，融入了一些新的理念和观点。比较有代表性的模型是Bob. Garrat于2003年在其《鱼从头烂——剖析企业“大脑”的困境，培训新一代高质、有效的企业领航人》一书中提出的学习型董事会模型（鲍勃·加勒特，2005b）。学习型董事会模型有关董事会任务的描述，与经典的董事会角色模型虽然在基本框架上大同小异，但是引入了很多新的要素和指标。

经典董事会模型非常强调董事会要选好、管好首席执行官，董事会要通过批准、与首席执行官共同及通过首席执行官来完成其职责。学习型董事会模型更为强调董事会的积极主动和主导性，把董事会看作公司的商业大脑。学习型董事会模型把董事会的任务分为责任、监督管理层、政策制定和远见、战略思考等四个大项。每一大项下的具体内容见图5-2。

5.2.2　提高董事会的战略决策功能

在现实运作中，很多公司的董事会却没有在公司战略决策中发挥多大的作用。一些看上去似乎已经发挥了战略决策作用的公司董事会，实际上也只是制定一些数量性的指标（如增长率和赢利等等），而把具体的战略制定责任留给了经理层。在这些公司中，战略问题只是在由经理层提出和提请之后，董事会

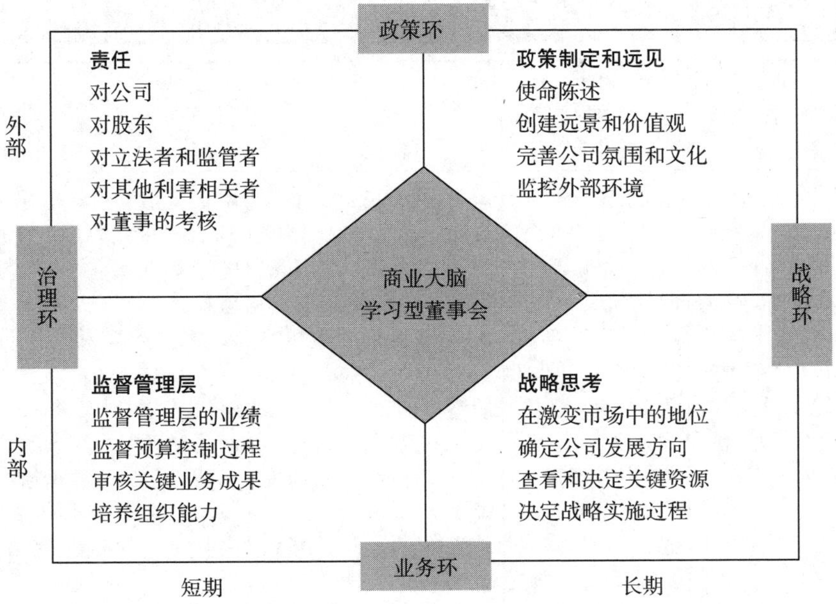

图5-2 学习型董事会模型（Garrat2004）

才会讨论，而不是在由经理层提供的翔实信息基础上，董事会自主和定期地讨论战略问题，制定战略性决策，交由经理层具体实施和执行。

战略制定既是董事会的一个基本职责，也是董事会所能扮演的最能为公司增加价值的角色。董事会要在遵守规则类问题（检查公司的过去和现在）和战略决策类问题（塑造公司的未来）之间均衡使用其时间和精力。在强调公司合规运作的时候，不能对公司绩效有一丝一毫的忽略。董事会的两大职责中，Performance（绩效）还是要比Conformance（合规）更为重要，没有绩效，公司就没有存在的价值了。企业没有制度、经营不遵纪守法当然不行，但是一大堆制度、非常遵守规则而不赚钱，或者光顾着今天赚钱，明天可能就没事干了，可能也不行。企业内部制度要少而精，关键在于能够执行，并且能够带来效率和效益。毕竟企业的事业是生意，市场是最大的制度。

当然，董事会要检查和监督公司是为全体股东的利益而经营的，并且为了股东的长期利益，公司要兼顾其他利害相关者的利益。并且，董事会就是要更多地从全体股东利益和各类利害相关者利益平衡的角度考虑问题，履行公司社会责任、鼓励经理层的创新行为而又能控制股东财产损失的风险。

专栏 5-2　实际运作中董事会的五种类型

被动（橡皮图章型董事会）	审批（基本尽职型董事会）	参与（战略型董事会）	干预（消防队型董事会）	介入（运营型董事会）
▲ 由CEO决定其职责 ▲ 仅对公司管理进行有限的参与 ▲ 可信性较弱 ▲ 对管理层的提议全部批准	▲ 能够向股东证明CEO的表现符合董事会的期望 ▲ 重视外部和独立董事，外部董事能够单独召开会议 ▲ 外部董事对CEO业绩进行评估 ▲ 建立起了有效的董事提名和选聘程序 ▲ 愿意并能够改善管理，以更好地对股东负责	▲ 在重大决定或行动过程中，与CEO、管理层一起合作，为其提供自己的判断和建议 ▲ 能够认识到董事会应对公司的业绩承担最终责任 ▲ 承担起对CEO的方向指引和行为监督这双重责任 ▲ 董事会会议对重大事项和重大决策进行客观深入的讨论 ▲ 对董事会成员的行为规范有界定，董事会和CEO之间的职责划分清晰明确	▲ 公司在危机期间采用的一种典型模式 ▲ 董事会倾注大量精力解决公司所面临的重大问题 ▲ 频繁召开高强度的董事会会议	▲ 董事会不仅负责重大决策，还介入到重要的执行活动 ▲ 在公司起步阶段较为常见，因为管理层可能对公司还不是非常了解，董事会要填补空白

资料来源：改编自大卫·纳德勒2007。

5.2.3　董事会战略职责缺位的“先天性”原因

导致公司董事会战略职责不到位的因素也很多，其中包括对公司治理问题认识上的不足，过于强调了董事会相对于经理层的监督角色而忽视了董事会的战略指导角色，还有一些影响董事会战略职责发挥的“相对硬性和客观性”的因素。

对公司董事会战略决策作用的一些案例研究表明，公司股权结构和董事会构成对董事会战略职责的发挥有着重要的“先天性”的影响。

首先是一提到股权结构就人人都很容易想到的股权集中度问题。股权集中度很高的公司，尤其是在存在强有力的控股股东的情况下，公司董事会往往沦为控股股东的橡皮图章和傀儡机构，很难发挥实质性的战略决策作用。甚至是一些并非战略性的问题，或者说所有重要的决策，都实际由控股股东做出。这可以说是母公司绝对控股子公司上市这种“中国式上市公司”中的普遍现象。在那些非上市的集团内子公司中情况也是如此。在股权分散、股东众多、不存在控股股东的情况下，公司决策涉及到多方利益，需要一个集体的批准，董事会才会开始成为一个真正企业管理上的决策主体，而不再仅仅是一个法律形式上的决策主体。但是这时董事会能否在公司战略决策中发挥出积极作用，还要进一步看其他方面的一些影响要素。

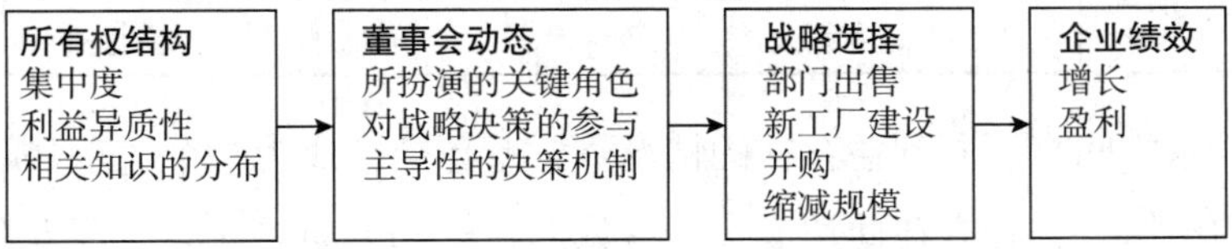

图5-3　企业治理—战略—绩效链条中的董事会

实际的公司运作中，与股权集中度同样重要，会影响公司董事会角色发挥的因素是股东构成。英美国家公司董事会能够成为公司事实上的决策主体，在公司战略决策上发挥作用，除股权分散之外，还有一个重要原因是其股东构成以机构投资者和个人为主，没有政府、银行，更没有产业集团。日本、德国、法国等其他发达国家公司董事会作用相对英美要差的一个重要原因就是其股东构成方面存在银行、产业集团以及政府等“强势机构”，而不仅仅是因为这些国家的股权分散程度还没有英美那么高。股东构成不同，除了其自身会因不同类型股东间的“势力”差异而带来对公司决策的影响不同之外，还会由此带来股东间关系的不同，并由股东间关系的不同而进一步影响公司董事会角色的发挥。

在两个同样是股权分散，股东人数众多的公司之间，如果其各自的股东间关系性质不同，也会带来其各自董事会角色的巨大差异。所有股东间关系的性质，最重要的一点就是股东之间是否存在作为纯粹股东的享受分红和资本增值之外的其他方面的利益差异。银行、产业集团和政府作为股东，与机构投资者及个人相比，都与公司之间存在着或者是很容易发生纯粹股东利益（分红和资本增值）之外的其他利益关系。

表5-2　　　　董事会对战略制定的参与：简要总结

影响因素	状态	董事会的主要职责	董事会的战略参与程度	董事会的决策模式
所有权集中度	高	法律形式	低	判断和直觉
	低	守护人角色	高	分析和判断
利益差异性	大	股东的谈判论坛	高	谈判达成
	小	股东的财产守护人	低	理性分析，判断和直觉
监管程度和治理	高	守护人	提高	分析主导
	低	谈判所	降低	谈判主导

在股东之间有不同利益存在的情况下，董事会会成为一个股东之间“谈判或商议的论坛”，各方在此达成一个一致的目标和方向。此时，董事会所承担的主要角色并不是防卫经理侵犯股东利益的“守护人”，而是界定共同利益的主体。

如果股东之间利益差异程度比较低，关系复杂性处于能够以合同约束的水平上，董事会还可以以一种稳定的指导原则和目标集合，与经理层沟通，并用以评估经理层的提议。如果股东利益差异程度和关系复杂程度比较高，则董事会将更深地卷入处理战略决策的“政治”含义问题上，甚至会深入到公司管理和业务部门层面。此时，我们可以将董事会看作是一个决策制定的舞台，在其中各类“演员”处在特定的有利位置去影响决策过程，以护卫他们自身的利益。在董事会中，代表着各类厉害相关者的相互冲突着的目标之间达成折中和妥协。在这个意义上，参与到战略决策过程的政治维度中的董事会并不仅仅是以一个单一性的实体与高级经理层互动，而且同时作为一个“谈判的论坛”，以在面对经理层之前，在主要股东之间达成一致。

不过，股东利益异质性的影响，会受到对董事会行为的监管程度的修正，也可以说是受到公司治理水平的影响。美国是以严格的对中小股东利益的法律保护而使大股东在除了与中小股东相同的纯粹股东利益之外，难于获取其他利益。严格的监管和高水平的公司治理，使控制权的私人收益降低，甚至趋近于零，也就没有人会再去追求“控股股东”地位了，公司也就很容易并且很快地走向股权高度分散的状态了。值得我们在此顺便指出的重要一点是，就发达国家的公司发展历程来看，股权分散实际先是在“控股股东监管和中小股东保护”方面公司治理水平提高的一个结果。股权高度分散之后产生了经理人操控和委托代理问题，才又掀起了以加强董事会独立性为核心内容的现代公司治理运动。

在股东之间利益异质性很大的情况下，董事会对经理的提议不再仅仅是以技术上的合理性和财务上的可行性与成长性来评判，对提议事项对不同股东利益的影响的考量将主导这一评判过程。并且进一步的一个结果是，在股东利益异质性的情况下，董事会的决策制定将更多地是基于谈判做出，而不是以理性分析为基础。对股东之间关系及股东与公司关系的广泛监管会降低这种“谈判”的空间，导致“理性分析”成为主导性的决策机制。只有这样，董事会作为一个集体的智慧，在公司战略决策中的积极作用才能得到发挥。至于董事会的智慧是否足够，就是董事会构成的问题了。

5.3 如何构建一个战略性的董事会

> 每个成员智商都超过120分的董事会团队，为什么它的集体智商才是60分呢？
>
> ——学习型组织理论创始人彼德·圣吉

5.3.1 自主型公司需要建立起一个战略性的董事会

并不是所有的公司董事会，都应该是战略性的董事会。是否需要构建一个战略性的董事会，首先要看我们设立一个公司的目的。尤其是在集团框架下，明确设立一家新公司的短期和长期目标，是给该公司的“组织性质”定位的前提。

对于集团下属公司，或者是从股东的角度看，公司可以大致分为四种类型：自主型、合伙型、漂浮型和傀儡型（艾兰·布雷克，2003）。

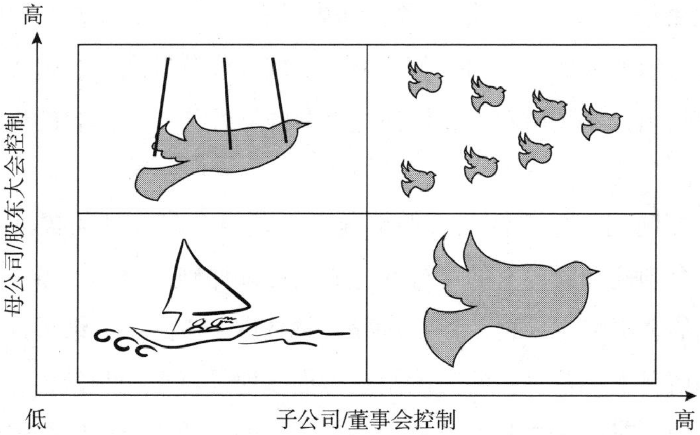

图5-4　公司的四种治理类型：傀儡、漂浮、合伙与自主

傀儡型公司纯粹是集团或者股东要达到某种目的的一个法律手段，不会有什么独立自主权，其董事会也就自然地成为了集团或者股东的橡皮图章。

漂浮型公司，是由于设立宗旨不清，或者演进过程中的条件变化等等导致公司决策结构“不确定”，集团或股东对其的管理不确定，自身也没有强有力的领导者或者决策人，结果就是其决策权力在集团（股东）和公司自身（董事会）之间漂浮不定。

合伙型公司，也许是集团下属公司和非上市公司中最为普遍的一种类型。这些公司中，董事会有一定的决策权力，但是集团或者主要股东也有很大的决策权力，二者在“决策权力”分配上，处在一种合伙状态。此时，大的战略性问题，往往是由集团公司或者股东确定的，董事会的监控角色远远大于其指导角色。如果股东之间存在较大的利益差异，董事会往往成为各方谈判的论坛。

应该构建一个战略性董事会，并且只有这样才能持续成功的是那些自主型的公司。自主型公司，无论是集团下属的，还是股东直接出资组建的，其目的是要成长壮大，成为独立自主的大型公司。相对于集团或者股东，自主性公司董事会拥有很大的决策权，其中包括重要的战略决策权。董事会是勇挑重担，充分利用这种有利的地位，积极参与公司的战略制定过程，还是采取通常的消极做法，只做一些监督和审核性的工作，是检验一个自主型公司“制度是否成熟”，是否积累起了保证基业长青的组织资源的重要标尺。

5.3.2　战略性董事会的前提：专业（职业）化团队

从董事会作为一个公司高层管理团队角度看，我们需要一个什么样的董事会？一个常用的董事会类型分析框架是，以董事们对董事会工作的在意程度和对他们相互关系的在意程度两个维度把董事会分为四种类型。

董事们对董事会工作和相互关系都不太在意，如有些公司甚至就不召开董事会，公司打印好了董事会决议挨个董事送钱签字，这是走到极端了的橡皮图章董事会。一些在避税天堂注册的公司、一些非上市公司，或者一些一个关键人实际控制的公司以及董事们都在一起工作，在管理行为中就作了有关决策的公司，往往是只有一个形式上的橡皮图章董事会。

董事们对相互关系非常在意而对董事会工作不太在意的董事会属于乡村俱乐部型董事会，传统上美国很多经理人高度控制的公司董事会就属于这种类型。

董事们不太在意相互关系而高度在意董事会工作的董事会属于代表型董事会，这可能是中国目前相当多公司董事会的现状。甚至在很多人的心目中董事会就应该是这个样子，总是在代表各自股东或其他利害相关者的利益而相互吵架。不能指望股东之间的必然会有的一些意见和分歧在董事会中解决，过分强调独立董事代表中小股东利益就有导致公司董事会过分政治化的可能。这种董事会成为公司政治斗争场所的现象也不符合公司治理规范。股东很少的非上市公司董事会基本等同于股东会有其合理性，但是股东较多的公司，尤其是上市公司董事会则应尽可能避免成为这种状态。

董事们对相互之间关系和董事会工作都高度在意的董事会是我们真正需要的董事会——专业型董事会。这样的董事会是一个独立有效的领导集体。董事们能够相互理解和尊重而同时能够进行严肃认真甚至激烈的争论和讨论，团结而不是一团和气，争论而不是吵架。

构建一个专业化，能够有效发挥作用的董事会，是改进公司治理过程中不容忽视的一个重要问题。

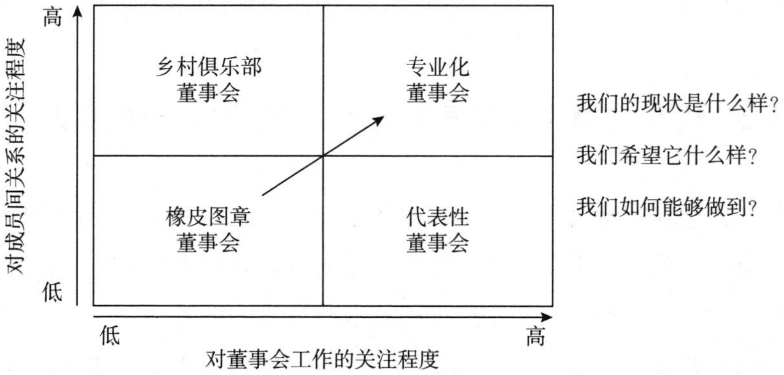

图5-5 构建一个专业化的董事会

5.3.3 构建战略性董事会的三个步骤

战略性董事会的构建，首先要从优化公司的股权结构和股东基础开始。从股权结构方面来说，尽可能地使股权多元化、分散化，降低股权集中度。实证研究表明，股权集中度与公司董事会对战略制定的参与程度成反比。从股东基础方面来说，尽可能地增加机构投资者和个人等等这类除了正常的分红和资本增值之外，没有其他的从公司获利的渠道的纯粹型股东。政府、产业集团和银行等等强势机构作为股东，具有公司董事会抗拒不了的影响力，也都有一些自身特殊的从公司“获利”（包括政府的政治和社会性目标）的渠道。这些特殊影响力和额外获利渠道，会导致公司董事会被俘获，或者公司战略决策偏离合理轨道和最优目标。

在合适的股权结构和股东基础之上，战略性董事会构建的下一个关键步骤就是战略性地招募合适的董事。虽然法律上规定公司董事最终是由股东大会选举产生的，但是战略性董事会要尽可能地避免简单地接受各个股东推荐董事人选的状况。公司要有一个通盘的考虑，应该制定董事会规则，明确董事会的结构和董事需求，把一些良好的聘请经理人的程序借鉴到聘请董事的工作中来。战略性董事会，要是一个能够高效运作的高层领导团队，董事之间的合作质量至关重要。现任的全体董事会成员都应该参加面试和推荐新的董事候选人，集体讨论决定新董事会成员的提名。

战略性董事会的本质是其独立性。这就要求尽可能地减少内部人在董事会中的比例。董事会中的内部人最好只有一个或者两个。内部人效忠的对象总是他的上司，而不是全体股东和整个公司，内部人关注的焦点也总是其职业前途而不是股东价值。内部人所掌握的信息要通过有效的治理机制而被董事们充分利用，而不是成为其可以凭借的个人优势入选董事会。

各种现实和潜在的利益冲突都不利于董事会战略职责的发挥。有作为纯粹股东之外利益的股东会干扰公司战略制定偏离最优目标，同样有纯粹董事之外利益的董事也会影响公司董事会战略职责的有效发挥。战略性董事会中要尽可能减少各种各样与公司有纯粹股东和纯粹董事之外利益关系的人，包括公司的顾客、供应商、咨询顾问、会计师事务所和证券承销商等等。董事会中的家族成员性质与此类似，应该有足够比例的独立董事来抗衡家族成员对董事会的影响。还有一种不良现象就是只招募熟悉的人进入董事会，把公司限制在了现有的能力范围之内。尽管董事之间的信任非常重要，但是也不能任用太多的亲信为董事，亲信导致偏袒，失去公正。交叉任职董事会让互惠情感影响独立判断，也会破坏董事会战略职责的发挥。

有了合适数量和结构的董事会成员之后，战略性董事会运作到位还需要激励性的薪酬，高质量的信息，负责任的态度，建设性的参与和高效率的领导等等几个方面最佳做法的匹配。

激励性的薪酬，我们在下面有关股权激励章节中探讨。高质量的信息、负责任的态度、建设性的参与和高效率的领导等方面，则在下面有关董事会会议与运作的章节中探讨。

专栏5-3　董事会发展的三个阶段：起步、自由与高效

	第一阶段：起步	第二阶段：自由	第三阶段：高效
团队活力	▲ 董事长兼首席执行官控制一切，董事会处于被动地位 ▲ 董事会会议中没有有效的对话	▲ 董事能畅所欲言，但总是分歧很大 ▲ 一些董事过分关注琐事，浪费时间和精力 ▲ 董事会力求改进，但还是机械性地运转，没有进行有效的自我评估	▲ 董事们团结合作，互相尊重和信任 ▲ 董事间积极对话，在重要问题上取得一致意见 ▲ 自我评估促进董事会改进 ▲ 董事认真对待评估结果

续表

	第一阶段：起步	第二阶段：自由	第三阶段：高效
信息结构	▲ 管理层牢牢地控制信息来源	▲ 董事会力求使公司透明，但有很大阻力	▲ 董事会信息充分，及时、定期、易于理解
信息结构	▲ 董事会信息渠道不畅通 ▲ 在管理高层进行信息总结、信息提供拖延的时间过长	▲ 董事会想要得到更多的信息，但实际得到的信息不够充分，并且混乱 ▲ 董事会无法理解公司的核心和实质问题	▲ 管理层能理解并满足董事会的信息需要 ▲ 董事能够及时深入地了解公司事态
关注问题	▲ 董事们仅仅遵从管理层 ▲ 通常是机械地按董事长兼首席执行官的安排行事	▲ 董事希望能为公司作出贡献，但被众多琐碎问题缠住 ▲ 董事受一些例行工作中的问题干扰较大	▲ 董事会和首席执行官共同决定全年议程和议题 ▲ 董事会将关注重点集中在一些能够增加公司价值的问题上，并能预测一些事项

资料来源：改编自拉姆·查然，2006。

“董事是这个世界上最后的物美价廉之物了”。战略性董事会最为明显的一个好处就是给公司带来其他途径可能难以得到的高级专家，他们不仅能够提高公司的战略计划能力，也能给公司带来战略性的伙伴关系和商业机会，以及可能更为方便的融资渠道。战略性董事会还可以为公司的重大事项及战略性决策提供一个思想库，确保首席执行官的责任感并缓解其高处不胜寒的孤独感，支持更规范化的管理并吸引更优秀的员工进入公司等等。

但是，可惜有太多的企业家或说董事长、总经理们，因为过于自负，或者是某种潜意识里的恐惧和不安全感，只关心短期和眼前利益，拒绝变化和不相信别人等等，完全是被动地按法规要求建立董事会，缺乏对董事会价值的真正认识，或者是得意于自己操控下的橡皮图章董事会，或者是无奈于各方角斗的谈判论坛式董事会，而无心也无力去构建一个真正的战略性的董事会。

5.3.4 安然崩塌：乡村俱乐部型董事会的教训

安然公司从打破官僚主义、鼓励创新、组织扁平化等等开始步上成功之路，但是走到了没有控制的地步就过了头。作为一个大型上市公司，或者是一个主要靠智力因素的小公司想要做大，在一定的时候，创业者的领袖魅力都要让位于一个独立和有效的董事会的集体智慧。惠普公司董事会不顾公司大股东反对，支持首席执行官的并购计划，在并购争议激烈的时候曾经宣布如果并购失败全体辞职，正是董事会作为一个集体对全体股东负责的鲜明例证。

集体决策可能比个人单独决策缓慢、繁琐，但是却会有更多的理智和安全。当然董事会中每一个人都要有独立为全体股东服务的基本理念和基本的团队决策技能。安然公司董事会一定程度上是受到了经理层的“欺骗”，对公司实情了解不够。2000年安然公司召开了9次董事会，仍然对公司运作的实际情况失察，中国那些只按公司法的最低要求一年召开两次会议的董事会对公司实际运作情况的了解就更可想而知了。

安然公司与其董事之间存在大量的除董事服务费（每人7.9万美元）之外的利益关系，如与其个人拥有的其他公司之间的关联交易、另有咨询服务合同以及向其任职的科研机构捐赠等等。这些都违背证券交易所、机构投资者以及一些领先公司有关董事独立性的要求和规定。导致安然公司的董事会变成了董事们过分关注相互之间关系而疏于关注董事会工作的乡村俱乐部。董事会怠于职守，连个基本的消防队作用都没有很好地发挥，更别说是成为积极进取和负责的专业性董事会，使公司成为“治理型公司”了。

从股东会到董事会到首席执行官，再到金字塔的下层，层层的管理和授权关系，都需要增加领导的艺术和鼓励主动性和创新精神，但是当授权而没有监察，主动性和创新精神有余而逾越了规则的时候则变成没有管理和混乱了，公司也就处于危险的境地了。组织的规则可以改变，市场的规则不能违背。组织要适应市场，但也要有一个相对稳定的规则和组织文化，否则必然会土崩瓦解得非常快。正如安然这个连续6年获得《财富》杂志“最富创新精神的公司”称号的公司，也创造了美国大型企业从辉煌到破产时间最短的纪录。

5.4 董事会战略职责的发挥：关键环节

5.4.1 清晰的职责划分和有效的互动关系

董事会和经理层之间应该有一个清晰的责任划分，董事会提供战略监控和战术指导，经理层进行运营计划、决策和实施。实际运作中，董事会和经理层如何具体明确各自的角色，会因公司而异，形成不同的双方最为稳定的工作关系类型。但是无论采用什么样的具体流程，董事会都应该拥有足够的信息以支持其战略分析，必须克服这些信息质量上的任何缺陷。

治理框架不可能僵硬不变，它应该允许公司对快速持续变革中的商业环境做出回应。目标应该是形成一个长期的战略，这一战略能够创造更大的股东价值，同时为员工、顾客和其他利害相关者带来益处。

增加独立董事，建设一个由具有多样化背景的专业人才构成的董事会可以为正确的战略制定增加价值。即使一些很小的企业，如果做的事情比较大，涉及的方面比较多，用一个具有多样化背景的高层战略决策团队替代创业者一个人的专断独行，对于改善公司的战略决策质量和避免一些不必要的内部矛盾和外部风险，也至关重要。董事的英文“director”，就是导师，就是指引方向的人。董事要懂事，至少要是某一方面的内行。建设好董事会，使董事会作为一个集体能够在主要的大多数的方面胜过公司的能人——首席执行官，使董事会能够在战略决策方面成为首席执行官的良师益友。

专栏 5-4　公司战略任务：董事会与经理层的职责划分

	任务描述	董事会职责	高级管理层职责
战略构想	收集、分析和讨论公司环境和竞争状况等信息以及主要的业务规划等	从外部角度提出观点，及其所积累的智慧；测试管理构想的一致性；与管理层合作	提出战略构想；制定日程，提出议题；积极参与董事会的讨论
战略决策	对业务组合和规划作出一系列基本决策	为管理层决策建议；对主要决策进行审核和批准	作出关键决策；对于关键的方向性决策和主要资源分配问题，向董事会提出议案

续表

	任务描述	董事会职责	高级管理层职责
战略计划	将关键的战略决策转化为一系列执行战略的行动，包括目标和资源分配	审核管理层提出的核心战略计划；确保对计划及其风险和结果的理解与评估；批准计划	制定计划；检查计划，确保与公司战略目标的一致性；向董事会提交计划供审核
战略执行	按照战略计划采取行动，并根据情况变化调整行动，保证行动与计划的一致性	比照既定目标，检查主要的战略执行过程和所获结果	确保资源和人员到位；监测执行过程；根据结果对行动和计划进行调整

资料来源：大卫·纳德勒2007。

首席执行官应该经常要求和督促董事会尽到职责和为公司做出贡献，尤其是在公司的战略愿景形成、战略决策制定和组织发展方面。董事会对其自身在公司领导系统中有个清晰的角色定位之后，需要进一步弄清楚的是与董事会战略决策和领导角色相关的职责定义。对于董事会和首席执行官之间职责划分不清和互动关系低效甚至紊乱的情况，我们可以从一些公司首席执行官的抱怨中看出来。

“当环境和情景已经变化了的时候，我们需要一个能够提供外部视野和宏观远见的董事会。可是他们还只是关注于一些相同的常规性、细节性和传统性的问题。”

“我们的董事会永远是只关注于财务结果，而我需要它确保一个能够维持公司长期成功的组织目标和价值观。”

“我们的董事会在是否支持我们的战略上分为两派。他们好像达不成一致意见，阻碍了董事会作为一个组织的效率。”

“我们的董事会让我去点炮，引发争辩，确立一个新的方向。尽管法律上有强制性的规定，但是在公司创始人或者公司大股东抵制的时候，董事们也缺乏支持一个我们都认为正确的决策的意愿。”

5.4.2　设定正确的战略制定流程

战略的制定应该是一个互动的过程，在董事会和以首席执行官为首的经理层之间建立起一个正式的年度战略计划制定程序，可以大大地提高公司战略决策的质量，给公司带来高额收益、避免潜在损失，并且这一做法正在优秀公司的治理实践中日益广泛地应用。实践中经常出现的一些错误包括：战略方向上的误导和战略意图的误解；过分关注短期利润和收入增长而不是长期发展和价值创造；战略空泛化，没有明确起点；战略制定的流程限制了战略的改进和新战略的产生。

专栏 5-5　四个战略环节中董事会与经理层的分工与合作：关键注意事项

	制订战略	批准战略	实施战略	监控战略
董事会	√	√		√
经理层	√		√	
关键注意事项	平衡经理层的热情、专业投入和外部董事的冷静、广阔视野	综合考量公司发展、股东压力和各种利益相关者的合理诉求	匹配资源，建立有效支撑战略实施的组织结构和绩效考评系统，把战略变成各个层面上的行动	持续监控关键驱动因素，分析关键绩效指标，关注战略发展态势，及时发现问题，调整政策

引入独立董事，建设一个有多样化背景的董事会，以及正确地使用外部顾问可以帮助克服这些缺陷，促进正确战略的形成。有执行机会的人在战略制定中肯定是更多地往积极的、有利的方面去想，自觉不自觉地就会更多地收集那些积极和有力的信息，这是人性的特点。执行者把这一战略的执行及其前景当作事业（当作捞钱机会骗股东和银行是另一类的问题，我们这里先不谈），抱有热情，没有这种热情往往也就办不成事情了。当一个人睡觉都在想的时候，一些没有办法办成的事情可能也想出办法办成了。一家耗损了几十亿融资款和银行贷款的中国商业上市企业，在事过几年之后还坚持认为自己那明显缺乏理性的“以商品为媒介的金融运作”战略没有错。

董事会需要深入讨论和挑战公司的战略选择，确保考虑了其他可能的选择，检查达到目的的流程，并且监察其实施。董事们要投入到“建设性的不满和争论”之中，摒弃掉过去那种一团和气的习俗。同时，董事会和管理层对这一流程感觉舒适，认同定好的战略，“互相买账”。没有广泛充分地考虑影响公司业务的所有外部环境，可能会瓦解董事会和经理层制定战略的辛苦努力。为此，公司的风险管理流程，必须识别所有潜在的经营风险。战略的有效实施可能往往非常困难，需要挑战整个流程的各个方面。董事会在挑战和评估战略与计划流程中的角色，并没有在定好战略时结束。事实上，它在整个实施过程中持续。

简单至为重要，首先要学会使用“一页纸计划”制定战略框架。董事和首席执行官都应该首先是公司的领导者，而后才是具体事务的管理者。领导者要把复杂问题简单化，而管理者则是要把简单问题复杂化。董事会制定战略和经理层制定业务计划的两种角色一定要划分清楚。正如一句名言所说，战略家的头脑要在天上而脚要在地上。

专栏5-6 董事诊断公司战略方案要问的5个基本问题

整体性——公司战略的各相关要素之间要构成一个整体。

适宜性——公司战略要与公司现有资源和机会以及经过适当努力可以获取的资源和机会相适宜。

可持续性——公司战略实施之后要能持续下去，要在现金流和长期前景之间保持平衡。

可行性——公司战略要可行，有关条件之间要环环相扣而不能掉链子。

责任性——公司战略的实施要对各方面和各类利害相关者尽到应尽责任，一个方面的坚决抵制可能就会使看上去很美的一个战略成为梦幻泡影。

董事会参与公司战略需要广泛有效地思考。预测一下投资者在有关公司战略问题上通常会问些什么问题，对理解董事会在评估经理层战略建议时要纳入考虑范围的因素会大有助益。如果董事会没有向经理层询问这些问题，获取答案，在股东会上则不能有效回应。

5.4.3 加强董事会对并购活动的管理

研究显示，很多公司收购都没有满足收购者的目标或期望。对目标公司和行业的有限信息渠道、过短的收购谈判和尽职调查时间，以及有时是高层经理的固执行为等等，都导致了一些损毁股东价值的并购交易。收购战略需要引起董事会的特别注意。

并购行为的风险高发区是，核心业务和专长之外的收购，以及在一个新国家的收购。组建一个拥有广泛业务经验和更多国际经验的董事会，有助于降低公司进入陌生市场的风险。

在进行购并计划阶段，董事会可以采取的降低风险的步骤包括：取得良好的市场和竞争者研究资料；对支持战略和市场假设的严格诊断；对管理这一并购及并购后整合的能力的诊断；详细的风险分析和模拟；对公司负责识别并购机会和组织尽职调查的企业发展小组的监督。

一旦成功地发起了收购，将有更多的工作需要做，以确保能够管理好交易后的整合工作。董事会要关注下列事项：首先向能够在短期内提升股东价值的活动配置资源——获取短平快收益；控制与投资者、股票分析家和其他利害相关者的沟通；以业务为基础而不是基于政治，作出组织结构和管理职位决策；并购往往特别敏感，并购交易的公司治理和公共关系方面工作要给与认真对待。

5.5 把战略落实到人：继任计划与管理人员的发展

> 我们的董事会似乎从来没有关心管理人员的继任人选问题，直到某人已经临近退休才会想起这一问题，但是已经太晚了。我们需要董事会对公司建立一个坚实的管理人员继任和培养计划做出贡献，以确保公司在当今这智力资本至为关键的世界上吸引和留住关键人才。
>
> ——首席执行官的抱怨

识别、招聘、评估和激励好的董事和高级经理是任何公司成功的一个关键问题。配备的人员没有足够所需的能力或者没有热情去推动业务前进，任何战略目标都不可能实现。

5.5.1　继任计划

保障管理层的连续性，特别是首席执行官的继任工作，是董事会职责中最重要的一个领域，也一直是困扰董事会的一个问题。美国上市公司中有很大比例的董事对他们公司在继任计划上所做的工作不满意。导致这种不满意的主要原因包括，管理层继任问题没有成为董事会会议的常规议题，董事会只是在出现需要之后才去解决管理层继任问题。导致董事会的管理层继任计划工作不佳的原因还有，因为首席执行官对这一话题感觉不舒服而没有提出这一问题，董事会没有掌握公司内部的合适的候选对象等等。

董事会都需要有一个高级管理人员，特别是首席执行官的继任计划。这一计划中包括识别公司内有潜力的人才和候选人，为他们提供培训和职业发展计划建议，以使他们能够进入到更高层的管理职位。

继任计划，不仅仅是对首席执行官和高级管理人员的业绩进行评估。董事会需要有一个在需要时候撤换首席执行官的程序。这个程序，不是装在信封里的一个名字，而是董事会知道如果他们面临撤换首席执行官时应该如何去做和做什么。

美国通用汽车公司规定首席执行官应每年向董事会提交一份关于公司今后发展计划的报告。该计划应建立在持续发展的基础上，对首席执行官的继任者来说，计划应是切实可行的。同时，首席执行官应每年向董事会提交一份关于公司管理部门发展规划和继任计划的报告。在首席执行官报告的基础上，董事会要和首席执行官一起，共同制定公司管理层的继任计划和管理人员的发展计划。

美国英特尔公司规定在年度报告的基础上，首席执行官和董事会共同制定继任计划和管理人员的发展。董事会要从公司的长期可持续发展角度，拟定并监督执行公司管理层的继任计划，推动管理人员的发展。

伊士曼化工公司公司治理规则中关于继任计划和管理人员发展的规定是：首席执行官应首先向报酬和管理开发委员会，然后向董事会提交一份继任计划年度报告和一份管理人员发展计划的年度报告。在继任计划中，首席执行官应该就在其不能继续履行职责时能够继任首席执行官职位的人选作出推荐。

如何培养下一代高级管理人员这一问题特别会影响那些中等规模公司，它们传统上是由家族控制的。即使它们开放了股权结构，进行了外部股权融资，家族成员仍然控制着主要的运营职位。年轻的家族成员有时没有热情留在公司，或者董事会可能因为其他原因而决定从外部引进专业管理人员。许多公司转向借助猎头公司（招聘和选人专家）帮助发现合适的候选人。

5.5.2 管理人员的发展

为高层管理职位配备人员，发现和培养关键执行人员，是董事会职责的重要部分。为完成此职责，董事们需要定期得到公司高层经理人员的继任和培养计划及其执行进展的信息，并定期进行评估。一个良好的做法是，让一些关键的执行人员定期向董事会报告工作，使董事们可以认识了解他们。另一个关键问题是，董事会至少一年讨论一次继任和培养计划，包括谁是关键职位的候选人，以及有关公司最高十位左右经理人员的培养计划。

董事会需要确保公司招聘到具有适宜技能的经理人员。吸引、留住并进一步培养合适人员，是一项涉及到很多因素的工作。董事会应该认识到，具有一定能量和能力的人倾向于被那些能够激发雇员共享一种追求成功的活力和愿景的公司所吸引，董事会要为公司作为一个整体确定正确的理念。一个潜在雇主吸引人的很多价值观念——包括宽容开放、互相尊重、接受公司作用的一个更广的视野等等，都根植在好的治理之中。而且，公司人员和公司目标之间的匹配是成功的一个关键决定因素，在人们加入之前就能对公司的战略方向有个清晰的感觉，对于潜在的招聘是有好处的。

董事会可以通过首席执行官聘任和为组织设定伦理标准而有效地改变公司的治理文化。首席执行官应该以其自己的方式领导公司，但是董事会需要自己独立的领导力量以满足其对股东的责任。

对于首席执行官之下的公司其他高级管理人员，董事会应该考虑的是，首席执行官如何正确地评估向其报告工作的高级管理人员。董事会应该采取一个广泛的视野来评估执行人员绩效，要以一个商定好的明确标准为基础，包括财务指标、非财务指标和战略性目标。需要一种综合方法测量公司绩效的所有重要方面：公司如何对待顾客、员工、供应商和社区；公司的财务如何运营，集中关注其资产是如何使用的；如何应对周期波动，提高质量，开发新产品和服务。这意味着——不是陷入公司管理的细节——董事会应该得到员工和顾客满意度资料，供应商信息，以及会计和分析师报告以及一些经济分析。

并不需要提供一个有关董事和经理人员所需要个性特点的标准范本。不同的职位需要不同的能力。这些能力应该在其受雇期间得到加强。为了实现其潜力，必须对董事和经理人员的绩效表现给与公开和诚实的反馈。一个立基于主要能力指标、清晰和客观的人员评价系统，将给公司的薪酬、组织内晋升、具体工作的人员配备决策建立一个坚实的基础。

5.5.3　桑迪·威尔：花旗集团巅峰时期首席执行官的引退

花旗集团董事长兼首席执行官桑迪·威尔先生（Sanford I. Weill）是美国金融界的传奇性人物。从1986年与其追随者闯入马里兰州巴尔的摩市，接管当时陷入困境的商业信贷银行开始，通过对美邦证券公司、旅行者财产保险公司等的一系列并购活动，最终于1998年与花旗公司合并组建成了今日的花旗集团。

在2003年7月21日美国《福布斯》根据企业销售、利润、资产以及股票市值等因素综合评定出来的全球最大2000家企业排名中，花旗集团超过了通用电气名列榜首。花旗集团的收入为930亿美元，利润150亿美元，资产为1万亿美元，股票市值达到2110亿美元。在销售额、利润额、资产额和股票市值等四个单项排名中，花旗集团位居资产额第一。销售额最高的是沃尔玛，利润额最高的是埃克森美孚，股票市值最大的是通用电气。

花旗集团的公司治理情况如何，威尔作为一个职业经理人的表现如何？从美国媒体的评价来看，最好和最差的说法都有，毁誉参半。2002年7月，威尔曾当选美国《CEO》杂志“年度最佳CEO”称号。时隔半年之后，2003年1月出版的美国《商业周刊》则将其选入了2002年度全球10位最差经理人之列，并且位居最差经理人的榜首。不同媒体评价标准不同是一个方面，另一方面则也许是因为媒体都有捧人捧到天上、损人损到地狱的特点。威尔从年度最佳首席执行官沦为最差经理人，与花旗集团2002年被牵入一系列经济丑闻有关。

安然引爆了美国公司和华尔街的一系列丑闻之后，美国甚至世界范围内的公众和媒体开始对公司董事和经理们持以非常不信任的态度。一时之间，首席执行官们甚至成了人人喊打的过街老鼠。美国曾流传一个笑话，说是一个老太太打电话报警，她们家楼下发现了一小撮鬼鬼祟祟的人，不知道是恐怖分子还是公司首席执行官。我还收到了来自一个著名公司治理网站（www.thecorporatelibrary.com）的幽默漫画，兄妹俩在玩拼字游戏，妹妹向妈妈告状，“妈妈，哥哥管我叫CEO!”

企业首席执行官70岁退休，这是很多美国公司的一个惯例，但并非强行一致的做法。可能一次性从董事长和首席执行官两个职位上同时退下，只继续担任个名誉董事长之类的虚职，如通用电气杰克·韦尔奇的做法。更多的则是首先从首席执行官的位置上退下来，让总裁或首席运营官接替首席执行官职位，但继续担任董事长，过渡一个时期。花旗集团为我们提供了一个这种做法的案例。

2003年7月16日，70岁的威尔宣布他将从2004年1月1日起辞去花旗集团的首席执行官职务，但要继续担任董事长职务，直到2006年度股东大会。将要接替威尔首席执行官职务的是公司首席运营官、花旗集团旗下投资银行首席执行官的查尔斯·普林斯（Charles Prince）。与此同时，集团总裁、消费者银行部主管罗伯特·维拉姆斯德（Robert B. Willemstad）将担任首席运营官。

选择律师出身的普林斯继任首席执行官职位，不能不说是与美国大力推进公司治理，公司运作面临着日益增多和更为复杂的法律事务有关。普林斯曾长期担任法律总顾问职务，参与了公司发展中几乎所有的重要环节。

安然爆出黑幕之后，华尔街丑闻频频，花旗集团也陷入其中。2002年7月23日，美国参议院下属的一个调查委员会宣布，花旗集团和安然公司达成一种“口头协议”，帮助安然美化账目、掩盖巨额财务亏损。2003年4月10家华尔街金融机构与政府达成和解，同意支付14亿美元。普林斯是花旗集团与政府进行这一谈判的主要代表，同意支付4亿美元，是各家金融机构中支付金额最高的。

5.6 适应战略性董事会：首席执行官的角色转变

今天的战略性的董事会已经不再仅仅是把解聘首席执行官作为一种过去业绩不良的惩罚手段，而是在预期未来业绩不能满足希望时就替换首席执行官。

5.6.1 董事会：敢把皇帝拉下马？

法律和公司治理理论上，董事会在首席执行官的上面，但是实际中往往未必如此，很可能首席执行官是高高在上的帝王。

但是，随着全球公司治理运动的日益增强，董事会越来越成为一种关键性的力量，越来越多地介入到了公司战略的制定过程中，也比以往更为强烈地要求首席执行官创造出满意的股东回报。今天的大型上市公司首席执行官们虽仍然很有权势，但已经不再是绝对性的了，首席执行官们不可一世的帝王时代已经过去了。根据博思艾伦咨询公司2007年5月发布的一份调查报告①，过去九年中，全球最大2500家公司中被迫离职首席执行官的平均任职时间是，北美7.1年，欧洲5.2年，这是足够开发和执行一项战略的时间长度。

因为日益激烈的全球竞争和日益提高的各方面对公司业绩的期望，当今的公司需要董事会提供积极和建设性的建议，争论和辩明有关的机会和威胁，及时有力地纠正管理层的方向错误，做出根据充分的判断等等。深度介入战略决策，需要董事们参与到和公司顾客、经销商、供应商与员工的对话之中。这与传统上理想董事角色在概念上并没有什么不同，但却完全不同于通常的董事会实践。这种对话要求董事们投入远比每季度一次董事会会议多得多的时间。

战略性董事会关注公司未来的业绩。如果说过去的董事会往往只是因为首席执行官的实际业绩不佳而将其解聘，现在的董事会在决定是否要解聘一个首席执行官的时候则同时考虑首席执行官的实际业绩和预期未来业绩。他们开始不仅仅是要解聘那些过去业绩已经不佳的首席执行官，而且要换掉那些预期未

① “The Era of the Inclusive Leader”，这是该公司自1995年开始连续第九个年度对全球市值最大2500家上市公司CEO离职情况的调查。

来业绩不会太好的首席执行官。在北美，2006年已经出现了几个虽然创造出了高于平均水平的业绩，但是因为战略或者能力等方面的原因而预期未来业绩没有保障的首席执行官被解聘的案例。其中包括Sovereign Bancorp银行公司的首席执行官 Jay Sidhu，Mellon金融公司的首席执行官 Martin McGuinn 。

董事会和投资者，可以无需对公司客户、技术和运营等方面有深入的理解而客观地评估过去业绩，5到7年的业绩不佳时间，已经足够有关方面达成替换首席执行官的一致意见了。但是要评估公司未来的业绩，则是一个相当主观性的任务。这种主观性会增加董事会内部的矛盾。对冲基金、积极主义的投资企业和一些老式的袭击者，会要求董事会席位，发起代理权争夺，鼓动股东强力推进公司战略改变或者阻止一项具体的交易。

董事们面对着一些不同的战略呼吁，有时很难达成一致。特别是在欧洲公司中，工会占有监督董事会席位，或者政府拥有重要发言权，而其他一些股东要推动公司返回到只注重短期股东价值的战略上去。从全球来看，因为董事会内部权力斗争而离职的首席执行官比例，从1995年的2%，提高到了2004~2006年的11%。在欧洲，2006年董事会权力斗争导致的首席执行官离职占到了22%。比如大众汽车公司的首席执行官 Bernd Pischetsrieder的离职，就是因为与监督董事会主席Ferdinand Piec的矛盾，以及工会反对其消减成本的提议。

5.6.2 战略性董事会之下，首席执行官要更具有包容性

董事会更深地介入和股东更积极地参与到公司的治理和战略决策之中，可能是这个时代最关键的一个新现实，首席执行官们必须对此“笑纳”，并相应地从有能力将投资者、员工和政府的关注点和意见纳入考虑范畴开始修炼。

首席执行官必须满足董事会成员、投资者和包括雇员及政府在内的公司其他利害相关者们的需要，必须自觉自愿地去与各有关方面沟通，在有关财务结果和薪酬方面保持透明。无视这些新规则者则会受到惩罚。

积极主动和自觉地把董事会成员纳入到公司战略的制订过程之中，而不是仅仅请他们批准已经制订好了的一项战略，是获取董事会信任和支持的最佳方

法。这是一件非常值得努力的事情。对于可能面对投资者质疑同时需要时间来完成一项新战略的首席执行官，董事会的支持可以说是无价的。但是首席执行官们也需要知道，董事会的这种支持，只能来自于本来可能对事情有不同看法和判断的董事会成员之间经过深入和有意义的争论之后而达成的一致。这时的矛盾、冲突与不同看法的增加是正常的，包容性的首席执行官要欢迎这种争议和争执。

传统的道具式董事会和帝王式首席执行官状态之所以能够存在，是因为投资者没有积极地介入到上市公司的治理之中，他们仅限于在对一个公司失去信心时卖掉自己的股票。今天的参与性投资者，已经不仅包括那些家族控制的企业，同时也包括私人股权投资企业、公司袭击者和对冲基金等，他们都对自己投资企业的实际运营伸出了一只强力的有形之手。

这种“参与性”投资者并不等同于与传统分类法的“积极”投资者。传统的积极投资者是相对那些投资于指数股等的消极投资者而言的，他们挑选那些预期会走强于市场的股票。参与性投资者则是这样一种积极投资者，他们通过改变公司行为而使公司股价走强于市场。他们所采用的改变公司行为的方式包括推动首席执行官的解聘，建议一种战略上的改变等等。

在当今这个激烈变革的全球商业环境里，资本市场上的投资者和公司的各种利害相关者可能比董事会和管理层更快地发觉威胁和机会。倾听资本市场、投资者和利害相关者的呼声，可能会促进公司更快和更有效地行动。所幸的是，绝大多数的利害相关者在意的是他们的呼声被倾听和他们的关注点得到重视，而不是他们的具体建议得到实施。比如投资者，会非常满意于公司价值的显著提升和创造出有吸引力的回报，即使他们可能曾提出了一种不同的增值途径。有关结果的透明性是这个时代里股东和董事会参与其中的包容性治理所不可或缺的一个关键要素。过去几年里，美国已经有过几个首席执行官是因为有关他们的薪酬——对董事会和股东两个方面——不够透明而被解聘的。

只有当一个首席执行官能够有效地动员其公司去发现和抓住无论在哪里出现的最佳机会时，包容性才是有价值的。首席执行官要能够认识到他自己的强项和不足之处，并相应地配备高素质的管理团队和可信赖、有能力的咨询顾问。机会可能存在于运营改进、新技术、销售或者营销提升、重大交易、成本削减和增长前景等等之中。没有一个首席执行官能够在所有这些方面都同样优秀。如果一个首席执行官总是局限在自己所擅长的“舒适地带”里活动，则意味着只有当机会出现在这个领域里时才会保持其优秀。

5.6.3 为董事会发挥战略职能装备技能和信息

在这个公司治理改革时代，人们期望董事们能够具有高水准的领导能力，能够支持公司商业上成功，进而提高股东价值。董事会需要积极行动起来，给自己更多的“授权”。在公司战略方向和公司文化上，董事会应该起主导性作用。

培训董事，为董事会提供全面的信息和知识支撑

过去的十几年来，正当MBA教育在中国大行其道、热火朝天的时候，国外兴盛的是董事教育和董事培训课程，从美英日法德澳等发达国家到菲律宾、马来西亚等亚洲国家，都纷纷建立了很多董事学院、董事协会和董事研究所等机构。从管理顾问公司、猎头公司到律师事务所、会计师事务所等专业机构，都纷纷开展起了公司治理服务。

著名未来学家托弗勒在其《权力的转移》一书中指出，现代社会的一大特点就是权力的来源正在从传统的暴力（文明社会主要表现为法律）和金钱向知识和信息转移。企业要把握变动中的顾客期望、投资者期望和员工期望以及政府和社区等方方面面利害相关者的期望，这些方方面面的利害相关者期望与行为动态共同构成了企业的竞争环境。

董事为参加董事会会议需要消化的信息在持续地增加。要让董事们了解公司最新的关键技术动态，公司的竞争者正在做什么以及他们如何考评绩效。为了能够更好地完成职责，董事们越来越多地需要董事会培训项目，尤其是新加入到董事会中的成员，应该得到有关董事会最佳实践的广泛的背景知识以及有关公司和其业务挑战的培训。

需要在一个持续性的基础上，为董事会成员提供了解业务进展的机会，如定期参观公司，高级经理人员提供情况介绍等等。关键是要让所有的董事都能

有一个作为董事会面临问题的最低知识水平。董事会成员们也可以通过一些公司内部的培训项目，或者由公司付费挑选一些合适的大学、咨询公司的培训项目，获得有益的知识。专门面向董事的培训项目可以是一个非常有价值的信息来源。参加这些培训项目，也是认识其他董事以及有关各种各样治理问题的专家的好方式。

董事会要从多种渠道了解有关公司绩效的信息。只使用来自内部的报告会有潜在的误导。董事们要结合运用他们自己对公司绩效的观察，来自公司管理层、外部顾问和分析师的报告，得出一个综合的看法。董事会成员亲自访问公司运营地，得到有关组织如何良好运营的第一手资料，拜会主要的供应商和顾客等等。

训导董事会发展团队流程和决策技能

团队决策是一项特别复杂的活动，特别是在董事会这种情况下——具有不同知识背景和方法的人只花几个小时的时间在一起，又要做出一些特别复杂的决定。董事会应该定期地在他们想如何进行决策、团队讨论和人际关系等等方面花些时间。这可以采取至少一年一次的形式，进行团队训练和团队流程绩效评估，可以利用一些外部设施。尽管从表面上看，这好像是在一些不重要的事情上浪费时间，但是有关研究表明，这实际上是在节省时间，因为提高了团队的效率，会在长期中从快速和更好的决策里收获回来。可以开发出一些危机场景来进行训练，如发生绩效下滑、并购、首席执行官或董事长突然病故等等。

专栏 5-7　董事会作为团队的特点：与典型团队的差异

	典型团队	作为团队的董事会
关系状态	成员为同一个公司工作	外部董事在多家任职，其日常工作并不是担任董事
相互交流	成员一起工作时间较多，相互交流较多	董事们在一起的时间非常少，相互间很难建立起密切的工作关系
时间和信息	成员经常忙于公司业务	董事只把非常有限的时间投入到对公司业务的管理中

续表

	典型团队	作为团队的董事会
成员中的领导	大多数成员并不习惯于坐在会议桌的主座上	大多数董事本职也是领导，习惯于领导别人而不是被领导
权力关系	成员在团队中的职责往往反映了他们在团队中的地位	权力界限复杂并模糊，董事长兼CEO既领导董事会又向董事会汇报工作
目标的变化性	通常在团队成立之初，都会有一个明确合理的宗旨，如完成某项任务	在目前这种前所未有的公司风险和治理压力下，很难达成共识
正式程度	很少见到非常正式的氛围，正式程度反映出公司的文化	往往很正式，个人座次和社交礼仪进一步强化了权力和特权思想
会议焦点	在两次会议之间，团队工作在继续进行	在两次会议之间，很少有人把工作投入到董事会工作中去

资料来源：大卫·纳德勒，2007。

5.7 董事会对首席执行官的绩效评估

我没有从董事会中得到有关董事们如何看待我的工作的有用的反馈意见，就是一些“做得不错，有进步”一类的说法。我需要得到的是能够帮助我学习和成长的评价，我不需要任何泛泛的赞叹。

——一位首席执行官的抱怨

外部董事每年作一次首席执行官的正式评定，评定结果由报酬和管理开发委员会通知首席执行官。这种评定应基于客观的标准，其中包括业务表现，长期战略的建立，长期战略目标的完成，管理人员的发展。报酬和管理开发委员会在考虑首席执行官报酬时采用此评定结果。

——伊士曼化工公司治理准则

战略性董事会的特殊责任：①树立公司的战略观念，以确保股东长期价值的增加成为公司的首要考虑；②依据第一项要求，对其自身以及公司管理班子的绩效进行持续的评估。

5.7.1　首席执行官评价的目的与方法

董事会的任务是“指好方向选好人”。“指好方向”，就是定好战略和做好重大决策，“选好人”，就是选聘好首席执行官。要什么，考核什么。战略性董事会要把公司战略落到实处，就要采用一个正式程序和一套与公司战略相容的指标体系评估首席执行官的绩效。另一方面，在今天这种投资者高度关注首席执行官报酬的环境下，首席执行官业绩评估已经成为董事会工作中不可或缺的关键事项。

通过对首席执行官的业绩评价，可以达到以下目的。

加强董事会与首席执行官之间的沟通，使双方对公司以及首席执行官在短期和长期的业绩表现方面应达到的业绩标准达成一致看法。

帮助首席执行官辨别他个人的优势和劣势。

使首席执行官和董事会能尽早地发现潜在的问题的预警信号。

为首席执行官的报酬决策提供明确的指导。

让股东和公众知道，董事会对首席执行官和管理层的行为的监督和评价处于常规的运作之中。

国际著名公司和机构投资者都很强调董事会对首席执行官业绩的评价。美国通用汽车公司规定：所有董事（包括外部董事在内）每年都应对首席执行官做出评价，并由董事长将此结果告知首席执行官。评价应基于客观标准，如长期战略目标的执行情况，管理方面的进展情况等。美国加州公职人员退休基金组织规定：由独立董事建立首席执行官业绩评价标准和报酬激励制度，并经常评价首席执行官的业绩是否达到此标准。独立董事可以就评价问题聘请独立于管理层的咨询顾问。评价标准上应使首席执行官的利益与股东的长期利益保持一致。美国TIAA-CREF①规定：对首席执行官的评价是董事会的重要责任。关于公司预期

① Teachers Insurance and Annuity Association-College Retirement Equities Fund，教师保险与年金协会-大学退休股权基金。成立于1908年，最初由卡内基基金会创建，已有100多年的历史，管理4000多亿美元资产，是全美最大的退休保险公司。TIAA-CREF不仅为高级教职工和研究人员提供个人生命保险、终身健康保险，而且也为普通教师及其家人提供同样的服务。200多万参与者中大约有160名诺贝尔奖金获得者，其中有些人效力于该公司董事会。

达到的业绩目标和如何对其量化与评价，董事会与首席执行官应事先明确。

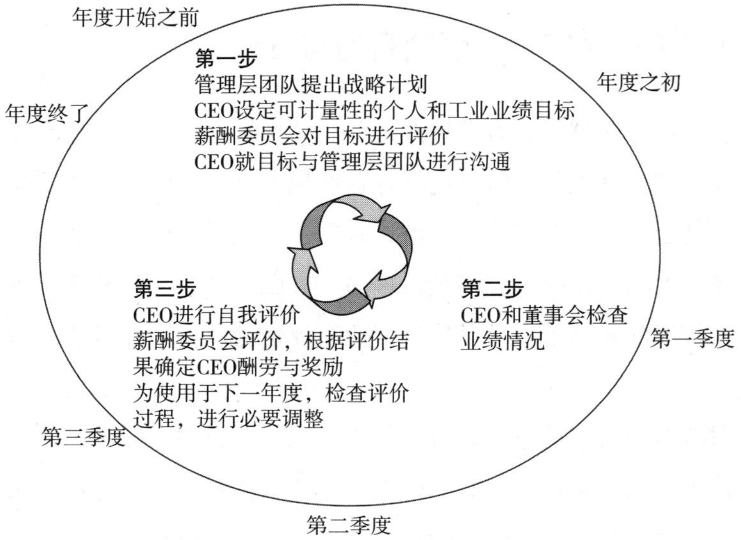

图5-6　首席执行官绩效评价的时间流程图

有效地完成首席执行官的绩效评估工作，需要开发数量和质量两个方面的考核指标，并严格地根据这些指标对首席执行官的绩效进行正式的年度评估。根据国际著名猎头公司Korn/Ferry（光辉国际）的调查，早在1995年就有67%的美国公司建立了对首席执行官进行年度绩效评估的正式程序。另据美国《公司董事会》杂志调查，2005年，在全部美国上市公司中已经有85%的董事会，能够对首席执行官进行正规和完整的年度评估。不过仍有15%的董事会没有进行首席执行官业绩评估工作，或者工作做得不够正规和完整。在对首席执行官进行了正式评估的公司董事会中，有91%的董事认为他们进行这种评估具有非常好或者足够的依据。

首席执行官评估的基础是其个人发展计划，该计划要综合长期和短期目标，并将具体的绩效指标与公司的战略相联结。有效的评估，能够加强公司和个人目标的匹配。首席执行官绩效评估的结果可以在决定首席执行官的总体薪酬水平上起重要作用，包括把给与首席执行官的股票和股票期权与绩效挂钩。这一年度考评的周期始于薪酬委员会和首席执行官就该年的绩效目标达成一致意见，终于对这一目标达成结果的正式评估。

除了正式的年度评估之外，对首席执行官的绩效评估还要包括一个中期评估。这样可以确保能够定期采取行动解决一些可能会导致严重后果的问题，把问题消灭在萌芽之中。

对首席执行官的评估完成之后，谁负责去与首席执行官进行有关评估结果的沟通？根据对美国公司上市公司董事的调查，按回答比例由高到低排序依次是：薪酬委员会主席（54%），领导董事（32%），董事长（18%），整个董事会（16%）和提名委员会主席（7%）。

5.7.2 首席执行官评价的主要内容

董事会对首席执行官的业绩评价，主要包括以下几个方面内容。

诚实正直。首席执行官是否通过展示高尚的道德意识、诚实、公平和创业精神而在公司中形成了一种有利的气氛？首席执行官的行为是否适合首席执行官职位的要求？

视野。首席执行官是否在经营上为公司确定了一个合理且清晰的方向？此经营方向是否为业务的建立与发展提供了一个坚实的基础？实际的经营计划是否反映出这个视野？

领导。首席执行官是否已建立起一个很强的管理班子？管理班子是否像一个团队一样运作？首席执行官是否能及时替换不能胜任工作的管理人员？

实现公司业绩目标的能力。首席执行官在实现公司财务与经营目标，长期和短期的目标时做得怎样？首席执行官实现战略计划中的目标的能力如何？是否应把股东价值目标（如股价）和竞争业绩目标（如市场占有率）考虑进去？

管理人员的继任计划。首席执行官是否提出了一个合理的继任计划？提出的继任者是否可行和被董事会接受？

与股东的关系。首席执行官是否鼓励公司与股东进行公开沟通？是否对股东关心的合理事项给予了足够的关注？

与利益相关者的关系。首席执行官是否带领公司与所有的利益相关者（如职工、顾客、社区、银行、政府等）建立了有效的关系？

与董事会的关系。首席执行官是否尊重董事会的独立性？首席执行官是否就公司将要作出的重大投资决策事先与董事会商量，并获得董事会的批准？是否尊重非执行董事以及他们独立开会的要求？

5.8 董事会里的企业家精神

5.8.1 现代公司的企业家精神

说起企业家精神，总会与创新和创业相联系。初创企业和中小企业，自然地具有企业家精神，并且这种企业家精神也很自然地会在企业主或说公司创始人身上体现出来。可是，在成熟公司中，创始人已经退出了公司，公司由董事会掌控大局、CEO为首的职业经理人团队打理具体事务，企业家精神体现在哪？换句话说，在现代公司治理体系中，股东、董事、经理或是大股东、董事长、总裁等等，谁是企业家，谁最具有或应该具有企业家精神？

有学者提出要用“以企业家为中心的公司治理模式”替代“以经理人为中心的公司治理模式”。我们认为，现行的公司模式，法律和理论上都是以董事会为中心的，实际运作中，在中国这类股权高度集中的国家，往往是以核心股东为中心的，在英美等股权高度分散的国家，往往是以关键经理人为中心的。以企业家为中心的公司治理，是一种美好愿望，但没有实际可操作性，因为你无法清晰界定企业家的概念。我们也还没有见到任何一个国家公司法上有企业家的概念。

那么，在一个并没有企业家概念的现代公司中，或更准确地说，在以董事会为中心的现代公司治理体系中，企业家精神是如何体现出来的？撇开初创企业和创始人仍在掌控大局的公司不说，成熟的现代公司也无疑是可以具有企业家精神，并且实际具有极为强大有力的企业家精神的。成熟现代公司的企业家精神在“创新”和“创业”两个方面，都有丰富的表现。

“创新”方面，今天改变世界的大多数革命性技术，实际都是源自成熟公司的研发投入而产生，而不再是爱迪生那样的个人创新者力所能及的。从

AT&T公司的贝尔实验室，到施乐公司的帕罗奥尔托研发中心（PARC），是成熟大公司的研发投入启动了现代微电子和IT产业的非凡历程。

“创业”方面，成熟公司的贡献表现在两个方面。一是，成熟公司自身通过新技术和新业务的开发，实现自身转型，成为了一家事实上的全新公司，如IBM从打卡机到计算机再到IT服务、3M从采矿到高科技、丰田从纺织到汽车、苹果从电脑到手机和富士通从电话机到计算机等等。二是，很多新创公司实际源自成熟公司，或具体业务，或创业人员本身，是从成熟公司分离出来的，也就是通常所说的“内企业家”。从大公司走出来的创业者，这方面的例子不胜枚举，从苹果公司创始人之一的沃兹尼亚克，到星巴克公司创始人舒尔茨等等。

5.8.2 集体决策的董事会何以容纳个人属性的企业家精神

现代公司治理的基石是董事会，董事会的基本原则是集体决策。公司走向成熟在公司治理上的根本标志就是董事会这块基石是否夯实了，董事会的集体决策原则是否得到了严格遵守。这是否会窒息了本质上是一种个人属性的企业家精神呢？客观地说，这不仅是很有可能，并且往往是广泛存在。因此有些学者提出了构建以创新为导向的公司治理模式等等。

创新、创业与企业家精神，本质上来说，都要源自于个人的内心。只有具体的活生生的人，才会有冲动、血性或说动物精神一类的本能性的创新和创业基因。说公司创新或公司创业，本质上是说，公司作为一个组织，要成为那些具有创新、创业精神和能力的个人的创新和创业平台，为他们的创新创业想法提供资源支持，并在进入到一定阶段之后，以组织的强大能力把这种创新创业行为贯彻和执行下去，或作为公司成长的第二曲线，使其成为公司新的主营业务，或是将其分离和分立出去，公司取得资本投资收益。

遗憾的是，现实中的大多数公司是无法做到这一点的。只有那些真正卓越的公司能够多次做到这一点，从而屹立百年，与时代同行。更多的公司可能做到一次、两次，但是做不到三次、四次。在这种现象的背后，是市场的逻辑永远强于组织的逻辑，市场的逻辑也远比组织的逻辑更为复杂。所以，有诺贝尔经济学奖，而没有诺贝尔管理学奖，也没有诺贝尔法学奖。公司已经是到目前为止人类所发明的最好的一种经济组织和企业制度了，但在创新创业和企业家精神背后的市场逻辑面前，公司还是一个小学生，需要努力学习和成长。

集体决策的董事会要容纳个人属性的企业家精神，可能是一企一策的，即一个企业有一个企业的具体做法。创始人仍在的时候，可能创始人是企业家精神的核心体现，这种公司里，董事会可能只需要设定公司在创新投入上所能承受的最大风险。谷歌公司和亚马逊公司目前就属于这种情况。创始人不在之后，可能某位新入主的控制性股东，或是某位有重要地位的关键人物，通过出任公司董事长或首席执行官而成为公司企业家精神的主要来源。1905年奥博和奥德威入主3M，2005年与凯马特合并后兰伯特入主希尔斯，以及1959年冈田完二郎就任社长之后的富士通等，都属于这种情况。第三种情况则是，没有了控制性股东也没有了创始人的股权分散公司，董事会在对公司处境有清醒认识的基础上，为公司引入具有强烈企业家精神的人，来带领公司“二次创业”。

成熟公司董事会通常会从以下三个来源为公司引入具有企业家精神的人，带领公司走出困境。一是召回已经退居二线或者可能因为种种原因而离开了公司的创始人。2008年已经退居二线8年的舒尔茨重回星巴克公司担任首席执行官。1997年已经离开了12年的乔布斯重回苹果公司，并带领公司通过一系列的创新，从一家电脑公司成长为引领世界潮流的消费电子公司。二是从公司外部甚至是从行业外部聘请合适人员。1914年IBM前身C-T-R公司董事会聘请老沃森出任总裁和1993年IBM聘请郭士纳出任董事长兼CEO，都属于这种情况。三是从公司内部培养和成长起来的具有企业家精神的人。铃木敏文1963年进入伊藤洋华堂，1973年负责创立日本7-11，2005重组伊藤洋华堂和7-11为7&I控股集团。

5.8.3 富士通开发计算机和乔布斯重回苹果时的董事会角色

1959年，离开古河财阀、作为职业经理人在语部兴产工作了10余年，已经68岁了的冈田完二郎，受时任富士电机社长兼任富士通社长的和田恒辅的邀请，出任了富士通的社长（后来有出任了会长）。一位古河财阀核心企业古河矿业的前社长，出任作为古河财阀孙级公司的富士通的社长，这一“奇迹”现象背后的原因就是冈田看好计算机。在冈田出任社长之前，富士通的社长基本是由母公司富士电机的高管兼任。富士通业务快速发展的势头和冈田的特殊身份，带给了富士通相对于其母公司富士电机的独立性，使富士通能够做出“在开发电子计算机上孤注一掷”这种大胆甚至近乎赌博性质的决策。

在满是来自富士电机及古河系其他企业的大人物们的富士通董事会上，来自富士通经理层和年轻技术人员们的关于发展计算机业务的提议，按照通常程序是不可能通过的。但是冈田完二郎的特殊地位，使他可以顶住守旧的董事们的压力，而支持年轻经理和技术人员的创新。用冈田自己的话说是，“比如有10名董事，其中有3人赞成的话就应该下令去做；如果有5人赞成的话，就已经动手晚矣”。在1960年决定兴建计算机制造工厂时，董事们纷纷质疑：“我们公司靠国营电信公司的工作，就已经获得了足够的收益，何必还建计算机工厂呢？”“把通信部门汗流浃背挣来的钱投进前途未卜的计算机，岂不是对股东的背信弃义的行为吗？”但是冈田坚持做，他劝服说：诸位学习得太不够了，单靠国营电信公司的业务，富士通就不过是一个承包工厂，无法获得飞跃发展，我咨询过的电子专家和公司经营者都认为电子计算机产业前景广阔。

冈田完二郎这位具有企业家精神的人，因其自身的特殊地位能够说服公司董事会支持公司大胆的创新行为。但是没有这种特殊地位的人能够凭借什么说服董事会支持公司的创新行为呢？因其被迫离开苹果后所创NeXT公司被苹果公司收购而重回苹果公司的乔布斯，为我们提供了凭借市场力量而说服董事会的案例。1997年，决定收购NeXT公司并请回乔布斯的苹果CEO阿梅里奥被董事会解聘了，乔布斯却又“解聘”了这个聘请他重掌苹果的董事会。这里的解聘要加上引号，是因为乔布斯并没有法定权力解聘董事，他是凭借市场力量劝说那些他不满意的董事自愿离职。

乔布斯以“统领团队的顾问”身份回到苹果之后，为了留住公司人才，向董事会提出要给高层员工的股票期权重新定价。董事们犹豫不决，乔布斯争辩说，你们是让我来解决问题的，人才是问题的关键，可我们正在流失人才。随后，董事们想要先进行可能要耗时两个月的法律和财务方面的研究后再做决定。乔布斯愤怒地以辞职相威胁：“你们疯了吗？诸位，如果你们不愿意这样做，我下周一就不回来上班了。因为我将面临成千上万比这困难得多的决定要做，如果你们在这样的决定上都不支持我，我注定会失败。所以，如果你们不批准，我就辞职。”（《乔布斯》第346页）第二天，董事会做出决定，按解聘阿梅里奥当天的公司股票价格给公司高层员工的股票期权重新定价。

这件事却让乔布斯很不满，他不想继续向一个自己并不敬佩的董事会汇报。乔布斯提出，“停车吧，这样下去不行。这家公司岌岌可危，我没时间哄董事会开心，所以我要你们全部辞职，要不然我就辞职，下周一不回来上班了。（《乔布斯》第346页）”最初，乔布斯只同意原董事会成员中有一个人留下，董事们提出再多留下一位，这样看起来好一些。

法定权力上，是董事会有权解聘乔布斯，但是残酷的现实是，董事们知道他们无法忍受乔布斯愤然离开。而且，当时那种情况下，继续做苹果公司董事会成员的前景，对他们来说也不是那么诱人了，大多数人都很高兴解脱出来。

5.8.4　保持规则，富有弹性

在一篇有关乔布斯和苹果公司的案例文章结尾处，我曾写道：从乔布斯（自身担任董事长并是公司大股东）先前败给斯卡利和后来赢了阿米利欧（董事长兼CEO）的两次苹果权力斗争中我们都可以清楚地看到，是董事会中的多数派支持决定胜负，董事长职务本身不起决定作用。这也许是乔布斯与苹果公司治理案例可以带给我们的一个最大的启发：不管你是谁，创始人、大股东或董事长兼CEO，公司内部领导权配置的最高决定者都是多数派董事。董事会的权力到位，有董事会的裁决机制，多大、多激烈的公司内部权力斗争，都可以和平解决，不会因权力斗争而使公司瘫痪以至分崩离析。

那么，乔布斯重回苹果之后，说服苹果公司董事离职（其中包括苹果公司的第一个投资者和首任董事长马库拉。马库拉也是1985年乔布斯被迫离开苹果公司时的董事会成员），是否违反了公司治理规则呢？相对于公司董事会，乔布斯的权力来自于市场力量，并且是在董事们认可和认同这种市场力量的情况下，才发生这种特殊作用的——董事们自愿离职，并授权两位留任董事和乔布斯为公司寻找新的董事会成员。如果董事们刚愎自用，不认可和不认同，他们当然有权力立即解聘这个如此“狂妄”的乔布斯。但是，那样的结果可能就是苹果公司已经不复存在了。

事实上，当时苹果公司董事会成员们，在阿梅里奥不在场的情况下，已经对困境中的苹果公司形势做出了如下判断：如果继续让阿梅里奥担任CEO，只有10%的机会可以避免破产；如果解聘埃梅里奥并说服乔布斯接任，有60%的机会生存下去；如果解聘埃梅里奥而乔布斯不来，必须找一个新的CEO，则有40%的机会幸存（《乔布斯》第340页）。正是基于这种认识，尽管很惊讶，但是当时苹果公司的董事们，还是自愿接受了乔布斯的提议：我需要一个更能理解和支持我的新董事会，你们都辞职吧！

在市场的逻辑面前，公司组织的逻辑是次一级的，也许这就是现代公司治理系统要保持弹性、灵活性和适应性的原因所在。

第6章

董事会、董事长与首席执行官

董事长和首席执行官是现代公司中两个最重要的角色。这两个角色的设置和职务安排，对于公司治理的实际运作状况有着十分重要的影响。公司治理的监管者、研究者和实践者都很关注这一问题。但是直到目前为止，对于处理这一问题的最佳做法，却没有形成多少共识。对于多数中国公司来说，由于董事会建设还处在起步、逐渐到位和逐渐改善阶段，董事长和首席执行官这两个职务的正确设置，就更是格外重要。

6.1 现代公司的高管职位设置

热门事件往往引发人们学习一个新概念、了解一种新事物的热情，这是人类可贵的好奇天性，但这种好奇天性的反面效应则是缺少认真、理性和深思。2001年前后，海尔张瑞敏、春兰陶建幸、康佳陈伟荣改称首席执行官，倪润峰出任长虹首席执行官，以及王志东事件等引起了人们对首席执行官概念的广泛关注。不求甚解的好奇性需求则导致了同样不求甚解、匆忙上阵的简单化供给，如“首席执行官是百分之一百的总经理的权力加上百分之五十的董事长的权力” 等等，以讹传讹贻误众人，直到今日尚未完全消除。

6.1.1 董事长与首席执行官的职责差异

董事长、CEO、COO、CFO、总裁、总经理等等都是公司的官职设置。董事长就是公司董事会或香港译法的公司董事局这一委员会的主席。在现代公司治理规则下，股东向董事会这个公司最高层管理团队授权，由董事会直接或在董事会指导下经营公司。每一位董事都是受全体股东的委托以董事的身份通过董事会来管理公司的。董事会以会议体的形式来行使权力，董事长的任务就是组织好董事会、主持好董事会会议。作为董事长，仅仅是董事会的召集人，说极端一些，仅仅是因为董事会这个不分主次的圆桌也总要从一个人数起而需设立董事长。法律上董事长也是股东大会选举出董事之后，由这些地位完全平等的董事们推举出来的会议召集人。

CEO的全称是chief executive officer，直译成中文为首席执行官。网络企业最先把美国公司的CEO职务设置引入了中国，但CEO职务设置不是网络企业的独创。美国的大公司早就有CEO了。要问CEO职务是什么时候产生的，美国的人力资源顾问也说不清楚，“美国企业为什么会有个CEO，就像你们中国为什么会有个皇帝一样。”

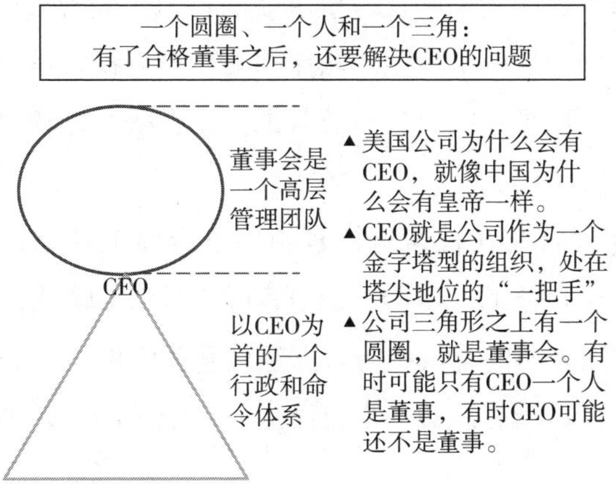

图6-1 董事会与首席执行官

任何一个组织作为一个三角形的命令和控制体系，需要有个“一把手”，CEO就是往内和往下看时，公司作为一个金字塔型的组织，处在塔尖地位的公司行政（执行）方面的“一把手”。但是在这个三角形之上，有一个圆圈，就是公司的董事会。现代公司中董事会这一圆圈和执行层这一三角形是分离的，或只有极小的交叉。有时可能只有CEO一个人是董事，有时CEO可能还不是董事。甚至有些公司董事会欢迎公司中有能力的其他经理人员出任董事，就是不让CEO做董事。选聘、考核、激励和替换CEO是董事会的一个重要工作。大概是二十几年前一次多家公司CEO同时遭遇空难的事件，致使美国公司董事会把CEO的继任人选培养问题也作为一项重要的工作。

20世纪六七十年代，美国的大型上市公司中CEO大权独揽，股东会和董事会都在一定程度上被架空了。立法倾向上是董事会中心主义，董事会又是个消极性组织或说只起个消防队的作用。CEO们自己给自己发放高额薪酬，并且有直升机、豪华办公室等过分的在职消费。80年代校正这种倾向的主要手段是恶意并购，公司控制权市场作为一种公司治理机制起作用，垃圾债券的发明则给这些并购行为提供了金融上的支持。90年代以来，一方面是股东运动和股东权利的兴起，另一方面是建设独立和有效的董事会，董事会也从消极变为积极，董事会从消防队变为CEO的监督者和战略顾问。

为了解决董事会的决策、监督和CEO的决策、执行之间可能会有的脱节问题，美国公司普遍由董事长（即董事会主席）兼任CEO，同时有一个董事会的执行委员会，在董事会闭会期间代行董事会的权力。美国公司的董事长和CEO可以由一人兼任，但是这两个角色的法律职责和管理权力是明确区分的，而且外有充分竞争的资本市场、内有独立有效的董事会等来制衡董事长兼CEO这位公司一把手。

COO即首席运营官是在首席执行官领导下全面主管公司业务的。CFO则是辅佐CEO管理公司财务的。COO、CFO等可能是CEO聘任，或者是董事会和CEO共同聘任。美国公司的总裁是与首席运营官类似的一个职务，是主管公司日常业务的。有的公司没有总裁，由首席运营官统领的公司副总裁小组来管理公司业务。

美国公司的总经理头衔则是一个部门层次的职务，即是大型集团公司下属独立的业务部门的最大头头。下属独立业务部门的总经理往往兼任公司即集团的副总裁。总裁业绩好、能力够的话则可能被董事会和CEO选为CEO的继任人选，CEO做得好则可能荣任董事长。这是一个大概的公司官职升迁程序，但不是固定和一成不变的，各个公司之间可能也不一样。总之，这是公司自己的事情，不是法律和政府部门管的事情。

有人说，人力资本兴起了，现在是CEO说了算，这完全是一种不负责任的话。人力资本兴起，在公司治理上的影响是公司法上放宽对人力资本要素占有股权比例的限制，在经理薪酬方面扩大股票期权比重，在组织结构方面推进扁平化进程，让知识型员工有更多的自主权等等[①]。中国的现状是人治，是关键人决策，要解决CEO的问题，就要先建设好一个独立而有效的董事会，实现组织高层的委员会决策，再由董事会聘好、管好CEO。

专栏6-1　全美公司董事联合会（NACD）蓝带委员会关于董事长、首席执行官职位说明的报告

董事长职位说明

①领导董事会

②为管理董事会工作制定程序（如果兼任首席执行官，遵守由外部董事制定的该程序）

③确保董事会充分履行其全部职责

④安排全体董事会议，并同委员会主席一起协调安排各委员会的会议

⑤依据董事的提议，组织常规的和特别的董事会会议并安排议程

⑥确保提供给董事会恰当的信息流，审查支持管理层建议的文件资料的充足性和及时性

⑦确保有足够的前期准备时间，对关注问题进行有效的研究和讨论

⑧监督股东代理权资料的准备和分发

⑨通过向董事会成员分配专项任务帮助董事会完成设定的目标

⑩制定董事行为规范，并确保每一位董事都为董事会做出较大的贡献

⑪充当董事会和管理层之间的联络员（如果兼任首席执行官，则将此职责授予首席独立董事）

⑫与首席执行官一起对外（包括股东、债权人、消费者团体、当地社区、中央、省和地方政府）代表公司

⑬与提名委员会一起，确保恰当的董事会规模和委员会结构，包括其成员和各委员会主席的分工

① 关于人力资本对公司治理的影响，详见15.4.1“人力资本对企业治理规则的影响”。

⑭根据情况和需要，履行首席执行官和整个董事会要求的其他职责

首席执行官职位说明

①营造一种促进道德行为、鼓励个人正直和承担社会责任的企业文化

②维持一种有助于吸引、保持和激励在各个层次上由最高素质员工组成的多样性群体的积极工作氛围

③为公司制订能创造股东价值的长期战略与远景规划，并推荐给董事会

④制定能支持公司长期战略的年度业务计划和预算，并推荐给董事会

⑤确保公司日常事务得到恰当管理

⑥持续努力实现公司的财务和运营目标

⑦确保公司提供的产品/服务的质量和价值不断提高

⑧确保公司在行业内占有并保持令人满意的竞争地位

⑨确保公司有一个在首席执行官领导下的有效的管理队伍，并有一个有效的管理队伍发展计划

⑩与董事会合作，确保有一个有效的首席执行官的继任计划

⑪制定并监督重大公司政策的实施

⑫担任公司的主要代言人

6.1.2 公司法中的高管职位设置原则

要清晰理解董事长和CEO的角色差异，还需要对公司法规和公司治理实践的关系有所理解。规范公司治理结构的首要法规是《公司法》，但《公司法》涵盖的仅仅是股东之间为了合作（组成公司）所必须遵守的经过长期公司治理实践证明为最佳做法的一些规范。具体的一个公司，由于其所处行业、发展阶段等等的不同，需要在《公司法》规范之下制定一些更为具体、适用于本公司的“治理规范”，则由股东们在公司章程中约定。在美国，CEO不是一个法律上的概念，而主要是一个公司治理和管理实践上的概念。《公司法》中只有董

事和经理（Officer）的概念，CEO的法定权力则是在公司章程中确定的。美国的税法中要特指“公司行政一把手”时，出于严谨，往往会说“CEO或相当于CEO的那个人”。

现代公司归董事会管理，董事会具体如何管理，设置哪些公司高管职位来管理公司事务，都应该是公司自治范畴之内的事情。中国公司法在这方面的规定，有些过于具体，进而引起一些不必要的麻烦。比如，第一百一十条“董事会设董事长一人，可以设副董事长”，那么双董事长或联席董事长是不是就违法了呢？比如第一百一十四条“公司设经理，由董事会决定聘任或者解聘”，这句话好像有点多余，如果董事会不能决定聘任或者解聘经理，那还能叫董事会吗？

看看美国特拉华州公司法有关公司官员的条款，对我们理解现代公司治理中，公司法与公司高管职位设置之间关系的理解会有所帮助。概括来说，其基本规则就是公司应该通过章程或者董事会决议来明确公司的主要高级管理职位，其中必须有的只是负责“公司秘书”职责的一位，对此我们在第三章董事会秘书一节中已有阐述。只要公司章程没有禁止，一人可以兼任多个职位，这也就是说公司如何设置董事长及副董事长，以及董事长是否兼任首席执行官甚至兼任总裁等等，都是要由公司自己决定的事情。

专栏 6-2　美国特拉华州公司法关于公司官员设置的规定

（a）每一家公司应当有在组织细则中已说明的，或是在一项和组织细则不相抵触的董事会决议中说明的，有一定职位称呼和责任的，一定的官员。

官员中的一位，有责任把股东会和董事会的会议讨论事项记录在专用的记录册中。

一位官员可以充任多个职位，除非组成公司证明文件或组织细则对此有另外规定。

（b）应当按照组织细则规定的或由董事会或其他管理机构确定的办法来挑选官员并规定其任期。

每位官员在其接任人被选出并合乎标准之前或在他辞职或被免职之

前，应当在职。每位官员要在递交书面辞职通知给公司后才可以辞职。

（c）公司可以和任何一位公司官员或全体官员或公司代理人签订契约，或用别的办法来保证得到他们对公司的诚信。

（e）任何由公司设置的职位，因原任官员的死亡，辞职，被免职或由于其他原因而发生人员缺额时，应当按组织细则规定，补充人员。如细则对此没有规定，空额由董事会或其他管理机构来补充人员。

《特拉华州普通公司法》第四分章“董事和官员”第142节“官员；职位称呼，责任，挑选，任期；不经选举任命官员；空缺”；特拉华州法典，第8篇，第142节，1983年。

6.1.3 IBM公司章程中的主要高管职位安排

IBM公司章程中规定，必须设置的高官职位是董事长、总裁、财务经理、公司秘书和总会计师。可以设置一个或多个副董事长和副总裁。这些高级管理人员都要由董事会选任，都可以由董事会决议无需理由地辞退。

董事长，总裁、财务经理、公司秘书和总会计师等这些公司高级管理职位都是传统上就有、由来已久的，并且是在公司章程中就规定了其基本职责的。IBM公司管理章程中，对这几个职位的职责都有专节给予规定。所谓CEO、CFO（首席财务官）和CAO（首席会计官）等等这些比较新潮的说法，实际是近几十年来美国公司多元化之后，要加强集团整体协调和战略管理职能而新产生的一些职位和称呼。IBM公司管理章程中，在“董事会任命的高级管理人员”一节作出了一些基本规定：“经董事会任命，董事长或总裁是公司的首席执行官”“董事会可以任命公司高级管理人员担任首席财务官和首席会计官”。

专栏 6-3　IBM公司章程有关高级管理人员职责的规定

董事长的职责

董事长负责主持所出席的每一次股东会、董事会并应履行董事会不时指派的其他职责。

董事长根据章程规定签发公司股权证。

除董事会或管理章程已明确授权给公司其他管理人员或代理人签名、执行或依法应另行签署、执行外，董事长可以以公司的名义在所有的契据、按揭、债券、合约或董事会授权的其他载体上签名并负责执行，在需要加盖公司印鉴的载体上盖印。

在总裁职位空缺、总裁缺席或丧失行为能力时，董事长应履行总裁的所有职责和功能并行使总裁的一切权力。

总裁的职责

总裁应履行董事会或董事长委派的所有职责。

在董事长缺席或丧失行为能力时，总裁应履行董事长的所有职责和功能并行使董事长的一切权力。

首席执行官

经董事会任命，董事长或总裁是公司的首席执行官。被任命的官员除应履行上述董事长或总裁的相关职权和职责外，还有权对公司的业务和事务工作进行总体的和积极的监管，包括对董事会负责的高级管理人员、代理人和雇员。

首席执行官负责落实董事会的指令和决议，是董事会各委员会的当然成员（除审计委员会、公司治理委员会以及其他处理首席执行官有利益冲突的问题的委员会，如负责确定或批准首席执行官的薪酬或分红、期权等委员会）。

首席执行官应履行与其职务相关的一切职责并应履行董事会委派的其他职责。

副董事长的职责

每一位副董事长应协助董事长并履行董事会或董事长委派的其他职责。

财务经理的职责

①记录和保管公司所有的资金和证券并可将它们投资于任何证券，为达成各种购买、销售、投资和借贷交易可以开设、维持、终止任何账户，

代表公司负责公司依法设立的各类基金、雇员年金或受益计划；

②为公司保持完整、精确的账户收支纪录；

③按董事会或执行委员会的指示存放公司的现金和其他有价物；

④开立收据收取公司的各类应收款；

⑤支付公司各类款项，监督公司的投资款，取得相应的收据；

⑥按董事会的要求随时向董事会提交所辖账户的收支记录；

⑦履行其职务相关的各类职责，以及董事会、董事长、副董事长、总裁、执行副总裁、高级副总裁随时委派的其他事项。

总会计师的职责

①管理公司的所有账册；

②真实、准确地记录公司的资产和负债、收入和开支；

③保存公司所有的会计记录（不含由公司财务经理负责的账户收支以及现金、其他有价物的存放）；

④随时按董事会的要求向董事会提供公司任何一个账户的财务状况；

⑤履行其职务相关的各类职责，以及董事会、董事长、副董事长、总裁、执行副总裁、高级副总裁随时委派的其他事项。

IBM公司管理章程（BYLAW）第五章“高级管理人员”。

6.2 两职分离与合一的国际经验

6.2.1 有规则，没标准，趋势是分离

在采用双层董事会制的欧洲大陆国家（如德国、荷兰），监督董事会（监事会，Supervisory Board）是实际上的董事会，管理董事会（经理理事会，Management Board）则是主要执行人员。董事和管理层是完全分离的，董事长

与首席执行官两个职位是也完全是分设的。

在实行由审计委员会进行监督的单一董事会制的国家（如美国、英国和其他英联邦国家），董事长和首席执行官是否能由一人担任是目前激烈争论的问题。

提倡两人分任的理由是可提供一种制衡机制，而反对意见认为一个人总揽大权可以使公司更好地运作。实证研究也无定论。有研究表明，一个人领导公司更好，至少是在一段时期之内。但也有证据表明，在两人分任情况下，如能把董事长和首席执行官之间微妙而敏感的关系搞好，公司亦可获得长期繁荣。

欧洲公司有分离董事长和首席执行官两个高层职务的长期传统，在澳大利亚的上市公司中董事长和首席执行官是由两人分任的。但在美国董事长和首席执行官由一人担任的情况则很普遍，分离领导权的做法则不常见。美国只有如道化学公司等很少的老牌公司有分离这两个职务的传统。英国的传统观点是两个职位最好由两人分任，以防止个人权力过大，卡德伯里报告[①]又强调了这一点。

一些股东积极主义活动者主张分离董事长和首席执行官这两种角色，认为这样做可以使董事会更具独立性。公司治理取向上激进一些的机构投资者明确提出了董事长和首席执行官两个角色不应该重合。温和一些的机构投资者则表示：一般情况下支持董事长和首席执行官职位分设。董事长的职责是监督管理层，如果兼任首席执行官则等于是自我监督，这是矛盾的。但是在一些小企业，领导人数有限，在一定时期内董事长和首席执行官二职合一是适当的。比较有代表性，公司治理影响力比较大的美国加州公职人员退休基金组织的政策是：公司在选聘新的首席执行官时，董事会要重新审视一下董事长和首席执行官合一的传统做法。

关于董事长与首席执行官是否由一人兼任，通用汽车公司和英特尔公司都由董事会自由决策，无硬性规定。但是，如果由二人分别任职，董事长应来自

① 英国有关公司治理结构的财务方面委员会报告，这是一份发表于1992年在国际上有广泛影响的报告。

于非执行董事。伊士曼化工公司治理原则上的具体规定是：“董事长和首席执行官选任，在一定的时间内，董事会应该自由地以对公司最有利的方式对所需人选作出选择。”

据调查，过去十几年的时间里，全球最大的2500上市公司中，已经出现了分离董事长和首席执行官这两个角色以及由非前任首席执行官人选担任董事长的趋势。

在北美一个主要的态势是，未曾担任过董事长的首席执行官比例提高了一倍，同时前任首席执行官担任董事长的比例也有所下降。在欧洲，1995年时已经有75%的公司分离了这两个角色，因此新增分离这两个角色的公司数量不多。欧洲的一个主要动态是，1995年时61%的董事长是前任首席执行官，而到了2006年时这一比例下降到了23%，未曾担任过首席执行官的董事长的比例显著提高。日本的变化相对很小，趋势仍是首席执行官们将进一步成为董事长。

不兼任董事长的首席执行官们平均只有5.8年任职时间，而兼任董事长的首席执行官们则有平均10.3年的任职时间。在欧洲和北美，兼任董事长的首席执行官们，有58%的比例能够干到计划退休的年龄。相比之下，不兼任董事长的首席执行官们，则只有35%的比例能够干到计划退休的年龄。

董事长和首席执行官两个角色的分离，会使投资者受益。董事长由不是前首席执行官的人担任时，投资者也会受益。分离董事长和首席执行官，但是前首席执行官继续担任董事长这种“学徒首席执行官”性的安排，不是一种好想法。首先，知道前首席执行官仍然作为董事长留在公司，常常会导致董事会满足于选用一个二流人物，而且这个人也很难成为一个真正的首席执行官。其次，绝大多数的前首席执行官作为董事长，会保护他所选择的继任者，从而降低了因为业绩不佳而解聘新首席执行官的可能性。第三，一些人在卸任首席执行官职务、只任董事长之后，却并没有真正准备好放弃他们的执行责任，进而走向另一个极端，在看到一点点问题时就解聘继任者，自己重新担起主要执行者的职责。那些由前首席执行官担任董事长的公司，在2006年和此前9年时间里，给投资者创造的回报都是最差的。所有业绩不佳、2006年被解聘的北美公司首席执行官，都是或者兼任董事长，或者服务于前首席执行官担任董事长的公司。

6.2.2 如果两职合一，设置首席独立董事来提高董事会的独立性

在董事长和首席执行官由一人兼任的情况下，为建立起有效的制衡机制，一种通常的做法是从独立董事中任命一位领导董事或称首席独立董事。这是通用汽车公司首创的方法。通用汽车公司董事会于1994发表了“通用汽车董事会指引”（General Motors Board Guidelines），该指引规定，如果董事长兼任首席执行官的话，由外部董事们选出一名董事，负责主持外部董事例会，或承担由外部董事作为一个整体而担负的责任。

通用汽车公司的具体做法是：董事会的管理委员会成员出任董事会其他委员会的主席，管理委员会主席是由董事会任命的一位董事。管理委员会主席应是独立董事，不能同时担任其他委员会主席，但可以是其他委员会的前任成员。当董事长是独立董事时，董事长将同时兼任管理委员会主席。管理委员会主席负责主持独立董事例会并制定议程。此外，他/她负责将董事会对首席执行官的年度考核结果告知其本人；与董事事务委员会共同负责对董事会治理程序（方针）进行定期评估；在决定董事会会议议程的过程中充当董事会与首席执行官之间的联络人，承担董事会章程规定的或董事会感到需要的一些其他职责。

几乎所有的机构投资者都把这一做法纳入了其对公司治理结构的指导原则中。美国加州公职人员退休基金组织的政策是在董事长兼任首席执行官时，董事会正式或非正式赋予一位独立董事领导权力，协调其他独立董事工作。美国CII（机构投资者协会）的政策是：如果首席执行官是董事长，需要指定一个联系董事，以便董事们可以与其讨论一些问题或增加一些议程项目——那些不适于直接向首席执行官提出的议题。美国TIAA-CREF也主张：在那些董事长和首席执行官没有分设的公司，董事会应该考虑选择一位或多位独立董事作为领导董事。

有关研究表明，国际上27%的大公司设置了领导董事，与首席执行官一起

安排董事会议程，并且可以召集董事会特别会议。

专栏 6-4　首席独立董事的职责

除了作为董事的一般职责以外，首席独立董事的特殊职责包括：

①负责协调独立董事们的各项活动。

②就董事会的日程向董事长提出适当的建议，要求能够确保独立董事负责任地行使其职责，同时不因此而影响公司的日常运作的正常进行。

③向董事长提出有关董事会及其各委员会的工作日程安排。

④向董事长提出关于公司信息的质量、数量和时效方面的要求，此种信息由公司经理提供并为独立董事有效而尽职地行使其职能所必需，尽管公司经理有责任为董事会准备上述资料，首席独立董事仍可要求其将某些特定的资料包括在内。

⑤向董事长建议聘请向董事会直接报告的咨询专家。

⑥负责对所有新董事的面试（与提名委员会主席一起），并向董事会（和提名委员会）作出推荐。

⑦协助董事会和公司官员以确保公司治理指引的实施和贯彻，并负责就这一指引提出修正建议。

⑧协调、准备并修改董事会独立成员的会议议程，就某些敏感问题担任董事长与独立董事之间的主要联络人。

⑨与董事会薪酬委员会或整个董事会一起评估CEO的业绩表现；与CEO会面讨论董事会做出的评估。

⑩向董事长就董事会各委员会成员人选以及委员会主席的人选作出推荐。

专栏 6-5 两种模式下的董事长/CEO与首席独立董事职责

职责范围	董事长兼任CEO模式		非执行董事长模式
	董事长兼CEO职责	首席独立董事职责	非执行董事长职责
全体董事会	有权召开全体董事会会议；主持全体董事会议和年度股东大会	参加全体董事会议；起到中介作用，有时董事长会向首席独立董事求助有关问题，或建议将某问题在非执行董事会议上讨论；必要时，建议董事长召开全体董事会议	有权召开全体董事会议；主持全体董事会议和年度股东大会
非执行董事会会议	接受非执行董事会议的结果反馈	有权召集非执行董事会议；为非执行董事会议确定议程一体并主持；向CEO反馈非执行董事会议讨论结果	有权召集非执行董事会议；为非执行董事会议确定议程议题并主持；向CEO反馈非执行董事会议讨论结果
董事会会议议程和议题	对董事会会议议程和议题确定负首要责任，就议程议题安排及信息提供征询首席独立董事意见	与兼任CEO的董事长共同确定董事会会议议程议题及向全体董事提供的信息；向其他董事征询有关议程议题的意见	在与CEO磋商有关董事会议程议题方面负首要责任；负责向所有董事征询有关议程议题及信息提供方面的意见
董事会内部交流	与所有董事就全体董事会议以外的重要议题和值得关注的重要问题进行沟通	协调非执行董事之间就有关重大问题的磋商，同时积极关注董事会以外的公司重要会议；发挥非执行董事与CEO之间就有关问题、顾虑事项进行沟通的渠道作用	协调非执行董事之间就有关重大问题的磋商，同时积极关注董事会以外的公司重要会议；发挥非执行董事与CEO之间就有关问题、顾虑事项进行沟通的渠道作用
与外部股东的交流	代表公司，与外部股东及有关方面进行交流	通常情况下不代表公司与外部股东联络，有时可应董事会的邀请参加与机构投资者的会谈	在董事会同意的情况下，可以代表公司与外部股东进行交流和磋商
公司运营	领导公司的运营；高级职员和雇员向其汇报工作	没有运营公司的责任；高级职员和雇员只向CEO汇报，不向首席独立董事汇报	没有运营公司的责任；高级职员和雇员只向CEO汇报，不向非执行董事长汇报

资料来源：改编自大卫·纳德勒，2007。

6.3 两职分离：何时会出现，何时会更好

6.3.1 分任出现的主要情形：交班、重组和高科技公司

在一般是董事长兼任首席执行官的美国，董事长和首席执行官分任往往是发生在新老交替、分步接班的过渡时期中。就是前任董事长兼首席执行官先让出首席执行官职位，但仍然担任一段时间董事长职务，直到新任首席执行官得到董事会的认可，能够接任董事长职务为止，正如花旗集团的做法。

有些情况下，分离董事长和首席执行官两个职务是公司转轨和重组的结果，是董事会担起公司危机管理责任的表现。这方面的一个经典性案例是1992年的通用汽车“罢官”事件。目睹着股票市值大幅下降，同时也在机构投资者的压力之下，通用汽车公司的外部董事们罢免了公司的董事长兼首席执行官Robert Stempel。公司的外部董事、宝洁公司前任首席执行官John Smale接任了董事长的职务，公司在欧洲最高职务的John F. Smith Jr.成为了首席执行官。这一安排持续了四年，直到Smith得到认可，接任了董事长职务。这样，通用汽车过渡期结束，又回归到了董事长兼任首席执行官的美国公司传统做法上。

公司分立则提出了另一种挑战。新的首席执行官，通常是原来主持该业务部门的总经理，会遭遇很繁重的工作任务以支撑起突然独立的企业经营。其结果，就是通常有另外一个人被任命为董事长，担负起建设董事会的工作。有时即使不是公司的股东或者母公司不放心而委任另外一人做董事长，新分立出来的公司几位内部经理人员组成董事会后，也有一种内在的需要，去搜寻一位年长一些、资历更高一些、经验更为丰富一些的人士来担任董事长。

在美国的高科技公司里，无论规模大小，分设董事长和首席执行官两个职务的做法都更为流行，其中有一个“普遍而又特殊”的原因。就是很多高科技公司的创建者们，就其内心来讲是一个计算机迷，他们的天才存在于比特和字节里，而不是在利润和损失里。他们需要一个职业经理人把他们的产品变成业务，并维持其运转。他们同时又要留在公司，介入公司。这种情况下，只担任个董事长，同时有另外一个人以首席执行官的身份运转公司，就成为了一个感

觉上很不错的制度安排。当然，也不是每个创业者都喜欢放手。但是创业者想要吸引一流的人才，也常常需要这么做。这是一个人才博弈，“我凭什么得到最好的人才？放弃我的一部分头衔。”通过外聘来的首席执行官，还可以从其他人的失败中学到经验。很多非技术性公司则是正在学习高科技公司的这一做法。

有关董事长和首席执行官是否分任，很多人都有一个看法是公司很大才需要，小公司不需要，而事实正与我们这个一般性的感觉相反。根据位于美国华盛顿的一家专门进行公司治理研究的机构投资者责任研究中心的一项调查，不兼任首席执行官的独立董事长人数在增加，特别是在中小公司中。在标准普尔500家大公司中分设董事长和首席执行官的公司比例为17%，而列入标准普尔小公司指数的约600家小公司中分设董事长和首席执行官的比例为32%。出现这一情况的一种重要原因是，小公司中经理人员一般都很年轻，这时通常有一位董事会成员担任董事长，起一个指导者的作用，以提高公司管理的专业水平。

在另一项调查中，著名董事经理猎头公司Korn/Ferry（光辉国际），从财富1000家公司中寻找从未在公司做过全职工作的独立董事长。结果发现，有9%的公司有这样的独立董事长。这一比例比前些年有提高趋势。在高科技公司中，拥有独立董事长的比例是14%。这里的独立董事长定义比通常仅仅不担任首席执行官的董事长定义要窄。

很多人认为，考虑到当今这样一个复杂的商业情景，从国际竞争到新技术和电子商务，导致领导公司的工作不可避免地要由两个人来承担。

6.3.2　当心：一个中心是“忠”，两个中心是“患”

分离董事长和首席执行官两个职位，不会总是很和谐，甚至是不和谐的情况会多于和谐的情况。搞不好，两职分任可能会使企业变得很糟糕，特别是在没有一个清晰界定的职责范围，或者两个人的权力欲都极强，都极爱搞小动作的情况下。制造出两个权威，会使组织陷入一种无所适从的状态，并且首席执行官总会多一份疑心。一个中心是“忠”，两个中心是“患”我们几千年传承来下的中文文字里，已经包含了警惕这种糟糕状态的智慧。

当然我们也要逐步改变我们传统文化中一些不好的方面。只有一个人是才是“人”；两个人是“从”，就得一个跟随另一个人；三个人是“众”，就得一个人成为人上人。缺乏平等、协商和坦诚公开的讨论与沟通等等的不好的文化与行为习惯，需要逐步改正，才能真正适应契约文化下的现代公司制企业的治理方式。

民主的决策更为科学，而一元化的领导更为有效率，这是历经实践检验、颠扑不破的道理。也许正是因此才会有董事会集体决策而董事长兼首席执行官一元化领导，这一国际上最为普遍的公司治理模式和领导体制的长时间盛行，并且至今不衰。

6.4 何时需要双首席执行官

前面我们探讨了何时董事长和首席执行官由两人分任会更好的问题。与强调董事长和首席执行官两职分离而引进制衡机制的观点相反，我们强调了企业内部的政令统一和有效领导与控制。但是，有些情况下，双董事长、双首席执行官也是一些企业很好的选择。尽管这样的制度安排不像董事长兼任首席执行官那样普遍，甚至比董事长与首席执行官由两人分任的情况还少。

6.4.1 出现双首席执行官的几种情况

中国有“一仆不事二主”之说，《圣经》中也有“没有人能够侍候两个主人”之语。但是在一些巨型公司合并时，却时常出现“二主”的情况。这经常是因为只有权力分享才能达成合并交易。有很多的合并不能完成，就是因为双方的首席执行官谁都不愿意让出这一最高职位。董事会为了能够留住两位人才，也会任命双首席执行官。

20世纪80年代最为著名的合并是时代公司和华纳公司的合并，这一合并带来了最为著名的双首席执行官体制安排。时代公司Nicholas J. Nicholas和华纳公司Steven J. Ross曾非常热情洋溢地宣讲他们的合作伙伴关系。但是Nicholas很快被公司的新投资者Ross赶下台，Ross挑选了更符合他口味的Gerald Levin作为新的双首席执行官。

有些时候，实际情况需要分享权力，特别是在两个公司合并之后的相当一段磨合时期之内。如果两个合并的公司规模相当，合并之后的一段时期之内可能是双首席执行官，两个首席执行官共同对一个董事会负责，如当年戴姆勒-奔驰和克莱斯勒合并后的情况。如果两个公司的规模一大一小有所差异，则可能是规模较大那家公司的原首席执行官担任新公司的首席执行官，而规模相对较小那家公司的原首席执行官担任新公司的总裁，如惠普和康培合并后的情况。

有时创建双首席执行官结构的一个理由是为了平顺地解决继任问题，双首席执行官结构可以给两个相差不多的潜在继任人选一段平等竞争的机会。尤其是在公司创建者行将退休，但是还没有一位合适的人选能够全面担起公司领导人的职责的情况下，设置双首席执行官可能是一个不错的选择。

在有的公司里，新的大投资者委派人员担任董事长兼首席执行官，而公司的原创建者，要求能继续担任首席执行官，作为一种妥协的结构，双首席执行官体制也会产生。并且，这种情况下，原首席执行官保留这一头衔，对于公司的平稳运作和有效领导，尤其是维持原有人员的士气，可能也是一件好事。

有时可能是因为工作量太大、工作太复杂，超出了任何一个人的处理能力，董事们也会考虑设置两个首席执行官职位。当然，工作量大并不必然导致双首席执行官的体制安排。像通用电气这样世界最成功的多元化经营的巨型公司，通过其一套科学的公司业务组合管理办法和总部职能设置，实现了一个首席执行官对整个公司的有效领导，甚至还游刃有余。

6.4.2　双首席执行官体制的注意事项

即使那些设置了双首席执行官的公司，也认为双首席执行官结构是个潜在的隐患。一位设置了双首席执行官的公司董事长说，我不会像其他公司推荐双首席执行官这种做法，双首席执行官结构传递出两个人负责的信息，而这经常是很糟糕的，在双首席执行官之间要有大量甚至是繁重的沟通工作。

当然，也有一些公司能让双首席执行官结构很好地运作。Charles Schwab[①]自1997年开始就与David Pottruck分享了其首席执行官的头衔，不过Schwab仍然担任着董事长一职。也有两个首席执行官共存，而都向董事长汇报工作的，也有夫妻二人共做首席执行官的。

设置双首席执行官，要有明确的职责划分和相应的组织结构支撑。一般的规则是，首席执行官的那些通常职责，如与投资者沟通、公司战略制定、向董事会报告工作等，要双首席执行官共同完成。而公司内部的业务部门，可以分成两块，双首席执行官各管一块（往往也就是他们原来各自负责的那一块）。这种情况下，两个人本来的个人关系等等就变得很重要，他们是否相互尊重对方的才能，个性上能否很好地合作等等，都将成为影响这一双首席执行官体制能否良好运转的要素。

要维持双首席执行官体制长期和有效运转，一开始时就要让公司的员工们相信这是公司的一种正规体制安排，而绝不是为了在“赛马中选马”而施放的烟雾弹。两个人作为双首席执行官经营一个公司，很像是一个婚姻。相互之间就每一个重要问题的充分沟通至关重要。在向董事会报告工作的时候，双首席执行官各自汇报自己负责的业务。董事长的工作质量会严重影响双首席执行官体制能否良好地运作。董事长要主持公平和公正，化解双首席执行官之间可能的摩擦。

董事们要与分享权力的双首席执行官相处，必须先经过一番深思熟虑。首先一个最重要的问题就是“为什么要这样？”作为一个董事会成员，你为什么要与传统智慧作对，让两个人运作一个公司？如果一个董事不能发现很好的理由，他就不应该投票赞成双首席执行官体制的设立。

双首席执行官体制并不是一种什么公司治理新发明和最佳做法，它也没有

① Charles Robert Schwab，是Charles Schwab 公司（嘉信理财集团）的创始人。该公司是一家S&P 500指数企业，全球领先的电子券商，全美国最大的金融服务公司之一，已有三十多年的历史。旗下附属机构包括有嘉信理财公司、嘉信银行、CyberTrader 公司，提供证券经纪、银行、资产管理等金融服务。

摒弃我们要求组织内部统一命令的传统管理原则。一个组织两个头儿，会让公司的雇员和投资者都感到无所适从和不知所措。出任双首席执行官的经理人们自身，在分享权力的同时，必须要磨碎任何一方追求扩大自身权力的办公室政治行为。首席执行官们往往都有很强的“自我（egos）”，分享权力往往不是他们的习惯。尽管如此，还是有一些公司选择了这样一种权力结构，使双首席执行官体制能够在现代市场经济中得到保留。

6.5 中国公司的两职设置策略

现代公司的董事会不能固守任何教条，要有一个开阔的视野和开放的思维！

管理职务的设置应该是企业自己的事情，应该是企业自己在真正理解发达国家企业官职设置的原则与道理之后，根据中国现行法律和文化条件，选择自己的管理职务设置。

6.5.1 不要强求两职分任

中国现有的有关公司治理的政策和指引中都强调董事长和首席执行官要分任，一些国企的主管部门也都是按照分任的原则来任命企业领导人的。实际运作中，甚至会出现党委书记、董事长、总经理三个职务三个人担任的状态。这三个人还都是企业的全职人员。如何把握好他们之间的分工和各自的职权范围，往往成为企业运作中的一个难题。搞不好，不仅影响一个有效的企业领导体制的建立，甚至会走向激烈的企业内部政治斗争。可以说，这是中国当前公司治理建设中的一个难点问题。

人天生都是政治动物，有人的地方就有政治，就有派系之争。法制化管理和企业文化建设都只能是让政治斗争在一定的规则之下运作，不至于走向极端，导致组织的分裂。完全没有内部政治，也往往容易走向完全没有内部竞争的一言堂和一潭死水状态，又会失去一个组织来自内部的创造性和活力。处在不同行业和不同成长阶段的企业，其组织内部合适的竞争力度应该是不同的。这又给把握和处理好企业内部政治问题增加了难度。也正是这一点，导致我们不能简单化地靠一纸条文来解决这一问题。

企业内部高层的机构政治问题很严重的话，不仅会影响到中层干部、员工，还会影响到公司的股东，以致银行和政府关系。尤其是股份制企业的股东，为了自身利益，可能会以其作为股东的“选票”与经理人员的执行权力进行“交换”，获取一些有利的关联交易，在关联交易中赚回更多的利益。这会给股份制企业制度建设和公司治理规范化带来极大的障碍，使一些非常不合理、不规范甚至是不合法的做法，加盖上合理、规范与合法的股东大会和董事会的“橡皮图章”。

中国上市公司治理指引和股份制商业银行治理指引等，规定上市公司的董事长和总经理要分任，股份制商业银行的董事长和行长要分任，这对中国企业高层领导体制建设带来了正负两方面的影响。正的方面是适当地增加了企业领导人员内部的相互制衡，减少一人大权独揽没有约束可能会导致的胡作非为情况。负的方面则是，制衡可能会成为掣肘，甚至引发出严重的企业内部政治斗争。

在中国，尤其是国有企业和国有控股的公司中，董事长和总经理都是政府任命的，董事会又不健全或者权力不到位，谁服谁呢？普遍应用的要求两职分任的条文又不可能针对每一个公司清晰具体地界定出董事长和总经理各自的职权范围。其结果可想而知，往往就是两个中心，一个“患”字。

不管董事长和首席执行官两个职务是分任还是合一，解决问题的一个关键步骤是增设公司董事会执行委员会，把现行做法中董事会闭会期间授予董事长的权力授予董事会执行委员会。同时强化董事们作为一个集体、一个团队平等地肩负公司战略决策和指导及监控公司经营责任的公司治理理念和司法力度。

再一个重要问题是董事会和执行层之间的权力划分，每一官职或管理职务的职位描述清晰。公司的规模大小、所处行业、所处增长阶段不同等等，这些管理职务之间的具体权力分配都应该不同，没有统一的定式。公司要随着业务发展情况不断地重新设计和调整组织结构，重新定义重要管理职务的权力和责任，重新调整薪酬体系，重做职位描述和岗位责任手册。

对于董事长和首席执行官职责分工，一种标准做法是董事长负责董事会以及相关事务，而首席执行官则负责所有董事会之外的事务。在公司内部，所有管理的指示都由首席执行官作出，因而不会导致“双头领导”，不清楚到底谁在管理上负责的问题。但是董事长对公司行为负最终责任，首席执行官必须向董事长请示并通报公司情况。在任何一家公司里，无论董事长和首席执行官具体如何分工，都要有两个基本的前提：一是明确两个职位之间是互补关系而不是竞争关系，二是两人之间必须相互信任。

董事长先写下来自认为应该承担的职责，然后与首席执行官进行讨论，作出必要的修正，最后达成共识。董事长和首席执行官之间只需要就其中一个职位的具体职责范围达成共识，那些没有包括进来的事务自然是另一个职位的分内之事。他们之间的关系应该在一开始就明确下来，然后根据彼此的性格以及公司事务的需要而随之发展。在这里，一个关键点是董事会必须了解董事长和首席执行官就之间的职责分工所达成的共识，并且对这一做法给予认可和支持。

总体来说，除了加强董事会建设和民主决策、集体决策的体制建设之外，至于董事长是否兼任首席执行官这类更为具体的事务，应该留给各个公司自己去进行自由试验。政府部门官员出来说CEO这种体制不适合中国国情，有关部门规定董事长和首席执行官的职务设置办法，都属于越位。

我们的一个建议是：如果董事长为公司的法定代表人或者董事长是专职、实际在公司上班的话，则明确由董事长兼任首席执行官比较好，总裁或总经理则相当于首席运营官，主管日常业务。

6.5.2 分众传媒：双头领导体制的稳定性问题

2006年初，分众传媒与聚众传媒的友好合并，生成出了在国外常有但在国内尚很少见的双董事长体制[①]。在中国这个素有“一山不容二虎”传统的国家

① 分众传媒收购聚众传媒后，原聚众传媒CEO虞锋加入分众传媒董事会，与江南春共同担任联合董事长。

里，这种公司治理体制上的“创新安排”是十分值得关注的。它的成功运作将既是对当事人自身和其企业的挑战，也是对中国企业运作中普遍存在着的“一把手一言堂、一个人说了算”这种体制旧习的挑战。

从他们过去的“江湖恩怨”来看，分众和聚众的两位领导人应该是个性上很能相通的。在面临依仗新技术呼啸而来的新进入者和潜在进入者的威胁情况下，两位领导人的认识和危机感也应该是有相通之处的。“英雄所见略同”应该是促使他们能够很顺利地达成合并的一个重要因素。战略上的共识，这可能会是两位联合董事长能够精诚合作，共同领导新公司走向辉煌的重要基础。

双董事长、双首席执行官，甚至是双总部，都有一些先例，我们可以统称之为双头领导体制。这种双头领导体制的产生大致有三类原因，一是两个实力相当企业的合并，如分众和聚众，十几年前的奔驰和克莱斯勒，还有保持了70年双董事长体制的联合利华。二是一些企业创业者在退休时还实在难以在两个候选接班人中选出一个明显的胜者，不想把宝押在一个人身上，又不想让企业分立的情况下，有时会设立一种双头领导体制，这主要存在于一些家族企业里。三是一些地方性的企业，在成长为全国性的大型企业之后，由于业务和形象的需要，在大都市和商业中心建立新总部，但是原总部也保留。日本企业60年代时曾经较为普遍地存在这种现象，主要是大阪和名古屋地区的企业到东京建立新总部。在中国也有因为地方政府限制的原因，并购国有企业产生的新集团企业要在两个地方都设立总部，如华源生命在上海和北京设立了平行的总部。

分众公司的双董事长体制能否成功运作，其实我不太担心，理由有如下几点。这几点理由，也可以换个角度看作是双董事长体制保持成功运作的几个条件。首先新分众的两位联合董事长，都是新公司的大股东，利益高度一致。公司在纳斯达克市场上的股价变动所带来的利益或损害，大于他们任何一人的其他利益。在一致的利益基础上，再达成前面提到过的战略共识，那么就不会是“一山不容二虎”，而是“二虎共守一山”，并进而再去夺取新山。其次，分众作为一家已经在纳斯达克成功上市的企业，已经按照纳斯达克的要求建立健全了国际规范的公司治理结构，并有维众创业投资集团（中国）有限公司董事局主席余蔚，前上海实业控股有限公司首席执行官、现诚福企业管理有限公司董事长卓福民，携程旅行网的创始人之一、现任携程总裁和首席财务官的沈南鹏等等，这些强有力的人物坐镇董事会。还有就是原分众和原聚众都有持股量相当大、实际介入公司治理的风险投资家。在有强有力的董事会集体领导的情况下，一人董事长、双董事长，还是董事长兼不兼首席执行官等等问题，就都成为了第二位的问题。

就目前国际企业潮流来看，随着公司治理改革的深入，董事会领导体制有多样化的趋势。首席执行官兼董事长这一美国企业经典模式的比例在下降，前任首席执行官专做董事长，以及独立董事长呈现增加趋势，甚至出现了一些专门给一些企业做独立董事长的"新型能人"。这些趋势背后的原因和驱动力量，实际就是法律和公司治理改革提高并增强了董事会整体的力量以及每一位董事的地位、责任与风险。

总结一句话来说，新分众的双董事长体制能否良好运转的关键要素，既存在于他们两位领导人的相互理解与信任关系之中，更存在于新分众公司董事会整体的独立和有效运作之中。

6.6 如何造就中国公司的首席执行官

学习发达国家的公司治理经验、建立现代企业制度，有市场、管理和法律等多个维度，深入准确地理解其中一些不变的原理，根据变化了的和我们这里的具体条件，经过改造进行具体的应用，方能有效。

真正造就中国公司的首席执行官，要从建设好董事会做起。

6.6.1 董事长和总经理：谁是中国公司的首席执行官

由于中国《公司法》中仍有法定代表人的规定，并且同时有董事长和经理的概念，以及家长制的文化传统、单位要有一把手等传统概念的存在，导致中国上市公司董事会作为一个会议体来行使决策权力的概念并不清晰，同时也使董事长和总经理到底谁是中国上市公司的首席执行官这一问题十分不清晰。为了识别谁是上市公司的首席执行官，我们在为上交所上市公司治理结构调查设计的问卷中特别加了董事长是否每天在公司上班，是否在公司领取工资等问题。

我们认为在董事长兼任总经理的情况下董事长兼总经理的人为首席执行官，这种情况与美国的董事长兼首席执行官相似，公司的决策和执行权力高度合一。在董事长不任总经理并且不是每天在公司上班的情况下，总经理为首席执行官，这种情况与美国的董事长和首席执行官分任情况类似，公司的决策和执行权力相对分离。在上述两者之间，董事长不任总经理但每天在公司上班，我们认为这种情况下，董事长和总经理都是首席执行官，类似于国外往往在两个公司合并后的磨合期会出现的双首席执行官现象，至于实际运作中董事长和总经理谁的权力更大就要看实际情况了，一般而论可能董事长强一些而总经理弱一些。

在发达市场经济中作为特例的双首席执行官现象在中国成为了很普遍的情况，这是在没有真正理解发达市场经济公司治理实践中一些具体做法的情况下，由政府强制推广所产生的一个后果。国外由于公司治理运动而兴起的董事长和首席执行官分任，主要是在董事长为外部董事或独立董事的情况下实行的，其所要处理的是董事会作为一个会议体和首席执行官之间的关系，前者进行重大决策和监督，后者进行日常决策和执行。而到中国则变成了作为一个自然人的董事长和同样作为一个自然人的总经理之间的关系。两个自然人之间很难进行这种分工与合作，实际肯定演化为权力斗争或者最好的情况是各管一块，致使公司运作效果更差。

6.6.2 如何造就中国公司的首席执行官

如何造就中国公司的首席执行官，这是一个很大的题目。曾有报道说，劳动和社会保障部在已有的90多项实行就业准入制度的职业中新增了心理咨询师、电子商务师、企业信息管理人员、企业人力资源管理人员、营销师、项目管理师、企业行政管理师等七种新职业，要实行职业资格证书制度。这里的企业行政管理师，我想不应该是大陆中文中传统的后勤和事务性工作含义上的行政管理，而应该如香港中文中“公司行政官员”一词中的“行政”，就是MBA的“A”字的含义。在这个含义上，企业的行政管理，也就是执行官员的含义，那么首席执行官似乎就应该在此之列。早些时候，上海则已经率先由政府一个部门出面，向经过其培训的人士颁发职业经理人国家职业资格证书。《中国经济时报》上一篇作者署名为秋风的文章，已经对此提出了质疑，“首席执行官哪能凭政府颁证认定”。

作者没在政府机关里工作过，对政府机关的运作不是太了解，不想象很多市场人士或企业人员那样简单地从市场化的角度去泛泛议论和批评一番一些政府部门的规章和作为。似乎市场经济的发展和市场规则的建立不需要政府，政府最好啥都别干。在作者看来，在如何造就中国公司的首席执行官这件事上，政府还是可以大有作为的，并且事实上现今要真正造就中国公司的首席执行官，还真是需要政府，包括全国人大，来做些实质性的工作。在如今这全球化的市场经济时代，国家的兴衰很大程度上取决企业的兴盛与衰败，企业的兴衰则在很大程度取决于企业领导人的素质、能力和平稳接任。在现代公司制企业的规范中，企业领导人问题的解决方式就是建设好董事会和选好首席执行官。

理论规范和中国公司法的实际规定，都是股东大会选举董事组成董事会，董事推选董事长出任董事会会议的召集人。董事会则是在董事长的召集下，以会议体的形式实际行使对公司事务的管理和监控权力。首席执行官作为董事会任命的公司行政一把手，是在股东会和董事会之下，作为一个等级制的三角形组织的公司的核心人物。尽管在实际运作中，尤其是在股权高度分散和公司运转正常、效益较好时期，往往是首席执行官在实际挑选董事。但是至少在公司出现业绩下滑趋向和陷入困境时期，董事会作为一个消防队也是要及时介入公司管理，可以更改公司首席执行官聘任合同或者干脆解聘首席执行官的。

中国公司中往往有个全职董事长，并且董事长是公司法定代表人，董事长在公司董事会闭会期间有代行董事会部分职能的权力，以及在双数董事会上陷入僵局时董事长有多一票的权力等规定，往往导致董事长成为事实上的首席执行官。《中国上市公司治理准则》要求上市公司设立战略、审计、薪酬和提名等四个委员会，却没有要求设立执行委员会。这导致中国公司中在董事会闭会期间由董事长代行全体董事会权力，与国际规范的公司治理中，在董事会闭会期间由董事会的执行委员会来代行董事会权力这个最大的差异没有得到改正。增加独立董事以及建立有独立董事任职的董事会专业委员会，使中国公司的董事会建设向前迈进了一步，但是在来自股东单位的非执行董事和来自公司内部的执行董事们没有真正行使起其董事的职责时，董事会是无法实际选聘、考核和激励董事长这个事实上的中国公司首席执行官的，这也就无法真正造就中国公司的首席执行官。

真正造就出中国公司的首席执行官，需要从法律、政策和管理等多个方面着手。就管理层面来说，一个关键步骤是增设公司董事会执行委员会，把现行做法中董事会闭会期间授予董事长的权力，授予董事会执行委员会。强化董事们作为一个集体、一个团队平等地肩负公司战略决策和指导及监控公司经营责任的公司治理理念和司法力度。董事会职责到位之后，才能真正开始造就出中国的首席执行官来。否则，我们只能在一人大权独揽和两人或三人权力斗争之间跳跃和摇摆，找不到一种稳定和可持续的企业高层领导责任和动力到位而权力受到有效制衡的正常状态。

关于董事会主席和首席执行官，或者换句更切合中国大多数公司实际情况的话说——董事长和总经理的关系问题，我以前很强调董事会的团队建设，有了强有力的董事会之后，董事长和总经理的关系就好解决了。与其陷在难以处理的董事长—总经理关系之中，不如先思考如何处理好董事会与首席执行官（董事长或者是总经理）的关系。我也强调过，问题的关键在于作好董事长和总经理以及其他高管职务的职位描述。但是进一步的问题是谁来给公司董事长和首席执行官做职位描述，如何作出来一个切合本公司实际情况的董事长和首席执行官职位描述，又如何能让公司董事长与首席执行官的实际领导风格与管理行为与这种规范的职位描述相互匹配，在实践中能即没有两者职责冲突与矛盾的交叉地带，又没有无人真正负责的空白领域？在这里，外部咨询机构只能起一个提供专业意见和帮助解决问题的角色，而实际问题的有效解决只能靠董事长和首席执行官之间的相互沟通与协调来完成。

对于董事会主席和首席执行官职责分工，一种标准做法是“董事会主席负责董事会以及相关事务，而首席执行官则负责所有董事会之外的事务”。在公司内部，所有管理的指示都由首席执行官作出，因而不会导致“双头领导”，不清楚到底谁在管理上负责的问题。但是董事会主席对公司行为负最终责任，首席执行官必须向董事会主席请示并通报公司情况。在任何一家公司里，无论董事会主席和首席执行官具体如何分工，都要有两个基本的前提：一是明确两个职位之间是互补关系而不是竞争关系，二是两人之间必须相互信任。卡德伯里以他作为董事会主席曾与两位首席执行官共事过的经验告诉我们，董事长先写下来自认为应该承担的职责，然后与首席执行官进行讨论，作出必要的修正，最后达成共识。董事会主席和首席执行官之间只需要就其中一个职位的具体职责范围达成共识，那些没有包括进来的事务自然是另一个职位的分内之事。他们之间的关系应该在一开始就明确下来，然后根据彼此的性格以及公司事务的需要而随之发展。在这里，一个关键点是董事会必须了解董事长和首席执行官就他们之间的职责分工所达成的共识，并且对这一做法给予认可和支持。

一位很有建树的国企老总告诉我，现行体制下，没改制企业的党委书记和厂长或经理之间，或者改制企业的董事长和总经理之间，能够良好运作的状态必须是老少配、男女配或者个性强弱配。我想这是一种很智慧的安排，但却是一种企业为了适应不规范的外部政策环境而想出的一种非常无奈的解决方案。这在很大程度上解决了内部机构政治的问题，但是可能在减少了损失效率的内部掣肘的同时，也丧失了能够有效控制风险的内部制衡。

6.7　告别花瓶式董事和帝王式首席执行官的时代

中国的国有企业和上市公司，都在致力于董事会的建设，增强董事的责任和董事会的权力。选任和解聘首席执行官，是其中最为关键的一项内容。那些全球性大型上市公司在这方面是如何做的，有些什么新的趋势值得我们注意和借鉴？

6.7.1 深化业绩标准：越来越多的董事会解聘首席执行官

公司董事会在处理首席执行官选聘问题上越来越不能容忍低下的业绩。那些给股东回报低于平均水平的公司首席执行官已经不能长期留在这个岗位上。

根据博思艾伦咨询公司的调查，从1995年到2006年之间，全球2500家市值最大上市公司首席执行官的离职人数增长了59%，其中因为业绩原因而离职的人数更是增长了318%。1995年每八个离任首席执行官中只有一位是被迫离职的，2006年则有将近三分之一是非自愿离职的。

尽管2006年商业报刊的头条上有很多首席执行官和董事会矛盾争斗的故事，但是2006年2500家全球最大公司中有357位首席执行官离职，占14.3%，比2005年还少了1.2个百分点。首席执行官在其预定退休年龄到达之前，提前离职的状况越来越多。2006年离职的首席执行官中，只有46%是属于“任职到期”的正常情况，这是1995年以来这一比例最低的一年。

并购活动提升了首席执行官的离职率。包括对冲基金和私人股权企业收购在内的并购行为，在北美和欧洲创造出了破纪录的并购驱动型首席执行官离职水平。全球范围内，因为控制权变更导致的首席执行官离职占离职总数的比例在2005和2006两年分别达到了18%和22%，相比2003年的11%有显著的提高。

2004和2005年，全球2500家大公司的首席执行官离职率达到了一个高峰，这股浪潮积聚了1990年代以来的公司治理力量。2006年开始，总体首席执行官离职率轻微下降了，尽管并购驱动型离职的提高几乎抵消了其他类型离职的下降。业绩关联型的离职比例也轻微下降到了4.6%。全球范围内，首席执行官的平均任职年限提高到了7.8年，略微高于过去9年的平均水平。

2006年为投资者创造了高于平均水平业绩的首席执行官，要比那些没有创造出高于平均水平业绩的首席执行官有两倍多的机会获得7年以上的任职时间。1995年高于平均业绩的首席执行官和低于平均业绩的首席执行官中得到7年以上任职时间的比例分别是59%和51%，差异不大。但是到了2006年，高于平均业绩的首席执行官得到7年以上任职时间的比例上升到了62%，而低于平均业绩的首席执行官得到7年以上任职时间的比例则下降到了26%，差异十分明显。

2006年全球所有地区的首席执行官离职率都有些下降。日本和亚太地区的首席执行官总体离职率降到了低于前两年的水平。北美地区比2005年有所降低。欧洲比2005年略有提升，但是低于其2004年的高峰水平。2006年，北美和欧洲的业绩关联型首席执行官离职率下降了。但在日本和亚太其他地区业绩关联型首席执行官离职率有所提升，但是低于其2002年的高峰水平。

2006年，北美、日本和亚太地区，首席执行官的任职时间都有所延长。其中亚太地区达到了9.5年的历史最高水平，北美则达到了9.8年的1995年以来的最高水平。只有欧洲出现了首席执行官任职时间的下降，平均5.7年。而且，欧洲离职首席执行官的平均年龄也在下降，表明欧洲的公司高管们仍然处在强大的压力之下。

总体离职和被迫离职情况的趋于稳定，与此前十几年时间中的首席执行官离职率快速提高及平均任职时间下降形成了反差，这也许预示着进入了一种董事会与首席执行官关系的稳定形态。

从总体上的公司治理角度来看，这一新的离职率水平是合理的。7.8年的平均在职时间，为首席执行官们提供了足够的时间去实施一项他所创始的公司战略，同时也保持着足够高的并购驱动型和业绩关联型离职率，以赶走那些业绩低下和有违法或不道德行为的首席执行官。

6.7.2　应对首席执行官离职率的提高：董事会的三个流行做法

今天的董事会已经对高比率的首席执行官离任状况充分作好了计划和准备，包括外部招聘、内部培养和储备候选人等等。自从2004年以来，全球最大2500家公司中，正常和被迫两种首席执行官离职率分别稳定在6.6%和4.6%，都显著高于1990年代后期和2004年以前的几年。

为了应对首席执行官高离职率，董事会通常会采用的做法有外聘首席执行官、设置过渡首席执行官和选聘有相同职位经历的首席执行官等三种。不过，随着越来越多的董事会建立起了正式的首席执行官继任程序之后，这些流行做法也许就不再那么必要了。

流行做法1：外部聘请首席执行官

就全球来说，由外部人开始担任首席执行官的比例，从1995年的14%提高到2003年的30%，又下降到了2006年的18%。首席执行官任职期限的延长，导致很多董事会没有充分准备好继任计划。董事会通过增强对继任问题的关注和领导能力的提高，可以重新回到他们传统上所偏爱的内部选聘。

流行做法2：任命过渡首席执行官

在没有一个可靠的继任计划的情况下，首席执行官突然离职时，任命一个临时或者过渡性的首席执行官，就成为了董事会的一个不得已的选择。平均来看，过渡首席执行官领导公司的时间长度是6个月，在此期间公司寻找新首席执行官。全球来看，过渡首席执行官的比例，从1995年的3%，提高到了2005年的6%，2006年又有所下降。过渡首席执行官这种做法，在北美和欧洲最为常见。在日本，因为有很强的内部继任传统，以及相对较低比例的业绩关联解聘，过渡首席执行官的情况很少见。在外部选聘的情况下，不可预期的首席执行官离职，导致董事会任命过渡首席执行官。最近的过渡首席执行官比例下降，可能反映了董事会在首席执行官继任程序方面的改进。当今绝大多数的董事会，都至少准备好了一个随时可以就任的内部候选人，因而无需再有一个过渡首席执行官的安排。

流行做法3：挑选一个曾做过上市公司首席执行官的人来做首席执行官

有过做首席执行官经验的新任首席执行官的比例，从1995年的4%，提高到了2004～2006年间的6%。这种做法的理论依据是做过首席执行官的人能够带来应对投资者和其他利害相关者的经验，很快进入角色。不过，这类首席执行官带来的大多是略差一点的回报，经验的优势并不是很大。如果董事会看到做过首席执行官的经验本身并不能带来很大的优势，“有经验的首席执行官”的比例就应该下降。能够支持这一推断的一个证据是，与2004年和2005年的高峰相比，从另一个大型上市公司聘来首席执行官的比例，在2006年有明显的下降。

6.7.3 董事会解聘首席执行官：资本市场的反应

董事会拥有挑选和解聘公司首席执行官的法定权力，但是由于董事会成员对于公司具体业务以及运营情况的了解有限，致使董事会处于信息上的劣势地位。资本市场作为公司外部的一种综合性力量，在一定程度上弥补了董事会的信息不足，从而成为董事会挑选和解聘公司首席执行官的一个重要参考和依据。

一项并购的宣布在股票市场总是有强烈的反应，相比之下，换掉一个首席执行官，在市场上会有什么样的反应呢？因为继任新闻往往在其宣布之前会泄露，正如并购也往往会如此一样，我们以其宣布日之前30天相对于总体市场平均值的投资者回报来计量首席执行官替换的公告效应。

与并购有关的首席执行官继任的公告效应是很明显的。在与并购有关的首席执行官继任新闻发布日前30天的年化投资者回报比总体平均值高117%。但是与并购无关的首席执行官继任则没有这样明显的公告效应：有计划的首席执行官离职时比平均值低0.8%，强制性的首席执行官离职时比平均值低12.6%。

公告期间的股价变化与新任首席执行官在其整个任期内的业绩好坏是完全没有关系的。这表明，在预见一个首席执行官的最终业绩方面，股票市场并不比董事会强。给投资者带来回报的是首席执行官在提升公司业绩方面的努力，而不是使其成为首席执行官的一些个人特征。

在北美，当公司已经连续两年业绩不佳时，替换首席执行官的公告会产生一个正的效应（比市场平均回报高出3.8个百分点），而在那些已经做得很好的公司，替换首席执行官则会产生一个负的效应（比市场平均回报低10.2个百分点）。

选聘外部人为首席执行官的公告会导致股价下跌，选聘内部人为首席执行官则会产生股价上升。这可能反映了投资者的观点：外部继任者正在接管业绩不佳公司，或者内部继任者一般会带来更好的投资者回报。选自外部其他产业的首席执行官，往往会带来公司的剧烈变革。因为预期会带来有益的变革，来自产业外的外部继任者会导致一个正的公告效应（而来自产业内的外部继任者则会有一个负的公告效应），以及公告随后30天期间的正效应。但是，因为在驱动增长和变革文化方面所面临的困难，产业外继任者在被替换前的一个月，会产生一个负的效应（产业内的继任者则会产生一个正的效应）。

6.7.4 并购与首席执行官的替换

影响首席执行官继任的一个最强力量是周期性增长的并购活动。2005和2006两年，因为并购而离职的首席执行官比例分别是2.8%和3.2%，相比1995年的0.8%上升趋势非常明显。因并购而离职的首席执行官们导致了一个高得多的新任首席执行官比例， 2005年为18%，2006年为22%。这是因为每一桩合并都会导致一个离开，而离开在非合并企业中每年只发生十分之一。

并购活动各种各样，区域之间并购频率差异很大。北美企业并购率最高，日本最低（每年0.7%），次低的是亚太其他地区（1.1%）。并购频率也有周期性的差异。

因为并购或者被私有化而离职的首席执行官，平均上看比到期退休和因业绩不佳被解聘的首席执行官所创造的股东回报要高。这种现象出现在全球所有地区。北美和欧洲公司分别有31%和33%的因为并购离职的首席执行官创造出了高于平均水平的投资者回报。我们称这种现象为“并购乘数”。并购创造出这种引人注目的回报，不仅仅是因为并购溢价，同时也与这些公司通常是在连续几年良好业绩之后被收购的有关。数据表明，从最后的首席执行官接任到并购宣布日前30天（消息泄露和股价上涨之前），这些被并购企业的平均投资者回报要比市场总体的投资者回报高6.3个百分点。

6.7.5 资本市场偏爱并购，董事会要小心面对重组卖出“专业户”

由于溢价的存在，董事会和首席执行官都有一种倾向，把被并购作为一种公司的最佳战略机会，为股东创造高于平均水平的回报。当然有一些公司（像丰田、微软等）的首席执行官，仍在以一种老派的方式创造股东回报——保持公司独立，将公司做大，做更有价值的业务等。但是，对于有将近三分之一的公司首席执行官来说，卖出公司是创造更大回报的一种战略要素。对于外部继任者来说，把公司翻转一通，然后通过并购退出，是一种结合重组收益和并购溢价创造超级回报的大战略。

从全球来看，只有17%的内部继任者因为并购而终止任期，但是外部继任者中却有27%的比例是这种方式。并且是在所有的地区都呈现出了这种模式。在北美，22%的内部继任者是以公司被并购终止任期的，外部继任者中则有32%。如果排除并购因素，内部继任者和外部继任者为投资者创造出了同样水平的业绩。但是因为外部继任者更愿意卖出公司，而卖出公司会提高回报，所以把并购因素纳入考虑之后，外部继任者则创造出了更高的回报。

通过被并购而退出，对于那些具有很高重组技能的外部继任者来说，是一种特别有吸引力的战略。退出低效业务、大力削减成本和强制公司文化变革等等都是大转变前两年中最关键的任务。但是这些对于以后年份中激发快速增长和组织文化演进等则不是那么重要了。结果是，外部继任首席执行官往往在其任职的前几年时间里会创造出比内部继任者更好的回报，但是随后则是业绩平平。把卖出公司作为一种成功选择，可以在发挥了首席执行官的高超重组技能之后，无需首席执行官在驱动长期增长方面再同样富有成效。

一些擅长于重组的外部继任者，是“连续卖出者”，重复性地把一些大公司翻转一通，然后卖掉。像卖过Nabisco（纳贝斯克）和Gillette（吉列）的Jim Kilts，卖过Compaq（康柏） 和MCI 的Michael Capellas等等，都是“连续卖出者”。根据博思艾伦咨询公司的2500家最大公司数据库，所有曾经卖过一家他曾掌管的公司的外部继任首席执行官，都会再卖掉他们成为了首席执行官的新公司。董事会需要认清这一点，聘请一位是“搞翻公司专家”的外部继任者，特别是如果他或她过去曾经卖过一家公司的话，就等于是开启了一个导致公司被卖掉的进程。

6.8 自主放手与外部压力：职业经理人制度的成长路径

从文化传统上来说，中国从政府官员到企业管理者，都不乏“庸者下，能者上”机制。在政府官员选拔上，还发展出来了一套长期领先世界的科举制度。相比之下，在企业管理者方面，虽然一直有着东家基于信任而选拔掌柜的优良传统，但是没有进一步发展出一套有效的职业经理人制度。

职业经理人制度是公司治理进步的结果，而非原因。从1860年到1870年前后，几个主要发达国家相继颁布了新的公司法规，引入“股东有限责任、董事会集中管理”的现代公司治理制度，然后经过几十年的发展，到1900年前后，大量的第一代创始人退位时，兴起了职业经理人接班这一做法。这个时候，这几个发达国家的大股东权力限制和中小股东权利保护等法律已经很健全，公司运作中董事会也已经完全到位，跟随创业者的经理人们也正好成熟到了能够继续领导公司前进的程度，创始人可以放心地退居二线，享受自己创业成功的果实了。有效的公司治理，能够保证不再介入经营的公司股东享受到公司经营的成果（当时最低的要求就是常规性的年度固定分红），而基本不必担心公司财产会被经理人偷窃或者分享不到公司经营成果。

中国的状况是，大股东的权力没有受到严格的限制、小股东的权利没有得到有效的保护、董事会更是没有真正到位，不介入经营的股东享受公司经营成果（年度固定分红）不仅没有形成常规，而且是“稀有现象”。这种情况下，如果企图在公司治理上搞“跨越式发展”，让外来的经理人完全掌控公司，其结果可想而知：即使不会“公开造反”，也肯定是“吃里爬外”，让创始人和投资者都成为“弱势群体”和“不幸的股东”。

6.8.1 古典大亨时代：职业经理人制度的萌芽

职业经理人的本质含义就是“拿薪水的公司管理人员”，因为早期的公司股东自己直接管理公司，往往是作为经理的薪水和作为股东的收益不作区分，后来逐渐有没有股权的经理人走上高级管理岗位，得到相应高额的薪水，人们才把这种人概括为“职业经理人”，就是以“经理人”——从事公司管理工作的人——为职业的人。

古典大亨时代大致起始于1860年前后，到1920年代结束。统治企业的大亨有两类，一类是范德比尔特、洛克菲勒和卡内基等这类实业大亨，另一类是摩根这一类的金融大亨。大亨时代的企业英雄多为所有者兼经理人，或者所有者密切介入公司治理、经理人实为老板助手角色。这个时代里缔造出现代巨型公司的企业并购以追求生产效率的横向一体化或纵向一体化为主。横向一体化的典型代表是美国钢铁公司，纵向一体化的典型代表则是福特汽车公司。

从作为现代公司缔造者和统治者的角度看，实业大亨略早于金融大亨。先是原子式市场竞争中的优胜者成为实业大亨，这些实业大亨们通过托拉斯等方式寻求控制市场。然后控股公司和股票融资法案的出台，给摩根这样的金融大亨们提供了通过收购企业组建巨型公司的机会。铁路大亨范德比尔特，石油大亨洛克菲勒，钢铁大亨卡内基，美国这些实业大亨们所建立起来的巨型企业，没有像欧洲国家一些企业家族那样以家族所有或家族控制的方式延续至今，其背后，一个最重要的原因是摩根这样的金融大亨崛起和美国资本市场特别是实业公司股票市场的高度发达。

老范德比尔特1877年去世后，威廉·亨利·范德比尔特在继承了他95%财产的同时，也接替了他在各家铁路公司的总裁职位。1883年，威廉·亨利·范德比尔特从其所有的总裁职位上退下，安排他的儿子担任董事长，将负责日常管理和业务运营的总裁职位交给了有经验的职业经理人。范德比尔特家族从铁路公司的退出实际从他去世后的第三年就开始了。1879年秋天，威廉·亨利·范德比尔特想要兑现他从父亲手里继承下来的纽约中央铁路公司75%的股份，委托摩根公开发售，这使纽约中央铁路公司的控制权转移到了董事会手里，摩根自己也在董事会中占了一席。后来美国政府出台法律限制家族可以持有的铁路公司股份最高比例，进一步加速了范德比尔特家族从铁路公司的退出步伐。

洛克菲勒是创业者、领导者和管理者三重典范。标准石油公司首创了委员会制度，有效地把公司的众多分支企业整合为一个整体。委员会制度的核心是公司执行委员会，该委员会负责向直线主管人员提出建议，同时拥有重大开支和重要加薪的批准权。执行委员会下设多个专门委员会，分别负责运输、输油管道管理、国内贸易、国际贸易、生产制造和采购等事务。从1896年开始，洛克菲勒已经不再从事具体业务的管理，也不再出席公司总部的午餐例会。虽然名义上洛克菲勒还是标准石油公司的总裁，但实际行使总裁职责的人是公司副总裁阿奇博尔德。洛克菲勒唯一的儿子，小洛克菲勒于1897年从布朗毕业之后，开始到标准石油公司工作。由于不赞同阿奇博尔德的管理方式，并且个人更有兴趣于慈善和公益事业，1910年1月1日，小洛克菲勒从标准石油公司辞职。

钢铁大王卡内基一直只是其钢铁公司的大股东，主要通过信件方式提出建议和意见。实际从事管理工作的是他的合伙人和聘任的经理人。对于优秀的经理人，往往都要给予股份，并最终将其晋升为公司的合伙人。卡内基钢铁公司向董事会为中心、职业经理人管理的真正现代公司转变是在出售给摩根、重组为美国钢铁公司之后完成的。

6.8.2 金融大亨助力职业经理人走上公司舞台

职业经理人主导公司的所谓管理主义时代，大致从1920年代开始，到1980年代结束。职业经理人作为实业大亨们的跟班，在金融资本的帮助之下，开始走上了现代巨型公司的王位。

金融大亨个性上与实业大亨不同，给予了职业经理人们更多的权利和自主空间。实业大亨们领导企业由小变大，事无巨细亲自过问，把好过程关注细节，是他们在竞争中胜出的法宝。在企业规模变大、不得不更多地向经理人授权的时候，他们很少有人不是反反复复、疑神疑鬼的。金融大亨与此不同，他们是借助市场机会，通过发行股票和债券等，用别人的钱获得了公司的控制权，他们真正关心的只是结果，他们对过程的关注只限于那些会影响到结果的关键节点，对太具体的过程和细节他们不感兴趣。实业大亨在工厂里可以很陶醉，金融大亨进到工厂里可能只是走走过场。

金融大亨摩根收购实业大亨卡内基的钢铁公司组建美国钢铁公司之后，同样的一位经理人在前后两位大亨手下工作的感受完全不同，可以很好地说明这一点。由卡内基钢铁公司总裁升任美国钢铁公司总裁的斯瓦布评价摩根时说，“卡内基在批评我的时候，根本就听不进我的任何解释，但摩根先生不同，他有着博大宽广的胸怀，我愿意听从他的任何指挥。”只要管理者个人工作干得出色，摩根就不会干涉他们。摩根曾明确地声明说，“放手让属下工作，这已成为我的原则，除非他们犯的是原则性错误，否则我不会干涉他们的工作。”

摩根对经理人价值的认识是超越时代的，其对经理人的启用和任用都堪称楷模。组建联邦钢铁公司时，最初加里因为不愿意放弃自己7.5万美元的律师职业收入而拒绝摩根让其担任总裁的提议，摩根告诉他“这个我们会处理好，会体现你的价值”。当加里进一步问道谁来当新公司的董事时，摩根答道，“你可以自己选择董事会成员，任命执行委员会，挑选自己的工作人员，决定自己的工资。”摩根式治理，作为投资银行家把管理重组作为实现企业财务和资产重组效益的关键手段，在帮助所有者—创业者退出的同时，也催生和推进了美国公司中引进职业经理人管理的制度革命。

金融大亨和实业大亨对公司的看法不同。实业大亨眼里公司是自己的孩子，自己公司的产品是最好的，自己公司的股票是世界上最好的投资对象。福特不能容忍公司经理人开非福特汽车，ZARA创始人阿曼西奥不能容忍公司经理人出售本公司股票转投其他资产。金融大亨眼里公司是猪，养肥了有高价钱后就可以卖，资金要流动，要追逐市场上不断出现的更好的投资对象。这样，金融大亨们替代实业大亨们成为了现代巨型公司的控制者之后，股权分散的进程开始呈现出加速度的状态。最后，金融大亨扬长而去，留下了股权分散的现代巨型公司给职业经理人们打理。股权越分散，职业经理人们的自主空间越大，他们在公司治理体系中的地位越高：他们从为一位或少数几位大亨服务，变成了为全体股东服务。

3M公司提供了企业自主和自然地从股东（投资者）—经理人逐步发展到职业经理人的经典案例。3M公司首任总裁由最初五位投资者中的布赖恩担任，1905年公司重组后新进入投资者奥博担任第二任总裁，但是很快于1906年由另一位新投资者奥德伟接任。1909年奥博第二次出任总裁，在位20年。1929年，由公司内部成长起来的麦克奈特接替奥博，成为3M公司第一位由职业经理人担任的总裁。麦克奈特担任总裁20年之后，到1949年转任董事会主席，直到1966年。1966年之后麦克奈特担任董事会名誉主席到1972年。1966年开始，3M公司进入了5年左右一届的有序更替时代。这些人在出任到最高职位之前，多数都是前任总裁，职业升迁路径基本是总裁、运营总裁或美国业务总裁——总裁兼首席执行官——董事会主席兼总裁及首席执行官。

6.8.3 后管理主义时代投资人控制下的职业经理人制度

在有效的股票市场上，管理不善、无视投资者利益的公司，股价会下跌，公司会成为并购对象，管理层会被驱赶出局。但是，那些能够识别这种机会并发出收购要约的都是行业内的竞争对手，而传统上过于偏重市场份额的反垄断法规阻止了这种能够提升价值的同行业并购。1980年代开始，里根政府为振兴经济所采取的一系列保守主义政策中，非常重要的一条就是促进并购，让“公司控制权市场”发挥作用。1982年公平贸易委员会反托拉斯部发布了新的并购指引，放松了对行业内部企业之间并购活动的管制。这是一场再一次改变了美国公司管理和运作模式的并购浪潮。公司回归主业，终结了混合多元化经营模式。

在这一从混合多元经营到聚焦主业的公司业务模式变化背后，则是公司治理模式和相关人力量对比关系的变化——机构投资者等各类积极股东走上舞台。现在，不满意的股东们，已经不仅仅是消极地在事后“用脚投票”，让并购市场发挥作用，而是积极地在事前“用手投票”，通过参与公司治理发挥作用。公司变成了可以随时修正的一组契约关系而不再是一个大而不能倒的社会组织，社会经济运行的中心也不再是公司这种组织，而是资本市场这种机制。

资本市场控制下的现代职业经理人与古典大亨时代的职业经理人不同。古典大亨时代的职业经理人本质上还属于“助手”，其与大亨之间的关系类似于中国历史上的东家与掌柜的，东家已经决定了干什么，掌柜的具体去干。用现代术语说，就是大亨建立了企业并确定了公司的战略和大政方针，职业经理人负责具体的落实和执行。现代公司职业经理人的“东家”则是董事会和股东会，职业经理人的权限可以很大，可以对公司的战略和大政方针有实质性影响。现代职业经理人与管理主义时代的职业经理人也不同，管理主义时代公司控制权市场不不发达，股东处于被动地位，经理人是公司的王者。现代公司的“东家”—投资人，在外部以资本市场的力量控制着公司，在内部则成为了推动公司终结创始人—经理人、引入职业管理的主要力量。谷歌和Facebook可谓是两个典型。

谷歌的两位创始人选择要以少数股权“同时”接受凯鹏华盈和红杉资本

两家风投，其用意就在于防范只有一家注资时，风投的势力过于强大。即使这样，谷歌还是遭遇了来自风险资本的“管理”压力。在决定注资之初的1999年上半年，两家风投就提出了对佩奇和布林两位创始人管理经验缺乏问题的担忧，要求公司逐步招聘包括首席执行官在内的高级管理人员，但是被两位创始人抵制掉了。到了2000年，风险资本家加紧了对谷歌聘请首席执行官和高级管理人员的催促。但是佩奇和布林对于风险资本家倡导的“职业管理”这一套从内心里不太信任，担心会破坏以工程师为王的谷歌文化。他们面试了15位以上的候选人，没有一个能让他们满意的。聘请首席执行官的事情一直没有进展。2000年12月，一直热衷于为谷歌寻找首席执行官的凯鹏华盈合伙人杜尔把埃里克·施密特介绍给了佩奇和布林。2001年3月，施密特出任谷歌公司董事会主席，并于8月被聘为谷歌公司首席执行官。

Facebook公司的情况也大致如此。扎克伯格虽然兼任首席执行官，但他是一种保持距离型的控制。2007年10月，接受微软投资、完成了第四轮融资之后，在董事会成员布雷耶的要求之下，扎克伯格从谷歌挖来了谢丽·桑德伯格出任Facebook的首席运营官。2008年3月，40岁、身为两个孩子母亲的桑德伯格开始到Facebook上班，为扎克伯格这个当时23岁的男孩子打工。来了新的“总管”，扎克伯格给自己放了1个月的假，一个人独自背包做了一次环球旅行。桑德伯格帮助公司找出了一套新的广告业务模式，并对公司管理的基础架构进行了重组，许多年轻的公司元老选择了离开公司，另行创业。

6.8.4　创始人家族控制下的职业经理人管理：冲突与磨合

由于资本市场的相对落后，以及其他一些法律（基金会制度）和历史（传统贵族）原因，欧洲国家公司的股权集中度比较高，特别是双重股份制度的普遍存在，使很多欧洲国家公司的创始人家族长期保持着对公司控制。美国只有福特和沃尔玛等少数公司是这种状态。但是，或者由于创始人后代的内部矛盾，或者由于高度的市场竞争，人才成为企业制胜关键。这些创始人家族控制的公司也都普遍引入了职业经理人管理。保持创始人家族控制的情况下引入职业经理人，要比资本市场控制和投资人压力下的职业经理人引入，情况复杂得多，也需要一个更长时间的磨合与制度建立过程，保时捷和沃尔玛可以算是两个典型。

始创于1931年的保时捷，直到1972年，控制着公司的姐弟两个家族之间合作很好，在所有的大事情上，费里·保时捷（公司创始人的儿子）都是与他的姐姐路易丝共同商量着决定的。但是随着家族第三代加入公司，开始矛盾重重。费里·保时捷的管理权威时常遭遇来自他外甥费迪南德·皮尔希（路易丝的儿子）的挑战。最后费里·保时捷和路易丝达成协议，全部家族成员退出公司管理层，不再介入日常事务。解聘费迪南德·皮尔希（后来成为了大众汽车的CEO）同时把所有家族第三代成员从公司高层管理职位上调离。费里·保时捷自己也退出高层管理职位，交由职业经理人负责。1984年4月，保时捷公司股票上市，但是对外部投资者发行的是没有投票权的股份，所有有投票权的股份都掌握在家族成员手中。

1992年9月，魏德金出任了保时捷公司管理董事会发言人职位，1993年6月，正式升任保时捷公司管理董事会主席。保时捷公司的管理决策开始由管理董事会完全掌控，而不再像以前那样，多数关键管理决策实际由股东家族成员坐镇的监督董事会做出。从1972年改制为股份公司、家族人员退出日常管理开始到文德林·魏德金上任之前的所有公司总裁（管理董事会发言人或主席）都被提前解雇。魏德金是保时捷公司1972年开始引进职业经理人管理二十年之后，首位能够长期在职并且带领公司取得辉煌业绩的总裁（管理董事会主席）。一方面是得益于其作为机械工程专业出身的经理人，在生产管理和车型决策等方面的内行，以及彻底执行能力；另一方面是其卓越的外交才能，协调两大股东家族关系及股东家族与劳工之间的关系，得到关键人物支持。

1974年开始，56岁的沃尔顿虽然仍是沃尔玛公司的董事长兼总裁，但开始将日常管理责任交给40岁的罗恩·迈耶——负责财务和分销，和45岁的费罗尔德·阿伦——负责商品经营。公司开始产生罗恩·迈耶和费罗尔德·阿伦两大派系，加上迈耶明确提出由他负责管理沃尔玛公司，否则将辞职的要求，沃尔顿不想让罗恩·迈耶走人，便决定由罗恩·迈耶出任沃尔玛公司董事长兼首席执行官，费罗尔德·阿伦任总裁，沃尔顿任董事会执行委员会主席，承担监督和检查职责。

但是，一方面沃尔顿没有做到真正放手，另一方面罗恩·迈耶和费罗尔德·阿伦之间的派系斗争问题没有真正解决，30个月之后的1976年6月，沃尔顿重新出任沃尔玛公司董事长兼首席执行官。沃尔顿想让罗恩·迈耶留下来担任副董事长兼财务总监，但是罗恩·迈耶没有接受。罗恩·迈耶——财务总监、数据处理经理和分销中心负责人离职，一批高级管理人员也随之而去。在应对罗恩·迈耶的离职风波中，沃尔顿破格提拔了一位年轻人杰克·休梅克为经营、人事和商品部执行副总，又导致更多的经理人员离职，以至高级管理人员中总计有三分之一的人离职。这种局面甚至使沃尔顿自己都一度对公司前景失去信心，但是凭借其从创业开始就对招揽人才加盟格外重视所积累起来的“后备人才库”，沃尔顿很快渡过了这场人事危机。折价杂货连锁店风云人物、被沃尔顿视为零售业天才之一的戴维·格拉斯加入了沃尔玛，负责财务和分销，并进入了公司董事会，使公司恢复了正常秩序。

杰克·休梅克和戴维·格拉斯之间，虽然还是存在竞争，但是保持在了良性状态，没有演变为沃尔顿所痛恨的状态——把同事之间工作上的竞争变成“个人之间的私事”。1978年杰克·休梅特开始担任公司总裁和经营主管，戴维·格拉斯负责财务。1984年，戴维·格拉斯出任总裁和经营主管，杰克·休梅克转而负责财务。1988年，沃尔顿进一步将首席执行官职位交给了戴维·格拉斯，杰克·休梅克（个人不想在沃尔玛干到退休年龄）从管理层退职，但仍为公司董事。

尽管有人事地震等，但是整个1980年代，沃尔玛保持了持续强劲的增长。1992年4月5日，在其74岁生日后数日，沃尔顿因癌症离世。1992年4月7日，1978年加入了沃尔玛董事会的沃尔顿长子罗布·沃尔顿出任沃尔玛公司董事长。沃尔顿的小儿子吉姆·沃尔顿于2005年也加入了沃尔玛公司董事会。在职业经理人管理之下，沃尔玛继续高歌猛进，从美国最大零售商发展成为了世界最大企业。

第7章

董事会的委员会与董事选举

下设一些独立的委员会可以提高董事会工作的效率与质量，但是也要避免过于关注董事会的委员会，而忽略了董事会作为一个整体的有效性，并且特别要注意可能因为委员会而割裂了董事会的危险。

在当前全球性的公司治理改革中，监管机构、交易所、机构投资者和那些领先公司，都非常重视的一个问题就是董事会的委员会设立和其相应职责的到位。董事会委员会的运作，甚至已经不再是董事会内部的事务，而成为监管机构和股东们也都要密切关注的事项。比如，公司年报中要有审计委员会和薪酬委员会单独的报告，汇报其履职状态，所遵循的守则等等。

包括董事会委员会状态在内的整个董事会作用的不到位和相关信息的披露不充分，可以说是中国公司治理中的一个最薄弱的环节。在这个公司治理的核心和关键问题上的薄弱状态，可能与中国上市公司目前仍是一股独大状态有关，但与我们对现代企业制度和公司治理基本原则的认识偏差和理解不充分也有关。在其背后，也许有中国的政治经济体制和文化方面的深层原因。

按照有关法规和上市规则的要求，中国上市公司已经普遍设立了审计委员会、薪酬与考核委员会、提名委员会和战略委员会等四个委员会。这是一个可喜的进步，中国上市公司形式上已经具备了与美国上市公司“一样先进”的董事会及其专业委员会结构。但是，更为重要的是董事会和这些专业委员会的实际运作情况。

如同整个中国市场经济体制发展情况一样，尽管纵向自我比较，进步很快甚至很大，但是一横向国际比较，就是差距仍然很大、落后很多。公司董事会如何确保其自身作为一个整体及其各个委员会的运作情况呢？国际领先公司都是怎么做的，有哪些最佳做法值得我们借鉴？这就是本章和随后两章要探讨的主题。本章中先就董事会委员会的总体情况作一探讨，然后介绍主要负责公司治理职责的董事会提名与治理委员会。另外两个重要的董事会委员会，审计委员会和薪酬委员会，则在接下来的两章中分别探讨。

7.1 董事会委员会的由来、种类与数量

7.1.1 董事会委员会的由来

从根本上说，董事会是作为一个整体来担负公司管理职责的，董事会成员内部如何分工合作，是他们自己的事情。在董事会下设一些独立的委员会，只是为了更有效地发挥董事会的监督、制衡及决策作用。

但是，近些年来随着公司治理运动的展开，监管者和投资者等各种外部力量越来越多地介入到了董事会的内部运作规则之中。董事会内部设置一些独立和专业委员会成为了全球公司治理改革的一个重要趋势。在公司治理结构中，在董事会下设一些独立的委员会，是为更有效地发挥董事会的监督及制衡作用。涉及一些敏感问题，如董事的薪酬，为了保证客观，这些委员会通常包括高比例的独立董事，或者全部由独立董事组成。另一方面，为了提高决策的质量，董事会中也通常设置一些专业委员会，分别负责协助董事会做好工作。这些领域经常需要专业投入和详细的讨论，这在整个董事会的会议中难以有充分的时间安排。

专栏 7-1　常见董事会下属委员会的职能：简要指南

执行委员会：在董事会闭会期间作为董事会的代表机构行使职权。

审计委员会：负责对公司的经济运行进行审计监督；负责评价和监督公司的财务报告流程和内部控制；与外部独立审计师保持沟通。

薪酬委员会：负责研究公司高级管理人员的薪酬事项和制定董事薪酬政策，以能够吸引、留住和激励公司高水平的董事。

提名委员会：负责建立提名过程程序；负责提交董事会的规模、构成方案；负责向董事会推荐候选董事和高级管理人员。

董事事务委员会：负责委员会成员的安排与轮换；董事会和各委员会的会务工作；确保董事会的程序和规章制度得以遵守。

公司治理委员会： 负责向董事会评价和报告公司治理情况，例如：公司战略发展方向，组织结构，董事会、股东和高级管理人员之间的关系等；负责推荐其他公司有效的创新治理模式。

财务委员会： 负责监督公司内部财务与会计活动，审核财务报告。

7.1.2 董事会委员会的种类

现代公司董事会内部，通常有两类委员会：一类是公司治理类的委员会，成员以非执行董事为主，主要执行董事会的监控职能，目的在于规范运作；二是公司管理类的委员会，主要执行董事会的战略和管理职能，目的在于帮助公司取得更好的业绩，成员包括非执行董事和执行董事。

从公司治理角度来说，董事会内部的一些公司治理类委员会要起制衡作用，尤其是在英美传统的单层董事会制国家。常见的公司治理类委员会包括执行委员会、审计委员会、薪酬委员会、提名和治理委员会等。这些委员会主要是为了确保公司规范运作和保护股东利益，处理的是一些执行董事和经理层人员有利益冲突的事项，其组成和运作都要受制于监管部门和证券交易所的一些规则的限制。尤其是审计和薪酬两个委员会，已经直接受到了投资者的关注和证券交易所的规制，要担负一些直接向股东汇报的工作职责。

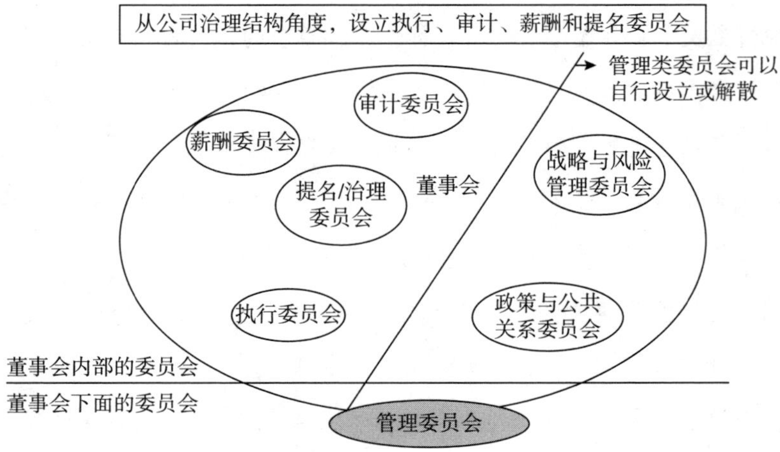

图7-1 董事会的委员会组成

另一方面，从管理角度来说，董事会仅靠每年10次左右的全体会议很难从组织上有效地履行其职责，因此，董事会中通常设置一些专业委员会，分别负责协助董事会做好相应的专业领域里、公司管理性质的工作。常见的董事会内部的公司管理类委员会包括战略与风险委员会、政策与公共关系委员会以及投资委员会、技术委员会等等。管理类委员会主要是为了确保高层战略管理上的有效性与质量，各公司之间差异很大，在其组成和运作上，董事会有非常大的自主权，可以根据情况变化组建一个新的委员会或解散一个现存的委员会。这类委员会一般是向董事会全体会议报告和提出建议，不做最后决策。

上述的两类委员会都属于董事会内部的专业委员会，成员都是董事，执行的是董事会职权范围之内的事项，非公司董事会成员只能作为该类委员会的顾问或者是支持人员，不能有正式的投票权。此外，很多公司还设立了包括非董事会成员的高级管理人员在内的董事会下面而非董事会内部的执行公司管理职能的委员会。这类由董事会成员和经理层人员共同组成的委员会，规格低于董事会和董事会内部的委员会，但高于公司首席执行官以及纯粹由经理人员组成的一些管理层委员会。

7.1.3　董事会委员会的数量

董事会内部委员会的数量并非越多越好，因为董事会委员会所承担的也是董事会授权和董事会分内的事务。但就当前公司治理的需要来说，审计、薪酬、提名以及中国公司更为需要的关联交易审核等等事务，都需要有称职的独立董事起主导作用。独立董事占多数并担任主席职位的委员会是在整个董事会中占不了多数的独立董事充分发挥作用的一种重要制度保障。没有适当数量的委员会承担这些相应的职责，则必然是或者忽略，或者是由有执行董事在内的全体董事共同履行而带来一些不足、偏差和利益冲突。

一些机构投资者要求上市公司设立全部或主要由独立董事组成的委员会。美国加州公职人员养老基金组织要求设立6个委员会：审计、提名、董事会评估与治理、首席执行官评估与管理、薪酬、合规性与伦理。澳大利亚投资经理协会要求上市公司成立审计、薪酬和提名三个委员会，这三个委员会要由独立董事领导并全部由非执行董事构成。爱尔兰投资经理协会也要求成立审计和薪酬两个委员会，在发生管理者要购买企业（MBO）的情况下，要成立一个全部或主要由非执行董事构成的专门委员会，获取独立顾问意见。

一些著名公司董事会委员会的数量通常超过3个。例如：克莱斯勒公司4个；英特尔公司5个；通用汽车公司7个 。通用汽车公司的7个委员会是：审计、股本（Capital Stock）、董事事务、管理、薪酬、投资和公共政策。除投资委员会之外，其他委员会全部由独立董事构成。通用汽车公司的董事事务委员会职能与一般要求的提名委员会的职能基本一致。

伊士曼化工公司董事会有五个委员会，分别是：审计委员会；财务委员会；报酬和管理开发委员会；董事委员会；健康、安全及环境和公共政策委员会。这五个董事会委员会的全体委员均为独立董事。

7.2 董事会委员会的基本规则、成员与会议

7.2.1 董事会委员会的基本治理规则

从公司治理的基本规则上来说，董事会委员会是在全体董事会成员授权之下，行使一部分董事会权力的。无论如何，这些委员会的权力不能超越董事会自身所拥有的权力。美国特拉华普通公司法特别明确了董事会委员会无权修改公司章程，无权决定公司并购或合并以及公司分红和发行股票等事项。

专栏 7-2 《特拉华州普通公司法》关于董事会委员会组成及其权力的有关规定

根据全体董事的多数人决议，董事会可任命一个或多个委员会，每个委员会由一个或多个公司董事组成。

董事会可以任命一个或多个董事作为任何一个委员会的候补成员用来在任何一次委员会的会议上替补任何一位缺席委员或不够资格的委员。

公司组织细则（管理章程）可以规定当一个委员会的委员缺席或不够资格时，在会上的有表决权资格的董事，不论他们是否已构成法定人数，可以在他们一致同意下指定董事会中的其他成员来替代上述缺席或不够资格的委员作为。

任何一个这样的委员会，在董事会决议或公司组织细则（管理章程）规定的范围内，在管理公司业务和事务的范围内，应当具有并可行使董事会拥有的一切权力和权威，并且可以在必要时在有关文件上加盖公司印章。

但是这些委员会无权修订组成公司证明文件（注册章程），无权通过一项决议去吞并一家公司或被吞并，或和一家公司合并，或者向股东建议解散公司，或建议撤销这一解散的决定，或者修订公司的组织细则（管理章程）；以及，除非在组成公司证明文件中或公司组织细则中有明确规定，这些委员会都无权力或权威宣布发放红利，发行股票。

《特拉华州普通公司法》第四分章“董事和官员”第141节（c）款。

在不违背公司法的前提下，股东可以在公司章程中，对董事会委员会的组建及运作设定一些基本规则。比如IBM公司就在其管理章程中规定，董事会可以委任其成员组成一些委员会，这些委员会应当并且可以行使经董事会决议授予它们的权利。组成这些委员会的董事数量由董事会决定，但每个委员会的董事数量不得少于三人。这些委员会可以是就特定事项而设立临时性质的，也可以是常设性质的。除非董事会另有规定，这些委员会的决议及法定人数要求、举行会议的时间、地点等均由全体委员会成员的多数决定。董事会有权无需任何理由，随时变更或辞退委员会成员、填补委员会空缺、改组或解除任何一个委员会。委员会的任何成员有权随时以书面形式向董事会提出辞职[①]。

就每一个董事会委员会的运作来说，还都要遵守如下一些基本的治理规则。最主要的一条就是，董事会的每一个委员会要有自身的书面章程，委员会章程要包括如下内容：委员会的使命、委员会的职责、委员会成员的资格要

① IBM公司管理章程第四章“执行委员会及董事会其他委员会”。

求、委员会成员任命和解聘的程序、委员会的构成和运作等等。

董事会及其各个委员会拥有在其认为必要时聘请或解雇独立法律顾问、财务顾问及其他外部顾问的权力，无需事先与公司任何经理人员商讨或获取其批准。这是一个未必真的使用但却至关重要的权力。它类似于原子弹，是一种威慑性的力量。没有这种威慑力量，经理层就会肆意地做手脚，欺负“不懂事的董事”。

独立董事可以参加所有委员会的所有会议，不论其是否是该委员会的成员。

除紧急情况外，至少提前两天将会议议程及完整材料送至所有委员会成员。

除紧急情况外，要将委员会会议通知所有成员，使所有成员均有机会参加会议。

要保持完整的会议记录，该记录要对所有董事在任一工作时间开放备查。

7.2.2 董事会委员会成员的委派与轮换

关注公司治理的机构投资者普遍强调，应由独立董事向董事长推荐各委员会成员的组成及主席的候选人。

在实际运作中，董事会各个委员会成员的委派有三种模式：一是直接由董事会任命，二是由董事会根据提名和治理委员会的推荐任命，三是直接由提名和治理委员会负责。

第一种模式的代表性公司是英特尔，其公司治理准则中的具体规定是“在咨询董事会主席并考虑单个董事的意愿之后，董事会负责把董事会成员指派到各个委员会”。

第二种模式的代表公司是花旗集团，其公司治理准则中的具体规定是“由董事会根据提名和治理委员会的推荐及董事个人意愿来任命董事会下设委员会成员”。

第三种模式的代表性公司是通用汽车公司，其公司治理准则的具体规定是“董事事务委员会负责在征求首席执行官意见并考虑到董事个人要求的基础上，安排各个委员会成员的工作”。伊士曼化工公司也是以这种模式分配董事会委员会成员的：“在与首席执行官商量之后并考虑单个董事会成员的愿望后，董事委员会负责把董事会成员分配到各个不同的委员会中。”

委员会成员的轮换也相应地有些差异。花旗集团是委员会成员及委员会主席都要根据提名和治理委员会的推荐而定期地轮换。通用汽车公司董事会认为，通常每隔五年应考虑对委员会成员进行轮换，但这并不是一个不可更改的规定，因为在某种情况下，可能会需要个别成员在该委员会里工作更长的时间。伊士曼化工公司与通用汽车类似：每隔3～5年对董事会成员定期进行轮换，但允许有例外。英特尔公司董事会认为，当委员会成员退休或工作职位发生改变时，他们没有必要立刻退出董事会。

7.2.3　董事会委员会会议议程和议题的决定

因为其对公司战略和公司业绩所担负的职责，首席执行官经常在全体董事会会议议程制定上起重要作用。但是普遍认为，董事会的委员会应该更独立于经理层的控制。

董事会下设委员会的实际运作，主要是会议频率、时间和议题的确定，有两种模式：委员会主席为主决定和董事会主席为主决定。

花旗集团、通用汽车公司以及伊士曼化工公司都是委员会主席主导模式。各个委员会主席根据委员会章程规定及经与委员会成员商讨确定委员会会议的频率和长度，并经与高级经理层的商讨确定委员会会议的议程和议题。美国通用汽车公司公司治理规则中的具体规定是“各委员会主席在征询委员会成员意见的基础上，决定委员会会议召开的频率和每次会议的长度。委员会主席在征询有关管理部门和公司有关职员意见的基础上，制定委员会会议的议程”。

英特尔公司是董事会主席主导模式。英特尔公司治理规则的具体规定是“通过与公司秘书处、各委员会主席以及高层管理人员的充分讨论，董事会主席决定各委员会会议的频度及会议时间的长度，并制定出会议议程”。

无论委员会主席主导模式，还是董事会主席主导模式，董事会中的各个委员会应在每年年初对当年将讨论的项目，确定一个年度的讨论议题计划，并在委员会会议之前呈交全体董事。所有董事共享各委员会的会议议程与会议纪要，欢迎所有董事会成员参加各专业委员会的会议。

据对美国上市公司董事的调查，当问及谁主要负责董事会委员会的会议议程制定时，74%的人说是各自委员会的主席确定委员会的会议议程。但是，还有10%的回答者说，首席执行官主要负责制定董事会委员会的会议议程，这也是首席执行官在一些公司中影响超常的一个证据。

7.2.4 花旗集团董事会委员会的职责与成员

在笔者2001年访问花旗集团时，花旗集团提供的介绍资料中是这样描述其各个委员会职责的。

执行委员会的职责

——在董事会闭会期间全权代表董事会，需要召开董事会会议而董事无法全体到场时可代行董事会职责。

审计委员会的职责

——审查审计方案及公司独立审计师和内部审计师、风险监察官员的审计结果。

——审查财务报表和会计政策。

——审查内部纪律的遵守情况以及税收、法律、监管事务。

——向董事会推荐独立审计师并评估其独立性及绩效。

——审计委员会的下属委员会涵盖了公司及投行业务、消费者业务和保险业务。

——证券交易委员会和纽约交易所的规则要求审计委员会成员保持独立性并拥有财务知识。

人事、薪资及董事委员会的职责

——评估集团及董事会在维持有效的公司治理实践方面的努力，确定董事候选人。该委员会将考虑董事和股东建议的候选人。来自股东的提名应该先以书面形式提交花旗集团董事会秘书，以供该委员会甄选。

——该委员会审核高管人员的报酬，包括管理委员会和业务计划小组的成员，以及公司层次的大多数管理人员。该委员会负责确定董事长办公室成员和一些其他高级执行官员的报酬，并且具有批准花旗集团所有执行官员报酬的权利。该委员会可以聘请独立的薪酬顾问企业协助。该委员会也负责批准一些涉及整个花旗集团的涵盖更多人员和特殊的薪酬计划。

——批准奖金方案、员工股票期权的发放以及其他员工股票奖励和有关计划。

——证券交易委员会和国税法要求委员会成员保持独立性。

公共事务委员会的职责

——就对公司和公众有重大影响的公共问题，审查公司的有关政策：

隐私权；

公平贷款与机会均等；

多元化。

管理层下设各委员会的职责

董事会授权首席执行官任命各管理委员会负责公司的日常运作。管理委员会由公司六位级别最高的执行官员组成。

——财务和资本委员会：确定公司的总体财务结构，包括资产负债率、债务到期日分布、资产增值和到期原则；监测市场和流动性风险，审批公司融资计划。

——筹资委员会（Funding Committee）：确定公司借债的定价和条款，包括公募和私募发行债务证券。

——全球投资政策委员会：负责制定战略性投资政策；审核投资业绩。

——风险监督委员会：审核公司的风险承担情况和有关做法。

——福利计划管理委员会：管理公司的福利和养老金计划。

2000年底时花旗集团的董事会有执行委员会、审计委员会、人事薪酬及董事委员会、公共事务委员会等四个委员会。2002年新成立了提名和治理委员会，把原来融在人事、薪酬及董事委员会中的董事提名职责独立出来，并且加上了一个更广泛的公司治理职责。董事会下属委员会总数增加到五个，分别是：执行委员会、审计委员会、人事和薪酬委员会、公共事务委员会、提名与治理委员会。专栏7–3是2001年笔者访问花旗集团时，当时董事会及其四个委员会的人员构成。

专栏 7-3 花旗集团的董事会构成：董事会的委员会

董事	执行委员会	审计委员会	公共事务委员会	人事、薪酬和董事委员会
Mr. Armstrong		x		
Mr. Belda		x		
Mr. Bialkin	x		x	
Mr. Derr	x	x		
Mr. Deutch		x	x	
Mr. Jordan			x	x
Mr. Mark		x	x	
Mr. Masin			x	x
Mr. Mecum	x	主席		
Mr. Parsons				x
Mr. Pearson				x
Mr. Rubin	主席			
Mr. Thomas	x		主席	x
Mr. Weill	x			
Mr. Zankel	x			主席
2000年度开会次数	0	6	4	7
成员数	7	6	6	6

资料来源：2001年8月到花旗集团总部的访问。

7.3 执行委员会、紧急状态下的董事会及董事会其他委员会

7.3.1 执行委员会：从管理职能为主转为治理职能为主

董事会的执行委员会源自美国公司管理实践，在董事会闭会期间作为董事

会的代表机构行使职权。审计委员会也是先源于管理实践，后成为证券交易所要求上市公司董事会必设的机构。薪酬和提名两个委员会是公司治理运动兴起之后，主要由投资者要求上市公司设立的。

早期的董事会执行委员会具有董事会“常务委员会”的性质，具有公司管理类委员会的特点，并不排除首席执行官，甚至像IBM公司管理章程还规定公司首席执行官是董事会执行委员会的常任委员。但是近些年来，随着公司治理改革的推进，董事会的执行委员会越来越转向为公司治理类的委员会，就是主要由非执行董事构成董事会的执行委员会，首席执行官不再是董事会执行委员会的当然委员。执行委员会开始有点像是“原子弹”，是个非常重要但却不太常用的预备性的公司治理制度装置了。一般在没有需要全体董事会决定而全体董事会又来不及召开会议这样的紧急情况下，董事会的执行委员会是可以“不作为”的。从2000年到2002年的三年中花旗集团董事会的执行委员会都没有开过一次会议。

董事会的执行委员会没有单独的书面章程，但是在公司章程细则（BY-LAW）中有专门的一章是有关执行委员会的。

公司章程是比委员会章程更有法律地位和约束力更强的公司文件。由此也可以看出美国公司执行委员会的特殊地位和重要性。在公司章程中，除对执行委员会有单独的规定之外，对董事会的其他委员会都只在“其他委员会”一节中做个较为一般性的规定。

7.3.2　IBM公司的执行委员会

IBM公司在其管理章程中设置了专门的一章，“第四章：执行委员会及其他委员会”，对董事会执行委员会的构成、职责、会议及运作等等作了具体规定。

执行委员会的构建：成员、主席和秘书

经多数董事决议，董事会可以委任不超过四名现职董事组成一个执行委员会。除经全体董事会多数决议外，委员会成员资格将一直持续到其接获委任后的下一届股东会议召开，或者直到委员会成员的董事资格被提前终止。首席

执行官是执行委员会的常任委员。董事会可以通过决议的形式委任一位成员担任执行委员会主席，执行委员会主席负责主持委员会会议。如果委员会主席缺席，CEO负责主持；如果委员会主席以及CEO均缺席，董事长负责主持；如果委员会主席、CEO以及董事长均缺席，则由总裁负责主持；如果上述人员均缺席，出席执行委员会的多数委员应选举一位主席主持会议。公司秘书担任执行委员会会议秘书并负责会议记录；如果公司秘书缺席，会议主席可以任命任何人担任此项职务。

执行委员会的职权

执行委员会可以对董事会授权管理的事项行使董事会的所有职权。在此范围内，执行委员会应当并且可以行使对公司的管理及日常事务行使董事会的所有职权，包括授权使用印鉴，但不包括任命执行委员会委员的权力。执行委员会行使职权时应符合公司最佳利益，并与董事会过去采取的任何行动不矛盾。执行委员会在董事会授予权限范围内采取的行动视为董事会的行动。执行委员会在每次董事会例会上应将其采取的行动以备忘录的形式作出书面报告。在其他时间里，如果董事会要求，执行委员会也应采取同样方式向董事会书面报告。

执行委员会会议

执行委员会定期会议应按经委员会多数通过的决议所确定的时间、日期和地点举行，此类会议无需通知。执行委员会定期会议也可以由委员会主席来确定并签发会议通知，如果主席不在，CEO也可做出召集会议决定。执行委员会临时会议由委员会主席或CEO召集。列明时间、地点的执行委员会临时会议通知（包括需要通知的定期会议）应预付邮资并以快件方式至少在会议召开前四天寄给每一位执行委员会成员，或者至少在会议召开前二十四小时通过传真或类似媒体发送给每一位委员会成员，也可以通过送信人或电话传达给每一位委员会成员。但根据管理章程规定免予通知的委员会成员无需通知。如果委员会的所有成员均在场，执行委员会召集的任何会议无需通知即为合法。

执行委员会的法定人数及运作方式

执行委员会的四名成员即构成了决议的法定人数，符合法定人数的执行委员会会议中多数委员的意见即为委员会的决议。通过电话或类似能让所有参会者互相沟通的设备参加会议应视为亲自到会。执行委员会的任何成员个人无权代表委员会，委员们作为一个集体才能代表委员会。

7.3.3　灾难、危机与紧急状态下的董事会

在今天充满动荡、灾难频繁成为新闻头条的时代，危机管理是一个关键问题。但是多数董事会却没有为公司危机做好准备。即使是在美国的上市公司中，当被问及董事会是否讨论过公司面对重大危机的应急行动计划时，也只有41%的公司董事给予了确定性的回答。这样低的董事会“应急预案”讨论比例，表明公司缺乏在危机时期的领导力。无论危机是来自首席执行官的突然死亡或丧失能力，或者是气候灾害、劳动纠纷，或者是竞争者的突然袭击等等，董事会都对其股东、雇员和顾客负有责任，要有一个行动计划以保持公司能够在危机中前行。

公司要对各种各样的危机作好哪些准备？这是专门和巨大的题目，超过了本书的讨论范围。但是健全的公司治理必须要关注的是，在灾难和危机等紧急状态下，需要董事会的决策时，公司董事会必须能够“及时到位”，不能找不到、联系不上公司董事会。

中国公司法和公司实际运作中，在这方面目前还是一个空白。美国特拉华州公司法中有关“紧急状态时的公司章程和权力安排”非常值得我们参考和学习。

应对紧急状态的基本规则是，公司可以采纳一个“紧急状态下的管理规则”，在这一规则中要规定一个可行的，在紧急状态下，需要召开董事会而全部或者一些董事联系不上，正常董事会无法召开时，公司的哪些人、按照什么样的一个顺序，可以作为紧急状态下的董事，以补足董事会，召开紧急状态下的董事会会议，行使董事会的权力。美国特拉华州公司法中规定了公司可以采

纳紧急状态管理规则的情形，紧急状态管理规则中要包括的主要条款等等。如果公司没有一个事先拟订好的紧急状态下替补董事会成员的名单，则是在场的公司高级管理人员先按级别再按年资的次序来补足董事会的法定人数。而且公司董事、高管甚或普通雇员按紧急状态管理规则采取行动，召开紧急状态董事会和行使董事会权力，不应承担任何责任，除非是故意的错误行为。

专栏 7-4 《特拉华州普通公司法》有关“紧急状态下管理规则”的规定

《特拉华州普通公司法》第一分章“公司组成”第110节“紧急状态时的组织细则和紧急状态时的其他权力”：

任何公司的董事会都可采纳紧急状态组织细则，该细则可以由股东们采取行动来废除或更改。

所谓紧急状态是指：因为美国或者公司业务经营所在地或者董事会习惯的会议所在地受到攻击，或者发生了核子或原子灾难，或者是处于其他类似的紧急状态中，这时无法召开能采取行动的，具有法定人数的董事会或其常务委员会。

紧急状态组织细则可以制定适应紧急环境的，可操作而又必需的条款，这些条款可包括：

（I）董事会或其属下的一个委员会可以在紧急状态细则中规定的那种条件下和方式下由任一位公司雇员或董事召开；

（II）参加了这样的会议的董事，或者由紧急细则规定的更多一些的人数便算是法定人数；以及

（III）在紧急状态发生之前，董事会要批准一个名单，名单中指明一批公司的官员和其他人，他们都按先后次序在名单中被排定，当由紧急状态细则规定的，或是在批准上述人员名单的决议中规定的条件下和时间（在紧急状态结束后不长于一个合理的时间）内要召开有法定人数的董事会时，上述名单中的人员应被视为是董事，他们应依照排定的先后次序补

足法定的董事人数。

董事会在紧急状态之前或之中可以规定，并可随时修改这一规定，规定在紧急状态下的人员接任名单。因为在紧急状态下公司的任何一位或全部官员或代理人可能有理由不再能履行他们的职务。

公司官员，董事或雇员按紧急状态组织细则行动时不应承担任何责任，除非是故意的错误行为。

在和紧急状态细则不相冲突的范围内，公司的组织细则在紧急状态中仍然有效，当紧急状态一结束，紧急细则的效力也应终止。

除非在紧急状态细则中另有规定，在紧急状态中的董事会会议通知只发给有可能参加会议的董事并利用当时可行的手段来发通知，包括在报刊上或在广播中通知。

在紧急状态时，在被要求董事会有法定人数时，当时在场的公司官员，除非在紧急状态组织细则中另有规定，应当被认为是可以参加董事会以求达到法定人数的董事。他们应当按级别次序，在同一级别中则按年资次序，参加进去。

《特拉华州法典》，第8篇，第110节，1983年。

IBM公司在其管理章程中规定，董事会可以设立一个特殊的成员及任期都可以不确定的应对紧急状态的委员会，实际就是我们所说的“紧急状态下的董事会”。其具体规定是：“董事会可以设立一个成员及任期不确定的委员会，该委员会的成员资格、法定人数、会议方式及运作方式等不受本管理章程规定的约束。当发生重大灾难或全国性紧急状态时，董事会由于成员死亡、丧失行动能力或无法召集全部或部分董事而无法采取行动时，该委员会应当并且可以行使董事会管理公司事务的一切权力，包括授权使用公司印鉴和填补董事会空缺。该委员会在授权范围内采取的行动视为董事会的行动。”

从正常情况下在董事会闭会期间代行董事会职权的董事会执行委员会，到紧急状态下按公司紧急状态规则组成“紧急状态下的董事会”，都可以说是公司治理制度上的“应急预案”，保证作为公司管理机构的董事会可以“无时无刻不在”。并且，由此一方面可以避免外在原因导致的需要董事会作为而董事会无法作为的情况，另一方面为根除“先斩后奏”“将在外君命有所不受”等等一类的经理层“越权行为”提供了制度保障。

7.3.4 董事会的其他委员会

除了上节已经探讨过的董事会执行委员会和后文中有专节或专章探讨的提名与治理委员会、审计委员会和薪酬委员会之外，公司还有哪些常见的委员会？可以说是五花八门。我们这里只是给出两个示例：战略与投资委员会和政策与公共关系委员会。

战略与投资委员会

战略与投资委员会的设立主要是从管理角度出发考虑的。重大投资融资活动和经营项目的最后决策权归属董事会、股东大会。战略与投资委员会的主要职能是由非执行董事及独立董事们提供客观意见，在与执行董事的共同研讨中，对企业的投资融资和经营活动进行把关，以避免出现不顾股东回报或不顾社会效益的投融资与经营行为。战略与投资委员会中非执行董事和独立董事，可以从多种角度对投融资和经营活动及其潜在风险进行评议，避免执行董事很容易犯的头脑发热病。

政策与公共关系委员会

政策与公共关系委员会的设立是从公司治理和管理两个角度出发的。设立政策及公共关系委员会来负责法规管理、对政府政策进行影响的活动、对外捐赠以及其他方面的一些公共关系活动，可以消除股东对首席执行官利用捐赠及其他公关活动谋求私利，买通董事、监事及有关外部监管部门的怀疑，同时避免社会摊派等活动对首席执行官日常工作的影响。尤其是那些有重大重组活动的公司，要特别处理好与政府各部门、新闻媒体及社会公众等各方面的关系。由董事会的政策及公共关系委员会处理和运作这方面的事情，即可以加强公司治理，又可以改善公司的外部环境，形成长期竞争优势。

7.4 提名与治理委员会

确保你的董事会是由具有合适技能组合的合适人员构成的。

现代公司中，董事会提名委员会，或者提名与治理委员会的起源要晚于审计委员会和薪酬委员会。从全球范围来看，其设立的普遍程度也要低于审计和薪酬委员会。但是随着各国公司治理改革的深入，提名与治理委员会的重要性却是越来越高，甚至已经呈现出一种比其他委员会高出一格的趋势。国际著名公司均已设立了提名委员会，或与提名委员会职能类似的委员会，以此提高其在国际资本市场上的竞争力。

7.4.1 诊断你的董事会

你的董事会在努力做事情，但是却没有你想象的那么有效率。在你的董事会会议室里或者是走出会议室后的楼道里，是否经常能够听到下面一些声音：

——尽管每个人都用心良苦，但是我们的董事会却一直无所作为。我认为我们需要改变一下我们的运作方式，但是没有人愿意牵这个头。

——最后一位公司创始人董事退了，新董事们都很年轻、精力充沛，但是没有什么公司治理经验，甚至不知道公司章程里都写了些什么。

——我们的董事会里全是一些自认为他们知道所有答案的人，因为他们都坐在董事位置上很多年了，他们不愿意听取什么新想法。

——我们知道我们需要一些新鲜血液、一些不同类型的人进入董事会，但是我们应该上哪里去找，怎么去找？

良好运作的提名与公司治理委员会正是帮助你面对和解决这些问题的。提名与治理委员会也许不像审计委员会那样，发现、控制和防范你的财务风险，直接避免你的财务损失，也不像薪酬委员会那样为你的董事、高管制定出合理和能够得到股东批准而又非常具有竞争力的薪酬水平与结构来，这两个委员会都有直接治病的效果。相比之下，提名和治理委员会的工作是更为基础性的，是董事会和公司治理的防疫药。

纽约股票交易所已经在其有关公司治理的规则中要求上市公司设立提名/公司治理委员会，还要对该委员会进行年度评估。为了确保提名/公司治理委员会的独立性并发挥监督作用，该委员会应全部或主要由独立董事组成。提名/公司治理委员会必须采用并向股东提供规定了委员会目的和职责的书面规章。提名/公司治理委员会的职责包括：①搜寻合格的董事候选人，确保他们符合董事会通过的标准，选出董事候选人或向董事会推荐由董事会选出董事候选人供股东大会选举董事；②研究、制订并向董事会推荐适合于公司的治理原则；③监督对董事会和管理人员的评估等。

中国上市公司治理准则规定，上市公司董事会可以经股东大会决议在其下设立全部由董事组成的提名委员会，其中独立董事应占多数并担任召集人。有关职责与纽交所的规定相似，但其主要职责中不包括研究和建议公司的治理原则、监督对董事会和管理人员的评估，也没有要求对该委员会进行年度评估。

7.4.2 提名委员会的构建

设立提名委员会的一个重要目的是使投资者相信，公司通过提名委员会形成了一个董事筛选和提名方面的监督和平衡机制，防止董事会沦为利益交易的俱乐部。通过主要由独立董事构成的提名委员会来负责筛选和提名新董事，可以限制握有主导权的董事（如董事长、首席执行官）根据自己的个人喜好选拔新董事，在董事会中安插亲信。提名委员会负责建立董事提名程序；负责提交董事会的规模、构成方案；向董事会推荐候选董事和高级管理人员。提名委员会负责初选董事候选人，但董事会负责最终确定。

鉴于提名委员会的工作涉及人事这一关键性的问题，提名委员会成员的任职资格十分重要。由首席独立董事担任主席，可以因其较高的专业声誉而能够得到有关各方的信赖，并符合国际通行的公司治理结构最佳做法准则。一位是财务经济专家和一位是行业专家的非执行董事可以分别为董事提名工作提供经理市场面和行业面的知识支持，对于有效地完成提名委员会的董事工作评价、董事会效率评价等职能也大有助益。

除了在提名董事中发挥作用，提名委员会在选择合适的人选担任公司首席执行官方面也肩负职责。提名委员会应该制定选聘首席执行官和评估其业绩的标准。同时，如果公司没有另外设立单独的公司治理委员会，提名委员会要肩负相应职责，在公司治理的设计中发挥领导作用。委员会应向董事会提出公司治理准则，一旦董事会通过了公司治理准则，负责根据公司治理准则监督董事会的运作，确保公司治理准则得到遵守并能随形势变化不断更新。

7.4.3　从提名委员会到公司治理委员会的发展

通常负责公司治理绩效的委员会是提名委员会。但是董事提名和董事会构成只是整个公司治理开发和治理绩效的一个很小的方面。

人们期望董事会自身会关注治理这一关键的组织需求，但是通常情况下，这却成为了一个被随意应对的问题。比如董事会绩效评估这样一个改进治理绩效的关键问题却常常被忽视，绝大多数公司没有其单个董事和董事会整体进行任何严格和有意义的评估。公司治理委员会由此登上舞台。

据有关机构对国际著名大公司调查，很多董事会在过去几年都新设了委员会，其中以公司治理委员会最为盛行。其他比较盛行的新成立的委员会有财务、风险管理和公共事务委员会。

公司治理委员会（The Corporate Governance Committee），也可能称为董事会发展或董事会开发委员会，董事会事务委员会或董事事务委员会（如通用汽车公司），董事会运营委员会（The Committee on Board Operations）等等。公司治理委员会，一个简单的定义是董事会中一个专业委员会，专门负责评价公司治理标准、公司治理程序。由于要负责评估董事会的人才需求，该委员会常常是由提名委员会发展而来的，但是其所负职责范围要远远大于提名委员会。有的公司在提名委员会制外成立专门的公司治理委员会，负责董事提名之外的那些范围更为广泛的公司治理问题，如克莱斯勒汽车公司。

从提名委员会到公司治理委员会的演进，是从美国Medtronic公司[①]开始的。在20世纪90年代初，该公司将其提名委员会重组为公司治理委员会，并同时制定了该公司的公司治理原则。公司治理委员会的建立和公司治理原则的制定之间就是个鸡和蛋的关系。不同公司之间公司治理委员会的成员资格条件有所不同，但是几乎都要是由外部和独立的董事会成员组成才行。例如，在Medtronic公司，所有九个外部董事都是该委员会的成员，每年定期召开三次会议。

公司治理委员会的主席人选确定，可以是设立公司领导董事（这是由通用汽车公司首创的要在独立董事中指定一位牵头和领导性的角色）的一个绝好机会，尽管绝大多数的公司并没有给予公司治理委员会主席一个领导董事的正式头衔。领导董事这一做法，还仍然停留在一种非正式制度的状态，但是，如果公司治理委员会主席承担这一角色，他（或她）可以更好地在首席执行官和整体董事会之间担当起一个联系和沟通的角色。建立公司治理委员会是提高董事会质量的一个重要举措。这一机制是为董事会更好地完善其自我选择过程而设立的，设立公司治理委员会的行动和有关公司治理问题的讨论，都会导致有关公司治理问题的重新思索和改善。

公司治理委员会并不限于大型公司才需要。很多创业型公司发现该委员会是确保董事会效率的有效工具。在人数较少的董事会，可能由所有的独立董事共同组成公司治理委员会。

7.4.4　治理委员会的权限和工作职责

公司治理委员会可以使那些确保一个组织现在和未来健康而有效治理的做法制度化。公司治理委员会要把握最新和最重要的政策，检查董事会自身的工作，并在必要时做出改变。

治理委员会有权要求包括公司首席执行官在内的高级管理人员向委员会报

① 美敦力公司（Medtronic, Inc.），总部位于美国明尼苏达州明尼阿波利斯市，是全球领先的医疗科技公司。

告工作；有权取得公司重大事项的可行性研究报告、重要合同与协议，以及其他委员会认为有必要取得的一切资料；在认为必要时委员会可以聘请外部咨询机构或专业人士进行特别咨询，提供特别工作或咨询报告，有关费用由公司承担等等。

公司治理委员会应该做什么？根据Grant Thornton[①]所提供的有关职位描述，可以将公司治理委员会的主要工作职责概括如下：

①选择新的董事候选人以供股东大会选举（提名委员会的正式职责），该委员会具有发现、筛选和面试董事候选人的义务和权力。

②确保新董事得到有关他们在董事会中的职责和义务的培训。

③批准有关董事会规模、年龄限制、任职期限、会议数量或者基本流程等方面的改变。

④批准董事会成员的薪酬，包括支付方式、养老金、费用和福利等。

⑤在与首席执行官讨论之后，任命董事会各个委员会的主席和成员。

⑥评估新设的、临时性的或者常设性的委员会的职能。

⑦组织和协调首席执行官、董事会自身和单个董事的绩效评估。这可能是那些公司治理提倡者们最为看重的领域。

专栏 7-5　NOVELL公司[②]的公司治理委员会职责

①建立董事的推选标准并推荐董事会候选人。

②搜寻有前途的董事人选。

③审查股东推荐的候选人。

④推荐委员会成员。

⑤监督公司管理。

⑥审查委员会章程。

---

① 均富国际会计师事务所，起源于1924年芝加哥成立的一家会计师事务所。继1969年来自澳大利亚、加拿大、英国等国的会计师事务所加入均富之后，1980年，又有49家国际会计公司加入并组建均富国际会计公司。是国际会计师行业具有较高知名度的六家跨国会计公司之一。

② 在纳斯达克上市，是一家提供基础架构软件和服务的主要供应商，提供的网络操作系统有NetWare、UNIX和Linux等。

⑦审查主管、员工和董事的职业道德。

⑧审查董事的独立性。

⑨董事会和委员会的评估和发展。

⑩推荐对董事的报酬方案。

⑪监督继任计划。

公司治理委员会最好不要单独承担这些职责，而是让整个董事会都参与进来。治理委员会承担一种确保这些活动和角色被执行的工作，并做一些准备和背景性的工作。

董事会秘书或者董事会秘书选定的人出任治理委员会的秘书。秘书负责委员会会议的记录和记录保存工作。委员会会议记录应该提供给全体委员会成员，并且在董事会其他成员提出需要的时候也能给予提供。

公司其他高管成员可以在委员会要求的情况下出席委员会的会议。委员会会议之后，应该向董事会报告其活动和建议。委员会主席要向董事会提交委员会每年一度的董事会绩效评估报告。委员会的主席要出席公司股东年会，以回答任何股东可能就治理委员会作为提出的问题。

最后，不管如何重要，治理委员会不能超越董事会的权威，不能替代董事会或董事会全体成员的权威，它只是一个董事会的下属委员会。治理委员会的职责是帮助董事会完成董事会的工作，并且要能完成得更好。治理委员会躲在幕后，确保每件事情都在平顺地进行。要让董事会总是处在领导位置，掌握组织的罗盘，设定组织方向。

7.4.5 瑞士信贷集团的“主席与治理委员会”

瑞士信贷集团（Credit Suisse）的主席与治理委员会（Chairman’s and Governance Committee）由董事会主席、董事会各个委员会的主席和其他由董事会任命的成员组成。委员会的多数成员要是独立董事。委员会有自己的章程，该章程由董事会批准。通常每月开一次委员会的例行会议，每次会议持续约一个小时。会议通常有公司首席执行官和公司法律总顾问参加。委员会主席决定是否邀请其他管理层人员参加整个会议或者会议的一个部分。

专栏 7-6　瑞信集团主席和治理委员会的主要职责

①作为董事会主席的顾问，讨论有关为董事会会议准备的范围广泛的各种议题。

②负责公司治理准则的开发和评估，定期评估公司的其他各种治理文件，以保证它们内容的更新和完整。

③至少一年一次评估董事会成员的独立性，并向董事会报告其结果，以供董事会做最终决定。

④负责根据其制定的董事标准识别、评测、筛选和提名新董事。

⑤指导和监督董事会对董事会主席、首席执行官和执行董事会成员的年度评估。董事会主席不能参加对其自身绩效的讨论。该委员会向董事会提出有关执行董事会成员任命、提升、解聘或替换的建议。该委员会同时与董事会主席、首席执行官一起评估公司高级管理职位的继任计划。

7.5　董事选举：还有多少闹剧要上演？

正清制药的双董事会闹剧，以及其他很多类似的中国公司“董事会纷争”，背后实际是股东与股权之争。中国公司的股东与股权之争，之所以会呈现如此纷乱的景象，又与中国公司中董事会的法律地位、职责与权力没有真正到位有关。

7.5.1　正清制药：上演“双董事会”

2009年3月16日，湖南正清制药股份有限公司在公司所在地湖南怀化召开了2009年第一次临时股东大会。这次股东会议是由持股13.99%公司第二大股东成都盈华成投资管理公司召集的，是该公司自2003年以来的第一次股东大会。出席股东会议的股东包括盈华成和一些中小股东，共代表358名股东参与表决，合计持股份额为18.153%。临时股东大会上，全票通过了选举新董事会和监事会成员的议案，新选举出来的董事、监事全部是盈华成方面推荐的人员。

第一大股东大地控股有限公司（持股34.45%）和第三大股东怀化山地经营有限公司（持股9.36%），以及公司现任董事、监事和高管人员全未出席这次临时股东大会。并且，以正清制药公司、大股东大地控股和三股东山地经营的名义，起诉盈华成公司、怀化市国资委以及湖南省股权登记托管有限公司，声言怀化市国资委将其原有8.36%的股权转让给盈华成公司的程序不合法，盈华成公司实际合法持有的股权是5.63%，没有权力召集临时股东大会。

这样，持有18.153%股份的股东们选出来的新董事会和监事会，得不到目前还实际控制着公司的大股东、原董事会、原监事会和高管团队的承认，又形成了一个“双董事会”格局。谁是谁非，事情发生很久之后，还没有一个明确的结果。

7.5.2 “股权问题”的由来：中国非上市股份公司的一个典型

正清制药的前身是湖南怀化地区制药二厂。1992年12月，怀化地区医药局以怀化地区制药二厂作为投入，广州白云山企业集团公司以商标、管理和人才等无形资产作为投入，按内联合资的方式组建了“广州白云山制药总厂怀化分厂”。

1994年8月，广州白云山制药总厂怀化分厂完成股份制改造，更名为白云山正清制药股份有限公司，并在湖南当地的证券营业部实现上柜交易。“白云山正清”成为怀化地区“最早建立现代企业制度”的企业。1997年10月，白云山正清制药股份有限公司变更为湖南正清制药股份有限公司。此时，正清制药的股东包括白云山、怀化市国有资产管理局、怀化市红日电脑公司、怀化地区医药集团有限公司、怀化地区山地经营公司、怀化地区康达有限公司以及一些自然人。

此后，最初由白云山派来的吴飞驰等高管经过成立广州正清公司和怀化大地制药公司（后改名为大地控股）等步骤，取得了白云山的股权，成为了正清制药的最大股东。结果是正清制药法人代表吴飞驰实际控制的正清制药股份，包括第一大股东大地控股的34.45%的股份，以及第三大股东山地经营公司9.36%的股份，以及一部分个人股份，合计将近45%左右。

领头向吴飞驰等公司现有管理层发起挑战的盈华成公司，通过先后受让怀化市红日电脑公司和怀化市国有资产管理局所持正清制药5.63%和8.36%的股份，合计13.99%，成为公司第二大股东。公司其他中小股东约有2800名，多为通过柜台交易获得的内部职工股，少部分为正清制药职工，持有股份总计约36%。

正清制药本来是作为湖南省的明星企业被推荐上市的，但是因为内部职工股份过多而没有被证监会批准。这些以前有柜台交易的股份公司股权已经很分散，最后没有能够正式上市，而柜台交易又被关闭了之后，大量的中小股东留在“被遗忘的角落”。本应对这一块也担负起监管职责的证监会，连上市公司的问题都忙不过来，根本就无暇顾及。

正清制药这样的“公众公司（美国概念，Public Company，股东人数在499人以上）或说股份公开公司（英国概念，PLC，可以对外发售股份的公司）”，在监管真空下，就完全进入了一种“封闭公司”或说“私人公司”的公司治理状态，外部股东的存在完全被忽略。2003年以后，甚至连走个形式的股东大会都不再召开了。

7.5.3 纷争的缘起、过程与争执焦点

2008年10月30日，成都盈华成投资管理公司，作为公司二股东向正清制药董事会提出召开临时股东大会的提议并提交了议案，但未得到响应。无奈之下，2009年2月13日，盈华成公司在《三湘都市报》刊登了发起召开湖南正清制药集团股份有限公司2009年第一次临时股东大会的公告。

2009年2月17日，正清制药发布公告称盈华成取得的部分股份，没有完成

工商变更，因此盈华成目前持有的正清制药股权，没有达到10%以上，并不具备独立发起临时股东大会的资格；盈华成公司没有产业运作经验，不具备管理正清制药的能力。2月25日，正清制药再次发布公告，宣布已经起诉了盈华成公司、怀化市国资委以及湖南省股权托管中心。

2009年3月16日，怀化市中院多位法官到盈华成方面召集的正清公司股东大会现场宣读民事决定书，要求当日举行的临时股东会议暂缓召开，原因是对怀化市国资委转让给盈华成公司的股份归属尚不确定。

法院出具决定书的依据是正清公司、怀化大地及怀化山地三家原告联合起诉盈华成公司、怀化市国资委和湖南省股权登记托管有限公司。原告称，怀化市国资委2008年7月7日向盈华成转让湖南正清437.36万股国有股（就是前述盈华成从怀化市国资委受让的8.36%的正清股份）时，未对这部分资产进行评估，而以《股权价值分析咨询报告书》代替，导致公司价值被低估。原告认为，这一转让行为有悖于《企业国有产权转让管理暂行办法》，要求法院判定无效。并由此认为，盈华成的实际持股数仅占湖南正清总股本的5.63%，不符合《公司法》相关规定，不具备召开并主持股东大会的资格。

2009年3月18日，怀化市国资委有关人士已经透过媒体表示，国资委通过招标方式向盈华成公司转让国有股是合规的。国资委曾委托长沙利安达会计师事务所对湖南正清进行资产评估，但正清方面拒不接待。利安达只能根据正清报给税务局的财务报表，按照国有资产相关管理条例，做出了专业的询价报告。该部分股权的评估价为62万元，盈华成公司通过竞标，以93万元购得这部分股份。

7.5.4 争议是正常的，但是为什么要以闹剧的形式发生？

可以说，大股东控制下的正清制药，对其他股东权益的无视已经到了极致。对于7年没有召开过股东会这种实际违反公司法（股份公司每年必须召开一次股东大会）的行为，公司董事长吴飞驰的解释只是，2003年召开股东会时“有不少股东闹事被迫中止，之后公司遇到了几大困难，也就一直没有召开过股东大会”。以至原作为公司第三大股东的怀化市国资委有关人士都表示："国资委一直想转让手中湖南正清的股权，8%的股份对我们没有任何意义。"市国资委的外派董事长期无法进入正清，公司一直没有分红，多年不开股东会，董事会功能也不正常。连国资委都不放在眼里，对待其他股东的态度也就可想而知了。

盈华成方面发布的公告称："现任董事谭子荣、肖育明、吴艳鹏、王和良四人所代表的公司持有的股份都已转让，已不再具备董事资格。"这也显示出了二股东方面对公司治理基本规则的缺乏理解。不仅中国公司法没有要求董事必须是股东，董事也无须是某一方具体股东的直接代表。现代各国公司法已经普遍取消了董事资格股（就是要求必须持有一定股份的人才能担任董事职务）的规定。

吴飞驰对《每日经济新闻》记者说，公司董事会正在酝酿召开股东大会。那么为什么就不能与盈华成方面坐到一起？原因是他没把盈华成放在眼里，"那个盈华成就是两个个体户炒股赚了点钱，他们进入正清，目的不单纯，我们不打算跟他们合作。"作为已经对外发行了股票的股份公司，你已经无权选择谁能做你的股东了，无论谁成为了你的股东，你都得一视同仁地善加对待。

吴飞驰曾对记者表示："他们开会的目的是为自己谋利，我们肯定要行使否决权。"为什么最后没有参会行使否决权，而是选择了法律手段，从盈华成受让怀化国资委股权上做文章？吴飞驰实际控制湖南正清股权约45%，只要吴飞驰到场参与并投否决票，新董事会根本不可能形成。难道是搬动几个法官到股东大会现场会比自己直接到现场行使投票权成本还低？

7.5.5　不可思议的"斗争策略"和按规则解决问题应有的思路

从公司治理规则上看，我们难以理解双方为什么要采取"如此不合作的斗争策略"。虽然盈华成方面独自提议召开临时股东大会是一种不得已的斗争策略——因为对方掌控下的董事会、监事会均已拒绝接受盈华成的提议组织召开临时股东大会，但是没有必要按照"自己一方完全做主的姿态"组织会议及选聘新的董事会和监事会成员。盈华成否认现有董事会成员候选资格的理由（所代表的股权已经转让）不成立，而且握有45%股权的大股东方没有董事会席位的情况下，新“董事会”即使可以“合法”地走马上任，大股东也完全可以以股东身份再召集一次临时股东大会“合法”地将其解聘。就这一点来说，盈华成的斗争策略就不如东北高速大股东黑龙江高速的方式，在第二大股东吉林高速缺席情况下，黑龙江高速主持的股东会议上“自觉地”给吉林高速方面留出了合适数量的董事席位，以待补充，这至少给对方留了面子，为“和解”打下了基础。当然，盈华成方面的“斗争目标”也许不是仅仅推荐出与其股权比例相应的董事候选人进入董事会而已，而是通过这些行动引起有关方面注意，从而达到“揭露”对方代表人吴飞驰可能存在的一些“不法行为”。但是，就算这样能把对方一个或几个个人“至于死地”，也不太可能消灭掉对方股权份额所客观具有的力量，对方完全可以派出新的代理人选来行使其股权的控制力量。

再说吴飞驰方面，为什么先前没有一点预见能力，既然想要保持对公司的完全控制，为什么不舍得区区93万元去购得怀化市国资委所持的8.36%股权，而是眼睁睁地看着自己很“看不起”的盈华成购得这部分股权？作为一个非上市股份有限公司的董事长，难道就没有一点公司股东基础（Shareholder Base）管理的意识吗？在盈华成购得怀华市国资委所持股权，持股比例已经超过10%，并成为公司第二大股东的情况下，对对方召开股东大会这样的合理要求竟然依旧采取一种置之不理的态度，实在是匪夷所思。同样匪夷所思的是，不去参加股东大会行使大股东的投票权，而是在国资委向盈华成转让股权的“合法性”上做文章。理论上说，怀华市国资委转让这部分股权的程序是否合法、定价是否过低，可能的受害人是国有资产所有者，而不是正清公司，更不是正清公司的另外两个股东“大地”和“经营”，根本就轮不着正清公司等三家来起诉。而且，就算是这一起诉赢了、怀华市国资委向盈华成转让股权的程序不合规，转让无效，盈华成实际持股比例没有达到10%，也阻挡不了盈华成和怀华市国资委联合提议和召集临时股东大会。《公司法》第102条的规定是“单独或合计持有公司百分之十以上股份的股东可以自行召集和主持”临时股东大会。参加临时股东大会的股东持股比例已经达到了18.153%，即使是怀华市国资委方面的股权退出，盈华成方面也完全可以再召集一些中小股东，使支持者总计持股超过10%。除非吴飞驰的目的就是要把怀化市国资委主导这一股权转让的有关人员“治罪”，否则无法理解他的这一“起诉”策略。

如果双方本意都不是一定要致对方于死地的话，真是完全不必采取如此完全不合作的策略，“合作博弈”变成“不合作博弈”的结果是“双输”。

7.6 阿里巴巴“合伙人”：一种独特的董事提名安排

中国人崇拜“伟大领袖”，“伟大领袖”可以随意创造语言，人们会不假深思地去学习和使用这些语言，而把这些语言中所用字词的本来含义完全丢到一边去。马云已经成为中国商界的这样一位“伟大领袖”，他的一个语言创造就是阿里巴巴集团的所谓“合伙人”制度，一个与合伙人制度本来含义毫无关联的马氏独创概念。

从公司治理机制，特别是公司控制权配置角度，可以做一个解读：它到底是个什么意思，会有什么作用？

7.6.1 阿里巴巴“合伙人”制度的目的：控制公司

在2013年9月10日给阿里巴巴员工的内部邮件中，马云说：“大部分公司在失去创始人文化以后，会迅速衰落蜕变成一家平庸的商业公司。我们希望阿里巴巴能走更远。怎样的制度创新才能实现我们的梦想呢？”马云认为他的“合伙人制度”是一种“制度创新”，可以通过这种“制度创新来推动组织升级”，保障公司的文化传承和持续卓越。能不能达到这一目的，不是我们所关心的，历史会自然给出答案。但是我们要明白，阿里巴巴的“合伙人”制度到底是什么意思？

马云在邮件中接着说：“从2010年开始，集团开始在管理团队内部试运行‘合伙人’制度，每一年选拔新合伙人加入。合伙人，作为公司的运营者，业务的建设者，文化的传承者，同时又是股东，最有可能坚持公司的使命和长期利益，为客户，员工和股东创造长期价值……阿里巴巴合伙人的产生必须基于——“在阿里巴巴工作五年以上，具备优秀的领导能力，高度认同公司文化，并且对公司发展有积极性贡献，愿意为公司文化和使命传承竭尽全力……控制这家公司的人，必须是坚守和传承阿里巴巴使命文化的合伙人。”从这里，我们还看不出阿里巴巴“合伙人”制度的实质含义——即到底是怎样一种公司治理机制和控制权安排，只是可以十分明确地得知，阿里巴巴公司要由这些“合伙人”来控制。

7.6.2 阿里巴巴“合伙人”们的控制手段：董事提名权

阿里巴巴“合伙人”凭什么及如何做到控制阿里巴巴呢？阿里巴巴赴美招股书给出了进一步的具体信息。阿里巴巴“合伙人”共有28名，包括22名阿里巴巴管理层和6名关联公司管理层人员。除了马云和蔡崇信为永久合伙人外，其余合伙人在离开阿里巴巴或关联公司时，其合伙人职位同时终止。在作为合伙人期间，每个合伙人都必须持有一定比例的公司股份。

根据招股书，阿里巴巴“合伙人”的实质内容是，“依据公司章程，阿里巴巴集团上市后，阿里巴巴合伙人有权提名阿里巴巴过半数董事，提名董事需经股东会投票过半数支持方可生效”。根据马云、蔡崇信、软银和雅虎达成的投票协议，软银和雅虎要赞同阿里巴巴合伙人提名的董事候选人。

上市前阿里巴巴董事会共有四位董事：马云、蔡崇信、软银孙正义以及雅虎杰奎琳·雷瑟斯。上市之后董事会成员将增至9名，管理层占有5个席位，软银占有1个席位，余下3个为独立董事席位，由董事会提名委员会提名。当软银的持股比例在15%以上时，软银有权提名一名董事。

上市前软银持有阿里巴巴集团34.4%的股份；雅虎持有22.6%；马云持有8.9%；蔡崇信持有3.6%。陆兆禧、张勇等高管持股比例均未超过1%。在软银持有的股份中，超过30%部分的投票权将被授予马云和蔡崇信指定的投票信托。上市前，软银已表示计划继续持有股份，而雅虎则计划出售股份，其在阿里巴巴董事会的董事将会离职。

7.6.3　阿里巴巴“合伙人”董事提名权的本质含义：分类董事制度

阿里巴巴“合伙人”的董事提名权安排，实质上是公司主要股东和管理层之间达成了协议，并在公司章程中作出了相应的规定，实行一种特别的分类董事制度。

所谓分类董事制度，是将董事会成员分成类别，赋予其不同的身份属性。常见的两种分类方法是，按任董事职期限分类和按股东或股份类别分类。按董事任职期限分类，就是把董事任职到期时间错开，年度股东大会选举不能将原任董事全部换掉，比如一年只能换掉三分之一的任期届满的董事。这种安排的主要含义是对付并购威胁，在有新大股东出现的情况下也可以保持董事会层面上公司控制权的相对稳定。按股东或股份类别分类，是在公司具有明显不同利益诉求的类别股东时采用的方法，对每一类别的股东分配具体数目的董事席位，该类别董事的提名、聘任和解聘均需该类别股东决定。

阿里巴巴公司股东们通过章程确定了一种特别的按提名权配置分类的董事制度：由公司管理层和股东（及董事会提名委员会）分别提名相应数量的董事候选人，再经股东共同投票选举产生董事会成员。阿里巴巴“合伙人”们提名的董事应是公司章程确定的由管理层占有的5个董事席位。另外四个席位中，软银的一席自然由软银自己提名，三名独立董事需由董事会提名委员会提名，不仅不能是公司管理层人员，而且不能与公司管理层有利益关系，这是当今世界股票交易所普遍采用的硬性的公司治理规则。

7.6.4　阿里巴巴“合伙人”提名董事的问题：可能陷入僵局

阿里巴巴这种分类董事安排，显然不是为了对付并购威胁而采用的董事任职期限错开，也不是为保护类别股东权利而按股东或股份类别进行的分类董事安排。阿里巴巴“合伙人”们虽然都要是公司股东，但这只是作为一种任职资格要求，其成为“合伙人”及作为“合伙人”所拥有的权力，并不直接与其拥有的公司股份挂钩。“合伙人”们是按人投票而不是按所持股份投票产生其最终的董事候选人提名名单。此外，“合伙人”们所拥有的只是董事会多数席位的提名权，其所提名的董事会候选人，还要经过作为一个整体的公司股东大会选举通过才能正式当选，而不是由持有公司股份的“合伙人”（或管理层及员工）们作为一个特殊类别的股东单独选举通过即可。

这里面蕴藏着的一个问题就是，“合伙人”所提名的董事人选未能获得股东会通过怎么办？现在的说法是，“合伙人”则可再提名另外人选，可如果还是通不过怎么办？结果可能会陷入僵局，或者实际还得是股东（特别是在还存在着软银和雅虎这样的大股东的情况下）和管理层之间达成妥协，对有关董事候选人取得一致意见才行。对此，我在2013年9月11日，马云有关其“合伙人”制度的邮件曝光时，写过如下一条微博：“公司控制由硬到软：绝对控制股权如贝塔斯曼，两合公司担无限责任如米其林，双重股份下持投票权大的股份如谷歌、LVMH等，协议获得其他股东的投票权委托Facebook，章程限制单一股东的投票权比例上限如雀巢，股权无关的创始人能力控制”。阿里的“合伙人提名董事”，很“创新”，但在逻辑上会“僵局无解”。

根据已经披露的有关投票协议内容，软银和雅虎要赞同阿里巴巴“合伙人”提名的董事候选人，软银持有股份中超过30%部分的投票权将授予马云和蔡崇信指定的投票信托。这似乎给阿里巴巴的“合伙人”提名董事制度运作提供了一种保障，可是，上市后这两大股东退出了怎么办？雅虎已经表示将出售股份。软银目前持34.4%的股份，经IPO稀释之后，也许就低于30%，没有可供授予给马云和蔡崇信指定的投票信托的股份了。那么，仅凭现有管理层合计百分之十几的股份（同样要经IPO稀释），恐难保证阿里巴巴“合伙人”们的董事提名权在股东大会得到落实。

7.6.5 作为一种公司控制机制的阿里巴巴“合伙人”制度

企业制度的发展源起于商业实践和商人之间的合作关系调整，一种博弈和相互争斗中达成妥协的结果。阿里巴巴的“合伙人”制度本质上就是这样一种制度发展，尽管这一结果还不是均衡解，还具有不稳定和不可靠性。

当事人没有采用更为恰当的词汇来表达，而是借用了一个“合伙人”的词汇。实际上，阿里巴巴的这种“合伙人”制度，跟合伙人概念的本来含义毫无关系。这些“合伙人”，即没有承担真正合伙人的那种无限责任，也没有拥有真正合伙人的那种法定和不可剥夺的管理权力。真正合伙人是普通合伙人企业的合伙人、有限合伙企业中的普通或管理合伙人，以及两合公司的无限责任股东。

作为一种公司治理机制和公司控制权安排，阿里巴巴的“合伙人”制度具有公司治理逻辑上的内在缺陷。它的这种合伙人是一个外部无法预期其行为动向并且其人员边界也不确定的组织。每年合伙人可以提名选举新合伙人，这是一个自我永续机构（Self-Perpetuating Oligarchy），股东、员工及其他的公司利益相关者对它都没有清晰明确的控制和追责路径。这种自封为公司的“合伙人”，但实际并不是真正合伙人的组织，“最有可能坚持公司的使命和长期利益”（马云邮件语），但也同样最有可能以“公司的使命和长期利益”的名义拒绝和忽视其小集团利益之外的公司其他利益相关者的利益诉求。这里最简单的一个问题是，谁来监督和控制这个合伙人团体的可能的腐败和滥用权力问题，尽管其权力实际上并不很大。

正是在这一点上，我们说，阿里巴巴的“合伙人”制度，与谷歌公司的那种分类股份制度以及Facebook的那种投票信托制度，有着本质上的不同。分类股份制度和投票信托制度，都有明确的合同约束机制。分类股份制度，是在招股时就明确了新发行股份所附带投票权比重低于公司创始人团队和现有股东所保留的股份，新认购者可以自己权衡这里潜藏的风险再决定是否参与。而且这里的投票权，是直接赋予相应类别股份，而不是直接赋予相关人员的，相关人员是因为持有相应的投票权比重大股份而拥有更多投票权的。此外，无论如何，分类股份制度下，拥有更多投票权的相关人员，其投票权大小还是直接取决于他所持有股份多少的，也就是没有根本改变股份多、发言权大的逻辑。其实，我们完全可以把分类股份制度，看作是一种两合公司的现代翻版。两合公司发行的是无限责任股份和有限责任股份这两类股份，前者有管理权力，后者没有管理权力。分类股份公司发行的是投票权比重大的股份和投票权比重小的股份这两种股份，前者拥有较大的股东投票权，后者拥有较小的股东投票权。至于投票信托，本质上与公司无关，完全是相关方之间的合同行为。得到信任或支付某种对价则得到相应的投票委托，不能得到信任或对价支付不足则得不到相应的投票委托。签约方的合同治理可以控制这种从投票信托得到的权力。

在创建阿里巴巴之前，马云1995 年创建的中国黄页，和1997 年创建的中国国际电子商务中心，都因为不是最大股东而失去了对公司的控制权。阿里巴巴数次融资之后，马云又成了小股东，但是这次他到目前为止，一直保有着对公司的控制权。这种控制权不仅来自他的创始人地位，更来自于他领导下的公司成长和业绩。两次被蛇咬，仍旧蛇都不怕，更别说怕井绳，这是马云作为一个优秀企业家的胆识所在。目前阿里巴巴所谓“合伙人”制度，虽然在保持管理层对公司的控制权上能有多大作用，值得怀疑，但却可以借此发展出来一个可以成为公司管理层核心的经理人团队，但还是要凭借优秀业绩，才能持续得到股东和董事会信任。

马云自己在其有关合伙人制度的邮件中，第一次提到合伙人一词时，打了引号，也许是想强调这一概念，也许是表示这是一种借用。我们可以把它看作是一种借用，并且重点是在借用合伙人的精神——要有一个具有“合伙人”精神（也许更恰当的一个比喻是主人翁精神）的公司核心管理人员团队，公司授予他们“合伙人”的头衔，并通过股东间协议及公司章程等手段，授予他们作为一个集体提名（本质上说是一种推荐）过半数董事的“权力”。

7.7 为什么会产生所谓“合伙人制度”

阿里巴巴采用了一种所谓的“合伙人制度”之后，多家中国著名公司相继跟进实行了所谓“合伙人制度”。这些所谓“合伙人制度”，与法律上的合伙制及合伙人并无实质关系，只是一种概念上的借用。为什么会产生这些个所谓的“合伙人制度”？

7.7.1　强化管理层控制权

一些中国公司实行所谓“合伙人制度”，主要目的就是保持管理层对公司的控制权，同时在一定程度上实现管理层和员工利益与股东利益的挂钩。

明明有规范清晰的分类股份制度、分类董事制度和员工持股制度等等可供采用，为什么这些公司偏要费心费力地炮制出一种概念混乱的所谓“合伙人制度”？可以说，是对人治的偏爱和对法治的不信任，中国传统合伙经营文化的深远影响和对现代公司治理机制的理解不足等等，导致了所谓“合伙人制度”的出现和一时盛行。

阿里巴巴的“合伙人制度”，实质是一种特殊的分类董事制度，通过公司章程赋予一个被称为“合伙人”的管理层及关联人团体一定比例的董事提名权。万科的“事业合伙人”制度，实际上只是通过一种间接持股安排，让一部分公司管理人员和员工能够更多地与公司股东的利益挂钩。

作为一种公司控制机制，和规范的分类董事制度及分类股份制度相比，阿里巴巴的“合伙人”董事提名权这种特殊安排，具有“合伙人”边界调整的人为可控性。万科“事业合伙人”制度下的那种员工间接持股，相比规范的员工直接持股，更有利于管理层实际掌握这部分股份的投票权。

7.7.2　笑纳有限责任，抵制董事会

现代合伙制企业是与公司制企业、个人独资企业并存的三大企业组织形式之一。简单说，合伙制和公司制之间的本质区别有三点：成员责任限度、管理权力配置和权益转让限制。合伙制下，合伙成员——合伙人承担无限连带责任，各合伙人均有管理权力，合伙人权益转让受到严格限制。公司制下，公司成员——股东承担有限责任，管理权力归属董事，股东权益可以自由转让。在这两种标准模式之间的是有限合伙、两合公司及无限责任公司等等，区别是对上述三方面作出了不同的组合安排。

直到1930年代，甚至某种程度上的今天，中国还没有实现严格意义上的整个社会和经济活动的法治，诸多工商业者基于合约而自创、合理但并不合法的

做法可以普遍存在而不会受到处罚，这就使中国工商业者可以不顾公司法律的制度规定，而在其传统形式的合伙经营企业中引入一些他们喜欢的事实上的公司制要素，比如有限责任，同时可以规避掉他们不喜欢的一些要素，比如董事会治理机制。

公司制最大的一个优势——有限责任，已经在中国传统合伙经营模式中部分地得到了。中国传统民间合伙经营中，按习俗和惯例，合伙人并没有对合伙企业债务承担现代合伙制企业那样严格意义上的无限连带责任。中国传统的合伙经营中，合伙人按比例分享合伙经营收益，同时也是按比例承担合伙经营损失。对于合伙经营中所欠债务，合伙人需在合伙财产之外拿出家产来偿付，也就是承担无限责任，但只是按比例承担相应份额，而不是相互连带的。并且，这类债务纠纷，在地方商会调节之下，合伙人往往只是“尽力承担”，债权人既会让步，也会最后承受部分损失。这在一定程度上，类似于现代的公司破产重整制度，只是没有国家立法层面上的清晰一致和全国统一的规则。另一方面，由于中国没有英国历史上那种残酷的债务人监狱制度，致使中国传统商事中的“无限责任”还是有个基本的人道的限度。在中国传统合伙经营模式中，通过“身股”和“人力股”的创设，人才引进和职业化管理的问题也得到了部分解决。

公司制所要求的董事会集中管理——民主决策机制，一直在中国商业中没有得到重视，至今也是中国公司治理中的薄弱环节，并且是中国传统文化之下的商人们所普遍厌恶的。恰恰是董事这种治理机制的设置，才能使有限责任不会被滥用，中小投资人和债权人的利益可以得到一个基本保障。

中国今日之公司制度下，没有无限公司，也没有两合公司，诸多实际人合性质很强的中小型公司也都采取了有限责任公司的法律形式。这些公司不可能脱离股东对公司财产的直接控制，也不可能没有股东直接负责公司业务的执行，这使这些公司作为有限责任公司所必须设立的董事会，很难不成为摆设。如果对董事会运作的监管要求过高，显然不符合这些公司的实际情况。完全放任有限公司董事会流于形式，同时又没有类似无限公司和两合公司中那种对执行业务之股东的权力和义务的相应规则，和对所有无限责任股东的无限连带责任追究，导致公司实际控制人的风险有限，约束很小而收益可以很大。

7.7.3　小股东及董事会监控无力，大股东与管理层一手遮天

无限公司制度下，不参与业务执行的股东对公司的监控权力和监控动力，都要远远大于有限责任公司下不参与经营的股东。在具有人合性质的中小企业中过度推行有限责任公司制度的结果就是，使股东丧失了监控公司的能力和动力，又无法真正建立其董事会和监事会一类公司监控机制。更为严重的一个问题是，无限公司和两合公司制度下，股东有退出（退股）机制，而在有限公司制度下，股东没有有效的退出机制，由此带来的“股东锁定”问题需要非常发达的公司法制和司法救济体系才能解决。

股份有限公司作为现代公司制度的核心，其宗旨是实现完全的资合，或说实现作为公司股东的人资分离。作为股东、出资者完全就是资的角色，与个人能力无关，公司的管理交由董事和经理，股东或其他人出任公司董事或经理，不靠资，全靠人，靠能力。要使人、使能力走上公司管理舞台，就要在一定程度上限制资的力量，以防公司进入“大股东陷阱”——大股东能力不足又不愿意放权，控制一切，致使公司永远发展不起来的半死不活状态。中国今日之诸多公司，之所以既难以改进公司治理、规范董事会、引入职业经理人，也难以有效壮大和发展的原因就在于此。为了促进公司股权分散、防止大股东及收购者操控公司，通过公司章程设置单一股东所能持有的最高投票权比例，是发达国家公司法普遍许可、一些国际化大公司（如雀巢限制在3%）经常采用的做法。

对股东权力的限制和对董事会能力的建设这两个不足，加上对现代公司治理机制的理解不充分和中国传统合伙观念的影响，导致了所谓“合伙人制度”这一类的中国式公司治理创新。这种创新如同中国改革过程中的承包制和双轨制等等，具有一定的积极作用，但需要进一步的清晰界定和提炼、升华，才能成为一种可持续有效的公司治理机制。

第8章

审计委员会与公司风险监控

现代商业交易的复杂性和股权分散之后股东远离公司，公司的监控体系相应地从股东直接监控逐步发展到了由外部审计师和董事会审计委员会共同构成的一种专业和独立的监控体系。

在英美模式的单层董事会的公司治理结构中，没有设置类似监事会这样的专门的公司监控机构，董事会的审计委员会便成为了担负公司监控职责的责任主体。最初的审计委员会只是为了完成董事会在监控公司财务报告及相关领域的职责而建立的。但是随着公司治理运动的加强，审计委员会开始介入到公司责任和治理领域，特别是着重于公司的风险与控制问题，其监控领域已经不再限于财务，而是包括了公司合规系统与流程，确保公司能够满足法律和伦理标准。

8.1 从监察人到审计师：公司监控体系的演变

记账也许与人类的经济交易活动一样古老，作为一种高级形式记账活动的会计——复式簿记，可以追溯到15世纪时期的意大利。从作为记账人的会计——账房先生发展到现代会计职业——注册会计师和独立审计人，则是19世纪中后期随着现代公司成型、作为一种公司治理的看门人机制而出现的。

在漫长的商业发展史上，人们主要利用会计作为一种内部管理工具。今天会计报表普遍传播，成为人们了解公司和各种法人组织状态的一种工具。

桑巴特（Werner Sombart）在其1924年出版的伟大著作《现代资本主义》一书中说，会计推动了资本主义的兴起，复式簿记使企业与其所有者相分离成为可能。这一断言也许有些夸大了会计的作用，但却也道出了现代会计职业——审计师的形成和现代公司兴起及公司治理体系发展之间的内在逻辑与历史联系。

8.1.1　审计人、法定审计和注册会计师

审计人的概念起源于13世纪的英国。当时英国一些自治性的社区每年要选举出来几位品行端庄者作为审计人，检查公共资金的使用情况。任何被发现有挪用公共款项的人员，都可能因为审计人的证词而被判入狱（科菲著《看门人机制》第125页）。这项最初在公共部门中为防止腐败而通过审计人对官员问责的方法，在当时的“企业界”——英格兰的大庄园中被广泛仿效。

英国这种古老的审计人不是记账人，而是检查人，是为委托人（庄园主、行会或公共机构）的利益而检查代理人财务记录的。到1840年代英国引入现代公司制度的时候，这种审计人的概念被自然加进来了：私人设立公司的一个条件是必须进行年度强制审计，并且审计人必须是股东每年选出来的独立审计人。

英国会在推动现代公司（自由注册而非特许）发展之始就设定了法定年度审计制度，作为对公司的一种重要治理机制，是吸收其之前100多年中公司投机和股票泡沫教训的结果。1825年英国最终废止了1720年颁布的将孩子和洗澡水一起倒掉的《泡沫法案》（非经皇家或议会批准不得成立公司或以公司实体的方式行事），开启了给予公司自由、将组建公司从特权变为权利的进程。

适用于私人部门（无须特许而新成立的公司）的1844年英国《合股公司法》和适用于法定公司（即已经特许而成立的公司）1855年《公司条款统一法》，都要求公司必须由股东选举出来的审计人进行年度法定审计。法律并没有明确要求该审计人要是专业的会计师（当时还很少会计师），但赋予股东选举出来的审计人以公司付费聘请专业会计师协助他的权利。如果审计人没有利用这一权利雇佣专业会计师，又没能发现公司账目中存在的欺诈或夸大现象，则自己将面临着很大的法律责任风险。在此背景下，一批专业的会计师事务所应运而生，公司股东也很快开始选择会计师事务所作为公司的法定审计人了。

如同董事一样，审计人也是英国公司法在现代公司制度创设之时就同时决定了其法定性质的存在。股东出资并只承担有限责任来组建公司，公司则要由股东选举产生的董事来管理，并要由股东选举出来的审计人负责监察和审计公司的年度财务报告。

1799年时，伦敦只有11名执业会计师，1850年则发展到了210人。此后，随着美国公司制度的发展和英国人的大举投资美国，英国的职业会计师也进入了美国，并在美国注册会计师制度的发展中发挥了一定的作用。在会计知识和专业上，美国承接了英国的成果，但是在会计职业体制的发展上，美国有着自身的、不同于英国的逻辑。

英国有国家层面的统一的公司法来创设和管制公司，美国则是一直都没有形成一部统一的联邦公司法。从严格的法律意义上说，没有“美国公司”，只有美国各个州的公司。在1930年代通过联邦证券法实行了类似英国这样的强制性的公司财务报告审计制度之前，美国通过市场机制和私人部门的自治、殊途同归地发展出了一套公司财务报告的审计体系和独立会计师职业制度。

8.1.2 资本市场对会计师的需求

美国会计职业形成的时期可以追溯到美国全国资本市场形成的时期。19世纪的最后25年，美国经济开始发生重大变化，经济环境的变化诱导了公共会计师这一新职业的建立。

早期美国企业的发展主要依靠区域性资本市场，因为区域性资本市场不仅方便投资者交易，也有利于投资者获取信息资源。19世纪美国经济开始缓慢地跨越区域限制，为遥远地域、无血缘关系的企业提供资本。在向全国性资本市场转型过程中，人们越来越需要使用可靠的财务信息来评价地理位置遥远的目标公司的发展前景。

纺织资本主义是区域性的，铁路资本主义是全国性的。在铁路公司兴起以前，美国首批真正大型的企业几乎都是有所有者经营的。1850年，少数铁路公司的证券开始在纽约证券交易所上市。1869年，美国已经有38家铁路公司在纽约股票交易所上市，他们共有资本3.5亿美元。公司制企业发展，从铁路开始，衍生出其支持产业，如煤炭、钢铁、土木工程等，导致工业证券市场的兴起，改变了资本市场的地位，并促成了对职业会计人员的需求，以满足管理者、所有者、投资者、政府和社会对企业信息的需求。

这种由市场需求所诱导出的会计师职业发展，要缓慢和落后于英国那种从公司制企业发展之初就强制产生的会计师职业发展状态。英国公司的财务报表，特别是资产负债表，很早就发展成为了一种向股东报告管理层对其投入资金的受托责任履行情况的报告。英国东印度公司最早在1756年编制了一种资产负债表及其补充信息，以供投资者进行投资决策参考。美国公司没有经历过股票投机的巨额损失以及政府的严格管制等类似的经历，股份公司也不是一种特权，因此不会产生相应的披露义务。从1897年到1905年，西屋电气公司没有向股东公布过任何一份年度财务报告，也不公布任何报告，甚至没有举行过任何一次年度股东会议。1900年的一份美国政府报告还在指出，“大公司的主要弊端在于它的董事会缺乏对股东的责任。董事会，实际上多年来也没有向股东个人提交任何报告。”

1890年代是美国历史的一个分水岭。这十年中，美国由农业社会转变为工业社会，公司制企业开始在美国经济中居于首要地位。公司所雇佣人员占制造业从业人员的70%，公司产出占制造业总产出的74%。随着公司制企业的发展，美国的公司治理体系也从实业大亨控制阶段发展到了金融大亨控制阶段。企业主的管理职能很快被解除，有产的、作为所有者—管理者进行经营的商人阶层，逐渐演化为相互分离的管理者阶层和投资者阶层。当一群人把钱交给一小部分人代为打理时，前者自然会要求后者提供尽可能详细的账目，用以了解钱是如何花掉的。所有者雇佣经理人管理企业的公司资本主义机制开始催生对专业性财务会计建议的需求。

金融资本主义的崛起对美国公共会计师职业的发展带来了极为深刻的影响。1893年恐慌为投资银行家和其他外部发起人提供了积极参与公司合并和组建托拉斯的机会。在恐慌之前，大多数合并都是在实业大亨控制之下通过纵向一体化完成的，并由公司内部提供资金。1893年以前，投资银行家很少成为公司董事会成员；而在其后的10年，金融资本家不但占据董事长宝座，而且实际控制托拉斯。金融资本家替代实业资本家之后，不仅仅是比实业资本家更放手任用职业经理人员，而且也更倚重于职业法律和职业会计人员，以降低风险并实现他们作为投资者和投资者代表（证券市场）对公司的有效控制。

直到19世纪70年代，由股东组成的小组定期到公司办公室拜访以试图验证报告信息的做法还相当普遍。由于公司的规模有限，以及公司地域的便利性，股东的这种验证活动可能是切实可行的。但是到19世纪末，随着一系列公司合并和股权的分散以及业务的多部门化发展，公司开始聘用专业审计人员，以取代股东现场调查式的年度审查，会计服务的范围也不再仅仅是审查记录准确性或者侦查舞弊了，已经从价值测试、财务咨询以及各种审计服务，扩展到报告编制了。

1850年，纽约、芝加哥以及费城的城市通讯录上列有19个会计师的名字（还都是英国来的特许会计师），1884年有81人，1889年达到322人。成立于1882年4月的纽约会计协会是最早的美国职业会计组织，该组织成立的第一个十年里，致力于会计教育和提供会计文献。1887年9月20日，美国公共会计师协会注册成立，第一任主席耶登是英国人，会员也大部分是出生在英国而在纽约定居的人。

1896年4月17日，纽约州颁布了注册会计师法，成为第一个承认并确立注册会计师称号的州。其他几个州迅速跟进，通过了类似的法律。宾夕法尼亚1899年，马里兰州1900年，加利福尼亚州1901年，华盛顿州和伊利诺伊州为1903年，新泽西州1904年，各自颁布了注册会计师法。到20世纪20年代中期，所有州都通过了注册会计师法。

8.1.3 进步主义、信息披露和公共会计师的兴起

1868年的美国宪法第十四修正案和1888年的充分程序条款，禁止州法对公司法人的歧视，赋予公司法人以人的民事权利，再加上1887年颁布的州际商业法和1890年通过的谢尔曼反垄断法，使联邦政府管制州际公司的行动得以实行。但是联邦政府真正采取行动，还要到公司垄断和金融资本主义达到顶点、引起民众高度不满，美国政治进程进入到进步主义时代。进步主义时代人们认

为，公司是国家创造出来的人为实体，应该受到国家的管制。“以公司形式成立的企业并不是私人企业，公司的权利并不是天赋的权利，授予公司这些权利的唯一理由是公众福利。公众的监督权内含于此中。”

为了调查托拉斯组建过程中公司通过诸如股票掺水和过度资本化等手段欺诈投资者的情况，1898年6月19日美国国会成立了工业委员会。在1900年发布的初步报告中，工业委员会提出要“防止公司或行业合并的组织者通过隐瞒重要的事实或公布带有误导性的报表来欺骗投资者和公众。”1992年该委员会发布的最终报告明确“要求大型公司，即所谓的托拉斯，每年提供一份经过适当审计的报告，其中应展示有关其资产和负债、利润和损失的合理的细节内容；这样的报告以及进行了宣誓的审计都是政府监管的目标”（U.S. Congress，1902：650.）。

最著名的反对公开财务报告的代表人物美国制糖公司董事会主席哈夫迈耶，在国会工业委员会作证时，和委员会律师诺思之间的一段对话，使人们更坚信了公开财务报告的必要。诺思问道：你如何继续经营一家亏损的企业并仍然宣布发放股利？哈夫迈耶回答：你可以继续经营并损失一些钱，你可以满足股东的要求并宣布股利。一个是管理决定，而另一个是生意。诺思有些迷惑，问道：你从哪里得到这笔钱呢？哈夫迈耶回答道：我们可以借款。诺思更加迷惑，问道：美国制糖公司这种做法能够持续多少年？哈夫迈耶认可说：这对每一个人来说都是一个难题，并解释道，如果我们知道，就会买入或者卖掉自己的股票（U.S. Congress，1900：132f.）。1903年成立的商务部内设立了公司局（1903～1914），负责汇编及公布信息，对公司进行调查和监督。公司局曾提出进行联邦公司立法，此后也时常有人提出，但是联邦直接出台公司法一直没有成为现实。联邦政府监管公司的基础主要是信息披露，至今如此。

进步主义时代产生的美国实用主义哲学为依赖专家工作提供了理论上的支持，独立的公共会计师，作为专家，成为了执行很多进步主义改革的核心。统一会计制度，提高政府和企业效率，铲除腐败，独立会计师都成为了不可或缺的组成部分。经过注册会计师审计的财务报告信息披露更是成为投资者投资决策的重要依据，也成为现代公司治理体系的一个重要基础。

8.1.4 外部审计师的起源

由于有过南海泡沫的教训，英国在现代公司制度创设之初——1844年《合股公司法》——就设立了外部审计制度——公司必须由股东选出来的审计师进行年度法定审计。美国则要到1929～1933年大危机之后，才通过1933年《证券法》和1934年《证券交易法》，设立了强制性的公众公司外部审计制度。

1929～1933年大危机之后的美国证券监管上的立法推进，主要着眼于证券交易所和证券经纪商，因为当时人们主要愤怒的对象是华尔街内部人操控的股票池、金字塔型控股公司以及公司高管的卖空行为等等。会计行业的利益结构和审计师的独立性问题，远远没有像安然事件之后被人们所认识到的那么严重。1930年代，在立法要求公开发行股票公司的上市申请文件（财务报表）需要经过审计之前，85%的上市公司已经经过审计。法律要求所有公开发行证券的公司必须经过独立审计，只是对市场已有实践的一种认可，并给会计行业提供了一种业务来源保障。

美国1933年《证券法》吸纳了英国公司法中的很多内容。该法赋予了美国联邦监管机构（先是联邦贸易委员会，后为根据1934年《证券交易法》设立的美国证券交易委员会）对上市公司会计问题的监管权力，一定程度上削弱了会计行业的自治空间，但是美国会计行业还是保持住了其高度的自治状态。直到安然事件导致2002年的《萨奥法案》（Sarbans-Oxley Act of 2002）出台，美国的公众公司会计标准和外部审计才被真正纳入了政府的监管范围。

8.1.5 内控体系建设风潮

《萨奥法案》的全称“公众公司会计改革和投资者保护法案”本身已经表明了对于安然、世通等公司丑闻性质的认识：由于外部审计体系方面的缺陷，上市公司通过操纵会计数据和财务造假，侵害了投资者的利益。《萨奥法案》创设了公众公司会计监督委员会（Public Company Accounting Oversight Board，简称PCAOB），负责监管公众公司的审计，以便保护投资者以及公众的利益。《萨奥法案》第404节对公司高管和外部审计师均施加了有关财务报告真实性和内部控制系统有效性方面的法律义务，并由此掀起了一场上市公司加强内部控制系统建设的全球风潮。

除防范公司通过会计操纵和财务造假欺骗投资者之外，还有几股加强公司内部控制的力量来源。为了应对1970年代普遍性的公司海外贿赂和政治捐款丑闻，美国国会于1977年颁布了《反海外贿赂法案》，将为美国为获得或保留业务而进行的海外贿赂认定为非法行为。该法案要求公众公司设计并维持足够的内部会计控制系统。由于1980年代中后期伴随杠杆收购而来的大量内幕交易丑闻的爆发，美国国会于1998年颁布了《内幕交易与证券欺诈执行法案》，规定证券经纪商及投资顾问应遵守规则，建立内控体系。

此外，根据1980年代发布的《联邦判决准则》，美国司法部发布的《组织判决准则》（1988年发布，1991年生效）鼓励公司设立和保持内部合规程序以防止不法行为发生。“9·11”恐怖袭击之后颁布的《美国爱国者法案》，要求金融服务业加强内部控制以防止恐怖组织的资金流动，并同时要求对这些内部控制措施的有效性进行审计。

监管者对内控的强调，带来了会计行业巨量的业务增长。审计师与监管者在加强内控体系建设和提升审计标准方面有共同的利益。因为内控和审计的要求越高，审计师获得的报酬也就越多。但是内控制度建设是否能够真正奏效，还要看实际执行。能否在加强公司内部控制制度建设，给审计师带来业务机会的同时，在审计师独立性上得到根本改进，并让审计师承担起探查公司财务欺诈行为的义务。

8.2 审计委员会的构建与运作

8.2.1 审计委员会的历史由来

公司审计委员会并不是近一二十年才有的新鲜事物。美国大都会保险公司设立审计委员会的历史已经超过八十年了。就监管法规方面来说，从软性建议到硬性要求上市公司设立审计委员会的有据可查的历史也已经70余年了。

1939年，纽交所首次提出由“非雇员董事”组成的委员会挑选外部审计师（会计师事务所）的政策建议。1940年，美国证券交易委员会（SEC）①提出了：外部董事提名外部审计师，股东投票选聘由外部董事提名的会计师事务所。不过，直到1960年代末，审计委员会的做法并没有普及开来。

1972年，美国证监会发布了一个正式以“由外部董事组成的常设性的审计委员会”为题的通知，第一次明确要求所有公众公司设立由外部董事构成的审计委员会。1975年，美国律师协会在其“公司董事指导手册”中提出，审计委员会作为公司董事会和外部审计师之间的一种沟通机制，对于公众公司具有重大价值。审计委员会同时可以提供一种监控公司财务报告和内部控制的有效手段。该报告同时建议，审计委员会由非管理层董事组成，并且有权在需要的时候聘请他们自己的律师、会计师和其他专家。

1977年，纽约股票交易所在时任美国证券交易委员会主席的要求之下更改了上市规则，正式推行其“审计委员会”政策，要求每一个在纽交所上市的公司都必须在1978年6月底之前，设立由独立董事组成的审计委员会。此时，80%的纽约股票交易所上市公司已经自觉设立了董事会的审计委员会，纽交所上市规则上的正式规定实际只是对这种最佳实践的肯定和进一步支持。公司审计委员会的成员要符合纽约股票交易所有关独立性、资历和专业方面的要求，并且要符合其他一些法律和监管规则的要求，其中包括萨奥法案的要求。审计委员会成员中至少要有一名人员是证券交易委员会所定义的财务专家。这一点与中国的有关规定是一致的。设立审计委员会从公司自觉行动变成法规强制之后，审计委员会的职责，特别是在避免经理层操控外部审计师问题上得到了空前的关注。

1980年代开始，美国会计行业发生了一个重大的商业模式和收入结构转变，咨询收入和非审计业务突飞猛进，甚至大大超过了其审计业务收入。引领

---

① SEC，Securities and Exchange Commission，是1929～1933美国股市崩溃和经济大危机之后，美国国会通过了奠定现代美国证券市场制度体系的“1933年证券法”和“1934年证券交易法”。1934年，根据“证券交易法”成立了美国证券交易委员会，负责证券市场监管，是“美国政府中独立的、代表两党的准司法机构”。关于美国证交会的历史及其在现代公司治理中的作用，参见“弗莱德·斯考森等2006”和“乔尔·塞利格曼2004”。

这一转变风潮的就是最后沦为安然造假帮凶的安达信。安达信于1950年代推出了会计业务的第一个计算机程序，为通用电气公司的肯塔基工厂安装了一套薪酬系统。到1980年代，各大会计师事务所纷纷开始将自己定位为一个全面服务的商业咨询公司，以营业收入计，八大会计师事务所中的六家已经名列美国十大咨询公司。

由于新上市公司数量减少，审计业务增长缓慢；审计业务的内容相对标准化，收费公开可比较，而管理咨询业务的内容很个性化，没有审计业务那样的公开性和可比较性。会计行业整体上出现忽视审计业务，把审计业务当作拓展管理咨询业务的手段，甚至因此丧失了具有长期传统的审计师独立性。本该独立的外部审计师由于自身所在会计师事务所的管理咨询收入增长压力，受到被审计公司管理层的操纵而失去了其独立性。因此，监督公司与独立审计师之间的关系就成为了审计委员会的一个重要职责。

专栏 8-1　　审计委员会的六个基本特性

①董事会是公司的最高治理机构。

②审计委员会是董事会的一个常设委员会。

③审计委员会的权力和责任不能超越董事会所具有的权力和责任。

④审计委员会的权力和责任不能超越董事会授予其的范围。

⑤审计委员会作为对公司管理的一种制衡，是公司财务真实性的监控者。

⑥为监控财务真实性，审计委员会负责监督公司的内部和外部的财务信息报告，与这些财务信息相关的风险和控制，内部和外部的审计流程。

8.2.2　审计委员会的构建

审计委员会是发挥董事会监督职能的重要工具，是证券监管机构、证券交易所和机构投资者最为强调的，很多交易所上市规则要求建立审计委员会。香港联交所上市规则附件14——关于公司治理结构的最佳应用守则第14条规定：

要建立审计委员会，并以书面形式明确其权力与职责。纽约股票交易所将设立审计委员会作为股票上市的条件之一。

审计委员会也是那些领先公司在公司治理实践中最为重视的。长期以来国外上市公司董事会审计委员会的设置比例都高于薪酬和提名等其他几个公司治理类的董事会下设委员会。

审计委员会通常通过董事会的决议来建立。一般包括3～6名成员。纽交所、纳斯达克等主要交易所都要审计委员会至少包括3名成员（符合小型企业条件的可以由两名成员组成审计委员会）。董事会或者董事会的提名（治理）委员会负责任命审计委员会成员和其主席。审计委员会成员可以没有明确的任期，但是董事会应该有一个轮换审计委员会成员的办法。

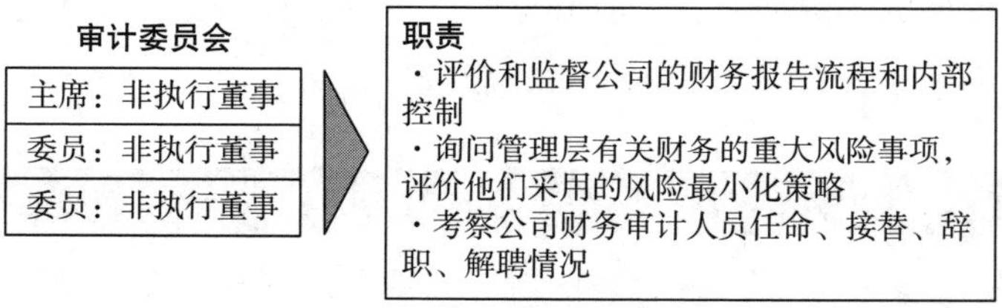

图8-1 董事会的审计委员会

在公司治理方面，审计委员会要发挥的一个重要职责是避免那些与审计师关系密切且有影响力的执行董事，如财务总监或首席执行官，在审计报告提交董事会之前，先行处理报告中提出的问题。因此，审计委员会成员必须从非执行董事中任命，并且其中绝大多数的非执行董事应该是独立的。应该由一位有担任公司首席执行官经验的非执行董事担任主席，这样可以发挥其对企业经营中一些实际问题的洞察力，更好地理解和审视财务报告背后的行为，对于改进公司的财务报告系统、内部控制系统、内部审计和外部审计以及财务信息的对外披露等都会大有裨益。由于审计委员会是投资者最为看重的机构，有必要让一位省外或者境外非执行董事进入审计委员会，这样可以充分表明公司经营上的高度透明，在审计委员会处理与外部审计师关系中也会有所助益。审计委员会的第三位成员为财务或经济专家，为审计委员会提供专业方面的判断能力。

审计委员会应该有书面的章程（议事规则），由董事会批准。该章程或议事规则指导审计委员会完成董事会授予和证券交易所要求的职责。审计委员会规则中要包括以下内容：审计委员会的职责，及如何完成这些职责；外部审计师要对审计委员会和董事会负责；董事会和审计委员会拥有选择、评估和撤换外部审计师的职责与权力；审计委员会负责监控外部审计师的独立性。

8.2.3　审计委员会的会议与运作

如果公司董事会和高级管理层不理解和不支持，或者仅仅把审计委员会看作是一个“必须的摆设”，那么审计委员会将不可能有效地完成其职责：监控公司的财务报告真实性。

绝大多数的公司审计委员会一年召开四次左右的定期会议。在定期会议基础上，审计委员会有权在需要的时候召开特别会议。公司CFO或由其授权的内审主管，负责安排与审计委员会有关的公司会议的计划和召集。

审计委员会主席负责审计委员会会议议程的准备工作，与CFO、内审主管和外部审计师制定出详细的议题和时间安排，准备好相关资料，事先发送给所有审计委员会成员。审计委员会会议议题和议程不能由管理层单方面确定。

每一次会议都要详细记录与会人员名单，对于经常不能与会的成员，应该要求其辞职，或者由委员会解聘。

专栏 8-2　审计委员会成员有效发挥作用需要具备的八个基本特征

①独立性，不能存在任何可能影响其执行独立判断的利益或关系因素。

②财务专业知识。

③对公司主要的经济、运营和财务风险的总体把握。

④对公司运营和其财务报告之间关系的广泛关注。

⑤质疑精神。

⑥良好的判断力。

⑦对审计委员会监控功能和管理层决策功能之间差异的理解。

⑧必要时挑战管理层的意愿。

审计委员会成员掌握“财务专业知识”的基本衡量标准有两个：一是所有的审计委员会成员都应该能够读懂基本的财务报表，包括资产负债表、损益表和现金流量表；二是审计委员会成员中至少要有一位成员是或曾是财务专业人员（有过财务专业从业经历）。

为了保证审计委员会成员的财务专业知识更新，要对其进行持续性的培训和技术支持。公司和董事会应该确保审计委员会成员掌握关于会计、审计、风险和控制方面的背景知识和当前发展趋势。公司财务专业人员要给审计委员会成员提供财务知识培训，同时审计委员会也要能够聘请外部专家，由公司付费参加外部培训项目。外部审计师和公司财务部门应该定期为审计委员会提供有关新的会计和审计准则及监管要求变化的相关信息和知识。

专栏 8-3　有关审计委员会会议和议程良好实践的六点建议

①开发一个正式的活动议程安排，包括会议计划。

②这一议程要与委员会章程相对应。

③会议计划要与董事会沟通并要获得董事会的批准。

④落实活动议程，确保重点关注——

会直接影响财务报告的风险；

与上述风险有关的关键控制措施；

中期财务信息；

公司管理层与证券分析师沟通的政策和做法；

财务报告的质量方面。

⑤每年至少两次与外部审计师之间的面对面的会议。

⑥每年至少召开一次没有公司管理层在场的，与外部审计师和公司内审部门之间的执行会议。

专栏 8-4　除审计委员会成员之外，谁能参加审计委员会的会议

①公司财务部门的代表人员应该参加每一次审计委员会会议，但是要回避与公司外审及内审的单独讨论，每年至少有两次会议应该包括这种与

内审部门和外部审计师的单独讨论议程。

②CFO和公司主计长（Controller）通常参加所有的会议。

③内审部门的代表，如内审主管，应该参加所有的会议。

④专家，如税务专家，应该参加与其专业领域相关的会议。

⑤公司法律顾问应该在一些必要的情况下参加审计委员会的会议。

⑥首席执行官只能在得到邀请的情况下参加审计委员会的会议。

⑦外部审计师的代表应该参加所有的审计委员会会议，特别是，如果公司季度报告要在发布之前请外部审计师审核的情况下，更有必要如此。

8.2.4　花旗集团的审计委员会

审计委员会是最重要的一个董事会委员会

花旗集团董事会审计委员会的章程长达5页，比其他几个委员会的章程页数都多。人事和薪酬委员会章程两页多一点，治理和提名委员会章程也是两页多一点，公共事务委员会章程则只有一页多一点。从各个委员会章程的构成与内容上也可以看出一些审计委员会的重要性和特殊性来。人事和薪酬委员会、治理和提名委员会、公共事务委员会等三个委员会的章程都是由比较标准格式的使命、成员和职责等三个部分构成，每一部分的描述也都相对比较简略。审计委员会章程则是由使命、成员、权威和职责等四个部分构成。审计委员会章程比其他三个委员会章程多出一个“权威”部分，“职责”部分则是长近四页。审计委员会章程中仅“职责”这一部分比其他委员会章程的总篇幅还长，由此可见审计委员会职责之多和其重要性。

审计委员会主席的职务津贴比其他委员会主席要高。花旗集团董事会各个委员会主席除作为董事的报酬之外，担任委员会主席还额外得到每年1.5万美元的报酬，而审计委员会主席额外得到的报酬是每年2.5万美元。

审计委员会主席比其他委员会主席多出的这一万美元，也算是符合“按劳分配原则”的。审计委员会的责任和工作量都是各个委员会中最大的。2000

年到2002年花旗集团董事会审计委员会的会议次数分别是6次、8次和11次，除2000年审计委员会的会议次数比当时的人事、薪酬和董事委员会少一次之外，审计委员会每年的会议次数是各个委员会中最多的。

审计委员会的构成与职责

根据花旗集团审计委员会章程，审计委员会的成员数为至少3名董事，3人都要符合纽约股票交易所有关独立性、资历和专业方面的要求，并且要符合其他一些法律和监管规则的要求，其中包括2002年美国公司造假风潮和华尔街丑闻被揭露之后颁布的萨班斯—奥克利法案的要求。审计委员会成员中至少要有一名人员是证券交易委员会所定义的财务专家。

花旗集团审计委员会章程中比其他委员会章程中特殊出来了一个“权威”部分，就是明确规定了审计委员会是选择、评估、任命和撤换独立审计师的唯一权威。审计委员会可以与公司经营层商讨，但是不能将此职责授权给经营层。审计委员会拥有在其认为必要时聘请专门的法律、会计和其他顾问为委员会提供专业服务的权力。花旗集团提供资金支付独立审计师和任何其他由审计委员会聘请的咨询顾问的报酬。必要或适当时，审计委员会可以组建由其一个或更多成员构成的下属的子委员会，并向其下属子委员会授权。审计委员会的每一个下属子委员会都要拥有审计委员会的完整权力和权威。

花旗集团董事会审计委员会的职责包括五个大的方面：会议和流程；财务报告和信息披露事务；监控花旗集团与其独立审计师之间的关系；监控集团的审计和风险评估；公司运作合规性监控。

审计委员会至少要一个季度开一次会；分别并定期地与经营层、审计和风险评估部门、独立审计师会晤；审计委员会要定期向董事会报告其活动；要每年评估一次其自身的绩效；要每年审查一次审计委员会章程并将修改建议提交董事会。

8.2.5 英国公司的董事会审计委员会和风险管理政策

2014年欧洲议会推出了审计改革的新监管框架（2016年6月正式生效），

英国财务报告理事会（FRC）在2016年最新的《公司治理准则》和《审计委员会指导》中相应加入了审计委员会最新的行为准则。

英国公司治理准则对审计委员会部分的修改主要包括：一是要求审计委员会成员作为一个整体，需拥有公司所在行业的相关能力；二是删除有关富时350指数公司至少每十年重新招标一次外部审计机构的规定，因为类似规定已经包括其他法规中；三是规定年度报告中审计委员会报告应包括的内容，审计委员会应提前注意到任何外部审计机构的再招标计划。可以预计，未来上市公司年报的审计委员会报告部分将会呈现出越来越多的信息。

英国公司治理准则规定，董事会要确定在实现战略目标时所面临的主要风险的性质和程度，并应确立健全的风险管理和内部控制制度。自2014年起，上市公司需发布一个较长周期的发展前景报告，公司需考虑现在的偿付能力、流动性或其他风险可能对长期业务发展产生的影响。

2016年是这个规定实施后的第一个完整报告年度。在预测期间的选取上，根据英国财务报告理事会（FRC）对富时350指数10个行业中近100家公司报告的分析，不同行业公司的预测时间范围几乎没有区别，三分之二的公司选择三年，其余主要选择五年。在报告应包含的内容方面，近三分之二的公司在其战略报告中列入了可行性说明，近一半的公司提供了详细的可行性分析。不完全统计，12%的上市公司年报未对董事会已完成公司风险评估提供足够充分的证据。

英国公司治理准则C.2.2要求，董事会应在年度报告中说明他们如何评估公司的前景、评估的时期以及选取该时期的原因。

表8-1　财务报告理事会对富时350指数公司C.2.2准则披露水准的评估

行业	全面	良好	满足最低标准	很差	合计
航空航天与国防	2	5	0	0	7
银行业	1	6	2	0	9
饮料	0	3	1	0	4
建筑和材料	1	2	3	0	6
燃气、水和多种公共事业	1	3	1	0	5
一般零售业	3	8	7	2	20
采矿业	2	7	3	0	12

续表

行业	全面	良好	满足最低标准	很差	合计
非人寿保险	0	3	5	1	9
药物与生物技术	3	3	4	0	10
软件和计算机服务	0	3	3	1	7
合计	13	43	29	4	89

数据来源：英国财务报告理事会Developments in Corporate Governance and Stewardship 2016。

注：2016年7月31日的富时350指数公司样本，包括了截至2016年10月31日公布的年度报告。

8.3 审计委员会的财务报告责任

好的财务报告帮助投资者对公司的前景作出有根据的决策，这也是建立资本市场对公司及其管理者的信心的一个工具。报告也要反映变化的信息需求——资本市场需要日益更多地前向性和非财务性的指标。

8.3.1 高质量的财务报告：董事会的重要职责

在财务报告责任方面，有效董事会的良好做法包括：认识到会计标准的改变对公司的影响；任命一个审计委员会在董事会的层次上负起财务报告的责任；对所有公开的财务信息负起责任。

财务报告对于公司与投资者团体关系的重要性就反映在董事会处理这一问题的方式中。很多国家都要求上市公司建立董事会审计委员会负责财务报告。成立这样一个委员会可以在对外财务报告和内部控制方面起到很有价值的作用。特别是，审计委员会为董事会与经理层及审计师就有关财务报告质量等问题的讨论提供了一个论坛。

对于跨国经营的公司来说，董事会提交正确财务报告的工作由于各国割裂的会计要求而变得困难。业务流程日益国际化，但是会计规则却仍然处于国家管制的状态。激烈的国际资本竞争加剧了共同标准的要求，投资者只愿意购买那些以他们能够理解和信任的数字为基础的公司的证券。

公司董事会、审计委员会及财务人员，必须尊重其运营和融资所在国的监管要求。与此同时，还要认识到超越国别监管采用国际最佳作法的益处。为了便于投资者比较以及从商业战略角度考虑，应该把向国际会计准则的转变提到重要的议事日程上来。

专栏 8-5　　董事会或审计委员会的财务报告责任

财务报告——总体

①对当前财务上最大的风险领域和经理层如何有效地管理这些风险有一个理解。

②审计委员会与内部审计和外部审计机构一起工作，发现任何可能的欺诈、违法行为和内部控制的无效或其他类似问题。

③评估重要的会计和报告事项，包括最近的专业和监管通告，理解其对财务报告的影响。

④评估任何法律事件可能对财务报告带来的严重影响。

⑤对经理层采取的评估会计报告是否以可持续经营为基础的流程有一个理解。

年度财务报表

①评估年度财务报表，是否完整以及与董事会成员已知信息是否一致，判断财务报表是否反映了适当的会计原则。

②对复杂和不平常的交易如重组和衍生工具的披露给予特别注意。

③关注于管理领域，如资产和债务的定价，认股权、产品或环境债务，未完诉讼，和其他承诺及或有事项。

④与经理层及外部审计师会面，评估财务报表和审计结果。

⑤在公告前评估年报的其他部分，审查其信息是否可理解，是否与董事会成员有关公司及其运营的知识相吻合。

季度、中期财务报告和分析师简介

①为如何发布季度、中期财务信息和分析师简介，内部审计介入的程度，外部审计师评估这些信息的程度等设定框架。

②诊断季度和中期公告和披露信息的公允性，从经理层和内外部审计师获取下列事项的解释——

实际财务结果与预算或项目规划结果的显著差异。

财务比例和关系的变化与公司营运及财务实绩的变化是否一致。

一般会计准则是否得到一致性的应用。

存在任何实际或建议的会计或财务报告做法的改变吗?

存在任何重大或不平常的交易事件吗?

公司的财务和营运控制是否有效运作。

季度和中期财务报表是否包括足够和适当的信息披露。

资料来源：PriceWaterhouseCoopers 2001。

8.3.2 财务报告责任：审计委员会的具体做法

审计委员会要评估并与管理层和独立审计师讨论公司的财务报告，包括年度财务报告中要在“管理层有关财务状况和运营结果的讨论与分析”这部分中披露的内容。

对于年报和季报等正式的财务报告，审计委员会要在其公布之前进行评估与讨论。对于那些在相关法律和上市规则要求范围之内，向证券分析师和评级机构提供的有关公司盈利、财务信息和收益预测等的新闻稿，审计委员会也要进行一般性的讨论，但是无需每一次都预先进行。

在进行有关年度和季度财务报告的核查过程中，审计委员会要从首席执行官和首席财务官那里得到有关下述问题的报告：公司内部控制方面任何设计和运行上的低效和缺陷；管理层或其他在公司内部控制方面担负重要职责的雇员的欺诈行为。

审计委员会要评估和讨论来自独立审计师的定期报告。包括：关键会计政策和做法；在一般可接受的会计准则之内有关财务信息的其他处理方法；在独立审计师和公司管理层之间的其他书面沟通资料；审计过程中遇到的困难，包括任何活动范围和获取信息通道的限制，任何与管理层的严重分歧等等。审计委员会应该帮助解决审计中遇到的困难，并要与独立审计师就“审计准则”中有关审计行为规范的问题进行讨论。

审计委员会至少要每年一次与管理层和独立审计师就有关公司会计政策问题进行讨论。包括监管和会计的宗旨，资产负债表表外的业务结构（主要是金融类企业）及其对公司财务报告的效应，编制公司财务报告中运用的会计政策。特别是那些需要管理层做出决定和判断的会计政策问题。

审计委员会要审查和评估公司的内部控制结构和财务报告流程，要定期评估管理层有关内部控制结构和财务报告流程方面所存在缺陷的结论，包括任何控制和流程上的低效或无效，任何与控制和流程不相符的事项。与管理层讨论公司所面临的主要财务风险，和管理层所采取的监测和控制这些风险的步骤，包括公司的风险诊断和风险管理政策。

审计委员会要建立起有关会计、内控和审计事务投诉的一套接收、保存和处理流程，包括公司雇员有关公司可疑的会计和审计事务的秘密和匿名呈报。这可能是保证审计委员会能够切实发挥作用，而不是一直被蒙在鼓里的很重要的一个办法。很多公司欺诈问题的揭露都与一位首先对公司财务问题提出批评并一直坚持揭露公司财务问题的内部关键人员有关。

8.3.3　正确使用外部审计师

提交准备财务报告的最终责任落在董事会的肩上，不可能授权给公司的外部审计师。外部审计师可以并且应该给管理层就财务报表的准备和发布以建议，但是有关会计政策选择的关键决策必须由管理层自己作出。

领先公司使用专业的外部审计师服务远远早于法规要求公司这么做，因为资本市场对经过独立审查的账目更为信任。保持投资者信心始终是法定审计的核心意图，审计流程已经适应了商业活动的日益复杂化。复杂的现代审计要求包括信息技术、税务、养老金和许多其他学科的多领域专家小组。

对公司运营有宽广而又深刻理解的外部审计师能够对董事会有很大的帮助。外部审计师也是董事会独立信息和建议的主要来源。与此同时，财务报告准则日益要求对一些财务报表项目如有形资产、商誉和雇员福利等采取一个更长期的观点。审计师对这些项目的跨年追述能力会显著增进财务报告的质量。

根据新的国际审计标准，外部审计师要与董事会层次的监管公司业务的人员沟通。审计师自然不再仅仅限于和公司财务部门的人员接触。通过定期向董事会或审计委员会陈述财务报告和公司治理的发展情况，以及内部控制和风险管理及其他领域的趋势，外部审计师能够帮助董事会提高其对公司运营情况的注意程度，并且对提高公司与市场沟通的质量有所贡献。

鉴于外部审计师在现代公司治理系统的重要性，股东要在公司章程中对公司聘请外部审计师的一些基本规则作出规定。IBM公司就在其管理章程的第七章“股份”中专门设置了一个第八节“审计师”。其具体的规定是：董事会应聘请一个独立公共审计师或注册公共审计师或会计师事务所作为公司的审计师，并由其按普遍接受的审计准则审计公司及分支机构合并财务报表。审计师应验证年度财务报表符合普遍接受的会计原则，并应将该报表报送公司股东和董事。董事会对审计师的选任应经股东年会审批。

8.3.4 对公司与会计师事务所关系的监控

在上市公司治理系统中，会计师事务所是个十分关键的角色。从中国的中天勤与银广夏，到美国的安达信与安然，那些大肆造假的公司背后大都有一个帮助或协从造假的会计师事务所。本该独立的会计师事务所受到被审计公司管理层的操纵而失去了其独立性。因此，监督公司与独立审计师之间的关系就成为了审计委员会的一个重要职责。

审计委员会要至少每年一次评估和讨论来自其独立审计师有关下述情况的报告：独立审计师的内部质量控制流程；独立审计师最近的质量控制评估中提出的所有有关问题，或者由政府和行业权威机构在此前五年内的调查中提出的一个或更多独立审计问题；独立审计师所采取的任何处理这些问题的措施、步骤。审计委员会要审查独立审计师与花旗集团之间的所有关系，以便对独立审计师的独立性作出诊断。

审计委员会要批准一个有关让独立审计师为公司提供任何非审计服务的指

导原则，并且审计委员会预先要有一个批准审计和非审计服务的决定程序。根据这样一个决定程序，审计委员会可以事先批准由独立审计师向公司提供的任何审计和非审计服务，所有这些都要按照相应的法律和上市规则的要求去做。审计委员会这一事先批准的权力可以授予其一名或多名成员代为行使。

审计委员会要审查和讨论独立审计工作的审计范围和审计计划。

审计委员会要评估独立审计师的资质、绩效和独立性，包括如果提供非审计服务是否会影响审计师的独立性。进行此评估中，要把管理层和公司审计与风险评估部门的看法也纳入考虑范围。审计委员会要将其有关独立审计师资质、绩效和独立性的评估结论报告给董事会，并向董事会就有关如何确保独立审计师资质、绩效和独立性符合要求提出建议措施。

审计委员会要就公司聘用独立审计师单位的现任或前任雇员问题提出董事会的指导原则，该原则要满足有关法规和上市规则的要求。

在股权分散的上市公司，股东了解上市公司运作情况的主要甚至可以说是“唯一有效”的途径就是公司披露的财务报告。财务报告缺乏真实性，股东就无从了解公司的实际运作情况。会计师事务所就是“股东花钱”聘请来检查公司财务报告真实性的。可是，同样由于股权分散，股东聘请会计师事务所这笔钱的签字笔却握在经理人的手中。因此，董事会尤其是其审计委员会，在公司聘请哪家会计师事务所和监控公司与会计师事务所的关系等问题上，便成为了公司治理的一个关键点。

监控公司与其独立审计师之间关系的工作，实际就是两个大的方面，一是审计本身的问题，二是审计之外的利益关系问题。审计本身的问题，主要是由一系列的审计规则来监控，这些规则是逐步积累起来，并且相对比较明确，关键在于执行。审计之外的问题，范围很宽泛，涉及整个公司治理系统的运作，审计行业和管理咨询行业的市场竞争态势等等，则处于一种动荡和变化之中。

由于上市公司与其独立审计师的关系问题事关重大，不能把宝都押在审计委员会的身上。与董事、经理薪酬等问题相比，在公司财务报告和审计方面，从证券监管部门到证券交易所都有更为详尽和更为严格的规定。尤其是在安然事件之后，美国开始强制所有会计师事务所都不能再提供管理咨询服务。

会计师事务所在进行公司财务报告审计的过程中，发现和积累了很多有关公司财务和经营运作方面的问题和经验，在此基础上给公司提出改进建议，甚至进一步提供全面的管理咨询服务，本来似乎是很有效率、顺理成章的事情。现在却闹到了会计师事务所必须远离管理咨询业务的地步。

事实上，现代管理咨询业的鼻祖，麦肯锡公司的创始人麦肯锡本人就是会计师出身。他的管理知识和对企业经营问题的洞见，正是来自于作为会计师到处查账的经验积累。由于见多识广，以致在他条条是道地向一家客户企业董事会分析其管理中存在的问题之后，被聘为了该企业的首席执行官。最后累死在这家企业的首席执行官位置上。由此他得出了麦肯锡公司“只是帮助客户解决问题，而不是替客户解决问题”，“不介入客户企业内部事务之中”的遗训。

安达信公司则是走得太远了，尤其是在20世纪90年代，安达信公司的管理咨询业务飞速增长，安达信咨询的营业规模已经超过了安达信会计，非审计服务超越了审计服务，衍生业务超越了主营业务。最后陷入为了更大的非审计业务利益而丧失审计业务独立性的境地，并沦为企业财务造假的帮凶。

无论是在让谁提供和如何提供审计服务的问题上，还是在会计师事务所能否提供非审计服务的问题上，需要公司董事会和其审计委员会把握的关键点都在于审计师的独立性。审计师独立性的关键点是独立于被审计单位经理人员，不能被审计单位经理人员所操控。

一家公司审计委员会规则制定得很细、很漂亮，但是三位组成人员却是该公司的董事长、总经理和财务负责人。经营者自己组成审计委员会聘请会计师事务所审计其财务报告的真实性，结果会怎么样？结果就是用不着再在运作过程中去费劲地使之“流于形式”，而是在一开始就只是个“形式”了。

8.4 合规性、内部控制和风险管理

审计委员会的职责是以财务类问题为主，但是不能就财务而财务，仅仅停留在财务问题上。因为财务是公司经营的一个综合的反映和结果。审计委员会职责的有效完成，需要其深入到与财务有关的公司经营的各个层面。

董事并不一定要为所有的企业财产损失的结果负责，但是如果这种损失是由于缺乏一套有效的企业内部控制系统而导致的，董事则会被追究责任。

8.4.1　公司运作合规性的监督职责

审计委员会肩负着公司运作合规性的监督职责。为此，审计委员会要定期地与公司管理层包括公司法律总顾问和公司的独立审计师，讨论公司运作与监管部门或政府机构规范要求的一致性，公司的任何重大法律问题，以及公司遵守相应法律和上市规则的情况。

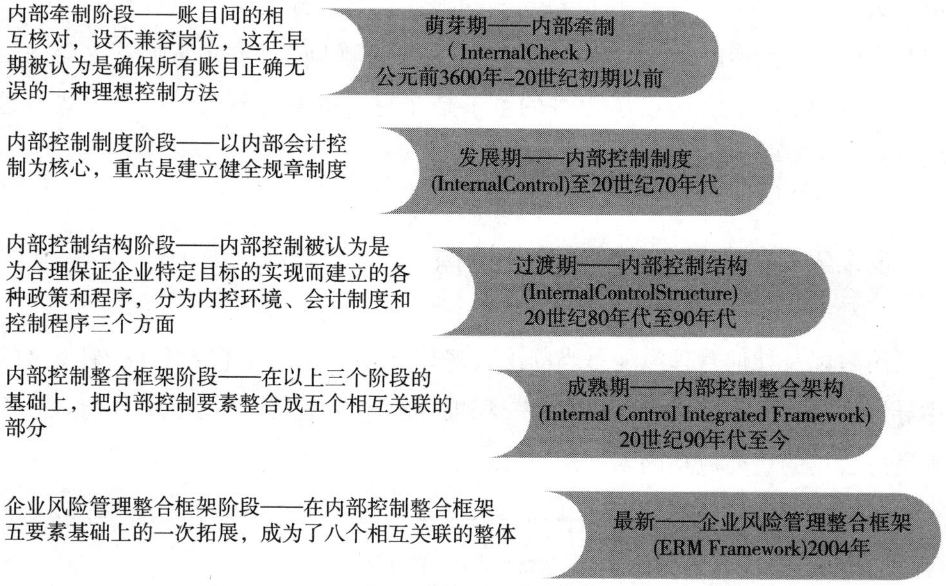

图8-2　企业内部控制发展的五个阶段

监控公司与其高管人员之间的利益关系是确保公司运作合规性的一个重要方面。审计委员会要审查和讨论总审计师有关公司与其高级管理成员之间是否存在利益冲突，以及公司支付给高级管理人员职务特权和额外报酬的费用情况的报告。

审计委员会要从公司管理层收到并讨论年度或按其所要求频率的有关下述各个方面问题的公司运作合规性报告。合规性，包括公司对各个方面规则的遵守情况；内部控制和报告要求；税收问题；欺诈和营运损失问题；技术和信息安全问题等等。

为了确保公司运作各个层面上的合规性，及时发现任何可能的不合规行为，董事会或其审计委员会要确保一个对不良行为的抱怨或揭发通道。萨奥法案要求公司具有这样一个“警哨程序（Whistle-Blower Procedure）”，让雇员和其他人能够有一个通道报告他们发现的不良或欺诈行为，以使董事会能够早采取纠正行动。成功的警哨程序的一个基本特征是，让雇员感到足够安全地分享敏感信息，并且能够以匿名方式进行。必须让雇员相信他们所吹出的“警哨”会被认真对待，因此要在整个公司内沟通有关这个警哨程序的信息。

据调查，当被问及如何处理公司内部的抱怨问题时，53%的美国上市公司董事说，有关会计、审计和控制问题的抱怨会直接报告给公司审计委员会，32%的人说这类抱怨例行性地提交给公司总法律顾问，24%的人回答这类问题直接报告给独立的第三方。39%的董事是在每次董事会会议时审查这些抱怨的，36%的董事是在需要时候审查的。

8.4.2 企业风险管理职责架构

风险以及如何管理风险是当前绝大多数公司中有关内部控制和战略发展的主导性话题。风险也代表着机会——积极有效地管理风险已经成为任何一个治理良好公司的重要成功因素。

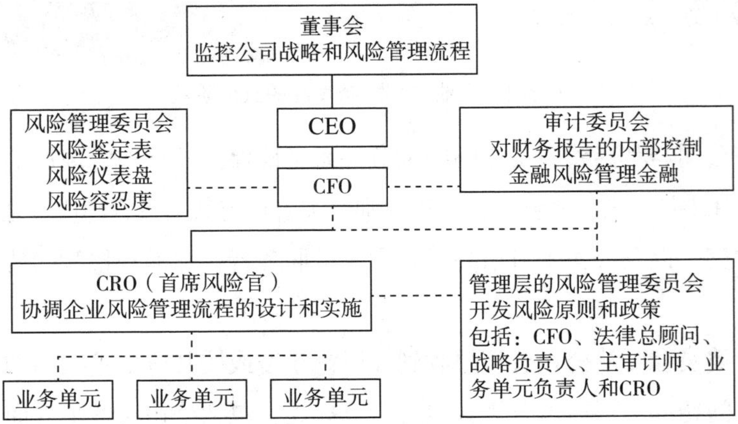

图8-3 企业风险管理职责架构

审计委员会是最为常见担负监控公司风险管理责任的机构，对财富100公司董事会委员会章程的分析表明，三分之二以上的公司董事会将风险管理责任赋予了审计委员会。但是审计委员会已经肩负了很重的财务报告风险责任。为此，董事会可以考虑将非财务报告方面的风险管理监控职责赋予另外一个委员会，与审计委员会协同作业。将更多的运营方面的企业风险管理责任赋予另外的委员会是有好处的。此时，审计委员会和风险委员会都对整个董事会负责，向整个董事会报告工作。

专栏 8-6　董事会的风险管理委员会

风险管理委员会应包括独立董事，且至少有三名成员。该委员会必须要高度独立，以监控运营单位的风险管理。

负责建立并维护有效的风险管理。

负责监控风险信息在公司纵向或横向报告的过程，并对有关管理人员提供必要的协助。

制定风险管理的政策和策略。

提供适当的培训，在公司内部建立起一种具有风险意识的企业文化。

为公司的业务部门建立内部风险政策和结构。

设计风险管理的流程，并对其进行审查。

协调各种对组织内部风险管理问题提供建议的职能行为。

制定风险应对程序，包括或有事项、业务持续方案。

为董事会和利益相关者编制风险报告。

花旗集团在其公司治理规则中明确规定，审计委员会要负责监控公司的审计和风险评估工作（ARR——Audit and Risk Review）。具体工作内容包括：评估和讨论公司总审计师（Chief Auditor）的任命与替换；评估和讨论已经报告给管理层的那些公司审计和风险评估中发现的问题，管理层的反应和有关的纠正行动计划和程序；审查和评估总审计师和公司审计与风险评估部门所做工作是否充分，要确保公司审计和风险评估部门的独立性，并且拥有足够的资源完成其职责，包括年度审计计划的实施。

8.4.3 董事会管理公司风险的三个步骤

公司董事会处在“不出问题就不管事”，甚至是“出了问题也不管事”的状态下，将使公司及董事自身都处在极度风险之中。人们质问，那么多的公司出现经营和财务危机，为什么董事会不知道发生了什么，如果知道了为什么没有采取纠正行动？如果董事会能够及早发现问题，及早采取纠正行动，很多情况下可能就不会走到被并购、重组以至破产境地了。在内部控制和风险管理方面，有效董事会的良好做法包括三个步骤：确保建立一个内部控制系统，采用一个系统的方法进行风险管理，至少以年度为单位进行内部控制和风险管理系统的有效性评估。

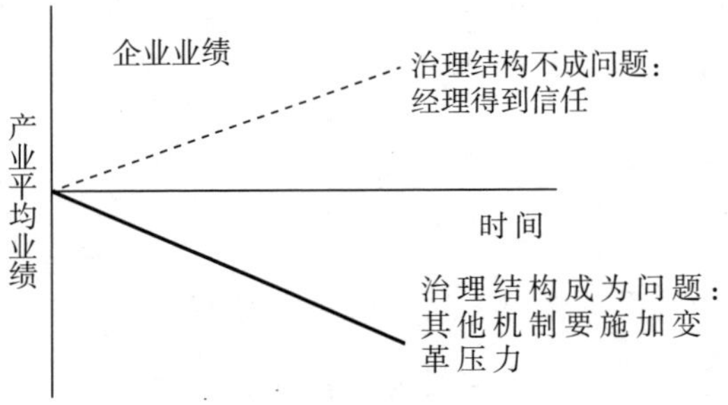

图8-4 相对业绩模型：公司治理何时成为严重问题

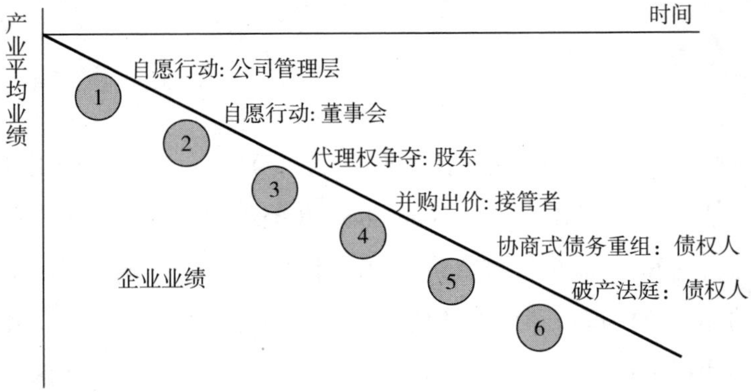

图8-5 业绩下滑：相继而来的治理机制概览

建立一个内部控制系统

没有公司能够不首先创建一个基本的内部控制系统来保护股东的投资和公司的资产而期望能有效地管理风险。这一控制系统要把不符合监管规则的风险涵盖在内。从食品到金融服务等产业，不合规行为的曝光，不仅仅会招致监管部门惩罚的风险，而且会对公司的信誉和投资者信心造成很大的负面影响。

内部控制系统应该做到：使公司能够对重要的业务、运营、财务和合规性风险做出恰当的反应；防止资产被不适当地使用，以及因疏忽和错误而受损；通过恰当的记录保存和信息流维持，保证内部和外部报告的质量；促进与相关法律、监管规则的一致性。

管理层应该识别和评估公司面临的风险供董事会参考，并且设计、运营和监督一个合适的内部控制系统，以贯彻落实董事会的决策。

系统地管理风险

董事会应该确保公司有一个持续的流程识别风险，评估其影响，以及采取必要的行动管理风险。传统上，董事会可能是一个被动的角色，在事后才被告知主要的风险，才介入进去采取一些纠正行动。这一方法导致公司总是暴露在新出现的风险之下，承受潜在的损坏性结果——或者是商业上的损失或者是机会的丧失。

真正需要的是识别和管理风险的一个系统的方法。管理层要检查达到关键目标所会涉及的风险——包括成功的潜在障碍，和对于取得成功的至关重要的因素。这应该涵盖经济、政治、竞争、环境和技术各个方面的风险。基于这一分析，管理者能够决定管理这些风险所需要采取的行动，并且进一步识别和实施确保这一行动能够奏效的额外控制措施。

内部控制系统有效性评估

一旦建立了一套内部控制和风险管理系统，董事会应该确保对其有效性进行定期评估。这一评估至少应该每年进行一次，向董事会或者审计委员会或者合规委员会提交一份评估报告。这一评估，应该包括从财务、运营到合规等各方面的控制手段。为了协助进行这一评估工作，董事会或者审计委员会，可能取得公司专门进行这一工作的人员的帮助，内部审计部门、外部审计师或者以上三个方面力量的组合。

在这一评估中，董事会要考虑决定识别、评估和管理什么程度的风险。如果发现有任何重大的控制薄弱环节，董事会要考虑如何处理以及采取什么样的纠正行动。

英国Turnbull委员会1999年发表了有关内部控制方面的董事指引报告。其中包括一个在评价公司内部控制报告以及进行定期的财务、运营和合规性审查时董事会可能与经理层讨论的问题清单。

专栏8-7　有关内部控制和风险管理方面董事应该提出的问题

风险诊断

公司有一个清楚的有关风险诊断和控制问题的目标，并且已将其向公司员工沟通，为员工提供有效的方向吗？

是否持续地进行内外部财务、运营、合规及其他风险的识别和评判工作？

经理层以及公司内其他人对什么风险董事会能够接受是否有一个清晰的理解？

控制环境和控制活动

董事会对应对重大风险有一个明确的策略吗，有一个如何管理风险的政策吗？

高级经理层通过其行动和政策、对竞争力和坦诚的承诺，在公司内部形成一种相互信任的气氛吗？

权威、职位和责任界定是否清晰，以使合适的人能够做出决策和采取行动？公司不同部门的决策和行动能够相互协调一致吗？

公司与员工就公司对他们的期望以及他们可以自由行动的范围进行沟通吗？这包括如下领域：客户关系，内部和外包活动的服务水平，健康、安全和环境保护，有形及无形资产的检查，业务持续性问题，支出问题，会计，财务和其他报告。

公司中的人（以及外购服务的提供者）具有知识、技能和工具支持公司目标的实现以及有效地管理达成这一目标的风险吗？

管理流程和控制手段如何调整以适应风险的变化或者运营情况的变化？

信息和沟通

董事会为其决策制定和管理评价目的，能否定期从内部及外部收到重要、可靠的报告，为其提供有关达成经营目标情况和相关风险的信息。这包括业绩报告和变化情况说明，同时包括有关顾客满意度和员工态度等的定量信息。

对所需要的信息和相关的信息系统根据目标进行重新评估吗？相关的风险变化以及报告差异被识别了吗？

定期报告程序，包括半年和年度报告，能够有效地达成有关公司状态和前景的平衡和可理解的沟通目的吗？

有现成的沟通渠道已使个人能够向相关的法律、监管或其他机构报告情况吗？

监督

在公司的整体业务运营中有一个受到高层经理重视的持续的流程来监督与内部控制和风险管理有关的政策、流程和活动得到有效贯彻吗？（这些流程可能包括控制情况的自我诊断，合规人员进行的有关政策和行为准则的确认，内部审计评估、其他管理评估等等）。

这些流程能够监督公司重新评估风险和有效地调整控制手段以应对目标、业务和环境的变化吗？

存在一个有效的跟踪程序以确保根据风险变化和控制诊断情况而采取适当的变革和行动吗？

存在一个适当的针对风险和控制问题的持续监督流程的有效性向董事

会或其委员会的沟通机制吗？这应该包括定期向董事会报告任何重大的失误或缺陷。

存在一个经理层就特殊重大事项的风险和控制问题进行监督和向董事会报告的明确的机制安排吗？这应该包括：实际或怀疑的欺诈和其他违法或违规操作，或者会对公司声誉和财务状况造成负面影响的事件。

8.4.4 不能有效地管好公司风险，董事则会自担风险

监管法规要求董事们确保他们的公司建立起了一套企业风险管理体系。并且这套体系是要与时俱进的，要跟上演进中的企业风险管理最佳实践的步伐。如果董事们没有采取一套详细的流程管理公司各个方面的风险，将会使他们自身面临严重的风险。

尽管董事们自掏腰包赔偿股东损失的概率并不高，甚至可以说是很低，但是几件高额和广为人知的案件却影响极大。2005年，作为股东集体诉讼的结果，安然公司和世界通信公司的外部董事们要自掏腰包，分别向原告支付1300万和1800万美元的赔偿。这两个案件，已经成为美国公司董事责任赔偿的标杆。当然，金钱不是董事们要避免股东诉讼的唯一原因。法律诉讼是令人难堪并耗费时间的。

据美国《公司董事会》杂志调查，23%的美国公司董事对安然和世界通信两个公司外部董事赔付股东损失这两个案件非常关注，56%的人表示关注。73%的美国公司董事感到，过去一年里作为公司董事的风险加大了，这一比例比上一年（68%）有所提高。尽管这种风险提高还没有导致他们改变担任现有董事职位的意愿（只有1%的人说他们将辞去所有的董事会职务），但是66%的人说，在接受新的董事职务时他们慎重考虑一下风险和责任问题。

关于董事在企业风险管理中自身所面临的风险，来自一些提供公司风险管理服务的中介机构的研究，可能时有夸大其词的嫌疑。学院派的三位学者Klausner、Black和Cheffins的研究则指出，自从1980年以来只有13个案例是董事

们真正从自己腰包里掏钱来了结股东诉讼的。不过就这项没有“夸大”嫌疑的研究也表明，董事责任风险虽非普遍，却是在增大。Klausner研究的13个案例中的10个是发生在2000年以后的。而且近年来动辄要以数十亿美元来了结的股东诉讼案件，导致董事责任保险已经不能偿付股东诉讼的全部成本。保险的不足是董事们要打开自己腰包的一个原因。在股东诉讼风行的美国，绝大多数公司都要购买高管责任保险，以免受到诉讼时候董事和经理们要个人掏腰包。但是这种的保险的金额有限。在董事责任风险和结案金额大幅度上涨的今天，企业很难购买足够的保险来抵偿。

国内国外的监管机构都在加强对公司风险管理的监管，中国公司董事的职业风险也在相应地提高。国资委下发“中央企业全面风险管理指引”，对国有独资或控股的企业加强全面风险管理提出了诸多具体要求，如董事会下设审计委员会及有条件的企业同时设立风险管理委员会等。美国萨奥法案404条款要求外国在美上市公司提交财务报表内部控制报告。这一条看似不太起眼实则要洗练企业全部筋骨的要求忙坏了已经在美上市的中国公司，也困阻了一些中国公司的美国上市之路。

8.5 中国公司的监事会与内控制度

监事会是中国公司必须设立的公司监督机关，承担很多在英美单层董事会制度下董事会审计委员会的职能。中国公司在内部监控制度建设方面，要协调好监事会和董事会审计委员会之间的职责分工。

8.5.1 中国公司的监事会制度

将管理决策权力和监督检查权力分立，在股东会之下平行设立负责管理公司的董事会和负责监察公司运作的监事会，是一种现代外部审计制度没有得到充分发展之前的早期制度安排。如英国东印度公司，在由股东选出的19人组成的董事会负责管理公司的同时，另外由股东选出了7人组成监察人委员会。但是，随着现代公司法和公司制企业的发展，英美国家发展出了一套成熟的外部审计制度，早期的公司监察人角色演变为公司内部的董事会审计委员会和公司外部的会计师事务所审计制度。

中国公司法延续了早期公司的“董事会—监事会”平行设置做法，同时又通过上市公司监管规则引入了董事会审计委员会和公司外部的会计师事务所审计制度，这在制度设计上就导致了董事会审计委员会与公司监事会之间的职责冲突。相比之下，日本的公司治理改革中，通过允许公司自主选择采用新型的委员会制公司形式（通过设立外部董事为主的董事会审计委员会，废除公司监事制度），或者保留传统的董事会和监事制度并存的公司形式（需要引入外部监事），有效解决了这一问题。

监事会始终是中国公司机关中地位比较尴尬的一个机构。董事会得到股东大会的授权任命经理人员、管理公司事务，自然负有不可推卸的监督和控制经理人员行为的职责，监事会的监督职责就显得有些空洞。引进美国式独立董事制度，明确地将一些具体的监督职责赋予了独立董事之后，监事会对于经理层的监督和作用空间更少了。监事会监督董事会这一职责，可以说一直就是有名无实，监事会作为董事会的平级机构，并没有任命、考评董事的权力。实际运作中，监事会人员的配备往往又低于董事会，也就是监事的个人地位和影响力都相对小于董事，使其更难以实际发挥有效作用。相比于董事会的运作情况来说，监事会的运作更是“徒有其表”的性质多一些。

与董事会平行设置的监事会作为中国公司特有的内部监督机构，在引进了董事会下设审计委员会制度之后，如何有效地发挥作用，是中国公司一直在自己摸索的一个问题。监事会要避免成为摆设，又要避免与董事会的审计委员会发生职责冲突。监事会逐步从内部人员为主，转变为外部人员为主，是近年来中国百强上市公司中普遍出现的一个趋势。

从结构设置上看，中国公司中监事会都很齐全，远比董事会下属委员会的设置更到位。这可能与监事会是自从《公司法》颁布就有的，而董事会下属委员会则是近年来才开始通过“公司治理原则”和“独立董事制度指引”等引入的。人们在认识上，都认可了监事会是公司法人治理结构中所必须要有的，但是对董事会的下属委员会却没有这么普及和深入的认识。

监事会是中国上市公司所特有的一种设置，平行于公司董事会，具有一定的员工参与特性又独立于公司管理层的监事会，如何能够做到即充分了解情况又客观独立地行使监督职责，还需要很多探讨。监事会与董事会面临着同样的一个“信息与独立性”矛盾，外部监事和外部董事有独立性，但是信息不充分，内部监事和内部董事信息充分但是没有独立性。不用说是进一步推动，就是为了巩固中国公司在董事会和监事会独立性上已经取得的些许进步，已经迫切需要我们在提高公司董事会和监事会成员所能享有的信息质量上做出更大努力，而这与公司财务、审计以至整个内控制度的完善都密切相关。

中国的公司治理改革进行到今天，应该认真地审视一下监事会的角色了，作为一个“摆设”不去管它，非常不利于公司治理的实质性推进。到底进一步建立健全以独立董事为主导的董事会制度而取消监事会，还是真正加强监事会制度？日本《公司法》上由企业在监事会制度和独立董事制度之间自主选择的做法，也许是值得我们借鉴的。

8.5.2 内控制度随监管要求而设，尚缺乏主动与自觉性

近年来，“内部控制”日益替代了“公司治理”，成为中国监管部门推动企业“规范运作”的新口号。2008年国家有关部门加强了对上市公司和国有企业建立内部控制规范的要求，四部委联合发布了有关企业内部控制方面的规范和指引，中国国企和大型上市公司随之加大了有关企业内部控制制度建设的步伐和风险管理力度。

但是，在表现形式上明显进步的背后，尚缺乏一些自觉和主动性。典型的表现就是绝大多数公司都会按照监管部门要求建立独立的内部控制部门并发布相应的内部控制制度，但是很少企业能够自觉采纳有关部门没有提出，但国际领先企业已经普遍采纳的一些良好做法，比如设置内部警哨程序和建立健全举报人保护制度等等。

导致中国公司在加强内部控制方面自觉和主动性不够的根本原因，还是他们能够“绑架”政府、转移市场风险从而逃避市场风险的惩罚。在中国房地产

泡沫异常严重、外资和民营企业已经却步的情况下，国有企业“英勇前进”、频现“地王”，就是明证。中国缺乏由市场对国字号大公司失误行为进行严惩这一根本制度，经营者和决策者自身没有如履薄冰心态，很多的内部控制制度也就变成了表面文章而已。

内部控制并不能替代“公司治理”——尤其是外部股东的权力，董事监事和高管的信托责任，以及资本市场和产品市场上的竞争压力等等。如果没有这些基本规则的很好落实，过于强调加强内部控制，也许可以使公司不出大的风险和问题，但是也同样会使公司失去机会、活力和创新动力。

国家进一步控制市场和资源，垄断国企强者恒强，民营企业举步维艰，已经带来了资产泡沫和通货膨胀，积累出了严重的系统性风险。正确的政策选择是改革整个资源配置体制和公司治理系统，放松金融管制，促进直接融资和资本市场发展。

第9章

薪酬委员会与董事高管激励

董事及高管薪酬可以说是与董事会建设意义同样重大的公司治理问题。如果把公司治理理解为激励与约束两个方面，董事会建设主要强调约束方面的话，董事及高管薪酬则主要是一个激励方面的问题。薪酬激励的方向正确，董事和高管的行为就自然会往正确的方向转变。

一个卓越和良好的薪酬战略不会自动产生，它是独立和富有经验的薪酬委员会成员努力工作的成果。可以说，薪酬委员会的质量是公司战略成功的一个重要决定因素。全部或大部分由独立董事组成的薪酬委员会，负责监督执行董事及高级管理人员的薪酬，也负责研究公司报酬政策，以能够吸引、留住和激励公司董事和管理人员。

9.1 薪酬委员会的缘起与构建

公司董事和高管的薪酬直接关系到公司的竞争力、业绩和股东回报水平，是个全世界普遍关心的问题，是建立有效公司治理结构的一个重要环节。

9.1.1 薪酬委员会的缘起

薪酬委员会的历史渊源可能比审计委员会还要久远。因为薪酬委员会所要处理的问题是从公司诞生的第一天起就存在的。尽管在现代公司治理运动兴起之前，可能没有大张旗鼓地建立董事会薪酬委员会，但是解决董事和高管薪酬决定中的利益冲突问题的机制是在任何一个良好治理和健康发展的公司中都要实际存在的，否则股东的钱财就都早进入董事和经理的腰包里了。

这种机制主要是由股东在公司章程里规定的。比如IBM公司在其管理章程中规定：“公司高级管理人员的报酬由董事会确定，董事会可以将此项权力委托给一个委员会来负责确定或批准任何一个高级管理人员的报酬。公司高级管理人员不会因是公司董事而丧失此项报酬，但是，担任董事的公司高级管理人员在此类决定中不能有任何投票权”。

国际上较近期和较有影响的有关薪酬委员会的呼吁是英国有关公司治理的系列委员会报告中的第二份报告——专注于董事薪酬问题的格林伯瑞报告，建议普遍设立一个独立董事委员会——薪酬委员会。通过成立薪酬委员会，这一问题的讨论可以避开经理层。

9.1.2　薪酬委员会的构建

股票交易所和机构投资者普遍要求上市公司建立全部由非执行董事组成的薪酬委员会。薪酬委员会决定公司的管理人员薪酬政策，以及每位执行董事的具体薪酬水平与构成，包括养老金和各种报偿性支付。薪酬委员会还要参与股票期权、利润分享以及其他激励计划的制定。执行董事的聘任合同也需要薪酬委员会批准。

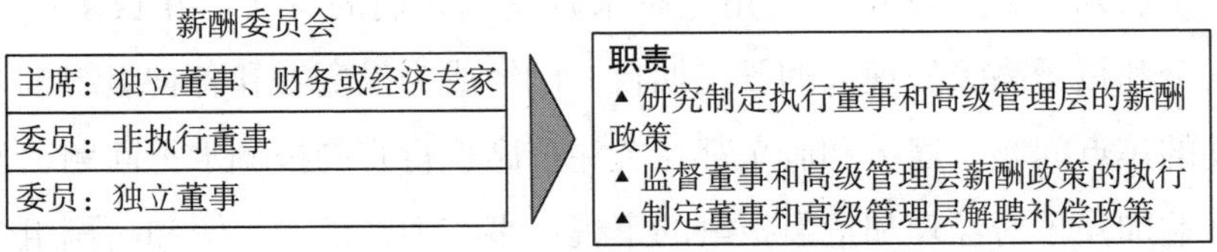

图9-1　董事会的薪酬委员会

薪酬委员会成员的选定是投资者非常关心的，组成薪酬委员会的非执行董事，应与薪酬委员会所涉及的问题无个人经济利益关系，也没有因交叉担任董事而产生的潜在利益关系，并且不参与公司的日常经营。

各种公司治理规则对薪酬委员会独立性的要求很高，董事会一定要选择那些在各个方面都满足独立性定义标准的董事出任薪酬委员会成员。有关独立性定义，在美国有上市所在交易所纽交所或纳斯达克的独立董事定义，税法162

（M）款的外部董事的定义，还有证券交易法16B-3款的非雇员董事的定义。在中国，主要是中国证监会有关独立董事的定义。

由一位是财务或经济专家的独立董事担任薪酬委员会主席，可以确保薪酬委员会能够真正独立于公司管理层。但是，投资者还担心，即使是具有独立董事身份的薪酬委员会成员，如果其自身又是其他公司执行董事，也会倾向于制定过高的薪酬水平，以便其自身的薪酬能够“水涨船高”。因此，一位是财务或经济专家的独立董事，自身没有任何公司“执行董事”的身份，同时，又对劳动市场及作为劳动市场一部分的企业家市场或经理市场有较深的理解，能够对公司薪酬制定提供更为客观和公正的见解，在股东利益保护和管理者激励之间找到平衡点，并建立起正向的相互促进关系。

中国公司还要特别注意的一点是，让国家股之外的非执行董事进入薪酬委员会，这样，可以使薪酬委员会的决策更好地反映真正股东的意见。薪酬委员会的第三位成员为行业专家，可以为公司薪酬决策提供行业内部情况的知识支持。

9.2 薪酬委员会的最佳实践

董事会对经理薪酬的监控角色越来越受到人们的关注。在很多国家，基薪、奖金和授予高级经理人的股票期权，已经成为投资者和各种组织批评和采取行动的焦点问题。雇员和股东都在关注首席执行官的报酬水平问题，尤其是股东日益加强了对经理和董事报酬的审视。事实上，由于工资和薪酬组合被置于如此严格的外界审视之下，以至其制定工作更为困难。以至有董事认为，现在董事会中最难做的工作已经不是审计委员会主席，而是薪酬委员会主席。薪酬委员会要逐渐适应在显微镜下工作的公司治理新环境。

9.2.1 薪酬委员会的运作

薪酬委员会负责研究公司薪酬政策，以能够吸引、留住和激励公司董事和各层管理人员。薪酬委员会根据董事及高级管理人员管理岗位的主要范围、职责、重要性以及其他相关企业相关岗位的薪酬水平制定薪酬计划或方案。这些计划或方案主要包括绩效评价标准、程序，奖励和惩罚的主要方案和制度等。董事会也可以授权薪酬委员会定期评估首席执行官、其他高层经理以及董事会自身的绩效，这也是制定公司合理薪酬计划的根据。

薪酬委员会每年要审查和批准与首席执行官薪酬有关的公司目标，根据这些目标评估首席执行官的绩效，并就此向董事会提交一份报告。薪酬委员会每年审查和决定首席执行官的基本薪酬、激励薪酬和长期薪酬，并向董事会报告委员会的决定。在确定首席执行官的长期激励薪酬时，薪酬委员会要把公司绩效、股东回报、可比公司给与其首席执行官的类似奖励的价值以及公司上年给与首席执行官的奖励等等因素纳入考虑范围。

薪酬委员会还要每年审查和批准除首席执行官之外的其他高级管理人员的基本薪酬、激励薪酬和长期激励薪酬。每年审查公司的雇员薪酬战略和雇员福利及公平计划。

尽管监管机构和投资者都很强调董事会薪酬委员会的独立作用，为了避免作为一个整体的董事会被分割，在很多公司中，重要的报酬事项还是保留在作为一个整体的董事会成员手中。比如在伊士曼化工公司，公司治理准则的规定是：由董事委员会审查董事会报酬，董事委员会每年要向董事会就本公司董事报酬和与其关联的美国公司的报酬状况做一次汇报；如果董事报酬和利益需要调整和改变，可以由董事委员会提出建议，但要得到董事会全体成员的讨论和批准才能执行。

董事会可以终止薪酬委员会委员的任期，董事会也有权否决损害股东利益的薪酬计划或方案。薪酬委员会提出的公司董事的薪酬计划，只有在报经董事会同意并提交股东大会审议通过后方可实施；公司经理人员的薪酬分配方案也须上报董事会。

可以在薪酬委员会下设工作组，可以挂在公司人力资源部门，专门负责做好薪酬委员会决策的前期准备工作，筹备薪酬委员会会议，并提供公司有关经营方面的资料及被考评人员的有关资料。

专栏 9-1　　薪酬委员会会议需要的资料清单

①公司主要财务指标和经营目标完成情况。

②公司高级管理人员分管工作范围及主要职责情况。

③董事及高级管理人员岗位工作业绩考评系统中涉及指标的完成情况。

④董事及高级管理人员的业务创新能力和经营绩效情况。

⑤按公司业绩拟订公司薪酬分配规划和分配方式的有关测算依据。

薪酬委员会每年至少召开两次会议，会议召开前七日要通知全体委员，会议由委员会主席主持，主席不能出席时可委托其他一名委员（需是独立董事）主持。会议至少应由三分之二以上的委员出席方可举行，每一名委员有一票的表决权。会议做出的决议，必须经全体委员的过半数通过。会议的表决方式可以是举手表决或投票表决；临时会议则可以采取通讯表决的方式召开。可以邀请公司董事、监事及高级管理人员列席会议，如会议是讨论有关委员会成员的议题时，当事人应回避。

会议应当有记录，出席会议的委员应当在会议记录上签名；会议记录由公司董事会秘书保存。会议形成的议案及表决结果，应以书面形式报公司董事会。出席会议的委员对会议所议事项有保密义务。

9.2.2　对股东负责，直接与股东沟通

董事会负责确定非执行董事的薪酬，也负责按照公司章程确定薪酬委员会的成员人数和组成人员。

薪酬委员会应该每年提交给年度股东大会一份单独的薪酬委员会报告①。薪酬委员会报告的格式不应当一成不变。他们应考虑到每年的情况是否一样，即他们的年度报告中某些项目是否需由股东大会通过并将结论记录在案。

薪酬委员会成员名单应列在委员会对股东所作的年度报告中。他们应当确保公司按要求在薪酬方面与主要股东们保持联系。薪酬委员会主席要以适当的

① 参见本书9.3.3“花旗集团人事、薪资及董事委员会关于管理层薪酬的报告”。

方式直接向股东解释公司的薪酬政策，应出席每年的股东大会，在会上需回答股东们提出的关于董事薪酬的各种问题。

9.2.3　建立起有效的薪酬与激励体系

薪酬委员会要为公司创建一个竞争性的薪酬与激励体系，使经理人和股东的长期利益一致，并确保这些项目的透明度及满足新监管规则下的责任要求。那种简单地以标杆方法确定首席执行官报酬的老做法已经不能被接受，尤其是在公司业绩达不到顶级水平的情况下。未来的薪酬委员会要能够在满足合规要求和与公司业务目标匹配的条件下，创造出能够有效地驱动经理正确行为的薪酬计划。

最有效的薪酬战略应该是设计简捷、应用直接和易于理解的。并且这种易于理解是经理人和投资人两个方面的。

为吸引、挽留和激励董事与高管，薪酬委员会必须提供相应的薪酬安排，但应避免支付过多而不必要的薪酬。薪酬委员会要设定一个广泛的绩效指标范围，包括财务和非财务指标，如市场份额、顾客满意率等，这些要反映在决定个人薪酬的指标中。

目前的趋势是不仅看内部绩效指标，也要考虑外部基准。薪酬委员会应该决定他们公司和其他公司相比处于哪个位置上。他们应了解这些可比公司的薪酬待遇情况，并采取相应的行动。薪酬委员会应对公司情况有广泛的了解，包括招工情况和薪酬情况，特别是在每年加薪的时期更需如此。

在设计和业绩挂钩的那部分薪酬时，应该以达到股东利益和董事、高管利益一致，激励董事、高管最大程度地勤勉尽责为目标。激励计划应当根据公司目标是否实现和实现程度来作出。应该考虑设定一些具体标准，来反映公司经营状况和其他可比公司相比所取得的成就。反映公司业绩的一些关键指标可以包括全部股东回报等指标。

任何新的长期激励计划都应能更好地取代现行激励计划，或者至少是一个经过周详考虑的完整计划的一部分，与现行激励计划有机结合成一个整体计划，能得到股东们的批准。整个激励计划中潜在的薪酬额不应过大。根据股票期权计划和其他长期激励计划发放的奖励，通常都应分期兑现，而不是一次性大额支付。不能以比现行股价更低的执行价格向董事和经理层发放股票期权。

薪酬委员会应考虑是否向董事提供年度奖金。如果提供，年度奖金应当和他们的个人表现相挂钩。同时应设定年度奖金的上限。年度奖金也可以在一个较长的时间跨度内部分用股票来支付。

通常情况下，对上任不满三年的董事，不赠送股票，其股票期权或其他优先购股权也不能执行。应鼓励董事们长期保有股票，除非是为了支持公司收购和纳税的需要而出售股票。

首席执行官的薪酬计划应该是与其他高管的薪酬计划以及整个公司的薪酬计划相匹配的。它们之间不能存在激励目标上的冲突，并且潜在的回报对于首席执行官及所有参与者都要是有吸引力的。

更多的董事会坚持薪酬顾问直接为薪酬委员会工作，并且不允许他们同时为经理层工作。这是确保薪酬顾问独立性的一个重要方式，但是董事会仍然需要更多地关注对首席执行官薪酬水平起决定作用的业绩标准。要做更多的敏感性分析，比如，如果某些事件发生，首席执行官报酬会受到何种和多大程度的影响，要理解薪酬组合中的各个要素，并且要让股东也能够理解。

专栏 9-2　公司经理薪酬的基本规范：机构投资者的观点

董事会薪酬委员会应全部由独立董事组成。

公司应每年就其是否遵守此规范进行检讨，并就未遵守规范的原因做出解释。

薪酬委员会的年度报告应就全体经理人员的年薪、激励报酬、期权计划、绩效衡量和退休计划的细节进行披露，并与类似的公司进行比较。

经理薪酬的数额不应“过分”。

雇员合约的期限不应超过一年，以避免在发生解雇和接管时出现金色降落伞一类的多年安排。

应当用新的长期激励计划取代，而不是补充现行的股票期权安排。

与业绩挂钩的报酬应当使“董事会与股东的利益保持一致”，而业绩评判的标准应当是“与强化公司业务有关的设计，并且考虑规定薪酬的上限”。

对经理人员的期权安排应分阶段地而不是一次性地授予，而且其期权价不得低于股票的现价。

9.2.4 董事薪酬及对离任和解聘董事的薪酬处理

董事薪酬发展的两个基本趋势

董事报酬在与其责任提高时同步提高，并在构成上适时调整。加强公司治理，提高董事责任，需要同步提高董事报酬，并要适时检讨其构成是否合理。为了应对新的公司治理规则和监管要求，董事会的一些委员会尤其是主席，要投入更多的时间，完成更多的工作。审计委员会主席、首席独立董事/领导董事、薪酬委员会主席、提名/治理委员会主席等应该得到额外报酬。

以其他可比公司董事收入为基础确定董事薪酬，并与股东价值的变化挂钩。对于某人服务于董事会应该付酬多少没有正确的答案；一个最为有效的方法就是看看竞争性的市场上对类似劳动支付多少。可以以可比公司支付给董事多少为起点。如果公司业绩高于其竞争者，可以支付更多，并且董事会薪酬计划应该是一个与可比公司相比的基于业绩的弹性计划。确保股东利益和董事会成员想法及行动一致的最好做法是将董事薪酬的绝大部分与股东得到的价值挂钩。

对离任和解聘董事的薪酬处理

薪酬委员会应考虑董事一旦被解聘（特别是对于那些不称职的董事），以何种方式给予其补偿，这些都应在聘约中予以明确。

在合法的限度内，薪酬委员会应根据情况采取不同的方法来提前解聘董事。董事会的目的应该是既避免给予平庸的人以奖励，又能平等地对待那些出于其他原因而提前离任的董事。

薪酬委员会应明确规定给予业绩平庸的被解聘董事多少补偿金；给予提前离任的董事多少补偿金。当然给予后者的补偿金中已按比例扣除了他若在别处继续工作所能得到的收入。

在允许的情况下和在解聘通知期或聘期超过一年的情况下，公司可以考虑对补偿金采取分期付款的形式而不是一次性付清。当先前的董事又有新的工作时应考虑减少或停止付给补偿金。

9.2.5 英国公司的董事会薪酬委员会和薪酬政策

董事和高管薪酬越来越受到股东、政府和其他利益相关者的关注，上市公司对薪酬的重视程度也越来越高，但有些方面仍待改进。英国公司治理准则D.1规定：执行董事的薪酬设计应能促进公司长期发展，与业绩挂钩的因素应透明、可延展、严格执行。

2014年的公司治理准则中提出可变薪酬的建议，目前绝大部分富时350指数公司采用可收回或可扣留的可变薪酬安排。91%的公司在其年度奖金政策中有某种形式的惩罚和/或追回条款，78%的公司在其长期激励计划中有某种形式的惩罚和/或追回条款。根据德勤的数据，95%富时100指数公司和90%的富时250指数公司已经在年度奖金政策中有某种形式的惩罚和/或追回条款；富时100和富时250指数公司中各有85%和75%的公司在其长期激励计划中追回条款。更多公司披露了收回和/或惩罚的触发条件，如误导性陈述和个人行为不端，在触发条件中，名誉损失和风险管理问题在富时100指数公司中比在富时250指数公司中的提及率更高[①]。

大约一半的富时350指数公司由股东投票决定薪酬政策。因为经理层薪酬和业绩之间的关联关系不清晰，投资者对薪酬决议的支持率下降。12家富时100指数公司的上年报告决议和薪酬政策的支持率低于75%。德勤对年度股东大会的分析发现， 在30家最大的上市公司中， 薪酬议案获得至少95%股东支

---

① Deloitte, 2016，A clear vision: Annual report insights Current best practice in annual reporting.

持的比例在2016年相比2015年减少了一半，降低到了 26%[①]。

制度压力成为薪酬报告改变的一个动力[②]。以薪酬委员会主席个人陈述开始的薪酬委员会报告的数量快速增加，从2012年的48%提高到了2016年的96%。在这些个人陈述中，84%的陈述质量较好，包含了主席个人对于公司薪酬政策的看法、关注的主要问题并对这一年发生的变化给出看法。

9.3 花旗集团的薪酬委员会与董事薪酬

9.3.1 花旗集团薪酬委员会的构成

2002年之前，花旗集团的薪酬委员会职责是和提名委员会职责合在一个人事、薪酬与董事委员会之中的。2002年开始由于新成立了一个提名与治理委员会，原来的人事、薪酬与董事委员会改名为人事与薪酬委员会。

花旗集团董事会人事和薪酬委员会章程规定，委员会组成人数为至少3人，当前其人事与薪酬委员会的实际人数为5人。人事和薪酬委员会的所有成员都要符合纽约股票交易所上市标准中有关董事独立性的要求，还要是《证券交易法》第十六款所定义的“非雇员董事”以及《国内收入法》（税法）第162（m）款所定义的“外部董事”。实际上，除了执行委员会之外，花旗集团董事会的其他四个委员会（审计委员会、提名和治理委员会、人事和薪酬委员会、公共事务委员会）成员都是独立董事。

人事和薪酬委员会的成员和委员会主席由董事会根据提名和治理委员会的推荐来任命。花旗集团董事会人事和薪酬委员会主席Richard D. Parsons是美国在线时代华纳公司董事长兼首席执行官，自1996年开始担任花旗集团（其前身）董事。成员包括Ann Dibble Jordan， 前芝加哥大学医疗中心社会服务部主任；Andrall E. Pearson， Yum! 品牌公司创始人、前董事长兼首席执行官；

① Deloitte，2016.9，Your Guide - Directors’ remuneration in FTSE100 and 250 companies

② Grant Thornton, 2016，The future of governance: one small step

Franklin A. Thomas，TFF 研究集团顾问；Arthur Zankel， High Rise 资本管理公司高级管理人员。

9.3.2 花旗集团的董事薪酬

自1986年首次公开发行股票以来，花旗集团便以普通股方式支付外部董事报酬，以使董事们和其他股东有一致的所有权利益。外部董事和名誉董事当前每年得到12.5万美元的董事年费（Annual Retainer），或者100%以普通股支付——董事可以选择延迟支付，或者50%为现金以纳税，余下为普通股。2001年1月1日起，董事可以选择将该项报酬的全部或一部分以期权的形式购买花旗集团的普通股。授予股票期权的股份数目的计算方式为：以授予日花旗集团普通股公允市价的三分之一除以董事所选择的通过期权形式支付的报酬金额。期权的行权价格为授予日前一个交易日花旗集团普通股在纽约股票交易所的收盘价格。从授予日开始一年后每年生效50%，10年后失效。尽可能地以股票或股票期权的方式给与董事报酬，这是公司治理改善的一个重要手段。

2000年7月18日开始，外部董事和名誉董事每年获得5000股花旗集团普通股的期权授予。2000年股票期权奖励计划于2000年7月18日开始，每位董事获得了2500股股票期权。2001年的5000股股票期权奖励从2001年1月开始。以后的授予计划在每年的1月进行。该项期权的行权价格和其他条款与上一段落所描述的相同。根据情况的变化，花旗集团董事会已经改变了其给与董事期权奖励的一些条款。1993年授予给董事们的股票期权有效期已经从原先的10年缩短为6年。

除下述事项之外，董事参加董事会的委员会和下属委员会没有额外的报酬。除审计委员会主席额外得到2.5万美元的报酬之外，其他各委员会和下属委员会的主席额外得到1.5万美元的报酬。这一额外报酬以与董事年费相同的方法支付。用于特殊目的的额外报酬以特事特办的方式决定。对是花旗集团或其下属机构雇员的董事作为董事所提供的服务不给予任何报酬。

9.3.3　花旗集团人事、薪资及董事委员会关于管理层薪酬的报告

委员会的职责

人事、薪资及董事委员会，负责评估公司及董事会在维持有效的公司治理实践方面的努力，确定董事候选人。该委员会将考虑董事和股东建议的候选人。来自股东的提名应该先以书面形式提交花旗集团董事会秘书，以供该委员会甄选。

该委员会负责确定董事长办公室成员和一些其他属于管理委员会成员的高级管理人员的报酬。此外该委员会负责审核高级管理人员的报酬，包括业务计划小组的成员，以及公司层次的大多数高级管理管理人员，并负责批准所有高薪管理人员的薪酬。该委员会也负责批准一些涉及整个花旗集团的涵盖更多人员的和特殊的薪酬计划。

为执行其薪酬职责，该委员会可以聘请独立的薪酬顾问企业协助。该委员会的成员中没有公司或其下属机构的前任或现任经理或雇员。

薪酬理念

公司努力吸引和留住各个层次的高素质雇员，特别是那些对公司的成功至为重要的人员。为达到这一目的，公司愿意为卓越绩效支付卓越薪酬。这一绩效一般是业务单元绩效或公司整体绩效，或二者并用， 取决于管理人员职责的性质。考虑的因素包括收益、每股收益、权益回报、股本回报、资产回报、资产负债表和资本实力、抗风险能力、分支机构拓展、顾客满意、对公司价值的追求和对业务单位及公司整体成就的贡献。为了进行绩效判断，委员会评估公司及其各个业务单位的财务结果，并与可获得的可比公司同类资料做比较。首席执行官向委员会提供他对管理人员的评判，他们的成绩以及个人和公司绩效。

股票所有权承诺

增强董事和高级管理人员的所有权以使管理层和股东的利益更为一致是公司的一贯政策。公司鼓励所有权文化的方式如下：

至少50%的董事费以公司股票或公司股票期权的方式支付。

一个范围很大的雇员群体——包括所有高管层人员，年度奖金的一个很大部分是以受限或延迟的公司股票方式支付。

在全球范围内进行定期的股票期权授予，当前有超过12.5万雇员持有股票期权。

通过各种项目为高管层以下的雇员提供持股机会，如股票购买计划，401（k）计划，花旗建构者项目和财富建构者项目等。

为推进公司的所有权承诺，所有董事会成员和高级执行官员都要至少持有其过去授予的、当前持有的和未来会奖励的公司股票的75%，只要他们仍然是董事或高级执行官员。高级执行官员包括管理委员会成员，业务计划小组成员和公司层次的大多数高级人员。不受此所有权承诺限制的唯一例外是，所持公司股票用于：捐赠慈善事业，与家庭成员之间的财产转让等。本委员会认为该股票所有权承诺计划已经并且将会继续极大地推动公司成功地为股东创造价值。

薪酬构成

经理层的薪酬主要由基薪（Base Salary），根据情况决定的奖金发放（Discretionary Bonus Awards）——其大部分通过受限股票或延迟股票的方式支付，和股票期权授予三部分构成。经理层通常也参加面向普通员工的福利计划。定期了解竞争公司的薪酬做法以确保公司的薪酬政策能够继续吸引优秀的新人并激励和留住现有优秀员工。与公司的薪酬政策一致，每位经理年薪（工资和奖金）的25%以受限或延迟股票的形式支付。

9.4 美国公司的董事和高管薪酬

9.4.1 董事薪酬：纳市与纽市的差异

对于美国公司治理各种做法的一般性介绍，国内已经很多。事实上，中国证监会所推行的基本上就是美国模式。为了在实践中把一般原理与普遍规则应用得更好，我们应该更多地了解美国模式内部的差异。这种差异存在于不同州的公司法之间，不同交易所的上市规则之间，更存在于不同类型公司的“流行做法”之间。纳斯达克上市公司和纽约股票交易所上市公司之间在董事薪酬方面就存在着很多差异①。

美国上市公司给予外部董事的报酬一般由如下四个部分构成。一是对其为董事会和董事会委员会提供服务所给予的年费，二是对参加董事会和委员会会议给予的会议费，三是给予董事会主席和委员会主席的额外报酬，四是股票期权或者股票奖励形式的股权类报酬，如股票授予、延迟股票或者受限股票等等。

纳斯达克市值最大100家美国公司是大型高科技公司的代表，而纽交所市值最大公司则属于传统型的公司。无论是销售额还是市值，纽交所样本公司总体上都比纳斯达克公司大。以各自100家最大公司的中位值来看，纽交所公司的销售额和市值分别是277.48亿美元和443.69亿美元，纳斯达克公司的销售额和市值则分别是15.09亿美元和62.58亿美元。不过二者间截至2005年3月31日的一年间总体股东回报率则基本相同，纽交所公司的中位值为6.9%，纳斯达克公司的中位值为6.7%。

自从萨奥法案的颁布和其他一些公司治理改革开始，美国上市公司独立董事的责任增强、风险增大，与此相应的是上市公司纷纷提高了独立董事的薪酬，以吸引和留住那些合格的独立董事。与2004年相比，2005年纽交所市值最大100家上市公司董事薪酬总额的中位值提高了17%，纳斯达克市值最大100上市公司则提高了4%。主要是股票期权所占比例较高，致使纳斯达克上市公司董事的报酬总额要高于纽交所上市公司董事的报酬总额。以普通董事会成员——即只做董事，没有其他头衔，也不在董事会委员会任职的人的年度报酬总额来看，纳斯达克100家最大公司的中位值是23.4万美元，而纽交所100家最大公司的中位值是17.4万美元，前者比后者高近35%。

---

① 原始资料主要来自Frederic W. Cook & Co.对纳斯达克和纽交所各自100家市值最大美国公司董事薪酬情况的调查报告（Frederic W. Cook & Co. 2005a）。这家公司成立于1973年，是美国领先的董事和经理薪酬顾问公司。

纳斯达克上市公司给予独立董事较少现金价值，但是明显更多的是股权报酬，主要是股票期权。纽交所公司则更多地采用股票授予方式。纳斯达克公司董事报酬构成是现金17%，股票16%，期权67%，而纽交所公司董事的报酬构成则是现金34%。股票44%，期权22%。我们可以再具体比较一下纳斯达克公司和纽交所公司之间各种股权类报酬工具的使用情况差异。首先看看没有对董事使用任何股权类报酬工具的公司比例，纳斯达克公司是5%，纽交所公司是1%。股票和股票期权两种工具都使用的比例是，纳斯达克公司20%，纽交所公司34%。纳斯达克公司中只使用股票方式的比例是13%，纽交所公司则是48%。纳斯达克公司中只使用股票期权方式的比例是62%，纽交所公司则是17%。

由于有关股票期权记价方法方面会计准则的改变等原因，美国上市公司这几年出现以股票授予替代股票期权授予的趋势。2005年有将近一半的纽交所上市公司不再给外部董事提供股票期权。但是在纳斯达克上市公司中，股票期权仍然是给予董事的最为普遍的奖励方式，尽管其流行程度也有所下降。

绝大多数的美国上市公司都给独立董事提供现金形式的年费。分别有91%的纳斯达克上市公司和96%的纽交所上市公司向其独立董事提供现金年费。纳斯达克最大100家公司给董事的现金年费的中位值是3万美元，纽交所最大100家公司给董事的现金年费中位值是5.5万美元。现金形式的董事年费呈现与董事薪酬总额同样的变化趋势，纽交所公司增长10%，纳斯达克公司保持不变。

美国上市公司普遍存在着提高董事报酬和其具体角色、职责及与此相关的董事个人时间贡献和所担风险之间的联系。这一趋势在审计委员会上的体现尤其明显，就是普遍给予审计委员会主席更高一些的报酬。99%的纽交所上市公司和85%的纳斯达克上市公司给予审计委员会主席提供某种方式的额外报酬。使用年费方式酬报委员会成员的公司数略有增加，付给审计委员会成员的年费往往也比付给其他委员会成员的年费高一些。

大约一半的美国上市公司向董事支付其出席董事会定期会议的会议费，纳斯达克上市公司的董事会议费中位值是一次2000美元，纽交所上市公司的董事会议费中位值是1600美元。

更多的公司设立了首席独立董事角色，以回应各方面对公司治理问题的关注。最大100家纳斯达克上市公司中的27家设立了首席独立董事，其中17家同时给予了首席独立董事额外的报酬。纽交所最大100家上市公司中40家设立了首席独立董事，其中18家同时给予了首席独立董事额外的报酬。纳斯达克公司付给其首席独立董事的额外报酬中位值是2万美元，纽交所付给其首席独立董事的额外报酬的中位值是1.5万美元。

非执行董事长——那些此前和现在都不是公司雇员的董事长，在纳斯达克和纽交所两组100家最大市值公司中都不超过10%。纳斯达克100家市值最大公司中有8家是非执行董事长，其中4家给予非执行董事长额外报酬。纽交所100家市值最大公司中有5家是非执行董事长，5家都给予非执行董事长额外报酬。纳斯达克公司付给其非执行董事长的额外报酬中位值是11万美元，纽交所公司付给其非执行董事长的额外报酬中位值是47.8万美元。

执行董事长——那些现在不是，但是以前曾是雇员的董事长，通常是前首席执行官，现在只任董事长。纳斯达克100家市值最大公司中有12家是这类执行董事长，其中4家给予额外报酬。纽交所100家市值最大公司中有4家是这类执行董事长，其中2家给予额外报酬。纳斯达克公司付给其执行董事长的额外报酬中位值是5.3万美元，纽交所公司付给其执行董事长的额外报酬中位值是37.5万美元。

为了提高董事和股东之间的利益一致性，美国上市公司中出现了日益增强的要求董事持股的趋势。董事所有权指导原则和股份维持准则是最主要的两种方式。所有权指导原则通常要求董事累积和保持一定数量的公司股票，典型做法是按董事年费的一个倍数来确定。股份维持准则通常采用的方式是对董事们已获奖励的股票和延迟股票单元规定一个强制性的最低持有期限。分别有67%的纽交所上市公司和26%的纳斯达克上市公司公布了董事所有权指导原则或者是股份维持准则。

9.4.2　美国上市公司高管长期激励方式的变化趋势

中国证监会和国资委有关股权激励的试行办法出台之后，中国上市公司逐渐开始有引进股权激励措施的。认真汲取一下美国公司这几十年的经验，也许有助于我们选择最合适的激励办法。尤其是应该在股票期权之外，也关注一下受限股票和其他各种股权激励工具。

自1973年开始，Frederic W. Cook & Co.对经理人长期激励进行年度跟踪研究，其2005年度的研究报告（Frederic W. Cook & Co. 2005b）提供了有关标准普尔500指数中市值最大的250家美国公司的经理人长期激励做法。长期激励措施一般是指与股票价值挂钩、时间期限在一年期以上的薪酬工具。

首先让我们看看股票期权、受限股票（授予一定数量的实际股票，每达到一定的服务年限生效一定的比例，生效前有转让限制和作废风险）和绩效奖励（根据某种业绩指标确定给予一定数量的股票或者现金）等三大类长期激励措施的使用比例情况。尽管出现了一定的下降趋势，但是股票期权仍然是250家市值最大美国上市公司中使用比例最高的长期激励工具。2003、2004和2005三个财政年度中，实施股票期权计划的公司比例分别是99%、95%和90%。与股票期权的下降趋势相反，把受限股票作为长期激励措施的公司比例呈现逐年上升趋势，2003、2004和2005年三个财政年度中，采用受限股票激励的公司比例分别是49%、55%和66%。绩效奖励，也称长期现金计划，包括绩效股票（与某种事先确定的多年期的业绩指标挂钩的股票或者股票价值，实际收益会因股价而变）和绩效单元（以现金计量的根据某种业绩指标给予的奖励，实际支付也可以采取股票形式）两类工具在内，呈现出最快的增长态势。2003、2004和2005三个财政年度中，采用绩效股票激励方式的公司比例分别是26%、30%和40%，采用绩效单元激励方式的公司比例分别是17%、19%和20%。

股票期权作为一种实施范围最为广泛的长期激励工具，经过近几十年时间的演变，除了标准的股票期权之外，又发展出来了很多的变种，既为了达到某种具体目的而附带某种条件的股票期权。我们可以具体看看主要的变种股票期权使用比例的变化趋势。为了修正标准股票期权只与股票价值挂钩的特性，一些公司实施了与其他绩效指标挂钩的绩效股票期权。2003、2004和2005三年中，实施绩效股票期权的公司比例分别为13%、6%和6%，呈现了一定的下降趋势。根据绩效挂钩的环节不同，绩效股票期权又分为绩效授予股票期权（根据绩效完成情况决定授予数量）和绩效加速股票期权（根据绩效完成情况决定生效时间）两类，过去三年中，绩效授予股票期权实施比例保持稳定，绩效加速股票期权实施比例呈现下降趋势。

股票期权还有其他一些“变种”，包括复载股票期权（已生效股票期权行权后自动再重新授予同量或一定比例的股票期权）、溢价股票期权（以高于市价的价格授予）、折价股票期权（以低于市价的价格授予）和指数化股票期权（授予价格与股票市场指数挂钩）等等。这四类变种中复载股票期权的实施比例较高，其他三类的实施比例都很低。2003、2004和2005三年中，复载股票期权的实施比例分别是14%、10%和6%。相比之下，2003、2004和2005年三年中，溢价股票期权的实施比例分别为3%、2%和2%，折价股票期权的实施比例三年中均低于1%，指数化股票期权的实施比例分别是0%、1%和0%。

首席执行官是公司经理人中最重要的人物，其薪酬也总是最受关注。下面我们就看看这250家最大公司中首席执行官的长期激励薪酬价值和构成。250家公司中有76家（30%）已经自愿实施了美国财务会计准则委员会第123号准则，按公允价值法计量股票期权成本，没有这么做的公司则仍然按真实价值法进行，这将导致这两类公司经理人股票期权价值的估价不同，前者估价要高于后者。在123号准则之前有关股票期权计价的25号和44号准则都是按真实价值计价。真实价值就是股票期权的授予价格和授予时市价之差，这样那些授予价格和授予时股票市价一样的股票期权记价为零，公司在财务报表就无需记提这部分成本。而123号准则实施的公平价值等于真实价值加上时间价值，这样即使那些真实价值为零的股票期权，因股价波动和较长的有效期限等等因素也含有一个正的时间价值，对此可以用二项树法或者布莱克—斯克尔斯期权定价公式来计量，实际操作中也有用期权面值三分之一作为近似值的做法。

2004年美国最大250家标准普尔指数公司中，非123号准则公司首席执行官的长期激励薪酬价值的中位值为552.5万美元，比2002年的549万美元略微增长了1%。与全体高管的长期激励薪酬构成变化趋势一致，在首席执行官的长期激励薪酬中，股票期权的比例也出现了下降趋势。2002年，那些没有实施123号准则的公司中，首席执行官的长期激励薪酬构成是股票期权78%，受限股票15%，绩效奖励7%，而到了2004年，股票期权、受限股票和绩效奖励这三者的比例则变为68%、22%和10%。在那些已经实施了123号准则的公司中，股票期权在首席执行官长期激励报酬构成中所占比重相对较低，下降幅度也更大。123号准则公司首席执行官长期激励报酬中股票期权、受限股票和绩效奖励的比例，从2002年的66%、23%和10%，变为2004年的44%、35%和11%。

实施对股票期权严格按公允价值记价的123号准则是加强公司治理的一个重要方面和未来趋势。从123号准则公司和非123号准则公司的差异中，我们已经可以看出一些美国公司高管长期激励薪酬的变化端倪。但是如果把时间眼界放得更长一些的话，美国公司高管长期激励薪酬的演变趋势则更加明显。我们可以进一步就几个种类的长期激励工具在最大250家上市公司中的实施比例，比较一下2005年和1985年的差异。

一个最大的变化发生在股票增值权这种长期激励方式上。1985年时有高达66%的公司采用股票增值权计划（实际就是以现金方式来模拟进行的股票期权），2005年则下降到了3%。而采用受限股票的公司比例则从1985年的27%提高到了2005年的66%。同一期间内，两类绩效奖励计划中，绩效股票的实施公司比例从14%提高到了40%，绩效单元的实施公司比例从36%下降到20%。

在公司治理和高管长期激励问题上，一个日益受到重视的问题是如何提高并保持一定比例的高管所有权比例。越来越多的公司公布了高管股票所有权指引之类的公司政策，2005年这一比例为67%。考虑到该项披露属于公司的自愿性行为，实际拥有这一政策的公司比例可能大于披露的比例。公司高管股票所有权政策大概可以分为三类：最普遍的是规定高管必须持有一个相当于其年薪多少倍的公司股票价值量，64%的公司采用这种方法；其次是规定高管必须持有一定数额的公司股票，这种方法避免了第一种方法中由股价波动带来的操作上的麻烦，9%的公司采用这种方法；第三类方式是对高管从长期激励和奖励中所获公司股票规定一个最低保留和持有年限，这类方式可以和上述两种方式中的任何一种结合使用。

9.4.3 企业控制权变更时的经理人保护安排

并购与重组等企业控制权变更现象越来越频繁，这对于资源的整合与有效配置，尤其是对于股东价值的创造具有重要意义。但是如果其中有关经理人，尤其是首席执行官的利益处理不好，则会带来巨大的阻碍甚至是破坏作用。我们通过对纽交所和纳斯达克各自50家市值最大公司的控制权变更安排（Change in Control Arrangements）的介绍[①]，为中国企业能够未雨绸缪地设置有关制度安排提供一些可资借鉴的经验。

控制权变更安排的宗旨是要激励经理人能够持续地以公司和股东的最大利益为目的行事，减低因为控制权变更而带来的经理人对其职业前景的潜在焦虑。公司设置这些控制权变更时的制度安排，可以确保发生并购情况下管理的连续性，也可以用作一种吸引和留住那些优秀经理人的手段。近年来，在国际资本市场上，越来越多也越来越大的并购事件，引起了人们对控制权变更安排以及与此有关的对经理人提供保护的成本的关注。发达国家的一些股东积极分子开始在年度股东大会上提议限制控制权变更安排中的支付金额。

什么是控制权变更，既满足什么条件算是公司发生了控制权变更而需要给经理人提供补偿和保护？通常用来界定公司是否发生了控制权变更的标准有如下几个方面。首先，公司的投票权是否发生了变化，如某一股东获取了某一比例的投票权。其次，公司是否发生了收购、合并和重组行为。再次，更换了董事会的大多数成员。第四，出售了公司的全部或者相当大部分资产。第五，公司清算或者解散。上述标准中的最后三项是控制权变更安排中普遍采用的标准，前两项标准的采用及其具体比例的设定则因公司而异，相互差异很大。

公司可以通过各种各样的方式来为其经理人和关键雇员提供控制权变更保护。归纳起来主要有下述三大类方式：一是单个的个人雇佣协议，二是统一的公司政策，三是通过股权激励计划提供的控制权变更保护。具体采用上述哪种方式，或者是它们的某种组合，要根据公司的具体目的来决定。

由个人雇佣协议所提供的控制权变更保护（也就是通常所称的“金降落伞”协议）一般限定在公司的少数高层经理人员。通过公司政策提供的控制权变更保护，则通常要涵盖更多数量的雇员，更深入到组织的各个层面。这一措施更为普遍地与公司业务终止相联系，而不仅仅限于控制权发生变化。股权激励计划也可以包括控制权变更保护，而且股权激励计划所涉及的范围更宽，

---

① 原始数据资料主要来自Frederic W. Cook & Co.的调查报告（Frederic W. Cook & Co. 2005c）。

纳入股权激励计划中的控制权变更保护通常也涵盖组织中更大数量的雇员。

在纽交所和纳斯达克各自市值前50名的共100家美国大公司中，85%的公司提供某种类型的控制权变更保护。从所实施的控制权变更保护方式来看，最流行的做法是结合使用个人雇佣协议与股权激励计划，占37%比例的公司这么做。其次是只通过股权激励计划来提供控制权保护，所占比例为28%。然后结合使用公司政策与股权激励计划（10%），只使用个人雇佣协议（5%）和将公司政策、个人雇佣协议和股权激励计划三者结合使用（5%）。也有15%的公司没有任何控制权保护安排。与纽交所上市公司（74%）相比，通过股权激励计划来为经理人提供控制权变更保护的做法在纳斯达克上市公司（86%）中更为流行。与此同时，没有提供控制权变更保护的纽交所上市公司比例（20%）比纳斯达克上市公司比例（10%）。其中的原因可能是，总体来看，一些纽交所上市公司市值规模非常大，远远大于纳斯达克上市公司，认为自身不会成为被兼并的对象，因而无需考虑控制权变更保护问题。

有关控制权变更的定义，可以在个人雇佣协议、公司政策和股权激励计划中给出。有些公司中，在股权激励计划、个人雇佣协议和公司政策中，对控制权变更界定的标准可以不同。下面我们以股权激励计划中有关控制权变更的界定标准为例，对纽交所和纳斯达克各自50家市值最大公司的做法略做介绍。

纽交所上市公司通常采用20%作为因投票权改变导致控制权变更的界定标准，而纳斯达克上市公司则通常采用一个更高比例的标准，将50%或者50%以上的有投票权证券的持有人发生变化，作为控制权变更的界定标准。这种标准的差异可能与各自的市值规模以及股权集中度不同有关。对于因收购、合并或重组而导致的控制权变更，有越来越多的公司增加了额外的界定标准，如公司前股东在新实体中继续持有的有投票权的股份比例要低于某一限度才能算是控制权发生了变更。纽交所和纳斯达克上市公司通常都把50%作为这一限度的数量标准。如果这一限度界定得高，如60%或者70%，则意味着合并伙伴即使只是持有少数权益，如40%或者30%，也会引发公司的“控制权变更”。

80%的公司将控制权变更时对经理人的补偿界定为其基薪与奖金之和的一个倍数。一般情况下，其健康和福利待遇延续期限与这个现金补偿的倍数一致，即现金补偿为2倍，或者3倍，福利待遇则延续2年或者3年。这些减低福利的做法，对一般经理人要比对首席执行官来得普遍，在纳斯达克上市公司中则比在纽交所上市公司中来得普遍。

总体来说，纳斯达克上市公司比纽交所上市公司在对经理人的控制权变更保护方面，掌握的标准更严，给予的补偿也不是那么“慷慨”。这种分布状态给予中国企业的启示是，我们可以也引进规范的、桌面上的和有法律护航的对高级经理人的控制权变更保护，但是要掌握一个“合适的度”。没有这种规范的控制权变更保护，实际导致的结果就是两个极端。一个极端是弱股东意志下在位经理人要通过借掌控公司运营而获取“控制权的私人收益”，不仅不去发掘而且会实际阻碍一些对公司有巨大价值的并购、重组和改组等活动，这在中国的国有或国有控股公司中比较普遍。另一个极端就是强股东意志下企业很容易发生控制权变更而经理人收益和预期没有保障，实际难于吸引优秀的职业经理人加盟公司，这在中国的民营和家族类公司比较普遍。走出这两个实际有巨大效率损失的极端状态，引入一种合适的对经理人的控制权变更保护安排，也许是当前中国企业改进公司治理，真正把公司治理落实为一种“合作关系管理”所需要的一个关键举措。

9.5 中国公司的董事与高管薪酬

在中小股东保护力度提高不大、资本市场有效性不足的情况下，中国上市公司学习美式治理机制的选择倾向上出现了严重偏差。就是有效市场监控机制没有建立起来，脱离了传统行政控制机制的高管报酬如同脱缰野马，一路狂奔。作为后进国家，中国公司的高管报酬，不仅没有像日本那样，在公司业绩非常优异，甚至是“战胜了”美国同行的时候，还保持在美国高管报酬的几分之一的水平上，而是在业绩根本没有起色、股东毫无回报的情况下，出现了成倍的增长。考虑到中国的经济发展水平和员工平均工资水平，中国大型上市公司的董事高管薪酬水平已经不低，甚至可以说已经相当之高，甚至是“失控”了。

全球金融和经济危机之后，拿取过高薪酬的公司高管成为众矢之的，以至有学者称恐怖主义是全球资本主义的外部敌人，而贪婪的公司高管则是全球资本主义的内部敌人。从欧美到中国，有关监管机构都出台了一些高管限薪令。但是，中国的高管限薪令，如同这几年的房市限购和调控一样，花架子十足，实际无效。

高管薪酬，可以说是与董事会建设意义同样重大的公司治理问题。如果把公司治理理解为激励和约束两个方面，董事会建设主要是一个约束方面的问题的话，高管薪酬则是一个激励方面的问题。薪酬激励的方向正确，高管行为就自然会往正确的方向转变。中国公司在高管激励方面与国际领先企业的差距，跟董事会运作方面的差距同样巨大。我们说的不是薪酬水平上的差距，而是薪酬给付机制、给付方式和规则上的差距。中国上市公司高管报酬增长，主要是现金报酬的增长，在高管报酬的给付机制上并没有太大的变化。

“董事及高管薪酬，不在于给多少，而在于如何给”，这是委托代理理论的主要代表人物、著名公司治理和公司财务理论家詹森有关高管薪酬最重要的一篇文章所用的标题。恰恰就在是“如何给”的这一“题目”上，中国百强上市的高管报酬行为仍然是非常不清晰，非常令人不满意的。

中国上市公司董事、监事和高管薪酬的轮番上涨基本是与股东价值无关的一种自行的现金和奖金方式的增长。由于过去几年中，中国的股票市场表现不好，中国公司对从2006年开始中国证监会和国资委均有规范文件许可的股权激励，一直没有积极响应。没有报酬给付方式改进下的报酬水平增长，或者没有激励机制改进下的激励力度增强，不仅其激励效果令人怀疑，甚至有“公司治理失灵”之嫌。特别是从纯粹股东——中小股东和外部股东的角度来看，喜的背后是忧。这几年作为控股股东的国资委有政治业绩——大型国企高歌猛进，公司董事和高管个人有经济效益——拿着百万和千万级别的报酬，而资本市场和中小股东们，则是既没有什么现金收益——分红，也没有什么资本增值——股价上涨。

另外值得注意的一点是，在董事会中有香港和境外人士的公司中，董事之间的报酬差距是很大的。从公司治理规范上来说，我们对同一董事会中承担同样法律和管理职责的独立董事之间，仅是因为他们的“阶级出身”不同而呈现巨大的报酬差距这种现象，是持反对态度的。这非常不利于董事会作为一个整体的构建和运作。

公司高管及董事，甚至独立董事报酬上所出现企业间差距扩大态势，可能在很大程度上反映了公司业绩之间的差异，以及公司业绩与高管报酬之间的相关性。在真正会使企业经营好坏在高管报酬上拉开差距的股权激励类薪酬工具还没有普遍开始实施的情况下，高管报酬上的差距就已经很大，这不由得使我们疑惑中国上市公司的董事及高管薪酬制定规则，其中是否存在真正有效的公司治理因素。这些董事、独立董事和高管们，是在真正给股东创造了价值才得到高额薪酬呢，还是那些凭借实际控制权和某种垄断地位，而将更多的报酬装进了自己的口袋？

近几年来，英国、澳大利亚、荷兰、南非、挪威和瑞典等等国家纷纷开始强化股东投票决定高管薪酬的制度，最为公司自治的美国也从2011年1月开始推行这一做法。中国有股东决定高管薪酬的现成制度，问题在于中国公司高管和大股东之间存在人员和利益双重一致化的问题，要使股东决定薪酬制度取得实效，也许需要对“派出”高管人员的控股股东在高管薪酬议案上的投票权进行限制，或者干脆实行控股股东和非控股股东分开进行的股东大会分类投票制度。

9.6 中国公司的股权激励机制应用问题

9.6.1 中国公司对股权激励机制的探索

中国最早探索股票期权激励机制的公司可能是深圳万科，1993年，万科聘请香港律师起草“职员股份计划规范”，为期9年（1993～2001），分三阶段实施，由于缺少相应的法律规范，第一阶段的“认股权”于1995年转为职工股后，一直没有上市，而停止执行。

最早具有“期权”概念的有关股权激励的地方性法规可能是“杭州市国有企业经营者期权激励试行办法”，该办法的出台是由“冯根生现象”催生的。

1997年10月6日，距十五大闭幕不到20天，杭州正大青春宝集团董事会以全票通过，从公司1.5亿元的净资产中拿出15%的股份卖给员工，总经理冯根生至少可买2%股份，300万元。由此引起轩然大波，该不该卖，敢不敢买，有没有钱买？1998年6月6日杭州市政府召开会议，正式同意将正大青春宝药业有限公司国家股的50%有偿转让给职工持股会，其中冯根生个人可买2%。1998年7月12日，冯根生从杭州市商业银行贷款270万元，以总价303万元购买了257万股正大青春宝的股份。

2006年以前，由于中国公司法的限制，没有库存股票账户和除注销之外公司不能回购股票，中国上市公司尚无法实施规范的股票期权激励机制。有些上市公司，如上海贝龄等，实施了模拟股权激励机制，这是一种与股票价值挂钩的奖金发放方法，类似于美国公司实施的长期现金计划。有些上市公司，如上海金陵等，将年薪制中的风险收入部分由大股东或董事会秘书等其他人名义代购公司股票，这是以强制持股方式延迟支付经理人已经挣得的奖金，也有“风险抵押金”含义。而且这种通过内部协议托管在其他人名义的股票，少来少去的问题不大，一旦积累到一定数量之后，经理人就很不放心了，也就使其激励效应打了折扣。

2006年1月1号开始，中国新修订公司法生效后，允许公司回购股票用于奖励本企业员工，实施规范股权激励机制的一个最大障碍解除了。与此同时，2005年12月31日，中国证监会发布了《上市公司股权激励管理办法》。2006年9月30日，国有资产监督管理委员会和财政部联合发布了《国有控股上市公司（境内）实施股权激励试行办法》。但是，由于政策设计中的一些问题以及有关方面认识上的误区，一些上市公司的股权激励方案存在严重的将股票期权当作“工资奖金”等传统薪酬工具使用的倾向。用传统的绩效考核办法来“发放”股票期权，把本应面向未来的股票期权激励工具扭曲成面向过去的激励工具，也把股票期权依靠股票市场评价公司业绩来决定高管薪酬的激励功能拉回到了依靠会计报表评价公司业绩决定高管薪酬的老路上去。股票市场本身就是一种评价机制，会计报表为股票市场评价上市公司提供信息，但不是股票市场评价上市公司的唯一根据。如果会计报表能够真实准确地评价企业，我们可能就不需要股票市场了。

9.6.2 中国股权激励政策的误区

股权分置改革的完成，统一了各类股东之间的利益；股权激励计划的陆续推出，则进一步把公司高管和全体股东的利益统一在了一个共同的股票市场价值基础之上。但是，仔细审视一下目前的态势，不难发现我们的公司治理、董事会建设和股权激励试行过程中仍然存在着很多认识和操作上的误区。

我们就说一个最为基本的问题，股权激励和公司治理的关系。“国资委：谁公司治理结构规范，谁率先享受股权激励”，这是很流行的一种对“国有控股上市公司（境内）实施股权激励试行办法”的解读。从该规范文件规定的实施股权激励计划需要具备的条件来看，可以说这种解读是准确的。但是，把“股权激励”当作优惠政策馅饼奖励给所谓遵守“公司治理结构规范”的“好孩子”这种认识和做法却是股权激励的一个误区。

激励机制本身就是公司治理的一个核心内容，正向和相容性的激励机制本身就是一种良好的公司治理做法。股权激励，或者说是基于股东价值的董事、经理薪酬，是解决股权分散公司中委托代理问题、改进公司治理的一种重要方法。正确地设置股权激励机制，就是要把经理层和股东的利益更紧密、更直接和事先确定好规则地结合起来，股东就可以相对更放心并放手地让经理们自主地发挥他们的才干和专业知识，按照他们自己理解的最佳做法行事，在追求其自身利益最大化的同时带来股东利益的最大化。至于公司治理结构规范方面的一些“合规类”的问题，是法制执行和强制性、约束性的问题，是不遵守就要受到惩罚的问题。可以说股权激励是改进公司治理的胡萝卜，结构设置和运作规范这类合规性的要求则是公司治理的大棒，奖励正向行为、惩罚负向行为这两个方面是共同作用和相辅相成的。

把股权激励和公司治理结构“形式上”的那些规范捆绑，用意可能是良好的，但是结果却未必是好的。在监管部门的强力推进之下，这几年中国境内上市公司在治理结构的“形式规范”方面，可以说已经走在了“国际前列”，但是在公司治理的实质行为上却并没有太大的改进。中国社会科学院公司治理研究中心对中国百强上市公司治理水平的年度评估报告已经清楚地表明了这一点。如果现在再用“股权激励”来进一步推进这种“形式规范”，其结果是进一步强化中国公司治理改进上偏重形式而忽略实质的倾向。然后，可能会进一步误导我们得出“国际规范也不起什么实际作用”之类的结论。就像在独立董事制度的引进中，因为我们忽略了整个董事会责任加强和独立性提高这一根本性的问题，希望只能锦上添花的独立董事来雪中送炭，结果是“独立董事不起作用”成为了某种“共识”。这种“共识”的结果就是，导致人们内在上对这种制度失去兴趣，从而阻碍进一步实质性地改进和提高其质量和效果。

股权激励的实质无非就是采用一种更好、更有利于公司治理改进的给公司高管发报酬的方式。在合理高管报酬总额能够有效控制的情况下，多给股权激励类的报酬，必然要相应降低工资奖金等现金类的报酬。试想，像当年亚科卡出任克莱斯勒首席执行官时只要1美元现金年薪，其余全为股票期权那样的“股权激励”，何需要求公司治理结构规范作为前置条件？如果合理高管报酬总额不能有效控制，治理结构形式上的规范，以及股权激励预期收益不能超过高管报酬总额30%等等这类限制性规定又能起到什么实质性的作用？还有股权激励的实施范围限制在公司经理层和来自母公司的外部董事，而把独立董事和其他外部董事排除等等，还是在进一步延续着我们自引进独立董事以来就存在着的割裂公司董事会，缺乏把董事会作为一个整体来对待的思维误区。

9.6.3 正确处理股权激励与公司治理的关系

把股票期权作为一种薪酬工具，本身已经蕴含着一种激励，使经营者自觉努力创造股东价值，也就同时约束了经营者损害股东价值的行为，但并不能指望股票期权能根本解决“委托—代理”问题，忽视立法和执法等方面的硬约束机制。在经营者损毁甚至是偷窃股东价值不能受到法律或公司控制权市场的惩罚即没有大棒的情况下，股票期权这个胡萝卜再大（只要没大到公司全归他所有）也不会扭转局势，使经营者去努力创造股东价值。

从根本上说，法人治理结构就是个依法治理公司的问题，而股票期权激励机制则是个将“感情留人，好好干我不会亏待你”等传统文化中的“许诺激励”方式通过期权合同方式得到法律保护。相关的合理立法和有效执法是法人治理结构完善和股票期权激励机制有效所不可缺少和不可回避的。

中国国有企业基本的公司治理结构规范尚未建立，行政性多头管理，没有建立起股东、管理层和员工之间的规范的利益制衡机制。上市公司虽然建立了形式上的股东会、董事会等现代公司机关构造，但实际运作则还远离“依法治理公司”的境界，实际处在一种传统的人治状态和关键人治理模式。公司作为一个法人——法律拟制的人，本应依法运作而具有超越自然人的能力，但中国现行的人情和关系网文化，对公司法和公司运作机理认识的不足等等导致从行为习惯上有法不依有法不执行，到立法规范上远远落后于实际经济发展的需要。企图通过形式上引入在发达国家是一种锦上添花的独立董事机制和有独立董事任职的薪酬委员会，来改善公司治理、给管理层制定薪酬是不可能有实际作用的。在一般的董事和经理还没有承担普遍的诚信和尽职义务情况下，引入几个独立董事、单靠独立董事的人格力量是不可能很有效地改进公司治理的。

由于非国有企业大股东作为所有者是在位的，政府需要着力保护中小投资者利益和劳动者利益。避免大股东以经营者身份通过股票期权砸取中小股东，也要避免股票期权成为空头支票砸取劳动者。

就实施股票期权计划来说，股东的批准只能是通过股东大会来进行。上市公司中的国有股权代表机构——无论是哪个部门——优先于其他股东来“审批”本身就是违背公司治理的基本法理的。国有股权代表机构可以像国际资本市场上的一些大投资者一样，公布自己对公司股票期权方案的投票原则，赞成什么做法、反对什么做法，来引导公司的股票期权方案走向。

美国税法对个人持股超过10%的公司董事或经理参加激励性股票期权计划规定要经过股东大会的特别批准，并且其行权价格不能低于授予日股票公允市价的110%。鉴于中国上市公司和其母公司之间的特殊关系，国有控股上市公司和其国有股权代表机构之间的特殊关系，在股票期权计划的批准方面，应该建立起一种回避机制。可以遵行以下基本原则：在整个股票期权计划的批准方面由股东大会按每股一票的原则进行，但对于由母公司派到上市公司的高管人员和由国有股权代表机构派到国有控股上市公司的高管人员能否参加该股票期权计划及其获赠数额应该由其他股东投票批准。对于个人直接或间接持有上市公司大额股份的高管，也要对其是否能参加股票期权计划及其参加股票期权计划的获赠数额和行权价格做些特殊规定。

9.6.4 公司启用股权激励机制的操作要点：四步法

第一步：明确公司战略和激励目标

首先要明确公司战略和实施股权激励要达到的目的。目的不同，所要采用的具体激励工具及其条款设计就都不同。否则，只能适得其反。

明确公司战略和实施股票期权的目的：留住关键人员；鼓励创新行为；创建一种主人翁文化；通过上市“发财”。

第二步：选择激励工具和实施范围

根据股权激励的目的、具体选用的激励工具，及公司人员的具体情况决定股权激励机制的实施范围。

实施范围的确定：

①谁是经营者，谁是高管人员，谁是关键雇员？

——上市公司、股份有限公司和有限责任公司是不同的。

——法律的、行政的和文化的。

②美国高科技企业实行全员股票期权的前提是外包盛行，没有不关键雇员了。

③美国政府和股东鼓励全员股票期权，中国政府反对全员股票期权。

④中国企业愿意搞全员股票期权，缓解内部压力。

第三步：对公司和股票期权的价值评估

这是技术性最强的一个环节，就是要对公司整体的价值以及公司股票期权的价值做出评估。

①公司价值评估。

上市公司→市场价值。

非上市公司→账面价值。

②股票期权的价值评估。美国有25号和123号两套准则，25号按内在价值法计量股票期权的价值，123号按公平价值法计量股票期权的价值。

公平价值＝内在价值＋时间价值。

按内在价值法行权价等于授予日公允市价的股票期权的价值为零，但按公平价值法行权价等于授予日公允市价的股票期权仍有价值。

决定股票期权价值的六个因素。Black–Scholes公式基于六个关键因素来定价：

	变量的变化	期权价值的变化
期权到期日	增加	增加
行权价格	增加	减少
股票价格	增加	增加
股价波动	增加	增加
预期红利	增加	减少
无风险利率	增加	增加

股票期权价值的一个简单算法。

股票期权的价值约等于标的股票价值的三分之一，例如：公司给你1万股股票期权，股票的价格为10元，股票的行权价格也是10元，这一万股股票期权的面值为10万元，但这一万股股票期权的公平价值约为3.3万元。

第四步：决定各个授予对象的授予额度

这要由公司价值和公司股票期权的价值，以及根据公司战略所决定各个岗位的授予原则来共同决定。

授予额度的确定：

先以现金计量应得薪酬总额——没有股票期权你给/他要多少钱；把其中的多大比例转为股票期权；根据公司价值评估折股和股票期权定价思路确定授予股票期权的额度。

四步之后，工作并没有完全完结，往下还要进行股票期权计划的内外部沟通和计划实施后各种具体问题的管理等等。

9.7 万科的所谓“事业合伙人”：员工间接持股

不管到底啥意思，马云是把“合伙人”一词给整火了。万科都跟风采用该词，启动了所谓“事业合伙人”制度。不过，万科的所谓“事业合伙人”制度中所用合伙人是一词，倒真是合伙人概念的本来含义，只是万科的这个“事业合伙人”，也并不是万科公司的“合伙人”，而是投资于万科公司股票的一个有限合伙制企业——盈安合伙的有限合伙人。

2014年4月25日，有限合伙企业盈安合伙创立。包括郁亮在内的全部8名董事、监事、高级管理人员，以及几乎所有的中层管理人员共有1320位被称为事业合伙人的万科员工，签署《授权委托与承诺书》，将其在万科公司集体奖金账户中的全部权益，委托给盈安合伙的一般合伙人进行投资管理。截至当年6月3日，盈安合伙持有万科股票的比例已达1.34%，成为了万科的第二大股东。据称，所谓“万科事业合伙人”团队最终将通过盈安合伙实现对万科10%股权的控制。

显然，这里的责任–利益链条是，盈安合伙是万科公司的一个与其他股东一样只承担有限责任的股东，盈安合伙有一般合伙人（也称普通合伙人或管理合伙人）和有限合伙人两类合伙人，被称为万科“事业合伙人”的这些进入了盈安合伙的万科员工是盈安合伙的有限合伙人。他们与万科公司的关系，只是在员工的身份之外，又增加了一个通过盈安合伙而持有了万科的股份。无论如何，都谈不上是本来含义上的万科公司的“合伙人”。说他们是万科的“事业合伙人”，与阿里巴巴所谓的28位“合伙人”一样，只能说是一种比喻。万科公司把通过盈安合伙持有公司股票的员工成为“事业合伙人”，那么自己直接掏钱在二级市场购入万科股票的员工是不是万科公司的“事业合伙人”呢？

郁亮对媒体表示，“过去万科是职业经理人制度，职业经理人和股东是打工关系，依靠职业精神对股东负责，但从小米等一些企业的经验来看，合伙人制度可能是一种更好的利益共享机制，对股东负责就是对自己负责。”这里显然是错用或往好里说是以比喻的方式借用了“合伙人制度”的概念。即使实行了上述所谓的事业合伙人制度，并且盈安合伙持股万科达到了10%，万科公司本身仍然是职业经理人制度，而与合伙人制度毫无直接关系，只是增加了一个有限合伙人企业形式的员工间接持股机构。

此外，盈安合伙以代表万科员工投资于万科股票而成立，但也许并不是仅仅投资于万科公司股票。如果盈安合伙仅仅投资于万科股票，万科的这个“事业合伙人制度”，也就仅仅是一个员工间接持股制度了。而且，我们不应该高估员工持股的作用，要对其发展过度的潜在危险有充分认识。任何公司都不是绝对安全的，都有倒闭的可能。员工的人力资本已经完全投入到一个企业中了，如果再把他们相当大部分的个人财产也投入到同一个企业中，该企业一旦遭遇困境或者倒闭，员工将同时失去他们的工作和个人财产，这是一种不可承受的风险，违反了最基本的风险分散原则。如果盈安合伙作为一个独立企业，以实现其自身合伙人的财务收益最大化为宗旨，可以并不仅仅投资于万科股票，并且在万科前景不佳、股价持续低落的时候，为了其自身作为一个独立企业及其合伙人们的利益而抛掉万科股票，万科的这些所谓“事业合伙人”也就可以瞬间消失了。

这样的“事业合伙人”，其跟公司之间的利益和责任关系，也许还没有真正职业经理人，以其终身企业声望和职业收入为赌注，联结得更为紧密。

第10章

董事会的会议与绩效评估

董事会的会议质量是现代企业管理和公司治理中的一个非常具体和非常关键的问题。有效的董事会会议需要会前做好充分准备，会中遵循必要的程序，会后确保董事会的决议能够得到切实的贯彻执行。

董事会掌握着现代公司的管理大权，董事会以会议体的方式行使权力。除了公司法的基本要求之外，没有有关何时、何处及如何召开董事会会议的固定规则。平时不在一起，到一起就是开会，并且要有效和正确地做出决策，这给董事会的会议提出了格外的挑战。

一些基本原则有助于保证董事会会议的有效：确保会议对议事议题的充分讨论；在尽可能取得一致意见的基础上做出决定；定期召开会议；为会议准备足够的时间和信息。最重要的一个因素是要有一个开放和包容的气氛，让董事会会议成员能够非常自在地发表他们的看法。人们能够理解他们在整个结构中的具体角色和责任也很重要。

10.1 董事会的会议种类及开会方式

根据国际领先公司董事会的实际运作方式，可以将董事会的会议分为四种类型：首次会议、例行会议、临时会议和特别会议。

源自发达国家公司治理优秀公司的这些董事会会议种类，中国公司都是可以学习采用的，但是有关会议通知要根据中国公司法的规定执行，上市公司还要遵守其股票上市所在交易所的规定。中国公司法的规定是董事会“每次会议应当于会议召开十日前通知全体董事和监事”。

10.1.1　董事会首次会议

首次会议就是每年年度股东大会开完之后的第一次董事会会议。国际规范做法都是每年股东大会上要选举一次董事，即使实际并没有撤换，也要履行一下这个程序。这样每年度的首次会议就具有一种“新一届”董事会亮相的象征性意义。IBM公司管理章程第三章“董事会”中的第四节，专门就公司董事会的“首次会议”做出了如下规定：“董事会应在股东年会举行的当天就组织结构、选举高级管理人员以及处理公司其他事务等事项举行会议。此次会议无需通知。根据本管理章程第三章第七节（会议通知）的规定，此次会议也可以签发通知并在此通知中确定此次会议在任何其他时间或地点举行。”中国公司普遍实行三年一届的董事会选举制度，会议按第几届第几次会议的顺序，淡化了每年度首次会议的意义。

10.1.2　董事会例行会议（定期会议）

例行会议或称定期会议，就是董事会按着事先就确定好的时间，按时举行的会议。首次会议上就应该确定下来董事会例行会议的时间，比如每个月第几个星期的星期几。这样做能够有效地提高董事们的董事会会议出席率，也能确保董事会对公司事务的持续关注和监控。在每次董事会例行会议结束时，董事长或董事会秘书，要确认下次董事会例行会议的日期、时间和地点。IBM公司管理章程就董事会定期会议的规定是“董事会定期会议应在董事会确定的时日举行，或者在由董事长确定并在会议通知中明确的其他时日举行。除法律或本管理章程另有规定外，董事会定期会议无需通知”。建立起一套董事会的例行会议制度，也许是很多中国公司董事会实际运作到位的一个有效办法。

10.1.3　董事会临时会议

临时会议是在例行会议之间，出现紧急和重大情况，需要董事会做出有关决策时候召开的董事会会议。临时会议的会议通知是一个特别需要注意的问题。像在IBM公司，董事会的首次会议和定期会议，如果不是发生更改，甚至可以不用正式发出会议通知。但是董事会的临时会议却需要按照公司章程的规定正式发送。IBM公司管理章程第三章第七节“会议通知”的规定是：“董事会临时会议通知（包括需要通知的定期会议）应由公司秘书按本节规定签发，通知应说明时间、地点，在法律或本管理章程有规定时应说明会议目的。此类会议通知应预付邮资并以快件方式至少在会议召开前四天寄给每一位董事，或者至少在会议召开前二十四小时通过传真或类似媒体发送给每一位董事，也可以通过送信人或电话传达给每一位董事。根据本管理章程第四章的规定免予通知的董事无需通知。如果公司的所有在职董事均在场，董事会召集的任何会议无需通知即为合法。”

10.1.4 董事会特别会议（非正式会议）

并不是一定要做出重大决策时才需要召开董事会会议的。董事会的特别会议或者说是“非正式会议”“务虚会”“战略沟通与研讨会”等等，与前三种董事会会议不同，它的目的不是要做出具体的决策，也不是要对公司运营保持持续监控，而是提高董事会战略能力，加强董事会与公司管理层的联系等等。这种董事会会议是很多公司治理专家都用不同的名称提出来过的，一年或者两年一次，一定不能在公司总部等正式场合召开，可以扩大范围，邀请一些非董事会成员的公司高管参加，也可以请外部专家作为会议引导者，提升这类会议的“沟通”和“研讨”水准。

10.1.5 董事会的会议方式：通讯会议方式和书面同意方式

由于董事有时不能实际到现场出席董事会会议的情况是很常见的，为了解决这个问题，我们可以借鉴发达国家公司法和国外公司实际运作中都采用的一个原则：就是董事会可以采用一切现代通讯手段召开，只要有一个实际的讨论过程并且这一过程中董事们能够听到对方的声音，就算是亲自出席，董事会会议就有效。对此，美国特拉华州公司法的规定是：“除非受组成公司证明文件和组织细则的限制，任何一家公司的董事会成员或由董事会任命的委员会的成员，可以通过会议电话或其他通讯工具设备来参加董事会或其他委员会的会议。利用上述通讯设备可以使所有参加会议的人互相听到各人的发言，而根据本项（i）的规定参与了会议者也就是亲身到场参加了会议[①]”。IBM公司的管理章程明确规定“通过电话或类似能让所有参会者互相沟通的设备参加会议应视为亲自出席”。

此外，还有一个非常值得我们讨论一下的董事会运作方式问题。在中国公司，尤其是一些非上市公司中，实际存在着通过会签，也就是“书面同意”方式形成董事会决议的现象。但是中国公司法并没有这方面的明确规定，公司实际运作中这样形成的董事会决议，是违法还是可以受到法律的保护呢？我们认为，至少对于非上市公司来说，在实在难免要这么做的一些事项上是可以这么做的。美国特拉华州公司法就认可“书面同意”方式的董事会决议。其具体规定是：“除非受到组成公司证明文件或组织细则的限制，为董事会会议或任何委员会会议所需要或允许的作为可以不必在会议上作出，而由董事会或其委员会的全体成员以书面同意的方法来作为，这些书面同意文件应当编入董事会或委员会的会议记录[②]。”

10.2　董事会会议的法定人数、频率、时间与地点

10.2.1　董事会会议有效的法定人数

任何董事会会议只有在多数董事亲自出席的情况下才能构成形成决议的法定人数。不过，在公司高度自治的美国，这只是公司法的一个默认规则，也就是说，如果股东没有在公司章程中作出一个不同于此的明确规定，就适用这一默认规则。从美国特拉华州公司法有关董事会会议法定人数的规定中可以很清

① 《特拉华州普通公司法》第四分章“董事和官员”第141节（i）款。
② 《特拉华州普通公司法》第四分章“董事和官员”第141节（f）款。

楚地看出来这一点。

专栏 10-1　《美国特拉华州普通公司法》关于董事会会议法定人数的规定

全部董事中的多数人应当组成法定人数来处理业务，除非组成公司证明文件或组织细则规定要有一个更多的人数。除非该证明文件另有规定，细则可以规定比多数人要少一些的人数为法定人数，但无论如何不能少于全体董事人数的三分之一，除非是按本节规定可以由一人组成董事会，于是该人便单独组成法定人数。

在有法定人数的董事会上的多数董事表决就是董事会的作为，除非在组成公司证明文件上或在组织细则上规定要有更多数人的表决。

《特拉华州普通公司法》第四分章“董事和官员”第141节（b）款。

中国公司法对董事会法定人数的规定是硬性的：“董事会会议应有过半数的董事出席方可举行。”同时，中国公司法对董事的“出席”方式没有明确——就是通过现代通讯手段参与会议算不算是亲自出席，而是相应地规定了董事可以委托他人出席董事会会议。这导致中国公司董事会会议中董事委托出席的比例特别高，这很不利于董事职责的履行。

10.2.3　董事会形成有效决议所需要的赞同票比例

中国公司法规定与国外的另一个重要差异是关于董事会有效决议所需要的董事赞同票比例问题。分子部分都是“半数以上”，但是分母部分不同。

美国特拉华州公司法，是在出席人数达到法定人数（一半以上）的董事会会议上，实际出席会议的董事的多数同意就构成有效的董事会决议。IBM管理章程规定：“符合法定人数的任何一次董事会上多数到场董事的意见即为董事会决议；在任何达不到法定人数的董事会会议上，到会的多数董事可以决定会议休会直至符合法定人数要求；经休会后达到法定人数的，有权处理会议最初召集时拟处理的一切事项。”举例来说，一个由9人构成的董事会，有5人出席就可以召开有效的董事会会议，出席的5名董事中有3人投票赞成就可以形成一个有效的董事会决议。而且，按特拉华州公司法，股东可以在公司章程中在不少于三分之一的限制下，规定一个比半数少一些的董事会会议法定人数。这样，9人构成的董事会中，3人就可以召开有效的董事会会议，2人赞同就可以形成有效的董事会决议。

中国公司法的规定是“董事会作出决议，必须经全体董事的过半数通过①”。举例来说，同样一个由9人构成的董事会，有5人出席可以构成一个有效的董事会会议，也必须得5人全部投赞成票才能形成一个有效的董事会决议。

中国公司法在关于董事出席董事会会议的法定方式和董事会形成有效决议所需赞成票比例的计算方式上面的更为严格规定，表面上似乎是在保护董事权力，实际是导致董事权力行使的不便，和董事亲自行使权力的责任感的下降（因为委托出席），更降低了董事会的运作效率。

10.2.4　董事会的会议频率

一个不能定期召开会议的董事会，处于不能履行其对股东和公司所负职责的危险之中。董事们不能定期会面，其自身也会遭遇来自法律或者股东诉讼方面的没有履行董事职责的风险。国外优秀公司一般每年都要定时定点地召开10次以上的董事会会议。比如英特尔公司，每隔一个月利用一整天的时间在公司总部或者特殊情况也可能在公司的某个部门，召开董事会全体会议。

就正式的董事会会议来说，会议的频率取决于公司的具体情况，其内部和外部的事件和情况。有时可能需要天天开会，如发生标购或被标购情况时。即使在平静期，可能也有一些需要召开董事会会议处理的问题。

中国公司法规定每年至少召开两次董事会会议，这是最低限度。为了加强董事会的监督和决策作用，作为一个一般规则，公司至少要每年召开4次全体董事会会议，即每个季度召开一次。可以充分利用各种现代化的通讯手段，提

① 《中华人民共和国公司法》第一百一十二条。

高董事会效率，加强董事之间、董事与公司之间的联系。董事会委员会的会议相对较少一些，一年可能三到四次，这也要取决于公司的具体情况。

在正式的会议之间，董事会成员之间通过电话保持联系，进行非正式的对话，也至关重要。

10.2.5 董事会的会议地点与会议时间

公司总部是董事例行会议的通常地点，但是如果公司运作于多个地点，在不同的地方召开董事会，可以给董事们一个更广的视野和更多的机会来了解公司的活动。对于每年或者至少两年一次、一般为期两天的主要是评估关键问题和讨论公司战略问题的董事会特别会议，可以选择在公司营运地点以外的地方召开。

没有绝对正确的董事会会议时间数字。原则是要安排足够的董事会和委员会会议时间确保能够对那些关键问题进行充分的讨论。会议持续时间可以从几小时到一整天，取决于需要处理的任务量。对于一个规范运作中的大公司，没有特别棘手问题需要处理的情况下，通常是3到5个小时。

尤其是2002年开始，由于安然和世界通信等案件的警示，全球性的公司治理运动的推进，公司董事会成员们更加注意他们对股东的忠实与勤勉职责，绝大多数公司董事会都自觉地提高了它们的责任标准。随着董事责任的提高，董事用于董事会服务活动的时间也在增长。

自从萨奥法案生效后，美国公司董事用于董事会工作的时间大幅度提升。2005年美国上市公司董事用于董事会事务的时间是平均每个月22个小时，这比2002年时的14个小时有大幅度的提升。董事工作时间的大幅度的提升发生在2003年，每个月平均19个小时，比2002年提高了5个小时。

10.3 董事会的会议议程、会议资料和座位安排

董事会的结构和会议次数基本保持着稳定，变化了的是用于董事工作的时

间、为董事会会议所做的准备工作以及参加董事会会议的信息需求等等。

10.3.1　董事会的会议议程

谁负责召集和主持董事会会议，中国公司法有明确的规定：第一责任人是董事长，然后是副董事长。如果董事长和副董事长都不能履行这一职责，则由半数以上董事共同推举一名董事负责。美国公司一般是在章程中明确这一问题，并且责任顺位与上述中国公司法的规定略有差异。以IBM公司为例，其管理章程中规定："董事会会议由董事长任会议主席并主持会议，董事长缺席时由总裁担任会议主席并主持，总裁缺席时由一位副董事长担任，如果上述人员均缺席时由多数到会董事选举一位董事担任会议主席并主持会议[①]。"

会议议程是董事参加董事会会议的路线图。通常每次会议的议程专注于一些董事会职责的具体事项。一些公司中，这项工作由管理层负责，另外一些公司中会议议程可以由一位非执行董事长或者领导董事，在征询首席执行官和其他董事意见之后确定。通用汽车公司由董事长和首席执行官共同（如果董事长和首席执行官不是同一个人的话）决定每次董事会议的议程。英特尔公司是董事会主席和秘书处负责起草会议议程，并预先通知到每个董事。但是无论是谁主要负责董事会的会议议程，每位董事都是可以自由地提出要包括在会议议程中的议题的。通用汽车公司和英特尔公司的公司治理准则中都有这样的规定。

据美国《公司董事会》杂志的2006年的调查，对于谁主要负责制定董事会会议议程，74%的美国上市公司董事说是首席执行官（美国大多数公司仍是董事长兼任首席执行官的），只有14%的人说是非执行董事长制定董事会会议议程，10%的人说是领导董事或者总法律顾问和董事会秘书。尽管这些年的公司治理运动在极力推进"最佳做法"和董事会独立性，但是由于长期以来，首席执行官都被界定为公司的领导，首席执行官仍然保持着强力的权力地位。很多董事会成员似乎也乐于让首席执行官在领导公司和导引董事监控重点上面扮演重要角色。当问及董事会的领导力应该来自何处时，47%的美国公司董

---

① IBM公司管理章程第三章"董事会"第九节"组织机构"。

事相信应该来自首席执行官，只有38%的人认为董事会领导力应该来自非执行董事长。

专栏 10-2　　董事会会议成功的四个关键要素：4C

坚定的信念（Conviction）

对行动的正确性确信无疑。

积极的投入（Commitment）

主要参与人员热情高涨，积极性高。

充分的沟通（Communication）

对需要进行的决策进行充分交流。

紧密的合作（Cooperation）

那些需要进行决策的人员之间需要密切配合，紧密合作。

开好董事会的主要职责落在董事长的肩上。董事长要对需要在董事会上讨论的每一个议题安排合理的时间，并能事先解释清楚议事程序的任何变化。任何一个董事如果在董事会议的某个时间段缺席，需要在会议开始时就做出说明。董事长应该引导董事会处于能够对每一个问题都进行公开讨论的状态。董事长应该坚定但公平，控制会议而不是主导讨论本身。要确保董事会既不会陷入非理性的争辩而开不成，也不会没有深思熟虑就匆匆做出结论。每一个董事都应该铭记他们的集体职责，并且不能指望其自己的观点在任何场合下占据主导。他们需要相互吸纳对方的观点。董事长需要主持讨论，直到取得较为广泛的认同，能够总结出可以得到绝大多数成员同意的结论为止。

专栏 10-3　有效董事会的五大核心价值观与15项行为准则

□ 独立与诚信

质疑精神：不能仅仅根据表面现象，就接受管理层观点，而应挖掘背后的东西。

提出具有建设性的反对意见：董事不能没有主见，不能盲从集体意见。

探寻重要事实：要求管理层提供完整可靠的资料，并要寻找管理层之外的信息来源。

❑ 坦率与公开

坦诚公开自己的意见：积极参与讨论，鼓励争辩。

广泛参与：不能由某些人主导讨论过程，通过大家都在场时候的充分讨论才作出决定。

尊重常识和直觉：相信个人直觉，不要怕提问简单或者“问愚蠢的问题”。

❑ 责任与监督

共同分担领导权力和责任：每个董事都对公司承担平等的责任，大家共负重担。

自我管理：勇于承担个人在公司管理中应负的责任，敢于发言，并有所准备。

相互监督：帮助同事规范行为，恰当认识其存在的问题，在适当时候进行调节和处理。

❑ 以任务为导向

制定争议解决机制：按讨论规则进行，以助达成共识，避免讨论陷入困境。

培养集体直觉：培养董事会自己关于公司的“集体直觉”①。

关于主要问题：合理设计时间表，以保证可以将合理的时间分配给重要的问题。

❑ 相互信任与尊重

对内相互信任，对外团结一致：培养董事相互之间的尊重与信任。

尊重对方的专业判断和不同意见：董事会需要不同的声音，要关注并尊重。

积极且充满敬意的聆听：所有董事相互之间都应如此。

资料来源：大卫·纳德勒2007。

---

① 关于集体直觉或公司直觉，参见“托马斯·科勒普罗斯，1998”。

10.3.2 董事会的会议资料

在每次董事会会议召开之前，都要尽可能早地（至少提前一个星期）将有关议事项目和一些有助于董事更好地了解公司业务情况的重要信息、文件和数据资料，以书面形式发给董事会成员，这样可以给董事会成员以充分的通知和提醒，以保证他们能够参会并且有足够的时间为会议作些准备工作。

管理部门应使书面材料尽可能简明而又能提供董事决策所需要的信息。如果信息难于理解，可能需要在正式的董事会会议之前进行电话联系。公司应该安排一个联系人，能够就报告中各种问题进行讨论和提供具体说明。

董事会会议时间应该用于进行达成有关决策所需具体信息的讨论。事先对会议资料的充分掌握，讨论时就可以更为集中地关注关键问题，更为有效地利用宝贵的董事会会议时间。

原则上，与会董事若有特殊议题需董事会讨论，其陈述报告应提前呈交董事会以便为讨论合理安排时间。但是如果该议题较为敏感，无法或不便以书面形式做出陈述，也可以在董事会议上现场陈述。在不能提前分发敏感议题报告材料的情况下，董事长可以会前通过电话与每位参加会议的董事讨论此议题和董事会要考虑的主要问题。中国很多公司很害怕在董事会会议上临时提出议题，甚至明确要求提交到董事会会议上的议题都应该是事先跟各个方面沟通好了的。这样做，虽然避免了可能在董事会上出现的矛盾，但是实际也等于是废弃了董事会成员作为一个整体通过集体讨论而形成决策的功能。

为每次董事会会议准备文件会有所不同，这取决于公司及每次会议自身的具体情况。但有一些基本的文件，是使董事们能够在董事会中真正发挥作用所必需的。这些基本文件包括：会议议程表，1页，一般由董事长准备或批准；上次会议的会议纪要，2～3页，通常由董事会秘书提供；首席执行官的业务运营报告，给出一个自上次董事会会议以来影响公司业务的主要事件的概述；财务报告，提供直到最近的经营损益表、现金流量表和融资情况；还应该有一些由高级经理层提供给董事会成员、支持会议议程中所列事项的书面报告。

10.3.3 董事会会议的座次安排

也许并没有绝对合理的董事会会议座次安排，但是有几点注意事项还是非常值得借鉴的。

董事会的主席背对窗面向门，副主席（或者首席独立董事）背对门面向窗，相对而坐。这样安排的好处包括，两位董事会的最重要人物视野开阔、能够看到整个会场，互相可以方便地交换眼神，董事会主席可以随时注意到进出会场的人。

首席执行官应该坐在董事会主席的旁边，可以对外表示他们的团结，董事会秘书应该坐在董事会主席和财务总监之间，方便及时提供资料。其他的执行董事和非执行董事交叉开来就座，尽力避免执行董事和非执行董事们各自分开、单独就座，形成一种两个帮派的感觉。

每次董事会的会议，应该保持董事会主席、副主席（首席独立董事）、首席执行官和董事会秘书的位置座次不变，其他人员的座位可以调整。

会议前或后的就餐可以是完全与此不同的模式就座。

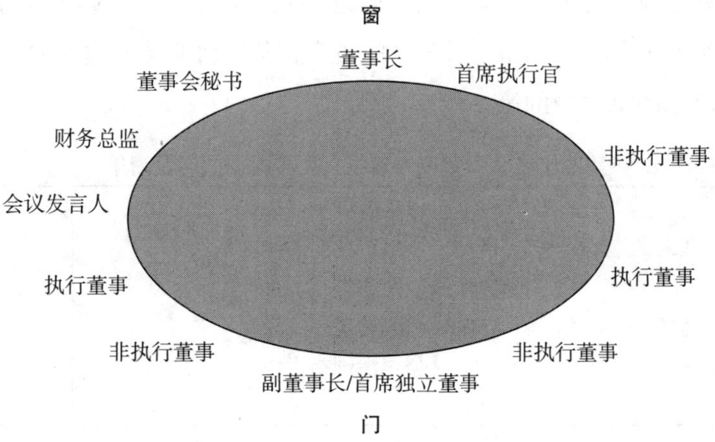

图10-1 董事会会议的座次安排[①]

① 参见帕特里克·邓恩《董事会会议管理》，冯学东等译，机械工业出版社2006年版。

10.3.4 董事会的会议议题：美国公司董事都在讨论哪些问题

有各种各样的议题在争夺着有限的董事会会议时间。但是在财务与业务类问题、雇员价值或满意度类问题和顾客满意度研究类问题之间，主要还是财务和业务类问题更多地占据着美国公司的董事会会议。

当问及为董事会准备的议题资料时，有89%的美国上市公司董事回答说能够得到与竞争者相比较的公司财务和业务信息，而回答能够得到有关雇员和顾客满意方面的信息的董事比例分别是47%和42%。财务问题非常重要，但是还有同样重要的问题：顾客、雇员和股东。公司要在股东、雇员和顾客三个重要的利益相关者之间保持平衡，过度关注了其中任何一个而伤害了另外两个，都是公司将会发生问题的警告信号。

尽管几乎所有董事都认为他们有足够的会议时间完成他们的职责，但是仍有将近20%的人说，他们希望投入更多的时间到一些董事会的关键议题中去。

美国公司董事们希望投入更多时间的关键议题都有哪些？排在前几位的是公司战略计划、会见公司经理人员和管理层继任计划以及访问公司经营场所等等。2004和2005年分别有58%和59%的董事把战略计划列在他们认为需要花费更多时间讨论的事项中的第一位。

表10-1　美国上市公司董事希望投入更多时间的问题清单

战略计划	59%	风险管理	29%
会见关键经理人员	44%	评估产业内的并购活动	21%
继任计划	44%	监控业绩	17%
访问公司营运场所	42%	薪酬问题	14%
讨论竞争问题	42%	公司治理指引	7%
讨论产业问题	37%	合规/监管问题	4%

10.3.5 开好董事会：董事长、董事和董秘各自的责任

董事长、董事和董事会秘书都要各自承担起自己在董事会会议方面的职

责。董事长要管理好董事会以确保能有效地做出决策，为此要建立董事会会议资料和报告的标准，确保达成的决策被正确地理解和纪录，并且对于每一次的董事会会议，都要保证提前准备好会议议程；对会议进程保持控制，但不能自己主导讨论；通过发掘每一位成员的贡献而激发争论；在产生严重分歧意见时，引导讨论并解决问题。

董事会成员要在会议之前认真阅读会议议程和其支持报告，为会议作充分的准备，要保持客观，头脑开放，愿意投入讨论并能接受其他人的观点，尽力为董事会的决策制定提供专业和知识支持，一旦同意，对集体的决策全力支持，并且要对有关公司的问题保持持续关注。

董事会秘书要配合董事长准备会议议程，向董事会成员发放会议议程及其他会议资料，为会议提供其他一些秘书性的工作支持。在会议中提供有关法律和监管政策方面的咨询，纪录并发放董事会纪要，保管法律和监管政策要求的法律性文件，需要时向董事会成员传达有关公司的信息，跟踪并保持告知董事们有关公司治理的当前思想和实践动态。

关于董事会会议，一个十分重要而具体的问题是如何能够促进董事这些个大忙人们准时出席董事会会议？一家澳大利亚银行为求董事会会议按时开始，为每次出席会议的董事支付一点费用，把这些费用放在会议桌上，一旦会议开始，这些钱就由按时到会的董事会们平分。

专栏 10-4 董事会的会议：董事长、董事和董秘的职责

董事长的职责

——保证提前准备好会议议程。

——对会议进程保持控制，但不能自己主导讨论。

——通过发掘每一位成员的贡献而激发争论。

——在产生严重分歧意见时，导引讨论并解决问题。

——确保达成的决策被正确地理解和纪录。

——管理好董事会以确保能有效地做出决策。

——建立董事会会议资料和报告的标准。

董事的职责

——阅读议程和其支持报告，为会议作充分的准备。

——保持客观（特别是非执行董事）。

——头脑开放，愿意投入讨论并能接受其他人的观点。

——为决策制定提供专业和知识。

——一旦同意，对集体的决策全力支持。

——在董事会会议之间对有关公司的问题保持关注。

董事会秘书的职责

——配合董事长准备会议议程。

——向董事会成员发放会议议程及其他会议资料。

——为会议提供其他一些秘书性的工作支持。

——在会议中提供有关法律和监管政策方面的咨询。

——纪录并发放董事会纪要。

——保管法律和监管政策要求的法律性文件。

——需要时向董事会成员传达有关公司的信息。

——跟踪并保持告知董事们有关公司治理的当前思想和实践动态。

资料来源：PriceWaterhouseCoopers, 2001。

10.4 非执行董事例会与“执行会议”制度

良好治理的一个基石是不存在利益冲突的独立董事占董事会绝大多数。但是这一基石的作用可能会被首席执行官或者其他的董事会中的内部人所消解。

公司要给独立的董事会成员们提供没有公司执行人员在场的会面机会。一般情况下，只有在没有公司执行人员在场的情况下，外部董事们才会讨论经理继任人选和首席执行官绩效等敏感问题。可以由多种方法做到这一点，让外部董事们在正式董事会会议之前提前会面，先自行开个几小时的外部董事会议；在董事会会议之后会面，讨论他们的应对措施以及发现那些他们认为以后需要特别注意的问题；或者外部董事们定期召开一些电话或电视会议。另一个有用的方法是，在每一个委员会的议程中安排一段没有内部人员或经理人员在场的外部董事们单独讨论的时间。

公司应该每年至少召开一次外部董事或非执行董事例会，由一位独立董事（首席独立董事）主持。非执行董事例会对确保非执行董事们作为一个整体能够充分发挥作用至关重要。会议内容包括与首席执行官讨论公司各方面的事务，对一些需要执行董事们回避的问题作出决策。执行董事及公司管理层要为非执行董事例会提供充分的信息和资料。

机构投资者普遍要求独立董事们每年至少召开一次没有首席执行官或其他非独立董事参加的外部董事例会。美国加州公职人员养老基金组织、美国机构投资者协会以及澳大利亚投资经理协会等均对此有明确规定。

通用汽车公司董事会的外部董事们每年召开三次例行会议，会议内容包括与首席执行官讨论公司各方面的事务。英特尔公司每年定期召开两次外部董事会议。出席会议的外部董事将要选出一名董事作为召集人，负责定期召集外部董事开会，或者其他有关外部董事的各项事务。伊士曼化工公司的治理准则规定在每次董事会会议期间，都要有一次没有内部董事参加的外部董事会议。

根据美国《公司董事会》杂志的调查，59%的公司能够按季度召开外部董事例行会议，22%的公司是在每次董事会会议时举行此类会议。另外有7%的公司是按月举行，4%的公司是按年举行。1%的公司从来没有举行过外部董事例会。54%的公司没有外部董事例会的会议记录。保持外部董事例会会议记录的公司中，一般是由领导董事或者非执行董事长负责这一事项。大多数情况下，这一记录由讨论事项的简要总结构成。

最近几年来，美国公司董事会又普遍推行起了一种没有首席执行官参加或者只有外部（即非雇员）董事才能参加的董事会“执行会议”制度。比如伊士曼化工公司，在其公司治理准则中规定：“董事会在经过详尽考虑后，可以召开执行会议。只有外部（即非雇员）董事才可以参加此会议。参加执行会议的时间可以选在每次出席例行董事会之前或之后。一般而言，只有当董事委员会

（该公司的提名与治理委员会）提出一个明确主题才召开这个会议。因此负责相应主题的委员会的主席将主持这类的外部董事会议。只有在董事会例会或特别董事会议上才正式决定公司的业务和日常事务，执行会议不对这类问题做决定。”

从一年几次的外部董事例会，发展到几乎每次董事会会议前或后都要召开的非执行董事“执行会议”，可以看出非执行董事作为一个整体发挥作用方式的进步。

把这种非执行董事的例行性行政会议安排在全体董事会会议之前还是之后，可能各有利弊。在正式的董事会会议之前召开，可以帮助提高非执行董事们对董事会会议的参与深度，也让他们多一个机会提出需要在全体董事会会议中增加的议题。但是在全体董事会会议之前召开，非执行董事们便没有机会去深入探讨全体董事会会议中提出的一些问题。在全体董事会会议之后召开，可以克服这一缺点，但是又会有另外一个缺点。全体董事会会议开完之后，董事们可能急着离开，从而影响会议效果。因此有些公司董事会觉得，有必要在全体董事会会议之前和之后，各召开一次非执行董事们的执行会议。

一个特别值得注意的问题是，应该把这种会议讨论的结果迅速、准确地传达给首席执行官。这样既保持了外部董事们讨论的私密性，又能让首席执行官了解外部董事们的总体观点。这些讨论的结果和信息，对首席执行官改进工作有帮助，首席执行官也就会逐渐适应、接受直至尽力支持非执行董事“执行会议”这一运作机制。

专栏 10-5　中国公司法有关董事会会议的规定

会议次数和程序

——董事会每年度至少召开2次会议，每次会议应当于会议召开10日以前通知全体董事和监事。

——董事会会议应由1/2以上的董事出席方可举行，董事会做出决议必须经全体董事的过半数通过。董事会会议表决实行一人一票。

——董事会会议应由董事本人出席，董事因故不能出席可以书面委托其他董事代为出席董事会，委托书中应载明授权范围。

——董事会应当对会议所议事项的决定做成会议记录，出席会议的董事应当在会议记录上签名。

董事应当对董事会的决议承担责任

——凡未按法定程序经董事签字的书面决议，即使每一位董事都以不同方式表示过意见，亦不具董事会决议的法律效力；

——董事会的决议违反法律、行政法规或者公司章程、股东大会决议，致使公司遭受严重损失的，参与决议的董事对公司负赔偿责任；

——对经证明在表决时曾表明异议并记载于会议记录的，该董事可以免除责任；

——对在讨论中提出异议但在表决中未明确投反对票的董事，不得免除责任。

关联董事回避制度

——上市公司董事与董事会会议决议事项所涉及的企业有关联关系的，不得对该项决议行使表决权，也不得代理其他董事行使表决权。

——该董事会会议由过半数的无关联关系董事出席即可举行，董事会会议所作决议须经无关联关系董事过半数通过。

——出席董事会的无关联关系董事人数不足三人的，应将该事项提交上市公司股东大会审议。

10.5 董事会的信息与沟通

董事会的基础责任是对股东作为一个整体来负责，应该关照股东的利益，从股东的角度去经营公司。但是董事会不能在真空中运作，其他利益相关者也是重要的，董事会应该兼顾公司内外部的其他各类团体的利益，与它们建立起良性的互动关系。董事会应该告诉投资者，他们如何把消费者、监管者、雇员及其他受到公司行为影响的团体的利益纳入考虑范围。为了股东的长期利益和公司的可持续性，董事会也必须这样做。有远见的董事会早已经认识到，透明和公平地与所有团体交易与为股东创造长期价值是协调一致的。今天的董事会成员并不只是被任命来照看今天的生意，还要确保明天仍有生意可供管理。

所有各种利益相关者团体都有一个确保董事会能够在一个激励而不是限制企业发展的治理模式下运作的利益。经济利益只能在社会作为一个整体使企业能够创造长期股东价值时实现。这里需要各利益相关者团体之间更多的对话——企业、投资者、监管者和社会——探讨这一目标如何能够实现。公司董事会，通过与所有这些利益相关者团体之间良好的信息交流与沟通，促进这种对话，可以为董事会自身的有效运作和公司的可持续发展创造出良好的内部和外部环境。

10.5.1 非董事参加董事会议/董事会与高级经理之间的联系

为了提高董事会的会议质量，董事会应该欢迎非董事人员参加董事会会议，并在董事会与公司经理及员工之间建立起通畅的联系渠道。

像通用汽车和英特尔这样一些著名公司董事会均鼓励不是董事的管理和专业人员定期参加董事会会议。这样做的好处是：①由于专业人员的参加，可以使董事对讨论的问题有更深刻的认识；②便于董事会发现有潜力的管理人员。通用汽车公司还规定，如果首席执行官希望增加定期参加董事会会议的人员，需征得董事会的同意。

董事会成员可以随时与公司的管理部门取得联系，但董事们应该确保他们与管理部门的接触不会干扰企业的正常运行。如果这种接触是以书面形式正式作出的，则应将材料复印后呈送董事长和首席执行官。

非董事会人员参加董事会会议及在董事会与公司经理及员工之间建立起畅通的联系渠道，可以减少非执行董事与执行董事及经理层之间的信息不对称，避免董事会被架空、虚置，真正发挥董事会的决策与监督作用。

专栏 10-6 伊士曼化工公司治理准则中关于非董事出席董事会会议和董事与高级经理接触的规定

非董事出席董事会会议

可以出席董事会会议的非董事是公司的执行官，正常情况下包括首席执行官、总顾问和公司业务小组主席；如果首席执行官定期地想增加更多的人出席会议，这种建议会得到董事会的批准。

董事会鼓励首席执行官邀请参加了董事会所讨论项目领域中的工作、对讨论能提出其他见解的管理人员，以及有发展潜力的、管理部门认为应把他们推荐给董事会的管理人员参加董事会会议。

董事与高级管理接触

董事直接接触公司管理层人员时，需要董事判断并确信这种接触没有扰乱公司的业务运营。董事长和首席执行官应了解董事和管理层人员之间所有联系的实质内容。这种联系的所有书面材料的复印件应提供给董事长和首席执行官。

10.5.2 董事会自身并要促进公司与其内外部相关者团体建立起良好的互动关系

董事会作为股东委任的公司核心机构，在行使自身权利中，要充分尊重和吸收公司党组、工会、职代会及妇女和青年团体等的意见。处理好与公司内部这些党群团体的关系，得到这些党群团体的支持，对在中国建立以董事会为核心的公司治理结构至关重要。

在法规要求及董事会正常职责范围内，董事会自身并要促进公司与媒体及顾客等外部团体建立起积极和良性的互动关系。非上市公司的控股股东、上市公司的机构投资者等等是董事会要特别注意沟通的对象。来自股东单位或者利益相关者集团的董事尤其要肩负起代表公司董事会与该股东或者该利益相关者集团之间进行有效沟通、取得理解和支持的责任。

如果说，对内，董事会的主要职责就是制定公司战略交付经理层执行并保持监控的话，对外，董事会的主要职责则是与各利益相关者进行有效的沟通，赢得他们对公司战略的理解、支持和资源投入。

在公司对外交流中，通常主要还是要由高层管理人员来代表公司的。为了避免混乱，要有董事会成员代表公司对外交流的基本治理规则。对此，通用汽车规定："董事会成员可能会应管理人员的要求不时地与公司各种各样的顾客会见或交流。但如果是代表董事会作出的评价，那么在多数情况下，恰当的方式应该是由董事长表述的。"英特尔公司则规定："董事会的成员可能会不时和各方会面进行代表公司的交流，但是，董事会成员在进行这类交流时应该得到管理层的认可，并且，在绝大多数的情况下，应该是应管理层要求才有这类行动。"

10.5.3 董事会要加强对公司与机构投资者之间关系的管理

机构投资者也许是现代上市公司需要特别照顾到的一个团体。股权份额日益提高地集中于机构投资者和基金经理手中，他们对公司行为的影响日益增强。机构投资者和所有股东，都有责任积极关注他们所投资的公司的治理安排。

董事会要确保公司公平对待所有投资者，不能给任何利益集团"偏爱"。这意味着不能照顾机构投资者而使个人投资者处于劣势。不能相对于本国投资者而不公平对待外国投资者，当然更不应该反过来：优待外国投资者，虐待本国投资者。

为了良好的治理，董事会应该确保所有投资者具有同样得到公司基本信息的渠道。确保所有投资者能够行使其权力，如，以其股份来投票和参加股东年会。避免在公司章程中设置一些投票机制或条款，妨碍股东合法地获得股份或者阻碍标购。

董事会还必须积极地把公司信息传递给这些机构，才能让市场能够给与公司股票合理的估价。领先的分析师和机构投资者现在要求定期地会晤公司高层经理——由此导致首席执行官和首席财务官们现在要花费相当的时间会见这些人，解释公司的战略。

在这方面，董事会需要考虑的技巧和做法包括：保证首席执行官、其他高层经理和董事会具备在媒体和公众场合进行合适人际沟通的技能。雇佣投资者关系专家管理公司与资本市场的关系。使用所有可用的通道，包括路演、媒体接触、出版报告以及互联网络等等，作为公司投资者关系管理的一部分。

10.5.4　董事会要与公司监管者建立起良好的交流与互动关系

对上市公司的主要监管者是政府和股票交易所。作为市场平稳运作的监护人，政府主管部门和股票交易所在鼓励如信息披露要求、平等对待所有股东以及市场操纵和欺诈的惩治和起诉等方面的发展中起了重要的作用。

投资者要求其投资的公司有一个好的公司治理和信息披露标准。但是如果政府和交易所在其最低要求的标准中要求得太高，或者太繁琐，公司将视其为负担和过于昂贵，可能会决定到别处去上市。同时，监管者也需要得到商业领袖的支持——如果企业界人士能够有机会评论和对规则的形成做出贡献，则董事会更可能会对新的监管要求“买账”。

监管已经迅速扩展到超越了传统的公司法和上市规则领域。一些行业如通讯和金融服务面临着它们自身特有的一些监管要求。对于所有行业的企业，在诸如环境保护、竞争、雇佣政策、健康和安全等领域的责任和活动，都处于严格的监管之下。

对于多国公司来讲，与所有的相关监管都符合是个很头疼的事情。因为在不同的国家，监管的要求非常不同。各国监管者之间需要相互协作和分享经验，以获取对商业进行较为协调的监管益处。

对于董事会，监管者已经成为一个重要的集团，要在战略和运营两个层次上都将其纳入考虑范围。企业界需要发出它们的声音，让监管者听到，并且劝导有关监管规则的改变，以利于自由贸易和经济增长。与此同时，企业必须研究法规，与现存的复杂的各国监管之网相符合，这是在不同的市场做生意的一个成本。

公司要把监管要求整合进其经营流程中——由公司的行为守则来支持。跨国经营公司的董事会，需要考虑是否在全球范围内保持其最高层的内部流程上的标准化，即使具体一个国家的法律可能并没有要求其如此。

各国的监管结构在发展之中，董事会要保持跟踪，一项监管政策的变化可能在一夜之间导致一个很好的公司战略或商业模式变为不可操作。一个好的公司治理框架应该能够为公司董事会提供定期的有关监管问题的信息流。

10.5.5 提高董事会运作和公司治理信息的披露水准

全球公司治理改革中的一个重要内容就是通过公司治理信息披露来让投资者和公众监督公司运作，公司之间也通过这些披露的信息互相学习公司治理的一些更好做法。

阳光是最好的消毒剂，敢把一切公开是一种最大的勇气。但是业务信息的披露涉及到公司的商业机密，业务信息的披露不是越细越好，那是要把投资者搞懵。投资者买股票，而不是直接投资，就是因为其不懂业务，不懂经营，才通过公司这种组织形式，委托董事会作为一个集体来替他们打理公司的业务。董事会肩负为公司指引方向、进行战略决策和监督首席执行官执行董事会决策的双重职责。所谓资本市场不光听你的故事，更要看你的眼睛，在知道你要做什么事之后，更重要的是要知道你如何做事。而且，美国式的业务信息披露已经受到批评，太厚的招股说明书和年度业务报告，没有多少人真正去读，简直一种资源的浪费。信息披露的重点正在转向公司治理做法，尤其以董事会运作规程和高管人员薪酬为主。

很多美国公司主要是披露董事会运作和高管薪酬内容的年度股东大会委托报告（Proxy Statement）与主要是披露公司业务和财务状况的年报篇幅一样长，甚至更长。美国公司每年都要重新选举一次董事，即使事实上没有更换，每年一度的提名和选举程序，也给股东了解董事、评价董事个人表现情况提供了一次机会，对于董事来说也是一种压力。每年的股东大会委托报告中都将过去一年董事会及其各委员会的成员情况和开会次数等列表说明，也都将董事提名人的简历清晰地写上。美国是要求上市公司准确披露董事会成员及公司薪酬水平最高的前五名高管人员的具体薪酬数额及构成，并且要把薪酬增长、公司股价增长情况和总体指数增长情况以及比照公司的情况作出简明的对比图来，让投资者一目了然。

根据披露的公司治理信息，投资者、媒体及中介机构对公司董事会运作和关键管理人员的薪酬与公司绩效情况进行对比分析，就可以评出最佳和最差董事会，最佳和最差独立董事等等。美国机构投资者服务公司和美国投资者责任研究中心等专业机构，专门分析上市公司的董事会运作和高管薪酬实践情况，出版公司董事会实践和经理薪酬年度报告。它们甚至开始跨国运作，建立了日本等其他国家上市公司的公司治理情况数据库。著名的执行以公司治理为导向的投资战略的机构投资者美国加州公务员养老基金就订购投资者责任研究中心的公司治理研究服务，作为其进行投资决策的重要参考标准。

2001年12月，中国证监会公布了新修订的《公开发行证券的公司信息披露的内容与格式准则第二号〈年度报告的内容与格式〉》，新增加了“公司治理结构”一节，要求上市公司纷纷披露有关董事会运作和公司治理结构方面的信息。

但是上市公司有关公司治理结构的信息披露不过是《年报准则》有关“公司治理结构”条文的翻版，众多上市公司在表述“公司治理结构”时与《年报准则》的文字表述几乎一致，每家上市公司的“公司治理结构” 都十分雷同。就是那些修改的章程内容和新近公布的股东大会议事规则、董事会议事规则、监事会议事规则等等，各公司之间也都大同小异。

中国上市公司年报的公司治理披露内容，流于形式的多，落到实处的少。最为主要的表现就是有关董事会运作和高管薪酬等具体情况的披露没有什么明显的进步。年报准则没有强制要求上市公司将高管薪酬披露到人，而是继续沿用以前的做法，由上市公司自己选择按区间披露。结果是，我们无法确切知道具体一个公司最高管理人员的实际薪酬情况。曾经发生过的一家中介机构根据区间披露数据推测出中国上市公司身价最高者与实际情况不符，双方要打官司事件，也没有引起我们的足够重视。也有的公司在其报纸上的年报摘要版中，把董事会运作情况这个最重要的公司治理信息给简化掉了。

中国上市公司年报业务信息披露的过细而公司治理信息披露的过于空洞和宽泛，是一个值得有关方面注意的倾向，需要改正和提高，在公司治理方面能够多披露一些实质和具体的信息。公司治理信息披露本身就是一个改善公司治理的重要方式，让优秀的公司董事会能够相互学习一些最佳公司治理做法。

那些比法规和监管要求披露更多有关董事会运作信息的公司，可以迅速使自己声名大振，成为公司治理的思想领袖——一种在投资者世界中不会丢失的得分。

10.6 董事会的绩效评估

董事会似乎没有意愿负起评估其自身绩效和其董事绩效的责任。他们应该负起他们作为一个董事会自身的评估和发展职责。作为一个新的首席执行官，我们的董事会聘用我去施加力量解决董事们之间的冲突，夹在他们之间。我应该是聘请来为董事会工作的，而不应成为董事会的照管人。

——一位公司首席执行官

董事会绩效评估是保证有关健全公司治理的一些具体做法能够落到实处的有效手段。早在2002年1月，中国证监会和当时的国家经贸委在其联合发布的《上市公司治理准则》中，就明确规定了“上市公司应建立公正透明的董事、监事和经理人员的绩效评价标准和程序，董事和经理人员的绩效评价由董事会或其下设的薪酬与考核委员会负责组织，独立董事、监事的评价应采取自我评价与相互评价相结合的方式进行”。

10.6.1 董事会绩效评估的价值

董事会期望执行层和经理们能够确保公司有个良好的战略，配置公司的资源去实施这一战略，有相应的人才去执行，并且有一个能够引导进步和有效决策的目标评价。但是问题到了董事会自身职责的时候，只是到了最近才意识到董事会要对其自身是否有效地完成了职责负责。谁负责看管董事会是否有效地完成了其自身的职责？是董事会自身要负责，但是董事会很少重视这一问题，更很少将其自身的绩效评估工作纳入一个正式的流程，直到问题已经严重到不可挽回的地步。

对董事会的业绩进行明确和有规律的评价有很多潜在的好处，如提高董事会履行其对股东、公司和广泛的利益相关者所承担的责任的有效性，增强股东、股东大会对董事会的了解；提高董事会自身运作的效率，促使董事会提高水平，并加强对公司工作的责任感。

优秀董事会都在积极开展对自身绩效的评估工作。伊士曼化工公司在其治理准则中对此作出了明确规定：董事委员会负责与董事会一起对当前董事会构成中的董事会成员要求具备的适当技能和特征进行年度评审。这种评审包括各自的差异，年龄和技能（如对生产技术的了解，财务背景和技能，国际背景等）等一系列在董事会看来需要审查的所有内容。至少每两年董事委员会应对董事会的工作表现进行一次评审。这类评审应包括每位董事对董事会表现的评价，即什么是好的，什么是需要改善的。另外，还包括每位董事对他（或她）个人的表现进行自我评价及董事长对每位董事个人的评价。

如果董事和首席执行官们自身没有深刻地认识到需要反思和重构他们的角色和职责，其他的外力很难真正有效地发挥作用。首席执行官们要帮助和支持董事会和董事们更为全面地理解他们的职责，评估他们职责履行的效率。当董事会开始认识到需要重构他们的职责的时候，将进一步引起董事会中的“制度变迁”。董事长、首席执行官和董事们，需要具备这些新的理念和行为习惯。有效地操作起来可能并不容易，但是以这些理念和习惯做事的公司，才能建立和保持竞争优势。具有这种勇气和技能、领导力卓越的董事会，将于现代商业游戏中处于领先地位，走在竞争者的前面。

10.6.2　董事会绩效评估的主要考虑因素

董事会的业绩评估十分具有挑战性，但不可回避。通过一种系统的自我评价，可以改进董事会及董事个人的业绩表现，努力克服其弱点和建立优势。测量董事会有效性要把如下一些问题纳入考虑：董事会的独立性，监控风险的能力，平衡各种利益相关者利益的能力，应对潜在危机的能力，董事会成员之间及与首席执行官之间为公司战略目标协同工作的能力。具体包括以下一些方面的内容。

董事的引导和发展。对于董事的职责是否有一个一致的看法？定义董事候选人条件的政策是否已清楚地制定出来？是否向新董事提供了关于公司和董事会的适当信息？董事会如何对待那些业绩评价结果较差的董事？是否给了这些董事有益的和建设性的建议？评价过程是否给董事会业绩表现带来了改进？

董事会的规模和构成。董事会的规模是否令人满意？董事个人以及董事会作为一个整体在技能、经验和其他有效地履行其职责所需要的特点上是否有正确的搭配？内部董事与外部董事的比例是否合适？

董事持股的情况。公司是否有明确的政策或可操作性的方案鼓励董事在短期或长期持有公司股票？董事个人及董事会作为一个整体，其持股情况是否合适？

信息的提供及处理。向董事们提供的信息的质量、数量和及时性是否合适？董事会议的安排在次数上是否足以使董事有可能对公司的业绩表现及影响公司前途的关键事项进行足够的讨论？董事会及各委员会会议是否提供了足够的时间来回顾和评价公司的重要战略事项？

团队工作。董事会成员相互之间是否能友好地在一起工作？董事会成员与首席执行官及其他高层经理是否能友好相处？董事会及首席执行官是否一起工作，努力在公司创造出一种鼓励坦诚沟通的开放文化？首席执行官与董事是否认识到业绩评价对双方都是有益的事情？

领导能力。董事会（在整体和委员会两个层次）的领导是否有效？每个委员会的效率如何？

董事个人的贡献。董事会是否有评价董事个人的业绩、行为及贡献的程序？这种评价程序是否有规律地执行？每个董事个人是否得到了对他个人的业绩评价结果？

公司的业绩表现。董事会的根本任务在于就公司的业绩表现（股东资产的有效管理和保值增值）向股东负责，因此公司业绩评价是董事会绩效评价的重要组成部分。

10.6.3　对董事会整体绩效进行正式的年度评估

董事会要评估首席执行官的绩效[①]，评估每一位董事的绩效，也同时应该评估其自身作为一个公司领导集体的运作绩效。这一工作的开展有难度，但是最重要的是应该先启动这一进程，然后再逐步修正和改进。

在进行一项评估工作之前，首要的一步是在董事会内部就如何提高公司治理和绩效水平进行开诚布公的讨论。全体董事会成员们一起讨论一下他们自身在董事选聘、委员会运作、评估公司项目、评估首席执行官、提出重要问题以及在适当的时候勇敢地站出来扭转局势等方面履行董事职责的情况如何。

要讨论董事会良好运作的标准是什么？要回答什么是我们选来作为最佳做法的具体制度安排和行为规则？比照检查一下自身董事会运作中的一些具体事实，如董事会的会议频率、长度、议程、信息流、委员会设置和董事会—管理层关系等等。

一种可行的方法是通过问卷调查进行自我评估，董事们可以各自填写好评估问卷，回答问卷中有关过去一年中董事会整体绩效情况如何的问题，然后再集体讨论和评估所得到的结果。

如果股东和主要的投资者也被邀请提供评估意见，这些资料要反馈到董事会，以使董事会能够得到多渠道的评价信息来源，从而更好地讨论其自身的绩效。

专栏 10-7　　董事会整体表现的评估样表

按5分制打分，1—从未执行，5—表现优秀

项目	得分
董事会理解公司经营理念和战略，并在关键的问题上有所反映	
董事会拥有并遵循高效率会议的程序	
董事会议以一种开放沟通、有效参与和及时解决问题的方式进行	
董事会成员及时收到会议议程和议案	

① 关于董事会对首席执行官的绩效评估，参见本书第5.7节。

续表

项目	得分
董事会成员收到准确的会议记录	
董事会审议并采纳年度性和经营性预算	
董事会对现金流、盈利、收入和费用及其他财务指标进行监控，以确保公司按预计的情况运转	
董事会用行业可比数据对公司进行监控	
董事跟踪影响公司的事件和趋势，并运用这些信息评估和引导公司发展	
董事理解董事会的决策制定角色和首席执行官的管理角色之间的差异	
董事会通过明确的政策协助首席执行官	
董事会的目标、期望和关注明确无误地传达给首席执行官	

10.6.4 对每一董事进行正式的年度绩效评估

因为个性、背景、资历等方面差异的影响，评估每一位董事对公司和董事会的贡献可能更难。但是无论如何，为了促进董事会整体运作绩效的提高，一定要进行董事个人绩效评估工作。

这是公司董事会的一项新工作，还需要一些时间来开发标准化的董事会成员绩效评估方法。一般情况下，评估一个董事绩效的合适人选是董事会中的其他董事。这意味着一个董事会成员之间相互评估并提供有关其绩效的反馈意见的流程。可以采用各种各样的自我评估和比照评估打分系统。董事评估的标准中应该包括：董事们能否很好地理解公司战略，能否对影响公司的当前事态和问题保持跟踪和关注，以及他们出席会议的纪录和对董事会讨论问题的贡献。

董事会成员应该得到一个有关他们绩效的反馈意见，以帮助他们发展技能，并且激励他们成为一个有效的董事会成员。仅仅是简单“合格或不合格”，不能提供有效的反馈或有价值的信息。

加强薪酬与考核委员会的工作，或者单独建立一个公司治理委员会，可以对董事绩效评估工作有很大帮助。这一绩效评估结果应该让负责提名新董事的委员会知道，以使低绩效董事可以被替换。

专栏 10-8　董事个人评估样表

请在每位董事（包括你自己）的每一个格中填写，评分标准：

（1—很差；2—较差；3—一般；4—较好；5—很好）

	董事1	董事2	董事3
与人合作			
行业知识			
提供有价值的意见			
需要时能找到			
敏锐性和好问			
商业知识			
对委员会工作的贡献			
出席情况			
董事会参与度（发言）			
会议准备			
对长期规划的贡献			
总体表现			

10.6.5　改进董事会绩效的一种有效方法：向榜样学习

由于公司治理是一个综合性、实践性都非常强的领域，最好的董事会绩效评估方法可能来自于公司之间的相互学习。产生于全面质量管理运动的“向榜样学习（Benchmarking）”方法，现在已经被应用到了董事会管理领域，可以帮助公司开发自己的董事会绩效评估和公司治理最佳做法。一个大的“向榜样学习”项目可能需要持续六个月。

很多董事会成员不愿意谈论有关他们董事会的运作情况，由此也导致他们在寻找榜样时缺乏创新。可以让董事会成员和高层管理人员一起来讨论和交流一下他们所服务的其他董事会中事情是如何做的。让董事会成员们说说，他们在其他董事会上发现的一些良好做法，如议程是如何安排的，他们的会议具体是怎么进行的等等。这些细节的信息，蕴含着非常有价值的真实世界中的智慧。

互联网、上市公司年报和各种各样的公司治理指引与最佳行为守则，都可以提供一些有关其他公司董事会实践的公开信息。对于那些可以作为学习榜样的公司，直接与其董事会秘书联系，他们往往会有很多有关董事会运作的实用知识和技巧。如果让他们知道你愿意与他们分享你调查和研究的结果，他们也会很愿意与你分享他们的一些经验。如果他们答应了，马上传真去你的问题清单，再连续几个催促电话，一定能得到一些令你满意的答案。

一个外部顾问可以提供一些公司内部所缺乏的研究和分析技巧。参加一些优质的公司治理研讨班，也是一个获取有关知识的好办法。在每次为董事、经理人讲授“董事会和公司治理”“董事会与战略管理”的培训课程上，我都会在学员们的提问以及组织学员们相互交流讨论的过程中，了解和学习到很多来自公司治理实践第一线的疑惑与感悟、经验与智慧，有些可堪称是一语破的的真知灼见。

专栏 10-9　董事会自我评估指引

有效董事会的良好做法	董事会之外，还涉及到谁	遵循了吗？是或否	准备遵循的行动
1. 董事会运作			
1.1 董事会的结构			
董事会和高级经理层之间存在一个工作伙伴关系吗——董事会提供战略监控，经理层负责运营	高层经理		
董事会中有强有力的独立因素吗			
独立董事是否没有生意或其他关系影响其独立判断或导致其功利主义			
董事会规模是否足够合适以能进行有效的讨论和决策制定			
在诸如经理任命、薪酬、财务报告等敏感问题上需要考虑到客观性时，成立董事会的下属委员会了吗	董事会委员会		
对于一个全球性公司的董事会有足够程度的国际经验吗			
1.2 董事会会议的举行			
董事长主持会议，确保议程中问题的充分讨论	董事长		

续表

有效董事会的良好做法	董事会之外，还涉及到谁	遵循了吗？是或否	准备遵循的行动
如果董事长和首席执行官是一人兼任，考虑了是否需要分任的问题吗	董事长CEO		
董事会决策是在一个尽职尽责的一致的基础上做出的吗			
定期举行董事会会议（至少每个季度，或最好是每个月）	董事长		
会议的充分通知，文件的提前发放，以使董事们有所准备	董事会秘书		
董事长、其他董事和董秘是否清楚他们各自的角色和责任			
1.3 选聘、薪酬和考核			
进行高层任命时，董事会考虑了候选人是否具备作为一个董事所要求的能力吗（并不是所有职位都要求整个的技能组合）	提名委员会		
高级经理不能在没有监控的情况下制定其自己的薪酬水平	薪酬委员会		
使用定好的标准进行业绩评价，尽可能地与公司目标匹配。业绩标准应该包括短期和长期指标，财务和非财务指标	薪酬委员会		
对首席执行官进行年度业绩评价，并且确定未来目标	薪酬委员会，董事长		
有正式的继任计划，以发现和培养公司的下一代管理者吗			
2. 业务运营			
2.1 公司战略和计划			
董事会评估和挑战管理层的战略选择和建议	管理层		
评估取得一致意见的战略的实施和监控流程	管理层		
董事会预期股东们会提出的有关战略的问题，并回答他们			
采取步骤减少进行考虑欠周的并购	管理层		
董事会确保管理层集中注意力于主要的并购后整合事项	管理层		
2.2 内部控制、合规和风险管理			
董事会确保管理层已经建立了一个保护股东投资安全的内部控制系统	管理层		

续表

有效董事会的良好做法	董事会之外，还涉及到谁	遵循了吗？是或否	准备遵循的行动
董事会确保管理层有一个发现、诊断和管理风险的持续的流程	管理层		
至少以年为基础对内部控制和风险管理系统的有效性进行评估	内部审计 外部审计		
发现明显的内部控制上的缺陷，董事会询问后采取纠正行动	管理层		
2.3 财务报告			
高质量财务报告的全部责任都在董事会			
肩负财务报告责任的董事对会计标准的变化、集团报告的框架保持跟踪了解	财务职员，审计委员会，外部审计师		
任命审计委员会对公司发表的财务信息担负高层责任	审计委员会		
除年报之外，董事会或审计委员会评估中期报告、预告和给分析师的简报	审计委员会		
3. 响应和影响外部环境			
3.1 披露和透明			
董事会理解股东及其他团体的信息需求，包括分析师，媒体，雇员，监管者和其他利益团体	审计委员会，外部顾问		
与财务报表配套的、有关经营结果的解释和说明，是否平衡	管理层，审计委员会		
为确保股票被正确估价，董事会考虑发布一个更广的非财务业绩指标	审计委员会		
3.2 信誉与社会责任			
董事会讨论更广的责任，开发公司伦理、社会和环境政策	外部顾问		
一个伦理或良好经营行为准则的开发和遵守			
董事会确保那些监控合规性和不合规行为发生时的处理程序	管理层		
董事会监督与各种各样受公司活动影响的团体的沟通	外部顾问		
3.3 其他关键相关者			
董事会确保平等对待所有投资者，包括享有信息和行使股东权利的能力	投资者		

续表

有效董事会的良好做法	董事会之外，还涉及到谁	遵循了吗？是或否	准备遵循的行动
董事会在其与投资者特别是机构投资者的沟通中采取主动，如果公司股票要被合适地估价的话	投资者，外部顾问		
准备财务报表和选择适当会计政策的最终责任在董事会。可以从外部审计师那得到咨询意见，但是这一责任不能授权给外部审计师	外部审计师		
董事会发挥作用，在与监管部门就影响企业界的一些事情上进行讨论	监管者		
董事对可能影响公司经营的监管政策走向保持跟踪，包括法律、财政、金融、就业、环境、消费者和其他行业特有的监管等	监管者		

资料来源：PriceWaterhouseCoopers, 2001。

10.6.6　美国上市公司的董事会绩效评估

美国《公司董事》杂志和普华库伯的调查显示，自2002年以来，定期进行正式绩效评估的董事会和董事数量都有显著提高。2005年，有84%的美国上市公司董事会已经开始对董事会自身的绩效表现进行定期评估，这一比例比2002年的33%有了大幅度的提高。与此同时，董事会评估的价值和质量也在明显提高，67%的人认为这种评估非常有效或者有效，而2002年时只有37%的人如此认为。

对董事个人的评估也开始流行，尽管还没有像董事会整体评估那样普遍。2005年有37%的董事回答说，他们的董事会对董事个人进行定期评估，比2002年的19%提高近一倍。在进行了董事个人评估的公司中，70%的人认为这种评估非常有效或者有效，比2002年的36%也有大幅度提高。当被问及是否应该对单个董事进行定期评估时，高达77%的人回答应该。董事个人评估还会得到进一步的普及。

自我评价是董事会认识自身优缺点的最常用方式。董事会在哪些方面最为有效，从表10–2中董事们的回答来看，在站出来挑战管理层和财务监控及建立伦理规则和监控首席执行官薪酬方面，董事们更为自信一些；而在管理层继任计划、董事会会议议程确定及风险管理方面董事会的有效性要低一些。

表10-2　　美国上市公司董事们对董事会能力的自我评价

	非常有效	有效	有些有效
董事会在必要时站出来挑战管理层的能力	50%	37%	11%
审计委员会监控财务报告的能力	48%	46%	6%
董事会采纳有意义的伦理规则的能力	39%	48%	12%
薪酬委员会监督首席执行官薪酬的能力	39%	45%	13%
董事会完成管理层继任计划的能力	20%	37%	35%
董事会制定议程以能最佳利用其有限时间的能力	15%	51%	29%
董事会监控风险管理计划以规避公司风险的能力	11%	50%	36%

10.6.7　中国网通的董事会和董事绩效评估

中国网通从2005年开始实施了年度董事会业绩评估[①]，并将董事会业绩评估纳入了董事会提名与公司治理委员会职权范围书内容，由提名与公司治理委员会按年组织实施对董事会及所属专业委员会的业绩评估工作。

董事会及所属委员会业绩评估工作主要采用董事会及委员会自评的方式进行，评估标准主要包括对董事会在保护股东利益、战略管理、业绩管理、人才管理、风险管理、利益相关者关系等方面履行职责的情况。

董事会业绩评估的主要流程

评估标准审批：每年度结合上一年度评估工作的经验及外部专家的意见，对评估标准进行检讨与修订，在获得委员会批准后实施。

评估工作实施：各位董事根据其在不同专业委员会任职的情况，对所在专业委员会及董事会进行评估。

出具评估结果：根据全体董事的评分情况，汇总董事会及专业委员会业绩评估成绩，并提出董事会工作改善建议，先后提交委员会及董事会审议。

---

① 摘自鲁桐、仲继银、孔杰著《公司治理：董事与经理指南》一书中由网通公司撰写的第14章“网通公司治理案例”，中国发展出版社2007年12月版。

2006年11月，提名与公司治理委员会办公室对业绩评估标准进行修订，制作评估用评分表格，并结合实际工作中较为关注的问题设计了开放性问卷。在得到委员会批准后，年底正式启动此项工作。

2007年2月，提名与公司治理委员会办公室回收了全体董事评分表格与问卷，对所有数据及董事反馈意见进行了深入分析，并最终出具了《2006年度董事会及所属委员会评估总结报告》，指出了董事会工作中的优势和劣势，并提出了改进建议和工作计划。根据董事有关提议，在该报告的基础上针对各委员会的问题所在，出具了《对2007年董事会各委员会的进一步改善措施建议》，为各委员会2007年改善工作提供了有力依据。

对董事个人的业绩评估

自2006年起，网通公司制定了《中国网通集团（香港）有限公司董事绩效评估办法》，并实施了董事年度绩效评估。董事评价的主要内容包括董事的履职情况、参与董事会工作程度、客观公正性、团队合作及专业知识和能力等等；评价采取董事互评的方式，同时征求管理层对董事的评价意见；董事评价结果根据评估得分分为优秀、良好、欠佳三个等级。

参加2006年绩效评估的董事共13名，全体董事评估平均得分为89.0分。其中得分在85分及以上，绩效等级为优秀的董事有10名，占全体董事的76.9%；绩效等级为良好的董事有3名，占全体董事的23.1%。

中国网通董事评价每年进行一次。董事评估结果由董事会薪酬委员会与董事进行反馈和沟通，帮助董事了解自身的长处与不足，以有效提升个人能力，实现董事、董事会和公司的共同成长；董事评价结果应用于董事的提名、任免和职位调整。董事评价过程中，董事针对董事工作和董事会运作提出的意见和建议，是改进董事会工作和制定董事年度培训计划的重要依据。

10.6.8　股东应如何参与评价董事会的业绩

股权分散的公司应该是董事会主动与股东进行沟通，股东通过提案、给董事会写信等办法去反映其意见，当然也可以通过其直接推荐的董事把意见传达到董事会上。中国现状是股东往往直接委派公司高管人员，比如财务管理人员等，但即便是这样，也不能完全由大股东单方面决定，规则上还是要由董事会聘任的。

董事会的评价本身是公司治理一个很前沿的课题，中国国内因为有控股股东在，所以将这个问题特别突出出来了。就独立运作的公司来讲，不能由某一个股东，而是要由董事会做出自我评价。董事会全体成员受托管理全部资产，如果他们违背了基本责任——忠实义务和勤勉义务——就要受到法律的制裁，这是公司制企业的一个基础。

就股东而言，不同人看法是不一样的，有人追求短期利益，有人追求长期利益。短期利益者看的是分红，长期利益要看的是公司研发水平、品牌知名度、员工队伍等等。这些都是无法整齐划一的，如果可以统一的话，那就可以搞计划经济了。市场之中，谁都想赚钱，关键是要知道你能做什么赚钱。市场经济就是这样，大家都在猜市场需要什么，看得准的人就能赚钱。公司也是这样，就是考核什么（价值驱动因素）能够得到我们想要的最好的结果。不同的股东、投资者会看中不同的指标，就会有不同的结果，就会有成功和失败的差别。

就公司治理规则来讲，无非就是如果做了违法的事情会得到法律的惩罚，另外就是通过年度股东大会把你选掉，如果事情紧急就要通过临时股东大会即时罢免。这都是通过一种事后惩罚的办法来解决问题。事前，还没有到必须换人的程度的时候能够做的，就需要董事会自我考核了。

10.7 华润与万科之争：董事会决策规则

2016年6月17日的万科公司第十七届董事会第十一次会议，张利平独立董事以潜在的关联与利益冲突为由回避投票。万科公司认为议案以10名投票董事中的7人赞成，比例超过三分之二，获得了董事会通过。但是公司股东华润认为，议案获得公司全体11名董事中的7人赞成，比例不足三分之二，没有获得董事会通过。这涉及到了一个基础却复杂的关联关系董事回避时的董事会决策和会议计票规则问题。

10.7.1　“小学算数问题”

2016年6月17日下午，万科公司第十七届董事会第十一次会议召开，万科11名董事全部（亲自或授权）出席。会议讨论有关万科通过定向发行股份收购深圳地铁前海国际发展有限公司的12项议案，其中除第12项“关于暂不召开临时股东大会的议案”外，其他11项议案的表决结果均为：“同意 7 票、反对 3 票、弃权 0 票”（万科公司6月18日公告用语）。

万科公司公告称，张利平独立董事向董事会申明：就本次会议议案，由于其本人任职的美国黑石集团正在与公司洽售在中国的一个大型商业物业项目，带来潜在的关联与利益冲突，存在《公司章程》第152条第2款所述之关联关系，不得对该等12项议案予以表决，特此回避本次会议议案之投票表决。

万科公司据此认为，相关议案以10名董事中的7人赞成，比例超过了三分之二，获得董事会通过。但是公司股东华润（其三名“委派”董事均投出了反对票）认为，该等议案获得公司全体11名董事中的7人赞成，比例不足三分之二，因此没有获得董事会通过。

7/10，还是1/11，万科和华润之间这场争论，被舆论戏称为一道“小学算术问题”。确实，目前中国的公司治理，还就是要解决一些小学算术问题。

10.7.2　董事会决议的计票规则：全体董事还是出席董事？

中国公司法第112条规定：“董事会会议应有过半数的董事出席方可举行。董事会作出决议，必须经全体董事的过半数通过”。万科公司章程第152条第1款也一字不落地明确了这一规定。

可以说，董事会形成有效决议需要“全体董事”的过半数通过，这是“中华人民共和国公司法”所特有的一种规定。其他国家通行的规则是，只要有符合法定人数（通常为全体董事的过半数）的董事出席，出席会议的董事过半数通过即可形成有效的董事会决议。中国历史上的第一部公司法《清公司律》规定，“董事局会议如有三人到场即可议决各事”，到场董事多数同意可形成有效决议。台湾地区现行公司法规定：董事会之决议，应有过半数董事之出席，出席董事过半数之同意行之。

中国公司法“投赞成票的董事要占包括未出席董事在内的全体董事半数以上才能形成有效决议”这一更为严格的董事会议有效规则，初衷可能是防止少数董事滥用权力，但是实际效果是严重限制了董事会的作为空间，增加了董事会议的难度，使董事会更少作为。

如果是按国外通行的“出席董事过半数通过”这一国际通行的现代公司董事会会议决策规则，2016年6月17日的万科公司董事会会议，选择回避的张立平，可以看作是没有出席会议，就可以理所当然地按7/10计算董事会投票，显然获得了通过（因为所议事项属董事会特别决议范畴，因此需要过三分之二通过，而不是普通决议的过半数通过）。但是如果按中国公司法的“全体董事过半数通过”规则，就要按7/11计算，就没有获得通过。

10.7.3　有关联关系董事回避时的董事会决策规则

万科公司以其章程第152条第2款的规定，把回避投票的张利平排除在了董事会计票的分母，得出了7/10的算法。该款原文是：“公司董事与董事会会议决议事项所涉及的企业有关联关系的，不得对该项决议行使表决权，也不得代理其他董事行使表决权。该董事会会议由过半数的无关联关系董事出席即可举行，董事会会议所作决议须经无关联关系董事过半数通过”。

这是中国公司法第125条的规定，其意图是避免与“决议事项所涉及的企业”有关联关系（直接或者间接的利益关系）的董事参与投票，损害公司利益。但万科公司公告给出的张利平选择回避的理由是，“由于其本人任职的美国黑石集团正在与公司洽售在中国的一个大型商业物业项目，带来潜在的关联与利益冲突”。

字面来看，这里的利益关系，是张利平所任职的黑石与万科公司之间有关联关系，而不是与“决议事项所涉及的企业”深圳地铁集团之间有关联关系。黑石“正在与公司洽售在中国的一个大型商业物业项目”，这会使张利平在万科收购深圳地铁前海国际发展有限公司的议案上，立场偏向深圳地铁方面吗？如果不会，张利平的这个回避理由就不成立，他的回避就可以被看作是没有实际出席董事会会议，由此他就要被计入分母，就要按7/11来计算，相关董事会决议就没有获得通过。

10.7.4　关联人回避投票是一种义务，而不是权利

就公司治理原则来讲，关联人回避投票是一种公平交易义务，而不是权利，董事会和股东大会两个层面皆是如此。

在股东大会层面，这个问题不大。各国法律都无法强制上市公司股东必须参加股东大会。参加股东大会是股东的权利，而不是义务。股东没有关联关系，也可以自由地不参加股东大会。因此，各国法律也都没有对股东大会的股东参与率作出下限规定。股东大会通过决议，都是以参加股东大会的股东所代表的投票权总数为分母来计算，而与公司全体股东的投票权总数无关。在股东大会层面，存在关联关系的股东有法定义务回避投票。如果该等股东没有回避，参与了投票，异议股东可以据此申请法院判定该股东大会决议无效。

但是，在董事会层面，这个问题则至关重大。如何定性张利平的回避，直接决定了万科2016年6月17日董事会12项议案中11项的通过与否。各方没有对此进行深入讨论，而是集中关注于张利平的独立董事身份上。“独立不关联、关联不独立”，甚至成为了一时的流行语。还有万科独立董事以不拿报酬作为自己立场独立的一种论据。监管层人士没有出面就华万之争中涉及的公司治理基本规则问题给予关注和明晰，反倒对公司控制权市场发展本身“发飙”。这不仅是丢了西瓜捡芝麻，甚至就是走偏了。

作为董事，在与董事会所议事项所涉企业或人存在关联关系时，回避是一种法定的公平交易义务，而不是一种权利。作为一种公平交易义务，相关董事要将相关的关联关系事项在董事会会议正式开始之前，向董事会报告。如果相关董事没有报告，并参与了相关事项的董事会投票，该等董事会决议则存在法律瑕疵，可以被判定为无效。但是，这种情况，不能用于对抗不知情的善意第三人。

说关联董事回避不是董事的一种权利，意思就是，在其向董事会报告了相关关联事项之后，要由董事会来判定他是否需要和是否有权回避。参加股东大

会不是股东的法定义务，但是参加董事会是董事的法定义务。如果董事可以以任意一种所谓关联关系为由而回避投票，等于是为董事提供了一种逃避其法定义务的便利。不存在有实质影响的关联关系而回避，和存在有实质影响的关联关系而不回避，同样会影响董事会的决策质量，也会使董事会难以有效作为。

就万科2016年6月17日的董事会会议来说，问题的关键是，在董事会正式开始之前，是否就张利平董事的关联关系申明进行了讨论，并明确作出了张利平是否需要回避的决定。如果明确作出了该等决定，则可进而在会议正式开始之前，就明确了本次董事会会议有投票权的总人数，到底是10人还是11人。

第11章

国有和民营企业的董事会与公司治理

所有者性质不同的国有企业和民营及家族企业，组织控制体系不同于独立企业的集团企业，从事特殊业务的银行业，作为公司制企业，它们都要遵守一些共性的公司治理规则与标准，但是又各自面临着一些不同性质、各具特色的公司治理问题。本章我们探讨国有企业和民营及家族企业的董事会与公司治理，银行和集团企业的董事会与公司治理将在下一章进行探讨。

11.1 国家、家族和公众：谁是最合适的股东

为了改革几十年计划经济体制下形成的效率低下的国有企业体制，我们曾经认真地学习韩国的大企业集团模式，日本的系列企业交叉持股模式。大宇集团的倒闭和东南亚金融危机，导致全世界范围内对亚洲公司治理模式的批评。曾被一位美国著名学者誉为“世界第一”的日本，也在“亚洲无奇迹”和“亚洲在衰落”的质疑和谴责声中开始悄悄放弃自身特色，逐步引进美国模式的公司治理机制①。

过去的十几年里，在那些美国背景的机构投资者、投资银行、会计师事务所、管理顾问公司等及一些国际组织的推动下，以美国模式为主体的国际公司治理标准开始逐渐成型。尤其是上市公司的公司治理系统在全球范围内出现了

① 哈佛大学教授弗格尔（傅高义）1977年出版的《日本世界第一》曾是1970年代末和整个1980年代的一本全球畅销书。“亚洲无奇迹”，则是2008年度诺贝尔经济学奖获得者保罗·克鲁格曼在1997年亚洲金融危机之前，亚洲经济增长备受推崇时发出的质疑之声。《亚洲在衰落》是标准普尔公司长驻金融专家卡拉姆·亨德森剖析亚洲金融危机的著作（机械工业出版社1998年翻译出版）。

高度的趋同趋势。但是近年来华尔街和美国大公司财务丑闻的频频爆发，又引起了人们的警觉，甚至有人宣布这是“全球资本主义要走向灭亡的征兆”，要让“职业经理人制度见鬼去吧”等等。有人在高声呼喊，李嘉诚模式的公司治理才会真正取胜。

由此引起我们要思考的一个根本性问题是，作为现代企业制度的基本组织形式——股东承担有限责任、通过董事会实现集中管理的公司制企业，国家、家族和公众，谁是最合适的股东？

国家是几乎全部企业的唯一股东，那是计划经济模式，已经在世界范围内被证明是行不通的，没有市场、没有竞争、没有活力。国家是主要企业的控股股东，这是中国的现状。为了加强国有资本的管理和监控，从公司法、证券法到上市规则中，都避免不了很多的行政性限制，使许多合乎市场规则的企业组织制度和金融工具创新行为受到约束，很多优秀企业到海外注册，在海外上市等等。由此导致中国这个世界唯一也是最大的待开发市场上好的投资机会和赚钱机会眼睁睁地让给了外国人或者假外国人。

一方面对外开放、靠优惠政策吸引外商直接投资，一方面大量的国内资本外流或外逃，折射出我们在投资者保护方面没有对国有资本、外国资本和民营资本一视同仁的现状。目前在国有企业改组为股份公司时（含公开募股上市的股份公司），国家将根据产业结构调整的需要，有选择地放弃控股地位，允许民营企业和外资企业控股。这应该算是一个很大的进步。

但是，国家作为股东，在运作中总要通过政府及其条条块块的行政体系去管理。而在政府本身的治理结构还有待完善的情况下，国家在企业中的权力行使总是难免出现股东权利缺位和行政权力越位两种现象并存。何况国家即使持有的是小股，也肯定拥有其他股东所无法抗衡的实际影响力，难以有效地发挥其他股东通过规范方式参与公司治理、获取股东回报的积极性。

香港、东南亚等国家和地区，股权分散程度不高，一些家族资本作为大股东牢牢控制着上市公司。少数富有的家族掌控多数的上市公司股票。上市公司股东会和董事会中都是家族人士唱主角。少数像李嘉诚这样优秀并诚信的企业家，能够持续赢得其他投资者的信任，总愿意跟进，这是公司其他股东的幸运，也是这些地区或国家投资者的幸运。在政府让出一部分市场空间，市场运作的法律制度又有待健全的情况下，一些家族企业可能能够提供一部分市场的信用。

美国那些股权高度分散、公众持股的大企业也多数是从家族企业演化而来的。以公众持股为主、股权高度分散的公司模式能够发展起来，是法律体系对中小投资者保护程度较高的结果。在有可信赖的法律保护条件下，大股东从控制上市公司中能够获取的私人收益有限，更不可能“淘空上市公司”“把上市公司当做提款机”等等，大家也就都愿意做个小股东了。没有太大的财产损失风险，谁都想搭搭便车，这是人性中天生的机会主义倾向使然。

股权分散化需要一个过程，让公众持股，发展机构投资者，靠市场来约束董事和经理人，防止经理人内部人控制、造假账欺骗股东等等，都需要我们进行大量的学习和创新。国有企业的公司化改造是一个不能再拖的现实问题，减少一股独大，增加股东层面的制衡，同时提高董事会的独立和有效性等等，都是一些会有一定效果的选择。在政府退出、法律空白的地段，家族企业尤其能够起到相当大的作用。来自血缘和亲缘的信任机制毕竟是人类最古老而又最基本的构成要素。

公众持股、股权高度分散的上市公司并不必然就是现代、先进和有效的，它有其生存条件；家族企业并不必然就是落后的，它有其不可替代的一些建立组织内部的信任和节约沟通成本的优势；国有企业是有一些不好克服的问题，但也并不必然是效率低下的。

根据现代公司治理的基本原则，国家、家族和公众，作为股东都应该享有一样的股东权利，得到一样的财产权利保护，同时也都不能越权去侵犯其他类股东的财产权利，大家集体监控和支持董事会，维护公司作为一个整体的利益。这确实只是一种理论上的可能，与现实总是有些距离。否则，不会连亚当·斯密这个奠定了市场经济理论体系的经济学始主都看不出股份公司能够有发展和壮大的可能。但是想想人类的哪一项制度和技术发明不是从一种开始时看似不可能、距离现实太远的理论设想开始的呢？在那个能够占满整个房间的大型计算机为主导的时代，刚刚发明出来的微型计算机芯片，曾有大型计算机的坚定支持者嘲讽说，“哈哈，我可不想我的计算机会一不留神就掉到了地板缝里！”

11.2　国有企业的改制与公司治理

11.2.1　国企公司化改制要有强有力的法律支撑

如果说1980年代和1990年代早期的中国企业体制变化还是在传统企业体制下的一种管理结构的变化的话，从1990年代中期开始的国有企业公司化改制则开始具有了市场经济和现代企业制度的含义。国有企业的股份化改造以及国有独资公司的董事会制度建设，无疑是中国企业体制的一种巨大的变革。相对传统的管理结构变化来说，目前这场根据现代公司机关（股东会、董事会等）设置进行的国有企业治理结构改革，带来了中国国有企业行为的很多实质性变化，就是从行政机构附属物逐渐变成了市场经济中的竞争主体。尽管中国国有企业的股权多元化和分散化以及董事会集体领导替代“一长制”还需要很长一段路要走，但是毕竟是已经“在路上”了。

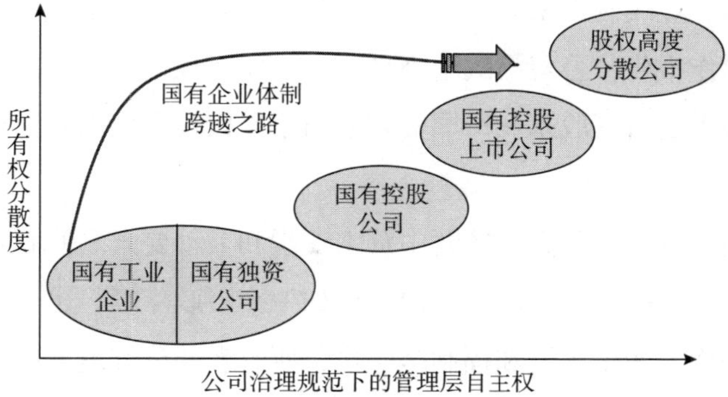

图11-1　国有企业改制与上市的体制变革历程

尽管我们要对这些年中国国有企业的发展和公司治理改进给予充分的肯定，但也不能不看到其种种的不足。形式上的董事会距离实际发挥作用还有很大的距离。“面谈40分钟就投资入股两个亿”①这种现象的存在，令我们对掌

① 原中石化集团总经理陈同海仅仅面谈40分钟就同意向一家股份制人寿保险公司出资2亿元入股，以至该寿险公司筹备者感慨，“中石化完全没有想象中的国有企业应该有的繁琐”。商思林，“陈同海搁浅”，《商务周刊》2007年第14期。

握国企资源大权的那些“一把手”的自我约束和道德水平不敢寄予厚望。董事会制度的真正到位，也同样不能寄托于“一把手”的开明领导，要有强有力的股东行动和强有力的法律支撑。

公司制企业将管理权赋予董事和职业经理人之后，需要有强有力的法律支撑才能防范董事和职业经理人的行为不忠和渎职。有了“忠实义务”和“勤勉义务”的法律之剑以及“商业判断准则”的法律保护之后，董事和经理才能真正对股东负责，同时又有足够的自主权经营管理公司。

对于公司制企业的发展与壮大来说，没有法律的支撑是不行的，但是仅仅有法律的支撑而缺乏基于股东行动的市场约束也是不行的。只有健全的资本市场和积极的股东行动，才能对董事和经理人进行有效的筛选和奖惩，才有竞争和优胜劣汰，才有优秀企业家和优秀企业的更大的成长空间。

11.2.2 夹在股东（政府）和职工之间的国有公司：治理困境

很多国有企业改制而来的国有独资有限责任公司，董事长要代表董事会向职工代表大会作报告，公司的战略规划要经过职工代表大会批准才能实施。这样的董事会似乎要对其股东——国资委或国家授权投资机构和公司职工代表大会负双重受托责任。

可是我们知道，现代企业经营中资本要素和劳动要素之间就长期看有合作双赢的一面，但在一个有限的期间内，比如一个财政年度，也有激烈和直接的利益冲突的一面。职工工资和福利多一块，所有者的分红就要少一块，资本的增值速度就要慢一点。作为经营者的国有公司董事会夹在这两种矛盾的要素之间，做有关决策时如何取舍，是一件十分令人头痛的事情。既要减员增效，又不能把职工推向社会。任何会减少就业、降低工资福利的战略决策都不会得到职工代表大会的通过。

问题的产生可能是一个改革和体制转轨中的问题，没有什么太令人奇怪的。值得我们关注的是问题的解决受到奠定中国“现代企业制度”基础法律框架的《公司法》自身的限制，导致国有公司董事会难有实际作为。《中华人民共和国公司法》，为了保护国有企业职工的权益，在国有独资公司和两个以上国有企业组建的有限责任公司的董事会和监事会设置上，都加进了很多有关职工参与企业管理和职工权益保护的条款（第六十八条国有独资公司“董事会成员中应当有公司职工代表”和第四十五条“两个以上的国有企业或者两个以上的其他国有投资主体投资设立的有限责任公司，其董事会成员中应当有公司职工代表”）。其设置的初衷有维持传统的国有企业职工当家做主理念的一面，也有学习德国公司劳资共同决策制的一面。

德国的资本和劳动共同决策制的公司体制是在其实际为董事会的监事会（应该译为监督董事会）上实现的。其监督董事会中一半股东代表、一半工会和职工代表，股东代表担任监督董事会主席。这样在监督董事会上资方和劳方就会达成有关决议，下达到经理理事会或说其经理董事会的是一个统一的意志。其经理董事会在监督董事会的领导和监督之下，全面负责执行活动。所以英语公司治理文献中称德国公司为双层董事会制度，决策、监督与执行完全分开。英美国家为了学习德国公司制度的这一有点而引入了独立董事制度，形成了单层董事会的二元化趋势。

我们看看中国《公司法》规定的国有公司的董事会构成。“国有独资公司不设股东会，由国有资产监督管理机构行使股东会职权。国有资产监督管理机构可以授权公司董事会行使股东会的部分职权，决定公司的重大事项”（第六十七条），似乎国有独资公司的董事会可以比一般公司的董事会有更大的职权。但是国有独资公司“董事会成员由国有资产监督管理机构委派”，“董事会成员中应当有公司职工代表”，“董事会中的职工代表由公司职工代表大会选举产生”（第六十八条）。这样的董事会必然在听命于政府股东和迎合于职工利益之间找不到自己的位置而没有什么独立和自主性。

国有独资公司的“董事长、副董事长，由国有资产监督管理机构从董事会成员中指定”（第六十八条），而不是如一般有限责任公司那样，“董事长、副董事长的产生办法由公司章程规定”（第四十五条），或者如股份有限公司那样，“董事长和副董事长由董事会以全体董事的过半数选举产生”（第一百一十条）。由此导致的结果是，董事长总要凌驾于董事会之上，或者是在董事会之外的一个单独的公司机关。这样的董事会如何能作为一个“集体”而发挥督导公司的作用呢？

与国有独资公司相比，股份有限公司的董事会似乎可以更为规范地运作。股份有限公司是“董事会成员中可以有公司职工代表（第一百零九条）”，而不是“应当有”。但是，股份有限公司必须设立一个成员不得少于3人的监事会，监事会中要有不低于三分之一比例的职工代表，由公司职工民主选举产生（第一百一十八条）。刚从董事会里走出的“职工代表”又从监事会里进来了。

股东主权在中国公司制企业特别是具有国资背景的企业中的真正落实，还有很长的路要走。中国《公司法》中则加入了太多导致公司董事会无法真正有效运作的要素。2006生效修改后公司法比1994年公司法有所进步，但还是有很多不足。就公司的主权到底在股东手里还是职工手里来说，今天依旧有些混乱。

1994年公司法曾有 “国有独资公司和两个以上的国有企业或者其他两个以上的国有投资主体投资设立的有限责任公司，依照宪法和有关法律的规定，通过职工代表大会和其他形式，实行民主管理（1994年公司法第一章第十六条第二段）。” 2006年生效的新公司法规定“公司研究决定改制以及经营方面的重大问题、制定重要的规章制度时，应当听取公司工会的意见，并通过职工代表大会或者其他形式听取职工的意见和建议”（第十八条）。

从明确的实行职工民主管理到重大事情听取职工意见，在承认公司的股东主权上似乎往前迈进了一步。但是，这个“听取意见”应该怎么理解，如果工会或职工不同意这个重大事情，比如改制或者重要的规章制度，该怎么办？股东就没有完全的主权决定公司的重要规章制度（比如公司章程）了吗？

凡此种种的一些规定，是否意味着，职工代表大会是中国公司的权力机构或者至少是国有公司的权力机构之一？即使不至于此，至少事实上导致有关公司组织机构设置条款中规定的“股东会是公司的权力机构，依照本法行使职权（第三十七条）”这一股东主权被大打折扣。第三十八条中明确列举了12项股东会的职权，其中包括“选举和更换董事，决定有关董事的报酬事项”，这意味着董事会是在股东会的授权之下经营和管理公司的。但是，在股东会和职工代表大会意见不同的事项上，董事会到底应该听谁的？有关决议到底如何能合法生效？实际运作中，很多国有公司股东会、董事会流于形式，而职工代表大会则要认真对待，既有传统运作习惯的原因，也有《公司法》上的“法律依据”。

如何让国有公司走出这种夹在股东（政府）和职工之间的治理结构困境，这是一个问题。

11.2.3　国企董事会能否真正就位

自2004年6月国资委开始搞国有独资企业董事会试点工作以来，正式推出了宝钢集团、神华集团、诚通集团、中国铁通、中国国旅、中国医药、中国电子、中房集团、中国建材、中国外运和新兴铸管等约20家。这些新型董事会新在何处，与十几年前的百户现代企业制度试点时搞的国有独资公司董事会有什么不同，会不会仍旧是流于形式，没有实质意义？

此次试点的基本做法就是把以前按照《企业法》注册的中央企业改造为按照《公司法》注册，然后建立由国资委委派的外部董事和企业内部董事组成的董事会，再逐步把选择经理人员，考核经理人员和决定经理人员薪酬等决策权交给这些规范的董事会。规范与否的一个硬性指标就是外部董事是否超过董事会成员的半数。最先公开亮相新董事会构成的11家企业中，除诚通、铁通、国旅、医药和新兴铸管等5家外部董事不过半数之外，宝钢、神华、中电、中房、建材和外运等6家都是外部董事占半数以上。参加相关企业董事会试点工作会议的国资委领导也都在其讲话中明确表示，这些外部董事过半的企业董事会将拥有对经理人员进行经营业绩考核、决定经理人员的薪酬和选聘经理人员等权力，并且很明确地说最后一项选聘经理人员的权力是仅在国资委党委管理的企业负责人职务名称表的范围内试行。

国资委对此言之凿凿，并且在2004年6月7日发布的“国务院国有资产监督管理委员会关于国有独资公司董事会建设的指导意见（试行）” 的第一部分董事会的职责第（一）款《公司法》规定的职权中的第1条就是：“选聘或者解聘公司总经理，并根据总经理的提名，聘任或者解聘公司副总经理、财务负责人；负责对总经理的考核，决定其报酬事项，并根据总经理建议决定副总经理、财务负责人的报酬。”

要对试点国企董事会管理总经理这项权力的落实及其意义进行一个清晰的研判，需要先仔细地看看有关政策法规对“董事会”“董事长”和“总经理”职责性质的界定。国资委在这次改革试点的“指导意见”中，明确了国有企业总经理是“首席执行官”：“负责执行董事会决议，向董事会报告工作，对董事会负责，接受董事会的聘任或解聘、评价、考核、奖惩”，“不兼任总经理的董事长不承担执行性事务，在公司执行性事务中实行总经理负责的领导体制”。这一点是一个进步，明确了董事会集体决策职责和总经理的个人执行职责之间的界限，可以避免以前没有这种明确职责界定，企业内部的董事长和总经理并存，不清楚谁是“首席执行官”的状况。

但是，依旧存在着一些从法规到实际做法上导致明确了“国有企业总经理是首席执行官，董事会选聘、考核奖惩总经理”这一进步的实质意义有限的因素。在法规上，“指导意见”遵循《公司法》的有关规定，“董事长、副董事长由国资委”指定。这一点，不仅是2004年发布“指导意见”时原《公司法》第68条的规定，而且在2006年开始生效的新《公司法》第68条中依旧是：“国有独资公司董事会成员由国资监管机构委派，董事长、副董事长由国资监管机构从董事会成员中指定”。我们知道，普通的股份有限公司中是“董事长和副董事长由董事会以全体董事的过半数选举产生”。这一点看似很小的差异，其实质的影响力却很大，甚至其背后的公司治理逻辑都有很大的差异。

普通公司的股东（股东会）出于信任托管关系而相信和授权给平等的全体董事作为一个整体的董事会，推选出一位董事长作为董事会的召集人，是下一个层面的问题，是已经授权给董事会的事项了。董事们为了董事会的更好运作，可以在他们中自主和民主地推选出一个或两个（联合）董事长，一个或多个副董事长。这样一种情况下，一个负责任的董事会作为一个集体是有能力也有权力管理好自己的董事长的。不仅没有一个人能够凌驾在董事会之上，甚至也没有一个是能够跟董事会平起平坐的。但是国有独资公司却要在委派董事的同时，指定董事长和副董事长，这必然就导致了“董事长”“副董事长”都成为了董事会自身无权管理的职位和人物，结果就很难避免董事长事实上凌驾于董事会之上，至少可以“平起平坐”。当有这样的董事长存在的时候，即使他不兼任总经理，规定他“不承担执行性任务”，他也不可能不对公司的执行性事务发挥深厚的影响力，成为事实上的“首席执行官”角色。

从试点企业的实际做法来看，最典型的状态是董事长兼任党委书记，总经理作为董事或者副董事长进入董事会，同时是党委副书记。中外运公司特殊一点，外部董事担任董事长，总经理是董事，兼任党委书记。总经理作为董事是国资委委派的，作为董事长或者副董事长的话是国资委指定的，作为书记或者副书记的话是跟董事会没有关系的。在这样一种多种类型职务角色混合于一身，又都有着相当影响力的情况下，董事会管理其总经理这一种角色的职责就算实际发挥作用，又能落实到何种程度？作个比喻的话，可以说总经理——这个试点企业政策说法上明确了的“首席执行官”，身上有着政治线（书记）、传统的人事管理线（董事长、副董事长或董事）和尚在编织中的董事会管理线（职业经理人）这三条线的操控，董事会管理这条线作用的最大程度也就可想而知了。更何况董事会董事们自身又处在另外两条线的直接控制之下。不过，不管步子是大是小，应该肯定的是国有企业董事会试点是在朝着正确的方向迈进。

11.2.4　国企董事会：矛盾、困境与出路

与以往的国有企业改革举措相比，这次国有中央企业董事会试点工作似乎格外谨慎。这项工作的难点在哪？进一步的发展方向在哪？

前景是光明的，进展是缓慢的，困难是重重的

董事会是现代公司制企业在法律上必设的机关，这一点已经得到了比较广泛的认同。国有中央企业进行董事会试点工作，本身就是对这一点的一个肯定。但是对于董事会是否在实际上应该成为国有企业的核心机构，以及如何能够真正发挥作用，则存在着认识上的差异和认识不到位的情况。这也许是国有企业董事会建设工作进展缓慢的一个重要原因。形式上建立起来董事会并不难，完全可以在一夜之间完成。但是，如果这些董事会不能在实际运作中真正到位，真正发挥作用，结果会适得其反，导致人们对“董事会”制度本身失去信心。

实际上，在国有企业董事会建设的问题上，我们已经反复过一次了。1994

年开始百户现代企业制度试点的时候，试点企业就根据《公司法》建立了国有独资公司的董事会。但是由于这种完全由内部人构成的董事会，基本是流于形式，没有发挥什么实际作用，很多都被取消了。这次的董事会试点，着重增加外部董事，19家中有14家的外部董事达到或超过了董事会成员的半数，是与上次很明显的一个不同。国资委共向19家试点企业选派了66名外部董事。要搜寻合格的外部董事，可能也是这次董事会试点工作进展不快的一个重要原因。

在外部董事的来源上，眼界应该更放开一些，搜索面应该更广一些

外部董事，既是这次董事会试点工作推进中的一个“亮点”或者说是“卖点”，也同时是一个“难点”。很多人说，我们缺乏合格的外部董事人才、没有一个成熟的外部董事市场，因此无法建立起主要由外部董事组成的有效的董事会。其实这句话等于是什么都没说。“成熟的外部董事市场”和“有效的主要由外部董事构成的董事会”之间，不过是一个鸡和蛋的关系。你不建立外部人员为主并让其发挥实际作用的董事会，自然也就没有“合格的外部董事人才”，更谈不上“成熟的外部董事市场”了。

在外部董事的来源问题上，国资委完全可以把手脚更放开一些，无需局限于目前这种“央企退休老总为主和跨国公司经理、专家学者为辅”的思路上。国内一些著名的股份制企业、上市公司老总和民营企业家都应该成为侯选对象。像张瑞敏、柳传志和任正非等等，行政级别可能不够高，达不到一些央企老总的部级和副部级，但是就企业管理才能来说，应该是足够做几个央企董事的资格了。

董事会要真正发挥作用，仅仅有所谓“外部董事”是远远不够的

仅仅增加了所谓的“外部董事”，是否就会使这次试点所建立起来的董事会，与以前由内部人构成的董事会有什么本质上的不同，发挥出实质性的作用？答案是否定的。董事会发挥作用的核心和动力基础来自法律上对董事义务的规定。

法律创建了公司这个“法人”，让其股东享有有限责任之后，为了控制股东对有限责任的滥用，而平行引进了“董事”——实际管理公司之人、无论其名义上是否是董事——的概念。这样，就可以追究到自然人作为公司行为的责任承担主体。否则，法人犯罪泛滥，以公司法人之名侵害债权人和第三人的行为就难以得到有效和有力的制止。

董事会真正发挥作用的前提是全体董事作为一个整体发挥作用，执行董事和外部董事一样承担起董事的职责。董事是随公司制企业一同诞生的，已经有上百年的历史。但是外部董事尤其是独立董事，作为一个发达国家公司股权高度分散之后，增强董事会相对于经理层的独立性而普及开来的做法，只是最近一二十年的事情。我们学习发达国家的董事会制度，不能只看他们最新发生的一些“表面现象”和“流行做法”，而忽略了其基础的也是更为根本性的一些东西。

董事长高于其他董事一等和没有经理选聘权的董事会都不是真正的董事会

阻碍试点企业董事会真正到位的原因可能有很多，但是其中最关键、最致命是两个：制度设计上的董事长高于其他董事一等，和实际执行上的董事会不能真正掌握经理的任命和解聘权。

制度设计上国有企业董事长高于其他董事一等既源自公司法，也源自国有企业干部管理制度。从公司法上来说，国有企业既然要设立董事会，并且已经由国资部门任命全体董事了，为什么就不能进一步“信任”董事，跟普通股份有限公司一样，由董事们过半数推选董事长？反过来说，既然连他们作为一个整体如何运作，由谁来做“主席”组织和召集会议都不能给予“信任”，还何谈国有企业的董事和国有企业的股东——国资委之间能形成一种“信任托管”关系。而股东与董事之间的“信任托管”关系，是公司制企业治理结构的基石。现在在这个关键问题上不能突破的一个重要原因是认识上的问题，很多人认为“董事会全体董事选举产生董事长”这在中国根本就不可能。可是，如果“全体董事选举产生董事长不可能”，那么真正的董事会也就不能诞生，更别谈发挥实质性作用了。

与董事会不能选举产生董事长——自己决定谁是自己的主席——同样关键的一个问题是，实际执行中董事会不能真正有权决定经理人选。选聘和解聘经理这条不能真正落实的话，书面上授予董事会的其他各种权力如战略制定等等也就都成为了一纸空文。

2011年9月28日，广州市国有企业规范董事会建设工作会议决定，广州市国资委监管的全部国有企业将分四批完成规范董事会建设工作。届时，总经理和其他高管的选聘权，董事长以外的内部董事、高管人员的薪酬以及工资总额预算等将授权给董事会管理。不能自己推选董事长和不能选聘总经理的董事会，就不是真正的董事会。现在广州市管国企要能做到董事会选聘总经理，算是向真正董事会迈进了半步，如果再迈出另外半步——董事会自己推选董事长，就算迈出完整的一步。

约束董事会的真正力量来自于股东和市场，信息披露和公开透明是关键

在市场经济条件下，首先是产品市场的竞争约束着企业要好好干，然后是股东和资本市场监控着公司的运作。可是中国的国有企业，尤其是这些超级大哥大的央企，往往既是行业龙头，又受着很大程度上的政府保护，市场竞争的约束非常不充分。“股东约束”实际表现是国资委及其他几个政府部门的多头领导，即使改制上市了，在股权分散到一定程度之前，实际的“股东约束”结构并没有太大的本质上的变化，还是完全掌握在“有关部门”的手中。

就这一点来说，中国的这些中央所属国有企业，即使全部建立了董事会之后，也必然要面临着进一步的抉择。一部分通过上市和逐步的股权多元化、分散化，最后成为真正的公众公司，实现资本市场监控下的真正董事会治理。一部分保持国有独资，但是要通过加强公共治理而加强对这部分企业的治理。

对于最后保留下来要国有独资的企业，可以实行“董事会”或者“理事会”管理，但是不能实行所谓“政企分开”“政资分开”等等。就是要把这些保留下来的作为一种特殊法人的国有独资企业纳入公共部门，进行“公共治理”。其中关键的一点是信息披露和运作公开，接受全国人民代表大会和公众的直接监督。国有企业要和上市公司实行同样程度的信息披露和公开、透明，

这是世界范围内对国有企业完善治理的一条基本共识①。

11.2.5　国资委应该考核什么？

根据国资委《中央企业负责人经营业绩考核暂行办法》，对中央企业负责人考核的指标主要包括：年度基本指标和任期基本指标，其中年度指标包括年度利润总额和净资产收益率；任期指标包括国有资产保值增值率和三年主营业务收入平均增长率。

媒体报道评价称，这标志着国资委将开始以“出资人的身份”对中央企业负责人进行业绩考核。国资委有关负责人说，这些考核指标集中反映了“出资人”最关心的问题，最核心的一点是体现出资人对资本经营效率和对资本经营回报的关心。

就报道出的情况来看，看不出这套考核指标如何体现了国资委的“出资人身份”，更看不出它如何体现了市场经济规则和现代公司治理规范下的“出资人”最关心的问题。如果说，国资委就是中央企业的“出资人”，国资委关心的问题就是“出资人”关心的问题，那等于是同义反复。以前各个部委作为其所属企业的主管部门，实际关心的主要问题也是利润、资产收益率和收入增长率这些指标。

有关方面还说，企业的具体经营，是由经营者按照市场的情况来自主决定的。出资人并不干涉企业的自主经营，所以这和计划经济体制下的考核以及承包经营制的考核有着本质的不同。这一点更看不出来了。什么是企业的具体经营？如果利润指标、收入指标等都决定了，还有多少空间是更为具体的企业经营？

在考核对象中，国资委所考核的不仅是中央企业的董事长、总经理，还有副总经理、副董事长、总会计师以及纪委书记。国资委有关人士认为，企业负责人的班子，既包括行政班子也包括党委班子。一个企业的经营业绩，是企业整体班子共同努力的结果。所以考核的对象，也是以企业班子为对象，来进行

---

① 参见：OECD2005a 及2005b。

的整体考核。

从行政到党群，正副手都包括，考核范围是“企业的整个领导班子”。要与国资委签订业绩合同的也不仅仅是企业的法人代表，而是企业全体负责人。不知道将来的实际操作中，会不会是国资委只对其所界定的企业班子整体确定经营责任指标，并相应地给予一个奖励总额，而指标的具体分解和奖励的具体分配留给企业自定。但是我想不会是这样。

一旦国资委的考核介入到了多个企业高管人员的个人层面，什么董事长、副董事长、总经理、副总经理等等的时候，那是否就意味着国资委要为这些企业的这些职位作出具体的职责描述？同为中央企业，因为规模、行业、成长阶段等等的不同，其内部高管职位的设置，每个职位的权力责任等等都会差异很大。国资委能忙得过来吗？即使人手足够，又能保证做好吗？

相比之下，深圳市的做法也许更好：政府和国资部门作为出资人，对国有企业只管到董事会。企业在董事会这个“集体”的领导之下完全按照市场规则选聘、考核包括首席执行官在内的企业高管人员。至于用利润、收入还是其他什么可能很复杂的一套指标，那就是各个企业董事会的事情了。

规范的“出资人”应该关心的“事”就是分红和股价，“人”就是董事会成员和首席执行官。

11.2.6 国资委应该向公司治理投资者学习

国资委推动国有企业向上市公司的现代公司治理规范看齐，前进的步伐一定会有很多曲折，会面临从思想观念到既得利益等等各个方面的障碍和阻力，但是战略上是正确的，方向不会改变。在这里，需要我们首先探讨的是，在国有企业向上市公司的现代公司治理规范看齐的同时，国资委的国有资产运作战略和方式应该向谁看齐，应该怎么做？

上市公司中高度发达的现代公司治理规范是和机构投资者成长、机构投资者关注公司治理、执行公司治理导向投资战略相辅相成一并发育和成熟起来的。在国有企业向上市公司治理规范看齐的同时，或者说为了更好地推进国有企业向上市公司治理规范看齐，国资委也要更多地学习现代机构投资者的一些先进和有效做法，看看机构投资者在其自身的治理以及对其所投资的公司的治理方面是怎么做的。

发达国家机构投资者从被动投资、用脚投票变为积极投资、用手投票有三个基本原因。一是拥有的资产规模庞大，在股价下跌时不容易灵活迅速地转让抛售；二是自身资产的性质（如公务员的养老金），要求其追求稳定收益而不是具有高风险的高收益；三是要关注整个经济体系的运作效率和质量以及出于其所承载的社会责任的要求。这三点在我们的国有资产身上同时具备，这是我们国资管理要学习现代机构投资者公司治理做法的客观基础。我们能否真的去那么做，以及具体要如何去那么做，缺乏的可能只是主观认识和如何操作的具体知识[①]。

11.3 国企混改的公司治理含义

11.3.1 改进公司治理是混合所有制改革的一个重要目的

推行混合所有制，是中央提出的把国有企业改革为现代企业的一个重要战略举措。早在2016年底中央经济工作会议就提出了，混合所有制改革是国企改革的重要突破口，要在电力、石油、天然气、铁路、民航、电信、军工等领域迈出实质性步伐。十九大报告明确指出："发展混合所有制经济，培育具有全球竞争力的世界一流企业。"

为什么在建立现代企业制度、改制上市和董事会试点等多项举措已经进行了多年之后，又提出了混合所有制改革？逻辑上说，那些已经进行了公司化改制甚至已经上市了的国有控股公司，不都已经是混合所有制企业了吗？

引入非国有资本参与国有企业改革，这本身不算什么新鲜事，但是混合所有制改革中的引入非国有资本，有两个方面的历史性突破。一是所涉企业范围

---

① 机构投资者如何评估和参与公司治理，参见本书第12章。

涵盖了几乎全部的传统上所谓的要保持国有资本垄断和控股的行业，二是非国有资本参与程度有大幅深化，既在股权比例上有所提高，又在董事会层面上有所参与，这会有效提高公司治理水平。

实际上，中央经济工作会议提出的“完善治理、强化激励、突出主业、提高效率”的混合所有制改革十六字方针已经道明了推进混合所有制改革的核心目的，就是改进公司治理。“完善治理和强化激励”都直接属于改进公司治理范畴，“突出主业和提高效率”则是通过改进公司治理可以达到的目的。

之所以要通过混合所有制改革来推进公司治理，一个重要的原因是相比这些巨无霸的国有企业，中国资本市场的容量太小，通过资本市场逐步实现股权分散的步伐太慢，已经上市一二十年的国有控股上市公司，依然是国有股占绝对控股地位。少量而又分散持有的公众股在单一绝对控股的国有股东面前，没有任何发言权可言。

11.3.2 混合所有制改革的主要内容：以联通为例

中国联通有三层控股结构，第一层为中国联合网络通信集团有限公司（联通集团），第二层为中国联合网络通信股份有限公司（联通A股公司），第三层为中国联合网络通信（香港）股份有限公司（联通香港公司），联通集团持股联通A股公司股份，联通A股公司持股联通香港公司股份。本次联通混合所有制改革主体是上交所上市的中国联合网络通信股份有限公司（联通A股公司）。

2017年7月20日，中国联通正式发布的混合所有制改革方案，主要包括如下三项内容。联通A股公司向战略投资者以非公开形式发行不超过90.37亿股，募集资金不超过人民币617.25亿元；联通集团向结构调整基金协议转让其持有的约19.0亿股联通A股公司股份，转让价款约人民币129.75亿元；联通 A 股公司向其核心员工首期授予不超过约 8.48 亿股限制性股份，募集资金不超过人民币32.13亿元。三项交易对价合计不超过人民币 779.14 亿元。交易全部完成后，按照发行上限计算，联通集团持有联通A股公司约36.67%股份；新引入战略投资者合计持有联通A股公司约35.19%股份。

新引入战略投资者投资金额和占联通A股公司股份比例为：中国人寿投资217亿元，占10.22%；国有企业结构调整基金投资129.75亿元，占6.11%；腾讯投资110亿元，占5.21%；百度投资70亿元，占3.31%；京东投资50亿元，占2.36%；阿里巴巴投资43.3亿元，占2.05%；苏宁投资40亿元，占1.88%；光启互联技术投资40亿元，占1.88%；淮海方舟信息基金投资40亿元，占1.88%；鑫泉基金投资7亿元，占0.33%。

中国人寿的投资通过旗下国寿资产和国寿投资共同受托实施，为出资最多的战略投资者。国寿资产此前参与了中茶公司混合所有制改革，中茶公司国有持股比例降至45%，实施了员工持股，组建了新的董事会和各专业委员会。

国有企业结构调整基金为2016年9月注册成立的中国国有企业结构调整基金股份有限公司，股东包括中国诚通控股集团有限公司（主发起人）、建信投资、招商金葵、中国兵器、中国石化、神华集团、中国移动、中国交建、中车资本和金融街集团等10家中央和地方国有企业和金融机构。

11.3.3　混合所有制改革后的股权制衡与业务协同

股权多元化和前几大股东之间的股权制衡被普遍看作是改进公司治理的一个重要途径。我们并不完全认可这一看法，我们认为股权多元化和股权分散是公司治理改进的结果，而不是原因。在一些最基本的公司治理原则不能被遵守，一些基础的公司治理机制不能落到实处的情况下，股权多元化带来的可能不是有效的股权制衡而是掣肘。联通式混合所有制改革所实现的股权多元化，能够实现有效的、有助公司治理改进的股权制衡吗？

如果把中国人寿和国有企业结构调整基金合计持有的16.33%的联通A股公司股份，与联通集团持有的36.67%的联通A股公司股份，同样看作是国有股，那么混合所有制改革完成后的联通A股公司中，国有股比重为53%，仍是一种国有股份控股的结构，只是国有股份的持有主体由原来的一家变为了三家。如果这三家国有股东的股东大会投票协调一致，在所有的股东大会普通决议事项（需要半数以上股份同意）上，其他所有股东都将没有什么发言权。

即使在股东大会的特别决议事项（需要三分之二以上股份同意）上，联通集团、中国人寿和国有企业结构调整基金之外的其他八家新战略投资者（合计持有18.86%的联通A股公司股份）协调一致，还要再争取到15%股份比例的其他股东支持，才能达到三分之一以上的股东大会投票权比例，才能形成对国有股联盟的有效抗衡。可供这八家新战略投资者（18.86%）争取的、国有股（53%）之外的全部股权比例只有28.14%，其中还有基本不可能争取来的联通管理层和核心员工持股（2.7%），和相当比例的根本不会参与股东大会投票的散户投资者。由此可见，联通混合所有制改革后的八家非国有新战略投资者想要形成在股东大会特别决议事项上对国有股份的有效制衡，也接近于不可能。

与此同时，这八家新的战略投资者，如腾讯、京东、百度、阿里巴巴和苏宁之间，相互都有高度和直接的竞争关系，与其协调一致去制衡，还不如竞争着去讨好。

另一方面，联通混合所有制改革中选择这些新战略投资者的出发点是要业务协同。众多股东和公司之间存在业务协同关系，这本身就和股权制衡作用有冲突，是改进公司治理的一个不利因素。股东和公司之间存在业务协同，就会产生纯粹股东利益（分红和资本增值）之外的利益，就会使公司股东会和董事会成为各方利益代表进行谈判的一个论坛，使公司董事会很难成为一个独立的只忠实于公司和全体股东共同利益的理性决策机构。

11.3.4 如何达到混合所有制改革的预期效果

如果说混合所有制改革的一个主要目的是改进公司治理，那么其重点就不仅仅在于混合本身。混合的程度，混合的方式，混合之后的具体公司治理机制设计等等，都极为重要。

混合的程度大一些肯定会更好，否则就完全可以通过公司在资本市场上慢慢发展而逐渐实现股权分散化和公司治理改进，而不必要大张旗鼓地进行所谓的混合所有制改革。

混合的方式应该比混合的程度更为重要。所谓混合的方式，主要是指选择新投资者的原则，特别是像联通这样已经上市很多年的公司，应该更看重财务投资者，而不是所谓的战略投资者，或者说就不应该考虑所谓的业务协同效应。需要投资者帮助公司制定战略，那是中小型公司和初创公司的行为特征，不应该是巨无霸上市公司的行为特征。作为一个巨无霸上市公司，如果到了需要投资者帮助制定战略的地步，那是需要进行彻底的重组了。这时所需要的新投资者也应该是一个强有力的投资者，或者是一个明确联合起来的投资者集团，它或它们要取得公司的绝对控制权才行。当前要进行混合所有制改革的一些大型国有控股上市公司，显然不是这种情况。所谓的业务协同，在成熟公司中，应该是通过合同和战略联盟关系来形成，是一种长期性市场关系，其本质应该还是市场关系，并无多大必要通过股权关系进行连接。

混合所有制改革是要锦上添花，而不是雪中送炭。混合之后的具体公司治理机制安排才是最重要的。就联通的混合所有制改革来说，与混合所有制改革同步推进的董事会结构改革和员工持股制度安排，是在具体公司治理机制方面的两项重要改进和完善。董事会中能有几个席位提供给新投资者，董事会在公司治理中的核心地位能否由此得到强化，这是混合所有制改革能否达到其改进公司治理这一目的的关键环节。联通混合所有制改革方案中明确包含了这方面的内容。

联通混合所有制改革方案确定员工持股比例2.7%，每股定价3.79元，激励对象包括董事、高管和核心骨干，这是一个重要举措。2.7%比例的员工持股可以跻身公司第六大股东，排在腾讯、百度之后，京东之前。3.79元的员工持股价格，相比混改停牌前的收盘价7.47元，及新战略投资者的认购价格，折扣幅度很大，有关人员的现金报酬水平应该会相应调低很多，这可以在节约公司现金支出的同时，有效强化对相关人员的长期激励。

11.3.5　国企混改中需要深入探讨的关键问题

如果追溯历史，混合所有制模式及其所内涵的一些问题，可以追溯到晚清的国有企业。

历史上，中国的官府并没有控制大部分国内市场和生产，其中有许多掌握在私人手中。在清代，仅有盐、铜、丝和瓷器是由国家垄断，而像茶、糖、谷、棉纺织等则几乎完全被私人拥有和掌握。也正是因此，中国能够在传统的几千年里生生不息，并长期居于世界领先地位。可是，在西方国家利用公司制度实现了现代型崛起之后，中国的传统优势遭遇了一种新型的挑战。

为应对挑战，洋务运动采用了“官督商办”体制举办新式企业，较为著名的有轮船招商局（1872）、开平煤矿（1877）、上海机器织布局（1878）、国家电报局（1881）等十几家。诞生于救亡图存的大背景下的晚清国有企业，从官办、官督商办、官商合办，到官员商人化，时间虽漫长，但发展方向与世界潮流一致。这是政治权力不断下放的过程，也是市场化不断发展的过程，说明即使关乎国民经济命脉的产业，也可以让民营资本参与其中，民营资本参与后也确实推动了国有经济的发展。同时，正是由于官员参与经营管理，政企不分，衍生出了一批官僚资产阶级，形成强大的利益集团，阻碍了产业的进一步发展。

国企混改引入民营资本，需打消民营资本的种种顾虑，并给予良好憧憬，这包括划定行政干预界限，明确民营资本权利，保证民营资本利益等等。所有这些，不能仅仅凭借纸面上的政策，还需要实实在在的落实和落地，需要在具体的一个一个的企业混改方案和实施过程中，得到具体的制度和机制上的保障。

11.4 家族和民营企业的公司治理

家族企业和民营企业的治理从根本上不同于国有企业，也不同于上市公司的治理。家族企业和民营企业股东在位，控制权集中，从而可降低治理成本，做出不同常规和更具有可持续优势的战略决策。

但是，成功不可避免地带来组织变革和结构调整的要求——所有家族和民营企业都将面对这一问题。随着企业的不断发展壮大，它变得日益复杂并因此产生了对更正规的组织结构的需求，家族和民营企业的经营者必须适时地采用新的公司治理方式。

11.4.1　家族企业：既是原始也是现代的

家族企业是一种古老而常新的企业形式，它的起源可能已经无从考证，它的现代新版本可以随手拈来。从一人掌控、夫妻掌控、父子掌控、兄弟掌控到一个复杂的家族系列各种形式都有。创业者个人或者创业者家族的理念不同可能导致家族企业在制度形式和组织发展上走上完全不同的路径。既有完全一人掌握股权的成功典型，也有不断地稀释股权，创业者最后只占个百分之二三的优秀范例。

关于家族企业有很多似是而非的说法，什么家族企业是一种低效、落后的企业组织形式，家族企业只适合于创业，适合于中小企业，而不适合于大企业，以及家族企业富不过三代等等。事实是家族企业在全球范围内普遍存在，家族企业也并不必然是不符合“现代企业制度规范”的。

在美国，家族企业是经济主导力量：75%以上的企业属于家族企业；家族企业占国民生产总值的40%，提供60%的就业岗位；在《财富》500强企业中有超过三分之一的企业可以被看作是家族企业。在欧洲，家族企业更普遍，意大利95%，瑞典90%，西班牙80%，英国75%。在日本，99.1%的企业是家族企业。在东南亚，香港股市中67%的上市公司由家族所控股。印尼和菲律宾全部市场资本额的六分之一都由一家最大的家族企业所控制，超过一半以上的上市公司资本额都由10个家族企业所掌控。

家族企业比非家族企业效率高。标普500家公司的三分之一是家族企业，这些家族企业的股东年平均回报率是15.6%，非家族企业的股东年平均回报率只有11.2%；家族企业公司每年的平均资产回报率为5.4%，非家族企业为4.1%。在年收入增长率和利润增长率方面，家族企业也大大超过了非家族企业。世界上最成功的一些企业就是从家族企业发展而来的，如强生、福特、沃尔玛、宝洁、摩托罗拉、惠普、迪斯尼、柯达等等。

家族及民营企业与普通企业（国有企业和上市公司）之间的关键差异是所有权性质不同。集中性的所有权可以为家族和民营企业带来优势，包括战略选择上的坚定性和独特性，以及风险控制上更强的动力。

家族和创业者集中控制企业所有权情况下，更为注重的是长期利益。耐心、恒心和更着眼于未来的持续不断的投资，能够获得以任期业绩为目标的国有企业以及以短期股票市场回报为目标的上市公司都无法获得的长期收益。由事必躬亲的业主所控制的公司可以采取与众不同的策略，而不必被政府政策改变、主管官员调整以及资本市场上的一些流行风向所左右。集中性的股权结构安排，往往使业主个人资产中有很大比例与企业捆绑在一起。家族和民营企业的业主作为一个投资群体与股票市场上投资者相比，缺乏分散性，从而承担更大风险。风险集中，会使业主更关心自己的投资，更加积极地介入企业运营，更致力于解决企业出现的问题，而不是逃避这些问题。

另一方面，由少数人控制的公司可能会与现实脱节。谋求个人安逸和舒适，无视外部责任，忽略环境变化，可能导致公司经营战略的过时和组织结构的僵化。不能有效制约成员之间的矛盾，更会给公司带来灾难性后果。

公司治理质量决定着一个家族企业是被家族制的缺陷所束缚，还是有效地发挥家族制的优势。

11.4.2 家族企业治理的基本原则：划清家族和企业的界限

未来十几年以至几十年之内，中国的国有企业、外资企业和民营企业都会共存，上市公司队伍中也会逐渐增加外资背景和民营背景的企业。家族企业则会是一种成长最快的力量。中国文化中强烈的家的概念，是我们的宝贵遗产，是想要砸烂和放弃也不可能的。如何使中国传统的家族文化和来自西方的现代企业制度规范融合，解决好家族企业的公司治理，是我们应该十分重视的一个问题。其对于中国成功地向市场经济转轨的意义，绝不亚于国有企业改制重组和现有上市公司的治理结构完善。

家族和民营企业的治理，往往可以在整个系统内建立伙伴关系，而不是采用代价很高的各方相互制衡方式，从而更容易避开传统企业治理中各方面的对抗性。打仗亲兄弟，上阵父子兵。从家庭、企业到国家，任何一种组织能够合理地存在和有效地发展都依靠于其内部成员间共享的一种文化和价值观念，以及基于这种文化和价值观念之上的相互信任关系。虽然家族人员在不同层面的直接参与使企业复杂化，但这也将企业治理结构的各个方面联系起来。这一内在联系与良好的家族纽带和关系结合起来，能够从根本上改变普遍存在于治理结构中的信任互动。一个良好的家族互动关系可以成为企业的一笔资产，因为它使治理结构的每一部分都运行得更好，并与其他部分保持一致。

家族企业中，家族成员间特有的信任关系和相对很低的沟通成本，是其取得竞争优势的一个有力源泉。但是，如果处理得不好，让家族政治进入到企业之中，并且进一步地让企业外聘人员也卷入到了家族政治当中，则会阻碍企业的组织发展进程，上演一场几败俱伤的豪门恩怨。

家族企业一定要有一个家族委员会，在这个委员会上把家族内部有关企业发展计划和家族发展计划之间的一些矛盾以及家族成员内部的一些分歧解决好。有股权又在公司工作、有股权但不在公司工作、没有股权但在公司工作以及没有股权也不在公司工作的四类家族成员之间，在有关分红、投资决策等等方面会存在激烈的矛盾。在家族委员会上，处理好家庭消费和企业积累之间的矛盾，以及企业投资方向问题，形成一个一致的意见通过正式的渠道传递到企业中去，可以在一定程度上预防和化解家庭政治对企业运作的影响。

业主的积极参与是家族企业有效治理的关键。业主对企业的价值观、远景和目标规划作出界定，为公司制定战略构想，阐明对董事会及管理层决策有指导作用的公司财务目标和业绩期望。成功的家族企业懂得其所有权的威力。所有权可以在多个层面施加影响和维护作用，使家族成为管理层、董事会以及业主之间有效决策的中介。但是，因为家族成员往往有多重身份，既是业主、董事，又是高级主管，这使对业主、董事会和企业管理层的不同职能确立明确和共同的认识，也变得至关重要。

解决好公司治理问题，既能有效地防止家族企业因内部矛盾和内部政治而垮台，也能为家族企业建立和实施一个有效的战略计划、赢取长期可持续竞争优势做出贡献。正如上市公司的董事会要在大小股东之间、股东和经理人及公司其他利害相关者之间起到一个利益平衡和关系沟通、矛盾化解的作用一样，家族企业董事会要负责整合家族计划和企业计划。

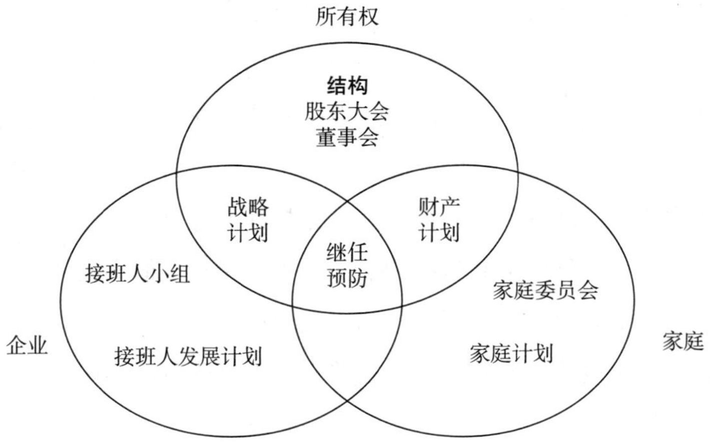

图11-2　家族企业的结构与计划

建立一个家族成员、职业经理人和独立董事各占三分之一比例的董事会，使董事会成为有关企业重大问题的集体自由讨论和决策场所，可以帮助家族企业的所有权人和经理人之间建立和发展信任关系，并能在一定程度上保证家族企业所有权人和经理人相互之间承诺的实现。董事会在提高家族企业战略决策能力和提高管理决策质量，以及家族企业接班人培养等等方面都能发挥有效的作用。董事会成员可以为家族企业的下一代提供家族企业之外的工作和生活经验、关系网络，充当下一代事业发展的导师等等。

11.4.3　家族企业的三级发展模式与治理机制演化

根据家族企业研究权威克林·盖尔希克等著《家族企业的繁衍》一书，家族企业发展中有所有权、家庭和企业三个轴线。所有权轴线有一人或夫妻二人控制、兄弟姐妹控制和堂兄弟姐妹控制等三个主要的阶段。企业轴线有初建阶段、扩展阶段和成熟阶段。家庭轴线有年轻的企业家庭、子女进入企业、父母子女一起工作和传递领导权等四个主要阶段。这三个轴线上的每一个阶段，家族企业的基本特征和面临的主要挑战都是不同的，需要相应的专业知识和技能去处理和应对。

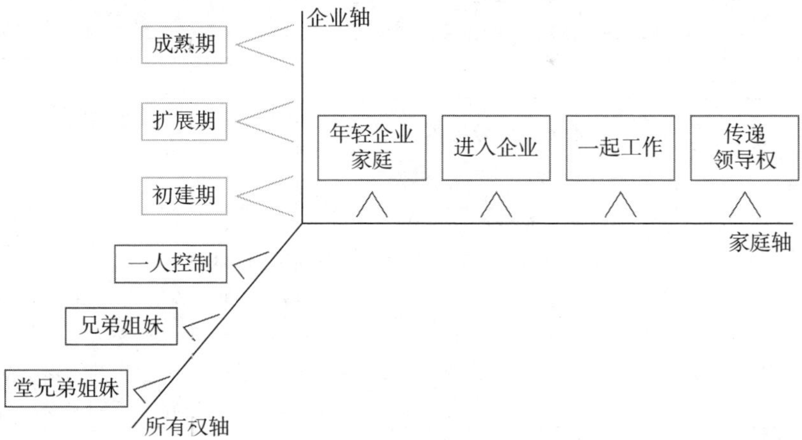

图11-3　家族制企业的三级发展模式

资料来源：克林・盖尔希克，1998。

专栏 11-1　家族企业——所有权轴的三个发展阶段

	特征	关键挑战
一位所有者控制股权 约有75%的家族企业掌握在一个人或伴侣手中	所有权完全由一个人或一对夫妻控制 别的所有者，只能有股份但不能行使实际的控制权	资本 在有关键的股东参与管理的情况下使管理保持统一 为下一代选择一种所有权结构
兄弟姐妹合伙的阶段 约有20%家族企业由兄弟姐妹合伙掌握所有权	两个或更多的兄弟姐妹控制着所有权 有效控制掌握在兄弟姐妹这一代的手中	选择一种方式在所有者中分配管理权 明确未受雇佣的所有者的职责 保存资金 控制家庭分支的不和倾向
堂兄弟姐妹联营的阶段 约有5%的家族企业处于这种所有权状态，达到这个阶段最少需要三代人的时间	有许多堂兄弟姐妹股东 受雇的与未受雇的所有者的混合	处理家族及股东群的复杂状况 建立一个家族企业资金市场

资料来源：摘编自克林・盖尔希克，1998。

专栏 11-2　家族企业——家庭轴的三个发展阶段

年轻的企业家庭	成年人在40岁以下 孩子在18岁以下（如果有）	工作与家庭之间关系的协调 处理同大家庭的联系 抚养孩子
进入企业阶段的家庭	上一代在35岁到45岁之间 下一代是青少年或刚成年	应对中年的变化 年轻一代的离开与独立 为最初的职业选择安排一个好的前程
一起工作的家庭	上一代在50到60岁之间 下一代在20到45岁之间	培养跨代的合作与交流 鼓励能够带来高效率的管理方式 管理三代在一起工作的家庭

资料来源：摘编自克林·盖尔希克，1998。

专栏 11-3　家族企业——企业轴的四个发展阶段

	特征	关键挑战
企业发展的初建阶段	不正式的组织结构，所有者兼经营者处在中心位置 只有一种产品	生存（进入市场，企业计划与筹集资金） 以理性的分析对待梦想
企业发展的扩展/正规化阶段	不断增加的职能结构 跨行业经营及产品多元化	强化所有者兼经营者的职责并使企业专业化 战略计划、组织控制、资金管理
企业发展的成熟阶段	组织的结构支撑着稳定性 稳定的顾客基础，企业缓慢发展 高级管理层掌握企业经营 日常工作已相当固定	重新调整战略 管理与所有权的责任 再投资
传递领导权的阶段	上一代年龄在60岁以上	上一代从企业中完全退出 家庭领导权在代与代之间转移

资料来源：摘编自克林·盖尔希克，1998。

家族企业发展的第一阶段，创始人就是治理机制的体现。创始人凭借热情、机遇或者某种固有的资源取得成功，树立起一种绝对权威地位和公司领导角色，是掌控一切的业主和企业经营者。有些人可能会吸纳一些顾问性质的外部专家作为智囊团，但是拥有最终决策权的还是作为业主兼经营者的企业唯一的老板。

创始人面临的一个重要挑战是决定如何通过继承来延续家族企业。有些人寻找一位能够集业主和经营者于一身的继承人，更多的人则把企业看作可供后人共同继承的产业，让家族成员共同分享。这时企业可能会经过一个父母与子女共享所有权的时期，然后就进入子女本着合伙精神共同掌握所有权的状态。在这个阶段会开始出现家庭成员角色的分化，有些家族成员积极参与企业经营，而有些则根本不在企业工作。家族企业的进一步延续还会涉及多种表亲关系，从而使家族成员的角色进一步发生分化。

众多的家族成员分享所有权并参与企业管理。但是，各人持股比例大小渐渐发生变化，参与管理企业的程度会不同，并且决定这种参与程度的有持股比例、专业能力甚至个人志向等多种要素。当所有权分散到一定程度，多数持股人不再参与企业管理时，企业“董事会”开始更具有受托人的特征，需要实际运作上的至少一定程度的到位了。此时的企业也常常进入了多个业务领域，发展为实际上的控股公司，因而也产生了对一个能够对多种业务实行战略管理的董事会的需要。在控股业主与高层主管之间直接建立信任的程度往往决定着治理结构在这一阶段的正规程度以及家族是否能够在治理方面继续建立有效的代理机制，朝向更多的外部董事和职业经理人方向发展。不过，家族成员会继续介入将所有权、董事会和管理层连为一体的整个治理体制。

11.4.4　企业制度建设与董事会发展的三个阶段

从组织治理角度看，中国的家族和民营企业（甚至包括改制后的国有企业）的制度建设大致都要经历人治结构阶段、交错结构阶段和法治结构阶段这么三个阶段。

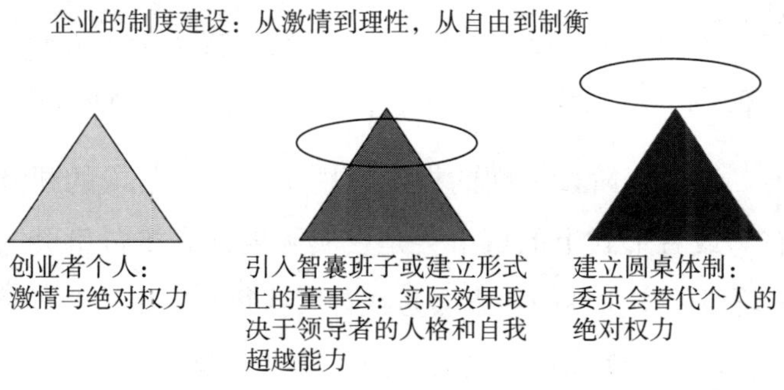

图11-4　企业制度建设的三个阶段

人治结构阶段就是一把手体制，一个关键的当家人或老板具有绝对权威，说一不二。交错结构阶段可能有两种具体的形态，一种是因为业务的复杂化和决策难度的提高，“老板”自主性地逐步引入智囊性人物或者一个正式的智囊团；二是迫于外部压力建立的一种形式上的董事会或者是其他形式的一种“集体决策结构”，但实际的决策权力往往还在一个关键人的手里。第三阶段，真正的法治结构阶段，是股权多元化和分散化之后，在法律要求和足够强大的外部股东压力的共同作用下，必须建立正式的董事会，在组织高层真正实行委员会制的集体决策结构。

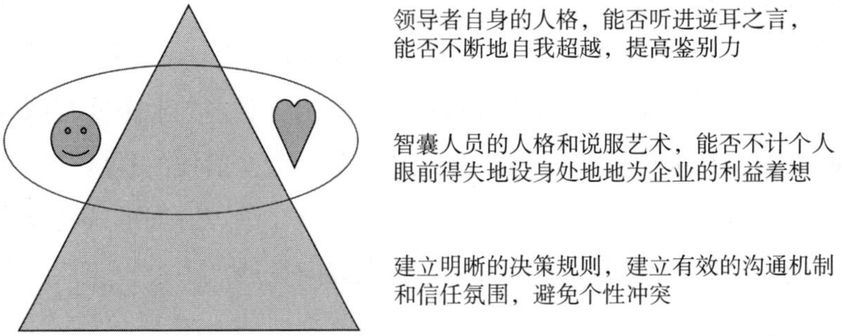

图11-5　建立智囊班子：哈巴狗还是看家狗

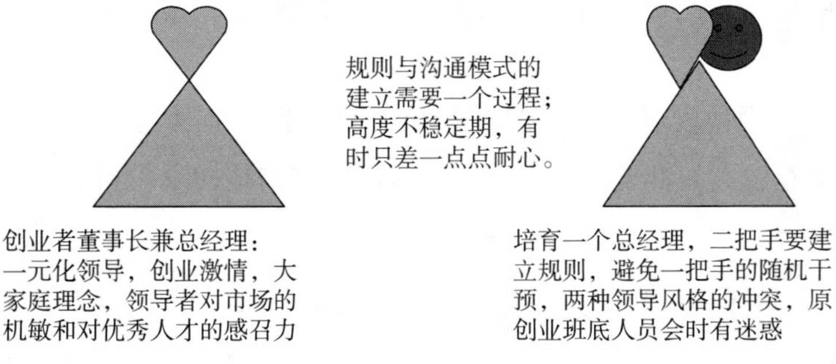

图11-6　第二位权威人物的引入：理念共失败，规则共成功

这里的第二和第三阶段之间的根本区别是，第二阶段的智囊团是在关键性能人的左右（或者形式上的董事会是在实际地位高于董事会的董事长的左右），而第三阶段的实质性的董事会是在首席执行官的上边，即使是董事长兼任的首席执行官，也不能在董事会的上面。能人和智囊团的关系取决于能人的人格修炼和智囊人物的诚心与说服艺术，说不说、说什么在于智囊人物，听不听、做什么则在于能人。首席执行官和董事会的关系则是董事会拥有决定性的权力。为了效率，董事会要给首席执行官尽可能充分的授权，但是在该董事会不得不说的时候，首席执行官不听也得听，不同意也得执行。董事会拥有撤换首席执行官的最终权力。

企业制度建设进入第三阶段——正式董事会制度阶段之后，实际的董事会结构从初始到规范大致经历三个步骤，或说有三种类型的董事会结构。

首先是初始阶段，往往是一元结构的董事会，董事会成员全部由创业者构成。从董事会的管理角度而言，不管企业办了多少年，做得多大，如果董事会成员只是创业者，那也是初始阶段，刚刚起步，风险很大。这种董事会往往不能选择正确的人做董事，而且可能会出现以下三种风险：一把管理层具体事务拿到董事会上来讨论，经理和董事不分，小事和大事不分，管理与决策不分；二是只顾眼前急事和短期发展，思路不开阔，问题看不长远；三是习惯按公司创始初期的一些成功经验来思考企业发展到一定规模后面临的新问题，凭经验而不是凭科学决策。

随后是发展阶段，建立起二元结构的董事会，董事会由创业者和外部后来进入的代表资金或是技术的新股东董事构成，包括风险投资者、战略投资者等。

最后是相对成熟阶段的三元结构董事会。三元结构就是在二元结构上增加了第三方董事后形成的。第三方董事包括以下几种类型。一是员工通过“职工持股计划”以员工持股会代表的身份进入股东大会并进入董事会。这种董事有助于贯彻公司董事会决策，起到增加员工凝聚力的作用；二是引入职业经理人，担任主要或是重要管理岗位后，作为管理层力量代表进入董事会，这种董事带来了外部先进的理念，作为管理者还可以在资本提供方和民企创业者之间起到缓冲和沟通作用。三是聘请外部独立董事。

即使是建立起来了一个相对成熟阶段的三元董事会结构，也不能说家族企业的治理问题就算解决了。家族在往下繁衍，代际更替；企业在往下发展，规模改变。家族和企业这双重的生命周期都常常会对现有治理结构的有效性提出挑战，都会使家族企业面临重新创建更有效治理结构的问题[①]。

11.4.5 治理结构转型有规律没定式：均瑶集团的教训

从均瑶转型中爆发的人事风波事态[②]及相关的各种报道中，我们可以看到中国企业所受到的一些过于简单化的有关公司治理和管理规范化的思维定式的危害。这种简单化思维定式的两个主要表现就是：国企健全公司治理结构一定要引进外资、引进所谓的战略投资者等等；民企健全公司治理结构就一定要引进所谓的职业经理人，尤其是引进那些有过其他著名企业工作经历的所谓职业经理人。

就拿均瑶集团来说，在王均瑶之后，王均金、王均豪已经撑起了这个企业，平稳地继续发展着，但是过于急切地采纳所谓“引进职业经理人”这种简单化的管理转型做法，结果是欲速则不达。在这里，我们应该思考到底什么是职业经理人？就拿均瑶乳业来说，空降一个新的总经理，就比由王均豪继续担任总经理或者从现有的副总中起用一个总经理更不规范吗，就不算是“职业经理人”吗？现在也许是我们应该在企业实际的有效公司治理结构建设中抛弃“职业经理人”这种抽象学术概念的时候了。

纵观管理百年，并没有一种单向度的靠引进职业经理人来发展壮大企业的简单定式。尽管总体上的大趋势是多数企业遵循着从家族、私人创生到逐步走向股权公众化、管理职业化的转型模式，但是这只是一个描述统计学上的观察结果，而并非每个企业都要遵守的“科学定律”。就是在那些优秀的国际顶级的大公司中，也是各种模式都有。强生是在1940年代时候就已经与家族毫无关系，福特却是百年之后仍然家族控制，你能说福特没有建立健全现代公司治理结构吗？就在主流思维是全部由独立董事坐镇董事会、完全市场化招聘首席执行官的美国，却又有巴菲特这样的大师和巴菲特式的董事会（夫妻儿子全进去）存在，谁又能强有力地指责巴菲特式的公司治理结构是不健全、不规范的呢？

---

① 关于家族企业治理的一个比较简练而又系统的分析，参见约翰·沃德“家族企业治理”，载“乌尔里克·斯蒂格等，2006”。

② 王华：“均瑶墓前大哭一场，两元老带百名员工辞职”，《上海证券报》2006年3月30日。

这里的关键问题不在于谁做什么工作，谁在什么岗位，而在于各种工作和各种岗位是否都是按照最合理和最有效的现代公司治理原则与方式来设置和运作的。王均金先生曾公开表示，将“亲”定位在董事会，而将“贤”定位在经理层。他还举例说，如果将他弟弟放在引进的职业经理人黄辉下面，黄辉根本没法管，因此要将黄辉下面均瑶各个板块的负责人全换成所谓的职业经理人。这本身就是对现代公司治理的一种过于简单化的理解。为什么外姓的经理人就管不了企业内的家族成员？如果外姓经理人管不了在企业内工作的家族成员，那么同样，新引入的高层经理就管不了元老和老资格员工。其共同的一个原因就是企业内部各个层面还没有按照一套制度规则来管理，企业还没有完全对各种人员按照一个清晰定义的岗位和职责来配置和管理。这种情况下，外来高管遭遇原班人马集体抵抗也就不足为怪了。何况其中可能也有一个像销售翻番这样一种比较激进的新战略目标制订过程的民主、科学与权威性问题。

从二战前日本的那些超级大型家族企业如三井、三菱，到今天美国的一些大型家族公司，家族成员进不进入公司，以及进入什么岗位，都是按照一套规则来做的。有了一套平等竞争的规则之后，企业各个层面上的人员安排，都只是取决于能力，最后形成的结构是一种自然演进的结果。家族里有人才，并且有兴趣，就能保持家族控制，家族里没有人才，或者没有兴趣，就自然演化为外部经理人主导。企业高管人员是来自家族成员还是非家族成员，外部新聘还是内部提拔，本身都没有好与坏或者是规范与不规范之分。

对于目前中国的很多像均瑶这样的家族和民营企业来说，也许比引进经理人更重要的是引进董事。

11.4.6　中国民营企业的悖论与悲哀：“长联”的命运

一位外国朋友说，德国大众汽车在中国取得了巨大的成功，是因为“大众”和“中国”名字里面都有“人民”。在中国，“人民教师”“人民警察”等等前面有个“民”字的职业都是非常光荣、非常有地位的。可是“民”字加到“企”字前面的时候，似乎就变了味道，就成为“二等公民”了。人民共和国里，“民企”——人民经营的企业，却要处在次等地位，这不得不说是一种悖论和悲哀。

作为打破石油国企垄断英雄的“长联” 成立一年多之后却连成品油批发许可证、成品油零售许可证、成品油/燃料油进口许可证以及国内矿产勘探开发许可证这“四证”中的一证都没有拿到手，任其创始人再长袖善舞，恐怕也难逃苦撑局面的命运。“非公经济36条”指出了支持民营企业发展的大方向和大原则，可是要在石油这样一个“国有”垄断程度很高的行业里落实，还是障碍太多了。这种障碍已经不是传统体制下的意识形态和认识问题，而是以“国有”名义实际占据垄断地位、享受垄断利益的有关机构和个人的问题了。

硬币的另一面是中国一些民营企业自身也确实是有着太多不争气的行为特性。产品市场上的“假冒伪劣”不说，“资本运作”上的不规范和“公司治理”上的不落实，使一些民营企业“集团”所搭建起来的是积木，而不是能够顶天立地、迎风冒雨、基础坚实的大厦。就拿这个“民营石油航母”来说，作者在几个搜索引擎上找了半天，看了很多相关报道，也没有找到有关其基本的股权结构、股东构成和管理结构等方面的任何确切说法。得到的一些说法，倒是什么还处在“动态加盟”过程中，甚至是一些股东“入股”的资产还仍然由原股东自己支配等等。我对此感到难以理解，看不懂。

所谓“动态加盟”，无非就是还会不断地新股东加入，也就是公司还要继续发行新股份，而这不能成为股权现状不清楚的原因或者借口。所有公司的股权结构和资产负债状态都可以如同流水，但我们要从一个截面，就是一个时点上把它弄清楚。如果股东们用以“入股”长联的资产还由各股东自行支配，那“长联”就等于还只是一个空架子，而不是一个真正实体和运营性的公司。

长联运作上的纷纷扰扰让我想起了东印度公司。无论早先的荷兰东印度公司，还是晚些时候的英国东印度公司，都是民间商会和众多民间商人共同出资组成的，所从事的东方远洋贸易对于那些股东来说也都是风险很大的新事业。这跟今天的长联由石油商会牵头，由各种民营企业入股，并要到其他国家去找石油等等的状态很类似。但是有两点巨大的不同，决定他们之间“辉煌”与“惨淡”的不同命运。一是东印度公司得到了其国家政府的高度支持和充分授权，而长联却是公司成立了一年多还没有申请下来必要的业务许可证。二是东印度公司作为世界最早的股份公司，建立了一套管理结构，也就是董事会（当时叫做管理委员会），而长联却是神龙见首不见尾，只见董事长，不见董事会。

政府政策和法规支持方面的缺陷，是单个企业所无法克服的，对此只能在进入之前有充分的研究和相应准备。但是企业自身的体制不完善和基础结构建设不实，却怪不得外界和任何其他人，只能怪自己的知识和能力储备不足。

我们需要呼吁政府和有关主管部门能够为了中国的整体经济竞争力和民族企业发展，抓紧落实民营企业的市场准入政策，变传统国有垄断行业市场开放顺序的“先外资后民营”为“先民营后外资”，至少应该平等待遇、公平竞争。我们同时想要忠告那些对石油、航空、金融等等行业摩拳擦掌的民营企业，做好自身的修炼，不要以为过去的成功经验能够横扫天下，要知道更高层次的行业需要更高层次的玩法和打法。

11.4.7　吉百利：一个英国家族公司治理转型的案例

一位公司治理之父级别的人物，卡德伯里，在一篇文章中简要地总结了其已经有100多年历史的家族企业——吉百利的治理结构演变过程[①]，对于我们理解家族企业逐步转型非常有帮助。

吉百利公司的前身是1824年在伯明翰市中心开设的一家杂货铺，主要卖茶叶、咖啡、可可、芥末等。这可以看作是从治理结构角度看，家族企业发展的第一阶段——相当于中国现在的一个个体户。1831年，这个杂货铺老板决定集中精力生产和销售可可，以所有者兼总经理的身份建立了吉百利公司。家族企业进入了治理结构上的第二阶段，成为一个比较正规的企业，但还不是股东承担有限责任的公司。

1861年，创业者的儿子理查德和乔治接管了公司。企业的治理结构发生了一次转型，从一种简单的企业形式——一个人兼任所有者与经营者（个人独资企业），让位于第二种简单的企业形式——二人之间的合作（合伙制企业）。当理查德·吉百利于1899年逝世时，该企业发展到了3000人的规模。那时，该

---

① 关于卡德伯里（Adrian Cadbury），参见本书14.3.3“全球公司治理的两位旗手：卡德伯里与孟克斯”。原文是“The Family Business and its Governance”。吉百利的原文与卡德伯里是相同的，就是卡德伯里家族的企业，中文对人名和公司名采用了不同的通用译法。

企业转入私人有限责任公司，吉百利兄弟承担有限责任，董事会建立起来，并由家族成员组成。这是公司制家族企业治理结构的第一阶段。同样是家族成员，作为股东承担有限责任，同时以董事的身份管理公司。公司制企业治理结构的一个基石，就是股东和董事法律责任的区分。

第二次大的变化来自1919年吉百利与福瑞（Fry）公司的合并。J.S.福瑞父子公司是一个家族公司，可以追溯到1728年，并且是该行业的领头羊。吉百利公司在20世纪初赶上了福瑞公司，而那时福瑞家族成员已很少直接管理公司业务。合并意味着吉百利家族的成员无论是股东还是经理在数量上超过了福瑞家族，福瑞家族股东在经营上没有发言权了。从那时起，经营方式与双方家族各自经营业务时有所不同——其目标是投资和增长——而且，他们是所有者，而不是经营者，他们最关心的是分红和其持有股份的资本价值。

随着两个家族一代一代的更替，所有权在两个家族中扩散，家族所有者日益增长的利益已转移到家族公司之外，再加上税收的压力，最终迫使公司向上市方向发展。1962年，公司成为上市公司，从所有权来说已不再作为家族企业，虽然董事会的绝大部分仍然由家族成员构成；而且家族控制了一半以上的股份。从此，家族股东拥有了交易其股票的公开市场，与过去相比，董事们也不得不考虑更广泛的股东群体的共同利益。

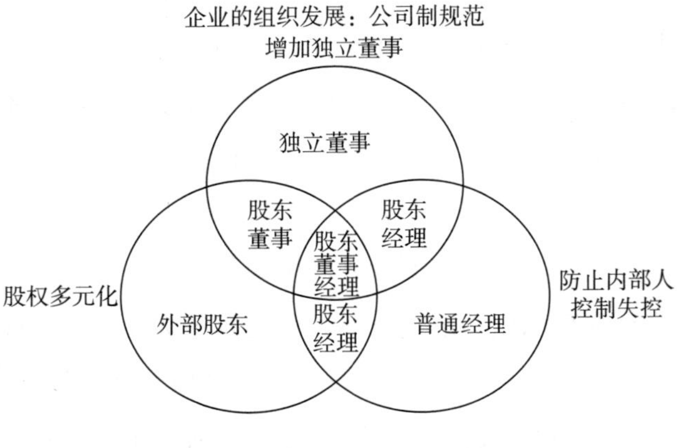

图11-7　企业组织发展的公司制规范

1943年，公司任命了第一批非家族董事，到1958年时，公司仍然由家族有效地拥有和管理着，所有的董事都具有管理的责任。企业结构的最终变化来自于1969年吉百利公司与史威斯公司合并成为百利史威斯联合公司。一个家族企业最终成为股权分散、独立董事主导、职业经理人打理的现代公众公司。这一变革过程的推动力量包括业务增长、家族接班人、死亡、税收、股票上市交易、合并等等。

11.5 创始人和家族企业的传承与控制

家族企业和现代公司是两个层面的问题，是两个并列的概念。家族企业由家族创办，就像国有企业由国家创办一样，是由股东身份来决定的。现代公司或公司制企业本身基本规则是一样的，无论是家族企业还是国有企业改制为公司制，都是要按公司制的基本规则来办事。

家族企业因“家族因素”的存在而面临更为复杂的公司治理问题。一是家族企业受到家族成员代际传递的影响很大，需要妥善安排家族财产和企业控制权的传承；二是当家族企业规模做大时，难免有股权分散的过程，那么如何保持家族对于企业的合理控制?

中国的家族和民营企业正普遍面临着一个向第二代传承的问题。在这一传承的过程中，企业控制结构的不稳定会直接带来企业经营的不稳定、混乱甚至是崩溃。一些行业龙头企业控制结构的不稳定已经不仅仅是企业自身的问题，而是社会的问题，甚至是涉及经济体系的安全与稳定的问题。

欧莱雅创始人欧仁·舒莱尔只有一个女儿，但却通过将财产权与管理权分开的一种“合理传承”安排，让欧莱雅能够在其过世后的半个多世纪里持续稳定地向前发展，这可以给予我们很多有益的启发。

11.5.1 创始人控制权的保持与丧失

公司能否相对顺利地完成治理模式转型和公司控制权的转移与传承，既取决于公司外部的公司法律体系完善程度和资本市场深度，也取决于公司内部的治理机制安排，公司创始人的偏好与选择、创始人的家庭和家族情况，以及公司业务发展机遇等等。

无论是如宜家那样从小本生意逐渐积累起来，还是如星巴克那样靠融资起步，创始人控制都是公司的起点。谷歌、Facebook、ZARA、优衣库和万科等等目前还是这种状态。

能够保持住公司控制权的创始人，要比较幸运，更要非常精明。首先公司的业务发展要比较好，能产生足够和可持续的现金流，以使创始人不必为了挽救企业于财务困境而被迫出让控制性股份或让出控制性权力，从而导致自己出局，如杜兰特。杜兰特于1908年创建了通用汽车公司，1910年就因公司财务危机而使公司控制权落入了银行家之手。1916年，夺回通用汽车公司的杜兰特没有汲取教训，再度大举扩张，再度陷入财务危机，于1920年彻底失去了自己创建的公司。

能够像宜家那样一直自我积累而发展起来当然非常好，如果不得已而融资，则最好未雨绸缪地同时进行一些相应的制度设计，如谷歌和Facebook的双重股份设置，上市前签署原始股东将投票权委托给公司创始人行使的协议等等这样的制度安排。思科公司（1984年创立）的创始人莱恩和桑迪夫妻，不仅没有在引入风险资本时（1987年），进行创始人的控制权保护设计，反倒在1988年5月为了争取风险资本方（红杉资本）支持他们赶走公司的职业经理人CEO而将自己的股份投票权委托了投资人红杉资本的瓦伦丁，这使他们在公司上市仅仅半年后的1990年8月，因与公司经理人团队的冲突和投资人支持了经理人团队而被迫离开了自己创建的公司。

一般而言，如果想保持对企业的绝对和完全控制，那就不要股权分散，更不要上市。理论上说，只要持股低于50%，就有失去控制的可能。如果想既上市又保持控制，那将是一个非常大的挑战。这时候，公司章程规定，如像谷歌那样的分类股份设置，以及对董事会人选的控制，如像Facebook那样，把对方派出董事的人选作为考虑是否接受注资的一个重要条件等等，这些具体的公司治理机制安排就非常重要，中国企业往往不是很重视这一点。

此外还有非常重要的一点，这也是国美之争给我们的一个重要启示，就是在公司融资和股权分散的过程中，除了股权结构之外，还有一个股东构成对公司控制的影响。股权稀释到什么程度，还能保持控制，这在不同的股东构成条件下是不一样的。就是选择接受注资的时候，要看准对方是谁和对方的战略意图。在国美之争中，如果对方全部都是真正的中小股东，而不是很容易采取一致行动的海外大基金，那陈晓就彻底没戏。所以在英美国家，10%～20%的股权就能保持住对公司的控制，就是因为它的对方彻底分散了，而黄光裕持股30%多还险些失去控制。这个教训就是，若想在推进股权分散的同时保持公司控制，就要筛选并选择那些很难联合在一起的股东，作为你的股票出售对象。

11.5.2　家族企业传承与控制的三种类型

传承是家族企业不可回避的问题，能否保证企业所有权与管理权的平稳传承对于家族企业的稳定与发展是非常关键的。家族企业的传承大致有如下三种路径。

第一种是中国人普遍觉得比较理想的子承父业或者女承父业。这里有个关键问题是，子女是否有能力和兴趣来管理企业，能力会占一半，但如果没兴趣，强迫他去接管企业，造成个人不幸福也是不值得的。如果既有能力又有兴趣，那就可以培养。这种情况比较理想，但能真正成功做到的超不过20%。像三井那样的传统日本家族企业集团的传承经验表明，有时候“女”承父业比子承父业还更靠谱，因为儿子可能能力不足，而女儿则可以招选有能力的“女婿”来承继父业。日本可以将女婿招为养子、改姓入赘的传统，进一步加强了这种承继方式的可靠度。

第二种是保持一种积极的引导，保持一定的控制和管理。这要自己培养职业经理人。像有些公开、高薪招聘等，十之八九招来骗子。真正需要的是经过二三十年工作考察的人。如果黄光裕当初选择的是一直跟着他工作的人，那背叛他的概率会下降很多。当然，利益上也是要给他足够回报的。越会分享的公司创始人，越能保持其对公司的长期控制。国外的家族企业没有一定要从家族选择接班人的，往往只是出任董事会职务。他的总裁绝对是与全球竞争公司不相上下的。

第三种就是公司股权多元化，家族财产的投资也多元化，你在市场中挑选优胜者，以实现家族财产的保值增值。这也是一个很理性的选择，不一定非要家族接班人来继承，也不一定非要保持家族的控制不可。

11.5.3 创始人离世之后：家族控制的三种程度

创始人离世之后，公司继续受家族控制，如福特、沃尔玛、欧莱雅、贝塔斯曼、米其林、丰田、保时捷、菲亚特、美津浓和三星等等，这是很多企业都会走的一条道路，只是各自的走法、家族控制的方式和控制程度都不同。

一个极端是拒绝股权分散，保持家族的完全控制，就像贝塔斯曼、博世和宜家等等。贝塔斯曼的第五代传人为了避免公司上市，不惜缩减公司业务、出售著名的BMG（贝塔斯曼音乐集团），以购回财务困境时不得已转让出去的25.1%的公司股权。米其林家族为了保持控制地位，不惜承担无限责任，采用了一种两合股份公司体制（只有承担无限责任的股东，才有权选举公司管理层人员），是法国三个坚持这种独特结构的公司之一。不过，即使是这类公司，虽然企业所有权一直是集中的，但它有一套办法引进职业管理。一般来说是通过家族基金会，让投票权和财产权分开，行使投票权的人是家族核心成员和一些有能力的职业经理人。

比这种严格控制做法稍微向前迈进一步的是，家族企业转化为股权开放的现代公司，但家族保持一定比例的股份，同时努力实现公司管理权也在家族内代代相传，如菲亚特和美津浓。家族可能只持有20%到30%的股权，但依然保持对企业的控制。这样的企业遵守所有上市公司的基本规则，只是它的创始家族作为股东对公司重大的战略性问题和公司董事会的换届一直有一个积极甚至是决定性的影响。安杰利家族控制下的菲亚特是上市公司，并且目前只持有20%左右的股份。但是安杰利家族秉持其一贯的“绝不让菲亚特落入他人之手”的信念。乔万尼·安杰利一世的座右铭是：把我的事业延续下去，保护好遗产，挑选合适的人，率领家族进入下一代。实际控制着爱立信、阿里斯顿等全球著名公司的瑞典沃伦堡集团可以说是这方面的典范。

家族控制再宽松一点，也更常规且公平合理一些的做法是把家族股份传承和企业管理权传承分开安排，家族保持股份控制，企业实行职业化管理，如沃尔玛和欧莱雅。山姆·沃尔顿“与员工及家人双重合伙”的治理之道，和欧仁·舒莱尔“财产继承与企业管理分开安排”的传承之法，使“家族掌控之下职业经理人管理”的沃尔玛和欧莱雅，在作为行业领袖企业持续发展的同时，也给创始人家族继续创造着巨额的财富。与此类似，由于企业内部崇尚实力主义，丰田、佳能等公司创始家族的后人实际是竞争上岗的，企业管理权在职业经理人和家族后代之间往往是轮番交替。

再进一步的就是企业彻底走向股权分散化，家族对企业没有任何影响了，就像强生等等，美国的很多公司都是如此。

11.5.4　创始人离世之后：新的大股东或者是职业经理人

有些公司创始人和创始人家族自觉或被迫退出公司的话，公司的控制权则将流向大股东或者职业经理人，或者经由新的大股东之后再流向职业经理人，这主要取决于公司能否顺利地实现股权的高度分散化。

创始人离开之后，很快实现了股权分散化、职业经理人控制的有通用电气、雀巢、惠普、索尼、ASICS等公司。另外一些公司则是直接流向了新的大股东手里，如古奇和宝马等等。

能够实现股权分散化并成功建构起来一套职业经理人体制的公司虽然不少，但是规模已经大到难以有新的控制性大股东产生，或者公司已经做出了如通用电气和雀巢那样的一种坚持立足于高度分散的股东基础并从公司内部治理制度安排上做出了限制新大股东（控制性投票权）产生的战略性选择的公司，还是凤毛麟角。

有公司在经过了股权分散、经理人治理之后，因为业务发展不顺或公司陷入困境需要救助等原因，又重新回到了新的大股东控制模式，如西尔斯。王石在万科已经摆脱了原大股东控制，股权相当分散了之后，又自己主动选择了华润成为新的大股东，以背靠大树好乘凉。

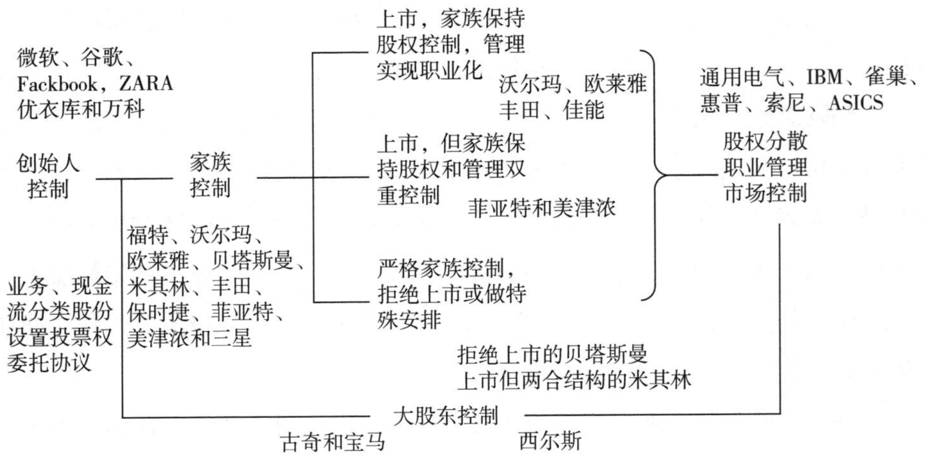

图11-8　公司控制模式的演化

11.5.5　欧莱雅的传承之法：财产继承与企业管理分开安排

欧仁·舒莱尔作为化学家发明了染发剂而成为了企业家。作为企业家，舒莱尔强调企业要在提高产量的同时提高工人的工资，可以说是“分享经济”思想的领先者，不过，他自己用的是“合理经济”这一概念。那么，对于他一手缔造的欧莱雅企业帝国的传承，他又认为如何安排才算“合理”呢？

舒莱尔从来没有想过把欧莱雅的大权交给他唯一的孩子——女儿利利亚娜，他明确表示：“我从来没有说过要取消遗产的继承。孩子们总是要继承遗产的，可他们不能继承管理。我再说一遍，将军的儿子不见得一定是将军，不要因为你是老板的孩子所以你就一定是老板。”

1957年，在他去世之前，舒莱尔选择了一位已经跟随他15年之久、1948年成为欧莱雅二把手的弗朗索瓦·达勒作为接班人。欧仁·舒莱尔甚至把达勒写进了他的遗嘱中：“我指定所有财产的遗赠承受人首先是我的女儿利利亚娜；假如我的女儿在我之前辞世，则为我的女婿安德烈·贝当古先生；假如我的女儿和女婿在我之前辞世，则为弗朗索瓦·达勒先生。”这时的利利亚娜35岁，她服从父亲的决定。在舒莱尔的葬礼上，欧莱雅财产权的继承人利利亚娜请欧莱雅企业管理权的“继承人”、其父亲指定的欧莱雅公司新总裁站在她的旁边。达勒回忆说：她“拿起我的手，一言不发，握在她的手中。我们之间的命运纽带就这样紧紧地连在一起了。”

利利亚娜在作为家族企业的欧莱雅组织中成长，也成为了她父亲思想和精神的继承者和维护者。作为欧莱雅的主要所有者、大股东，利利亚娜把企业管理的权力托付给了别人，却一直记挂着自己作为大股东的角色，妥善地行使其所有权的力量，关注而不具体介入、更不会无故干涉企业的管理和实际运作。利利亚娜·贝当古知道如何聚集一批杰出的管理人才，把父亲遗留下来的产业发展壮大。

股权稳定则公司稳定，管理层的权力交接也能顺畅进行。在103年的历史中，欧莱雅一直有一个大股东，而且一切事务的进展都是以此为前提的。即使在法国，这种大股东股权的持久性和公司自身管理人员的稳定性都是了不起的。在欧莱雅，权力的移交总是平稳地进行，不会引起任何波澜，并且掌权人能够长久地坐在权力的宝座上，带领欧莱雅进入到一个新的高度。除了创始人之外，欧莱雅只有过四位总裁：弗朗索瓦·达勒（1957～1984）、夏尔·兹维亚克（1984～1988）、林塞·欧文中（1988～2006）和保罗·阿贡（2006～）。他们都像创始人一样，在同一个企业里完成了自己的职业生涯。

11.6 出局还是转型：从夫妻店到公司

资本主义始于家庭。婚姻和夫妻关系是家庭的基础与核心，夫妻共同创建企业、共同在一个家族企业中工作是市场经济中十分普遍的现象。根据全美独立企业联合会的一项调查，2003年美国有120万家由夫妻共同经营的家族企业。

夫妻共同创业，成功之后分手，并非中国独有。思科是财富世界500强公司中最著名的由一对夫妻——Len Bosack和Sandy Lerne所创建的企业，这对夫妻创业成功之后分手并都离开了思科。卡巴斯基也是由一对夫妻——Eugene Kaspersky和Natalya Kaspersky所创建，这对夫妻虽然离婚了，但仍是商业伙伴，共同执掌公司。美国的思科，俄罗斯的卡巴斯基，其创始人夫妻婚姻的解体都没有影响企业发展。一样的夫妻分手，不一样的企业影响，出现这一差异的原因值得深思。

11.6.1 夫妻共同创建的高科技企业

Marvell Technology公司，企业和消费器件制造商，1995年由Sehat Sutardja和Weili Dai夫妇创建，他们二位是在加州伯克利大学相识的。该公司在全球共有5000名员工，每年生产10亿芯片，被广泛用于各种存储设备、移动电话、网络和消费电子产品中。Sutardja仍然担任CEO，Dai则是销售副总裁，并负责公司的通信和计算业务部门。

在为他丈夫Karl的制鞋公司开发出了运营自动化软件之后，Pamela Lopker于1979年创建了QAD ，一家企业资源计划软件公司。现在QAD专注于供应链协作，产品被90个国家的6000家制造企业采用。Pamela仍是总裁和董事长，Karl1981年加入公司Karl担任CEO，监管 QAD的业务和运营事务。

丈夫Charles Liang和妻子Sara Liu 1993年共同创建了Super Micro Computer公司，现在仍然掌管着这家位于加州的生产服务器、工作站和存储系统，雇佣1000名员工、年销售20亿美元的公司。Liang仍然是总裁、CEO兼董事长，Liu则是运营副总裁、司库和董事。

1998年，Diane Greene（CEO）、Mendel Rosenblum（首席科学家）和Greene的丈夫共同创建了Vmware软件公司，2004年被EMC收购，2008年解雇了Diane Greene。

Stewart Butterfield 和其妻子Caterina Fake于2004年共同创建了视频网站Flickr，2005年被雅虎以3500万美元收购，2008年夫妻二人离开公司。

11.6.2 卡巴斯基实验室：共同创业夫妻离婚后仍是商业伙伴

卡巴斯基实验室（Kaspersky Lab），由Eugene Kaspersky和Natalya Kaspersky夫妇于1997年在莫斯科共同创立。尽管二人已经离婚，但是两人仍是商业伙伴，并都在公司发挥关键作用。

Eugene毕业于俄罗斯密码—电信与计算机科学学院的数学工程专业。1989年他在自己的计算机上检测到Cascade病毒，从此开始从事计算机病毒研究。从1991年到1997年，Eugene就职于俄罗斯的大型计算机公司KAMI信息科技中心，带领一群助手开发AVP反病毒程序（AVP于2000年更名为卡巴斯基反病毒）。

Natalya Kaspersky1989年毕业于莫斯科电子工程学院应用数学专业。1994年Natalya加盟KAMI信息科技中心，任反病毒项目负责人。

1997年6月，独立的私人控股公司Kaspersky Lab正式成立。Natalya Kaspersky担任首席执行官，Eugene Kaspersky 主要负责反病毒研究工作。从2007年开始，Natalya Kaspersky担任董事长，Eugene Kaspersky担任董事和首席执行官。

11.6.3 配偶的角色与家族企业治理

家族要清晰界定和处理好所有权、公司治理和管理等三个领域的问题。所有权领域，由家族委员会代表。公司治理领域，由董事会代表。管理领域，由高级管理层和执行委员会代表。

家族企业需要建立董事会早已为人们所认识，并且基本是复制上市公司的模式。著名的家族企业问题专家越翰·沃德在其1988年的名著《保持家族企业健康》就强调了董事会的重要性。相比之下，对家族委员会的重视程度则要差得多。尽管专家们承认这一机构的重要性，但是对于其应该起到什么作用却没有清晰的认识。

仅仅设立一个机构，并不意味着其发挥作用。拥有一个治理机构，如董事会，是一件事，让其运作——在企业中发挥治理职能——是另一件事。太多的家族企业设立了董事会，但是并不发挥什么作用。

所有权不能完全表明家族企业的性质，配偶、父母、成年子女和其他亲戚经常起重要的决策作用。家族企业中，企业发展是和家庭财务紧密相连的，特别是在企业发展的早期。因为婚姻所内涵的经济联系，配偶成为家族企业一个关键的利害相关者。配偶支持是家族企业的竞争优势来源，有利于家族企业的成功。无论配偶是否直接参与企业活动，配偶支持、家庭关系等都会通过影响创业者的态度、资源和动机等而影响到企业绩效。配偶的倾听、出主意和提建议等会对企业主的决策质量起到重要影响。Poza and Messer区分了企业主妻子的六种角色：嫉妒的配偶，首席信任官，合作伙伴或共同创业者，副总裁，高级顾问，自由代理人。

研究显示，婚姻关系中，共同创业者之间要比双工资收入者之间明显地更缺少平等。即使夫妻可能共同拥有公司，共同领导公司，但是在共同创业者中还是存在着一种传统的劳动分工：女方通常承担更多的照顾孩子和家庭的责任。工作和家庭之间物理边界的缺乏，致使共同创业夫妻之间依赖于性别作一种概念性分界。有学者认为，这种性别角色状态可以解释为什么夫妻共创企业中有很多都无法传递到第二代，因为这种家庭中的孩子从小看到了太多的父母作为创始人和所有者的长时间辛苦劳作，从而产生了一种疏远效应。只有13%的家族企业是传递到了所有者经理人的后代手中。

除了配偶之间的交互动态影响之外，家庭和企业之间在财务上的重合对家族企业经营也起着重要作用。三分之二以上的家族企业，其家庭财务和企业财务之间是不可避免地纠结在一起的。处在农村和小城市的家族企业要比处在大城市的家族企业更有可能这样。家庭和企业之间财务资源的混合，并不一定是有积极效果或是没有成本的。一个可能的后果就是搞不清楚企业到底盈利多少，及企业的长期前景。

11.6.4 管理夫妻生意冲突

夫妻共同经营企业经常会面对比其他家族企业更为困窘的一些问题。与夫妻作为家族生意伙伴有关的挑战特别大，并会导致更紧张的关系，其部分原因是夫妻不仅要工作在一起，还要生活在一起。

Allen E. Fishman在《家族企业成功的9大要素》中，特别把“面对配偶作为事业伙伴的多重挑战”作为一大要素。另外八大要素是创造和分享个人使命感，雇佣和解雇家族成员，家族成员报酬，选择家族继任者，培养家族继任者，融合家族文化和公司愿景，招聘、留住和激励非家族成员职工，传递所有权。

夫妻作为企业合伙人共同创业者，面临着一组复合型的挑战。不确定性和对劳动分工、回报、权利和责任等之中不公平的关注常常带来危险。这些复杂和复合在一起的关系充满了那些需要合作的领域，而又没有足够的机会去分开解决它们。

共同创业者之间要有一个“冲突管理协议”，即使是夫妻，也应该如此。事先设定一些容易发生争议的事项的解决程序，可以有效避免争议之时无法达成和解，导致家庭和企业的双重分崩离析。以下是夫妻作为商业伙伴，容易发生的一些冲突事项及其解决建议。

第一，夫妻共同经营家族企业，必须就企业的长远目标达成一致理解，最好能形成一个清晰的书面文件，否则极容易出现发展愿景冲突。一个想做大，另一个不这么想。一位想借钱扩展生意，另一位不愿意冒险。想发展的一方要以家庭财产做抵押借贷，不愿意冒险的一方拒绝签字，家庭生活便也起了阴影。

第二，即使夫妻双方股权上是平等的，也很难在实际管理上完全平等。生意开始几年之后，某一位感觉自己更有经验了，问题就会产生。夫妻之间要明确在工作中到底谁是老板，谁拥有最后的决定权。双方都要专注于自己擅长的领域，避免职责重叠，每位都要有一个职责描述和头衔，并且他们之间要有清晰的汇报线路。不管法律上的所有权是什么样的，一旦夫妻都在企业工作，就需要明确哪一位在哪一些具体领域拥有权威，并对雇员表述清楚夫妻各自的业务职责领域。否则，雇员会认为，跟夫妻中的一位说了就等于跟他们两位都说了，结果可能该了解这一情况的那位并没有了解到。工作环境中，必须永远是开诚布公和稳妥地相互沟通。不要将生活中的相互不满情绪渗入到工作中去。丈夫在工作中还是像在家庭中那样的口气对妻子说话，妻子觉得有损她在雇员中的尊严。作为商业伙伴，要企业里明确地互相支持。显示这种支持的最有力的方式就是在员工面前互相认可与赞赏。

第三，不要让生意取代婚姻占据了双方关系的中心位置。夫妻两个看着同样的人，开着同样的会议，处理着同样的事务，甚至听着同样的笑话，并在上下班的车里听着同样的电台。当不想让工作进入生活时，除了孩子，已经没有什么可谈的。孩子上大学离家之后，连这个都没有了。一些生意上发生的负面影响带到到家庭生活中来，人会不堪重负。夫妻生意伙伴要有一个时间分配计划：作为夫妻的时间和工作时间。需要尽可能地把工作放在单位，并一定要拿出时间来一起做一些无关生意的事情。夫妻双方也都要有个人独处时间，下班之后可以先各自有点儿单独活动，或者各自单独驾车上下班。各自开车浪费油钱，却有利于婚姻。

第四，如果有不同婚姻所生子女加入，会带来更为复杂的“他的，她的，和我们的”问题。非双方共同子女进入企业，要与双方共同子女得到同等对待。慎重决策是否允许孩子的配偶加入公司，如果允许，应该避免让孩子和其配偶在一起工作。如果要让一位家族成员离开公司，必须认真考虑配偶的感受——老爸要解雇不称职的儿子，老妈要坚决维护儿子。解决这类问题的一个原则是企业主要对家庭成员明确说，“当你走进公司的大门，我就不再是你的丈夫、父亲或岳父，我只是你的老板。”

第五，对于配偶也要制定清晰的岗位职责标准。解聘家族成员已经是一个困难的事情，解聘配偶更难了。如果配偶当初帮助创立企业，则是难上加难。如果夫妻一方不再适合企业， 需要采取方法帮助他或她在家族企业之外找到一种新的开始，一个新的天地。

11.7 日本企业的家族传承与职业管理

11.7.1 丰田和佳能的共生型治理

“共生”，一个日本特有的概念，不仅体现在日本人的园艺和审美情趣之中，也体现在日本企业的管理和公司治理理念之中。这一理念对美国很多著名企业家也都有影响。惠普公司的办公楼前就立有一块“共生”二字的石碑。日本公司中，丰田和佳能可谓是“共生型治理”的典范。

丰田家族只持有2%左右的丰田汽车公司股份，与菲亚特和福特等相比，丰田汽车创始人家族对企业的控制要弱很多。从丰田汽车的管理层传递过程来看，丰田家族人员对丰田汽车公司一直以来也都有着重要的影响，但是按资历和能者上的机制都要更明显一些。

自1937年正式创立以来，丰田汽车公司的十一任总裁中有6位丰田家族人和5位外姓人，形成了一种交替：家族人（1937到1950年，两任）——外姓人（1950年到1967年，两任）——家族人（1967年到1995年，三任）——外姓人三任（1995年到2009年，两任）——家族人（2009年开始）的五个阶段。

作为一个企业名称，丰田早已经不是一个家族企业了，但是作为一个姓氏，丰田则依然是世界著名的企业家族。职业管理使丰田不再是一个家族企业，但是几个世代下来一直保持着的与其企业之间的密切联系，使丰田家族仍旧是一个企业家族。

佳能强调实力主义（不讲究学历）和新家族主义。佳能有劳动者财产形成制度、持股制度等等一系列职工福利保障制度。佳能不仅仅是使用职工，而且是与职工一起创造美好的公司。用御手洗毅的话说是“喜悦也好悲伤也好，一起同甘共苦”。佳能从1950年10月开始，实行了将利润对资本、经营和劳动三方（各占三分之一）进行分配的三分配制度。从1960年开始，探索缩短职工工作时间的方法，1966年开始完全实行每周五天工作制，这在日本企业中是很领先的（当时有松下电器也实行了五天工作制），甚至受到了日本经济联合会的批评。佳能倡导“三自”精神，自发、自治和自觉。1977年佳能调其美国公司经理回日本就任销售公司时，御手洗毅说，“委任你做这项工作，什么都不用说了，赶快上任去吧。”在佳能法国公司遇到一件难事犹豫不决时，御手洗毅说“按照你的自信去做”。

1974年，由于石油危机的冲击，佳能照相机出口减少，以及开发台式电子计算器项目的失败，73岁的御手洗毅引咎辞去社长职务，提名前田武男（1962年任专务，1966年任副社长）担任社长，自己就任会长。但是御手洗毅和前田都有代表权。御手洗毅表示，“我自己有30多年的经验，能从最高点，也能从侧面对今后以社长为中心的一切业务提出各种各样的建议。今后，会长作为董事会的主席，主宰公司方针的决定、董事的任免。在对外方面，就股东和股份问题以及财务对策等也要由会长决定。”御手洗毅于1984年10月10日因肺炎辞世。

1993年，御手洗毅的长子御手洗肇，经过在佳能公司近二十年的历练之后出任了佳能第五任社长。1995年8月31日，56岁的御手洗肇因肺炎病逝，董事会决定由当时59岁的副社长御手洗富士夫就任佳能第6代社长。御手洗富士夫是御手洗毅的侄子，御手洗肇的堂兄。

佳能和丰田一样，创始家族对企业一直有着影响，但不是仅仅凭借股权的一种控制，而是从创始人与其创业元老及公司员工之间的一种共生关系，演化为了创始人家族与企业之间的一种共生关系。股权有继承，职位没继承，家族后代也和职业经理人一样，遵循凭能力和业绩“竞争上岗”的原则。

11.7.2 家族控制的美津浓与去家族化的ASICS

美津浓和ASICS是日本的两个世界著名运动品牌。同一个行业的这两个日本企业之间，在治理模式上可谓是日本企业中家族控制和职业管理两个极端的代表。美津浓已经保持了四代的家族控制，家族人员直接参与管理，ASICS则是在创始人去世之后就走上完全的职业化管理之路。

ASICS公司的主要前身是1949年创立的鬼塚公司，1978年与另外两家体育用品公司合并成为了ASICS公司。1987年和1989年，三位创始人中的两位，都是自创建以来一直担任公司副社长的寺西光治和舀井一马，相继去世。灵魂人物鬼塚喜八郎还健在，并仍在担任社长，但要开始考虑接班人的问题了。1992年，鬼塚喜八郎辞去已经担任了15年的社长职务，退居二线，担任会长（董事长），直到2007年9月去世（享年90岁）。

在经过15年时间的创始人担任社长、直接管理之后，又经过了16年的创始人任会长、职业经理人任社长状态，ASICS最终于2008年开始了完全的职业经理人控制和管理公司阶段。ASICS能够随着创始人的离去而平稳过渡到职业化管理时代，与其核心创始人鬼塚喜八郎的管理理念是分不开的。早在1959年，鬼塚公司创立十周年时，就开始进行了去家族化改造，向员工发行股份，员工持股比例达到70%，并提出了“劳动和资本一体化经营的命运共同体理念”。

美津浓创始人水野利八，从1906年到1969年，从创立到企业上市和分享股权，在位63年。创始人的儿子水野健三郎，从1969年到1988年，在位19年，领导美津浓成功进行了国际化。第三代水野正人（1998年到2006年）和水野明人（2006年开始），创始人的孙子，领导了美津浓的全球化时代。公司董事会中已经有了下一代的水野家人——水野英人。

为了保持稳固的家族控制和代际传承，美津浓的股权分散进程相对缓慢。前10大股东中，有美津浓运动振兴财团、美津浓公司（自持股份）和美津浓员工持股会。由水野家族捐赠美津浓公司股票创建的水野（美津浓）运动振兴财团，是水野家族对美津浓公司股权控制力的主要来源。

一百多年历史的美津浓没有像六十多年历史的ASICS那样在管理上实现去家族化，同时在股权分散和股东分布上，也就没有ASICS那样的彻底和广泛。美津浓第一大股东持股16.3%，而ASICS第一大股东持股只有4.3%。美津浓只在日本国内的两个证券交易所上市，外国投资者持股20.89%；ASICS则是同时在日本国内和海外的多家证券交易所上市，外国投资者持股37.05%。

11.7.3　信任、授权和放手的力量

松下幸之助被誉为日本经营之神，他的经营理念在日本、中国以至世界范围内的影响，都要远远大于松下公司的影响。在放弃家族传承，启用职业经理人领导公司方面，松下幸之助也是一位先驱者。

松下幸之助只有一个女儿，没有亲生儿子，其接班人松下正治（本姓平田）是女婿，收为养子后改姓松下。找个有能力的女婿收为养子改姓接班，是传统日本家族企业中常见的一种做法，有时即使有亲生儿子，也会这么做。儿子是天定的，可能能力不足、兴趣不足，或者年龄不够等等因素而不适合直接接班，女婿则可以广泛地“择优录用”，有时就是其经营中的重要助手。三井集团的历史传承中，“三井的女儿”就起着重要的作用。丰田佐吉也是将其纺织帝国交给了女婿——养子丰田利三郎，而没有交给自己的亲生儿子丰田喜一郎。丰田喜一郎是从丰田自动织机公司的汽车事业部开始创建起来丰田汽车帝国的。

1961年松下幸之助辞去社长职务（总裁），只任会长（董事长），松下正治接任了社长职务。松下幸之助担任会长到1973年7月，此后担任董事会顾

问，到1989年4月27日去世。1977年，松下幸之助放弃家族传承思想，没有选择此前一直作为第三代接班人培养的松下正幸（1946年出生，松下正治的长子），而是选择了山下俊彦出任松下第三任社长。1986年，山下俊彦转任会长，谷井昭雄出任社长，松下电器的会长和社长两个最高职务都开始由外姓和职业经理人担任了。

股权高度分散之下，优秀的经理人成就伟业需要有效资本市场和良好公司治理系统的约束与支持；股权不够分散，还有大股东、控股家族甚至创始人存在的情况下，优秀的经理人能否成就伟业还要取决于“老板”的眼光与胸怀。有些日本企业，没有像松下这样完全放弃家族传承，而是保持家族传承，但在公司管理上给予职业经理人以充分信任和完全授权，使职业经理人能够近似于美国公司经理人那样主导公司大展雄图。

伊藤洋华堂（Ito-Yokado）的老板伊藤雅俊任用铃木敏文，发展出来了一个日本第一、世界第五大的流通和零售企业集团7&I集团（旗下有华堂商场、7-11连锁店、千僖零售、崇光百货和西武百货等），可以说是与老沃森缔造IBM一样的职业经理人成就公司伟业的故事。

铃木敏文自我评价道，“想说就说，想做就做，可能我这样的人在其他人手下做事，不出三天就会被解雇。”但是，他却在伊藤雅俊手下与其携手走过了半个世纪，做出了创建7-11和组建7&I这等大事业，这与公司创始人和老板伊藤雅俊的胸怀与雅量是分不开的。伊藤雅俊本人处世甚是谨慎，但是在他充分了解和理解了铃木敏文的那些大胆想法之后，都会放手让他去做。

第12章

银行和集团企业的董事会与公司治理

组织控制体系不同于独立企业的集团企业，从事特殊业务的银行业作为公司制企业，它们都要遵守一些共性的公司治理规则与标准，但是又各自面临着一些不同性质、各具特色的公司治理问题。

12.1 银行业的公司治理

银行是一种特殊的企业。即使在美国这样完全的自由企业制度之下，按普通公司法注册的公司，什么业务都可以做，但就是不能做银行业务。

银行业的公司治理，不仅事关银行自身的问题，还事关整个经济金融体系和公司治理体系的问题。

12.1.1 银行股东与董事的特殊责任与银行高管持股

在公司治理问题上，银行是与一般企业不同的。导致这种不同的一个重要原因是银行的“流动性提供者角色”（ The Liquidity Production Role ）。银行只有相对很少的股权资本，通常是90%的债务资金；银行资产和债务之间时间期限上的高度不匹配，债务是应约而取的储蓄存款而资产是长期性的贷款。通过持有流动性的资产和发行流动性的债务，银行为经济体系创造了流动性。但是这一职能也带来了一种“囚徒的困境”和存款者的集体行动问题：银行不能同时满足所有提款者的要求。

银行股东一方面比一般企业股东享有更高的财务杠杆，可以以更少的自有资本控制更多的“他人之钱”，另一方面又缺乏一般公司股东利用“有限责任”过度冒险的行为会受到的来自其他固定收益权益持有人的抑制（包括公司管理层以及作为债权人的银行）。银行的这种特殊性导致其比一般企业有更高的道德风险（Moral Hazard），更强烈的风险偏好行为，因此主要发达国家对银行的股东、董事和高管都有着远比一般公司更高的责任标准要求。这种更高的责任标准要求主要表现在两个方面：银行股东的双倍有限责任制度和银行董事及高管的更高勤勉义务标准。

银行股东的双倍有限责任制度

为了控制银行股东的“道德风险”和过度冒险行为，美国历史上实施了一百多年的银行股东双倍甚至多倍有限责任制度。尽管由于其资本市场的高度发达、银行公司股权的高度分散等等原因，美国今天已经不再实行这一制度，但是对于目前刚刚开始向民营资本开放和进行股权多元化的中国银行业来说，这一历史上的做法，也许比其当今的许多做法，更有借鉴意义。

从19世纪前半期开始，美国许多州的法律，给银行股东施加双倍或者三倍责任，要求股东在银行破产时再付出与他们初始投资一样或者二倍的资金。1863年的美国国民银行法（National Banking Act of 1863），采纳了州法的这类条款：“每位股东在要其已投入资本之外，再承担与其所持有的股份面值相应的责任。”1864年增加了一条：股东们的这种责任是“平等，可计量，各自的”，也就是没有连带责任。这种规则安排导致银行股东要比只承担投入资本损失（就是我们通常所说的有限责任——股东以投资额为限对公司债务承担责任）的普通公司股东承担更大的责任。其目的就是防止银行的股东和董事从事过分冒险的运营，给予银行的债权人（储户）以比股东股本更多一点的东西做支撑。

1929～1933年的银行倒闭浪潮，导致这一双倍责任制度的“过重压力”，以至最终被放弃。原因是要追究大量的股东，并且他们很多已经处在严重的财务困境之中。1923～1929年间的经济繁荣使银行股份快速地在公众之中分散，这意味着其中很多人与失败的银行没有“内部人关系”，无论是家族关系，还是雇佣关系。很多在繁荣时期购买银行股份的人，没有认真地考虑过银行倒闭会带给他们潜在责任。这些因素导致反对双倍责任条款的政治呼声越来越大。1936年一位学者指出，双倍责任“非常有效地让很多并没有参与到银行的管理和控制中去的无辜的股东们破产”。到了1944年，当最高法院支持对一家因为附属银行破产而其控股公司的股东承担双倍责任的判处时，遭遇了大众媒体的广泛责难——而如果是在20年前则会受到广泛赞誉。支持取消双倍责任规则的理由是这样一种共识：双倍责任没有达到其预期目的。尽管有双倍责任，但是成千的银行倒闭，国家陷入空前的经济灾难。双倍责任尽管有着悠久的传统，看来还是不足以作为保护存款公众的有效手段。导致双倍责任规则废除的决定性因素是根据《1933年银行法》建立的联邦存款保险制度。当时，大多数人认为，存款保险制度是远比双倍责任制度有效的解决银行系统问题的药方。

1933年国会对新发行的国民银行股份废止了双倍责任规则。1935年开始，所有的国民银行股份，如果银行提前6个月公告终止，则可以废除双倍责任。到1953年，将近5000家国民银行中，除了25家之外，都发布了所要求的公告，选择废止双倍责任。国会废止了这极少数保留者的双倍责任，将近90年历史的国民银行的双倍责任制度寿终正寝。

银行董事与高管的更高勤勉义务标准

在废止银行股东多倍有限责任制度，代之以存款保险制度的同时，对银行董事和高管采用比一般公司更高、更严、更宽的勤勉义务标准这一抑制银行道德风险和冒险行为、完善银行公司治理的做法却得到了加强。

美国一般公司董事和高管纯粹因为勤勉义务而被追究责任的案例直到今日都很少，而确立银行董事“勤勉义务” 民事责任的第一案是1891年的Briggs诉 Spaulding。Briggs，布法罗第一国民银行（First National Bank of Buffalo）的总裁，因为给他自己、家族成员及缺乏信用的第三方提供非法和不良贷款，致使银行破产。该银行的董事“没有对银行的管理尽心”，只是依赖总裁来执行和管理银行事务。经理和董事的错误行为以及没有“忠实和勤勉地履行他们的职责”给银行带来损失，他们因此而被起诉。在确定银行董事的“勤勉”标准上，法院认为，“董事在对银行事务的管理中必须尽到正常的勤勉和谨慎”，这要求“远远超过作为一个象征性的首脑”。Briggs案确立了“联邦注册和联邦保险的存款机构的董事‘失职’的联邦法律标准”。

此案之后，有关银行董事勤勉责任的案件出现了一个轮回模式。在银行破产很多的时期，或紧随其后，法院常常提高银行董事勤勉职责的标准，并相应降低“商业判断准则”的作用。此时，法院会放弃在有关普通公司董事勤勉责任案件中只看决策制定过程应用商业判断准则的一般做法，代之以看决策的实质内容和其导致的结果。1940年的Litwin v Allen一案，表明了法院对银行董事持有比非银行董事更高的勤勉责任标准。该案涉及的是股东对“担保信托公司”及其全资下属机构纽约担保公司董事们的衍生诉讼。该案中的问题在该银行与Alleghany Corporation间所进行的一系列的回购交易中董事是否违背了银行董事的勤勉职责。法院认为，对银行董事的勤勉职责要求要比对普通公司董事更为严格，因为银行要服务于公众利益，而不仅仅是其股东的利益。法院是以“适度谨慎的银行家（Reasonably Prudent Bankers）”这一标准来衡量董事的勤勉职责履行情况的。法院认定“与谨慎的银行行为相比，这项交易是如此缺乏远见、如此充满风险、如此非比寻常和没有必要”。据此判处该银行董事们承担个人责任。

1980年代中期大量的银行和储蓄与贷款协会倒闭，又使对银行董事的勤勉责任执行了更高的标准。700多家储蓄与贷款协会和300多家银行倒闭，导致美国纳税人损失上千亿美金。有上百件银行和储贷机构董事高管被诉案件，1300多人被控告，其中绝大多数被判有罪。这些案件中大多数的控诉主张是因为在一些不良贷款行为中董事们违背了其勤勉职责。期间一个有趣的现象是，联邦政府努力提高银行董事的压力，以尽力从广泛的金融机构倒闭中追回一些损失，许多州立法机构却通过了尽力保护董事免于个人责任的法规。一些州法只对故意、有意和荒谬性的行为追究个人责任。

为了加强对欺诈或损害存款机构和存款人行为的民事和刑事法律制裁，以及提高联邦储蓄机构监管部门的执行力，美国国会在《1989年金融机构改革、复兴和实施法案》（FIRREA）中创立了联邦保险和注册的存款机构统一的董事勤勉职责标准。被保险存款机构的董事或经理，应对任何民事诉讼中的货币损失承担个人责任，包括由公司、代表公司或者在公司的要求或指令下提起的诉讼，这一诉讼可以是完全或者部分地为了公司的利益，针对“总体性失察”

（Gross Negligence），包括任何类似行为，或者显示出（比总体性失察）更大程度地未尽到勤勉责任的行为，包括故意扭曲行为。

在提交董事会决策的事项上，董事有考虑其决策对银行安全和稳健的影响的法律责任。这包括：是否会削弱银行支付其正常到期债务的能力，是否明显增加银行的风险（以投资回报的变异度来衡量），明显降低银行的资本基础（基于风险计算和杠杆测试两种方式衡量）。银行很少会像其他企业一样的方式面临流动性削弱状态，因为银行可以吸引新的存款人而获取现金。这使银行常常可以在直到其被监管部门关闭前，都可以偿付他们的债务。因此，银行董事会行为对银行负债比例、风险和收支平衡能力等的影响要比其对流动性的影响更为重要。在银行业，保护固定权益者利益的需要更为意义深远。比如：如果在分红则不能保证正常到期债务的偿还的情况下，则不能分红；如果实际分红了，董事们则要对分出的金额承担个人责任。

中国对既是股东又是董事的银行高管：如何治理，谁来治理?

2007年中，从宁波银行、南京银行和北京银行等开始的银行高管和员工持股，曾经闹得沸沸扬扬。一年后，由此产生的各种纷争，如内退职工是否应该纳入持股员工范围，离职员工的股权转让处理，高管的资金来源和持股途径是否规范合理、持股价格是否公平，高管是否是在上市前不太长的时间段内不公平购股从而“掠夺了”以IPO价购股的公众股东的利益等等尚未停息。2008年7月21日，宁波银行6.03亿限售股已经正式解冻，其中包括988名宁波银行员工持有的约4亿股权，除涉及法律纠纷的部分股权仍处冻结状态外，巨额的账面财富已经可以落袋为安。

健全公司治理是正确运用股权激励的前提条件，缺乏对银行公司治理问题的认识，也就不能对银行高管实施真正有效的股权激励措施。中国在既没有类似美国历史上的银行股东双倍责任制度，也没有美国现代的联邦存款保险制度的情况下，出现高管高比例持股的商业银行，如何抑制其过高的道德风险和过度的冒险行为，保护银行债权人——储户的存款安全和维护金融体系的稳定?中国目前有关普通公司董事的法律责任制度也还有欠缺、司法力度非常低下，更别说是要对银行董事和高管执行比普通公司董事和高管更高的勤勉义务标准了。高比例持股的银行高管，既是股东又是董事，再加上接近于全员程度的员工持股，谁来抑制、如何抑制他们“利益一致”地拿储户的钱去豪赌？如果不能及时有效地健全有关银行的治理机制，这会不会是给整个金融体系埋下了一种炸弹？

12.1.2　花旗集团的组织架构与公司治理准则

我们前面介绍了很多花旗集团董事会及其委员会方面的情况。现在对花旗集团的组织架构和公司治理原则作一介绍。一方面是让我们对这种美国式集团公司——集团总部本身是上市公司，下属企业不再进行股权多元化，从而有利于公司治理和战略管理——有个进一步的了解；另一方面是为那些正在明里暗里地积极向金融控股集团迈进的中国金融企业和那些正摩拳擦掌向金融领域进军的实业公司提供一种借鉴。

花旗集团的公司治理准则

2002年以来，花旗集团采取了一系列的改进公司治理的具体措施。其中包括在其公司层及每一个业务单位层面成立了经营行为委员会（Business Practices Committee），以帮助确保其公司高管人员能够定期地仔细审查公司的产品和经营行为，公司政策是否适当，以及公司的基本价值观是否在整个组织的每一个层面都得到了强调。公司董事会也正式制定了七页长度的花旗集团公司治理准则。

从公布公司治理准则的角度看，花旗集团不是领先者。通用汽车公司早在1993年就公布了其董事会关于公司治理的指导原则。中国也已经有一些公司公布了其公司治理准则。山东胜利股份公司治理原则的制定曾引起广泛关注。题为“责任、透明、诚信”的浙江沪杭甬高速的公司治理原则长达一万多字，并且附带了董事行为守则、董事会自我评估问卷表、董事评估表等内容。

花旗集团公司治理准则的主要内容包括：使命、董事会、董事会成员的数量和选聘、董事的独立性和资质、股票所有权承诺、从董事会退休、董事会绩效评估/任期限制、董事会会议、年度战略评估、沟通、董事会委员会、董事与高层经理的联系、董事薪酬、董事的培训和持续教育、首席执行官绩效、继任计划、公司行为守则和金融职业伦理守则、内幕交易、股票期权、与董事的交易、向董事的贷款和向经理人的贷款等。

花旗集团公司治理的使命是要追求最高的伦理行为标准，信守承诺，准确和透明地报告经营结果，与规制公司业务的法律、条例和监管规则保持最大程度的一致。这些可能是每一个公司有关其公司治理的公开宣言中都会讲到的，没有什么特别之处。值得我们给予关注的是有什么具体的制度安排来保证做到这些。

董事会的基本职责就是为了股东的利益并且要兼顾其他各种利害相关者的利益而对公司事务提供有效的治理。像花旗集团这样的跨国公司，股东之外的公司利害相关者包括全球范围内公司顾客、雇员、供应商和当地社区。

花旗集团的组织架构

为了财务报告和内部运营管理的方便，整个花旗集团又划分为五个下属集团或部（英文原文仍然用的是Group一词）：花旗集团全球消费者集团（Citigroup Global Consumer Group）、花旗集团全球公司和投资银行（Citigroup’s global corporate and investment bank）、花旗集团全球投资管理（Citigroup Global Investment Management）、花旗集团国际（Citigroup International）和史密斯伯尼（Smith Barney）。

花旗集团全球消费者集团的主要业务是金融服务，包括银行服务、信用卡、贷款和保险等等。花旗银行服务（Citibanking）面向个人消费者和年销售额在1000万美金以下的小企业提供银行、借贷和投资服务。花旗信用卡服务（Citicards）提供包括万事达、维萨和花旗私有品牌的信用卡和支付卡服务。花旗资本服务（CitiCapital）提供卡车、建筑设备、卫生设备和办公设备等的融资服务，还包括连锁经营和市政建设的融资服务等。花旗财务服务（CitiFinancial）在北美、欧洲和日本提供消费者融资和以社区为基础的借贷服务。

花旗集团全球公司和投资银行已经成为一个能够在全球范围内满足企业、政府和机构投资者及个人投资者的各种金融服务需求的组织。花旗全球股权证券服务（Global Equities）为企业和机构投资者提供股权销售和交易平台，拥有全美第二大股权证券的零售经纪网络。花旗固定收入证券服务（Global Fixed Income）包括各种债券的承销、销售和交易，包括资产支持证券、抵押证券、辛迪加贷款、结构融资，也包括外汇和期货业务。花旗全球投资银行和全球关系银行服务（Relationship Banking）为顶尖企业、金融机构和政府提供定制和独特的解决方案，包括有关收购、合并、分立、财务重组、贷款、外汇、现金管理、股权及债权和衍生证券的承销与分销等多方面的战略和财务顾问服务。花旗全球证券服务（Global Securities Services）是在全球范围内为那些领先的投资者和发行人提供跨国境的交易服务，包括托管、信托和安全保护等各个方面。

花旗集团现金、交易和司库服务为公司、金融机构、中介机构和政府提供一个整合性的现金管理、贸易融资和电子商务解决方案。基于互联网的现金管理、电子采购和支付、供应商融资解决方案，可以为助力客户重组其应收和应付款流程，更紧密地整合供应链，更有效地管理营运资本。

斯密斯伯尼（Smith Barney）是花旗集团旗下的一个私人财富管理和股权研究机构。为高净值的投资者、机构、公司、私人企业和政府基金提供综合性的财务计划和咨询服务。在全球拥有300多个研究分析师、接近12400个财务顾问和约500个办公点。斯密斯伯尼提供全系列的投资服务，包括资产配置、私人投资和借贷服务、对冲基金、现金和资产组合管理，以及退休、教育和不动产计划。

花旗集团全球投资管理包括资产管理、私人银行和退休服务等业务。花旗资产管理为各类投资者提供投资管理及其相关服务，包括全球范围内的从初级投资者到富裕的个人和大机构，公共机构和私人机构都在内。

花旗集团国际业务主要是通过花旗银行在全球100多个国家提供金融服务，可以为客户提供个性化服务和本地银行的优势，同时全球化的平台可以持续地为其快速提供新型和创新性产品，并可以使其成本更低。

作为全球最大的金融服务企业，花旗集团已经形成了一种产品驱动、地域驱动和客户导向三种模式混合一体的非常复杂的集团组织结构。对于大量刚刚开始从单一业务型企业走向多元化和多部门化企业集团的中国公司来讲，如何有效地进行部门化和集团运作是一个具有很高难度的课题。即使是中国几家规模庞大的金融集团，因为业务的复杂程度和集团化管理的水平等等方面都还有很大的差距，也难于直接照搬花旗集团的组织结构模式。这种高度复杂的混合型的组织结构在很大程度上是随着公司战略成型和业务发展而自然演化出来的。

做大做强主业，成为一个优秀的单一业务公司是企业经营必修的第一课。在此基础上，根据产品特性决定走产品驱动的组织结构发展模式还是地域驱动的组织结构发展模式。有了产品或地区划分的集团运作经验之后，组织结构进一步演化的路径则是或者先产品驱动再地域驱动或者先地狱驱动再产品驱动。最后随着业务的成熟和竞争的加剧，引进客户导向的组织结构因素，就会自然形成一个最适合和适用的混合型集团组织结构模式。

12.1.3 广发重组：别再不把银行当企业

2006年12月19日，花旗集团辛迈豪任行长，广发行重组正式落下帷幕。在放开控股比例限制和拥有人事权的条件下，巨额不良资产缠身的广发行可以成为三大财团挣抢的香饽饽，这一点就已经反映出了在今天的中国，如果能真正把银行作为企业来经营，会有多大的价值创造空间。

广发行重组中的种种现象告诉我们，中国的市场经济发展到今天，已经不能再不把银行当作真正的企业了。如果还不能从政府根源上，还银行作为企业的本来面目，广发行的今天就是整个中国银行业的明天。只要简单地观察一下中国目前的金融—产业关系，就可以看出其中存在着多么巨大和扭曲的不平衡关系。

任何一个发达国家甚至那些新兴市场经济国家，都没有像中国目前这样，实业领域里基本没有什么真正有实力的国际水准的大企业，大量的中小企业之间进行着高度甚至是过度的竞争。而金融领域里，却是数量极其有限的银行，基本没有真正的市场竞争地进行着画地为牢似的经营。除了一些基础设施和资源性产业由国有大企业垄断性经营的领域外，已经号称成为“世界工厂”的中国制造和加工业领域里，可以说是在基本没有有效金融系统支撑的情况下发展起来的。

四大银行吸收储蓄机构遍布全国，但是贷款决策权力高度集中，体制决定着没有能力为一些地方性的企业提供融资服务。尤其是中西部地区，基本是被这种金融体系把资金抽走到了发达地区。四大银行作为企业，“嫌贫爱富”是无可指责的，甚至可以说还做得远远不够。国际货币基金组织的一份最新研究报告就指出，中国的四大商业银行还没有真正地“商业化运作”，它们在一些利润率更高、强赢利能力企业更多的省份，贷款份额在下降，在将市场份额拱手让给其他金融机构。

中央政府没有把四大商业银行真正当作企业对待的同时，地方政府也是照此办理，强大的各种形式的干预把那些起源于地方的本可以更为市场化运作的银行演变成了地方政府的“第二财政机构”，广发行就是一个这样的典型。

解决问题的办法不是政府干预银行经营，而是放开金融领域，解除过度的金融管制。银行业有其一定的特殊性，正如电信、航空、电力等等也都有其特殊性一样。但是不能因这种特殊性而过度监管，而否定其作为一个产业的一般性。银行机构是一种有一定特殊性的企业，但它也必须要是一个企业，要真正按照企业的规则来运作。

什么是银行业的市场规则？就中国这么广阔的地域、这么多人口、各地区差异这么大的一个国家来说，有个几千家甚至几万家银行恐怕也算不上多。只有充分自由地发展地方性和中小型的银行，才会有一个真正竞争性的银行业，也才会真正有市场竞争力的大银行成长起来。

什么是银行经营的企业规则？现代企业制度，这说起来可能谁都知道。可是为什么中国的银行就做不到呢？为什么就一定要绕个道，请洋人来入股，才能健全公司治理结构？我真是不理解我们为什么就不能自己去建立竞争规则，去按现代企业制度运作？也许没有什么是比“通过引进外资来健全银行的公司治理结构”这种说法和做法更为可笑了。

保护肯定不是壮大某一民族产业的良好做法，世贸规则也使我们日益难于实行。但是合资也肯定不是能够真正壮大任何一个民族产业的有效做法。中国的汽车业已经十分明确地给出了我们结论。如果是继续抑制民间金融，同时拱手迎接外资，那么中国的银行业以至整个经济体系的未来都令人堪忧。

12.2 民生银行：离董事会中心治理还有多远

12.2.1 重现单一优势股东，股权分散之路终止？

经过二十年的发展，中国民生银行已跻身全球50大银行之列。这家1996年时由59家股东（48家为民营）发起成立的中国第一家民营银行，一直以来坚持股权分散，第一大股东新希望集团的持股从未超过10%。从这一角度看，中国民生银行正在走上一条“股权分散、董事会主导、经理人管理”的现代公司治理之路。但是安邦保险集团以近20%的股份比例成为具有明显股权优势的新第一大股东之后，中国民生银行的公司治理之路会走向何方？

虽然从总体和长期趋势上来来说，现代公司治理模式的发展是从股权集中向股权分散发展，但是也不乏公司股权再集中化的案例。福特汽车公司1903年成立时是有12名股东、亨利·福特本人持股25.5%的股权相对分散的朋友合伙式企业，经过1906年的第一次股权收购变成了福特本人持股58.5%的个人绝对控股企业，又于1919年最终变成了福特本人持股58.5%、儿子持股41.5%、父子完全拥有的家族企业。

发达国家20世纪公司发展的主流模式是，创始人（股东—经理人）让位给投资人和职业经理人，生成了一批股权高度分散、缺乏核心人物掌舵的企业。这给21世纪的一种公司发展新模式提供了机遇：投资人入主那些业绩不佳、股价低迷的股权高度分散企业，进行管理和业务整合，并成为新型的股东—经理人。2005年，高盛出身的兰伯特作为对冲基金经理和投资人，推动凯玛特和西尔斯—罗巴克的合并为西尔斯控股公司，出任董事会主席掌控公司，聘请职业经理人打理公司。但是，2013年兰伯特进一步任职到了经理层，董事会主席兼首席执行官，本来要保持距离的投资人变成了所有权与经营权融合的股东—经理人。

安邦进入民生银行，不太可能是只想做个不介入民生银行管理层面的财务投资人。即使是真如安邦对外公开宣称的那样，只是做个财务投资人，不介入民生银行的业务管理层面，安邦如此强势进入，也必定是个积极投资者，会积极介入并主导民生银行的公司治理走向。安邦作为强势的积极投资者的进入，会使民生银行的公司治理从关键人主导阶段发展到股东和投资者主导的阶段：货币开始说话。

中国民生银行出现目前这种公司治理模式发展状态（从股权分散回归单一优势股东），与万科的公司治理模式发展很类似，差别只是万科是主动选择，而民生银行是被动接受。早年万科通过股改、公开发行股份和多次扩股，把第一大股东的持股比例降到了8.11%。但是君安争夺控制权事件，及与那些因得到大股东荫蔽而轻松运作的上市公司对比，让摆脱了大股东控制的王石，又想寻找大股东支持。2000年华润成为了万科的“单一优势股东”，万科的公司治理模式演变方向也从股权逐步分散下的创始人控制模式转变为股权重新集中的单一优势股东模式。

相比之下，中国民生银行在结束了关键人控制的同时，又出现了并非其主动选择的新的单一优势股东，这使其在公司治理选择上要比万科被动得多。与此同时，与华润的协议转让和友好进入万科不同，通过二级市场收购和非友好方式进入的安邦，必定对民生银行怀有自身的想法和战略意图，如最终“实际控制”民生银行，使其成为安邦集团的附属公司。

总而言之，无论是主动向华润投怀送抱的万科，还是被安邦强行入室的民生银行，都反映了在中国这种被管制到扭曲的公司治理和金融体系之下，公司股权分散之路的艰难与曲折。

12.2.2 从关键人治理走向股东、监管层和经理人的共同治理？

由于中国银行业没有市场进入自由，尤其是对民营资本没有真正开放，这使中国所谓的民营银行也实际上是一种“公私合营”或“官督商办”企业。创立之初，握有银行经营牌照的关键人主导银行治理，运营之后也是官方认可的关键人或说银行监管部门的代理人主导银行治理。在中国民生银行这一案例中，经叔平和董文标就基本属于这类关键人。在经叔平时代，股东们可以说完全是被动投资者（让你入股就是看得起你）；到董文标时代，股东们开始拥有一定的发言权，但还是以关键人为中心的一种治理机制（2006年经叔平卸任，第一大股东刘永好落选董事）。

董文标自我革命，上任后在公司章程中明确董事长一职一般只能连任两届，一届三年。2014年8月，董文标离任，结束了中国民生银行的关键人治理阶段，也为中国民生银行奠定下了走上“股东主导、董事会控制和职业经理人管理”这一现代公司治理模式的基础。但是在“股东可以说话并且股东说话算数”这一基础之上，中国民生银行还没有来得及继续推进股权分散策略，安邦抢先进入成为具有明显优势地位的第一大股东，结束了中国民生银行沿“股权高度分散、董事会控制力增强和职业经理人地位巩固”模式的前行之路。

股权高度分散模式可持续的关键条件是公司业绩优良、股价高企，同时也要有资本市场的强力支持，致使公司可以通过股票拆分、股票红利和连续增发等手段，迅速增大公司股本和市值规模，成为没有单一股东能够控制得了的巨型公司，也使任何敌意并购成为不可能。可惜，中国民生银行并不具备这样的内外部条件，可能也缺乏这样的战略眼光与愿景。

2014年底安邦保险成为民生银行第一大股东之后，原本应于2015年4月举行的董事会换届，拖延到了2017年2月20日才最终完成。民生银行2017年第一次临时股东大会选举产生了公司第七届董事会和监事会，洪崎任董事长，郑万春为行长，张俊潼任监事会主席。这期间民生银行各个派系股东之间股权比例上有些变化，有增持的，有减持的，但是安邦的第一大股东地位没有改变。各个派系用真金白银争夺董事会席位，证明了民生银行董事会席位的含金量，也表明了民生银行正在脱离经叔平和董文标式的官方认可关键人治理模式。

洪崎连任董事长，是否是一种新的关键人治理？是否是一种职业经理人式的关键人治理，或是一种弱式的官方认可关键人治理？按照中国目前非金融行业公司治理的一般状况，像安邦这样具有明显优势的第一大股东，会出任公司董事长。但是在民生银行，安邦只有18个董事席位中的两个董事席位。安邦方面董事人选的任职资格，一直未获银监会批复，显示出在民生银行董事会构成方面监管部门的重要影响力，这种影响力在董事长人选上也会有实质影响。

相比历史上的官方认可关键人和代理人治理模式，民生银行股东的公司治理力量正在凸显，18名董事中有9名股东董事。但是洪崎连任董事长、取消公司章程关于董事长和副董事长任期的规定，和洪崎同时出任董事会提名委员会主席等等，表明洪崎具有一定的新型关键人特征。董事长和副董事长任期规定的取消，不仅仅是洪崎的任期将不受限制，也会使其股东出任的副董事长任期不受限制，如张宏伟可以由此在连任三届之后第四次出任副董事长。洪崎作为公司董事长和执行董事出任董事会提名委员会主席，这是有违一般公司治理规则的。按照一般公司治理规则，董事会的提名、审计和薪酬这三个委员会，要非执行董事占多数并由非执行董事出任委员会主席。

洪崎在民生银行的筹备阶段就加入了，是民生银行内部成长起来的、经理人出身的董事长，这一点和汪延在新浪公司的经历类似。如果不是银监会对银行内部治理有决定性影响力和安邦入主终结了民生银行的股权分散化历程，我们就可以说民生银行和2006年时的新浪（汪延任董事长、曹国伟任首席执行官他）一样，进入了董事会和经理层的双重职业化时代。

12.2.3　距离董事会中心主义的公司治理模式还有多远

有人认为民生银行遵循了董事会中心主义原则，实现了以董事会为中心的公司治理模式。也许相比其他中国公司，民生银行是距离董事会中心主义原则和以董事会为中心的公司治理模式最近的公司之一，但距离真正做到还有很远的一段路程要走。

民生银行还没有真正实现董事会中心主义原则和以董事会为中心的公司治理，一个最明确不过的证据就是，2014年底安邦保险成为民生银行第一大股东之后，原本应于2015年4月举行的董事会换届，拖延到了2017年2月20日才最终完成。在以董事会为中心的公司治理模式中，董事会就是个可以自我延续的公司控制机构，没有任何一个股东或是外部监管机构可以干预董事会按公司治理原则进行的权力行使和正常运作。该进行换届选举的时候，董事会就应该并且完全可以根据当时的情势和公司需要向股东大会提出公司新任董事人选，提交股东大会选举产生新一届董事会。不能因为任何一个或一方股东（即使是公司第一大股东）方面的股份投票权资格和提名董事任职资格等方面的问题而影响公司董事选举程序的正常进行。

民生银行因为安邦成为第一大股东，而安邦用于收购民生银行股份的资金来源受到质疑和安邦提名董事人选的任职资格迟迟未获银监会批准等原因，而拖延了董事会换届选举两年之久，这与2008年时东北高速公司因为前两大股东之间矛盾而导致新一届董事会难产、原董事会“超期服役”问题，具体起因不同，但性质一样，都与中国公司法和公司监管规则方面的一些缺陷以及相关方面对现代公司治理基本规则理解不充分有关。只是民生银行的股东和管理层等方面，比较注重协商协调，以合作的态度来沟通和解决问题，没有像东北高速那样，产生公开化的矛盾闹剧并最终导致公司分立。

股东通过股东会选聘和解聘董事，董事通过董事会设置、选聘和解聘包括董事长在内的所有公司管理层职务，这是股份有限公司治理的基本规则。现代公司治理的标准是董事会具有绝对权力解聘任何一位管理人员，即使这位管理人员业绩优异；股东可以通过股东会以简单多数同意原则，无需理由地解聘任何一位董事，除非是特殊的类别董事或者是以累积投票制选举出来的董事。中国公司法规定董事任期三年，可以连选连任。既然可以连选连任，并且也没有连选连任的期数限制，三年任期的概念也就没有什么实质意义，还不如像英美公司那样，每年股东大会都选举一次董事。这样也就不存在所谓董事会“超期服役”的问题了。

如果公司章程没有规定对公司董事进行分类，在主要几个大股东之间分配董事提名名额，那么某一位股东没有推荐出来合适和具备任职资格的董事，或者因各种原因而没有到会投票或是投票资格存疑等等，并不能影响其他到会和具有投票资格的股东投票选举出来全部的新任公司董事。这样，2015年时4月时，民生银行完全可以正常进行董事会换届选举。

作为对比，我们可以看看与民生银行的创立过程类似的花旗银行和德意志银行是如何实行董事会中心主义和以董事会为中心的公司治理模式的。花旗银行和民生银行一样，是由一位具有官员背景的人召集一波商人组建的。1812年曾任美国第一任邮政署署长的塞缪尔·奥斯古德接管了因营业许可证到期而要关闭的美国第一银行的纽约分行后，将其重组为“纽约城市银行”——花旗银行早期的正式名称。但和民生银行不一样的是，花旗银行从创立开始就有健全的董事会，并是以董事会为中心的。这里的董事会就是“董事们”，英文表达就是个复数的董事。直到1909年，花旗银行创立的第97个年头，才首次设立了董事长职位。

牵头组建德意志银行的是私人银行家Adelbert Delbrück和自由主义政治家及货币专家Ludwig Bamberger。尽管同样是有一群商人股东，德意志银行不仅一开始就由董事会主导，并且一开始就是职业经理人管理。德意志银行的首位总裁职业经理人西门子任职了三十年，一手把德意志银行发展为德国最大银行。相比之下，花旗银行从股东—经理人过渡到职业经理人用了将近100年的时间。西门子领导下的德意志银行通过“合议—集体问责制”，强化了组织机构的权力，实现了权力的去个人化，个人要完全献给组织，“银行就是一切，而你什么也不是”。在“合议—集体问责制”下，德意志银行实际掌握大权的“分行行长”并不是一个人，而是通常在2～6人之间的一个小组。对外行使管理董事会主席职权的德意志银行董事会发言人，也只是个管理董事会的代言人，在管理董事会决策时，仅有一票的权力，并无更多发言权。

总体来说，民生银行要真正实行董事会中心主义原则和以董事会为中心的公司治理模式，需要做到如下三点。第一，尽力避免银监会过度介入公司内部治理，如公司董事的具体人选等，力争公司治理上的自主权；第二，还要进一步强化股东的权力及责任，但同时要将股东的权力严格限制在股东会的边界之内，任何股东个人都不能直接干预到董事会的组成和运作；第三，公司主要股东及董事和管理层人员要准确理解、掌握和遵循公司法的基本原理和公司治理的基本规则，任何一位董事都不能是任何一方股东的利益代言人，而是全体股东和整个公司的受托人和利益守护者。

12.3 集团企业的董事会与公司治理

除了少数几个垄断性的超级大国企之外，总体看，跟发达国家的大公司相比，中国企业的规模是小得可怜的。但是中国企业的“集团化”程度却很高，而且中国企业的集团化方式比较奇特，就是普遍性的非上市集团公司把多家上市公司作为下属公司控制。上市公司作为母公司控制非上市公司这种现代企业集团化模式还没有发展起来。本节中我们主要探讨一下目前这种中国式集团企业中比较特殊性质的董事会与公司治理问题。

12.3.1 两种集团发展模式的选择

从公司治理类型角度看，企业集团化发展有两种模式：横向和纵向。所谓横向就是集团母体作为上市公司，股权高度分散，没有控制性股东存在。另一种就是纵向，集团母体可能上市，可能非上市，但是股权集中度很高，有控制性股东存在。

横向治理是发达国家企业的主流模式，就是英美国家那种母体股权高度分散的大公司，通过战略业务单元控制大量和多业务种类的下属企业。以丰田、索尼为代表的现代日本企业集团也是这种模式。

纵向治理模式又有两种，典型代表分别是二战前日本财阀家族实行的层层控股的企业金字塔，以及二战后日本兴起的主银行控制和交叉持股形成的系列企业制度。

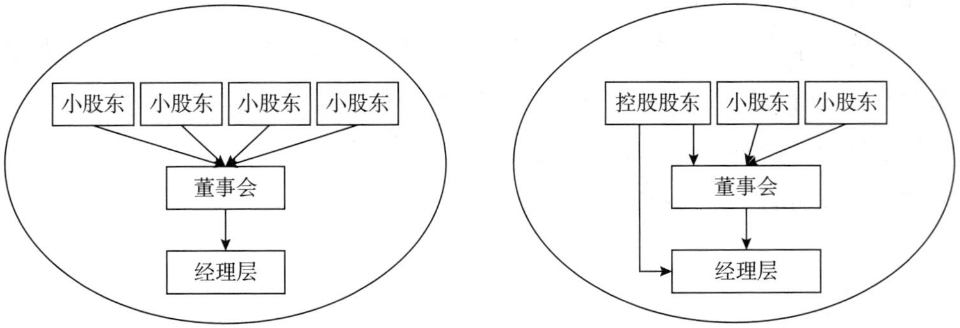

横向治理：分散的所有权　　纵向治理：公众公司中控股股东和中小股东

图12-1　横向与纵向两种治理类型的企业

中国有很多学者在鼓吹、很多官员在热衷、很多企业在追捧日本“主银行控制和交叉持股形成的系列企业制度”。其实，这套制度完全是日本企业基于其传统家族财阀企业的制度和文化遗产，受到解散财阀、反垄断法律等强烈外部冲击后，而被迫调试出来的一种结构[①]。人们的行为是在某种内在目标驱动下而对特定外在条件和约束的反应。中国企业要自强的内在动机可以跟日本一样，但是没有相同的条件和约束，也就不会产生相同的行为。中国既没有强大的家族财阀企业传统，又没有受到像美国占领军之于战败后日本那样强大的外来施加的激进变革措施，政策上推动和形式上制造出来“主银行和交叉持股”这种外在的制度形式，也不会产生相同的结果和效能。我们不是曾经推行过“主办银行”制度吗，但是在银行自身的治理结构存在严重问题的情况下，它有动力和能力去监控好企业吗？至于交叉持股，对于中国企业来说更是一种没有必要的选择。我们企业的股权集中度还相当之高，根本没有什么外来者的并购威胁，甚至是要“靓女先嫁”，求人来并购的状态。

中国没有太宣传，但实践中却很普遍的是日本财阀企业的那种“层层控股下的企业金字塔”模式。如果说70年前的日本财阀企业，在那个时代采用层层控股和层层融资方式，是很“先进”的，但在今天这种全球经济和全球资本市场一体化、全球公司治理原则和标准一致化的时代，这种模式已经是“落后”，或者至少是“不合时宜”的了。我们为什么要进行上市公司的股权分置改革，为什么要改变过去那种分拆上市的做法而推行整体上市？因为企业从创建时的股权集中，随着事业的扩大而到逐步股权分散化，这是最有效率、最适应市场竞争需要的成长路径和成长模式。

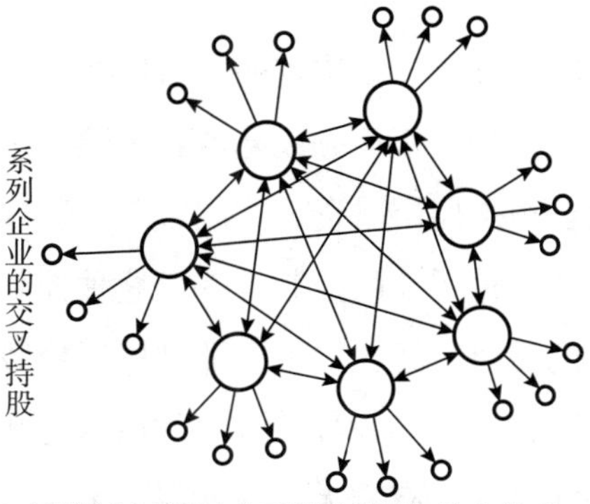

实际控制人通过交叉持股的股权持有关系，可以削弱其他参股者的力量，进而控制整个企业集团，实现绝对控股。

图12-2　交叉持股形成的企业关系网

---

① 参见本书第13章。

中国的集团企业绝大多数都属于纵向治理模式，母公司单一股东，下属企业实行股权多元化，甚至通过上市而逐渐分散化。这种状态下，难以实现真正的整个集团的战略管理。因为集团的很多战略管理手段，受到股权多元化的下属公司“规范治理结构”的限制，层层的控股，就有层层的其他股东的利益在里头。非上市企业的其他股东一定是各有各的想法，很难统一到控股股东的意志上来。上市企业就更麻烦了，面临复杂的监管结构，中小股东、独立董事和新闻媒体等各个方面的制衡与关注[①]。

是在母公司层面开放股权、对外融资，母公司引入资本市场的外部控制机制，而对子公司实行集中股权的高度控制；还是在子公司层面开放股权、对外融资，对母公司保持高度控制，再往下对子公司和孙子公司进行层层控制，这就是传统企业集团和现代国际化企业集团的分歧点所在。

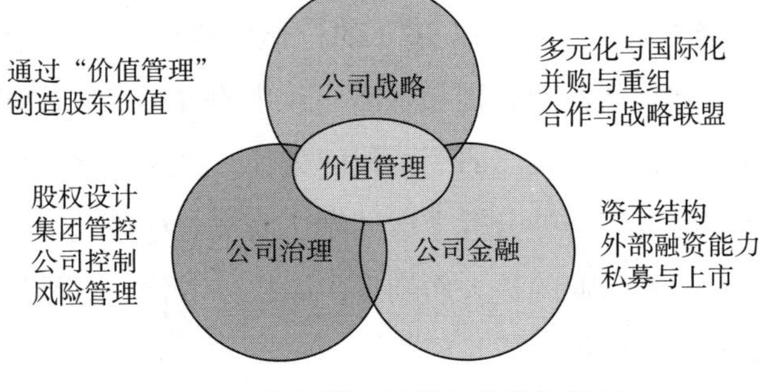

图12-3 集团管理的核心是价值管理

母公司作为公众公司，股权分散、结构透明，可以在全球各个资本市场上上市和融资。下属公司的上市就是出于业务成熟或者风险分担需要而进行的独立和分拆，不需要通过下属公司来层层融资、“圈钱”。这样的集团，总部可以对下属公司进行各种模式和各种程度的控制，并且这种控制完全是为了资源调配、产业发展和商业竞争的需要。相比之下，那种层层控股、层层上市的做法，一方面是很“一厢情愿”，提高“我方”资本的控制力和控制面；而另一方面，是其中在所难免的关联交易，有意无意地就侵犯了少数股东利益，结果丧失信誉，失去资本市场和投资者支持，最终难以真正地有所作为。

① 集团企业的治理中有很多特殊的法律难题，有兴趣的读者可以参阅“珍妮特·丹恩2008”。

12.3.2　构建现代集团企业的治理结构

在美国的语境之下，公司治理往往就是指董事会的运作。这一点我们从中国人民大学出版社出版的哈佛商业评论精粹文集中《公司治理》一书的目录就能看出来。美国的经济学、管理学、法学和商学都高度发达，一些范围很广泛的公司治理问题都已经在有关的学科中进行了探讨。对董事会运作问题的探讨则相对是个比较新的领域，也是近一二十年之中美国改进公司治理的一个主攻方向。

但是在中国，董事会之上的股权结构层面问题和董事会之下的集团运作和战略管理问题等等都还没有得到一个较好的解决，甚至还没有一个较为清晰和一致的认识。探讨中国集团企业的公司治理问题，我们必须从集团母体的股权结构开始，并延伸到一些重要的集团运作与战略管理问题。

表12-1　　国有集团公司体制发展的两种战略选择

	对集团进行股份化改造	集团国有独资，下属单位股份化改造
企业形式	股份有限公司	国有独资公司或者有限责任公司
制度规范化程度	高	低
操作难度	高	中
长期前景	好	一般
主要限制因素	谁来投资 有关部门批准	集团资金技术有限，自我积累速度太慢，变革压力不足
主要决定因素	战略投资者来源 外部政策和自我决心	自我决心、抓住机遇、领导组织变革和加强战略管理的能力
管理层自主权	大，可以向职业经理人方向发展	小，国有独资公司董事、经理兼任其他经营实体职务须经主管部门批准
董事、董事长、副董事长的产生及职工代表问题	董事由股东大会选举产生，董事长、副董事长由全体董事过半数选举产生。决定有关职工利益问题的会议邀请工会和职工代表参加	董事由国家授权投资机构按照董事会的任期委派或者更换。董事长、副董事长也由国家授权投资机构在董事中指定。董事会中的职工代表由职工民主选举产生

对集团母体进行股份制改造

对于目前是国有独资企业的集团母体来说，构建现代集团企业治理结构的第一步就是选择合适的战略合作伙伴，在集团—母公司层次上进行规范化的股份制改造。国有集团母体改制，引进新的战略投资者，即是企业规范化的需要——以新股东对抗不合理的政府干预和破除内部职工的一些源自传统国有企业观念的变革阻力的手段，更是集团公司要融资、要抓住机遇大发展的要求。

对于已经有几个股东的民营企业来说，进一步的发展，也应该从集团体制上进行规范，而不应该满足于现存体制，只在子公司或者分公司上动作。新业务的开拓要通过新建子公司进行，因为有风险。但是体制上的进步，则必须是集团企业本身。这样才能扩大企业发展的平台，提高企业在一个更广阔的范围内吸纳资金和人才的能力。

建立健全以董事会为核心的集团高层管理体制

随着集团业务的发展、一些新项目的成功运作，集团的经营规模会越来越大，所跨产业领域会越来越宽、集团整体协调、监控和战略管理的难度也就越来越大。

企业规模扩大和经营领域拓宽在对集团管理下属公司的能力提出新挑战的同时，也会带来原有股东之间利益和观念上的差异与冲突，股东关系的协调与管理成为了一项至关重要的工作。

由于企业领导人时间和精力的限制，创业阶段形成的、可能一直以来都十分高效的、个人色彩比较浓厚和非正式沟通为主的集团管理风格和决策方式，已经难以完全适应集团发展新形势和集团管理新任务的挑战，也不再能够满足公司各种利益相关者日益提高的期望。

此外，吸引高端管理人才加入公司也需要制度化和规范化的企业战略管理平台。

借鉴上市公司成型的集团管理模式，改造集团企业的传统管理模式，构建规范、有效而又能够完全适应集团现实的新型管理模式，既是集团企业在管理能力提升上所面临的一个挑战，也是大幅提高集团管理能力和竞争能力的一个机会。

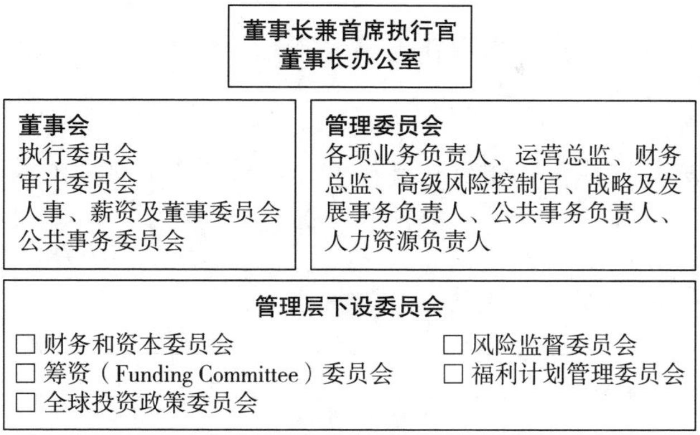

图12-4　花旗集团的董事会和高层管理架构

作为非上市公司可以仿照上市公司做法，设立“集团”董事会。由于“集团”本身并非上市公司，集团董事会的成员构成和职责配置无须完全遵照“上市规则”中有关公司治理条款的要求，但可以对其中有利于加强集团战略管理能力的一些采用“拿来主义”。

专栏12-1　集团董事会设立，要满足下列需要

提高集团决策水平和集团整体领导能力的需要。

整合股东意志、统一股东目标、协调股东关系的需要。

统筹集团各业务板块和下属企业战略目标、实现最大协同效应的需要（包括总体上的资金运作效率）。

加强集团战略管理的需要，包括股权管理、投资和融资、高管人员和高级人才（技术和销售）管理。

根据集团战略和整体目标有效考核和激励下属企业的需要。

专栏12-2　集团董事会构建方案中要包括的主要内容

董事会的规模，人数范围，人数调整原则。

董事会的构成：股东、经理和外聘专家的合适比例。

董事会的构成：行业和专业知识构成、经历和经验背景构成以及年龄和性别构成等。

董事的资格要求：股东出任董事的条件、经理出任董事的条件，外聘专家董事的条件。

董事会成员的职责与角色：董事长、副董事长，非执行董事协调人，董事会秘书。

董事会的基本运作规程。

两类流程	六个区间：问题		
	外部提供者	内部提供者	顾客
资金流	财务会计 公司财务 ●⟺●⟺	管理会计 ⟸●⟸●	定价 ⟸●⟸●
产品流	采购 ◆⟹◆⟹	行政管理 ⟹◆⟹◆	营销 ⟹◆⟹◆

图12-5 集团管理的两类流程与六个区间

提高董事会的战略决策、落实和监督职能

集团的长期战略计划和年度业务运营计划都要由董事会来制定和批准。董事会成员都要明确自己作为董事的职责是对全体股东以及整个公司、包括员工和其他利害相关者负责的。在董事会会议上，尽可能地不要对号入座，放弃自身作为董事之外职务担当者的角色意识，相互之间能够团结而不是一团和气，成为不负责任的乡村俱乐部；相互之间要能激烈认真地讨论、争论而不是争吵和打架。决策的过程中要讨论和争论，不同意见都要摆到桌面上。意见分歧很大的话，可以再收集证据，暂缓决策等等。一旦正式通过了董事会决策之后，则要同心同德地支持首席执行官去贯彻和执行。

首席执行官由董事会选聘、任命和考核，全面负责落实董事会的战略决策。董事会和经理层的职务、职责要分开处理。不任经理层职务可以仍然做董事，不任董事职务可以仍然做经理。总裁或首席运营官、财务总监等重要职务，由首席执行官提名、董事会任命，其他一些职能部门经理则可以由首席执行官任命。所有的直线经理或业务部门经理，则可以由总裁任命，或由总裁提名，首席执行官任命。这些具体的决策要尽可能地由董事会做出明确的规则。董事会要对董事会自身运作情况，对每一位董事的工作情况和首席执行官的工

作情况作正式的年度绩效评估工作。董事工作评估可以采取匿名填写职责评估调查表的方式进行。对首席执行官和总裁等重要管理职务的年度评估工作，要由全体董事会成员进行，最后由一位外部董事代表董事会将评估结果告知首席执行官和总裁本人。

表12-2　　集团管理的新工具

两类流程	六个区间：新工具 公司治理；流程导向；灵活性；核心竞争力；知识管理		
	外部提供者	内部提供者	顾客
资金流	公司治理 投资者关系 公司责任 股东价值	股东价值导向的内部控制 基于活动的成本会计 综合计分卡 战略绩效评估	顾客价值 目标定价 社会营销
产品流	供应链管理 即时供应 外包	灵捷生产/流程重组 全面质量管理 授权/扁平化/学习型组织 内部营销	顾客专注 服务管理 关系营销 整合营销

专栏 12-3　　集团董事会的主要职责

集团战略的制定与监控；

集团资金与财务管理政策；

集团高级人才管理；

集团品牌与营销管理；

股东沟通与股权管理；

集团薪酬与激励（主要是高管薪酬和股权类、激励类薪酬）。

建立集团管理委员会对集团下属单位进行有效的控制和战略管理

集团管理委员会的成员应该包括总部管理人员和重要职能部门及重要分子公司经理人员以及具有一定专业水准的技术和销售人员。集团管理委员会既是董事会之下的一个集团战略管理机构，也是一个集团内各单位之间协商和沟通，有效协调和解决战略执行中遇到的一些相关问题的机构。与此同时，通过集团管理委员会，给分子公司经理和职能部门人员以及公司的专业技术和优秀销售人员一个参与公司战略管理的机会，使公司高管人员能够及时地听到和发现战略执行中的一些具体问题，能够及时调整和修正战略，实际得到一个具有适应性的战略执行结果。

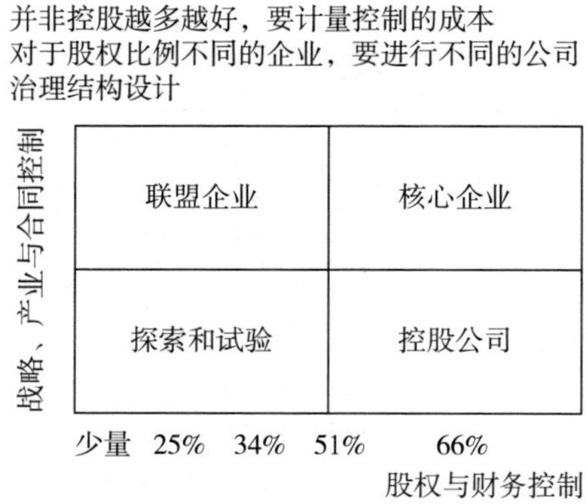

图12-6　集团对下属企业的控制

集团要加强对下属公司的控制可以采用多种手段，不能一味地只知道控制股权。其实控股并非越多越好，要计量控制的成本。同时，对于所持股权比例不同的下属企业，还要进行不同的公司治理结构设计。要对下属企业根据主要的风险事项和所持股权比例、所占董事会席位数量的不同，在股东会、董事会和经理层之间进行不同的权力配置，并且还要相应地对股东会的特别决议与普通决议事项，董事会的特别决议与普通决议事项，作出不同的安排。

对于不同的业务要采用不同的控制手段，除股权控制和董事会控制之外，还应该包括合同控制和产业控制等等。观察一下外商投资企业在中国的一些管理控制行为，对我们理解产业控制手段会很有助益。作者曾经根据全国工业普查资料对三资工业企业的效益与亏损情况作过一个系统的研究，结果是统计上三资工业企业的亏损情况比国有企业、民营企业还严重，因为其中有相当大比例的假亏损[①]。实业领域里三资工业企业造假亏损、进行真盈利的主要手段是外方对合资企业进行产业控制，从关键技术和设备引进，到产品外销代理等产前产后的各个环节中赚钱。

① 仲继银：“三资工业企业的效益与亏损问题研究”，《经济研究》1998年第2期。

12.3.3　集团下属企业董事会的建设与管理

集团下属企业的董事会建设

集团下属企业董事会的建立过程与普通企业不同。

普通企业是股东出资注册公司就要建立董事会，由董事会聘请经理班子，从股东到董事会再到经理班子的先后次序与授权线路是个很清晰的直线。

集团下属企业则不同，可能是先有个想法，再变成一个并非独立的项目，然后可能是分公司或者全资子公司，最后才可能是个有其他股东参与的股份制企业。这样一种状态下，可能先有经理层，后建董事会。即使建立了董事会之后，可能也是母公司作为控股股东同时任命了子公司董事会成员和子公司经理人员。与此同时，母公司职能部门、子公司董事会和子公司经理之间的权力划分可能也不清晰或者是一个需要不断调试的过程。不断的调试没有关系，需要注意的是，要有明晰的规则：什么事情走什么程序，谁拥有最后的决定权。

还有一个问题就是这种集团下属公司的董事会不应该是统一的一个模式。要根据该公司业务性质，集团对其战略角色的定位而进行不同的设计，是独立型、合伙型，还是傀儡型要作出明确的选择，不能总是漂浮状态。

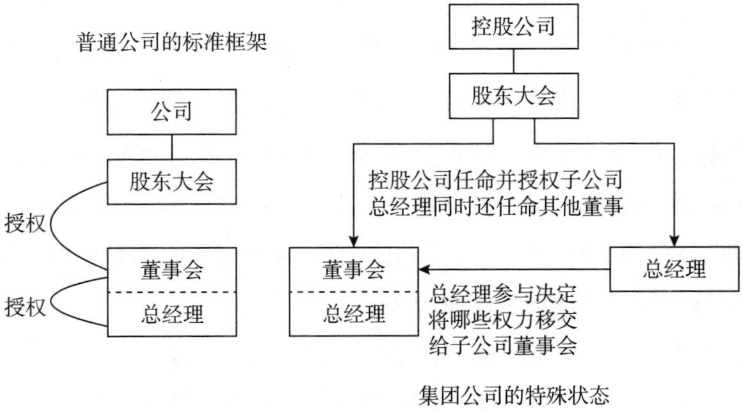

图12-7　集团下属公司的董事会建设

资料来源：艾尔·布雷克，2003。

集团战略管理意志的实现

集团对下属企业董事会的管理，最困难的一个问题就是如何既尊重下属企业董事会的自主管理权力，又能够实现集团的战略管理意志。在下属不是上市公司的情况下，事情还好办一些。面对是上市公司的下属企业，则要格外注意下属企业董事会对广大中小股东也有受托责任和忠实、勤勉义务。

作为上市公司，由于有大量分散的中小股东存在，股东会对董事会的授权必须是“董事会中心主义”的。因为大量中小股东的存在导致股东大会召开的成本很高，股东大会事实上容易成为大股东会，在中国甚至出现了一人股东会的现象。董事会中心主义的根本含义是股东会的权力为明确列举式，凡是公司法和公司章程中没有明确列举为股东会保留的权力，即为董事会的权力，即只要法律、法规和股东会没有禁止做的决策，董事会就可以做。

上市公司的董事要代表所有股东甚至整个公司的利益，不能为了推荐/提名你做董事的股东的利益而侵犯公司的利益。在法理上，上市公司的董事是不能“委派”的。股东单位可以向上市公司董事会推荐新的董事候选人，由上市公司董事会确定向上市公司股东大会推荐，由上市公司股东大会选举担任董事。

法律上要求上市公司的董事对全体股东（当然包括中小股东）负有诚信和勤勉义务，担任上市公司董事参加董事会做决策时董事要以独立的商业判断做出决策，实际投票。上市公司的控股股东要硬性实现自己的意志，只能通过在股东大会上派出股权代表来实现。目前有些集团公司在其集团管理规则上规定“集团派出”的下属上市公司董事在召开董事会前要先向集团总裁汇报，根据集团总裁的意见去开会投票，并称之为先走内部程序再走法定程序，这是违背公司法理和公司治理原则的。如果出现了错误决策，中小股东提起了诉讼，是该董事还是其集团总裁承担法律责任？

长久来看，要真正顺畅地实现集团的战略管理意志，需要对下属上市公司进行“私有化”，通过换股和集团整体上市等操作，把其他股东的股权都放到集团层面。

集团对下属企业董事的考核：两种类型

集团以股东身份对下属单位董事和监事的考核有两个方面：一是对集团以股东身份“推荐”出任下属公司董事职务人员的考核，二是以股东身份推动下属公司对其全体董事成员的考核。

第一种考核的主要着眼点可能是这些董事与集团公司之间就其所任董事权力行使和职责完成情况的沟通与汇报，可以是一个办法运用于所有推荐到下属公司的董事。这种考核主要以其本人资历“是否够格”，行为是否能够满足集团公司的要求为标准。操作方式上，淡化“考核小组”这种字眼比较好。比如通过设立一个“集团分/子公司管理委员会”这样的一种机制，替代考核小组。这个委员会成员由集团领导和所有的“派出”董事参加。这个委员会主要是交流与讨论的机制，同时可以行使一个“考核”的职能。

第二种考核的着眼点是从每一个下属公司出发，看其董事的职责完成情况，主要是看实际是否称职。考核的范围应该是每一个下属公司的全体董事，考核实施主体最好是各个下属公司董事会自身。集团公司作为主要股东可以给各个公司提供一个董事考核的基本蓝本，其中包括少量通用和硬性的指标，比如，董事每年至少要亲自出席75%以上的董事会会议。董事是否能够事先充分准备，会议中有见地地发言讨论等等，其他董事是最为了解的。通过采用在各个下属公司董事会中让全体董事都参加一种问卷式匿名的相互考评，就设定的一些指标打分，得出一个相对客观的评价分值。这种考核的分值，实际也可以作为上述第一种考核的一个重要参考依据。

12.3.4　东方通信：中国式集团整合的宿命

东方通信，一个曾经独立自主地在市场上响当当的名字，如今却变成了一个很有点无足轻重的角色。回归代工，一个集团大厦体系里的一个模块，这可以说是一个典型的中国式集团整合的宿命。

从给摩托罗拉代工发展起来的东方通信，能以中国第一台具有自主知识产权手机——EG580的诞生为起点，走上一条自主发展的道路，胜过到目前为止仍然在做“以市场换技术”白日梦的几大汽车集团。通过合资、依靠跨国公司转移技术，这在整个第三世界国家里都证明为“不可靠的承诺”了。东方通信能够率先跳出这种“合资”陷阱，可以说是相当先知先觉的，但却无奈地摆脱不了中国式集团整合的陷阱，落得一个斗志丧失、武功衰竭、重新轮回到产业链底层的命运。

市场经济里真正强大的企业，是一种生物体，是比较自然地成长起来的，不是一个摩天大楼，不是根据高明的设计“做”出来的。美国那些能够称雄世界的大企业没有哪家是在政府支持下直接组合起来的，也没有哪家不是从一个很小的产品和很具体的产业逐渐成长起来的。日本曾经有过三菱、三井等受惠于政府低价出售国有工矿企业的情况，也有过通产省产业政策“精明指导”的时期，但是今天真正笑傲江湖的丰田，却是从织布机做起、本不受东京那些政府“精英”待见的地处名古屋的“地方性”企业。在日本产业政策鼎盛时期，丰田基本是与通产省对着干的。丰田的另一个长期哲学是离银行远点，主要靠做好产品，积累自有资金。

反观一下普天对东信的整合策略，可以说是十分典型的一种集团管理层凭借一套战略设计，强压下属企业执行的中国式集团整合做法。在手机这样一个充分竞争的电子消费品市场上，品牌形象的重要性存在于消费者的心目中，简单化地把没人知道的“普天”付着在已被认知的“东信”之上，甚至想进一步替代，可以说是“计划经济”遗风。其实普天想要有所作为，可以完全采用更为市场化却更为可行和积极的做法。瑞典已经生存五代之久的家族企业——沃伦堡集团，没有什么集团的产品品牌，集团名号甚至也没有太多人知道，但是其所实际控制的企业确是很多大名鼎鼎、国际领先的，其中包括爱立信、ABB和伊莱克斯等等。中国集团企业都比较热中于学习相对中央控制型的通用电气，其实完全分权化管理的ABB同样甚至是更为值得中国企业学习。

回到普天—东信的情景来说，在东信手机已经得到市场认可、取得很大成绩的情况下，普天集团为什么就不能以集团的实力去支持东信品牌的成长，东信品牌成功，东信原班管理人员会更有事业成就，但还不是普天作为股东会成为最大的受益者吗?

优秀的集团管理人应该有一种不同于一般企业管理人的思维：集团的竞

争优势应该是来自集团内企业的竞争优势。集团企业领导人需要思考的首要问题是，我怎么能支持集团内企业做得更好。中国计划经济体制下几十年一贯的“一统就死，一放就乱”现象在我们的国有集团企业里还要重演多久？

12.3.5　春兰集团：多元化的公司治理解释

随手翻出手中的两本我认为差不多是最好的有关中国大企业成长案例研究的书中都有作为成功案例的春兰集团。

经济科学出版社出版韩朝华主笔的《战略与制度——中国企业集团的成长分析》一书的第12章是“春水如蓝济沧海——春兰案例”，记述了春兰如何从一家国有小企业和两家集体企业合并的微薄基础上发展起来的。上海远东出版社的《成长的经验——中国绩优大企业案例研究》一书中有邹东涛执笔的“江苏春兰——加速扩张性经营，实现跳跃式发展”的案例报告，仅从题目我们就可以知道作者对春兰多元化扩张战略的赞许态度了。

曾被各方面都十分看好的春兰多元化新政为什么不仅没有很成功，而且出现了本案例描述的这种“盛开之前的隐忧”？如果仅仅是盛开之前的隐忧，不久的将来就会盛开，那还是很好。就怕是扩张之后发现难于经营，跳跃起来了却无法实现真正的发展，回头时原来的岸堤又已经远去，而且也不是曾经的那么稳固和牢靠了。当这些字句控制不住地流淌出来之后，我很想吞回去，但是对我来说，这也是很难的事情，不说“如噎在喉”，说了却自己也并不痛快。

在只有二十几年市场经济历史的当今中国，各色国际大企业却都已经纷纷落户，在这样一种残酷的竞争中，我们的民族企业能够生存的就已经实属不易，像春兰这样能够快速地发展壮大的当然是凤毛麟角了。我们可以抱有极大的希望，但却不能苛求中国企业。尤其是对于一个坐而论道的学者来说，也许没有什么比拿国际成熟大企业的那一套运作水准来挑中国企业不是更为容易和简单不过了。允诺做这个案例的点评之后，我想我也许最好是发挥一下自己的“比较优势”，从公司治理的角度谈谈企业多元化的原因，有关人士应该能够从中得到些许的启发。

国际上，20世纪60和70年代，企业混合经营和不相关多元化达到了历史的顶峰，甚至有许多原来在某一行业很成功，名称带有行业标志的企业都纷纷改名，去掉了名字中行业标志，只有一个泛泛的名称。其主要的体制原因实际是“公司治理机制”的欠缺，正是贝利—米恩斯模式的弱所有者强管理者状态下经理人高度控制公司资源的结果。在缺乏有效公司治理机制情况下，经理人宁肯将公司赢余投入企业并不擅长的新领域，也不愿意通过分红、回购股票等手段回报给股东。这种状态到了1980年代，被华尔街以恶意并购和杠杆收购（LBO）等等各种手段进行了强行的矫正。到了90年代则有机构投资者的崛起，直接施加压于公司董事会，掀起了一场声势浩大的全球性的公司治理运动。结果是，今天只有那些极为少数确有“高招”，在项目选择、企业价值评判上能够超越或跟资本市场的总体水平持平的公司，仍然保持一定的多元化经营状态，其他的多大多数公司都是剥离非核心业务，回归主业。

就春兰集团及其旗下上市公司春兰股份来说，还都不是因股权高度分散而经理人高度控制的那种典型的贝利—米恩斯模式的公司，但是其企业性质上的两个特点却导致了其事实上的弱所有者强管理者状态。一是春兰集团资产来源上的国有与集体混合状态，虽经改制也还是不像那些纯粹私营企业集团那样有强烈和内在的股东权力意志。

一定程度上我们可以把春兰集团归结为中国式的“能人企业”。这些能人企业是在没有清晰的所有权动力基础上发展壮大起来的。能人的领导力和控制力都来自于经营业绩，当其原来所属产业趋于成熟，甚至只是担心它没有足够巨大的成长空间，就会促使能人们开疆拓土。即使改制使这些能人们穿上了一件部分所有者的外衣，但其内在动力和作为成功企业家的精神实质还是经营者和经理人的角色。

从纯粹股东的角度看的话，即使是那些已经完全成熟、不再有增长空间的行业中的企业，最好的解决办法是在边际收益高于边际成本（严格地说可以是边际变动成本）之前，赚到最后一分钱，然后破产清算。当然，另一个角度的问题就是这个企业是否积累起来了某种组织和制度性的资源与能力，保持这个组织实体完整、这些人仍然聚集在一起是否可以有效地继续营运，也就是企业成长专家潘罗斯所定义企业成长能力。

彭罗斯在其50年前出版的经典著作《企业成长理论》[①]中提出，企业是人力资源的结合体，企业的成长——规模扩张和产业多元化——必然受制于企业内部人力资源的积累。而企业人力资源的积累和发挥作用，实际是一个组织发展的问题。企业组织的发展包括高层的公司治理结构完善和中低层的管理控制系统建设两个方面。企业迈出多元化步伐或者新进入一个行业之时，比“我有多少钱可以用来投入”更为重要的是“我有什么办法能够用来吸纳”，能让这个领域和这个方向上那些有竞争力的人才到我这个组织的平台上来发展。

春兰集团“缺乏留住人才的环境”，其实质还是一个公司治理的问题。当然这回不是来自股东要求回报的公司治理这枚硬币的“约束”的一面了，而是如何让人才与公司共同发展、与股东共同发财的这个公司治理的“激励”的一面了。

12.4　因时而变：日本企业集团模式的历史演进

我们大致可以按照其鼎盛和占经济体系主导地位的时期不同，把日本的企业集团划分为三大类：股权集中、家族控股的财阀企业，股权分散、交叉持有的“系列”企业和股权分散、多元持有的新型现代国际化企业。

12.4.1　明治政府推动日本家族企业成长为财阀集团

明治维新中，日本政府出资兴办了大量的工矿企业，但这导致了政府的大量负债。为了解决政府的财务负担过重问题，1880年明治政府大规模但同时也是低廉地出售“国有企业”。三井、三菱、住友等当时已经有一定实力的家族企业都从中购买了一些重要企业，从而各自掌握了一些日本的重要产业，如钢铁、煤炭、水泥、金属、机械、造船和纺织等等。很多研究日本的学者认为，

① 上海三联书店在2007年出版了本书的中文译本，赵晓译，作者名译为伊迪丝·彭罗斯。

这是日本财阀的真正“起点”。正是这些产业，尤其是矿山，为这些家族企业的扩张和进入其他领域提供了持续稳定的现金流支撑。

如同中国的红顶商人一样，财阀家族与明治政府也发展出了类似的一种互相支撑、互相利用的互惠关系。如三井家族在最初几年的困难时期里大力支持了明治维新运动而得到政府的信任，承担明治政府的金库代理业务。这使其发展出了庞大的全国性的分支网络。三井物产获得了日本国有煤矿优质煤出口业务的垄断经营权。当时这些煤出口到中国，利润十分丰厚。为此于1876年建立的上海办事处就是三井走出日本的第一站。

明治维新助推日本家族企业成长为财阀集团的另一个重要方面是，通过引进德国民法，为这些企业提供了一种新的组织形式——公司，从而能够更有效率并更低风险地吸纳资源。有了民法后，这些家族企业开始以组建公司的方式从事新事业，进行业务扩张、引入优秀的家族外人才。与此同时，也开始吸收家族之外的股权资本，包括公众资本，但是家族保持控股地位。这样逐渐形成了最上层是家族，家族持有绝大多数股权的财阀总公司（本社），下面是一层、二层、三层，层层控股的企业金字塔。

二战结束后，美国占领军认为财阀推动日本走上军国之路，并为战争提供了经济支持，日本财阀因此而被强制解散。解散的方式是将财阀家族持有的股份卖给公众。从财阀家族向公众转让的股份总额超过了日本公司股本总量的40%。这导致战后的最初几年时间，成为日本公众持有企业股权比例最高的历史时期。个人持有日本公司股份的比例在1949年左右达到了70%的历史高点，持有公司股份的股东总数也从1945年的170万达到了1950年的420万。正是这种外部冲击下造成的股权分散，成为战后日本系列企业兴起的缘由。

12.4.2 “系列企业”产生的历史与制度根源

战争和解散财阀这种“外部冲击”终止了日本的家族财阀企业按照其本来很强的股东主权主义的逻辑和逐步分散股权的路径完成其向现代国际化企业制度模式自然演变的过程，但财阀还是为战后日本新形成的“企业集团”——系列企业，提供了重要并不可或缺的制度和文化基础。

公众可以在短时间内就持有大量股份，却难以在短时间内就学会做企业的股东。而且，由于战后日本普通民众非常贫穷，厌恶股票市场的风险，以致1949年东京证券交易所重新开始运营之后，民众蜂拥而至，出售股票。在大量的个人股东纷纷出售了所持股份之后，金融机构和非金融公司成为了日本企业最重要的股东。这样一个公司股东结构在1960年代日本资本市场自由化时期又进一步得到了加强，很多日本企业正是从那个时候开始进行了股东安定化的运作。由此带来的一个结果就是，在日本形成了一种在金融和非金融公司之间长期稳定地交叉持股的新型股权结构。到了1991年，金融机构和非金融企业合计持有日本公司全部股票的比例达到70%，正好把1949年个人占有70%的状态翻过来了。

二战后日本企业构建起一套交叉持股关系，形成“系列企业”这种日本式的所谓“企业集团”，一定程度上是旧财阀企业以新形式“再生”。推动这种“再生”的要素主要有两个方面。一是这些企业之间业已存在的在前财阀中形成的历史联系，包括已经有的一部分交叉持有股份，和一种“父母不在了兄弟姐妹们要相互照应”这样的情感要素。二是由于解散财阀导致的高度分散和不稳定的公司所有权结构，这使经理人们感觉不适，产生构造新的可靠股东基础的要求，而且高度分散的股权结构带来了日本资本市场上的并购活动，迫使经理人们要采取一些可行的反并购和保持公司控制权的措施。

为什么面对股权分散和并购威胁，日本企业走上了交叉持股，而不是像美国企业那样采取一系列的反并购措施？这除了前财阀企业的交叉持股遗产及前财阀成员企业之间的情感联系等软性因素之外，还有法规方面的一些硬性因素。

日本战后于1947年开始实施的反垄断法限制法人相互持股比例，不能超过5%，这使美国公司抵御并购威胁的“白衣骑士”变成了日本公司的“兄弟姐妹众人齐上阵”。公司法禁止企业回购自身股票（对此从1998年开始为了实施股票期权等已经有过几次修改），这使日本企业不能像一些美国企业那样自掏腰包高价赎回敌意并购者所持股票（“绿色邮件”敲诈），而是必须由关系户企业来做。每个企业都持有一个较低比例的“系列企业”内兄弟企业的股份，这样即可避免违反反垄断法，又能够达到股东安定、阻断敌意并购威胁的目的。

12.4.3 股东构成和股东角色的变化

根据日本学者青木昌彦的理论模型，日本企业是股东和员工之间的一种联盟，而经理人居间协调和整合以尽可能平衡二者之间的利益。经理人位居日本公司治理的中心，这源起于日本战争时期政府废除了股东的权力，将公司置于政府计划的控制之下。战后又通过交叉与稳定的持股结构和终身雇佣制而得到强化。

但是，自高增长时代结束之后，日本的公司治理景观已经开始改变。从1990年代早期泡沫经济崩溃开始，股价的长期持续下降导致了上市公司相互交叉持有和长期稳定持有的股份比例都显著下降。

导致这一变化的一个重要原因是日本的银行和保险公司为了重建其资本基础和消除坏账，以及获取现金投入一些效益更高领域，大量出售一些业绩不良公司的股票。会计准则的改变，要求日本公司以市场价格替代购买价格计量其所持股票的价值，也是一个重要原因。1990年代中期开始，日本的会计准则发生了很多改变，以市价计量金融资产是从2001年开始的。新的会计准则提高了管理的透明性，促使日本企业重组和卖掉其不良资产，它们已经不能继续对不良资产通过将其转移到关联公司中等等这类手法来进行隐藏。

随着日本公司所有权结构和股东构成的变化，股东的影响力开始逐渐提高，特别是来自外国投资者和中小股东的影响力在持续上升。

日本公司法——商法的修改，为加强股东直接和间接控制日本公司管理提供了一种重要的驱动力量。1990年代加强股东权利的一个重要步骤是关于股东诉讼费用的一项法律修改。直到1993年日本法院对股东衍生诉讼按索赔金额的比例收取立案费。1993年开始改变为按8200日元的固定费用收取，这扫除了股东通过衍生诉讼监控公司的主要障碍。在同一次法律修正中，还把有权检查公司账目所要求的股东最低持股比例从以前的10%调低到3%。从1950年到1990年的四十年间日本公司股东总计只提出了约20起衍生诉讼案件，而在1991到2000年间，有至少494起股东诉讼案件。

外国投资者已经成为日本资本市场上的一个日益重要的角色。他们积极地参与公司股东大会，影响力已经在市场上显现。与典型的安静的日本股东相比，他们代表着一种更为挑剔和更有批判眼光的股东基础。

12.4.4 走向未来：公众持股公司主导的战略联盟

源自旧财阀的三大集团和以银行为中心的三大集团所共同具有的主要特征就是主银行和交叉持股。但是这两个曾被作为其优势源泉的战后日本企业体制的主要特征，在日本高速增长时代结束和泡沫经济崩溃之后，都受到了普遍的诟病。这种诟病并不仅仅是来自美国，在日本企业内部，也形成了一股强大的反思和自主改革力量。正是因为缺少股东主权的约束和在银行的大力支持下，日本企业大量投资，大量购买地产和股票，吹起了地产和股票两大泡沫，既葬送了持续几十年的高增长，也带来了十几年的“迷失”和艰巨痛苦的调整。金融业失败、制造业保持胜利，这是很清楚的战后“日本模式”的结局。

事实上，我们以前所熟悉，甚至津津乐道意欲模仿的那些战后日本企业的传统体制特征，从主银行、安定股东、交叉持股到终身雇佣等等，无一不在逐步地减弱和消解，以金字塔结构和交叉持股为特征的日本企业的高度集团化特征已经是过去时。

从制造业中成长起来那些新兴大型国际化的日本集团企业，已经不再主要依赖银行融资，而是走上了全球资本市场，通过全球发股、发债来融资，并且由此成长为新型的日本企业集团。日立、丰田、索尼以及东芝、佳能、富士通等等这些真正并且势力日益强大的日本集团企业，其运作模式已经完全不同于旧式财阀企业，也不同于经典的日本系列关联企业模式。

根据东京证券交易所发布的《东证上市公司治理白皮书2015》，在截至2014年7月14日的全部3114家东京证券交易所上市公司中，只有9.0%的公司第一大股东持股比例在50%以上，高达56.2%的公司第一大股东持股比例不足20%。11.4%的东证上市公司有母公司，7.0%的东证上市公司有控制性股东但无母公司，余下81.6%的东证上市公司无控制性股东。65.7%的东证上市公司子公司数量不足10个，只有2.7%的东证上市公司子公司数量超过了100个。

从传统的财阀企业，经过系列企业，到目前的新型公众持股公司，因时而变的日本企业集团模式背后，可以发现日本拥有一个具有高度灵活性和适应性的公司治理系统，并且可能是这个世界上最有灵活性和适应性的一个。从二战前到二战后，从高增长时代到长期的停滞和现时代，日本的“企业集团”模式和公司治理景观已经随着时代而发生了根本性的改变。从家族控制到政府控制和银行控制，从股东控制到经理和雇员控制再到向股东控制的回归，从集中所有权到交叉持股，再到分散的公众持股，日本在不同类型的“企业集团”和公司治理结构基础上都取得了卓越的商业和经济成就。

表12-3　日本企业集团的三个时代与三种类型——财阀企业，系列企业，新型企业

	财阀企业	系列企业	新型企业
兴盛期	明治维新～1945	1946～2002年	2003年～
所有权	家族持有	交叉和稳定持有	公众持有
融资	自我融资	银行贷款	股票和债券发行
控制	创始家族	主银行和经理人	资本市场
结构	控股公司	公众公司	公众公司
董事会	家族委员会	内部人、大型董事会	外部人、小型董事会
雇员	家族导向	终生雇佣	市场驱动
目标	利润和家族财富	增长和雇员福利	股东价值

12.5　独特的富通集团：一套人马四块牌子

整个富通企业集团包括了四个法律上独立的公司（即两个母公司和两个集团控股公司），但实际是作为一个单一实体来运营的。四个公司中每一个公司都拥有一个董事会、一个首席执行官和一个执行委员会等公司机关，但是它们的人员构成和权利都是一样的，也就是“一套人马，四块牌子”。

12.5.1　孪生股票原则：富通集团独特的股东结构与股东会议

富通控股（Fortis Holding）在法律上实际上是被称作“母公司”的两家公司：比利时富通（Belgian Fortis SA/NV）和荷兰富通（Dutch Fortis N.V），同时受比利时和荷兰两国的公司法管辖，要遵守这两个国家的公司治理原则。

两家母公司以50%对50%拥有两个集团控股公司（Group Holding Companies）——富通布鲁塞尔（Fortis Brussels）和富通乌得勒支（Fortis Utrecht）。母公司和集团控股公司作为一个整体时统称“富通集团母体结构”（Fortis Parent Structure）。

2001年9月27日，富通董事会宣布将其原先的双重股份结构统一为一种上市流通的股份——“富通股份（Fortis share）”。富通股份替代以前的富通（比）和富通（荷）两种股份。富通股份主上市地为泛欧—阿姆斯特丹和泛欧—布鲁塞尔，次上市地为卢森堡股票交易所，同时以ADR形式在美国上市。富通股份从2001年12月17日开始上市和交易。

股东每购买一股富通股票，相当于同时购买了富通比利时和富通荷兰的各一股普通股。富通股票发行的数量总是等同于富通比利时的股票发行数量，也等同于富通荷兰的股票发行数量。富通这一独特的孪生股票原则意味着一个富通股票单位代表着在两个法律实体中的一股，各自有其国籍。股东拥有在两个母公司的投票权，可以选择完全从比利时或者完全从荷兰获得分红。

富通的股东年会通常在每年四月的最后一个星期三举行。上午时段（比利时富通）在布鲁塞尔，下午时段（荷兰富通）在乌特勒支。在富通董事会认为必要时可以举行临时股东大会。代表超过10%股份的股东可以召集临时股东大会。提议召开临时股东大会要明确将讨论的具体议题，并必须提交给富通董事会。富通董事会有义务在收到提议三周之内召集临时股东大会。根据临时股东大会的议题，可以在比利时或者荷兰（或者两地同时）召开。在比利时富通和荷兰富通这两个股东大会上讨论的议题原则上相同，只会因为法律规定而有微小差异。

需要提交股东大会讨论的事项包括：董事会成员和外部审计师的任命；解聘董事和外部审计师；年度报告；年度分红；发行富通新股或者授权董事会发行富通股份；缩减股份资本；重大的公司治理变化（如修改公司章程）；意义深远以至影响到公司属性的一些决策，如将富通企业的一个重要部分向第三方转让，从而使富通停止了在保险或者银行业务领域里的经营；会导致公司核心净资产增加或减少超过最近财务报告中数量的三分之一的收购或者分拆行为。

单独或者合计代表1%以上股份或者持有富通股份价值达到5000万欧元的

股东，可以提出列入股东大会议程中的议题，但要在股东大会召开60天之前提交给董事会。

年度股东大会要提前24天通知，临时股东大会则根据议程和议题决定合适的程序。会议议程和有关解释资料在富通网站公布，并要接受股东咨询。

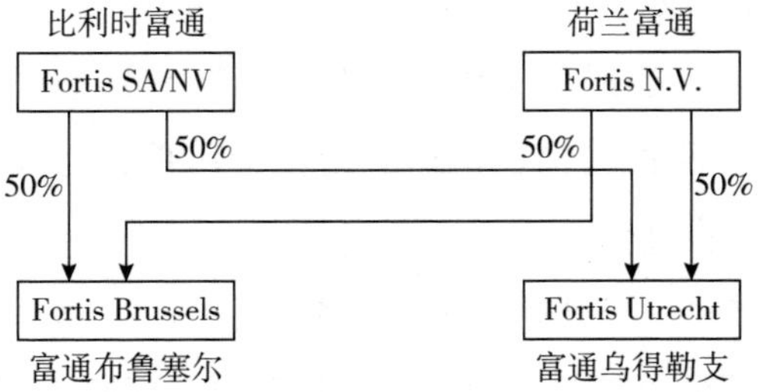

图12-8　富通集团母体结构

12.5.2　富通集团的董事会

除由公司法和公司章程规定由股东决策的事项之外，董事会是富通控股的最高决策制定机构。董事会的基本职责是为富通提供战略指导和监督富通的事务。董事会的主要战略关注点是业务发展、金融和风险管理，以及保证富通具有最适宜达到这一战略目标的领导力。为此，董事会要做到：定期举行战略会议，评估富通的市场定位和业务战略；以首席执行官的建议为基础，讨论战略方案并决定战略，在首席执行官的领导下来执行。

富通董事会的构成

董事会最多可以由17人构成，实际人数由富通的需要而定。董事会成员的多数要是非执行董事，另有至少两位执行董事会成员，即首席执行官和副首席执行官。

非执行董事会成员可以服务于其他公司的董事会，从事其他事务，但是要满足下列条件：是富通之外的事务，不能产生实际或潜在的实质利益冲突，不能影响其作为富通董事履行职责的能力。执行董事会成员不许在除富通母公司之外的任何上市公司担任执行或非执行董事会成员，除非得到富通董事会的明确批准。

在董事会成员任期未到辞职导致董事会成员空缺的情况下，根据比利时法律，余下董事会成员可以任命一位新董事会成员替补，该任命将由下一次股东大会进行确认。荷兰法律中则没有类似的程序，任命董事会成员总是要召开股东大会。

董事任期通常是三年，最多四年。为了保证平稳过渡和董事会运作的连续性，原则上安排每年大约三分之一的董事任职到期。单个董事最多可以连续任职12年。为了公司的利益，特殊情况下，经董事会批准可以例外，但要向股东大会解释这一例外的理由。

非执行董事在他们年满70岁那年的股东大会召开日退休。特殊情况下，董事会可以提名一位将满70岁的董事再当选为最多三年的一届任期。董事会做出这一例外安排时，要向股东大会做出原因解释。

执行董事在他们年满60岁那年的股东大会日期退休。董事会可以做出例外安排，推迟执行董事会成员的退休日期，但无论如何不能超过他们年满65岁的那个月底。

富通董事会的领导

董事会在他们的非执行成员中任命一位主席和一位副主席。董事会主席负责领导董事会，确保董事会有效运作：监督富通的治理结构，包括其法律结构，是否适应富通的需要，必要时向董事会提出改变建议；对优化董事会结构负责。

为了确保董事会的有效运作，董事会主席要做到：确保一个清晰、一致理解和相互尊重的各个富通公司机构的角色和职责；确定董事会会议计划——董事会主席在征询首席执行官意见后，制定董事会和其委员会的议程，为董事会的每一年度安排及每一次会议制定议程，提出要提交董事会的信息，要董事会讨论、批准和决定的事项；筹备、主持和领导每一次董事会会议——董事会主席要审核提交董事会的所有议案，确保书面材料提前分发给每一位董事；确保董事会层面持续性互动和对话的质量——董事会主席要确保董事会收到公司战略、业务、财务和竞争态势方面持续性的及突发事件的有关重要信息，董事会要推动全体董事会成员之间，以及非执行董事会成员和执行管理层之间建立和维持一种尊重、信任和坦诚的氛围；确保新董事会成员得到适合其个人情况的导入培训，并确保所有董事会成员都能够得到持续性的培训和教育。

董事会主席要从源头参与到首席执行官有关重大事项的决策之中，包括合并、收购、剥离及其他重大交易；要主持股东大会，确保股东大会有效举行；经与首席执行官咨询后，代表和监护富通的利益，与外部相关者保持沟通，参加外部政策论坛。

董事会副主席，作为非执行董事的一员，是董事会主席完成上述职责的第一支撑。董事会主席为有效完成其职责，随时征询副主席的意见。主席不在时，副主席接替主席。

富通董事会的会议

富通的董事会会议总是一件“二合一”事项。任何富通的董事会会议都是富通董事会成员在一个单一的会议上讨论和做出有关富通的决策。但是法律角度看，是两个会议在一体化地举行。

两个集团控股公司也拥有同样一个“董事会（实际是集团管理委员会，下称管理董事会）”，内部称为子公司董事会。该管理董事会由首席执行官（主持会议）和执行经理层组成。管理董事会中，首席执行官和执行经理人员负有同样的职责，就是作为管理董事会成员在同一层次上监控富通的银行和保险业务活动。

通常每年举行八次董事会例行会议。出于公司业务事项的具体需要，可以以适当的通知在任何时间召开“额外的”董事会会议。

董事会成员要为董事会会议投入足够的时间，定期参加会议。原则上应该现场出席会议。特殊情况下，董事长准许一个或所有董事会成员通过电话和视频会议方式出席会议。至少一半以上的董事或其代表出席董事会会议方为有效。董事可以通过签署信件或传真方式委托其他董事代为出席。一个董事代表其他董事委托数量不能超过两个。

董事会可以通过所有董事书面一致同意的方式、不实际举行会议形成董事会决议。这种做法只能在状态特殊、事项紧急并为公司利益所要求的情况下采用。

董事会决议有效需要出席会议人数的多数同意。每次董事会的会议都要有记录。

富通董事会的委员会

为了有效地完成董事会的职责，富通集团董事会设立了提名与薪酬、风险与资本、审计等三个委员会。

董事会委员会具有董事会顾问的角色。他们在一些具体事项领域上协助董事会，深入研究到一定程度，给董事会提出建议。但是，只有董事会拥有做出决定的权力。每一委员会的角色和义务，由董事会决定，在其章程上写明。每次委员会会议之后，委员会要向董事会报告他们的行动、结论和建议。

各个委员会都由非执行董事会成员组成，最少3人，最多5人。所有的委员会成员都要满足富通董事会的董事独立性标准要求。

董事会指派委员会成员和主席。每年评估一次委员会的构成情况。委员会成员的指派基于以下要素：他们的具体能力和经验，及董事会成员能力的整体要求；每个委员会作为一个小组有效完成职责所要求具备的能力和经验。

董事会主席担任提名和薪酬委员会的主席，此外不能再是其他任何委员会的成员。董事会主席拥有参加审计委员会和风险及资本委员会会议的“长效邀请函”。委员会主席通常也要邀请首席执行官和副首席执行官参加委员会会议。当提名与薪酬委员会讨论有关执行管理层的事项的时候，首席执行官一定要参加。

董事会的会议规则，同样适用于董事会委员会的会议。半数以上人员出席方为有效，原则上要亲自出席。委员会成员多数同意才能形成委员会决议。每次委员会会议均要做会议记录。

专栏12-4　富通董事会三个委员会的职能

提名与薪酬委员会：在与董事会成员和执行经理人员的任命和薪酬决定有关的事项上协助董事会；提名与薪酬委员会每年至少要召开三次会议；四位非执行董事会成员组成。

风险与资本委员会：协助董事会理解富通经营中的风险，监控公司风险管理架构，确保富通拥有与其风险程度相应的足够资本；每年至少三次会议；四位非执行董事会成员组成。

审计委员会：协助董事会完成其在财务报告的内部控制方面的监督与监控职责；每年至少五次会议；四位非执行董事会成员组成。

12.5.3 执行管理层：首席执行官与集团执行委员会

富通执行管理层的角色是根据富通董事会批准的价值、战略、政策、计划和预算经营富通公司。富通的执行管理层由首席执行官和集团执行委员会组成。根据富通公司章程，董事会决定首席执行官的义务、权力和职责，并批准由首席执行官提议的集团执行委员会的义务、权力和职责。

富通的首席执行官

作为富通的最高执行官员，首席执行官要做到：清晰地界定和传播富通价值观，设定“高层声音”，鼓舞富通管理层和员工的行为。研究、定义并向董事会提议公司的战略选择，及其他有助富通发展的意见，执行和落实董事会的决定。主持、组织和领导集团执行委员会，就集团执行委员会的组成、权力和职责向董事会提出建议，并就执行委员会的绩效对董事会负责。就每位集团执行委员会成员完成其个人职责的绩效给予支持和指导。为集团执行委员会成员设定目标，评估业绩，提出薪酬建议。作为富通的主要发言人面对外界。

为使董事会和董事会主席能够履行他们的职责，首席执行官要做到：与董事会之间保持一种持续性互动和对话，以及相互尊重、信任和坦诚的氛围；对由董事会决定的事项遵循董事会或其委员会的决定，并负有落实这些决策的最终职责；向董事会提供董事会履行其职责所需要的所有相关信息，并就首席执行官和集团执行委员会完成其自身职责所做出的重要旨意和决定向董事会定期汇报。定期与董事会主席会面，把董事会主席纳入战略性讨论之中，并就所有重要问题，特别是那些需要提交董事会和其委员会的事项，与董事会主席进行讨论。

首席执行官负责母公司和集团执行委员会的日常管理，确保一些具体事项上董事会所赋权力和职责的执行。在不违反其自身的权力与职责范围的情况下，董事会要授予首席执行官履行其职责与义务所需要的充分和必要的权威。

首席执行官有代表母公司和集团控股公司的双重身份，但是在所有有关日常管理及董事会委任的具体事项上，都是作为一个实体的行为。首席执行官有权向下进一步授权。

董事会在其成员中提出首席执行官人选，由股东大会正式任命。

富通的集团执行委员会

集团执行委员会由首席执行官和得到任命的富通执行管理层人员组成。董事会根据首席执行官的建议，征询董事会主席的意见，并在提名与薪酬委员会的支持下，任命集团执行委员会成员，并任命副首席执行官。集团执行委员会作为一个小组来运作，同时每位集团执行委员会的成员也都有具体的职责领域。

首席执行官是集团执行委员会的负责人。副首席执行官在所有的日常事务上协助首席执行官，并在首席执行官缺席的情况下，替首席执行官完成职责，如主持集团执行委员会会议等等。同时，副首席执行官负责集团人力资源管理。集体执行委员会中包括业务部门的首席执行官（零售银行部、商人银行部、私人银行与资产管理部，以及保险业务部），集团的首席财务官、首席风险官、总法律顾问和首席运营官。

首席执行官领导集团执行委员会的组织与运作。一位秘书（可以是也可以不是公司秘书）负责协助首席执行官。

通常，集团执行委员会每两周召开一次会议。应首席执行官或两位委员会成员的要求，可以在任何时间额外召开集团执行委员会会议。

一半以上或者代表一半以上投票权的成员参加，构成有效的集团执行委员会会议。

会议由首席执行官主持，首席执行官缺席时由副首席执行官主持。

每一次集团执行委员会会议都要有会议记录。

基于首席执行官的建议，董事会决定集团执行委员会的义务如下：在首席执行官的领导之下，研究、定义和准备公司的战略选择，及有关促进富通发展的建议，这包括战略计划、组织实施、外部发展（向富通董事会提出有关进入、修改或终止任何一项联盟、分拆或合并、投资、收购和剥离的建议，涉及母公司的事项，或者超过1亿欧元的事项，或者不管金额大小，但在首席执行官看来事项重大需要由董事会决定）。拟订并向董事会提出有关富通政策的议案，获得批准，负责实施。

集团执行委员会在首席执行官的领导之下，通过以下方式管理富通公司：制定和实施首席执行官认为属于集团执行委员会范围之内的富通政策；对富通的公司和业务给予指导和支持，同时尊重、遵守富通内部各个公司所面临的不同的法律和监管规则；根据集团执行委员会的规则和标准，批准或决定有关进入新业务、修改或终止任何一项联盟、分拆或合并、投资、收购和剥离等，没有保留在董事会手中的事项。

集团执行委员会的权威和权力为其成员所共享。集团执行委员会对首席执行官负责，首席执行官就集团执行委员会的权力行使与职责完成对董事会负责。

12.5.4 法律、运营和区域三个维度的组织结构设置

富通集团的组织结构是按照法律（法律结构）、运营（业务和支持组织）和地域（国家结构）三个维度设置的。

法律结构

集团控股公司（富通布鲁塞尔和富通乌德勒支）是运营公司和服务公司的股东（直接或通过次级持股公司持股）。所有与保险相关的业务均组织在富通保险公司（Fortis Insurance N.V.）之下，同时所有与银行相关的业务（包括银

行、租赁和资产管理等等）均组织在富通银行（Fortis Bank）之下。每一家运营公司都有自己的公司治理结构，要满足富通的需要，并符合其注册所在国家的法律和监管要求。

业务和支持组织

整个富通分为四大业务板块。每一个板块都是跨国并按统一线路向集团执行委员会报告的。一个业务板块中包含瞄准特定顾客区间的相关业务活动组合，按一个共同的目标和战略进行运营，由一个以一位集团执行委员会成员为主席的管理小组负责。这四大业务板块分别是：零售银行，以个人和小企业为对象；商人银行，为大型国际公司、机构和中型企业提供公司银行服务；私人银行和资产管理，为富有的个人提供全面银行服务，为机构及一些私人顾客提供全球资产管理解决方案；保险，包含富通的所有保险业务。

这些业务由几个职能部门提供支持，每一个职能部门由一个管理小组负责，该小组负责人要向一位集团执行委员会成员汇报工作。支持部门的作用有三个：提供职能性领导力，设定集团范围内的标准并监督实施；提供标准化的服务，也提供定制性的服务。

每位集团执行委员会成员领导一个业务部门和/或支持性职能部门。2008年1月1日开始，除集团执行委员会之外，成立了一个业务执行委员会，由业务部门和职能部门代表共同组成，向集团执行委员会汇报，协助集团执行委员会执行由富通董事会批准、集团执行委员会制定的公司战略和政策。

区域/国家组织

富通组织结构第三个维度是国家和区域性的，按国家和区域建立管理平台，把所属区域内的所有实体的关键经理人员集中到一起，以确保区域内各种业务之间的协调，以及适当的当地代表性。这一平台通常是按国家来建立的，从而称为国家管理小组，由一位国家经理担任主席。国家经理向富通集团副CEO汇报。

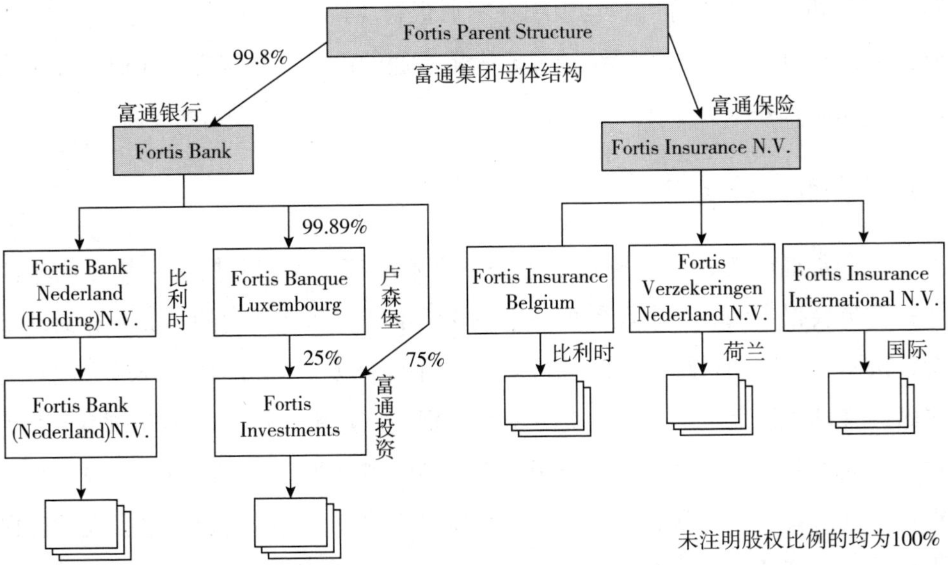

图12-9　富通集团母体结构

富通集团（Fortis）曾是欧洲最大的金融机构之一。由于国际金融危机，富通已经发生了“全变态”。在荷兰的银行和保险业务已经被荷兰政府收购，其他银行业务被比利时政府收购，并最终将与比利时保险业务一同被巴黎银行收购。这一出售完成之后，富通将只有①富通保险比利时，②富通保险国际和③各种各样金融工具所构成的金融资产和债务。富通保险国际的业务分布在英国、法国、中国香港、卢森堡（财险）、德国、俄罗斯和乌克兰，以及在卢森堡（人寿）、葡萄牙、中国大陆、马来西亚和泰国的合资公司。富通控股以后将不再涉足银行业务。

第13章

股权激励、员工参与和公司治理

想让员工“像股东一样思考和行动”，那么，最好的方式就是让他们成为股东！

1990年代以来，随着全球资本市场的一体化和全球公司治理规范的趋同，起源于美国的薪酬性股票期权作为一种公司治理机制也在全球范围内推广。首先在英语国家如加拿大、澳大利亚和英国，然后在法国、德国和日本，以及在印度、新加坡等亚洲国家，都得到应用。美国联邦政府的税法（Internal Revenue Code）、证券法和证券交易法，各州的公司法，财务会计准则委员会的会计准则和证券交易所的上市规则等，对与薪酬性股票期权相关的各种问题都有具体明确的规定，以保护各方面的利益。而在亚洲等发展中国家，由于市场经济法律体系的不健全，为推进薪酬性股票期权的应用，则需要政府出台一些专门的政策性文件。如印度证券监管机构（SEBI）的“员工股票期权计划和员工股票购买计划指引1999”，新加坡财政部于1999年10月和2000年5月分别发布的“员工股票期权计划”和“创业性员工股票期权计划”等。

13.1 与股票价值挂钩的薪酬工具

13.1.1 正确认识股票期权

股票期权为我们提供了一个思考中国距离市场经济还有多远这一问题的绝好例子。尽管市场化改革已经进行了三十年，但是中国距离真正的市场经济还有很长很长的一段距离。这种距离绝不仅仅是体制和政策方面，还包括人们对市场经济与市场机制的认识和理解方面。

改革使经济学成为显学，在新浪网上可以查到近万条有关“著名经济学家”的新闻，充分反映了我们对市场经济认识的巨大需求。但是一涉及到股票期权这样的实实在在的具体的市场机制问题，就会发现我们的认识是多么肤浅和表面化。

2001前后，中国对股票期权的讨论热火朝天，当时充斥各种媒体的流行说法是对股票期权一片叫好，什么实施股票期权制度公司没有成本，什么股票期权是“公司请客市场买单”等等。甚至觉得可以通过股票期权制度来打一场国有企业改革的产权改造攻坚战。

美国安然破产，尤其是世通、施乐等公司财务造假案暴露出来之后，中国的一些人士可能在庆幸我们当时没有大张旗鼓地搞起来股票期权，而学术、媒体和舆论的风向则又简单地倒向了另一边，什么美国的那一套也不灵了，什么“都是股票期权惹的祸”等等。

笔者曾很长时间专心进行股票期权问题研究，天天搜索、浏览和阅读有关的中英文新闻与文献。最初也以为股票期权没什么太复杂的，可是越研究越发现它极为复杂。股票期权涉及的方方面面，中国都还差得很远。但是最主要的障碍还是人们不去认真地研究问题，而只是简单地从自身利益出发去误解甚至是故意地曲解它。

实施股票期权公司不仅不是没有成本，而且可能是一种“以未来现金支付今天劳动的一种更为昂贵的方式”。这几年美国公司的股东们正在以某种方式支付这一可能是十几年前发生的成本。

美国公司财务欺诈问题，跟股票期权有一点关系，但也同样不全是“股票期权惹的祸”。没有股票期权的年代，公司没有财务欺诈案吗？中国没有股票期权，假账也不比美国少。即使没有股票期权，只要造假能够带来利益，企业就有动力造假。能否抑制企业造假，关键还在于市场竞争的程度、规则和对造假的查处与惩罚力度。

三十年前美国曾经发生过一场有关股票期权会计处理问题的大论战，当时的公司经理人实力强大，迫使美国财务会计准则委员会屈服了，没有强制实施股票期权制度的公司将股票期权的成本按FASB123号准则的“公平价值法”进行会计处理。公司可以在会计报表中继续按FASB44号会计准则的“真实价值法”进行处理，但是要在会计报表附注中给出按公平价值法进行处理的会计调整结果。

当时强烈要求对股票期权按公平价值法进行会计处理、正确核算股票期权成本的投资者代表之一就是著名的价值投资大师巴菲特，他的名言是“股票期权不是薪酬是什么，是薪酬不是成本是什么，是成本不进财务报表进哪？”可惜，有关方面没有听取他的忠告①。

大量的公司出事之后，美国人开始反省和总结。以可口可乐为代表的领先公司开始自觉地将股票期权按公平价值法正确地计入公司的成本。但是像英特尔这样的高科技企业发出的股票期权实在太多，按公平价值法计入成本对公司当前利润的影响实在太大，仍然坚持认为“在这些成本没有实际发生之前不计入”是适当的。

但是，不管你的财务报表正文中计不计入，只要你真实完整地披露了有关情况，精明的投资者们已经知道要考虑这一潜在的成本要素了。经理人和投资者之间有关股票期权的第一轮博弈过程已经结束。该怎么完善就怎么完善，没有人否定股票期权还是一种可用并且很好用的公司治理和董事、经理人激励机制。

与著名公司治理运动人士孟克斯合编权威之作《公司治理》一书并共同创建了第一家公司治理投资基金——LENS基金的米诺女士，正在其主持的公司治理专业网站——公司图书馆网站上进行一项有关股票期权是否应该记入成本的民意调查。这是由公司治理运动的主要领导者——美国加州公职人员养老基金发起的一项调查。

美国人争论的是股票期权的成本到底应该如何计量、何时入账等非常深入和细节的问题，而不是实施股票期权公司有没有成本的问题，更不是股票期权有没有用，是否要一棍子打死的问题。

中国还是要积极、认真、深入地研究和探索如何能够合理、有效、正确地实施和推广股票期权制度。曾经有过的内部职工股被用作贿赂等问题，并不是内部职工股本身的错。我们不能总是把孩子和洗澡水一起倒掉！

---

① 这是巴菲特关于股票期权会计政策提出著名的三个问题，中文版《巴菲特致股东的信——股份公司教程》中有收录（巴菲特2004）。

13.1.2　理清概念：期权、股票期权与薪酬性股票期权及其四个环节

期权与期货不同，期货的买卖双方是必须要进行交割的，期权则将是否交割的选择权利赋予了合约的一方。期权的准确定义是买卖双方订立的一个合约，期权卖方“有责任”保证期权买方“有权利”在未来一段时期之内（美式期权）或未来某一时点（欧式期权）以约定价格购买（或卖出）约定数额标的物，为此期权卖方向期权买方收取权利金（premium）。期权交易的标的物从实物到金融产品应有尽有，较常见的包括股票、外汇、利率、股票指数等等。标准化的期权合约和交易所集中交易始于1973年。

股票期权是以股票为标的物的一种合约，期权合约的卖方也称立权人，通过收取权利金将执行或不执行该项期权合约的选择权（英文期权Options一词的字面含义）让渡给期权合约的买方，也称持权人。持权人将根据约定价格和股票市场价格的差异情况决定执行或放弃该期权合约。在美国，那些进入指数的股票，一般都有标准化的期权合约在市场上交易，这些股票期权合约的交易与发行股票的公司无关。

薪酬性股票期权（Compensatory Stock Options），即把股票期权作为一种薪酬由公司付给其雇员或非雇员（服务提供商）则是一种公司行为。这里的“薪酬”，更准确的译法应该是“报酬”，因为这种股票期权不仅可以给公司董事、经理和雇员，也可以给公司的管理顾问等其他的服务供应商。薪酬性股票期权起源于1960年代的美国高科技企业，1980年代的大牛市和1990年代的公司治理运动使美国的上市公司开始普遍采用股票期权作为高管人员的报酬。

薪酬性股票期权的四个关键环节是授予（Grant），生效（Vest），行权（Exercise）和出售（Sale）。授予本身只是一个合约，是公司决定将一定数额的股票期权作为薪酬支付给董事、经理或员工（以下统称雇员）；如果该项股票期权意在酬劳雇员过去的劳动，可以马上一次性生效，即“谢谢你对公司的贡献，现在给你这些股票期权，你已经可以行权，也可以选择持有，在到×年×月×日为止的有效期内自由选择最佳行权时机”。如果意在酬劳雇员未来的劳动，则可以规定在未来一定时点之前一次性或分批生效，即“现在开始，你

给我工作到×年×月×日，我给你××股票期权。”

生效实际是雇员已经“挣得”了这些股票期权的表示。如果做个比喻，授予是双方签订合约确定酬劳金额，而生效则是根据工作进度实际支付。一次性生效和分批生效就像根据合同一次性付款还是分期付款一样。只有已经生效的股票期权，才是持有人真正拥有的“财产”，持有人才能行权。

股票期权的第三个环节是行权，也就是按授予股票期权的约定价格实际购买股票。一般是在生效日（又译成权日）即拥有行权权之后到股票期权到期日之前的可选择时段（有效期）内行权。行权时股票期权持有人也就实际获得了行权价格和行权日市场价格之间的价差收入，一般将此收入视作薪酬收入。通过行使股票期权而持有的股票被称作期权股票。在美国，除期权股票的出售时间选择会影响其税收待遇之外，雇员的期权股票和直接购买的股票是一样的，拥有同样的权利。

股票期权的第四个环节是期权股票的出售，在出售之后，雇员就获得了行权收益及其行权后继续持有股票的资本增值或损失。

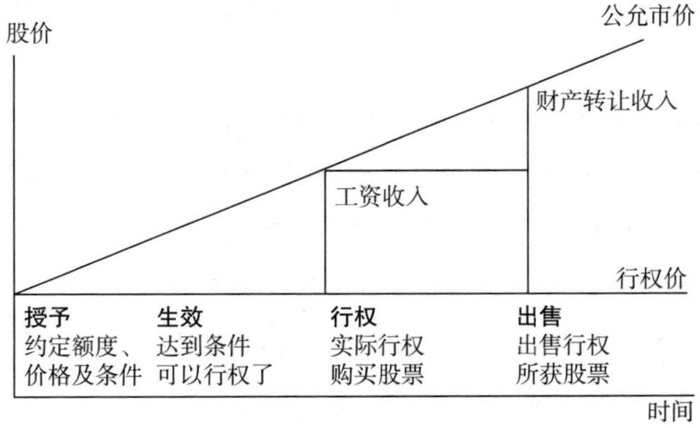

图13-1　股票期权的四个环节

13.1.3　界定性质：股票薪酬（Stock-Based Compensation）及其类别

股票期权及其他股权激励工具兴盛的一个重要原因是它们具有与公司股票

业绩挂钩的性质，是一种绩效薪酬。要求经理层薪酬要与业绩挂钩的压力，来自股东和税收两个方面。在股权高度分散的情况下，经理层控制公司，给自己发放高额薪水，侵犯股东权益；在一些家族控制的公司中大股东出任管理层职务，通过领取高额薪水而侵犯其他股东的权益。通过与股票价值挂钩，可以使经理薪酬与股东的利益一致。税务部门为了避免企业通过发放过高的薪酬逃避企业所得税，也会对超过一定数额的薪酬进行限制。中国当前所普遍存在的家族创业者和个人大股东只拿很低的工资甚至不拿工资，但个人性的花费全部冲账报销等类现象，反映的是我们税制和税收征管方面的落后。

股票期权是最主要的一种与股票挂钩的薪酬（Stock-Based Compensation）工具。与股票挂钩的薪酬或简单译为股票薪酬，可以从是授予股票价值的增量还是全值和是以真实的股票还是以现金来实际执行两个角度划分为四大类：全值授予（Full Value Grants）以股票来执行——受限股票（Restricted Stock）和绩效股票（Performance Share），全值授予以现金来执行——模拟股票（Phantom Stock），增值权授予（Appreciation）以股票来执行——股票期权（Stock Options），增值权授予以现金来执行——股票增值权（Stock Appreciation Rights）。

专栏 13-1　股票薪酬的四个类别

工具举例		是授予股票价值的增量还是全值	
		全值授予（Full Value Grants）	增值权（Appreciation）
是以真实的股票还是以现金来实际执行	股票	受限股票（Restricted Stock） 绩效股票（Performance Share）	股票期权（Stock Options）
	现金	模拟股票（Phantom Stock）	股票增值权（Stock Appreciation Rights）

受限股票和绩效股票均属于全值股票授予。作为一种基于股票的薪酬方式，股票授予的使用少于股票期权，美国有大约70%的大型上市公司至少向其部分雇员授予股票。在现行会计准则下，股票授予的公司成本更高，因此股票授予一般只对关键雇员。股票授予的运转方式为：基于留在公司服务（受限股票）或达到预定绩效目标（绩效股票）而将普通股在一个确定的授予时期内

（一般是3～5年）无偿授予给雇员。股票授予价值等于授予的股票数额乘以授予日的股票价格，持有人得到股票的全部价值，并在限制期内得到分红，限制取消之后持有人完整地取得股票。

受限股票是公司在一个确定的生效（Vest）期限内授予（Grant）雇员一定数额的股票，雇员出售股票要受到持续服务条款的限制。例如：公司授予首席执行官1万股受限股票，当前股价是25元，该项授予总价值为25万元。股票的授予在5年中进行，每年授予20%，如果该首席执行官离职则失去未授予的股票。受限股票永远不会负值，即使股票价格下降到授予时的初始价格以下，受限股票也总有价值，因此受限股票是一种更为有效的留人手段。

除被授予人实际所得股票数额与公司或个人绩效挂钩之外，绩效股票的运作机理与受限股票类似。公司确定一个股票授予的目标数额，最终得到的数额随公司或个人达到、超过或未达到绩效目标而变；最终得到的价值取决于挣得的股票数额和当时的股票价格。绩效股票也可以用与挣得股票数额和当时股价乘积等值的现金来支付，但会失去让被授予人实际持有股票的目的。例如：首席执行官接受1万股的股票授予目标数额，如果公司达到4年内每股年收益增长15%的目标，则首席执行官得到全部1万股绩效股票；如果公司没有达到4年内每股年收益增长10%的底线，则首席执行官一股绩效股票也得不到；如果公司4年内每股收益增长20%，则首席执行官得到1.5万股绩效股票。

还有一种全值股票授予工具——绩效加速受限股票（Performance-Accelerated Restricted Stock）。如前所述，受限股票是指以持续服务为条件、数量和授予时间都在授予时确定了的全值股票授予形式；绩效股票则是在持续服务要求基础上，授予数量跟绩效挂钩的一种全值股票授予形式；绩效加速受限股票则是在持续服务基础上，授予速度和绩效挂钩的一种全值股票授予形式。这里的绩效可以是公司或个人绩效，绩效指标可能是股票价格、收入增长等，绩效越好，授予越快。如：净收益增长50%，则授予50%；净收益增长80%时授予75%；净收益增长90%时授予100%。

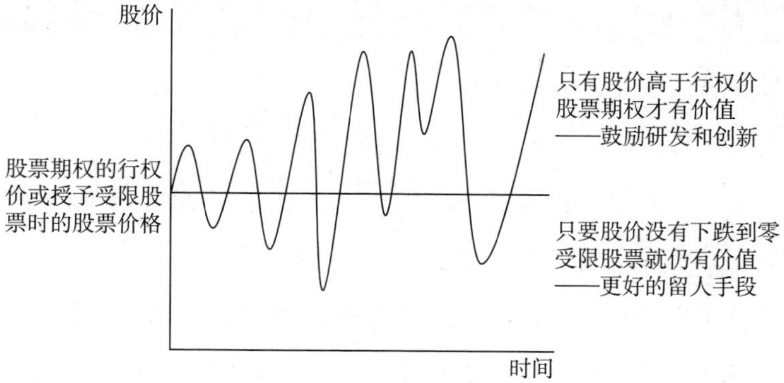

图13-2　受限股票与股票期权的比较

专栏13-2　三种全值授予工具的总结

受限股票是指以持续服务为条件、数量和授予时间都在授予时确定了的全值股票授予形式。

绩效股票则是在持续服务要求基础上，授予数量跟绩效挂钩的一种全值股票授予形式。

绩效加速受限股票则是在持续服务基础上，授予速度和绩效挂钩的一种全值股票授予形式。

在公司治理机制比较完善的美国，与上述全值股票授予形式相比，增值权形式尤其是股票期权应用更为广泛。90%以上的大型上市公司授予股票期权，高层经理是最主要的期权接受者。但也有大量公司，尤其是高技术和高增长公司向大多数或全体雇员授予股票期权。与受限股票的留人功能相比，股票期权的主要功能是鼓励经营者创新和创造长期股东价值。对于接受者来说，股票期权只有上向收益而没有下向风险；等于是股东对经营者说："大胆干吧，赚了有你一份，赔了是我的。"

除无需实际行权和持有股票之外，股票增值权的运作机理与股票期权是一样的，是一种增值权形式的与股票价值挂钩的薪酬工具。股票增值权和模拟股票一样，是用现金来模拟的股权激励机制，与工资和年度奖金相对应，被统一称作长期现金计划（Long-Term Cash Plan）或股票等价物。

专栏13-3　　长期现金计划

与股票挂钩但用现金来执行，相对于工资和年度奖金其激励的期限比较长。最主要的两类长期现金计划包括模拟股票和股票增值权。

除无需实际行权和持有股票之外，股票增值权的运作机理与股票期权是一样的，是一种增值权形式的与股票挂钩的薪酬工具。

除无需实际给予股票和持有股票之外，模拟股票的运作机理与全值股票授予是一样的，是一种全值授予形式的与股票挂钩的薪酬工具。

模拟股票或股票增值权经常在下述条件下使用：股票薪酬计划可得股票数额有限；股票期权或股票授予导致的股权稀释太大；封闭公司，没有股票给雇员。与真正的股权激励机制相比，模拟股权激励机制的会计成本较高，现金流要求大，这导致模拟股权激励机制往往只对高层经理使用。模拟股票计划的运转流程是：雇员接受一个固定数额的模拟股票（或这些股票的增值权益）授予；模拟股票的价格通过外部人员的价值评估或一个经济/财务模型计算；典型的授予期限为3～5年；授予期结束时，模拟股票的价值等于股票数额与最终计算的模拟股票价格之乘积；用现金支付。

13.2 股票期权的各种变化形态

最经典的股票期权只是所有者和经营者之间、公司和员工之间的一种薪酬合约，雇佣协议的一个组成部分。其设计可以十分灵活，没有什么限制，只要所有者和经营者“两厢情愿”即可。但是税收和绩效考核方面的一些因素，导致股票期权的复杂化，衍生出了各种各样的股票期权变种。

13.2.1 税制与股票期权：源于税制的股票期权变种

现代市场经济中企业组织形式和薪酬方式的创新，很大程度上是因为税收。反过来看，税收也成为了一种重要的公司治理机制。政府通过税制，可以有力地引导企业组织形式和经理薪酬方式的走向。在股票期权的问题上，税收尤其担当了一个非常重要的角色。

为了鼓励通过股票期权这种与公司市场价值挂钩的方式酬劳雇员，很多国家都通过了优惠性的法律，主要是税法。下面我们主要以美国为例略作解说。

美国是个“税制专政”国家，美国的税法极其庞大复杂，税务准则是美国政府规制公司治理的一个重要手段。从最早的非雇员董事概念（独立董事概念的前身）到股权激励的各种工具等，税法上都有规定。税法通过强化股东在经理薪酬项目上的批准权利，引导经理薪酬与公司绩效挂钩。对于那些股东直接出任管理层职务的公司，税法对可进行税收抵扣的薪酬上限的控制，可以避免股东通过给自己多发薪酬替代红利分配而逃税。税务部门认可的薪酬支出只缴纳个人所得税，而红利则是在缴纳了公司所得税之后再缴纳个人所得税的。

股票期权也是美国税法认定的“与绩效挂钩的薪酬”方式之一。美国税法规定，公众持股公司的首席执行官或相当于首席执行官角色的人和其他四位薪酬最高的执行官员，如果薪酬超过100万美元必须是与绩效挂钩的，才能进行税收抵扣；并且该绩效目标要由两名或两名以上独立董事组成的薪酬委员会决定。根据美国税法，股票期权有两种基本形式：激励性股票期权（ISOs）要符合一些税法要求而使期权持有者能够得到税收优待；非法定股票期权（NQSOs）不符合税法的税收优待要求。

美国税法对符合其规定的股票期权计划给予税收优惠。如，根据税法422条“激励性股票期权”，符合该款规定的股票期权计划，属于“法定股票期权”，或意译为可享受税收优惠待遇的股票期权，期权接受人能够得到优惠税收待遇——期权接受人的期权收益（行权价和出售价的差额）可以一并作为长期资本增值收益纳税，并且延迟到出售期权股票时纳税。不符合该款规定的股票期权，属于“非法定股票期权”，或意译为不享受税收优惠待遇的股票期权，期权收益则分为两个部分，行权收益——行权价和行权日股票的公允市价之间的差额要在行权时按普通收入纳税，行权后再出售的资本增值收益按资本增值收益纳税。

美国对买卖时间间隔在12个月之内的资本增值收益按普通收入纳税，买卖间隔在12个月以上的享受较低的长期资本增值收益税率。普通收入的最高税率是39.6%，而长期资本增值收益的税率是20%。尤其是对于公司高管人员，处于较高的个人所得税税率档次，激励性股票期权将其行权收益和行权后的资本增值收益一并作为长期资本增值收益纳税，是一项很有“激励”含义的税收优惠待遇。而对于身处较低的个人所得税率档次的中低层员工，这一税收优惠待遇的“激励”含义则很小。大多数中低层员工即使接受了激励性股票期权，也往往会自己选择“失资格处置”，使其转变为非法定股票期权。

在雇员受到税收优惠待遇，行权收益按资本增值收益纳税的情况下，公司则不能对该行权收益进行税收抵扣，即不能从公司所得税基中扣除。在雇员没有受到税收优惠待遇，行权收益按普通收入纳税的情况下，公司则可以对该行权收益进行税收抵扣，即可以从公司所得税基中扣除。

美国受税法422条款管制的激励性股票期权要满足如下基本条件：

①只有公司雇员才能授予激励性股票期权，而非法定股票期权可以授予公司的供应商、管理顾问等等。

②雇员必须自行权日之后持有股票一年，并要满足自授予日之后两年的条件；如果没有满足该条件出售了股票，则属“失资格处置”，将失去激励性股票期权的税收优惠待遇。

③每年每人最多只能有10万美元的激励性股票期权可以行使。

④行权价不能低于授予日公司股票市价。

⑤实施激励性股票期权必须有一个经过股东批准的成文计划，指明按该计划将发行的股份数额，哪类雇员有资格参与该计划，全部期权必须在计划实行后10年内授予完毕。

⑥激励性股票期权必须在授予日之后的10年内行使。

⑦拥有超过10%投票权的雇员接受激励性股票期权，行权价必须高于授予日股票市价的110%，并且必须在授予5年之后才能行使。

到目前为止，中国的税法对股票期权还没有什么具体形式方面的导向或约束作用。中国企业引入股票期权计划可以完全不必受那些限制而自由设计。如果不是国有企业、国有资产，不是上市公司、不涉及增发新股的审批等问题，可以自由充分地利用股票期权方式来改进所有者和经营者、老板和职业经理人之间的关系。

根据国家税务总局1998年09号通知（关于个人认购股票等有价证券而从雇主取得折扣或补贴收入有关征收个人所得税问题的通知）规定，当雇员无偿或以低于市场公允价值的价格得到公司股票时，应缴纳个人所得税，税负发生日为股票认购日，课税基数为雇员实际支付的股票认购价格低于当期市场价格的差额，经当地税务部门批准可以在6个月内分摊，由雇主代扣代缴，适用税率等同于工资所得适用的税率（5%～45%）。雇员通过行使股票期权所获股票出售后所得资本增值收入为财产转让收入，适用20%的税率，暂缓征收。

2002年微软中国公司雇员漏交股票期权收入所得税被查出后，微软公司声称是因为不清楚中国有关税收规则而没有代扣代缴。是真的理解不准还是装不懂，我们不得而知。但我们知道微软在日本发生过通过股票期权逃避税收的同类事件。另一方面，一些境外上市公司员工刚获授予（尚未生效，更未行权）时，一些地方税务部门就上门征税，也并不符合国家税务总局的通知规定，实际是一种违法行为。在授予环节，一般都不征税，只有极个别的国家，对那些已经有确定价值（如有正规的该股票的期权合约市场）或认购价低于授予时股票公允市价一定幅度的股票期权会在授予时征税。

13.2.2　绩效标准与股票期权：源于绩效标准的股票期权变种

标准或最简单的股票期权本身就是一种与公司股票业绩挂钩的薪酬。说标准的股票期权已经是一个绩效计划其含义是：通过股票期权将经理薪酬与总体股东回报（TSR）——股价增长加分红——挂起钩来了。这受到股东的欢迎，也是美国税法认定的“与绩效挂钩”的方式之一。

股票期权与绩效挂钩有授予和生效两个环节。在授予环节，如果是新聘用人员，则是根据市场行情和本公司的薪酬政策决定授予额度；如果是已聘用人员，则可能根据其过去的资历和对公司的贡献决定授予额度。这类股票期权数额和行权价格在授予时就已经决定了的股票期权计划，在会计处理上属于固定计划，成本在授予时决定。美国公司实施的股票期权80%以上都属于这类固定计划，授予时数量和价格就都已确定，只要持续就业，到时间自动生效（授予行权权）。美国大约有20%的股票期权计划是在生效（成权或行权权生效）环节和绩效挂钩的。这类变动计划的会计处理比较复杂，因为直到确知股票期权的数量和行权价格时，成本都是个变量，要每年根据当时的股票期权数量和公允市价记录成本支出。

专栏13-4　源于绩效标准的股票期权类别

绩效加速股票期权

绩效生效股票期权

指数化股票期权

折价股票期权

溢价股票期权

溢价期权购买计划

为了克服标准股票期权仅仅与总体股东回报这一个绩效标准挂钩的不足，发展出了在生效环节（成权或生效）与其他一些绩效标准挂钩的股票期权计划。对总体股东回报这一绩效标准的不满来自批评者和报酬不足者两个方面。有些批评者认为大牛市时标准股票期权给了劣等绩效的公司经理高额薪酬；在公司总体股东回报低于市场平均的总体股东回报时，公司经理仍能得到很高的薪酬。报酬不足者认为，投资者不能充分理解公司，股票价格没有反映公司的战略优势，或整个市场处于停滞或衰退之中。其他一些对股票期权的异议包括没有明确的绩效门槛、与业务绩效不相关的市场波动、与个人绩效无关的市场价值改变、部门绩效没有反映在股价中、没有下向风险等等。

解决标准股票期权仅仅依据总体股东回报作为绩效标准的不足之处大概有以下几种方式：首先有两种与总体股东回报之外的其他公司业绩指标或部门、个人业绩指标挂钩的变种股票期权：根据业绩改变生效速度的股票期权——绩效加速股票期权（Performance-Accelerated Options）和根据业绩改变生效数量的股票期权——绩效生效股票期权（Performance-Vested Options）；其次有指数化股票期权、折价股票期权、溢价股票期权及溢价股票期权购买计划等等；还有股票期权的重新定价等。

绩效加速股票期权是在未来某一时点上期权的生效（成权或生效）将依存于持续雇佣情况，但在达到预先确定的绩效目标时可以加速（提前）生效（成权或生效）。绩效生效股票期权的生效取决于在期权期限内是否达到预先确定的绩效目标，如果一直没有达到绩效目标，期权就一直不能执行，该类期权比标准股票期权有更大风险。绩效加速股票期权和绩效生效股票期权所依据的绩效标准可以是财务指标、战略指标，可以是公司绩效、部门绩效、个人绩效。加上这些绩效因素，可以校正一些总体股东回报指标的不足之处，但也使股票期权计划变得格外复杂。不附加绩效指标情况下，股票期权激励雇员尤其是经理层按自己的战略去创造股东价值；附加绩效指标的情况下，经理/雇员的努力方向则是这些绩效指标，而从资本市场的角度看，这些绩效指标只是价值驱动因素而不是价值本身。

为了克服与公司绩效无关的市场大势影响，衍生出了指数化股票期权（Indexed Options）。指数化股票期权的行权价格根据一个确定的规则升降，或随一种外部指数的变动而改变，如与整体指数、行业指数或选定的几家基准公司的股票价格等挂钩。指数化期权行权价格的改变可以预先确定（如每年行权价增长5%）或基于一个变动的指数。对期权接受者来说，指数化股票期权比标准股票期权更多风险，但指数化股票期权可能更受投资者的欢迎。

折价股票期权（Discounted Stock Options）是以低于授予日公允市价的行权价授予的股票期权，给期权接受人带来了折价收益，比标准股票期权更少风险。与折价股票期权正相反的是溢价股票期权（Premium Priced Stock Options），以高于授予日公允市价的行权价授予，可能更受股东欢迎。为了克服标准股票期权没有下向风险的不足，可以采用溢价期权购买计划，如：行权价格设定在授予日公允市价的150%，期权接受人以Black-Scholes估算价值的50%购买期权，可以用现金或在2年内从工资中扣除的方式购买，如果5年期内股票价格没有超过行权价格则期权作废，期权购买者接受另外的无成本授予的股票期权。

从美国的实践情况来看可以对绩效计划（在授予环节与绩效挂钩的股票期权）作以下几点总结：任何薪酬要素——现金、权益、其他——都有可能列入绩效计划；任何种类的绩效——市场的、财务的、战略的——和任何层次的绩效——公司的、部门的、个人的——都可以作为与股票薪酬挂钩的绩效标准；绩效计划必须在公司的业务战略指导下制定；绩效计划与其他计划的匹配至关重要；绩效计划的设计和管理都比标准的股票期权计划更为复杂；最后一点可能最为重要的是没有证据表明绩效计划比普通的股票期权计划导致更高的绩效——事实上也许正相反。无论如何股票市场本身是一种客观和外部的企业业绩评价机制。其他一些业绩评价指标——主要是一些基于会计的指标，已经被股票市场参与者作为实际评价公司业绩的一种参考而反映在股价中了。会计指标或其他任何业绩评价指标，都替代不了股票市场的综合评价，否则，可能也就不需要股票市场了。

大概是由于证监会还存在着自己是上市公司主管部门的传统思维习惯，国资委和财政部对国有股权的管理中也还残留着计划经济做法，中国目前试行的上市公司股权激励办法和国有控股上市公司股权激励办法，都把绩效考核作为一个重要的组成部分，并且在生效（成权）环节进行复杂的绩效考核，每年都要根据绩效考核结果决定实际的生效（成权）数量，结果是简单和标准的股票期权计划还没有真正被各方面准确理解和有效利用的情况下，就把注意力集中于搞一套复杂的与绩效挂钩的股票期权计划。

13.3 股权激励与公司治理

13.3.1 股权激励计划的股东批准：公司治理角度的考虑

股票薪酬是公司治理的重要机制之一。股票薪酬将管理层的利益与股东价值联系在一起，为公司管理层提供创造股东价值的动力。全球公司治理运动中，股东会和董事会运作机制的改善，包括大投资者的股东会投票原则，国际组织、公司治理委员会、机构投资者、证券交易所、经理人协会和一些行业自律组织等纷纷公布的公司治理原则，都以提高公司管理层创造股东价值的动力和能力为主要目的。

美国公司证券发行受到各州公司法和联邦证券法的管制，私人公司（Private Company）由于实施股票薪酬计划向超过500人的雇员发行股份成为公众公司（Public Company）则要受到证券与交易委员会（SEC）管制。美国上市公司的董事会有相当大的自主权，但税法、证券交易所的上市规则等对一些具体类型的股票薪酬项目作出了需经股东批准的硬性规定。

根据税法，下述经理薪酬计划必须经过股东批准：在税务准则422（IRC422）项下授予的税收优惠性股票期权（直译为激励性股票期权—ISOs）需要经过股东批准；税法要求的列名执行官员（Named Executive Officers，首席执行官和其他收入最高的4人）的年度激励性薪酬支付要获准税务准则162（m）条款规定的“与绩效挂钩（Performance-Based）”资格（可以突破税收抵扣的百万美元封顶—Million Dollar Cap）时的经理薪酬项目需经股东批准；向列名执行官员授予股票期权要获准税务准则162（m）条款规定的“与绩效挂钩”资格时需经股东批准；不是作为全员或大多数员工（Broad-Based）参与的股票期权计划的一部分而向公司经理和董事授予股票期权时需经股东批准。

什么样的股票薪酬计划需经股东批准，什么样的股票薪酬计划无需股东批准，不同交易所的规定有所不同。在纳斯达克上市的公司，如果其股票薪酬计划不是全员或大多数员工参与的，并且授予股份数量超过下述三个限制中的任何一个时必须经过股东批准：流通在外普通股数的1%；流通在外普通股投票权的1%；25000股。在纳斯达克上市的公司，在下述条件下股票薪酬项目不需要经过股东的批准：不是在税务准则422项下授予的激励性股票期权；不需要为“列名执行官员”获准突破税法“百万美元封顶”的“与绩效挂钩”资格；不是单独向经理和董事授予期权，而是作为“全员或大多数员工参与”计划的一部分；该计划或协议下授予的股票不超过流通在外普通股数的1%，流通在外普通股投票权的1%，或25000股。

对于经理层股票薪酬，不同的股东具有不同的关注焦点，但绝大多数股东都反对源自股票授予的股权稀释过度和股票期权的重新定价。美国投资者责任研究中心1996年对700家公司的一项研究发现，在股权稀释程度和股权激励计划需要额外股份时的股东反对票之间存在相关性。股权稀释是股东支付经理层股票薪酬的一个比较隐蔽的方式，但随着股权激励机制的广泛使用（美国几乎100%的公司使用股票期权、70%以上的公司使用受限股票），股权稀释引起了股东的高度关注，一些研究股权激励计划导致的股权稀释问题的专家认为“股票期权是一种更昂贵的用未来现金支付今天劳动的方式”。为了回避股东批准，美国一些公司在摸索试行不需要经过股东批准的股票薪酬计划，但不普遍。美国的投资者极其警觉，预计会有个反对公司实施“非经批准计划”绕过股东的浪潮。

根据美国公司的经验，一般情况来讲，要获得股东批准，最好遵守如下一些最佳做法。首先应该使股权稀释程度保持在同行企业的中间状态：高增长、高科技公司在15%到20%之间；其他增长型公司在10%到15%之间；成熟产业在5%到10%之间。尽可能地避免重新定价，如果必须重新定价，把经理层排除，重新安排生效时间表。从股东的角度看，股票期权的重新定价意味着比赛中途改变比赛规则；但从经理层的角度看，如果是一些非公司经营性因素导致股价持续下跌，经理层的辛苦白费，尤其是一些关键员工，你不给他的股票期权重新定价，他就会通过离职来自己给自己重新定价。

13.3.2 股票期权的生效与持权员工的解聘补偿

公司授予员工股票期权之后，一般要经过一段时间之后才能生效，生效之后员工才能通过行权获得实际收益。

员工股票期权生效方式大致有如下四种。一是一次式生效，授予员工的股票期权在同一日期可以全部行权。二是直线式生效，即在授予之后每年按一个固定和相同的百分比生效。三是分步式生效，即每年按一个不同的事先确定的不同的百分比生效。第四种方式是绩效式生效，就是达到一个具体的公司目标之后员工股票期权全部生效。

根据全美员工所有权中心的调查资料，最常见的股票期权生效方式是直线式。76%的高官股票期权是按直线式方法生效的。在授予非管理层的普通员工股票期权中，持续授予和新雇佣时授予的也都以直线式生效为主，占68%。只有一次性授予非管理层普通员工的股票期权是以一次性生效为主的，占47%。

员工股票期权全部生效所需要的总体时间期限以四年为主。高管股票期权、员工持续授予股票期权和员工新雇佣时授予的股票期权中，生效时间期限为四年的分别占各自股票期权总量的百分比为：52%、59%和72%。只有一次性授予非管理层普通员工的股票期权生效时间期限以三年为主，占31%，但四年的也占25%。

股票期权生效中很突出的一个问题是有些公司在员工股票期权生效之前很短的时间里解聘员工。百度的闪电式解聘行为已经受到了这一因素方面的质疑。尽管目前来看，在中国这还属于“新生事物”，但是在新公司法生效、高管人员股权激励办法出台之后，境内上市和非上市公司股票期权激励措施的开始普及，未来这类问题就会层出不穷。在此，我们介绍美国的几个判例，以供借鉴。

一家名为Parametric Tech. Corp的软件公司以业绩差为由解聘了其雇员Fleming。Fleming认为公司在他的期权生效日即将到来前将其解聘，属于不守信用，剥夺了他“已经挣得”的如同对过去劳动的延期支付一样的未生效股票期权。Fleming在其为公司工作的三年中，总计得到了五次股票期权授予，均是四年直线式生效。最后一次授予是在公司要求他辞职前7个月时。Fleming对占其被授予股票期权总额大约一半的已生效部分全部进行了行权，剩余的一半左右要等3年半之后才能全部生效完毕。加州地区法院判处Parametric Tech.corp公司赔偿Fleming160万美元的损失，这个金额等值于对Fleming未生效部分股票期权的估值。第九巡回法院确认了这一判决。

微软公司的一个案例也许更值得我们注意，大致情况如下。Knox，一个已经在微软工作了9年的中层经理人员于1995年被解雇了。Knox拥有微软的股票期权，并且期权条款中规定了无论何种原因公司终止了他的工作，他的任何已经生效的股票期权都必须在随后的三个月时间之内行权完毕，他的任何尚未生效的股票期权都将被取消。Knox在限定的时间对其生效的股票期权进行了行权，微软则取消了他尚未生效的股票期权。Knox随后则起诉微软公司违背了在其公司手册、政策和实践中所隐含的雇佣合同。他请求法院判处微软不仅要赔偿他损失的薪金，并要赔偿他损失的期权价值。

Knox通过微软公司1981年股票期权计划和1991年股票期权计划，共拥有8

个股票期权协议（在法律上，公司授予员工股票期权实际就是与员工签订一份股票期权协议）。并且1981年和1991年计划下的所有协议上都有一个内容如下的“无雇佣权”条款：本项期权计划，并不赋予期权持有人任何要被公司持续雇佣的权利，也不能以任何方式影响期权持有人方面和公司方面在任何时间、有原因或无原因地终止雇佣关系的权利。

除了最初的几份期权协议之外，1991年股票期权计划下的所有期权协议还包括一个“未生效股票期权的价值”条款，内容如下：就本项期权的授予，被授予人（期权持有人）同意，无论出于任何原因，当其作为雇员的“期权持有人持续身份”终止时，本项期权中的任何尚未生效部分的价值，应被当作是零美元。

伴随每一份期权协议文件，Knox都收到了一封提醒他主要仔细阅读期权协议内容的封面函：内含有股票期权计划的复件和有关公司该项股票期权计划的内容解释，同时有两份股票期权协议。你要决定接受该项期权之前仔细阅读每一份文件，在期权协议原件上签名并将之返回公司。Knox签署了期权协议，里面还包括了如下内容的“承认书”：被授予人下面的签名表明，被授予人收到了该股票期权协议和计划文件，并且理解和同意，该项期权受到期权协议和期权计划这两份文件所陈述的所有条款、条件和限制的约束。

有了上述这么多可以说是很细致周密的自我保护条款之后，微软公司解聘Knox应该是不会有什么有关未生效期权方面的法律问题了吧？官司打到1998年的时候，华盛顿上诉法院驳回了微软的论辩，判处微软赔偿因其不当终止雇佣给Knox造成的收入和福利损失65万美元。初审法院曾只支持Knox的薪金赔偿要求，但是不支持他的期权价值赔偿要求。期权价值损失包括因被解雇而取消的未生效期权的价值和被迫提早行权而导致的已生效期权的价值损失两部分。但是华盛顿州上诉法院推翻了初审法院的这一意见，返回这一案件，继续审理余下有期权损失的赔偿请求。

我没有查到这一案件的最后审理结果，但是我们从这场旷日持久的诉讼过程已经可以看出公司在这方面一着不慎所付出的巨大代价。美国这种开始实行股票期权激励做法较早的国家，这方面的诉讼案子很多，只是由于大多是最终在庭外和解了，结果是保密的。但是明显的一个趋势是，法院日益支持被不当解聘雇员的股票期权价值损失赔偿请求。其中的道理其实也并不难于理解，就是如果缺乏这种法律约束的话，不佳雇主利用“多给股票期权、少给现金报酬，期权生效前就解雇”这种方式来榨取雇员劳动的做法就会很多，最终可能会葬送掉股票期权这样一种本该十分有效的公司治理和长期激励机制。

13.4 员工持股与员工参与

员工所有权可以通过多种多样的方式实现。员工可以直接购买公司股票，可以作为奖励获得，也可以通过股票期权，或者利润分享计划而得到股票。有些是通过工人合作社而成为股东的，合作社里每人享有同样的投票权。

但是，员工持股涉及到公司股东和公司员工两个方面，是个十分敏感、牵一发而动全身的大问题，一步出错，影响深远，难于回头，难以改正。

美国，这个世界上最为股东主权、最为自由资本主义的国家，在员工所有权和员工参与方面的一些做法尤其值得我们借鉴[①]。

13.4.1 实现员工所有权的主要方式

过去的10年中，向员工广泛地分享所有权的美国公司数量显著增加。据估计，大约有2500万美国公司员工通过员工股票所有权计划（ESOP）、员工股票期权计划或者员工股票购买计划等方式获得了其所在公司的股票。员工拥有公司股票的价值在8000亿美元左右，约占美国公司股票总值的8%。有众多原因导致员工所有权的流行。

员工股票所有权计划（ESOP）的主要好处是在税收方面。美国约有11500家ESOP企业，其中5%左右是上市公司，95%是非上市公司。多数上市公司中ESOP计划所持股份比例在10%到15%之间，多数非上市公司中ESOP计划所持

① 关于员工所有权的发展情况，包括法律、做法，有兴趣的读者可以参见美国全国员工所有权中心（NCEO, the National Center for Employee Ownership）的一系列出版物，已经有中文译本的有《股票期权计划的现实操作》。

股份比例在30%到40%之间，同时约有3000家公司的员工持有绝大多数股份。

面向全体雇员的股票期权计划，没有税收方面的好处，但是给予那些创业和成长期的公司一种以股权来酬劳雇员的方式，从而节约了创业和成长期公司所短缺的现金。20世纪80年代末期以前，除了一些创业性高增长企业之外，面向全员或者绝大多数员工的股票期权计划还很少见。现在有越来越多的公司向其全部或者绝大部分员工提供股票期权，其中著名的例子包括百事可乐、星巴克和微软等等。微软通过员工股票期权计划而创造了超过10000名百万富翁。

现在估计有15%到20%的上市公司实施了全员或者面向绝大多数员工的股票期权计划。实施全员股票期权计划的企业已经不再局限于高科技领域，而是各种行业里都有了。这些公司实施员工股票期权计划的动力主要是在通过分享所有权而建立起一个具有更强竞争力的公司。

虽然股票期权没有ESOP那类的税收好处，但是股票期权有会计处理上的好处——这一点对于上市公司来说是尤其有吸引力的，而且相比ESOP来说，股票期权可以有更多的方案设计上的灵活性。

员工股票购买计划（其中符合相应条款要求的可以归为税法423条计划）则使员工可以以有很大折扣的价格用其工资收入来购买公司股票。典型的做法是通过6到12个月时间的一定比例的工资收入积累，以比市价低15%的折扣价格购买公司股票。

员工股票购买计划中包括符合税法规定可以享受到税收好处的423计划，和不遵从税法432条款的普通员工股票购买计划。423计划要求全员参与，可以排除的范围有限定，只可以把工作未满两年、非全职以及高薪雇员排除在外。这类计划下，所有员工的权利和优待条款要相同，但可以根据相对工资差异而在准许购买股票的数量上做出区别对待。

员工股票购买计划在上市公司中非常流行，因为这种方式在给员工提供一种利益的同时，也能为公司提供新的资本。因为向员工提供公司股票涉及到要满足证券法监管要求的问题，这使员工股票购买计划在一些非上市公司中实施产生额外成本，也比较麻烦。

13.4.2　员工股票所有权计划（ESOP）的由来与运作方式

美国最为普遍的员工所有权实现形式是员工股票所有权计划，ESOP（Employee Stock Ownership Plan）。

ESOP这一概念是由卡尔索（Louis Kelso），美国的一位律师和投资银行家，在20世纪50年代最先提出来的。他的基本理念是，如果能够由所有员工而不是仅仅少数几位股东共同拥有企业的资本——生产性资产，资本主义制度会更有活力。但是最初并没有几家公司采纳卡尔索的思想，因为实施ESOP，要借钱购买股票提供给计划参与者，而当时的美国还缺乏与此相关的清晰的税务和法律规则。

1973年，卡尔索说服了时任美国参议院金融委员会主席的Russell Long，可以在雇员福利法案项下给予ESOP税收优待和激励。很快，促进ESOP的联邦立法开始出现，其中最重要的是1974年出台的监管雇员福利计划的《雇员退休收入保障法案》（ERISA），为企业实施ESOP提供了可以遵循的法律框架。从此，实施ESOP的企业数量急剧扩张，向员工分享所有权成为了对公司所有者在经济上也很有利的事情。此后，美国国会不时地修改有关ESOP的法律，其中最主要的包括1984年和1986年的税收改革法案，1996年的小企业就业保护法案，1997年的减税法案和2001年的经济增长与减税调整法案等等。

目前美国约有1.1万家实施ESOP或者是拥有与之类似计划的企业，覆盖的雇员人数超过了850万人。ESOP可以在各种规模的股票公开或者封闭公司中找到，但是因为设置和管理一项ESOP的成本方面的原因，绝大多数ESOP都是雇员规模在15人以上的企业。

公司可以为了各种各样的目的而使用ESOP。新闻媒体所最为关注的是在上市公司中作为并购防御手段的ESOP，这类ESOP大概占ESOP总量的2%。但是最为普遍的ESOP还是在那些成功的封闭公司中，为离去股东的股票提供一个市场，激励和酬报雇员，享受税收优待、用税前收入购买资产等等。几乎所有的ESOP都是将股票捐赠给雇员，而不是由雇员购买的。

ESOP是雇员福利计划的一种，某些方面跟利润分享计划类似。在ESOP中，一种方式是，公司通过捐献其新发行股票，或者捐献现金去购买现有股票，建立起一个ESOP信托基金。另一种方式是ESOP基金可以借钱购买公司的新发或者现有股票，而公司给ESOP信托基金捐献现金去偿还借款。不管ESOP是如何获得股票的，公司向该信托基金所做的捐献在一定限度内是可以从应税收入中扣除的。

ESOP信托中的股票分配到雇员的个人账户上。尽管有些例外，但通常所有超过21岁的全职雇员都参与计划。股票的分配可以基于相对的薪水，或者某种更为平等一些的公式。随着雇员在企业中资历的积累，将实际得到越来越大份额的其账户上的股票，既所谓的生效过程。一般要在5年或者7年的期限里全部生效完毕。

当雇员要离开公司时，他们收到他们的股票，而公司必须以一个公平的市场价格将其买回。除非已经有了一个公开的市场，公司必须每年进行一次外部评估以确定其股份的价格。非上市公司中，雇员必须能够就其已获得股票在一些诸如关闭、重组等重大事项上行使投票权。上市公司中，雇员则必须能够就所有事项行使其股票的投票权。

ESOP可以被用来在很多方面使用。非上市公司的所有者可以通过ESOP来为其股份建立起一个市场。公司可以使用免税资金捐赠ESOP来购买所有者的股份，或者通过ESOP借钱来购买股份，并且股份出售者可以用这笔出售股份所得资金再投资于其他证券，延迟该项收益的税付时间。

通过ESOP，可以以较低的税后成本借款。与其他各种福利计划相比，ESOP在其借款能力方面是独特的。ESOP可以借钱用于购买公司新发股份或者其现有股东的股份。公司则可以通过免于税收的捐献给ESOP去还款，这意味着本金和利息都是税收免除的。

ESOP还可以为雇员创造额外的福利。公司可以简单地向ESOP发行新股或者库存股，从应税收入中扣除这部分价值（最高额可以达到所覆盖雇员薪水总额的25%）。或者公司也可以捐献现金，从现有公众或者私人股东手中购买股份。在实施ESOP的公众公司中——约占ESOP总数的5%、ESOP参与人的40%，ESOP经常与雇员储蓄计划结合在一起使用。与采用现金来匹配雇员储蓄相比，公司更愿意用通过ESOP的股票来匹配雇员储蓄，并且通常是以比现金方式更高的水平来匹配的。

不能忽略的是，在这些税收好处之外，ESOP也有其不足和缺陷。法律不允许ESOP被用于合伙制企业和专业服务类公司。私人公司必须回购离去雇员的股份，而这会变成很大的一笔开支。设立一项ESOP的成本也是不小的，一个小公司的最简单的一个计划大概要3万美元。每一次有新股份发出，现有股东的股权就会被稀释。必须权衡这种股权稀释的成本和ESOP所能带来的税收及激励方面的益处。最后，作为一种员工激励工具的ESOP，只有在雇员实际参与到对他们工作有影响的决策中去的时候，才会改进公司绩效。

近几年一些大的公司破产案件出现之后，又出现了另一个非常值得注意的问题，就是实施ESOP的企业破产之后，员工同时失去了工作和相当大部分的养老钱与个人金融资产。这提醒我们要及早注意的是，员工持股是把锐利的双刃剑。一方面能把员工与企业利益捆绑得更紧，带来正向的激励作用；但是另一方面，如果做得过了，持股过多，会导致不合理的员工个人资产组合，使员工承担过重和无力承担的风险，埋藏下潜在的社会问题。

13.4.3　员工参与：员工所有权激励效应的实现

美国企业的经验和学术界的各种研究都表明，员工高兴成为股东，与员工拥有更多股权相伴而来的是他们对公司更多的贡献，从工作中得到更多的满足，以及更低的离职率。员工对其拥有所有权的反应程度依赖于他们每年能够得到多少股份。

能够提高员工对股权激励响应程度的重要因素是员工对影响他们工作事项的决策的参与机会。公司管理层必须是真正相信所有权的动力，而不仅仅是为了得到税收益处。相比之下，企业的规模和业务类型，员工的资历和岗位类别，以及员工是否拥有董事席位和员工拥有公司的股份比例等等，许多人们通常认为很重要的因素，实际对员工所有权激励效应的发挥不起什么作用。员工面对员工所有权计划时要问的主要问题是“我能从这里得到多少钱”“我是否真正被作为股东来对待”。如果在这两个问题上得到满意的答案，他们就会高兴成为股东。

员工所有权对企业绩效的影响是明显的，其作用机制就是员工的参与。绩效卓越者是那些以一种积极和创造性的方式适应环境，为顾客提供比其竞争者更好价值的企业。如何做到这一点？通过信息的处理和基于信息处理的智慧性行动。在大多数公司中，信息的集中限于经理层，决策也是如此。其隐含的假设是只有高层经理才有能力和激励去完成这类工作。然而事实上是，没有人比员工与顾客有更为频繁的接触了，也没有人比员工距离每日的产品生产和服务提供活动更近的了。员工经常有富有价值的想法可以与管理层分享。

有效地实施员工所有权计划，要比推动人们更卖力地工作做得更多。让人们卖力地工作也许并不是最有效率和效果的事情。相比让员工“卖力”工作，更重要的是采纳员工的思想和员工所占有的信息，找出做最重要事情的最佳方式。要做到这一点，需要经理从员工中寻求有益见解，需要建立一些临时和永久性的员工委员会来解决问题。质量小组和员工参与小组以及意见征集制度等等这些看似常识的东西，却并没有在大多数公司中真正做到。

只有参与能够将所有权的激励作用转化为企业的效益。不同的公司之间，员工参与的结构和方式方法差异很大，但是其基本的要素都是组成各种员工小组分享信息、生成想法和形成建议。组建给管理层提供咨询意见的员工顾问委员会，削减监督层次，同时给普通员工更多的自主权。管理层与随机挑选的员工之间的定期会议，设置建议箱等等，能够提高员工参与程度的各种办法都可以采用。

员工高度参与的管理模式已经成为了一种常规性的智慧，但是在很多公司中却没有成为一种常规性的实践。员工所有权本身可能并不能自然地带来有效的高度参与性的管理，但是员工所有权确实对此有所助益，而且员工所有权本身也有很多方面的益处。

员工所有权的持续增长，正在逐渐改变着人们有关员工在工作中的角色的传统观念。很多公司经常会说，“人是我们最重要的资产”。但是实践中，投资者、资本、技术和高层管理人员等等往往被当作公司走向未来的关键。如果这些要素的利益受到损害，员工经常会被解雇或者削减工资。

好在有越来越多的公司开始真正把吸引和留住公司各个层面的优秀人才，并在更多的事项上给予他们更大的决策权，看作是公司成为有效竞争者的基本要件。

13.5 劳资协商：荷兰的企业委员会制度

如果不能妥善地解决员工问题，为员工参与公司治理提供有效通道，公司制企业不会取得今天这样的成就。作为股份公司和证券交易所发源地，荷兰在员工参与公司治理方面也有一套值得我们借鉴的制度安排。

在劳动者参与企业事务方面，除《雇佣法》及其他一系列劳动关系相关立法之外，荷兰有一部专门的《企业委员会法》，就员工参与公司治理问题做出了详细的制度规定。我们主要依据费迪南德·格拉佩豪斯和莱昂哈德·费尔堡著《荷兰雇佣法与企业委员会制度》（蔡人俊译，商务印书馆2011年8月版），做一概要介绍。

13.5.1 企业委员会的设立

企业委员会是设立在一个企业内部、代表该企业雇员参与公司治理的一种法定机构。荷兰的《企业委员会法》根据企业雇员人数划分了三个档次，对员工参与公司治理的通道和企业委员会的设立做出了不同的要求。雇员人数为50人及以上的企业，必须设立企业委员会。

雇员人数超过10人但未达到50人的企业，可以不设立正式的企业委员会，但也要有一套员工参与的制度安排。首先是，没有成立企业委员会的企业，也必须每年分两次与雇员进行协商，特别是那些涉及四分之一以上雇员工作岗位、工作条件和环境发生重大变更的事项。其次是，在有四分之一以上雇员提出要求（要求中要说明需要协商的理由）协商的时候，企业必须与其进行协商。此外，50人以下的小企业，如果有多数雇员提出申请，企业必须同意设立由3名雇员组成的员工代表机构。涉及工作时间、工作安全、员工健康和福利等事项的决策（制度的引入、变更或者废除），需要得到员工代表机构的同意。对雇员人数在10人以下的微型企业，可以仿照10人以上、50人以下小企业的做法，成立员工代表机构，但没有明确和强制性的要求，

根据企业规模大小，企业委员会最少要由3名委员组成，最多可以有25名

委员。所有的企业委员会委员都必须是由有6个月以上工龄的员工选举产生，当选委员要有1年以上的工龄。选举产生出来的企业委员会委员，在他们当中推举产生1名委员会主席，并根据委员会章程规定任命1位委员会秘书。企业委员会可以根据其章程规定，设立一些下属的专门委员会，处理涉及雇员利益的一些专门事务，也可以根据企业的地点分布，设立各个不同地点的专门委员会。

13.5.2 企业委员会的权利与经费

企业委员会委员每年享有一定的带薪离职时间做企业委员会的工作，参加委员会的会议，及进行相关的调研工作。《企业委员会法》规定的最低标准是，企业委员会委员每年用于委员会会议的时间不得少于60个小时，进行相关调研的时间不得少于5天。企业管理当局和企业委员会之间，要就企业委员会委员每年用做委员会工作的具体带薪离职时间达成协议，如果双方达不成协议，可以先经“行业委员会”调解，行业委员会调解不成，则可以由企业委员会的任何一名成员申请地区法院做出裁决。行业委员会是荷兰社会与经济理事会根据不同行业设立的半官方机构，每个行业委员会的委员都是由一半雇主代表和一半雇员代表组成，目的是在不需要法院介入的情况下，帮助双方通过友好协商达成协议。

为了保障企业委员会委员为员工利益工作的积极性，除享有带薪离职的企业委员会工作时间保障之外，企业委员会委员的工作职位保障得到了法律支持。雇主要保证企业中现在或曾经是企业委员会委员或候选人的员工职业不会受到不利影响，如因是企业委员会委员而受到歧视，没有职业升迁机会以及被解雇等等。未经其本人同意或者经过地区法院相关部门批准，对现在或曾经是企业委员会委员或其候选人的员工，雇主不能随意解雇，除非是企业的相关业务活动终止或者是有“紧急事由”。

企业委员会及其下设委员会的经费由企业负担。企业委员会有权聘请专家参加会议，就某项具体议题提供咨询建议，该项费用也要由企业支付，但需事先告知企业。企业管理方和企业委员会之间可以就企业委员会及其下设委员会的年度固定经费总额达成协议，在此经费额度范围内企业委员会可以自由决定如何支出。超出协议确定经费额度之外的支出，需经企业事先同意。

企业委员会委员、企业委员会下设委员会委员、企业委员会及其下设的秘书，以及应邀参加企业委员会会议的专家顾问，对企业经营事务负有保密义务。

13.5.3　企业委员会的参与方式：劳资协商会议

由企业员工选举产生的企业委员会，作为员工代表参与公司治理的主要方式是与企业管理层之间的劳资协商会议。无论是公司董事或管理层人员代表的企业——资方或者是企业委员会代表的劳方提出要求，都要在两周之内进行劳资双方的协商。除法律规定的企业必须与其企业委员会协商的事项（下节介绍）之外，劳资双方中任何一方认为值得协商的事项，都可以通过劳资协商会议来讨论和协商。

企业方代表和企业委员会主席轮流担任劳资协商会议主席，除非协商会议已经就会议的永久主席议题达成一致意见。企业委员会的秘书同时担任协商会议秘书，除非双方另有约定。协商会议必须遵守企业委员会章程中有关举行协商会议的规定。会议议程中要列出企业管理方和企业委员会方向会议秘书提交的所有议题。所有的企业委员会委员都要出席协商会议。企业方则要由董事或者管理层代表出席，根据企业委员会法定义是“单独或者与他人一道直接行使员工管理的最高权力的个人”，也就是说，企业的最高管理者要出席该协商会议。在由公司管理委员会行使企业最高管理职责的情况下，管理委员会决定由谁负责与企业委员会进行协商。公司中负责人力资源的董事或者管理委员会成员，要出席所有的协商会议。

由于荷兰是与德国类似的双层董事会制度，在存在双层董事会的公司中，监督董事会成员中要有至少1名代表出席讨论公司经营事务的协商会议。在存在持股超过50%的控股公司的情况下，要由控股公司（母公司）的管理委员会成员代替公司监督董事会成员出席协商会议。这也就是说，为了避免协商会议成为摆设和走过场，掌握公司实际决策大权、说话算数的人要出席有关企业经营事务的协商会议。

13.5.4 需要劳资协商的事项范围

掌握必要的有关信息，是企业委员会履行职责、劳资协商会议能够发挥作用的前提条件。企业必须向企业委员会及其下设委员会提供其行使职责所需的全部合理且必要的信息，包括企业组织的基本信息，如公司章程、公司股东、重要管理人员及对公司有重大影响的其他当事方等等。企业要每年两次向企业委员会提供企业总体业绩信息和预计将要采取的行动。企业在向股东大会提交年度账目、年报以及其他财务资料时，也要同时向企业委员会提交一份。

需要劳资协商的事项分为两个方面：需要管理层与企业委员会事先协商的事项和需要得到企业委员会事先同意的事项。

需要管理层与企业委员会事先协商、听取企业委员会意见的事项，主要是一些重大的企业经营决策事项，包括企业的部分或整体转让、新设或兼并另一企业，企业经营活动的实质性变更或是停止企业的主要经营活动，企业住所的改变和企业组织结构的实质性改变，招聘或解雇一批雇员，重大投资或向外贷款，非基于企业正常经营活动所需要的对外借款及对外担保，引进或者更新重大技术设备等等。就上述事项，如果企业做出的决定与企业委员会的意见相左，企业委员会可以在1个月之内向阿姆斯特丹上诉法院企业庭，以企业没有能够权衡所涉及到各方利益、合理地做出决定为由，提出上诉。法院很难做实质性审查，往往会以程序性欠缺做出有利于企业委员会的裁决。程序性欠缺包括：向企业委员会提供的信息不充分，做出决定所依据的理由不充分，对企业委员会提供的替代方案没有进行适当讨论，没有对企业委员会解释未采纳其意见的原因等等。

企业在做出有关董事和管理人员任免的决定前，也要征求企业委员会的意见，要在双方协商会议上对此进行讨论，不过企业并没有要在此类事项的决定遵循企业委员会建议的法律义务，企业委员会对此不满的，也不得上诉。

一些涉及雇佣条件的事项，必须事先取得企业委员会的同意。主要包括涉及养老保险、利润分配计划或者公积金积累的方案，有关工作时间、休假制度、待遇和工作类别体系，与职业安全、职业健康以及职业福利有关的制度，有关职业培训、员工业绩评价、工作咨询和申诉处理等方面的制度，员工信息登记、使用与保护制度，员工出勤、风纪或者行为监控制度等等。有关这些事项的决策，必须先向企业委员会以书面方式提出动议，说明动议的理由以及预计对员工的影响和后果。企业委员会要就所涉事项与管理层至少协商一次，及时做出决定、通知管理层并说明决定理由。随后，管理层也要及时通知企业委员会其最终所做决定及决定实施的日期。

如果企业的动议没有获得企业委员会的同意，可以申请地区法院的批准。如果企业委员会不同意的理由不合理，或者企业的动议是基于重要的经济或者社会事由，地区法院会批准企业的动议。没有取得企业委员会同意，也没有取得地区法院批准的情况下，企业委员会可以依法主张企业就这些事项所做决定完全无效，在接到企业做出决定的通知或者自行知悉决定施行之日1个月内，向地区法院提出申请，由地区法院裁决。

13.5.5　员工参与治理：企业委员会推荐监督董事会候选人

荷兰法律要求“大型公司”需实行双层董事会制度，设立监督董事会。企业可以自愿将其自身归类为大型公司，设立监督董事会。同时符合以下三个标准的企业为大型公司：资本及储备金额超过1600万欧元，企业或其附属企业成立了企业委员会，企业及其附属企业在荷兰境内雇佣100名以上员工。

企业监督董事会成员由企业股东大会任命，企业委员会有权推荐监督董事会成员人选。对于由企业委员会推荐的不超过成员总数三分之一的监督董事会成员候选人，除非监督董事会认为该等人选不符合监督董事会成员的资格条件，任命其为监督董事会成员将导致监督董事会无法有效运转，否则，监督董事会要直接将企业委员会推荐的人选列入监督董事会成员候选人名单，供股东大会选举。如果，企业监督董事会未能和企业委员会就此问题达成协议，可以申请法院裁决。

就员工参与公司治理的法定权利水平来讲，荷兰的法定企业委员会制度和“大型公司”企业委员会推荐三分之一监督董事会成员候选人，在OECD国家中算是居中位置的。根据OECD在2004年的一项调查，奥地利、捷克、丹麦、德国、挪威和瑞典等6个国家的员工都有任命部分董事的权力，其中奥地利、丹麦和德国等三国同时设立有与荷兰的企业委员会类似的法定员工委员会制度。另一极是美国、英国、加拿大、澳大利亚、意大利、瑞士和日本等很多国家，不仅没有员工任命或推荐董事的权力，也没有法定的员工委员会制度。荷兰是和比利时、芬兰、法国、希腊、匈牙利、韩国、葡萄牙、西班牙等国一样有法定的员工委员会制度的国家。

13.5.6 公司的逻辑：要为股东，先为他人

股东主导的公司制企业，作为一种投资者合作社，在实践中超越了如消费者合作社、员工合作社等等其他各种类型的企业制度，这一方面是因为公司制企业在治理逻辑上的一种合理性， 另一方面也是因为公司制企业在治理实践上的弹性和适应性。

通过产品责任法和劳动法以及合同法的发展，产品市场和劳动市场上的竞争，对消费者和劳动者的利益考量已经成为了公司生存和发展的基础。在股东能够索取公司剩余收益之前，要先为消费者（顾客）创造价值，要先保证劳动者等相关方的合同利益。

员工任命和推荐部分董事会成员，以及法定员工委员会制度的发展，不管其实际效果及未来走向如何，至少是已经彰显了公司制企业治理架构的包容性和张力。

13.6 德国的企业职工委员会与劳资共决制度

德国在员工权益保护方面，从《基本法》（宪法）到《劳资协议法》和《企业组织法》，从工会权利、劳资集体谈判制度到员工代表进监督董事会，还有独立的劳动法院制度，可说是一套复杂的、立体化和多层次的员工权益保护法律体系。我们主要依据沃尔夫冈·多伊普勒著《德国雇员权益的维护》（唐伦亿、谢立斌译，中国工人出版社2009年出版），对德国的企业职工委员会和员工代表进入监督董事会制度做一介绍。

13.6.1　企业职工委员会的组建与选举

英美国家都只有工会而没有企业内部的职工委员会制度，德国的企业职工委员会与工会并存则有100多年的历史传统了。现行规制德国企业职工委员会的法律是1972颁布、2001年修订的《企业组织法》。

企业职工委员会四年一届，由全体雇员选举产生，具体人数根据企业人员规模决定。20人以下的小企业，可以由1人组成；21人到50人的企业，由3人组成；51人到100人的企业，由5人组成；101人到200人的企业，由7人组成。以此类推，企业雇佣人数越多，企业职工委员会的人数就要越多。

员工选举企业职工委员会成员必须以匿名、直接和自由的方式进行。年满18岁，在该企业工作满半年的员工，可以成为企业职工委员会的候选人。根据《企业组织法》规定，大约占雇员3%的企业高级职员要完全排除在外。为了避免职责冲突，一些职位不太高的管理层人员，实际也很少参加企业职工委员会的竞选。

13.6.2　企业职工委员会的工作条件：时间、经费、信息、专业和独立

在必要的情况下和一定的限度内，企业职工委员会的成员为了履行职责，可以脱产而不减薪酬。大企业的职工委员会成员可以完全脱产，并且企业越大，可以脱产的职工委员会成员就越多。201人到500人的企业至少要有1名企业职工委员会成员是完全脱产的。5001人到6000人的企业，脱产的职工委员会成员人数可以达到8人。

企业职工委员会工作属于荣誉，不能拿报酬，但是需要经费。对此，《企业组织法》有着非常细致的规定，包括雇主要为企业职工委员会的会议和接待提供房间，以及文件柜、讲台、电话、电脑和复印机等等。企业职工委员会认为按照合理标准所必需的财务开支，要由雇主给予补贴和报销，包括企业职工委员会成员在工作时间之外参加会议所花车费等等。

雇主必须向企业职工委员会及时而全面地通报其履行职责所必需的各种信

息，要根据企业职工委员会的要求随时向其提供有关资料，包括企业的资产负债表等财务数据，不得以企业秘密或商业机密为由拒绝企业职工委员会的资料要求。

企业职工委员会仅有信息是不够的，还要有专业能力解读和利用这些信息。为此，《企业组织法》还对企业职工委员会成员所必需的培训做了具体规定。这些培训的费用一般是由培训的主办者（工会）承担了，但是雇主要继续支付其合理培训期间内的薪酬。企业职工委员会还可以要求雇主为其提供懂专业的员工作为顾问，以便履行职责。在求得雇主同意，或者是在雇主不同意而求得了劳动法院的判决支持后，企业职工委员会可以向企业外的专家咨询，由雇主付费。在企业要进行大的变动，如要大量裁员等情况下，企业职工委员会可以无需征得雇主同意而从企业外部获取咨询意见。

如果企业职工委员会成员有后顾之忧，担心为雇员利益努力而遭雇主秋后算账，即使具备了所有上述条件之后，企业职工委员会还是难以有效地开展工作。为此，《企业组织法》和《解雇保护法》都有相应的规定："只有出于重要原因和在企业职工委员会多数同意的情况下，企业职工委员会成员才可以被解雇。"在企业职工委员会不同意的情况下，雇主可以向劳动法院申请，由劳动法院审查解雇是否真正出于重要原因。这个程序通常需要两年时间，在这期间有关的企业职工委员会成员还有权行使职责。只有在企业停产的情况下，企业职工委员会成员的解雇保护才失去效力。即使这时，企业职工委员会成员应当是最后才被解雇的。"如果一个部门停产，企业职工委员会成员应当被调到另一个部门工作。"

13.6.3 企业职工委员会的运作与职责范围

企业职工委员会虽然是由雇员选举产生，每四年有一次大检阅，但是如何保证其四年一届期间能够积极响应雇员诉求，不成为"工人贵族"？对此，《企业组织法》相应设置了职工倡议和职工大会制度。雇员可以向职工委员会提出批评意见和建议。如果雇员的意见得到了5%以上的雇员支持，职工委员会则必须在两个月之内将此列入议事日程。雇员可以在工作期间开展争取支持的活动，如征集签名等。

雇员形成意见的最重要形式还是每个季度一次的企业职工大会。《企业组织法》规定，企业职工委员会必须每个季度召开一次企业职工大会，并在会上向职工报告工作。如有特殊事项，企业职工委员会还可以每半年召开一次法定季度职工大会之外的特别企业职工大会。为了无拘无束地讨论，对职工大会的发言不能录音，也不能作速记。职工大会上的发言不能作为采取警告、调动和解雇等措施的依据。

如果说，工会主要是为了与雇主对抗而形成的工人组织的话，职工委员会则是为了以合作替代对抗。为了促进这种合作，《企业组织法》还具体规定雇主与企业职工委员会至少每月举行一次会议，以就一些争议的问题达成共识。组织罢工是工会的天然权利，而企业职工委员会与雇主不能进行相互攻击的劳资斗争。对企业事务的参与权和一定程度的共决权，可以看作是对企业职工委员会承担企业经济和平义务的一种回报。

企业职工委员会参与权的一个主要表现是，企业解聘员工前需要听取企业职工委员会的意见。参与权是一种软性的权利，雇主可以不听。共决权则有更为准确的内涵，相关事项的具体边界也要界定得清清楚楚。《企业组织法》第87条，具体规定了13项企业职工委员会享有共决权的事务，包括员工行为规范、工作时间调整、薪酬支付、休假、工作监控设施、职业健康、福利设施、企业建议制度和班组工作原则等等。属于共决范围内的事项，如果雇主和企业职工委员会之间达不成一致，任何一方均可向劳动法院起诉。

劳动法院是根据德国基本法第95条建立，独立于普通法院（民事法院）的一套机构，有单独的《劳动法院法》调整，凡雇主和雇员之间的争端均属于劳动法院的管辖范围。劳动法院由数个法庭组成，每一法庭由一名必须是专业法律人员的职业法官和两名分别来自雇员方和雇主方的名誉法官组成。

13.6.4　员工代表进入监督董事会

德国的员工代表进入公司监督董事会被广泛传诵，其最初引入时在德国国内也曾引起轩然大波，甚至被一些人看作是“私有财产陷入了危险”。但是现在看来，“与《企业组织法》的作用相比，监督董事会中雇员代表对于维护雇员权益的作用并不那么重要”（《德国雇员权益的维护》第117页）。

实行共决制的企业主要是资合性质的股份有限公司和有限责任公司。这两类公司中最基础的决策机构都是股东大会或股东会，在这个层面上并没有设立员工的参与通道，员工参与共决的下一个层面——监督董事会。德国的监督董事会或有简单译作监事会的，实际就是英美公司中的董事会。监督董事会成员任命和考核再下一层的管理董事会或说是经理层的成员。员工代表进入监督董事会，也就有了与其他监督董事会成员一样的，任命和考核公司管理董事会和经理层人员的权利。

德国的员工代表进入监督董事会，有三种类型或说三种模式。

第一种模式是雇员超过2000人的资合公司实行的“对等”模式。根据1976年颁布的《共同决定法》，监督董事会成员中股东代表和员工代表要各占一半，但主席要由资方人员担任。这种模式下，如果监督董事会表决出现僵局，将进行第二轮投票，而第二轮投票时，主席拥有两票，这使资方还是拥有实际上更大一些的权力。此外，还有一个因素会导致资方的实际主导地位，就是员工代表中必须包括一名高级职员代表，而高级职员代表一般会与主要来自资方的公司领导层比较接近。相比之下，《企业组织法》调整下的企业职工委员会则更明确地定位于员工利益维护，就直接将公司高级管理人员排除在外了。

第二种是在矿山和钢铁企业中实行的“对等加一”模式。根据1951年颁布的《煤炭和钢铁工业职工共同决定法》以及1956年《煤炭和钢铁工业职工共同决定法补充法》，监督董事会由同等人数股东代表和员工代表，外加一位中立人士组成。但如果双方不能就这位中立人士的人选达成一致意见，其最终的决定权还是在公司股东大会，因此一般情况下雇员方会妥协。

第三种是在500人到2000人之间的资合公司中实行的“三分之一”模式。根据2004年的《三分之一参与法》，雇员人数在500到2000人的资合公司中，雇员方有权决定三分之一的监督董事会席位，监督董事会成员人数要是3的倍数。

上述三种有雇员参与的监督董事会，加上雇员人数在500人以下、没有雇员参与的公司监督董事会，德国实际共有四种类型的公司监督董事会。1999年时，适用第一种模式的公司数为728家，2004年时为729家，现在也不会超过

1000家。第二种企业数量上（不含钢铁加工）微乎其微，2007年时还只有约30家。第三种企业数量要多一些，1997年时有2602家。为数最为广大的还是人数不超过500人、没有员工代表进入监督董事会的中小型公司。此外，德国还有一种“倾向性企业”，无需雇员参与监督董事会，甚至企业职工委员会的共决权限范围也大大缩小。所谓倾向性企业，是指那些其宗旨为政治、宗教、教育、慈善、科学、艺术等等的企业，包括“报道和表达意见为目的”的企业，如新闻企业等等。

在员工权益保护和员工参与公司治理方面，德国是在法律制度上走得最远的国家，但很难说德国就是员工实际地位最高的国家。这与日本员工法律地位很低、但实际地位很高正好形成了对比。由于雇员的明哲保身心态，目前在德国，只有约20%的雇员是工会会员，集体谈判形成的劳资协议只覆盖了60%的雇员，企业职工委员会只代表50%的雇员。在国家干预无效或低效的情况下，如何更好地促进员工“自救”，包括合法有效地罢工和提高作为“劳动力企业家”的市场适应能力等等，是一个值得深入研究的课题。

13.7　金山方式：股权分享与公司创业治理

“微软之下，寸草不生”。金山公司能够一路走下来，并且依然发展着通用软件业务，可以说是一个“奇迹”。雷军总结了金山成功的七种武器：梦想、技术、务实、求变、信任、舍得和兄弟情。梦想谁都有，求变和务实是每一个成功者都应有的态度。技术的重要性无可否认，但关键是如何做到让技术和掌握技术的人成为推动企业成长的主导力量。信任、舍得和兄弟情这三个要素的作用，是一时性的还是可持续性的，则要看其能否落实到企业的制度层面。从WPS的成功、落败与重新崛起，到软件业务范围的扩展及网络游戏领域的开拓，金山经历了一个不停的“公司创业”（既有企业内部的创业活动）进程，这其中部分是有意设计，更多地是适应性调整，逐渐形成了一种公司创业治理的金山方式。

13.7.1 慧眼识英才：金山创始人张旋龙

张旋龙1956年出生在福建，1978年随父定居香港，1980年开始协助父亲经营香港金山公司。香港金山公司由张旋龙的父亲张铠卿创建，“金山”是由“铠”字分拆而来，公司主要经营IT芯片、兼容机组装和销售。由于国外对中国的高科技产品的禁售，金山公司通过私人关系从国外带高科技电子产品进入国内。

1984年时，香港金山公司有10多个员工，销售额不足100万美元。作为第一个到中关村做生意的香港商人，张旋龙与四通合作推出SUPER微机。1986年时，张旋龙与珠海电子局合建了6层的珠海金山大厦，生产SUPER微机，这可以说是今日金山公司最早的“物资基础”。1986年12月底的一天，张旋龙将香港金山开发的金山汉卡带到四通，准备安装到SUPER微机上。第二天，张旋龙看到，金山汉卡已经安装在了电脑上，但是“金山汉卡”变成了“四通汉卡”，字体也更为漂亮。这是求伯君所为，张旋龙发现了求伯君的电脑才能，由此埋下了二人日后合作的种子，并至今仍然在“享受”着作为伯乐和天使投资人的收益。

张旋龙在支持求伯君做电脑软件的同时，自己继续从事电脑硬件生意。1991年开始，张旋龙与方正合作成立方正SUPER汉卡部。1992年与方正谈判全面合作，并于1993年将软件业务分拆出来，转为与求伯君平分股权的珠海金山电脑公司，交给求伯君运作。1994年，张旋龙将软件业务之外的香港金山公司资产合并进方正（香港）公司，出任方正（香港）公司总裁、方正集团副总裁，并于此后一直担任方正高管。

13.7.2 求伯君：技术天才与内企业家的创业之路

求伯君，1964年出生在浙江农村。1980年考入位于长沙的国防科技大学数学系信息系统工程专业。1984年大学毕业后被分配到位于河北省徐水县的石油部物探局下属的一家仪器厂。1986年因为恋上了一位从深圳大学来物探局仪器厂实习的女大学生，求伯君去了一趟深圳，从此不再想继续呆在徐水这个小县城。

1986年12月，求伯君在开发出了自己的第一个软件产品“西山超级文字打印系统”之后辞职。从河北去深圳，要先到北京。在北京同学的建议下，求伯君找到四通公司，把西山超级打印系统以“2000元的价格、分10个月付款”的方式卖给了四通。这个程序正好适合四通当时正在推广的OKI8320打印机。求伯君的目的地是深圳，但是由于其在四通公司已经表现出来的计算机技术天分深得赞赏，被四通公司以次年成立四通深圳公司时派他去的允诺而留住。这样，求伯君在四通认识了四通的合作者——香港金山公司老板张旋龙，并于1987年以四通公司在深圳的一个营业部负责人的身份到了深圳。

一心要开发软件产品的求伯君在四通深圳营业部的职位上并没有什么作为。求伯君曾向四通提出开发一个能在电脑上使用的中文字处理软件，但是四通公司当时以其电脑打字机占有了80%的中文文字处理市场份额，怕这一市场地位受到影响，而拒绝了求伯君的提议。也许是求伯君的“流失”，使数年后的四通不再短视，支持王志东成功创建了四通利方并发展出新浪这样一个优秀公司。

1988年5月，求伯君离开四通，住进张旋龙租下的深圳罗湖区蔡屋围酒店501房间，为香港金山公司开发中文文字处理系统。1989年9月WPS1.0悄然面世。学电脑就是学WPS，那是一个金山的辉煌时代。WPS批发价每套2200多元，年销售3万多套，销售额超过6600万元。WPS的巨大成功，给求伯君带来的“中国第一程序员”的巨大声誉，给张旋龙带来的是金山公司的巨额利润。张旋龙奖励给求伯君一套珠海的别墅和在当时也许算是不菲的奖金。

1993年张旋龙与求伯君平分股权注册成立珠海金山电脑公司，求伯君完成了从技术天才和内企业家到成功创业者的华丽转身。所谓的内企业家，就是这样一批人，他们在一个现有企业内部，像一个独立创业者一样开拓出一片新事业，并最后走向真正独立。

13.7.3 雷军：从程序员到管理者，从经理人到股东

雷军，1969年出生于湖北，在武汉大学计算机系就读期间，与当时武汉测

绘大学教师、后任金山副总裁兼CIO的王全国合作开发了一款加密软件，还与武大同学冯志宏合作编写了杀毒软件“免疫90”和RI内存清理软件。大四期间，雷军与王全国、李儒雄（武汉测绘大学毕业后到洪山长江生态研究院工作）等合作办了一家名为三色、主要是做仿制汉卡业务的公司，存续了半年多时间。

1991年7月毕业后，雷军被分配到北京近郊的一个研究所。此后雷军结识了发明“自然码”的周志农，帮助周志农实现了把汉字的小字库放到EAM里的软件需求，但没有接受邀请进入其超想公司。随后，雷军又结识了用友软件创始人之一、时任用友副董事长后来创建了连邦软件的苏启强，帮用友做了软件加密。

在1991年11月的一个计算机展览会上，雷军认识了其久仰的因WPS而“功成名就”的求伯君。12月求伯君请雷军吃饭，邀请他加盟金山公司。1992年1月，雷军到了珠海金山，成为珠海金山的第六名员工。1992年8月15日，由雷军牵头的金山北京开发部成立。“求伯君的今天就是我们的明天”，这是雷军当时在北京招聘程序员的广告词。1994年，金山北京开发部转变为北京金山软件公司，雷军出任总经理。1998年联想注资后出任金山公司总经理，负责整个公司的管理、研发、产品销售及战略规划。此后，雷军一直担纲金山CEO的角色，直到2007年年底金山成功上市数月之后，雷军辞去金山公司中的执行性角色，只担任一个非执行性的副董事长。

雷军在金山公司的16年打拼，盖起了“金山的大厦”，也为自己积累了从程序员到管理者、从打工者到老板的一个完整的职业经历和数以亿计的个人财富。刚入不惑之年的雷军已经转变为IT领域的天使投资人，致力开拓一个新的事业领域。2008年10月，雷军出任了手机浏览器厂商Ucweb的董事长。Ucweb是雷军继购物网站Vancl和多玩网之后所投资的第三家企业。

13.7.4 金山创业平台：持续性的公司创业，批量生产富豪程序员

1994年，正是WPS如日中天的时候，微软WORD进入中国。微软主动找到

金山，希望与金山WPS在文档格式上兼容。当时金山没有意识到WPS的格式是个多大的秘密，没有想到或者是不想以WPS的格式作为锁定用户的手段，便与微软达成协议：双方都通过自己软件的中间层RTF格式来互相读取对方的文件。此后，随着操作系统从DOS过渡到WINDOWS，以及微软WORD功能的丰富，金山WPS的用户也逐渐通过WPS-RTF-DOC这座桥梁、基本没有转换成本地转移到了微软WORD之下。

从1993年求伯君成立珠海金山自立门户开始，就投入资源开发基于WINDOWS的办公软件系统“盘古组件”。1995年4月，盘古组件上市，以失败而告终。雷军总结的四点教训可以说是很恰当：盘古力量分散，没有发挥WPS当时在字处理领域里的领先优势；没有沿用WPS这一有号召力的名称；盘古自身不够完善，没有做到所见即所得，完全是DOS版的照搬；刚刚独立的珠海金山公司没有销售经验（引自《梦想金山》）。

微软和盗版，合力摧毁了金山的办公软件。1996年金山公司濒临倒闭，珠海的办公楼里只有十几个人上班了。雷军甚至想要辞职，求伯君劝他先休息半年再说。这样从1996年4月到10月，雷军休了半年假。此间，金山推出了“中关村启示录”（中国第一个商业游戏软件）“剑侠情缘”“金山影霸”（两年时间占据工具类软件销售榜首位置）“单词通”和“电脑入门”等产品，可以维持企业的生存。1997年5月上市的金山词霸是金山公司继WPS之后的第二个战略性产品。

为了开发新的基于WINDOS的WPS97，求伯君把开发WPS成功后张旋龙奖励的别墅以200万的价格卖了。1997年10月WPS97上市，两个月销售13000套，获得了很大的成功。求伯君也穿起了中山装在全国巡回演讲，大打民族产业牌。

求伯君作为程序员取得成就的榜样力量和金山公司作为程序员创业平台的声望与内在机制，使金山公司吸引了大批有创业梦想的程序员加盟。如同WPS是张旋龙引入求伯君开发出来的一样，金山公司的很多产品，如中关村启示录、剑侠情缘、金山影霸及已经出售给亚马逊的卓越网等等都是通过引进创业性人才开发出来的。

1994年珠海金山成立后就打出了招聘游戏设计者的广告。赵礼海带着其

“中关村启示录”与求伯君达成了合作协议，成立了金山游戏项目组，并发展为后来的西山居游戏制作组。以此为起点，金山公司开拓出了一个巨大的电脑游戏及网络游戏业务。网络游戏与软件共同构成了金山公司的两大业务板块。

1999年2月，雷军邀请沈阳的一位个人网站知名人士高春辉加入金山，出任卓越网事业部经理。使当时只有5名员工的金山卓越在1年后发展为CNNIC评出的中国优秀站点第33名。2000年1月，卓越网从金山软件公司中分拆出来，金山软件公司老股东组成的金山控股为第一大股东，联想控股下属的联想投资为第二大股东。2000年4月，卓越网从下载网站转变为从事图书和音像制品销售的电子商务网站。2003年，运营三年之后，卓越网开始盈利，当年销售额达到1.6亿元。2004年8月19日，亚马逊以7500万美元的价格收购了卓越网。

引进人才重要，留住人才和激励人才创造价值也许更为重要。1993年成立珠海金山时，张旋龙拿出50%股权给求伯君。求伯君对待再后来者，以及整个金山公司股东对待公司高管和技术人员都是延续着同样的“舍得”哲学。2007年2月，在上市前半年多时，金山公司向430名员工发放了一个占上市完全摊薄后全部股份11%、超过2亿人民币的海量期权（梦想金山第200页）。这极大地影响了金山公司的短期价值，但是金山公司的董事会和股东们为了保持公司长期发展的动力，做出了这一与员工分享上市财富的选择。

2007年10月9日，金山公司首次公开发行后在香港联交所主板成功上市。据估算，拥有股权和期权的金山公司员工中，成为“百万富翁”的超过百人，金山造就了中国“最大的程序员富豪群”。

求伯君在金山成功上市后的答谢晚宴上说，“金山这个大厦，张旋龙是买地的，雷军才是真正盖楼的，我不过是个挖地基的。”雷军在2007年11月5日为《梦想金山》一书所写序言“金山为什么”中写道：“金山是张旋龙创办的，求伯君是最大股东，他们愿意把公司交给我管，这是多么不容易的事情。”

13.7.5 金山公司的股权结构演变：一个适应性的调整过程

从1988年求伯君在张旋龙的支持下编写WPS软件算起，到2007年香港联交所上市，金山公司经过19年的时间，从一个张旋龙及其家族100%持有的小型家族企业，演变为求伯君、雷军、张旋龙、金山员工、机构及公众共同持有的上市公司。在这一过程中，投资人、创业者、经理人及员工之间形成了一种“有序合作、多方共赢”的局面。这期间有三次主要的股权结构变化。

1988年求伯君加入金山公司开发WPS时，香港金山公司由张旋龙家族100%持有。1993年软件业务分拆成立金山公司前身珠海金山公司，张旋龙和求伯君平分股权，求伯君领导金山开始了二次创业的进程。

1998年3月20日，作为在香港联交所上市法律主体的金山公司在英属维京群岛注册成立，求伯君持股40%、张旋龙通过Super Faith持股37%、雷军持股23%。2005年11月15日金山公司的注册地从维京群岛转至开曼群岛。1998年10月9日，联想以900万美元（450美元现金、450万美元商誉）收购了金山公司的部分股份，金山股权结构变为联想30.0%、张旋龙（Super Faith）25.9%、求伯君28%、雷军16.1%。雷军担纲金山首席执行官，开始了金山的第三次创业进程。

2006年6月，新加坡政府投资公司（通过下属机构Tetrad）、英特尔投资和新宏远创基金（New Horizon Fund）三家新机构以12.5倍市盈率按2006年预计盈利计算的价格7200万美元入股金山公司。金山股权结构变为：求伯君和雷军（通过各自的代理公司）合计持有44.5%，成为公司的控股股东；Tetrad持有21.3%、Super Faith持有13.0%、联想持有12.1%、Intel持有4.3%及 New Horizon持有4.3%，余下0.5%由现或前雇员持有。根据股东及公司间协议，联想、Super Faith、Color Link、Topclick及Tetrad各自有权委任1名董事进入董事会，截至公司上市之前有效。金山从业务部署到制度安排，全面完成了走向上市的准备工作。

2007年9月金山软件公司首次公开发行后，股权结构变为：第一大股东求伯君（通过Topclick）持股20.7%，第二大股东新加坡政府投资公司（通过Tetrad）持股16.8%，第三大股东雷军（通过Color Link）持股14.9%，第四大股东张旋龙及其家人（通过Super Faith）持股10.4%，第五大股东联想持股8.2%，英特尔和New Horizon位居第六和第七大股东，均持3.4%，91位金山的现职及前雇员合计持股2.1%，余下20.1%为公众持有。

表13-1 金山软件有限公司的股东与股权结构

股东名称	2007年上市时	2008年底	
Topclick Holdings Limited	20.7%	20.82	求伯君全资拥有
Tetrad Ventures Pte Ltd	16.8%	15.39	新加坡政府投资公司下属机构
Color Link Management Ltd	14.9%	14.74	雷军全资拥有
Super Faith International Ltd	10.4%	9.50	张旋龙及其家人、亲属拥有
联想工业有限公司	8.2%	7.35	联想集团下属机构
英特尔投资	3.4%		
New Horizon	3.4%		
个人股东	2.1%		91位公司的现职及前雇员
公众人士	20.1%		

资料来源：金山公司香港上市招股书和公司年报。

金山二十年的创立、持续创业及其适应性的股权结构调整过程中，不可避免存在一些艰难与困顿、冲突与矛盾，但是金山的主要股东及利益相关者之间没有形成僵局与对抗，而是以一种“合作多赢”的方式持续前行。2007年底，雷军辞去金山执行性职务之后，很多习惯了“阴谋论”和“权力斗争”思维的人认为，这里一定“另有隐情”，一定是求与雷之间的矛盾逼迫雷军离开了金山。但是两年后的2009年12月，国家主席胡锦涛到访金山公司珠海办公及研发中心时，集团主席兼首席执行官求伯君和副主席雷军，一起陪同胡锦涛参观了金山WPS办公软件、金山互联网安全软件、金山网络游戏等相关部门。我们看到的仍然是一种“合作”的局面：张旋龙和雷军没有明显地减持金山的股份，求伯君没有独享金山成功的荣誉。

表13-2 2008年底金山软件有限公司集团旗下公司

	所在地	注册资本	金山持股（%）
珠海数码科技	中国	人民币198048000元	100
君天电子科技	中国	人民币18952000元	100
珠海软件	中国	人民币215500000元	100
北京软件	中国	人民币10000000元	100
北京数字娱乐	中国	人民币10000000元	100
西山居软件	中国	人民币2200000元	100
日本金山	日本	447875000日圆	51

续表

	所在地	注册资本	金山持股（%）
大连金山	中国	人民币30000000元	80
成都数字娱乐	中国	人民币10000000元	100
成都互动娱乐	中国	人民币100000000元	100
北京金山奇剑	中国	人民币1500000元	100
金山深圳	中国	人民币20000000元	100
Kingsoft（M）SDN. BHD	马来西亚	1000000马来西亚元	100

资料来源：金山公司年报。忽略注册资本为1元的空壳公司。

第14章

机构投资者与全球公司治理趋同

公司治理主要涉及到三个方面的参与者：股东，董事会及其成员，以CEO为首的公司管理层。这些参与者决定着公司的发展方向和绩效。加强公司治理就是要在这三方面参与者之间建立起两种有效的负责任的关系，即股东对董事会的有效制约和董事会对管理层的有效监督与指导。

股东积极行使其所有者权力参与公司事务，会使公司管理层更加负责且更加关注公司的业绩，为股东的投资带来更多的回报。对于股权分散的上市公司来说，最主要的股东，或者说是其大股东就是机构投资者。

现代大型上市公司正在转向机构投资者和持股高管共同主导的治理模式，全球公司治理系统也正在机构投资者的推动下走向趋同[①]。

14.1 两种类型的公司治理系统

公司治理是一套完整的流程和机制，股东、利害相关者和资本市场凭借这套流程和机制监督和影响公司管理，确保公司管理层对其决策负责。所有公司治理系统的最终目标都是相同的——良好的公司管理和有效的资源配置。但是不同的公司治理系统拥有非常不同的结构特征和达成这些目标的不同方式，并且包含各种公司治理机制的不同组合。

① 关于全球公司治理是否正在趋同，学术界有一定的争议，但是就上市公司层面来讲，趋同趋势是很明显的。参见杰弗里·戈登等2006。

专栏 14-1　现代上市公司的多重治理机制

良好公司治理来自外部和内部多种治理机制的有效组合。

外部治理机制

①法律构架：公司法规，证券法规

②会计制度：财务法规，会计准则

③金融环境：金融体系，债权与股权市场，政府、银行与大企业之间的关系

④公司财务：

a. 公司如何融资，融资的源泉与主要工具，公司的资本结构，和债务—股权比率；

b. 证券市场的规模与活跃程度，上市要求，上市公司的财务和信息披露规则；

c. 股权市场的主要投资者，投资者如何监视公司业绩，他们在公司治理结构中的地位，如何履行其“治理”上市公司的功能。

⑤市场竞争：

a. 产品市场的竞争程度，主要企业是否拥有很大的市场份额和市场势力

b. 国家的产业管制框架和竞争政策

c. 是否存在竞争性的经理职业市场

d. 劳动市场的竞争程度

⑥股东权利（股票抛售，投票和委托投票）

⑦并购（公司控制权市场）

⑧债权人权利（保全资产价值，破产起诉）

⑨监管机构：证监会，证交所，公检法部门

⑩外部审计，独立的股份登记公司。

内部治理机制

以下各方面的性质、角色、权利和责任：

①各类股份，其投票和财产权，代理权行使规则，以及小股东权益的保护（关联交易的处理）

②股东大会，年会及特别会议，其程序、议程的确定，决策的类型——董事长的任免、公司战略、股利分配及投资决策

③董事会，董事构成，代表范围——独立董事和利益相关者（贷款人、消费者和供应商，和职工），任免条款，投票规则，义务、权利和责任，财务及其他业绩指标的种类

④独立的决策委员会（包括但不限于投资、管理人事、报酬、内部审计等）；委员会的组成；董事会成员报酬的决定

⑤董事会秘书的角色、权利和责任

⑥公司组织结构、控制系统，经理所选用的考核和奖励与监督机制

14.1.1 股权结构与股东构成

对公司管理的监督行为和监督实体基本上是公司所有权的一个函数。所有权结构有两个相互关联的维度：所有权集中度和股东主体特征。英美公司的所有权特征是大量的公众持股，股权高度分散。德国和日本公司股权集中度要明显高于英美公司。以非金融类公司中前五名股东持有全部流通在外股份的平均比率为例，美国和英国分别是25.4%和20.9%，日本和德国分别为33.1%和41.5%。分散的公众持股通常与更大的企业规模相伴。日本采矿和制造业企业的资产规模和市值要比美国非金融类公司小得多。

表14-1 美英日德四国公司前五大股东持有流通在外股份的百分比

	美国	英国	日本	德国
平均值	25.4	20.9	33.1	41.5
中位数	20.9	15.1	29.7	37.0
标准差	16.0	16.0	13.8	14.5
最小值	1.3	5.0	10.9	15.0
最大值	87.1	87.7	85.0	89.6

续表

	美国	英国	日本	德国
企业总资产平均值, 百万美元, 1980	3505	1031	1835	3483
企业市值平均值, 百万美元, 1980	1287	N.A.	811	1497

注释：美国457非金融类公司，1980年；英国85家制造业公司，1970年；日本143家采矿和制造业公司，1984年；德国41家非金融类公司1990年。

资料来源：富兰克林·艾伦等，2002。

除了所有权集中度之外，这些国家之间公司股东的主体特征也非常不同。在美国，个人拥有很大比例的公司股份（49%），没有非金融类企业持有其他上市公司股份（0%）。英国的个人持股比例则低很多（21%），金融机构持有绝大部分的公司股份（68%）。在日本，银行和其他金融机构是最重要的公司持股者（30%），非金融类企业排在第二位（20%），二者持股份额都超过了个人（18%）。而在德国和法国，非金融类企业都持有很高比例的公司股份，分别为42%和58%。

表14-2　美英日德法五国家公司普通股的所有权（年底，百分比）

	美国1996	英国1994	日本2001	德国1996	法国1994
金融部门	46	68	40	30	8
银行和其他金融机构	7	10	30	10	4
保险公司和养老基金	28	50	10	12	2
投资基金	21	8	0	8	2
非金融部门	54	32	60	70	92
非金融类企业	0	1	22	42	58
个人	49	21	20	15	19
公共机构	0	1	1	4	4
外国人	5	9	18	9	11
总计	100	100	100	100	100

资料来源：OECD, 2004a。

与其不同的所有权集中度和股东主体特征相伴随，这些国家的股票市场发展程度也有很大差异。以国内上市公司总市值和其占国内生产总值的百分比来衡量，美国和英国的股票市场要比日本、德国和法国的股票市场规模大很多，在其各自经济体系中的地位也重要很多。

表14-3　五个国家国内上市公司的总市值，1998年12月31日

	日本	美国	英国	德国	法国
10亿美元	2495.76	15323.29	2372.74	1093.96	991.48
占GDP，%	66	186	175	51	69

资料来源：William Lazonick and Mary O' Sullivan, 2000.

14.1.2　银行与资本市场：公司治理系统的两个中心

股权结构、股东构成及资本市场发达程度等方面的差异导致研究者们区分出了以资本市场为中心的（美国和英国）和以银行为中心的（德国和日本）两种金融系统。与之相应地有两种类型的公司治理系统：资本市场中心的公司治理系统或者说英美的外部人模式，与银行为中心的公司治理系统或者说德日的内部人模式。这两个类型之间的关键区别就是，银行是否扮演关键角色，或者资本市场是否是一种主要的公司治理机制。一种与此类似的公司治理系统分类是：市场导向系统和关系导向系统。美国和英国属于市场导向系统。关系导向系统又有三种主要的不同形式，分别为日尔曼式（德国和荷兰），拉丁式（法国和意大利）和日本式。

专栏 14-2　金融和治理系统的两种类型

	英美模式	日德模式
持股	家庭和机构投资者为主要股东；频繁的大中股份交易	银行，企业交叉持股；大中股份交易稀少
金融	公开市场金融交易；证券融资为主，内部资金重要；低银行依赖度，短期银行贷款	双边金融交易；贷款为主要资金来源，内部资金不重要；高银行依赖，短期和长期银行贷款
治理	基于法律、合同和自我负责；活跃的敌意并购，经理人市场和职业关注；充分的披露	基于长期关系和互赖；来自大股东和信贷人（一般是主银行）的监督和干预；不充分的披露
优势	有效的经理人激励机制；易于推进企业重组	稳定的管理层和雇佣；监督成本低；调整成本内部化
缺陷	高监督成本和搭便车问题；促生寻租行为	管理层不稳定时系统失效；难以推进企业重组
绩效	对变革的快速反应，在产品创新方面更为卓越	在贯彻公司战略和进行流程创新方面更为卓越

不同国家具有不同的公司治理机制，反映了它们不同的法律和制度结构，不同的历史和实践，以及不同的金融市场结构和功能。就内部和外部这两种模式之间的差异来说，一个主要原因是其企业融资来源的历史差异。在内部模式国家，银行在传统上是最主要的融资来源，而在外部模式的国家，主要运用股权融资，缺乏强大的贷款人。

外部模式国家的主要特征是，机构投资者的重要性日益增长，它们关注财务回报和要求增加股东价值。监管者一般允许敌意接管，并确保大量和高质量的信息披露。在美国、英国以及其他一些传统上主要依赖股权市场为企业融资的国家，公司的所有权分散在大量的股东手中，首席执行官和公司管理层享有高度的自主权。但是，企业被看作是创造股东价值的工具，制度结构上鼓励股东“用脚投票”，在他们对公司业绩不满时出售股份。管理层由此受到股票市场的约束，公司控制权市场成为股东影响公司管理的主要机制。业绩差企业更有可能成为接管目标，其经理人更有可能被解雇。最常见的接管技术包括合并、要约收购、代理权争夺和杠杆收购。接管过程作为对企业的约束和纪律，使控制权能够从低效向高效的管理团队转移，同时促进了公司管理层和股东之间利益的一致性。

内部模式是通过了一个不同的社会和经济环境而演化出来的。内部模式的主要特征是相对集中的所有权和有助于管理层巩固自身位置的公司控制结构。在这些国家的传统中，对管理层的约束来自银行或其他大投资者，通过资本市场进行的公司接管被看做是不重要的。在日本、德国以及大多数其他以内部模式为主的国家里，作为主要股东和大贷款人，银行通过在企业业绩下滑时直接介入的方式而扮演了一个与外部模式中公司控制权市场类似的角色。尽管还没有证据表明内部模式可以更有效率地防止管理失误，但在内部模式下，可以通过各治理主体和管理层之间的紧密接触进行更好的事前监控。内部治理模式的另外一个重要特征是，可能更多地考虑利害相关者，包括与本公司密切相关的外部公司的利益，以及公司所在社区和地方及中央政府的利益。这些国家中，公司信息的公开披露程度相对比较低，证券市场监管者甚至允许有利于大股东或专业机构的信息不对称。

尽管日本和德国都属于以银行为中心的公司治理系统，但是两者之间还是有很大差异的。在日本，金融机构是最重要的大中股份持有者；而在德国，最重要的大中股份持有者是其他公司，随后是家庭。

14.1.3 两种治理类型之间的竞争

20世纪80年代的时候，因其卓越的宏观经济和出口业绩，日本模式被看作是世界最佳的公司治理模式之一。日本公司称霸世界，美国式的公司治理系统受到了广泛的批评。著名的战略学者迈克尔·波特指出，美式治理是个以机构投资者为主的资本快速流动的系统①。股权高度分散，没有股东真正地关心企业的长期发展，股东们都主要是从股票的交易中赚钱，对相互之间作为一个整体的关系并不关心。人们批评美国公司过度关心股票市场的反应，战略和投资决策的时间眼界很短，而日本公司是看几十年的。

从90年代早期日本泡沫经济破灭开始的经济停滞和银行危机对日本的公司治理模式提出了严峻的挑战。与此同时，美国经济的繁荣，特别是其高科技部门和风险资本的发展，显示出了美国模式的优势。美国的科技股、网络股和纳斯达克市场的崛起，各种类型的参与公司治理的机构投资者——积极投资者、关系投资者、公司治理投资者和社会责任投资者等等的崛起，致使美国的资本市场体系和公司治理系统又受到了高度的肯定。亚洲金融危机的爆发，则更是加剧了全球范围内对英美公司治理模式的推崇。

但是世界通信、安然及其他一些公司丑闻，又暴露出了美国模式也有其自身的一些缺陷。美国由于历史上防范银行势力扩张、禁止银行跨州经营，发展出了一套以证券市场为主体的融资、投资和公司治理系统。这一套公司治理系统的基本特点是股权高度分散，外部约束主要靠并购等形成的公司控制权市场，内部则是股东大会向董事会的充分授权，董事会中心主义的公司监管和公司治理决策体系。分散的股东主要靠公司的财务报告来了解公司情况，负责审计业务的会计师事务所和对上市公司业绩进行分析的专业证券分析师等等则以

---

① 这是迈克尔·波特1992年在由哈佛商学院和竞争力委员会共同组织的一个大型研究课题报告“资本选择：改变美国的产业投资方式”中提出来的观点。直到1998年日本已经萧条多年之后，迈克尔·波特仍然认为日本公司有很多值得美国公司学习的地方，见迈克尔·波特2002a。

其信息权力对股东的决策产生了主导性的影响，由此带来了经理人和中介机构“合作”对股东进行误导和操纵等犯罪行为的空间很大。

就比较公司治理研究，特别是从中国公司治理模式选择的角度来说，最为重要的一点是，尽管日德与英美之间公司治理系统上存在一些差异，但相比于发达国家与发展中国家（这里当然也包括中国）之间公司治理上的差异，要小得多。所有成功的公司治理系统，如上面提到的那些先进市场经济国家，都来自于对投资者的法律保护和大投资者的重要作用。这使这几个发达国家的公司治理系统区别于绝大多数其他国家——只有非常有限的对投资者的法律保护，企业由家族和内部人主导，很少外部融资（A. Shleifer, and R. Vishny, 1996）。

对于中国来说，可以也应该是从世界上所有发达的市场经济国家学习良好的公司治理实践和经验。

14.2 财务丑闻与金融危机：美式治理检讨

从2001年安然事件开始，美国连续爆发大公司财务丑闻。作为应对，出台了萨奥法案——公众公司投资者保护和会计改革法案，大力加强投资者保护，整顿财务会计体系。财务丑闻的问题刚刚平息，2007年又爆发了次贷危机，并进而引发了一场全球性的金融和经济危机。从公司治理的角度，我们应该如何看待这些问题？不能对这些问题及其相互关系，有个准确的认识和正确的理解，会严重阻碍甚至扭曲中国企业健全公司治理的努力。

14.2.1 财务丑闻与会计体系的问题

首先应该明确的一点是不能因为财务丑闻和金融危机等等而全盘否定国际资本市场体系和基于市场机制的现代公司治理系统，并且还要承认美国仍然处于领先地位，仍然有很多值得我们学习的地方。

我们更不能由此而幸灾乐祸，宽容甚至是有些纵容国内公司的会计造假行为。身为美国第二大电信运营公司的世界通信五个季度的时间里累计有38亿美元的成本支出被计作了资本支出，进而夸大了公司的利润，成为美国历史上最大的会计造假案。相对于公司规模来说，与中国一些公司的造假程度相比，也许还“不算大”。但是，我们也应该借此机会对资本市场体系加深认识。

美国信贷评级机构魏斯（Weiss Ratings）2002年对美国7000家上市公司所做的研究显示，有多达三分之一的美国上市公司可能存在篡改其盈利报告之嫌。这跟会计制度有关系，但问题不完全是由会计制度本身所致。股权高度分散的上市公司，严重依赖于财务会计制度。财务会计体系本身就主要是用于股东了解公司运作情况的。股权高度分散之后，股东都不再参与管理，只是通过年度股东大会选举董事和批准一些重大问题的议案来行使权力。股东和资本市场主要是通过外部审计师审计公司财务报表来了解公司财务和运作情况的。这套制度体系运作的基本逻辑是外部审计师作为专业服务机构，要以自己的信誉、专业精神和其自身所面临的市场竞争压力来按原则办事。但是，当世界充满混乱和贪婪，人们的目光都变得很短浅的时候，信誉、专业精神和原则就都很容易被抛到脑后。从财务丑闻中的会计师事务所，到次贷风暴和金融危机中的信用评级机构，犯了同样性质的错误。

美国的财务会计准则委员会（FASB）是一家自律性组织，每年要从几大会计师事务所和企业界得到资金支持，很多时候会计准则本身就有忽略股东、偏向经理人的倾向。比如有关经理人股票期权的会计处理原则，在FASB123号准则生效之前的很长一段时间里，公司向其董事、经理和员工授予的股票期权都没有被按公平价值合理地记入成本。结果是公司的利润严重高估，尤其是那些主要靠股票期权激励雇员的高科技公司。围绕FASB123号准则的制定和发布，美国曾经发生过相当激烈的一场经理人和投资者之间的“政治斗争”。几大会计师事务所几乎垄断了上市公司财务报表审计业务之后，竞争的力量削弱。他们又都纷纷开展起了管理咨询业务之后，自身就产生了利益冲突。为了从公司经理人手中拿到管理咨询业务，在审计方面便容易睁一只眼闭一只眼。如果会计师事务所本身又给公司做内部审计业务，则进一步使其自身利益偏向了经理人一边。

安然事件之后，美国大力加强了对会计体系的监督。包括成立证交会下属的会计监管委员会，禁止会计师事务所扮演外部审计和管理咨询的双重角色。根据萨奥法案，美国证交会要求公司首席执行官和首席财务官就公司财务报告的真实性问题做出承诺，并在其网站上建立了一个公司首席执行官和首席财务官承诺专页，公示他们的承诺内容及签名等。

14.2.2　公司治理系统出现了问题?

连续地出现财务丑闻①，无疑表明公司治理系统出现了问题。事实上，近一二十年来公司治理热潮的掀起，本身就是公司治理问题严重的反映。美国的资本市场能够发展到今天这种程度，能够产生这些富可敌国的大公司，已经属于一种奇迹了。经济学的伟大奠基人亚当·斯密曾说，股份公司这种企业制度不可能发展起来。股东不参与具体运作，靠董事会和经理人来代人理财，不可能有业主型企业自己为自己干那种积极性。1929年股市崩溃之后，1933年证券法和1934年证券交易法奠定起来的美国的现代证券市场监管体系，有力地促进了美国资本市场的发展和上市公司的成长。是相对健全的中小股东法律保护体系，带来了股权高度分散的公司，带来了只要有项目有管理能力，公司就可以迅速成长的可能性。

但是法律也是人来定的，定出来的法律还要由人来执行，而是人就有惰性和机会主义行为。单纯依靠法律走向一个极端之后，也会产生高昂的运作成本。就拿美国上市公司的运作来说，从印制精美但是没有太多人仔细看的那么厚的招股说明书，到年度股东大会、临时股东大会和董事会，层层的承诺和层层的法律意见书，倒是增加了很多就业人员，但是也带来很多的非生产性劳动和浪费。古代社会的战士变成了现代社会的律师，形式变了，但都是为了一个“利”字在争斗而已。一个良好的市场体系离不开法律体系的发展，但是也同

---

① 罗伯特·韦尔林2008“公司治理案例”中描述了英美及欧洲国家近几年中出现治理问题的一些公司。

样离不开一些古老而基本的人类道德和文化规范。

近一二十年来遍布全球各国的公司治理运动的一个核心内容就是强调公司责任，公司要做一个好人，成为一个好的居民。好人的基本规范就是诚实和守信。布什表示世界通信的会计欺诈行为“不可忍受”，要进行彻底调查。中国时任总理朱镕基曾给国家会计学院题词“不做假账”。会计作为一种商业语言，正是企业和投资者之间，企业和税务部门之间以及企业和企业之间进行有效交流的一种主要工具。假账永远会存在，就像假话永远会存在一样。但是查出假账、让假话露馅，就是一种进步。法律对作假者的惩罚和市场参与者不跟你玩了的惩罚都会使我们进步。

人类需要法律，但是法律解决不了人类的问题；健全公司治理需要法律和监管，但是仅有法律和监管也解决不了公司治理的问题。美国大概真是需要“以德治国”和以“德”来对待这个世界了。美国公司的诚信危机也许和“9·11”事件一样，是上天告诉美国需要反省自己的一些信号。

14.2.3 虚拟资产发展过度，超越了公司治理和监管系统的承载能力

虚拟资产的发展或说金融工具的创新，很大程度上是当事人之间为了更好地分担风险和责任、结成利益同盟而出现的。比如上市公司的股票投资者，相比非上市公司的股权投资者，就以一定程度上放弃对管理的控制权而换取了一个更大的流动性和退出自由。至于企业债券、优先股、可转换债券等等金融工具则进一步为有关当事人之间提供了新的合作可能性。有了这一些金融工具，才使现代公司能够较快地成长，能够做成一些大项目和大事。

但是虚拟资产的发展，尤其是衍生金融工具的快速发展，给市场体系、传统的制度结构、公司内部的管理结构等等都带来了空前的挑战。规范和效率之间存在着天然的矛盾。我们面临的最大难题总是难以区分以效率的名义破坏规范的行为和真正为了效率而疏忽了规范的行为。正如安然公司受到鼓励的来自基层的B2B业务创新和董事会管理的最终失控之间，我们不知道准确的许可和禁止点应该在哪。中国很多上市公司的管理失控也往往是出于为了鼓励创新和

抓住机会的初始目的而不知不觉之中走过了头。

近些年来美国公司频频曝光的财务造假案件，可能就与近一二十年来过于快速发展的薪酬性股票期权制度相关。股票期权本是一种金融衍生工具，那些进入股票市场指数的公司股票一般都有标准化的股票期权合约在交易。20世纪80年代开始，为了解决经理人内部人控制问题，以及提高董事们尽职尽责的积极性，美国公司开始大范围普及股票期权激励机制。公司把股票期权作为一种报酬给与董事、经理、员工，甚至给管理顾问、法律顾问等其他的服务提供商。截至2002年4月，1983开始担任世界通信董事、1985年开始担任总裁兼首席执行官，到出事前夕辞职的Ebbers，持有将近2690多万世界通信普通股，12名董事和执行官员合计持有将近5000万世界通信普通股，合计占世界通信普通股的1.7%，此外还有大量尚未行权的股票期权。

当股票期权成为经理人报酬的主要来源的时候，经理人自然会更为关注公司股价，努力提高公司股价。进一步地，由于那些证券分析师和投资者对公司股价的预期受到公司财务报表中利润数字的严重影响时，经理人也就自然有了动力操纵利润数字。安然公司每季度的利润数字都比分析师们的预测稍高一点，就正是为了迎合这种股票市场的胃口。于是，高度分散的股东们听分析师和券商的，经理人迎合分析师和券商的，互相之间都得到极大的利益和成就感满足，形成了一种互相抬高的机制，最终则会因为某个硬性的环节出现问题而使泡沫破灭。这个硬性的环节，往往会出现在公司债务和债券上，因为公司债务和债券到期时是要实实在在拿出现金来偿还的。安然和世界通信都是如此。

14.2.4　有效市场的清除机制

上市公司和股票市场之间是相互依存的，上市公司治理质量和股票市场效率之间则是一个鸡和蛋的关系。从安然和世界通信的事件上，我们也可以看出美国股票市场的效率和美国公司治理系统的完善之处，以及市场机制的一些天然特点或说是我们不得不接受的一些缺点。

有效的股票市场是与实体经济之间存在密切联系的，否则就仅仅是一个赌场。安然和世界通信事件的揭穿，都与其各自行业的总体情况有一定关系。如果网络股泡沫不破灭，也许安然还能持续一段时间。世界通信受到投资者的怀疑和资本市场的抛弃，则与2001年下半年和2002年上半年世界电信业的危机有关。在2002年6月份一个月之内，就有Adelphia和KPNQwest NV两家电信公司申请破产保护或进行破产清算。全美第六大有线电视公司Adelphia Communications Corp因为不能支付债券利息而申请破产保护。荷兰的欧洲最大的数据服务公司KPNQwest NV申请破产清算。在会计造假案暴露出来之前的半年多时间里，世界通信的股票已经持续下跌，多家证券公司和债券评级公司纷纷调低对世界电信公司股票和债券的评级。最初的起因就是预期销售和利润下降以及可能还不上债务等等猜测。

安然公司董事会成立了一个特别调查委员会，发表了长达218页的调查报告，详细公布了一些主要的事件调查结果。安然倒塌的过程中，股票市场的做空机制、信用评级机构的评级下调、买方分析师的文章和媒体的质疑披露等等均加速了问题的暴露。从整个事件的过程我们可以看出，在美国这样一个这个世界上相对最有效率的公司治理系统中，市场对表现优异公司的追捧和对出现问题公司的打压都有一个加速和加倍的效应。过度向上追捧反映的是市场的感情色彩浓厚，向下打压又反映出了市场的残酷无情。产品市场、劳动市场都有这种负反馈环路现象，股票市场上则是更甚。这可能是人性的特点，也是市场机制的特点，对成功的鼓励和对失败的惩罚都很严厉。从个体来看，成功者越成功，失败者越失败，由成功到失败和由失败到成功的拐点可能充满了偶然性。但是从市场整体、从市场作为一个自我扩展的分工体系来看，则有自动的纠错功能。分散决策的市场体制可能比集中决策的计划体制好就好在这种多样性和包容性方面。你可以欺骗一个人一辈子，你也可以一时欺骗所有的人，但你不可能永远欺骗所有的人。市场就是由所有的人组成的一个自愿交易体系，即使你可以一时欺骗他，但你不可能永远欺骗他。

相比之下，中国的股票市场则是好坏不分，越是垃圾股票越有人愿意炒。我们不妨学习美国，政府可以在确实必要的时候去救股票市场，但是坚决不能轻易地去救上市公司。从世界通信在有关政府部门介入之前，迫于各种市场的压力已经开始采取了一些自救行动来看，与中国股票市场上那些出事上市公司的情况有所不同，就反映出了股票市场效率和上市公司治理质量之间的差异。世界通信公司董事会可以迫使创始人、首席执行官辞职，解聘公司首席财务官，董事会的审计委员会更换公司的会计师事务所，公司自查发现问题，经新任会计师事务所的建议上报证交委等等。相比之下，中国上市公司有时暴露出来问题了也没有人管，暴露出来问题后股价可能不降反升。世界通信公司股价2002年6月25日晚收盘后丑闻暴露，26日收盘时跌至9美分。因为没有人会来搞报表式或输血式重组。如果中国政府能够从那些亏损上市公司开始减持国有股，可以一箭三雕——既提高证券市场的效率，又提升上市公司的治理质量，还能收回来一点钱财。有关部门对问题公司毫不手软地查处可能要比直接去指导上市公司怎么做才规范更有价值。有力度和坚持原则的查处，会改变市场的预期，最终会使市场生成自我检查和纠错的功能，也就转向一个逐步自我完善的进程了。

对照美国资本市场上安然公司这样的辉煌与死亡历程，我们应该思索中国资本市场上上市公司齐步走、快生快死都不可能的奇怪现象。我们可能已经不缺上市公司的数量了，需要做的是给好公司放松快速成长的政策限制，同时加快坏公司的死亡速度，这就是有效市场的清除机制。

安然和世界通信等公司的破产带来美国以至世界范围内的一系列有关公司治理问题的深刻反思，这是健全的市场体系要把最坏的事情都变成好事。

14.3　机构投资者推动下的全球公司治理趋同

进入21世纪以来，似乎各种类型的控制机制都在出问题。在世界范围内，政府出问题，各种教派及一些非政府组织挑战政府的权威；公司出问题，机构投资者通过资本市场挑战大公司的管理；市场也出了问题，以华尔街为核心的全球金融业陷入空前危机。

专栏 14-3　不同的国家出于不同原因而开始进行公司治理改革

美国是在20世纪80年代的公司重组热潮中提出治理问题的。在公司重组中，通过接管和杠杆并提高公司低效能（利用不足）资产的使用效率，提高股东回报，产生了广泛影响，包括公司接管战斗、公司债务比率（和风险）的增加、业务单元的出售和关闭、大量解雇工人（并且头一次出现中层经理的大量解雇）。正是在这一背景下，公司董事会、机构投资者、证券监管部门和公众，开始发挥他们在公司治理和公司战略决策过程中的作用。

在英国，一些大公司的严重管理失[1]误导致卡德伯里（Cadbury）委员会——起草公司治理准则的第一个小组的成立。卡德伯里的建议集中于董事会的职能。此后，英国又成立了格林伯瑞（Greenbury）委员会检讨经理薪酬，因为与普通雇员相比经理薪酬高到了无法给予合理性解释的地步。

在欧洲大陆国家，私有化推动了股权市场的发展和对投资者权利的关注。

东南亚金融危机，结束了人们对其公司治理机制的信心。

在前中央计划经济国家，私有化产生了广泛的代理问题，健全公司治理变得尤其重要。东欧的经理们在慢慢地对新股东作出反应，这些新股东普遍经历了行使最基本的所有者权利的巨大困难。

14.3.1　两种类型公司治理系统的趋同趋势

银行和证券市场是两个相互补充也相互竞争和相互替代的连接企业和公众、连接融资者和投资者的渠道。不同国家之间，对这两种金融管道倚重程度的不同，形成了不同特征的公司治理系统——以资本市场为中心的直接融资、

① 特别是1991年的马克斯韦尔，及稍后的巴林银行等等，参见罗伯特·韦尔林2008。

外部人治理系统和以银行为中心的间接融资、内部人治理系统。

尽管很难准确地预测这两种类型的公司治理系统将会如何演变，但是可以看到两个系统之间已经出现了一个日益和渐进的趋同趋势。在它们两个方面，推动变革的力量都大于抵制和坚持不变的力量。每一方面都在努力地试图引入另一方面的强项和优势。在美国，1980年代那种狂野的敌意并购活动，到了1990年代已经趋向平静。大股东开始增多，而且长期以来对银行的限制倾向于逐渐和部分地解除。在德国和日本，董事会结构开始移向美国模式，银行在其中的主导作用趋向下降。

全球公司治理趋同、良好治理标准的一致化，是全球经济和金融一体化的一个组成部分。1990年代以来，全球证券市场的规模和深度都有了显著的增长，全球资本流动量的增长速度几十倍于全球贸易量的增长速度，资本市场的国际一体化在相当程度上有替代产品市场国际一体化的趋势。公司治理原则和最佳行为指南能够热遍全球，形成一场全球性的公司治理和投资者保护运动，其根本的动力来自要在全球一体化的资本市场上争夺资本。

美国的机构投资者日益成为国际资本市场上的主导力量，其公司治理活动也对国际投资产生了越来越大的影响。美国机构投资者的金融资产总值是英国机构投资者金融资产总值的6倍，法国和德国的10倍，日本的4倍；美国机构投资者占美英德法日五国机构投资者金融资产总值的62%。美国机构投资者服务公司建立起了全球性的上市公司治理状况数据库，为其会员投资者提供监督上市公司治理情况的服务。

在那些美国背景的机构投资者、投资银行、会计师事务所、管理顾问公司等及一些国际组织的推动下，以美国模式为主体的国际公司治理标准开始逐渐成形。最主要的表现就是全球公司普遍更为注重股东价值。在那些以银行为主要角色进行公司治理的国家，特别是在那些公司扮演了达到社会政策目标的关键角色的国家，产生了提高公司效率、更好地回报股东和更高透明度的要求。这一趋势已经反映在监管方面的一些变化中：更为偏重交易条件的公平，特别是要防止内部人交易，保护中小股东。

日本、美国、德国、英国和法国等五个最先进的市场经济国家，都在一定程度上朝着同一个方向修改了他们的公司治理法规框架[①]。上市公司治理系统在全球范围内一体化，形成了一个由监管部门、证券交易所、证券公司、会计师事务所、律师事务所、管理顾问公司、投资者组织、经理人组织、董事协会、董秘协会等等各类证券市场参与者和利益中人组成的复杂的动态网络系统。

专栏 14-4　五个国家对公司法律法规的最新修改

	日本	美国	德国	法国	英国
遵照公司治理准则，符合或解释			+		
定义审计职能，和对审计师的限制	+	+			
提高透明度	+	+	+	+	+
定义和控制利益冲突		+			
改进和便利投票，股东年会的更大作用	+		+	+	
独立董事的作用	+	+			

Source: OECD, 2004a.

14.3.2　公司治理趋同的推动力量：新全球机构投资者

全球公司治理趋同的一个主要推动力量是那些在全球范围内配置资产的机构投资者。

机构投资者从被动投资、用脚投票，转为积极投资、用手投票，执行一种以公司治理为导向的投资战略。主要的背景是机构投资者规模扩大、持有股票的种类和在每一公司持有的股票份额都增多，机构投资者不能再仅仅是用脚投票，挑选优胜者。

机构投资者掌管的资产规模扩大，重要性相应提高，对公司管理层提出了更多的责任要求。公司治理准则的出现就是这一变化的反映。它们虽然不能像19世纪的大亨那样深深地介入到公司运作中去，但是它们可以采用一些规范的方式和方法积极影响公司的战略决策。它们不仅仅是发现潜在价值，还要发现潜在行动，通过介入公司治理把潜在行动变成潜在价值。加州公职人员养老基

① 关于发达国家之间公司法趋同的分析，参见莱纳.克拉克曼等2007，以及杰弗里・戈登等2006。

金、孟克斯领导的LENS基金以及巴菲特等等是这方面的领导者。

机构投资者积极地以口头或书面方式直接与董事会交流看法，寻求直接介入对公司的监控、提出股东议案等。这些活动主要是由对公司战略方向、公司业绩、高层管理人员行为和薪酬政策等问题的关注所激发的。美国的机构投资者偏爱提出股东议案或给董事会写信等方式，英国的机构投资者倾向于以口头方式将其意见传达给董事会，德国的机构投资者则倾向于直接介入董事会的监督活动。

从机构投资者掀起公司治理运动开始，美国公司治理的钟摆就从经理人掌控主权向投资人掌控主权方向转动，安然和世通等事件则进一步加速了这一进程，甚至已经出现了一种由主要源自市场行为的公司治理运动，转向很大程度上源自政治行为的加强公司监管运动。

与此同时，美国以及世界范围内的上市公司都在通过一些股权激励工具使经理人与股东利益一致并延长了经理人的时间眼界，为经理人创造长期股东价值提供动力。一些著名的管理顾问公司同时向公司经理人和那些积极的投资者们出售各种各样的股东价值管理工具、战略绩效评估工具和投资者关系管理服务等等。

尽管各国有不同的公司法律文化，但机构投资者们在把股东价值看得最为重要这一点上是一致的。大规模的全球经济一体化致使一些国家的公司治理做法，不能再仅仅限于其本国投资者的要求。理解国际投资者的期望对在全球舞台上竞争已经成为一项至关重要的技能。

国际著名的董事和经理猎头公司美国罗盛咨询公司①的一份调查报告（1999机构投资者国际调查）显示， 日本和德国的投资者偏爱英美公司治理模式。57%的德国投资者和84%的日本投资者认为英美模式的公司治理系统适合于运用在他们国家。该项名为“探索一个共同标准”的调查，由国际观点研究组织Wirthlin Worldwide实施，是罗盛咨询公司主办的第四次机构投资者态度年度调查，调查了德国、日本、英国和美国的400家机构投资者。

---

① Russell Reynolds Associates,Inc，1969年创立，在全球拥有33家分支机构，其公司董事运作（directors practice）业务为董事长、首席执行官、提名委员会以及作为一个整体的董事会在继任计划、董事会结构和构成等问题上提供咨询和服务。

上市公司董事会的实际运作质量对投资者的投资决策起重要作用。一半多的日本（54%）和美国（51%）机构投资者，略低于一半的德国（43%）和英国（38%）投资者表示，在他们作出投资决策时一家公司的公司治理做法是一项极为或非常重要的因素。多数美国（67%）、德国（55%）机构投资者和相当多的英国（44%）、日本（40%）投资者说，他们曾因为一些公司不遵守良好公司治理做法准则而不予投资或减少持股数。

董事会绩效评判是一个关键的投资者关注点。多数日本（81%）、美国（52%）机构投资者和相当多德国（41%）、英国（38%）投资者认为，不能得到足够的信息去充分评估董事会绩效。机构投资者要求得到更多有关董事会活动和政策、董事会成员的资质、薪酬和潜在利益冲突等信息，以及更多有关董事个人的信息，包括他们的业绩记录和他们对所供职董事会的具体贡献。

机构投资者要求由外部专业机构来评价董事会。各国都有多数投资者相信，从事公司治理实际做法评价的专业信用评级机构对于他们评估上市公司信用非常重要（德国81%、日本84%、英国53%、美国72%）。机构投资者希望公司董事会能够在筛除低绩效董事方面步子更大一些。投资者们非常警戒那些含有同一家族成员、前任经理人员或担任多家公司董事的经理人员的董事会。投资者们要求董事会成员能够质疑管理层、代表股东利益、具有适应公司需要的专业技能。

14.3.3 全球公司治理的两位旗手：卡德伯里与孟克斯

对于所有对公司治理问题有兴趣的人来说，无论是在公司治理的理论与实践还是在公司治理准则与政策领域，卡德伯里都是少有的几个人们非常熟悉的名字。这有两个主要的原因：一是卡德伯里报告，二是国际公司治理网络的全球公司治理奖。

卡德伯里报告（Cadbury Report）是20世纪90年代伊始的国际公司治理运动的重要起点之一。1991年5月由英国财务报告委员会、伦敦证券交易所和职业会计师协会三家机构资助，成立了公司治理财务事务委员会，考察有关公司治理的财务报告与相关责任，为改进公司治理实践提供最佳做法建议。这是世界著名的英国六个连续的公司治理研究特别委员会中的第一个。该委员会于1992年底发布了《有关公司治理的财务方面问题的委员会报告》，因其委员会主席为卡德伯里而被简称为“卡德伯里报告”。该报告同时提出了英国原创的世界第一份有关公司治理的“最佳实践准则”。此后，制定和发布公司治理最佳实践准则成为了世界潮流，从国际组织、各国监管机构到机构投资者和上市公司，纷纷发布了公司治理原则和最佳做法指引等等。中国也不例外，约十年之后陆续诞生了南开大学的“中国公司治理原则”，上交所的“公司治理指引”和监管部门的“中国上市公司治理原则”等等。这一切从思想源头都可以说是起始于“卡德伯里报告”。

公司治理准则发展为国际潮流的最重要环节是1999年OECD公司治理原则的发布（2004年又发布了修订版），而卡德伯里也是起草OECD公司治理原则的OECD商业部门顾问集团的成员。鉴于其对公司治理的卓越贡献，2001年国际公司治理网络将其首次国际公司治理奖授予给了卡德伯里。此奖授予那些在公司治理领域做出了卓越贡献的人，“显著地改进了一个或多个国家的公司治理状况，克服了一些需要远见、勇气和毅力才能战胜的挑战”。第二年获得此奖的是孟克斯。

孟克斯，在美国和全球范围内都是公司治理运动的卓越领导者，可以说是现代公司治理运动之父。20世纪80年代，孟克斯出任美国劳工部社会保障局的养老基金监管官员，他给受制于联邦法律的雇员福利基金写了一封非常重要的信，要求这些养老基金的理事们为了基金受益人的利益参加其所投资公司的股东大会投票。这是推动机构投资者从传统的被动投资、用脚投票转向积极投资、用手投票的一个重要动力。可能正是这段作为政府官员和基金监管者的经历，形成了孟克斯的股东积极主义思想和理念。

从基金监管者职位上离任以后，孟克斯身体力行，直接把自己对公司治理的热情从理论贯彻到实践中去。为此，孟克斯创建了机构投资者服务公司（ISS），并于1985到1990年间任总裁。机构投资者服务公司，现在是公司治理专业咨询企业中的领导者，主要业务就是进行公司治理专业研究，提供股东投票咨询服务。该公司为总计资产超过1万亿美元的股东提供投票咨询服务。1992年，孟克斯又创建了一家专业的公司治理投资基金公司——LENS投资管理公司。

2002年11月5日，孟克斯获得了国际公司治理网络（ICGN）授予的全球公司治理奖。在颁奖给孟克斯的晚会上，卡德伯里爵士说，“孟克斯已经处于公司治理的前沿阵地20多年，这期间，他在公司治理的理论和实践上都对美国和英国做出了重大的贡献。”孟克斯告诉我们的是，在这全球性的经济萧条和公司失败时期，公司治理对于长期增长和可持续发展比以往任何时期都更为重要。良好的公司治理是所有权文化的精髓部分，健康的所有权文化则是个人和国家财富的基础。

14.4 机构投资者为什么要参与公司治理

在20世纪90年代，大部分机构投资者都放弃了华尔街准则——用脚投票，在对公司业绩不满或对公司治理问题有不同意见时，他们不再是简单地把股票卖掉，“逃离劣质公司”，他们开始积极参与和改进公司治理。从1980年代“被动投资、敌意并购”方式的公司控制权市场转为1990年代“积极投资、参与管理”方式的公司治理活动，执行一种公司治理导向的投资战略。

14.4.1 机构投资者的起源

个人总是容易引起关注，机构总是令人怀疑，尤其是在中国独特的人治体制和人情文化背景下，更是如此。英文中机构和制度则是一个词，可能有其内在的道理。制度是机构存在的基础，机构是制度运转的载体。机构依存于制度，制度需要机构来具体贯彻执行。

当古典的所有者兼经理的企业制度在实践中逐渐让位于由职业经理、职业董事和独立董事、会计和法律等职业服务机构共同构成的现代企业制度体系的时候，资本市场上的投资者主体也逐渐从古典的少数大亨、财阀与众多一般个人投资者，让位于职业化的投资阶层——机构投资者了。这一切是如何发生的，也就是为什么会有机构投资者成为现代公司的主要股东，需要从历史和社会经济发展进程的大背景中去寻找答案。

现代化进程启动之前，人们都是安土重迁，很少背井离乡的。那时的规则是“物离乡贵，人离乡贱”。那时没有社会保障体系，生老病死要依靠家庭、家族和乡里乡亲的同舟共济。现代化和市场化的进程打破了这一切，各种类型的圈地运动，把人们从土地上剥离，让人也和物一样进入了市场，从此“人离乡可能也贵”，就像洋插队一把成为海归派之后，身价也能长上去很多一样。但是，人从本质上讲是非理性的，人的理性能力是非常有限的，以管理学研究而获得诺贝尔经济学奖的西蒙给社会科学带来的一个重要贡献就是有限理性学说。

为了从整体上对付单个人的非理性，增加整体的理性程度，就需要建立社会保障体系。如果没有社会保障体系，很多人就会在年轻能挣钱时大量消费，成为“高薪贫族”，在年老时流落街头，成为社会的负担。据说，如今的新新人类中就有很多人想让雇用他的企业把缴付住房、医疗和社会保险等方面的费用省下来给他现金。一些不明事理的企业可能也就这么做了，他们双方微观上“双赢”了，整个现代市场经济体系赖以运转的一个重要支撑性制度体系——社会保障体系却亏空了。

社会保障体系的发展和市场化进程是相辅相成的，政府在市场中的一个重要作用就是尊重当事人在市场上的合约自由，保护这种合约的执行，但是同时强制推行一种社会安全网来校正市场体系的自由和创新必然会带来的一些动荡和不安全后果。这就是社会保障体系和企业的自由用工制度、个人的自由择业制度等等之间的相互依赖和支撑关系。

那么政府筹集来的社会保障资金应该怎么用，怎么样能较为安全地保值增值，以备后用？这就产生了现代资本市场上的机构投资者，或者准确地称之为金融类的机构投资者。不能把所有进入股市的机构都称为机构投资者，那些实业类公司进入股市有其闲置资金有效利用的一面，也有其产业整合、战略联盟等等方面的目的。证券公司的主营业务应该是承销股票，但其资产管理业务可能会是一种重要金融类机构投资者。

表14-4　　1996年企业资产持有者的分类（占总资产的%）

	美国	英国	日本	德国	法国	瑞士
个人	49	21	20	15	23	19
银行	6	1	15	10	7	1
退休保险基金	28	50	12	12	9	14
投资基金	12	8	–	8	11	15
其他金融机构	1	9	15	–	3	–
非金融企业	–	1	27	42	19	11
政府	–	1	1	4	2	8
外国股东	5	9	11	9	25	32
总计	100	100	100	100	100	100

英国数字为1994年底；日本的退休基金、投资基金统计在“其他金融机构之中”。资料来源：OECD，转引自梁能，2000。

最主要的金融类机构投资者应该是养老基金和保险资金。这两类资金实际都是人们为了对付不确定性、为了应付未来的不时之需而储备起来的资金。这可能正是市场化和人性中的一个“可玩味”之处，人们一方面要通过各种赌博和准赌博性的活动来增加变化和不确定性，在风险中求利，另一方面又要通过社会保险、商业保险等各种方法来降低不确定性，规避风险。少数富豪的财产总计起来也不会更不应该有13亿人的保险钱和养老钱多，否则这个社会不会安定，富豪们的财产也不会安全，这也应该是现代市场经济的一个基本制度保障。

这些养老基金和保险资金，要有相对稳定的盈利，又要尽可能地规避投资风险，国债之外，股市，尤其是那些指数股、蓝筹股等等，则成为其重要的投资对象。这些机构自身没有实业经营，也就没有什么关联交易可做。自身积累的资金规模又很大之后，也会有一种“套牢效应”，也就不能不积极地关注所投资对象的公司治理情况。

在实业投资者的过度控制上市公司和中小投资者的跟风炒作、并不真正关心上市公司业绩这两个极端之间，机构投资者应该是没有必要过度控制上市公司又能真正关心并且有能力深入分析上市公司状况的一类投资主体。同时再有严厉的内幕交易查处机制的配合，以及机构投资者自身治理结构的健全，则机构投资者自然会走上一个关注公司治理甚至是以公司治理为导向的投资轨道上来。

当我们有了足够的机构投资者，机构投资者也真正关心公司治理情况，上市公司也面临新发、增发或配股等方面的股票市场需求不足压力，需要在投资者面前竞争，而不仅仅是在证券监管部门的核准会议上竞争的时候，自我增强的良性循环的市场化的公司治理机制就会形成，满足市场期望的现代公司治理最佳做法就会得到人们内在的重视和自觉地学习与遵守。

投资者为了确保自己获得应有的投资回报所能采取的一切手段都在公司治理系统的范围之内，这也正是施莱佛等人在其著名的“公司治理评述”一文开篇第一句给公司治理所下的定义。发达国家的机构投资者如何在被套牢之后开口说话，从传统的用脚投票的被动投资者成为现代的用手投票的积极投资者的，它们又是如何评估上市公司价值和公司治理情况，执行一种价值导向和公司治理导向的投资战略的？这就是我们下面要探讨的内容。

14.4.2　市场力量对利益集团政治的反抗

1980年代的股市并购风潮，导致许多公司董事会采取了一些反并购措施，阻止恶意并购的发生。有些反并购措施往往无需经过股东大会的同意就可以合法地执行，其中最著名并最常被管理层采用的就是所谓“股东权益计划”——毒药丸设置。比如一家公司可以发行一系列新的优先股，并赋予这些优先股的股东在公司被接管后以升水价格兑换现金的权利。

美国的许多州为了迎合公司管理层和地方公众的需要，纷纷通过了反敌意并购的法案。公司注册带来注册费及相关的律师等公司服务产业收入，也给地方带来就业，这些人士是集中在地方的，而投资者则分散在全国，双方影响公共选择过程的集体行动力量明显不同。在这些并购中，机构投资者本可以比市价高出1/3～1/2的价格抛售股票。现在这些反并购措施“剥夺”了投资者向愿意出高价购买股票者出售他们所持股票的原有机会和权力。

在以敌意并购为主要手段的公司控制权市场因反敌意并购措施而受阻之后，投资者便以积极投资和参与公司治理来对抗。市场的力量可以校正一些过火的政治行为，在一些积极行动的大投资者公开宣布抵制之后，许多公司不得不放弃使用毒药丸计划等反敌意并购的措施。

14.4.3 对基金受益人和社会的责任，以及套牢之后必须开口说话

促使机构投资者采取积极行动的一个重要动力来自美国劳工部社会保障局。该局给受制于联邦法律的雇员福利基金写了一封非常重要的信，要求这些养老基金的理事们为了基金受益人的利益参加其所投资公司的股东大会投票。

社会责任也是机构投资者参与公司治理的一个重要原因，公司治理运动的积极推动者之一正是美国投资者责任研究中心。这是一家独立、非营利、会员制（Governed By Subscribers 由产品订户治理）的从事有关代理投票、公司治理及企业的社会责任等问题的研究、软件和咨询服务的专业机构，成立于1972年，其订户和客户包括机构投资者、上市公司、律师事务所及其他公司治理相关组织。

但是机构投资者从被动变为主动的一个更为基本的原因是，机构投资者在美国股票市场所占份额越来越大，致使“华尔街准则”不再适用。一些大机构投资者持有几百只公司股票，并且持有量很大，一出现公司治理问题就抛售股票会受很大损失。卖给谁，什么价格，抛售之后又能去买哪家尚未涉足的公司股票？可以说，机构投资者，尤其是养老基金，真是“一大不幸”而当上了“股东”。

套牢之后必须开口说话，许多机构投资者面临进退两难局面之后采取了通过私下沟通、代理投票和提出股东议案等方式把其对公司治理问题的关注传达给管理层。机构投资者，尤其是养老基金，从被动的投资者变为主动的所有者，但它们“与19世纪的公司大亨截然不同，它们并非是出于自愿而成为所有者的，它们当上所有者是因为没有其他选择。它们不能按着自己的意愿随时抛售股票，它们也不能成为所有者—经营者，但是无论如何它们还是所有者。就其本身而言，它们拥有的不仅仅是权力，它们还有责任确保美国最大的和最重要的公司表现出色并取得成绩”（德鲁克）。

14.4.4　参与公司治理“得与失”比例的改变

只有责任没有利益也许难以想象公司治理运动会如此蓬勃地开展起来。正如消费者保护、环境保护等运动的兴起一样，公司治理或说投资者保护运动也是兴起于责任而发展于为其提供专业服务的一个产业系列。其中最为关键的一个环节是机构投资者参与公司治理“得与失”的比例改变。

根据传统理论和投资理念，投资者只注重市场消息，只在选股方面进行研究，这些方面的投入直接从短期交易中获得回报；公司治理这类中长期性问题方面的投入，在其所带来的股价上升回报中投资者只能获得与其持股比例对应的份额。用经济学概念来说，对于股权分散的上市公司，公司治理是一项公共物品或俱乐部产品。也正因此而有法律强制董事会来代表全体股东行使其监督和指导职责，因为董事会的运作由公司付费即全体股东按其持股比例付费，由此解决了董事会这一“公共物品”性公司治理设置中的“搭便车”问题。

但是，在改善董事会运作、制定更好的管理层激励机制等当前公司治理运动所关注的焦点问题方面，还没有法律强制；像一些阻碍股票价值实现的反并购措施甚至还有法律和监管条例的支持。机构投资者为什么还有动力去为此付出努力？Wilshire Associate①自1995年开始的对主要以股东价值为导向而积极参与公司治理的加州公务员退休基金系统的投资组合进行的定期更新的研究显示，机构投资者对公司治理的积极参与带来了所投资股票市场价值的增长。美国加州公职人员退休基金（CalPERS）从其积极参与治理的公司股票中所获回报大大超过了其投入，被称为CalPERS效应。

产生CalPERS效应，即机构投资者积极参与公司治理“得与失”比例发生改变，可能有如下两个重要原因。

一是如前所述机构投资者规模扩大的“套牢效应”，割肉成本太高，已经别无选择，参与公司治理所获净收益只要大于割肉成本就值得参与。比如，对

① 这是美国的一家员工所有制的独立投资顾问与服务企业，成立于1972年，现有350多名员工，为全球20多个国家、600多个组织的总计超过12.5万亿美元资产提供投资咨询服务。

于一只公司治理存在问题而只能以5元钱割肉抛售的股票，如果以每股0.5元钱的成本（即该机构投资者参与该公司治理需自掏腰包投入所持股数×0.5元的总成本投入，对于机构投资者来说，这可能是一个很大的数目，足以改善目标公司的公司治理状况）能使股价提升到5.5元以上，该机构投资者参与公司治理从单只股票短期成本收益核算的角度讲就已经是值得的了。这可以称作是股数效应，即持有一个公司的股数越多、持股份额越高，投资者从参与公司治理中获取正的净收益的可能性越大。

二是机构投资者持有众多公司的股份，而公司治理中有一些各个上市公司可以通用的最佳做法和基本准则，机构投资者在参与公司治理中积累的这些专业知识可以移植到其所投资的其他公司中去，这种“知识分享”减少了机构投资者参与公司治理的单位公司成本，使其参与公司活动的总体和长期收益可能远远大于成本，致使参与公司治理成为机构投资者的一项非常有利可图的生意或业务。这可以说是公司数效应，既投资者的投资组合中公司数越多，在这些公司间进行治理知识移植的效率越高，投资者从参与公司治理中获取正的净收益的可能性越大。这就是国际上已经出现了那么多积极参与公司治理并被称为公司治理导向或公司治理驱动的机构投资者的原因。

14.5 机构投资者如何参与公司治理

14.5.1 投资者与交易者分离，公司制度进入投资者主导阶段

美国研究机构投资者的著名专家、曾任美国国会图书馆国会研究服务部产业和金融研究组负责人、哥伦比亚大学机构投资者研究项目成员Carolyn Kay Brancato，在其《机构投资者和公司治理——增加公司价值的最佳做法》一书中，从是否参与公司治理的角度，把机构投资者分为两类：一类是真正的投资者（Investors），一类只是交易者（Traders）。这两类股票持有人在股票市场

上沿循如图14–1所示的不同路径进行运作。

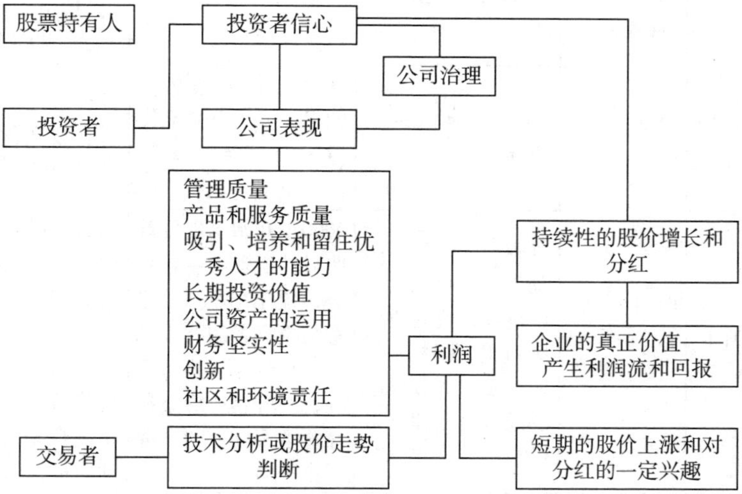

图14-1　投资者和交易者在股票市场上的不同航路

随着投资者和交易者的分离，采用公司治理导向投资战略的机构投资者增多，公司运作的基本模式开始发生变化，从所有者/经理人合一的古典模式，经过两权分离/经理人主导的贝利–米恩斯模式，发展到两权分离/投资者主导的21世纪模式——真正的、投资者说话管用的现代企业制度。

从伯利–米恩斯发表其《现代公司与私有财产》（2005）之后，股权分散、两权分离、经营者主导的公司制度，一直是人们关注的一个焦点。钱德勒的企业史著作则为这种企业制度的效率和合理性进一步提供了论证（小艾尔弗雷德·钱德勒1987、1999、2002）。1980年代以来，甚至直到目前为止，指导中国企业改革和现代企业制度建设的“目标模式”基本是这种模式。

在机构投资者蓬勃兴起，但尚未积极参与公司治理的1970和1980年代，管理大师德鲁克曾经宣布美国经济从“经理资本主义”发展为“养老金社会主义”，其他一些人则用“机构资本主义”等词来描述。但是经过1980年代近于疯狂的并购与反并购活动之后，1990年代以来机构投资者积极参与公司治理，美国公司进入了《投资商资本主义——一个颠覆经理职位的时代》（迈克尔·尤辛，1999）。

表14-5　公司制度的发展阶段

	所有者/经营者合一	两权分离/经营者主导	两权分离/投资者主导	两权融合/持股经理、持股员工和投资者共同主导
美国，上市公司	1930年代以前	60～70年代达到顶峰	从80年代的恶意并购开始，到90年代掀起公司治理运动已经全面进入	各种股票薪酬计划和所有权文化运动的普及，导致两权融合
中国，国企改制上市	改革以前及国有独资的新建企业	放权让利/承包制改革，行政控制上市指标，流通股比例过低/无法进行恶意并购，股票市场没有退出和下市机制	2000年开始出现日益明显的投资者主导趋势，领先企业开始注意与投资者的有效沟通，自觉加强公司治理，提升企业形象和在资本市场上的可持续竞争力	国有股减持、股票期权计划等的开展，将逐步进入两权融合阶段 政府为应对WTO和非公经济，国企经理为实现自身价值，均有动力进入这一阶段
民企创业上市	自主创业阶段	私募资金或风险资本进入开始	从首次公开募股、上市开始逐步进入	领先企业业主已有此意思，关键员工也有此要求

现代公司制度进入两权分离/投资者主导阶段的主要象征性事件是，1992到1993年间，通用汽车、IBM、美国运通、西屋电气等顶尖公司总裁在机构投资者的压力下被解聘、辞职或提前退休。数百个机构投资者积累了巨大份额的公司股份，经过1980年代并购与反并购的血雨腥风的战斗，在1990年代蓬勃兴起的公司治理运动中，它们学会了将其经济主权转换为政治主权。

通用汽车公司于1994年公布了“通用汽车董事会关于公司治理中一些重大事项的指引”。这一指引是通用汽车公司董事会自主进行的评价过程的一个结果，在这一过程中评价了各种各样的公司治理模式和机制。通用汽车公司董事会指引作为由市场推动的公司治理标准和样式的一个范例引起了广泛的关注。

“通用指引”发布之后，立即受到了加州公职人员退休基金组织（CalPERS）的认可和欢迎。CalPERS要求在其投资组合中的300多家公司学习通用汽车公司，并进行类似的公司治理评估。300家公司中的大约一半作出了积极响应，学习了通用汽车公司的做法，设置首席独立董事和召开外部董事例会等改进公司治理的一些具体机制得到普及。CalPERS承认，具体的治理方式肯定因行业和公司的不同而不同，但需要敦促各董事会寻求进行自我评估和董事会结构审查的益处。CalPERS发布了针对全球、美国、英国和日本等多个国家的公司治理运作指南，每年把其投资组合中那些业绩不良、公司治理质量低劣的公司纳入黑名单。不顾投资者呼声、不肯着手改进公司治理状况的企业，要么总裁下岗，要么股价下跌成为公司袭击者的猎物。

资本自身具有改变世界的力量，资本在不同的人手里，则会导致改变世界方向的不同。2002年2月，CalPERS宣布退出在印度尼西亚、马来西亚、菲律宾和泰国等四个国家的投资[①]，因为这四个国家的公司治理状况不符合其新的投资原则。CalPERS的这一行动让一些投资者惊讶，这几个国家的股票价格都有下跌，泰国的主要股票指数下降达4%，但却会大力地推进亚洲国家正在兴起的改善公司治理的运动。CalPERS在亚洲市场的投资总额还不大，但是作为全球公司治理运动的主要推动者，CalPERS的行动具有导向作用，会使其他一些关注长期股东价值的投资者也跟随其撤除这些市场。这几个国家的一些重要相关人士表示，希望CalPERS告诉他们该怎么做，不要简单地退出。

14.5.2　LENS基金：公司治理导向的投资战略

根据机构投资者参与公司治理的方式、深度，可以进一步将机构投资者分为四种类型。

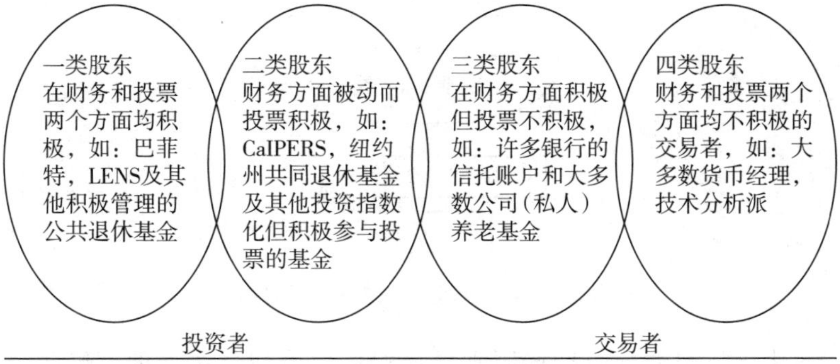

图14-2　机构投资者的四种类型

资料来源：Carolyn Kay Brancato“institutional investor and corporate governance”。

① 《亚洲华尔街日报》，2002年2月22–24第1版。

在执行公司治理导向投资战略的机构投资者中，参与公司治理最为积极和最值得借鉴的也许是成立于1992年的LENS 投资管理公司，该公司的创建者正是前述美国劳工部社会保障局官员、著名的公司治理活动家孟克斯（Monks）。

LENS基金只投资于少数几家股票，进行“关系投资”，并积极介入其所投资公司的治理运作，被称为第一家公司治理基金（Corporate Governance Fund），LENS也自称为公司治理投资者（The Corporate Governance Investors）、一种积极投资的选择（The Active Investment Alternative）、一家最积极的货币经理（An Activist Money Manager）等。

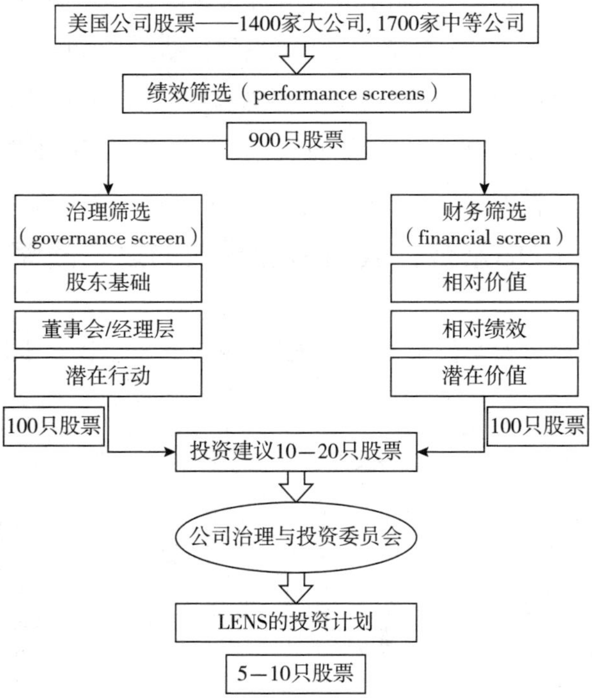

图14-3　LANS基金公司的投资选择程序

LENS基金公司的投资选择原则是从财务评价和公司治理评价两个角度找出价值低估和有价值可通过公司治理（主要是股东作用）提高的公司。该公司1994年年报中的一段话非常清晰地表述了公司治理导向的投资战略：“卡内基曾说最好的投资战略是把所有的鸡蛋都放在一个篮子里，然后紧紧地盯住这个篮子。我们的战略是不仅盯住篮子还要盯住鸡蛋，并且我们要确信让那些鸡蛋知道有人在盯着他们。我们发现，董事会就像亚原子一样，知道他们受到关注时会有不同的行为。我们的初衷就是制造这种不同。我们的经验表明股东的参与能够增加价值。”

14.5.3　中国机构投资者能否执行公司治理导向投资战略

中国的机构投资者正处于蓬勃发展之中。尽管基金规模、在市场上所占比重，与发达国家相比还差很远，但中国证券投资基金的发展速度引人注目。

受制于中国证券市场总体特征（个人投资者为主、政策因素主导）和证券投资基金运作时间还很短等因素，中国证券投资基金的运作风格还没有明显分化，多数仍为综合型基金。同时，由于大多数中国上市公司的控制权牢牢掌握在发起人和控股股东手中，机构投资者即使持有了一家上市公司股份的相当大比例，也难以对公司战略和管理产生多少实际影响，导致中国的机构投资者也只能通过坐庄炒作来盈利。但是中国证券投资基金进一步发展的速度与空间，在很大程度上取决于其在上市公司治理及其自身的治理方面的实际运作情况。如果总是依靠新股配售甚至是联合坐庄等方式来保持盈利、“跑赢大市”，中国证券投资基金的进一步发展必然受到资金供给方面的限制。大款的钱数总是多不过老百姓的资金总和，保险资金和社会保障资金等追求稳定性的资金的持续入市，与上市公司治理质量提高、投资基金治理质量提高以及执行以公司治理为导向的投资战略的机构投资者的增多等是互为依赖和相互促进的。

从中国机构投资者角度看，一个值得探讨的问题是，在中国目前的市场上执行以公司治理为导向的投资战略是否可行。政策和法规方面基本没有什么限制（如持有一家上市公司股票的上限、持有同一家上市公司股票的机构投资者之间私下交流意见、在股东大会上采取联合行动等），上市公司方面也还很少有采取如分类董事会等阻碍新股东参与公司治理的手段，监管部门也在鼓励机构投资者参与公司治理，剩下的问题就是中国的机构投资者如何参与公司治理，如何能够通过执行一种以公司治理为导向的投资战略而盈利了。这需要对目前中国上市公司股价与公司治理相关的内在价值之间的关系作一个基本的判断。中国证券市场明显由“交易者”主宰，股价的升降中主要因素是“炒作”，其背后是庄家和联合坐庄等行为。但从中长线的走势来看，优劣公司之间市场价值的差异也还是能够显示出来的，“投资者”和中长线股民增多也是不争的事实。频频暴露出的上市公司治理和管理方面的问题亦可谓“触目惊心”，这就为公司治理导向的投资者“创造”了一个巨大的“用武之地”。

中国股市上多数上市公司股票均因坐庄炒作而高于其真实价值（这一点可从中国股市市盈率远远高于其他国家市盈率以及A股市盈率远远高于B股、H股和N股市盈率这两个方面反映出来），公司治理活动似乎已经不可能使公司股价高于目前炒作所达到的高价，公司治理活动的价值提升也许只能通过提高上市公司股价“底线”来实现。比如某庄家或庄家组，把一只股票从5元炒作到了50元（观察一下中国股市的实际情况，这并不罕见），其中可能有10元左右是价值发现（本来被低估），那么在公司价值被市场（其他参与者）充分认识之后，庄家可能在15元左右会比较安稳地脱手，庄家获得10元的“价值发现收益”。但如果庄家或庄家组，作为股东能够发挥一些改善公司治理的功能，利用股东权力迫使或引导公司采取一些可以采取而未采取的能够提高公司价值的做法，也许会使公司价值再提高10元左右，这时庄家便可以在25元左右比较安稳地脱手，庄家便在获得10元的价值发现收益之上，又获得10元的“价值创造收益”。在有了10元的价值发现收益和10元的价值创造收益之后，庄家在多大程度上能够实现25元到50元之间的“炒作收益”，就看庄家的炒作技巧了。事实上，从长期来看，“炒作收益”的实现在一定程度上也取决于庄家的“价值发现”和“价值创造”能力。价值发现和价值创造能力和业绩，形成了大投资者在市场上的“信誉”，才会有人跟进，才能一次一次地“兴风作浪”或创造潮流。由此可以说，在一个以炒作为主的市场上，或者你就坚信炒作，那么能够运用公司治理手段者，则是进入了一个更高层次的炒作。

机构投资者对上市公司治理的参与可以有三种深度或三个方向：一是着重于一般性的公司治理，主要涉及股东、董事、经理层关系和关联交易、信息披露等方面；二是着重于与行业相关的公司治理，探寻适应于所属行业的最佳公司治理行为；三是着重于监察公司内部的执行和控制系统。中国的机构投资者刚刚开始关注公司治理，在上述一般性的公司治理方面还有很多工作可做。

在这方面，机构投资者可以采取一些联合行动，如共同对中国上市公司治理中现存问题进行一些调查和研究，深入具体地探寻有哪些现实可操作的潜在行动等等（如同那些大的消费品制造商联合进行一些一般性的市场调查，或如发达国家的机构投资者订购一些专业公司治理研究机构的产品或共同出资组建为其从事公司治理活动提供服务的专业机构）。

14.6 机构投资者对公司治理的评估：CalPERS案例

14.6.1 CalPERS的公司治理评估：选秀，但更“筛劣”

CalPERS被看作是最保守的机构投资者，以倡导公司治理、推行一套基于公司治理评估的投资战略而闻名。CalPERS的公司治理评估与只有宣传和树立榜样意义的“选秀”不同。因为公司治理评估是CalPERS巨额股权投资决策的重要依据之一，这使其评估上市公司治理水平的标准受到企业的高度重视。与“评选优秀”相比，更令很多公司恐惧的是CalPERS的“筛选低劣”行动，这就是CalPERS已经连续进行多年的每年一度的“焦点名单”公布项目。

2008年3月15日CalPERS在其网站上公布了“2007年公司治理焦点名单”，列出了11家公司治理存在问题、公司业绩差的企业。其中包括食品业巨头Sara Lee，百货公司Eli Lilly，媒体企业Tribune Company，保险企业Marsh & McLennan和数据公司EMC等知名企业。这11家公司除了股票价值和财务业绩低劣——长期业绩比其同行至少低20%之外，还抵制变革，使其董事会对股东的利益无动于衷。并且这些被俘虏了的董事会拒绝讨论CalPERS的公司治理改进建议。这些公司治理方面都存在的主要问题包括，对股东修改公司管理章程（Bylaw美国公司的章程附则）存在限制（有关修改公司章程的“绝大多数同意”投票规则）、分类董事会制度、过高且无充分根据的高管报酬等等。

Eli Lilly和Sara Lee 采用了标普500公司中只有4%的公司还有对股东修改公司管理章程的限制措施。Tenet Healthcare也没有废除其公司注册章程（Articles of Incorporation）中的绝大多数同意要求。Corinthian Colleges，International Paper 和Tribune Company 都采用了分类董事会。International Paper 在其2006年股东年会中已经有79%的股东投票同意废除分类董事会制度之后，仍然没有废除其分类董事会制度。Sanmina-SCI和EMC则是在薪酬方面的做法引起了CalPERS的不满。CalPERS投资委员会主席Charles P. Valdes表示，“除非这些公司做出了改变，我们将采取股东议案方式提出我们关注的问题。其结果将取决于我们就改进其股票业绩、股东权利、管理层薪酬方式等方面的对话”。CalPERS已经对其中的4家公司提出了股东议案。对Eli Lilly的股东议案是准许股东以简单多数同意规则修改公司管理章程。对Kellwood，CalPERS寻求废除其交错董事做法（分类董事会制度）。对Dollar Tree 和Marsh & McLennan两家公司，CalPERS关注的重点是其有关修改公司管理章程的“绝大多数同意”投票规则和过分的薪酬。

14.6.2 CalPERS的焦点名单三步法：数量、质量和对话

CalPERS作为美国最大的公共养老基金，总资产高达2300亿美元。为加州的州和地方政府总计超过1500万人的公共职员和其家属提供退休和健康福利。为了努力提高基金成员的收益，CalPERS采用了一个“三步法”流程识别那些长期业绩低下并缺乏良好治理实践的公司，以改进其治理结构和业绩水平。这个三步法就是①数量筛选，②质量评估，③对话过程。

步骤1. 数量筛选：长名单

通过数量筛选找出那些经营业绩差和缺乏确保对股东负责的公司治理结构的公司。筛选的范围是CalPERS国内股权指数中所含盖的Wilshire 2500 指数中的大约1200家公司。筛选所采用的指标包括三个方面：股票业绩、资本效率和公司治理。三个方面指标所占权重分别是：股票绩效40%，资本效率30%，公司治理30%。

股票回报绩效通过计量过去三年和五年的绝对值，与其标普1500全球产业分类体系（GICS）中的同组公司相比，并参照Russell 3000 指数而得出。计算

股票回报所用数据来自CompuStat的数据库。

计量资本效率的两个指标是经济增加值（EVA）和平均资本回报（ROAC）。EVA是计算其过去三年和五年的相比同行业组公司的变化。ROAC是计算最近一年里相比同行业组公司的变化。资本效率的计量结果由发明EVA的公司Stern Stewart提供。

在公司治理的测量方面纳入了25个以上的考虑因素。这些因素都是经过仔细挑选，对于CalPERS至关重要，能够帮助识别关键公司治理问题的。公司治理数据由著名公司治理专家米诺所创建的“公司图书馆（The Corporate Library）”的“董事会分析家（Board Analyst）”提供。

通过第一步的数量筛选会得到一个表现差的“长名单”，然后再从中选出有必要进一步进行质量评估的公司。

步骤2. 质量评估：短名单

质量评估中将进一步纳入一些数量筛选过程中没有涉及的因素。至少要包括以下几个方面：总体财务绩效、公司价值、战略计划、管理层与董事会成员之间的关系、薪酬实践、其他各种各样股东权利问题（包括反并购）。通过质量评估CalPERS得出一个“短名单”，列入其中的公司是那些与其同类公司相比有明显差距的。

在对治理结构的深入分析上，CalPERS委托了一家非常著名的公司治理研究专业机构——投资者责任研究中心（IRRC）进行。但是CalPERS自身提出准则和主要的关注因素。CalPERS主要是从董事监督和责任、经理薪酬、审计实践和反并购等四个方面来评估一家上市公司治理结构上的质量高低。

董事监督和责任方面：在有或无原因解聘一位董事的投票中的“绝大多数同意”通过要求，分类董事会，董事会主席和首席执行官兼任或者董事会主席非独立时没有首席独立董事，外部董事没有单独会议，董事会中的亲属和内部人，董事任职过多的其他董事会，董事会的人数不合适等等。

经理层薪酬方面：缺乏绩效挂钩措施、薪酬委员会的构成、股权稀释。

审计实践方面：对审计师非审计业务的付费、404条款（萨奥法案所要求有关公司财务报告的内部控制体系）的落实、资料解释。

反并购方面：毒药丸、分类董事会、金降落伞等的使用，修改章程方面的“绝大多数同意”投票原则，临时股东会限制，没有累计投票制等等。

步骤3. 对话过程：焦点名单

对于那些在数量筛选和质量评估两个步骤中表现都很差的公司，CalPERS将逐一分析确定，能否通过与其董事会和管理层就治理问题的讨论与对话来增加价值和提升业绩。

CalPERS把这一“对话过程”看作是其整个“焦点名单”项目的一个关键组成部分。CalPERS会持续努力地会见这些公司的管理层和董事，讨论其业绩和治理问题。CalPERS 关注的重点是改革其公司治理实践，以增强责任性、透明性、独立性和纪律性。根据CalPERS公司对此过程的反应情况，确定是否进一步采用一些合适的股东手段和必要资源，来积极地改革公司，推进其长期绩效的提升。作为对话过程的一个部分，CalPERS通常会提出股东议案，寻求修改公司管理章程（bylaws）和公司注册章程（articles of incorporation）等有关公司内部治理的一些基本规范文件。

那些没有对CalPERS的对话机制做出积极反应的公司将会被列入旨在引起公众注意的年度“焦点名单”中。那些对CalPERS的对话机制做出积极反应并有效沟通的公司则不会被列入公开发布的“焦点名单”，而是列入一个“监督名单”中进行内部监督。

14.6.3 CalPERS效应：投资回报提高、公司治理改进

CalPERS通过执行以公司治理为导向的投资战略及其每年一度的上市公司治理评估和焦点名单的发布，一方面为自身取得了良好的投资回报，被称作“CalPERS效应”，另一方面也有力地推动了美国上市公司治理结构的改进。

研究表明，“焦点名单”的公布，对股东价值有显著的影响。被列入焦点名单的公司平均会比股东通常能够接受的经风险因素调整的回报率高出59%，这一超额回报在1%水平上呈现统计显著性。Wilshire Associates研究了从1987年开始到2004年被列入CalPERS焦点名单的共计122家公司的业绩走势，证明了

"CalPERS效应"的存在。在被列入焦点名单前五年，这些公司与其同行业组公司相比的业绩累计低91.7%，等于是每年平均负19.9%的超额回报。而在被列入焦点名单后的五年中这些公司与其同行业组公司相比平均的五年累计超额回报水平是16.4%，等于每年平均正3.1%的超额回报。

CalPERS焦点名单项目取得了很多积极和"股东友好"的公司治理成绩。这至少包括以下一些方面：董事和管理层的变化、正式治理政策的改进、通过网站和文件备案提高透明度、按业绩付酬机制、正式的董事会自我评估流程、审计师的独立性、股东提案的实施、"绝大多数同意通过"投票规则的废除等等。

14.6.4　CalPERS眼中的中国：股东、债权人和劳动者，权利保护程度都很低

从2000年前后开始，CalPERS把这套从用脚投票转为用手投票的"积极投资者"的做法，在全球资本市场上推行。在发布了美国公司治理准则和全球公司治理准则的同时，还针对日本、英国等发达资本市场发布了"国别公司治理准则"。中国作为新兴市场也已经被CalPERS关注多年。不过在其委托专业机构所做的新兴市场评估报告中中国的排名是非常靠后的。

在决定是否向某个新兴市场国家投资时，CalPERS要考察其财政、货币等宏观环境的同时，还要着重关注其股东、债权人和劳动者的权利保护情况，并就这些方面委托专业机构提供研究报告，作为投资选择的根据。

在CalPERS委托Oxford Analytica Ltd①所做包括27个所谓"关键新兴市场"国家和地区的"股东和债权人权利"报告中，中国的股东权利得分为5（满分为7分），低于韩国和菲律宾（7分），也低于巴西、智利、印度、墨西哥、波兰、俄罗斯和台湾地区（6分），与印尼、马来西亚、秘鲁、泰国、南非、巴基斯坦等国一样。中国的债权人权利得分为2（满分为4），低于印度、印尼、马来西亚、以色列、墨西哥、巴基斯坦、菲律宾、泰国、中国台湾、

① "牛津分析公司"，英国的一家独立咨询企业。

韩国和南非等。

相比股东和债权人权利保护，中国的劳动者权利保护差距就更大了。在CalPERS委托Verit é[1]所做的有关劳动者权利的报告中，同样是27个关键新兴市场国家，中国的劳动者权利得分41.8%，处于倒数第三名的位置，好于马来西亚、印度和巴基斯坦，与第一名的匈牙利（84.8%）相差43个百分点。

---

① 维泰，一个国际性的非营利组织，创立于1995年，总部设在美国，主要从事有关企业社会责任的审核、培训和管理体系建设，致力于在全球范围内为人们提供一个安全、公平与合法的工作环境。

第15章

股东控制与公司治理转型

15.1 公司治理：跨越转型陷阱

公司治理转型，是公司制企业在按照公司治理基本规则，应对自身及外部各种条件变化而进行的一种适应性的调整过程。

15.1.1 什么是公司治理转型

在中国当前的商业环境和语境下，谈公司治理转型，要首先将之区分为两层含义。一是要建立健全真正的公司治理，真正按公司制企业的基本规范去做。这个层面上的“公司治理转型”，或者说更准确说是现代公司治理机制的有效建立，是真正公司治理转型的基础。二是规范运作的公司制企业，随其规模扩张或各种因素变化而自然演进出来的公司治理转型问题。

没有上述第一个层面上的公司制企业基本治理规范为基础，就谈不上第二个层面上的公司治理转型。第二个层面上的真正的公司治理转型，已经无关法律规定，无关公司治理运作的一些基础规则。公司治理转型，是公司制企业在按照公司治理基本规则，应对自身及外部各种条件变化而进行的一种适应性的调整过程。正是公司治理基本规则，为公司制企业提供了进行这种适应性调整的可能。

简单说，公司治理的最基础规则就是股东有限责任和董事会集中管理这两条。公司治理转型的核心内容和两条主线则是股权分散和职业管理。如果没有有限责任和董事会集中管理，公司股权很难分散，股东不可能退出公司管理，职业管理也就无从谈起。因此说，公司治理基础规则是公司治理转型的前提条件，没有公司治理基础规则，就谈不上公司治理转型。

中国当前很多公司，在公司治理基础规则缺位的情况下，追求公司治理转型，是皇帝还在的情况下搞丞相负责制，无论如何都还是人治，是关键人治理，而不是法治，不是公司法人治理规则下的职业管理。

15.1.2　公司股权和控制的四种型态

在笔者深入研究过的近百家企业案例中，最重要和普遍的两条主线是，公司从创立、成型到成熟过程中，公司股权从集中走向分散，公司控制权从创始人转移到经理人。不是所有的公司都能走到股权分散、职业管理这一步，股权分散、经理管理也并非就是公司治理先进，但是，随着公司规模扩大和公司历史增长，股权分散和职业管理，往往是多数公司所不得已的选择。

股权分散和职业管理往往相伴发生、同步发展，但是二者之间并没有必然和必须一致的联系。逻辑和历史两个角度上看，股权集中还是股权分散，股东管理还是职业管理，都有如下四种组合：A.股权集中，股东管理；B.股权集中，职业管理；C.股权分散，股东管理；D.股权分散，职业管理。

这里的股权集中还是股权分散，我们大致可以按第一大股东持股比例20%左右为分界。股东管理就是主要股东直接出任主要经理人职位，职业管理则是职业经理人出任主要经理人。即使职业经理人因股权激励或是并购等因素而持有公司少数（非控制性）股份，也可以看作是职业经理人。如，老沃森出任IBM前身公司总裁职位时，获得了5%的分红权，但他是职业经理人角色。斯隆因其所创办的轴承公司被通用汽车收购而加入通用汽车，陈晓因其所创办永乐电器被国美电器收购而加入国美电器，但二人后来成为承继公司主要经理的角色都是职业经理人。

ABCD四种公司治理模式都有典型代表。

A类股权集中，股东管理的公司就是古典型企业，是绝大多数公司的起点，也是绝大多数中小企业的现实状态，创始人拥有、控制并直接管理企业。

B类股权集中，职业管理的企业，则是主要发达国家之外的世界大多数国家的公司治理状态。中国的绝大多数公司，无论国有还是民营，都可以归入到这一类里。世界著名公司中，德国的贝塔斯曼集团可以说是这类公司的一个典型代表。

C类股权分散，股东管理的企业，典型代表是欧洲的一些传统家族企业和美国的一些新兴高科技企业，前者如意大利的菲亚特和法国的米其林，后者如谷歌、脸谱、亚马逊，以及比尔·盖茨退出公司管理之前的微软，和下市之前的戴尔电脑。腾讯和阿里巴巴也可以归入此类。

D类股权分散，职业管理的企业，是目前世界顶尖大公司的主流模式，但最为典型的是美国的通用电气、IBM、苹果，瑞士的雀巢，日本的索尼等。中国公司中，新浪是这种状态，金山和万科都已经比较接近，但还都不能完全算是。

15.1.3　公司治理转型的两条主要路径

在上述公司股权和控制的四种型态中，我们大致可以把股权集中、股东管理作为起点，而把股权分散、职业管理作为目标来界定公司治理转型的过程。这样的公司治理转型过程，理论上就有三种路径：①从股权集中，股东管理直接转变为股权分散，职业管理；②从股权集中，股东管理转变为股权集中，职业管理，再转变为股权分散，职业管理；③从股权集中，股东管理转变为股权分散，股东管理，再转变为股权分散，职业管理。

但是，在现实中，上述第一种路径很难实现，成功的案例很少。1901年摩根财团收购卡内基钢铁公司后组建美国钢铁公司，以及1892年摩根主导下的爱迪生通用电气公司和汤姆森—休斯敦公司合并后组成通用电气公司，可以算是两个比较靠近的例子。但是，这两个案例的共同特点是，虽然法律上公司股权是一步到位似的分散了，但是摩根及其合伙人作为股权分散后众多股东（也就是摩根的客户们）的代理人，在很长时间内都拥有着公司的控制权，也就是我们说的金融大亨取代了实业大亨。与此同时，这两个企业在其实业大亨时代的后期，都很大程度上引进了职业管理。卡内基作为占其钢铁公司一半股份的大股东，主要通过信件方式对公司管理提出建议和意见。实际上，向摩根提出收购卡内基钢铁公司、组建美国钢铁公司建议，并且出任了美国钢铁公司首任总裁的人就是时任卡内基钢铁公司总裁的斯瓦布。因此，我们也可以把从卡内基钢铁公司到美国钢铁公司的治理模式转型路径，近似地归结为上述第二种路径，即先实现了股权集中、职业管理，再实现了股权分散、职业管理。

如果不考虑理论上存在，实践上很难也很少发生的上述第一种公司治理转型路径的话，我们可以把上述第二种和第三种路径看作是公司治理转型的两条主要模式或说是两种模式。第一种模式是保持股权的集中和稳定，优先实现职业管理，这是欧洲家族企业的主要模式，可以称之为欧洲家族企业模式。第二种模式是优先实现股权的分散和流动，这是美国企业所普遍采用的模式，可以称之为美国上市公司模式。出现这两种公司治理转型模式上的分野，主要原因在于欧洲和美国在企业资本积聚和资本市场发达程度的差异。

欧洲由于长期的封建历史，有很多贵族和富裕家族存在，在开始工业化和发展现代公司的时候，这些富裕家族可以提供相对充裕的原始资本供给，使企业对资本市场的依赖程度不高，企业可以在保持股权集中和稳定的情况下发展和壮大起来。随企业规模的扩大，在人才方面的需求，迫使这些企业不得不引入职业管理。美国继承了欧洲的思想文化，但是没有欧洲那样的贵族和富裕家族。从工业化和现代公司起步时期起，美国企业就需要通过资本市场融资，才能很快地发展和壮大，这使美国形成了很好的股权文化，对股权分散持开放心态，甚至是积极拥抱股权分散。

15.1.4　公司治理转型的大股东（和创始人）陷阱

公司能否相对顺利地完成治理模式转型和公司控制权的转移与传承，既取决于公司外部的公司法律体系完善程度和资本市场深度，也取决于公司内部的治理机制安排，公司创始人的偏好与选择、创始人的家庭和家族情况，以及公司业务发展机遇等等。

能够实现股权分散化并成功建构起来一套职业经理人体制的公司虽然不少，但是规模已经大到难以有新的控制性大股东产生，或者公司已经做出了如通用电气和雀巢那样的一种坚持立足于高度分散的股东基础并从公司内部治理制度安排上做出了限制新大股东（控制性投票权）产生的战略性选择的公司，还是凤毛麟角。有公司在经过了股权分散、经理人主导之后，因为业务发展不顺或公司陷入困境需要救助等原因，又重新回到了新的大股东控制模式，如西尔斯。王石在万科已经摆脱了原大股东控制，股权相当分散了之后，又自己主动选择了华润成为新的大股东，以“背靠大树好乘凉”。

从股权的集中与分散角度看，主要的决定因素是资本市场发达程度。资本市场越发达，社会和法律对中小股东的保护越充分，公司在股票市场上的价值越大，股权融资要比债权融资更容易，并且成本更低，公司股权就会越分散。这种情况下，阻碍公司走上股权分散进程的就是大股东。如果大股东限于其自身的眼界或者偏好，宁愿公司发展缓慢也要把公司牢牢掌控在自己手中，公司就会停在“大股东陷阱”之中，走不上股权分散之路。

贝塔斯曼集团是这方面的一个典型。2006年7月，为了避免比利时GBL公司将其所持贝塔斯曼集团股份公开上市，从而使贝塔斯曼集团本身由私人控制的股份公司转为公众股份公司，贝塔斯曼集团出价45亿欧元回购了这部分股份。中国主板上的很多公司，虽然已经上市，但是仍然处在大股东陷阱之中，难以自拔。创业板公司相对要好一些，已经出现了很多创始人和大股东持股低于20%的公司，进入到了“股权分散—股东管理”的阶段。

阻碍公司转型的大股东陷阱不仅仅表现在拒绝股权分散上，也可以表现在拒绝职业管理上，或者说是，把职业管理限制在一个有限的范围之内，拒绝进一步走上“市场控制—经理人主导阶段”。这类公司很多，特别是在欧洲大陆国家，甚至也可以把日本包括在内。从瑞典沃伦堡集团到德国的汽车家族，从法国的米其林到意大利的菲亚特，以及日本的丰田集团等等，大股东或创始人家族都对公司管理层人选有相当大的控制权。美国也存在这种情况，不过程度要比欧洲和日本轻一些，性质也有所不同。美国主要是在新近成长起来的高科技企业中，存在通过投票权信托和分类股份设置等手段维持的创始人控制。但由于美国资本市场和职业经理人市场的高度发达，这些企业在创始人离去之后，基本不会继续存在严格的创始人家族控制。

康佳集团为我们提供了一个大股东陷阱的最新案例。2015年5月28日，康佳公司股东大会选举出来的公司新一届董事会中，4位由公司大股东和原董事会提名的董事候选人落选，中小股东提名的4位董事候选人当选，占了7个董事席位的多数。这样一个新董事会，一经股东大会选举产生，就能够立即到位，能够被有关各方所接受，可谓是中国公司治理的一个重大进步，同时也预示着中国公司治理的一种“新常态”。可是，这个中小股东占多数的董事会仅仅运作了4个月。2015年9月29日，中小股东推荐当选的董事、监事辞职，康佳集团董事会和监事会都重回大股东控制状态。

15.1.5　公司治理转型不是一个简单和单方向的直线过程

虽然我们在理论上把公司治理转型总结为从股权集中、股东管理开始，通过先股权分散再职业管理和先职业管理再股权分散两种路径，走向股权分散、职业管理的过程，但是实践上，不能教条地认为这是一个单向、直线和必需的过程。我们前面给出的公司治理转型的一般性定义是，“公司制企业在按照公司治理基本规则，应对自身及外部各种条件变化而进行的一种适应性的调整过程”。

作为一个适应性的调整过程，就是根据企业自身及外部条件变化而进行的一种相机选择，就是说，虽然公司治理转型的总体大势是从股权集中到股权分散，从股东管理到职业管理，但是具体到一个企业，一个企业的具体时点上，也存在着反向选择的合理性。分散了的股权可以重新集中，退出了管理的股东可以重新回归公司管理，至少在一定的时间期限内，这可以是一个企业在公司治理上的有效选择。

1903年福特汽车公司成立时有12个股东，亨利·福特持股25.5%，因为股东之间的矛盾和纠纷，经过1906年和1919年的两次收购，到1919年变成了亨利·福特本人持股58.5、福特的儿子持股41.5%的完全家族企业。

创建于1886年的西尔斯公司，早在1920年代就实现了股权分散、职业管理，甚至是经理人主导。可是，2005年高盛出身的兰伯特作为对冲基金经理和投资人，推动凯玛特和西尔斯—罗巴克的合并，出任董事会主席掌控公司。2013年兰伯特进一步任职到了经理层，董事会主席兼首席执行官，本来要保持距离的投资人变成了所有权与经营权融合的股东—经理人。

2013年10月，戴尔公司私有化完成，迈克尔·戴尔以其原有戴尔公司16%

的股份和新投入资金，控制了私有化后戴尔公司75%的股份。戴尔公司从股权分散、股东管理的公司反向转型为了股权集中、股东管理的公司。出现这种选择的主要原因是公司创始人、主要股东和华尔街之间，在对公司潜在价值和最佳战略方向的看法上出现差异。

15.2 公司控制：规则与模式

作为一种人为事物，公司法人自身并没有头脑、更没有心灵。无论通过何种机制，公司总要由自然人控制。作为公司终极控制者的自然人，无论是单人、多人还是众多，他们所依据的规则和凭借的机制不同，则形成了不同的公司控制模式。

15.2.1 控制凭据：从所有权到管理能力

股东主权已经是现代公司的基础规则，所有权由此成为公司控制的起点。但是，随着资本市场的发展和公司股权的分散，出现了公司的控制权与所有权之间的分离趋势，管理能力成为了比所有权更重要的公司控制凭据。最早系统揭示了这一趋势的米恩斯对公司控制权状况从完全依靠所有权的控制到没有所有权的控制进行了五级分类：几乎完整的所有权，主要控制权，通过法律机制的控制权（金字塔、无表决权优先股或普通股、表决权信托），通过股份的小部分控制权，管理层控制权。

美国由于缺少欧洲国家（包括英国）那种传统贵族和富有家族，从工业化开始时期就主要资本市场融资，走在了公司股权分散的前沿。到1930年代，美国公司的主流模式就已经是股权高度分散，公司实际控制凭据从所有权演变为管理能力了。从终极控制权看，1930年美国最大的200家公司中，有88家是管理层控制，46家是少数所有权控制，41家是法律手段控制，10家是多数所有权控制，12家是私人所有权控制。从大股东持股比例看，1938年美国最大的

200家公司（包括上市和非上市的全部公司）中，有42家（占21.0%）大股东持股比例在50%～100%之间，37家（占18.5%）大股东持股比例在30%～50%之间，47家（占23.5%）大股东持股比例在10%～30%之间，13家（6.5%）大股东持股比例在10%以下，61家（占30.5%）公司无大股东（《公司治理的历史》第599～600页）。

日本上市公司也与美国公司无异，股权高度分散，很少掌握公司控制权的第一大股东存在，更很少有母公司存在。根据东京证券交易所发布的《东证上市公司治理白皮书2015》，在截至2014年7月14日的全部3114家东京证券交易所上市公司中，只有9.0%的公司第一大股东持股比例在50%以上，高达56.2%的公司第一大股东持股比例不足20%。在全部东证上市公司中，有629家、占总数18.4%的公司存在控制性股东。所谓控制性股东是指，是上市公司的母公司，或者是自身及与其近亲合计持有上市公司多数投票权的大股东。81.6%的东证上市公司即无母公司也无控制性股东存在。

15.2.2　控制机制：从大亨工具到精英网络的连锁董事

伯利和米恩斯认为现代公司中所有权和控制权相分离，所有者靠边站了。无视投资者利益、为自己服务并自我延续的管理者控制着现代公司。金融经济学者们提出质疑，认为并购活动和公司控制权市场有效地终结了管理主义公司时代。但是，一些制度主义者则坚持认为，一个管理精英集团控制着大型公司，并进而统治着整个经济以至社会，他们的一个主要根据就是连锁董事。

根据David Bunting在《美国公司网络的形成》一书中所做的研究，到1816年纽约市的主要银行和保险公司已经紧密地通过董事互相连锁在一起了。连锁程度最强、出任董事职务最多的董事是那个时代的主要资本家，通过董事席位最大程度地保护他们自身的利益。在1900到1920年之间，由于反垄断法的实施和进步主义运动，以及随美国第一代实业大亨和金融大亨们的离去或逝去，他们的后代或者他们选定的其他接班人，都无法完全承继他们那么大的影响力和控制力。相应地，董事连锁程度在下降。

从1960年代开始，特别是到了1980年代，公司受到了巨大的社会压力，要求通过增加女性和其他种族成员，而使董事会成员多样化。虽然公司董事会里仍然坐着所有者、金融顾问和法律顾问，但是现在增加了公司高管，前政府官员，妇女和有色族群人员。公司圈子的“小世界”是由人际联系和已经加入一个或多个公司董事会的人的专业能力相结合所构成的。这产生了一个不是因为要加强公司间联系（实现某种战略意图）而是因为拥有解决董事会所面临的那些问题的经验而加入两个以上公司董事会的连锁董事圈子。判断连锁董事产生于董事个人关系还是公司关系的一个标准是，一位董事去世或离职之后是否会有从同一联系密切公司中选聘一位新董事来承接这种关系。

历史上，连锁董事被用做战略目的，把公司联结在一起实现所有者的经济利益。今天，连锁董事往往是董事会多样化和选择合适与有能力的人出任董事所带来的一种附带结果。

很多公司领导人，并不仅仅是坐在他们自己的公司，参与他们自己的事务。通过在诸多董事会的会议中相聚，这些连锁董事们发展出了一种社会关系和凝聚力，形成了一种有关运用他们经济权力的共享观念。多重董事往往在不同产业的企业里拥有利益，因此会更多地从整个公司企业界利益角度出发考虑问题，较少限定在具体一个公司的视野之中。但是，另一方面，这些人往往来自于富裕阶层，交往的也是上层社会，也多是从公司层级中往上爬的，因此其价值观更为阶层内部化，个人倾向上更为支持工商企业界的利益。多重董事往往会比其他董事更多地出任政府顾问委员会、非营利组织和基金会董事会成员等职务，作为公司阶层的“内部圈子”人员，他们具有更大的影响力。

即便绝大多数董事可能都不是因为公司之间要相互合作的战略原因而被选来的，但是连锁董事网络仍然具有一定的组织间效应。连锁董事会所构成的关系网络，是公司间相互学习的通道，使各董事会之间可以通过那些能够获得多家公司内部信息的多重董事共享信息，使一种新思想或新方法很容易地从一个公司传递到另一个公司。连锁董事会还使公司能够通过联合使用权力而提高影响力，采取一致行动，追求共同目标。帮助公司通过减少竞争和增加协调，从而获得对工人和消费者的更大权力。相比托拉斯、卡特尔和其他垄断形式，连锁董事会还具有更为灵活和更少透明，从而也更少受到公众质疑的优势。

15.2.3　控制模式光谱：从美欧两个极端到居中的日本

由于资本市场的高度发达，英美公司普遍股权分散，很少控股股东存在，公司由职业经理人主导。欧洲大陆国家中则是普遍存在着控制性股东，一般是公司创始家族，通过双重股份制度，持有决定性的公司投票权，职业经理人属“高级打工者”，需要得到控制性股东的支持才能站稳。日本既没有像英美国家那样高度发达的资本市场，也没有像欧洲大陆国家那样普遍存在着的双重股份制度，其公司的职业管理程度（职业经理人对公司的主导程度）弱于英美国家，但强于欧洲大陆国家，公司创始家族对公司的控制程度则弱于欧洲大陆国家，但明显强于英美国家。

当然，这只是一个大致的分类。在现代公司的世界里，由于其基本治理规则的全球一致性，主权国家的影响日渐减弱，治理模式上出现趋同化，这种总体分类学只能是一种简化和近似。国家之间的区别只是在于，从股权（及投票权）高度分散、毫无创始家族影响、完全由公司控制权市场和经理人控制的一个极端，到股权（就上市公司来讲主要是投票权）高度集中、创始家族强力控制、职业经理人处于辅佐地位的另一个极端，这两个极端之间的公司数量分布情况存在差异。

就全球来说，处在“股权分散—经理人主导”这一端的代表性公司是通用电气、雀巢和索尼，分别属于美国、欧洲和日本。如果扣除公司股票尚未正式在公开市场上市和公司创始人仍在并实际控制着公司这两点之外，华为已经可以算是处于这一端的一家代表性公司了。华为公司股权已经高度分散，有近十万名公司员工持有公司股权，创始人任正非只持有百分之一多点儿的公司股份，没有控制性股东存在，也没有人能仅凭借股权控制公司。

处在另一个极端的最有代表性的公司当属法国的米其林。米其林家族为了保持对公司的绝对控制，不惜承担无限责任，将米其林公司注册为一种两合公司，家族持有承担无限责任而法定拥有公司管理权的股份，对外发行的是没有公司管理权的有限责任股份。其次是德国的贝塔斯曼，创始家族为了保持控制权拒绝公司上市。再次，可说是德国的保时捷，用足了德国法律中公司最多可以对外发行50%无表决权股份的规定。

日本公司没有欧洲大陆国家那样极端的家族控制。即使是二战前日本的财阀家族，也都是通过层层控股等方式来提高创始家族对整个集团的控制力，而不是直接通过双重股份制度、两合公司（可以看作是一种极端的双重股份制度）或拒绝上市的方式来保持创始家族的控制。与此同时，日本公司中的职业经理人，虽然没有达到美国一些公司中那样的主导性地位，但是他们对公司的控制力和实际影响力，都要远远高于欧洲公司。除索尼等极少的公司之外，日本公司更多地都是处在一种创始家族和职业经理人之间“平等合伙”的状态，可谓“共生型治理”。

15.3 股东表决权：在一人一票和一股一票之间

凭借多数股权控制公司，这是1860年代以后的现代公司中才有的现象。严格说，今日公司的股东投票权是股份投票权，不是一种人的权力，而是货币的权力，是货币在说话。但是，早期公司中并不是这样。

15.3.1 汉密尔顿的探索

早期公司的决策更为民主，董事选举及其他公司事务决策中，实行无论持股多少都是一人一票的纯粹民主规则，而不是一股一票这一完全由金钱说话的富豪规则。实际上，英国普通法的默认规则就是一人一票，如果没有在公司章程中明确规定其他的表决权计划。工业化对资本的巨大需求，使资本更为稀缺，对资本的竞争更为激烈，美国在19世纪中叶开始采用了一股一票这一富豪规则，从民主规则的股东资本主义发展为富豪规则的股东资本主义。进入20世纪之后，美国又从金融资本主义发展为了管理资本主义。20世纪欧洲的股东表决权紧随美国，也变成了富豪规则，但在管理资本主义的发展上相对落后。

公司股东会决策规则从按股东数一人一票到按股份数一股一票的演变也不

是一步到位的。即使今天，也存在着一人一票和一股一票这两者之间的中间状态，如限制大股东的投票权和分级股份制度等等。

汉密尔顿在1790年为美国银行提出的股东表决权计划就是限制大股东的投票权。他认为，一股一票导致了一些主要股东之间的联合，可以轻易垄断银行的权力与利益。另一个极端，一人一票也是错误的。因此需要一种审慎的方法。

汉密尔顿1781年《一个国民银行报告》提出，"每个股东所应被赋予的票数应该根据他所持有的股份数的比例，即一股到两股是一股一票；两股以上不超过十股的部分，两股一票；十股以上三十股及以下的部分，四股一票；三十股以上不超过六十股的部分，六股一票；六十股以上不超过一百股的部分，八股一票；一百股以上的部分，十股一票；但任何个人、公司或政治团体都不能赋予三十票以上的票数（《公司治理的历史》第621页）。"

1784年汉密尔顿作为律师，在纽约协助创办了纽约银行，为其起草了章程，并是其13位董事之一。该章程第5条规定"每个持有一到四份股票的股东，应该一股一票。六份股票的认购者应有五份表决权；八股六票；十股七票；十股以上，每五股一票。"该银行章程在1791年获纽约州立法机构批准通过，其中保留了汉密尔顿设计的表决权计划。并且该章程大体上是1825年之前所有纽约州通过的银行章程所依据的模式。

15.3.2　分级股份制度：从富豪特权到创始人特权

19世纪开始，由于对资本的竞争，股东会按人投票演变为了按股投票，居于一人一票和一股一票之间、人股兼顾的汉密尔顿模式（少数股份者每股所拥有的投票权比例高，大额股份者每股所拥有的投票权比例受到限制）没有兴盛起来。

美国率先在19世纪中叶开始采用了一股一票这一富豪规则，从民主规则的股东资本主义发展为富豪规则的股份资本主义。进入20世纪之后，美国又从金融资本主义发展为了管理资本主义。20世纪欧洲的股东表决权紧随美国，也变成了富豪规则，但在管理资本主义的发展上相对落后。20世纪里，按股投票的

“富豪规则”甚至得到了进一步的扩张，产生了分级股份制度。

所谓分级股份制度，就是将公司股份设立成不同的级别，对不同级别的股份赋予不同权重的投票权。最初，这种投票权分级的做法是用在优先股中的。优先股通常具有优先的资产留置权、优先的收益留置权，以及累积股息的权利，相应地在投票权上受到限制。优先股发行时有完全表决权、无表决权，或是有条件表决权，只有当满足（或不满足）某些条件时才能获得表决权，例如股息没有支付。对普通股进行分级，赋予不同权重的投票权，从1917年才开始使用。

普通股分级，通常做法是分为每股10个投票权和每股1个投票权这两类，因此也被称作双重股份结构。双重股份结构在丹麦、挪威和瑞典十分普遍。在荷兰和英国则存在特别股，这种股份带有特别的董事提名权。德国法律规定公司最多可以发行50%比例的无表决权股，保时捷公司就用足了这一政策。欧洲国家中，实现双重股份制度的著名公司很多，如LVMH、阿利斯康、沃尔沃、ABB、爱立信、伊莱克斯、斯道拉恩索等。英国对于无表决权股和表决权股的比例没有限制。美国法律也没有禁止公司发行无表决权股、有限表决权股、条件表决权股或者多重表决权股等。在这方面，美国比英国宽松，但是比加拿大严格。加拿大很多公司实行双重股份制度。

美国法律没有禁止公司实行双重股份结构，但是美国公司中实行双重股份结构的比例相对很低，这主要是因为纽约股票交易所曾长期拒绝双重股份结构的公司在该所上市。纽约股票交易所支持一股一票，不支持偏离“一股一票”以及其他违反纽交所有关“企业民主、责任、诚实与对股东的责任”标准的做法。从1926年开始，一直到1986年，纽约股票交易所都拒绝无表决权的普通股上市。美国证券交易所和纳斯达克没有这种限制，这使纽约股票交易所最终放弃了这一做法。

1937年到1939年美国200家最大的公司发行了404支不同类型的股票：208支普通股和196支优先股。在这些优先股中，61支有条件表决权，只有21支没有表决权。在普通股中，有8支无表决权普通股。1994年美国100家双重股票公司，至少有一个级别的股票是上市交易的，2001年这类公司上升到215家。通常的表决权比例为1∶10，但在很多情况下这个比例可以更高。知名双重股票公司包括：伯克希尔—哈撒维公司、维康公司、福特汽车公司、箭牌和好时食品。

21世纪以来，作为欧洲富豪特权（创始家族后代可以凭借少数股份而继续保持着对公司的控制权）的分级股份制度，被美国高科技公司用来保护公司创始人。欧洲公司的富豪特权变成了美国公司的创始人特权。公司创始人团队保有一种具有更高投票权比例的股份，对外公开发行的则是投票权比例更低的股份，如谷歌和FACEBOOK等。

15.3.3　大股东投票权限制：近代中国在公司法上的探索

中国从1904年在国家立法层面上正式引入公司制度以来，一直在对股东投票权进行着探索。特别是在是否对大股东的投票权进行限制的问题上，存在着明显的摇摆不定。

1904年的清公司律和1912年的中华民国公司条例，准许公司通过章程自行设定对一人持有十股以上股份的表决权做出限制，具体是否限制及如何限制没有规定。清《公司律》第100条规定，股东会“会议时有一股者得一议定之权（如一人有十股者既有十议决权，依次类推）。唯公司可预定章程，酌定一人十股以上议定之权之数（如定十股为一议定之权或二十股为一议定之权，依次类推）。”中华民国《公司条例》第145条规定，“公司各股东，每一股有一议决权，但一股东而有十一股以上者，其议决权之行使，得以章程限制之。”这是对清公司律第100条的继承。

1929年颁布的中华民国《公司法》则对大股东的表决权直接提出了硬性限制，“每股东之表决权及其代理他股东行使之表决权，合计不得超过全体股东表决权五分之一。”1946年颁布的中华民国《公司法》又取消了这一硬性的比例限制，将公司是否需要及具体如何限制其最大股东的投票权比例，重新交给了公司自己，通过其章程自行做出。1946年公司法的这一改变，背后可能有保护国有资本控制权方面的考虑，因为该法同时取代了1929年公司法和1940年特种股份有限公司条例，但是毕竟没有再像以前那样对于主要是民营资本的普通股份有限公司硬性限制大股东投票权比例不得超过20%，而主要是国有资本的特种股份有限公司可以例外。

1946年的中华民国《公司法》完全贯彻了股份有限公司的“资本至上”规则。1929年公司法规定股东会议应有认股人过半数和代表股份总数过半数这两个过半数出席才能召开，这意味着仅仅几大股东出席，即使代表股份过半数也不能召开股东会。该规定与其限制单一股东的最高投票权比例不能超过20%一样，有“节制资本”含义，并从制度设计上就避免了“股东大会成为大股东会”。1946年公司法改为代表股份总数过半数出席，以出席股东表决权过半数之同意，便可形成决议。同时，1946年公司法取消了大股东投票权比例不能超过20%的硬性限制。这使从1929年公司法开始的“优待中小股东，促进股权分散”立法努力宣告终结。

当前发达国家中，由于存在发达的资本市场，股权的集中与分散已经完全是个公司创始人和主要股东的自主选择问题，与公司立法导向无关。只要公司法及证券法针对公司和大股东欺诈小股东问题，提供足够的防范和救济措施即可。但是在中国这样的资本市场非常原始、股权高度集中的国家，要促进现代公司制度的快速发展，立法上对大股东权力进行适当的限制还是很有必要的，否则将长期难以走出“大股东陷阱”。股东大会成为大股东会，甚至就是流于形式，只是大股东的橡皮图章。

15.4 日本上市公司的股权结构与股东控制

现代日本上市公司已经既没有财阀式的金字塔持股结构，也很少系列企业式的交叉持股结构，而是股权分散、公众持股，很少有母公司和控制性股东存在。董监事会，特别是外部董监事和独立董监事成为了日本公司的重要控制机制。

15.4.1 第一大股东持股比例很低

从股权结构上看，日本上市公司已经与英美公司无异，股权高度分散，很少掌握公司控制权的第一大股东存在。根据东京证券交易所发布的《东证上市公司治理白皮书2015》，在截至2014年7月14日的全部3114家东京证券交易所上市公司中，只有9.0%的公司第一大股东持股比例在50%以上，高达56.2%的公司第一大股东持股比例不足20%。

表15-1　　东证上市公司的第一大股东持股比例（%）

比例	不足5	5～10	10～20	20～33.3	33.3～50	50以上
全体上市公司	7	23.6	25.6	21.7	13.1	9.0
监事会制公司	6.8	23.7	25.9	21.9	13.1	8.8
委员会制公司	19.3	22.8	12.3	12.3	10.5	22.8
日经400公司	14.8	40.5	19.8	11	7.8	6.3
东证一部公司	10.6	33.2	23.9	15.9	9.6	6.6
东证二部公司	3.9	20.6	27.9	24.4	12.5	10.8
分销售额（日元）						
一万亿以上	23.1	49.7	11.9	4.9	4.2	6.3
一千到一万亿	8.4	35.1	25.0	14.5	9.4	7.6
一百到一千亿	6.5	22.7	26.3	23.1	12.3	9.2
不到一百亿	4.0	11.3	27.2	12.9	19.2	10.3

资料来源：东京证券交易所《东证上市公司治理白皮书2015》。

尽管按销售额分组的数据可以清晰地显示出，日本上市公司股权结构也是随公司规模的扩大而更加分散，第一大股东持股比例相应下降，但是中小上市公司的股权结构也是很分散的，并且也同样很少有控制性股权的存在。以销售额在1万亿日元以上和销售额不足100亿日元的两组企业为例，前者中23.1%的公司第一大股东持股比例不足5%，后者中则只有4.0%的公司第一大股东持股比例不足5%，二者差异很显著，接近六倍。但是，这两组公司间在第一大股东持股比例为50%以上即是否存在绝对控股者方面，差异则不是很大。销售额1万亿日元的公司中，第一大股东持股比例在50%以上的公司比例为6.3%，销售额不足100亿日元的公司中，第一大股东持股比例在50%以上的公司比例为10.3%，相差不到一倍。这说明，只要上市，就很少有保持绝对控股地位的第一大股东了。

为什么日本上市公司没有像中国沪深主板上市公司那样，第一大股东继续保持着绝对控股？可以说，日本上市公司和中国创业板上市公司一样，是自然成长起来的，在其上市前，公司创始人和第一大股东的持股比例就已经开始下降，并且很少有保持绝对控股的了。而中国沪深主板上市公司则由于改制上市的特殊起源，使其上市时仍是第一大股东拥有绝对控股地位。中国公司上市后仍然普遍存在第一大股东保持控股地位的情况则有更深一层的原因。一是中国资本市场的非市场属性，公司再融资空间很小，股权结构固化；二是中国公司治理上董事会的不到位和权力不足，使绝对控股成为了第一大股东保持公司控制权的一个优先选项。限制中国上市公司股权分散进程的中国资本市场的非市场属性，不仅表现在股份发行的审批制剥夺了公司股份发行的自主权上，还表现在投资者和监管者的双重不成熟上，二者合力把增发新股和减持——第一大股东持股比例下降的两个通道都给堵死了。

15.4.2 很少有母公司与控制性股东存在

中国上市公司不仅普遍存在绝对控股的第一大股东，还普遍存在母公司。第一大股东不仅仅是作为股东，还作为母公司额外行使很多股东权力之外的公司控制权力。相比之下，日本上市公司中，很少有母公司的存在。

根据东京证券交易所发布的《东证上市公司治理白皮书2015》，在全部东证上市公司中，有629家、占总数18.4%的公司存在控制性股东。所谓控制性股东是指上市公司的母公司，或者是自身及与其近亲合计持有上市公司多数投票权的大股东。在这629家存在控制性股东的公司中，有389家、占东证上市公司总数11.4%比例的公司有母公司存在；有240家、占东证上市公司总数7.0%比例的公司有控制性股东但无母公司，余下81.6%的东证上市公司既无母公司也无控制性股东存在。

在11.4%的有母公司存在的东证上市公司中，9.5%的公司母公司为上市公司，1.9%的公司母公司为非上市公司。这与中国普遍存在的非上市公司作为母公司控制上市公司的情况迥然不同。母公司为上市公司的情况，多产生于上市公司业务分拆，其进一步的发展往往是完全独立，即母公司把其所持下属上市公司股权出售，或者是直接分配给自己的股东。中国这种非上市公司作为上市公司母公司的情况，则往往是把下属上市公司作为母公司的所谓“资本运作平台”，完全无视其作为上市公司所应具有的独立性。

表15-2　　东证上市公司的控制性股东与子公司情况（占公司总数的百分比%）

	全部公司	日经400	东证一部	东证二部
有母公司，母公司为上市公司	9.5	8.5	7.9	12.3
有母公司，母公司为非上市公司	1.9	0.5	1.0	2.4
有控制性股东，但无母公司	7.0	1.0	3.7	5.9
无控制性股东	81.6	90.0	87.3	79.4
子公司数量不足10个	65.7	14.3	44.6	87.5
子公司数量10到49个	27.1	43.8	42.0	12.3
子公司数量50到99个	4.2	20.3	7.8	12.3
子公司数量100到299个	2.3	16.5	4.4	0.2
子公司数量300个及以上	0.4	0.7	1.3	0.0

资料来源：东京证券交易所《东证上市公司治理白皮书2015》。

在上市公司自身很少有母公司和控制性股东存在的同时，日本公司的下属子公司数量也相对不多。65.7%的东证上市公司子公司数量不足10个，只有2.7%的东证上市公司子公司数量超过了100个。中国上市公司中，子公司数量超过10个的可谓比比皆是。跟日本相比，中国上市公司热衷于搞出很多子公司，和它们自身更多地都有母公司存在，背后的原因和道理可能是一样的。中国公司治理机制不成熟，公司董事会不到位、不独立、权力不足，股东控制公司的权力和空间都很大。母公司和控制性股东希望通过增加公司层次，层层控股，放大自己控制的资本规模。子公司和经理人则相应地希望增设子公司、下放管理权，扩大自己的可控空间。这种博弈的结果是中国公司实际控制权在经理层和大股东之间的摇摆和高度不稳定。

15.4.3　通过董监事会，特别是外部和独立董监事控制公司

日本公司从层层控股的财阀模式、交叉持股的系列企业模式，走到当今的这种股权分散、董监事会控制阶段，可谓是从量变到质变的一种革命性变化。减少甚至放弃对股权控制的依赖，更多地采用董监事会控制，需要实质性的公司治理机制建设。日本没有像中国这样由监管部门整齐划一和强制性地推进独

立董事制度，而是企业自主进行董监事会治理改革。经过过去十几年的发展，目前日本企业已经完全把董监事会作为公司治理的核心了。

2012年以前，日本公司中的外部董事还主要是大股东加强控制的一种手段。2008、2010和2012三个年度，第一大股东持股50%以上的公司中，设有外部董事的公司比例最高，分别为53.3%、58.3%和63.2%，一直在一半以上。相比之下，第一大股东持股不足5%的公司这三年中设有外部董事的公司比例分别为37.7%、40.6%和48.9%，一直不足一半。2012年日本开始要求上市公司提高董事会和监事会的独立性，第一大股东持股不足5%的公司中设有外部董事的公司比例大幅提高到了2014年的73.1%，接近四分之三，并且一举超过了此前一直在设立外部董事方面领先的第一大股东持股50%以上的公司（71.1%）。

按第一大股东持股比例分组的6组公司中，选任独立董事的公司比例随第一大股东持股比例提高而依次下降，从第一大股东持股不足5%公司的63.9%，到第一大股东持股33.3%～50%公司的35.2%，不过第一大股东持股50%以上公司中该比例又略有提高，到37%。这反映出，当股权控制比较牢固的时候，对董事会和监事会的控制可以稍微放松一些。

外部董事的平均人数反映出了相同趋势，就是除2014年之外，以前各年度中，随第一大股东持股比例提高，公司聘请外部董事的平均人数增加。2014年，由于独立董事的监管要求，独立董事增加，使股权分散公司的外部董事人数出现大幅度提高。这在独立董事平均人数上有明显的反映，就是随股权集中度（第一大股东持股比例）的提高，独立董事的平均人数明显下降。

表15-3 按第一大股东持股比例分组的设有外部董事和独立董事的公司比例（%）

第一大股东持股	不足5	5～10	10～20	20～33.3	33.3～50	50以上
选任外部董事的公司比例 %						
2008	37.7	39.7	46.4	44.5	47.8	53.3
2010	40.6	46.6	46.2	46.1	51.2	58.3
2012	48.9	54.6	50.0	51.9	58.6	63.2
2014	73.1	68.1	59.9	59.5	61.4	71.1
选任独立董事的公司比例 %						
2012	35.0	44.3	31.0	24.0	23.6	24.2
2014	63.9	60.3	42.6	38.0	35.2	37.8

资料来源：东京证券交易所《东证上市公司治理白皮书2015》。

15.4.4　外部和独立董监事的来源

在母公司和控制性股权消解，董监事会是主要公司控制机制的情况下，董监事会成员，特别是其中的外部董监事和独立董监事的来源，成为决定实际公司治理状况的重要因素。

全体东证上市公司平均每家有3.53名外部董监事，其中2.16名（61.3%）来自其他公司，其次是律师（0.56人、15.9%）、注册会计师（0.36人、10.2%）、税务师（0.17人、4.7%）、学者（0.14人、3.9%）、其他（0.14人、4.0%）。全体东证上市公司平均每家有2.20名独立董监事，其中1.16名（52.4%）来自其他公司，其次是律师（0.43人、19.5%）、注册会计师（0.28人、12.9%）、学者（0.12人、5.4%）、税务师（0.12人、5.3%）、其他（0.10人、4.5%）。独立董监事中来自其他公司的比例低于外部董监事中来自其他公司的比例，独立董监事更多来自专业人士，如律师和注册会计师。

在全部东证上市公司的外部董监事中，金融机构出身者为995人，占总数的8.3%。其中独立董监事665人，占金融机构出身外部董监事总数的66.8%。665名金融机构出身的独立董监事中，独立董事173名，独立监事492名。金融机构指银行及保险公司，不含政府系统的金融机构。在全部东证上市公司的外部董监事中，官员出身的外部董监事为381名，占全体外部董监事的3.2%。其中，309人是独立董监事，占官员出身外部董监事总数的81.1%。其中独立董事135名、独立监事174人。这里的官员出身，包括国家公务员和地方公务员出身者，以及由政府官员转到金融机构者。

从不同来源的外部董监事被选为独立董监事的比例来看，在全部外部董监事中有62.5%的人是独立董监事的情况下，学者出身的外部董监事中有87.5%的人是独立董监事，然后依次是注册会计师（78.9%），律师（76.3%）。来自其他公司的外部董监事中是独立董监事的人数比例最低，只有53.5%。

在全部监事会制公司外部董事中，来自母公司的外部董事所占比例为7.2%，来自关联公司的外部董事所占比例为9.8%。自身为大股东或在大股东公司工作的外部董事所占比例为11.7%。在全部监事会制公司外部监事中，来自母公司的外部监事所占比例为4.5%，来自关联公司的外部监事所占比例为

5.1%。自身为大股东或在大股东公司工作的外部监事所占比例为3.8%。来自母公司、关联公司和大股东的外部董事和外部监事所占比例都处在下降态势，是上市公司母公司数量和控制性股东数量都在减少的反映。

但是在存在母公司的情况下，母公司人员出任下属上市公司外部董事和外部监事仍然是一种重要的公司控制手段。在有母公司存在的监事会制公司中，有51.0%的外部董事来自其母公司。在有母公司存在的委员会制公司中，有60.6%的外部董事来自其母公司。在有母公司存在的监事会制公司中，有37.2%的外部监事来自其母公司的。不过，即使是在这些有母公司存在的日本上市公司中，随着独立董监事制度的发展，来自母公司、关联公司和大股东的外部董事和外部监事所占比例也都处在下降态势，

总体看来，日本上市公司治理已经明显脱离了传统的母公司、大股东和关联企业集团化控制状态，其在股权分散、董监事会控制和职业经理人管理上，已经远远领先欧洲大陆，接近于美英水平。

15.5 中国上市公司的股东构成、股东权力与股东大会

在英美等国家的股权高度分散的上市公司中，股东权力保护，也就是全体股东权力的保护，成为公司治理中的重要问题。中国上市公司股权集中度很高，公司实际控制在大股东手中，股东权力保护主要是中小股东的权力保护问题。

但是目前中国中小股东法律保护的力度很弱，资本市场能够对中小股东提供的保护力度也很弱，机构投资者又还没有发展起来。大股东从股东会到董事会和高管层，对公司一控到底，导致实际运作中股东会在公司治理中的作用，基本停留在表面文章多、实际作为少的阶段。

15.5.1 股东人数、股东构成与股权结构

中国百强上市公司呈现出了缓慢的股权集中度下降趋势，但是总体上来来

看仍然是非常之高。与过高的股权集中度相对应的就是中国上市公司的股东人数相对比较少。不用说英美公司，像丰田、索尼等日本公司的股东总人数也都在30万以上。

正常情况下，股东人数增加和股权集中度下降，在扩大公司股东基础的同时，必然带来来自资本市场的改进公司治理压力的增强。但是由于到目前为止，中国主板上市公司仍然主要控制在国家这一特殊类型的股东手中，致使资本市场压力对改进公司治理的作用大打折扣。

在国家作为股东的直接控制力增强的情况下，中国上市公司治理水平的进一步改进是内在缺乏动力，外在缺乏压力。能够实质性地改进中国上市公司治理水平的股权多元化进程，应该不仅仅是股东人数增加、股权集中度下降，还要进一步包括改变股东身份结构的内容。改变股东身份结构又应该包括减少国家控制和减少产业公司控制两个方面的内容。

由于整体上市工作的推进，中国上市公司的第一大股东机构性质是产业公司的比例有所下降，但是替代产业公司成为第一大股东的是政府和政府代理机构，而不是其他类型的机构。由产业公司到政府及政府代理机构这种股东身份结构的改变，可能减少了上市公司的关联交易，但是并不能带来更为市场化的改进公司治理的压力。

15.5.2　股东集体行使的权力：表面文章多

章程规定的股东会职权数

股东权力表面文章多的一个表现就是章程中明确列出的股东会职权比《公司法》的规定“一个都不能少”，并且90%以上的企业都会在公司章程里列出10项以上的股东会职权，尽管其中含有把公司法明文规定的10项职权中的某些项分拆为多项列出等这样“虚增”条数的成分。尽管公司章程中的股东权力条数多少本身并不能完全反映实际的股东权力大小，但是这一项目上不同公司之间的差异却是其股东权力状况的一个重要的表现。

需要股东会特别决议批准的重大事项的标准

从公司章程中列为重大事项的购买出售资产和对外担保金额占总资产的比例标准来看，中国上市公司中普遍很高。两项标准的平均值都是30%，最高的达到50%，最低的也是25%。列为重大事项的购买出售资产和对外担保行为，需经股东大会批准，并要出席会议的三分之二以上表决权同意。适当降低列为重大事项的两个比例标准，才能提高中小股东在公司重大事项上的发言权。

15.5.3 股东个体行使的权力：高门槛阻隔中小股东

股东临时提案，召集临时股东会和临时董事会会议的权力

在股东大会上提出临时提案、提议召开临时股东大会和提议召开董事会临时会议，是股东在必要的情况下，行使权力、纠正公司行为的三个重要渠道。公司章程中对这三项权力行使的持股比例要求越低，越有利于少数权益股东发挥作用。中国上市公司对股东招集临时股东大会的持股比例要求，普遍是与公司法规定的上限（10%）完全相同，没有公司愿意将这一门槛自主调低一些。

董事会疏于尽职，对公司管理的参与度低下，则会导致经理人“自作主张”的空间非常大。对于那些不足于提请股东会决议而又不能放权给经理人的事项，在董事会自身缺乏主动作为的情况下，股东提议召开董事会临时会议权力的行使就变得十分重要。中国《公司法》规定持股10%以上的股东有权提议召开董事会临时会议。对此，中国上市公司都在其章程中作出了与《公司法》完全相同的规定，没有发现哪家企业向前迈进了一步，降低一点对股东提议召开董事会临时会议所需持股比例的限制。降低股东通过提议召开董事会临时会议来参与公司治理的持股比例限制，在股改完成、股票逐步全流通、股权逐步分散化的情况下，变得日益重要。

股东对董事、独立董事和监事的提名权

股东权力的行使，一方面是通过在股东大会和临时股东大会上直接对有关决议事项进行投票表决来直接行使其权力，另一方面就是通过对董事会、监事

会构成人员的控制来间接行使其权力。股东提名董事和监事候选人的权力大小及其到位程度，是股东权力落实的一个重要方面。

中国上市公司中股东对董事和独立董事的提名权，基本都是按《公司法》的规定执行，有权提名董事和独立董事的股东持股比例限制分别为3%和1%，只有极少数的公司股东提名董事的持股比例限制为1%，这降低了中小股东参与董事提名的门槛。

15.5.4 股东大会：实际作为少

在股东大会和临时股东大会的提前通知天数方面，中国上市还是都做得比较好，只有极少数公司实际提前通知天数低于或者等于法律规定的提前通知天数。

股东会的实际作为却似乎不太那么重要，这一点可以从董事长和总经理出席股东年会的比例不高上看出来。董事长和总经理作为中国公司中的关键人，可以不把参加股东会作为最重要的事项对待，可想而知股东会只是一切按事先安排好的固定程序和议事项目进行的，不会有意外和变故发生。中国公司股东会表面文章多实际作为少的重要原因是中国公司大股东控制公司的主要方式是直接派人出任董事会、监事会和管理层职务。

专栏 15-1 IBM公司管理章程中关于股东会的规定

在IBM公司管理章程的第二章“股东会”中，对会议地点、年会、临时会议、会议通知、法定人数、会议组织、会议程序、表决、股东名单、选举监督人员等事项的处理都作出了具体规定。其中非常值得我们借鉴的有两点。一是规定好了正常情况下股东年会的举行日期，二是会议主席的人选顺位和会议秘书安排。

1. 股东年会

设若当天不是法定假日，选举董事及处理此次会议前已适当提交的其他事务的股东年会应在每年四月的最后一个星期二举行。如果当天是法定假日，则顺延至该假日结束后的第一天。

如果任何一次股东会不能在上述指定时间召开，或者在此次会议或任何复会上拟选举的董事（职位）未被选出，董事会应在此日期后任何便利的时候立即召集一个临时股东会选举董事，并按本章程有关股东年会的规定发出通知。在该等临时会议上，股东可以选举董事、处理其他事务，其权利与效力与正常召集的股东会相同。

2. 会议组织

每一次股东会议，董事长是会议主席。如果董事长缺席，总裁作为会议主席；如果董事长和总裁均缺席，副董事长作为会议主席；如果董事长、总裁和所有的副董事长均缺席，将由一位执行副总裁作会议主席；如果上述人员均缺席，将由一位高级副总裁担任会议主席。

公司秘书负责作会议记录，如果公司秘书缺席或无法担任会议秘书，会议主席将指定一位会议秘书。

IBM公司管理章程，1958年4月29日制定，2001年1月1日修订。

15.6 万科模式的死亡

阳光之下没有新事，历史总在重复自己。从1994年的君万之争，到2015、2016及2017年的宝万之争和华万之争，相隔23年的两次万科控制权大战，起因和动力机制有所不同，但最后的结局和熄火机制、最终解决方式却是惊人的相似。两次万科之争最后的决定力量，都是政府和行政干预，而不是公司控制权市场，最终结局都是万科更换东家、股权更为集中，直至“股权分散”的万科模式的死亡。

15.6.1 万科股权结构模式：回到1988年改制时的原点

没有股份制改革和股权分散，王石可能成就不了他的万科事业。但是在遭遇了一次股东委托代理权争夺之后，王石就开始惧怕股权分散，选择了走股权集中、背靠所谓策略性大股东的回头路。这在当年的那种市场状况下，也许是一种合理的选择。可是在随后的15年中，王石似乎很安于他的这种平衡木上的状态。现在很明显，无论王石技艺如何高超，走在平衡木上总是一个危险的事情。

王石1984年创建万科前身（科仪中心），1988年完成股份制改造，组建万科企业股份有限公司，把原上级主管公司、理论上持股100%的深圳特区发展公司变成了万科股份公司持股30%的第一大股东。随后，经过12年的时间，到2000年8月，王石给万科找了新东家华润时，作为万科第一大股东的深特发持股比例已经下降到了8.11%。深特发所持股份转让给华润后，华润集团及其关联公司总计持有万科15.08%的股份，成为了万科的“单一优势股东”。万科的股权分散化没有进行到底（真正股权分散的一些国际大型上市公司第一大股东持股比例在1%以下），而是在经历了一个分散化的过程之后，又重新走了一个股权相对集中的道路，这可能是从著名的“君万之争”中总结出的一条教训。

2000年以后，华润成为万科的“单一优势股东”，万科的公司治理模式演变方向也从2000年以前的股权逐步分散下的创始人控制模式转变为股权重新集中的单一优势股东模式。而且，仅仅单一优势股东地位似乎还不能让华润感到满意、让万科感到塌实。2000年12月，万科提出向华润定向增发4.5亿股B股、占万科原股本比例高达70%的方案，由于遭到A股市场投资者的强烈反对而放弃。如果当时这一巨量的定向增发方案得以实施，万科的公司治理模式也就完全回归到了一股独大的、跟其他国有控股上市公司没有实质差异的典型中国上市公司状态了。

2000年时万科被迫放弃向华润巨额定向增发而没有达到的目的，经过2015年下半年到2017年上半年历时近两年时间的第二次万科之争后达到了。2017年1月，华润将所持万科股份全部转让给深圳地铁集团；6月，中国恒大又将所持万科股份全部转让给深圳地铁集团，深圳地铁集团占万科股份比例达到29.38%，超过宝能系25.4%的股份比例，成为万科公司第一大股东。万科公司股权结构模式回到了上市前的1988年股份制改造时的原点状态，当时第一大股东深特发持股30%。

在2009年撰写《王石与万科：中国式创始人控制公司治理模式之痛》一文结尾我曾写道，“王石选择背靠策略性的大股东，而不愿意把万科的根基——股东基础，完全建构在资本市场上，我们不能确定这是因为王石自身的眼界和管理能力有限，还是因为中国资本市场对公司成长的支撑能力有限，甚或是整个中国公司治理体系的缺陷。”今天看来，不仅是这两个方面的因素都存在，还存在着第三个因素：强有力的政府干预和政府偏好企业股权集中。

15.6.2 从“君万之争”到“宝万之争”：公司控制权市场的发展

“万科之争”是反映中国公司控制权市场发展历程的一面最好的镜子。1994年的“君万之争”开启了中国公司控制权争夺的历史先河。

1994年的“君万之争”中，君安证券是因为1993年承销万科4500万B股砸在自己手中1000多万股，成本（12元）高于市价（9元），对公司管理层产生不满，联合其他几家股东发起了内容包括改组万科董事会的股东倡议书。

君安联合的股东包括了当时万科的第一大股东深特发下属的新一代企业有限公司，以及拥有董事席位的中创和海南证券等公司。王石游说中创高层阻止了中创股权代表人参与君安的联盟，游说海南证券以及另一个重要股东深圳市投资管理公司保持中立，并争取到了深特发总经理的支持，将其下属机构新一代企业有限公司持有的万科股权的股东表决权授权给王石。与此同时，王石团队调查出了君安联盟中主要操刀人事先巨额购入万科股票建老鼠仓的行为，并以此为据在深交所坚决不同意万科股票连续第4天停牌时紧急请示中国证监会批准第4天继续停牌。在连续停牌无利可图、主要股东撤销给君安的委托以及中国证监会和深交所有关人员的介入和调停下，君安放弃了对万科控制权的继续争夺。鉴于当时君安持有3.43%的万科股权，万科给了君安一个董事席位。

“君万之争”使王石没有将万科的股权分散之路走到底，并且让王石“一朝被蛇咬十年怕井绳。”十二年后的2006年，已经成为中国企业教父级人物、要总结成功经验的王石还说，“那几日惊心动魄的较量仍让我深深意识到股权分散可能带来的危险”（《道路与梦想》第220页）。更有意思的是，21年后的2015年，远比君安更为凶猛的宝能又出现在了王石和万科的面前，宣告王石在吸取“君万之争”教训后，没有将万科的股权进一步彻底分散，而是回头重构单一优势股东模式的“策略性大股东”策略失效了。

网上披露出来的王石在万科北京办公室的谈话表明，宝能收购万科股份，最初并非敌意。宝能希望王石能够接受自己做万科的第一大股东，但是王石不接受，王石认为以宝能现在的信用和管理能力，不配做万科的第一大股东。王石自己主动选择站在了宝能收购行为的对立面，把这场收购变成了敌意并购。

在宝能方面则是，王石和公司管理层要是欢迎更好，不欢迎也没有关系，他们更看重的是万科公司本身。在明确知道了公司管理层的抵制态度之后，继续收购万科股份，并于2015年8月26日，持股15.04%，超过华润，成为了万科的第一大股东。在华润增持到15.29%（截至11月20日）夺回第一大股东地位之后，宝能更是大举收购，并且持股比例大大超过了华润，达到了23.81%（截至12月11日）。宝能不仅是不顾万科管理层的抵制态度，进行敌意收购，而且是不怕与国有大集团华润展开一场并购战，铁了心地要把万科纳入旗下。万科股票于12月18日下午开市前因重大资产重组停盘，战斗从二级市场转到了一级市场，从公开方式转为了非公开方式。

15.6.3 敌意并购是公司控制权市场发展的最高阶段

作为一种公司治理机制，敌意并购是公司控制权市场发展的最高阶段。所谓“敌意并购”是就被收购公司管理层的态度而言的。公司管理层不欢迎敌意并购，并往往会采取一些抵制行为。对公司股东来说，敌意并购是件幸福的事情。这就像有人来竞争小区物业管理，对现任物业公司是个坏事，对小区业主则是个好事。可是“野蛮人”、敌意并购，就和资本市场上的做空一样，本来都是中性词语，都是维持资本市场健康和改进公司治理所必需的金融手段，却被中国舆论（甚至包括一些监管层人士）妖魔化了。

公司管理层的稳定固然重要，但是如果这种稳定达到了可以不受挑战，没有任何可竞争性的程度，它就走向了反面。“野蛮人”和敌意并购的存在，正是提供了对管理层职位稳定性的一种挑战，使上市公司管理层职位具有可竞争性。中国上市公司中，要么是国有控股，要么是一股独大，其管理层都可以不受资本市场控制。只有少数股权分散到一定程度的公司，才出现了公司控制权市场。像宝万之争这种在健康资本市场上稀松平常的事情，在中国引起轩然大波，甚至惊恐，是对现代公司治理体系，特别是对资本市场作为一种公司治理机制的作用，缺乏基本认识所致。

有公司控制权市场，人们可以按资本市场规则去公开争夺公司控制权，是公司治理进步的结果。与此同时，在这种按规则进行公司控制权之争的过程中，会产生诸多公司治理具体规则的理解和需要通过实际案例进行清晰界定的问题，而这也正是实际有效公司治理规则产生的历史过程。

公司控制权市场这一概念是由法和经济学运动带头人亨利·梅恩于1965年提出来的。当时正是管理主义模式的顶峰时期，严格遵循理性人假设的经济学家不能理解为什么会存在可以忽视投资者利益的公司？

1976年，迈克尔·詹森和威廉·麦克林进一步提出了“公司是一组契约关系”的概念。他们问道：数百万人都把财富的很大一部分投资到那些管理层根本就不关心其利益的公司，这怎么可能？投资者不是傻子，只要还有其他选择，聪明的投资者绝不会把他们的资本交给忽视他们利益的公司。那些忽视投资者利益的公司，要么被收购而出局，要么因要支付更高的融资成本而在市场竞争中出局。

在有效的股票市场上，管理不善、无视投资者利益的公司，股价会下跌，公司会成为并购对象，管理层会被驱赶出局。但是，那些能够识别这种机会并发出收购要约的都是行业内的竞争对手，而传统上过于偏重市场份额的反垄断法规阻止了这种能够提升价值的同行业并购。

从梅恩到詹森和麦克林的学术讨论，为1980年代的并购浪潮提供了理论支撑，崇信市场力量的里根政府则为这场并购浪潮从法规和政策上提供了催化剂。1980年代开始，里根政府为振兴经济所采取的一系列保守主义政策中，非常重要的一条就是促进并购，让“公司控制权市场”发挥作用。1982年公平贸易委员会反托拉斯部发布了新的并购指引，放松了对行业内部企业之间并购活动的管制。

这是一场改变了美国公司管理和运作模式的并购浪潮，在其从混合多元经营到聚焦主业的公司业务模式变化背后，则是公司治理模式和相关人力量对比关系的变化——机构投资者等各类积极股东走上舞台。不满意的股东们，已经不仅仅是消极地在事后“用脚投票”，让并购市场发挥作用，而是积极地在事前“用手投票”，通过参与公司治理发挥作用。公司变成了可以随时修正的一组契约关系而不再是一个大而不能倒的社会组织，社会经济运行的中心也不再是公司这种组织，而是资本市场这种机制。

15.6.4　历史的重复：相隔23年的两次万科之争以同样的方式结束

“君万之争”和“宝万之争”，都属于公司控制权市场范畴，都可归为公司控制权之争，但是二者的源起和性质很不同。1994年的“君万之争”本质上属于股东委托代理权争夺（Proxy Contest），与2010年的“国美之争”性质类似。2015年的“宝万之争”则是一场典型的敌意并购。股东委托代理权争夺主要靠游说能力，公司管理层通常具有优势，除非其业绩实在太差。敌意并购是真刀真枪的战斗，是货币说话，公司管理层并没有太多优势。君安是被迫成为了万科的股东，宝能则是主动要做万科的股东，并且是要做第一大股东。从“君万之争”到“宝万之争”，经过二十多年的发展之后，中国公司控制权市场终于进入了一个新阶段。

2000年时，中国资本市场是相对小并且凝固的，今天中国资本市场的规模和流动性都远非2000年时可比。王石选择华润做策略性大股东，以仅持股15%左右的单一优势股东模式保证了万科十五年的稳定。但是现在，资本市场的流动性和资金规模，敌意并购者的资金调动能力，中小股东权利意识的觉醒等等，已经使15%甚至是20%左右的单一优势持股难以保障公司控制权的稳定了。2012年的格力董事会换届选举和2015年的康佳董事会换届选举，持股20%多的第一大股东都没有完全实现自己的意志。

可是，中国政府干预的力量还是比资本市场的力量更为强大，政府干预市场的习惯也没有什么根本性的改变，这使第二次万科之争中，正蓬勃兴起的公司控制权市场动力最终熄火。

1994年的万科之争，是中国证监会和深交所有关人员的介入和调停，使君安放弃了对万科控制权的继续争夺。2016年的万科之争，是中国证监会、保监会和国资委都有表态，并有深圳市政府出面协调。关键一环是，“华润被要求不得与宝能一致行动，不得再就万科事件随意表态，任何行动要预先征得国务院国资委同意。华润方面试图部分改组董事会、让王石先出局的意见也被上面否决。到董事会开会讨论宝能要求罢免董监事的议案时，华润方面的董事开始首次投票反对宝能，并从此淡出万科之争直至最后完全退出，按相关协调意见将股权转让给其此前一直高调反对的深圳地铁”（摘引自华生“万科之争的真相与遗憾”）。在强大的行政压力之下，“华润以股权转让给深圳地铁而离场，宝能从频频举牌直逼全面收购、要求罢免全部董事到声明作为财务投资者支持万科健康稳定发展，恒大则向深圳市政府表态一切听从安排”（转引自华生“万科之争的真相与遗憾”）。

在《清华管理评论》2016年第1期上发表的“从‘君万之争’到‘宝万之争’”一文中，我写道：“我们且不管这背后都有什么样的力量在争斗，以及最后的结局会怎样，仅就目前来说，敌意并购能够发展到如此程度，是中国资本市场，特别是公司控制权市场的一种进步。”现在看来，这种进步与当年“君万之争”的结束方式类似，再一次受到了监管层的干预和非市场力量的控制，而使其进步的价值大打折扣。

15.6.5 如果万科当年不是回头，而是继续走股权分散之路

中国人的思维总是偏好集中，以为集中起来才安全。比如，所谓涉及国计民生的行业要保持国有，可是集中起来的国有，不还是要由官僚体系选择出来的一些个人来具体掌管吗？一旦这个人不可靠，其危害力是巨大的。其实，集中是更危险的，越是分散的才越安全。当年，凡德比尔特家族控制美国铁路，美国政府出于国家安全考虑，强令其将所持铁路公司股票专售给公众。高度分散的公众持有才是最安全的。精英意识作怪之下的官员，会口口声声老百姓，但实际最看不起百姓；精英意识作怪之下的公司管理者，会口口声声中小股

东，但实际最看不起中小股东。

在公司股权结构选择上，惧怕分散，实际就是一种精英意识在作怪。不得不说，王石所表现出来的就是一种精英意识，他看不起宝能，认为是“突然冒起来的人物，大家根本不知道是谁，名不见经传的突然就爆发起来，迅速地成长”（引自网上披露出来的王石在万科北京办公室的谈话）。市场的力量就是来自“无名之辈”，比尔·盖茨最害怕的挑战是“有人在车库里进行全新的发明”。

万科没有继续推进股权分散，有审批制的中国资本市场上一直存在着严格的公司再融资限制这方面的原因，但更主要的还是当事人的认识问题。中国创业板上市公司的股权分散速度就远远快于主板上市公司。创业板上市公司主要来自市场，它们相信并且也只能通过市场的力量来发展和壮大。

如果万科当年不是走了股权集中的回头路，而是继续推进股权分散，现在会怎样？万科会早就被人收购了，王石也早就被人赶走了吗？中国第一代企业家的典型特征是，利用政府关系和国有资源起步，在市场中把企业做大。赶走他们的力量主要来自政府和国有股东，如褚时健和倪润峰等。市场力量都把他们当宝。

退一步讲，股权分散的市场中公司，只要不是业绩实在太差，像万科这样优秀的公司，完全有机会通过修改公司章程，引入一些市场化的合同治理机制，来抵御敌意并购，保护公司管理层的职位稳定和利益。万科靠上了华润之后，就没有在这方面进行相应的制度设计。可以采用的办法很多，如，按投票权不同进行的分类股份，按任期不同进行的分类董事，公司股东权益保障计划（俗称的毒药丸），经理人控制权变更条款（俗称的金降落伞）以及单一股东及代理他人行使的最高投票权比例限制条款等等。

万科如果不是走回头路，本来最有机会实行的一种制度是单一股东及代理他人行使的最高投票权比例限制条款。比如，2000年时，万科的第一大股东持股比例已经下降到了仅有8.11%，可以通过公司章程设定公司股东大会上，单一股东及代理他人所能拥有的投票权最高不能超过9%。然后再随着第一大股东持股比例的下降，逐步把公司章程中单一股东及代理他人的最高投票权比例限制降低，可以直至3%（如雀巢公司），2%，甚至1%。中国桂林一家内部员工持股的公司，为了避免社会资本通过代理人进入，通过公司章程设定单一股东及代理他人最高可以拥有的投票权比例为2%。

1904年的中国清公司律和1912年的中华民国公司条例都规定，公司可以限制单一股东及代理他人所能拥有的最大投票权比例，1929年的中华民国公司法则直接规定单一股东及代理他人所能拥有的最大投票权比例不能超过20%。中国现行公司法第43条规定“股东会会议由股东按照出资比例行使表决权；但是，公司章程另有规定的除外”，实际为按投票权进行的分类股份以及通过公司章程限制单一股东及代理他人所能拥有的最大投票权比例提供了依据。

15.6.6 按规则争与规则之争

相隔23年的两次万科之争，从代理权争夺到敌意并购，中国公司控制权市场是进步了，各路资本大张旗鼓地行使中国《公司法》所赋予的股东权利，向公司管理层挑战。大范围并大规模地按规则去争夺公司控制权，可以说是一种中国公司治理历史的进步，但是没有进一步的规则之争，进而清晰、明确和改进一些相关的公司治理具体规则。

万科之争从“宝万之争”演变为“华万之争”后，华润和万科双方的争议涉及到了董事会会议计票规则这样一个看似非常简单实际非常复杂和重要的公司治理基础规则问题。在2016年7月6日《上海证券报》上的 “一片争议中公司治理核心问题不容模糊”一文结尾中我写道：“放眼中国公司治理的进步历程，这场万科控制权之争，谁输谁赢都不重要。由此促进公司治理具体规则的改进，使某些模糊的原则有了清晰的界定，并使一些正确的公司治理理念和知识得到传播，才是最有意义的。”可是直到万科之争终结，我们都没有看到万科之争中涉及到的公司治理具体规则得到改进，模糊原则得到有关方面的清晰界定。

在这个意义上，2015年到2017年的万科控制权之争，还不如2000年时的山东胜利股份控制权之争。2000年3月爆发的胜利股份之争中涉及到了征集股东投票代理权过程中委托书传真是否有效等具体规则问题。当时中国证监会及时介入，给予明晰，并于2000年5月18日发布了《上市公司股东大会规范意见》。当事企业胜利股份也由此成为中国第一家制定公司治理原则的上市公司，只比世界上第一个公布公司治理原则的通用汽车公司晚7年。

两次万科之争中，都是市场力量屈服于行政权力，最终结局也都是以股权分散和市场化为标榜的所谓万科模式重回股权集中之路。这是万科公司的胜利，也是万科模式的死亡。

15.7 新浪：CEO更替、管理层持股与公司治理

与2001年6月王志东的“冲突式”离职相比，2006年曹国伟平稳接替汪延担任新浪公司首席执行官所引起的媒体反响和社会震动都要小得多了。从公司治理的角度看，这是否意味着新浪公司的首席执行官更替已经步入了一种正常轨道，可以成为中国公司职业经理人—首席执行官选聘方面的一个样板了？如果不是，还有哪些不足和可以改进之处？

15.7.1 两个7年：全球CEO平均任期7年，新浪7年五任CEO

根据博思艾伦咨询公司2007年5月发布的一份调查报告，2006年，全球范围内首席执行官的平均任职时间是7.8年，其中北美地区为9.8年，亚太地区为9.5年，欧洲地区为5.7年。全球公司逐步在从过去十几年来的“董事会与CEO关系”的不稳定状态（CEO离职率提高，平均任职时间下降）走向相对稳定的状态（CEO离职率下降，平均任职时间延长）。7.8年的平均在职时间，为首席执行官们提供了足够的时间去实施一项他所创始的公司战略，同时也保持足够高的并购驱动型和业绩关联型离职率，以赶走那些业绩低下和有违法或不道德行为的首席执行官。

从1998年底由王志东创建的四通利方和由姜丰年创建的华渊资迅合并正式成立新浪公司开始，新浪公司经历了沙正治（1999年4月到1999年9月）、王志东（1999年9月2001年6月）、茅道临（2001年6月到2003年5月）、汪延（2003

年5月到2006年5月）和曹国伟（2006年5月开始），7年之内5任首席执行官。新浪前四任首席执行官的平均任职时间是21.5个月、1.8年。曹国伟，到目前为止已经成为任职时间最长的新浪公司首席执行官了。

曹国伟之前新浪公司首席执行官的平均任职时间为什么这么短？这么短的时间，即使是在这个变化迅速的互联网行业，也很难有一个成型战略的制订、实施和收效时间。但是，新浪公司一路走来，业绩似乎还不错，原因何在？是不是公司治理问题不那么重要，或者是良好的公司治理完全没有什么定式可言？

15.7.2 失败的第一次尝试：创业者与资本方合作，引进职业经理人

可以说，从一开始，新浪公司的创始人就有意按照现代公司治理规范，把新浪公司纳入职业经理人的管理之下。尽管这种“有意”在多大程度是一种能够坚持到底的决心，可能当事人自己都很难搞得十分清楚。

新浪公司成立于1998年年底，其前身是北京四通利方信息技术有限公司和美国华渊资讯公司。两家公司于1998年12月1日宣布合并，成立新浪网公司并推出同名的中文网站。出身北大和中关村的王志东与出身台湾和美国硅谷的姜丰年合力创建新浪后，两位一心做大新浪的合伙人，首先于1999年1月从投资方之一的华登国际聘来了茅道临（时任华登国际副总裁，是华登国际投资四通利方项目的负责人，并代表华登国际出任四通利方董事），担任新浪的首席运营官（已经辞去华登国际职务，以独立身份任职新浪）。2009年3月，又聘来曾在Oracle和Netscape任高级职位的沙正治出任新浪首任首席执行官（开始是与姜丰年联席，后在王志东支持下独揽权力成为首任CEO）。但是仅仅半年时间之后，因为意见不合、做事方式不同而退出。沙正治聘来的一班硅谷经理人（CTO、CFO和COO）一并退出。

1999年9月新浪首任职业经理人—首席执行官沙正治的离职，没有像两年后2001年6月创始人—首席执行官王志东的离职那样满城风雨，一方面是沙正治的职业经理人精神，和则合，不和则散；另一方面则是在当时中国的商业环

境下，外部聘请来的经理人磨合不好而离去太正常了，甚至直到今天，外聘经理人与公司磨合很好而成功管理公司，在中国还是很少见的“新鲜事物”。

15.7.3　王志东被迫离职：创始人领教现代公司治理规则的生动一课

沙正治去职之后，王志东出任新浪公司第二任首席执行官，被沙正治晾到一边的王志东原班人马（CTO、CFO和COO）重新上任。但是，王志东的新浪公司首席执行官职位也是“好景不长”，从1999年9月到2001年6月，不到两年的时间，王志东就被新浪公司董事会解除了首席执行官的职务。王志东不服，双方矛盾公开，一度对峙僵持。这一事件当时影响非常大，可以说是引起了社会轰动。媒体舆论普遍支持王志东，疾呼“这是创业意志与资本意志的对话”，网友就更是极为愤怒了。

抛开新浪公司董事会“解聘”王志东首席执行官职务这一决策在新浪公司战略和业务发展上是否正确不说，就董事会解聘首席执行官职务这一行为本身来说，在公司治理规则上没有任何可以指责的。这一事件的轰动，反映出在当时的中国商业环境下，还很少有这种现象发生，人们对现代公司治理的一个基本规则——董事会具有选任和解聘首席执行官的法定权力，还不是太理解。

“赶走”王志东使新浪公司脱离了多数互联网企业都遵循的“创业者—技术迷”主导模式，进入了一种“目标漂移、不断追逐商海新浪”的状态。以至今天还有人疑问，网易是丁磊的，搜狐是张朝阳的，新浪是谁的？

15.7.4　从茅道临到汪延：内部成长起来的首席执行官开始执掌新浪

茅道临，第一个投资新浪（前身公司四通利方）的外资机构代理人，转身成为新浪的职业经理人。2001年6月，茅道临作为新浪公司的首席运营官，在董事会解聘王志东时，“临危授命”成为新浪公司的第三任首席执行官。茅道临在这个位置上坐满了两年，但仍然是任职没有到期就离职了，时间是2003年5月。这回没有像王志东离职时那样矛盾公开，公开的原因是个人原因，背后的原因有种种传言。媒体报道说，7名董事以4比3的比例投票通过了“解聘”茅道临的议案。主持这次董事会会议的是新浪公司的联合创始人、董事长姜丰年。但是新浪公司管理层人员在决定茅道临去留问题上发挥了重要作用。姜丰年当着茅道临的面给新浪公司管理层人员打电话，一个一个地征询意见。除了一位没有表态外，几乎所有的管理层都做出了反对茅道临继续任职的表示。

可以说，正是从这时开始，从内部成长起来的管理层人员逐步掌控新浪。此前的沙正治，是一次操之过急和失败的外部引进首席执行官试验，王志东是创始人和创业者身份，茅道临则是投资人代表和职业经理人双重身份。

新浪内部成长起来的管理层人员的第一位代表就是汪延。1972年出生的汪延，1989年高中毕业后去了法国。1991年暑假回北京时认识了王志东。汪延1996年从巴黎大学毕业之后就回国加入了四通利方，创建了四通利方公司国际网络部，并于1996年4月至1999年4月任该部部长。1999年4月至1999年8月，任新浪公司主管中国区产品和业务拓展的执行副总经理，1999年9月至2001年5月，任新浪公司中国区总经理。2001年6月，王志东离开新浪后，茅道临升任新浪公司首席执行官，汪延升任新浪公司总裁。2003年5月，茅道临离职，汪延升任新浪公司首席执行官，同时开始担任新浪董事会董事。

15.7.5 汪—曹组合：新浪进入董事会和经理层的双重职业化时代

2006年5月，汪延三年的首席执行官任期届满，进入新浪公司10年时间之后，以不满35岁的年龄退居“二线”，把曹国伟推到新浪管理层的前台，出任新浪公司首席执行官。复旦大学毕业、并另有两个美国大学学位的曹国伟，1999年9月加入新浪，任主管财务的副总裁。如果说，汪延是从四通利方时代开始的，可以算做是新浪公司的创业者之一，曹国伟则完全是新浪公司聘请来的职业经理人。相比新浪历史上的前三位首席执行官，汪延在职三年，曹国伟在职已超过10年，可以说新浪进入了由内部成长起来的首席执行官执掌的一个治理结构相对稳定的新时代。

不过，首席执行官选聘和更替机制的有效与稳定，需要董事会层面的变革。如果董事会处在股东冲突和内部矛盾之中，首席执行官不可能稳定。目前看来，新浪公司已经做到这一点了，其标志就是主动让位和支持曹国伟的汪延最终出任新浪公司董事长。

在2006年5月把首席执行官职位交给曹国伟之后，汪延开始担任新浪公司副董事长，当时担任新浪公司董事长的是段永基，另一位联席董事长姜丰年于同年3月辞职，另行创业。2008年3月31日作为王志东创建四通利方的投资人和支持者、长期幕后掌控新浪的段永基离职，辞去新浪公司董事长、董事和董事会薪酬委员会委员等职务，汪延出任新浪公司代理董事长，并于2008年5月正式出任董事长。

15.7.6　管理层购股、改制与MBO

2009年9月28日，新浪公司（SINA）宣布了一项管理层购股计划，被包括新浪网科技频道在内的各种媒体及各方面人士解读为“中国互联网首例MBO”，得到了投资界、媒体和学术界无数人士的盛大赞誉。新浪管理层的这一购买公司股票行动，能否算做真正的MBO，真正的MBO又能有哪些公司治理含义，这些都是需要我们认真探讨一下的问题。

新浪的管理层购股被冠以MBO之名，中国很多管理层购买原企业国有股份实现“改制”，也被称为MBO，都是对MBO概念的误解。如果仅仅是一种概念上的误解还没有什么，但是这种误解伴随着大量的对与这三种操作相应的公司治理含义的误解，就会产生很大危害了。

真正的MBO是上市公司转为非上市公司（Going Private， 正好是与上市Going Public相反方向的一种操作）的一种方式。在1980年代的杠杆收购（LBO，主要通过垃圾债券融资）风潮中，MBO作为由公司管理层为主要推动力量的杠杆收购的类型之一而兴起。

新浪公布的计划内容是，由新浪公司向一家新设立的由新浪管理层控制的新浪投资控股公司（New-Wave Investment Holding Company Limited）以总价1.8亿美元增发约560万股普通股。这里没有涉及到一股公司现有股份的收购行为，并且增发数额也没有使新浪公司的股权集中度有明显提高。以第一大股东持股比例来衡量，新浪目前的股权结构是第一大股东普莱斯基金公司持552万股，占9.84%，增发后管理层控制的新浪投资控股公司成为第一大股东，但所持560万股只占增发后新浪总股本的9.4%，并没有改变新浪股权分散的状态，更谈不上是MBO了。

中国一些公司，尤其是国有企业，通过向管理层转让全部或者部分国有股权而实现“改制”，是中国企业所有制改革过程中的一种现象。这种改制中，管理层购买公司股份和公司所有权的股份化同时发生。从股权结构看，是股权单一走向股权多元或者股权集中走向股权分散的一个过程。其主要的公司治理含义是，由利益驱动更强、更直接的私人股东替代利益驱动相对薄弱和非常间接的国有股东，可以使公司的行为导向更为市场化。在管理层买下全部公司的情况下，有接管或者买断的含义，但是并没有改变公司仍旧为“私人控制”而非公众持股公司的性质，与MBO操作的使公司由公众公司变为私人控制公司有着本质上的不同。

管理层购股是管理层购买一部分股份，改制是单一国有股东改为多元股东和股权结构，MBO则是管理层全数购买上市公司股份并实现下市，三者各自有各自的产生环境，各自有各自的甚至是完全不同的公司治理含义，切不可混淆。

15.7.7 MBO的公司治理含义及中国的误解

MBO，全文Management Buy Out，含义是管理层接管、买断。往往是杠杆收购，管理层在有关投资机构的支持下全数购买公司上市股份。一般是投资机构自身直接购买一小部分，借钱给管理层，由管理层购买下大部分。公司由上市转为非上市，由公众持股公司（Public Corporation）转为私人控制公司（Private-Held Firm）。管理层拥有了公司的控制性股权，但同时身负对投资机构的大量债务。这种公司股权和股东结构的改变，自身债务压力导致管理层从过去股权分散、缺乏股东控制下的过度投资和过度多元化行为转变为回归公司主业和聚焦高盈利业务。

由于杠杆收购、管理层收购给股权分散、股东疏远的公众公司重新带来了积极股东的力量，公司金融学家迈克尔·詹森曾在其著名的“公众公司的衰落”一文中预言股权分散—董事会治理的公众公司将会走向末路。但是随着垃圾债券大王米尔肯的入狱和公司治理运动的兴起，1990年代开始的最近20年，是杠杆收购销声匿迹，股权分散—董事会治理的现代公众公司模式仍旧在不断地漏洞修补与治理机制改进中前行。现在的LBO或者MBO，都只是作为公司控制权市场发挥作用的一种方式。在公司治理机制欠缺、公司资源被滥用、资本市场对公司估价偏低、公司有潜在价值未被市场发现的情况下，有关投行、并购专家或公司管理层可以主观上“趁机”赚钱，客观上促进公司治理改进和公司潜在价值的实现。

LBO和MBO等等这种公司自主下市操作的存在也是资本市场健康和公司治理系统健全的一个标志。中国目前这种公司单向度争抢上市、只有出现严重问题并且扭亏无望才会被迫下市的状况，表明中国资本市场的“圈钱”性质依旧和公司治理系统的欠缺。

中国媒体、企业管理层及一些所谓专家，对“MBO”的热情和热衷过度，实际是对其实质内容理解的欠缺及浑水摸鱼心理的双重反映。2000年前后开始，中国各方面都曾经非常狂热地呼喊股票期权和管理层持股等等，但是等2006年规范股权激励措施出台后，并没有多少企业去积极实施。因为他们真正想要的是通过引进一个似乎很市场化的时尚新概念，达到低价甚至廉价获得国有股权或者其他中小股东权益的目的，而让他们按照“公允价值”或者市价购买公司股份则没有兴趣了。即使是目前这种所谓的“低迷”状态，除少数公司之外，绝大多数A+H股公司的A股价格仍然要比H股价格高出很多。除了“傻傻”的内地股民“踊跃购买”之外，哪个公司管理层或者投资机构愿意基于A股价格对公司进行真正的MBO或者LBO？

新浪管理层增持股份计划公布后，出现了大量的媒体和专家评论。从公司治理含义角度看，这些评论与2001年6月新浪创始人王志东被迫离职时的媒体舆论几乎是处在同一水平上，很难看出经过了大力推进公司治理的这么多年后（巧合的是，中国有关主管机构和主流媒体非常高调和大力地倡导公司治理的起始时间也可以从2001年算起），我们对现代公司治理规则理解上的进步。

2001年，新浪董事会解聘其CEO王志东这样一件以现代公司治理规则来看很稀松平常的事，受到了媒体及各种舆论的一致鞭挞。2009年，新浪管理层以9.4%的持股成为公司第一大股东，受到了媒体及各种舆论、甚至很多专家言论的一致盛赞。似乎是终于对“资本意志”报了当年的一箭之仇，“创业意志”最终又以资本的方式赢得了的胜利（创业意志与资本意志的对话，是当年的一种流行说法）。

我们可以将对新浪管理层购股的有关评论梳理为如下三类。第一类是良好愿望，如有利于新浪稳定发展和长远发展，有利于新浪提高决策效率和决策速度，有利于新浪战略执行更有效和把握更多机遇等等，这些良好愿望的实现有待增持后管理层能把以前还没有使出来的本事使出来。实际上，这些良好愿望类评论背后的假设就是此前的新浪管理层多少有些偷懒，有了新的激励机制后会更卖力。第二类是一些比较符合实际也比较客观的看法，如彰显管理层对新浪未来的信心、将加强新浪投资者的信心、将使新浪管理层更有主人翁责任感、管理层将更有话语权和影响力等等。第三类则纯属无稽之谈，如能解决新浪的股权分散问题、让新浪管理层能够真正当家做主、有利于董事会治理结构更健康、有利于保护小股东利益等等，其中最为无稽之谈的一种说法是“新浪管理层MBO体现中国模式的兴盛”。

新浪公司仍旧是一家股权分散的公众公司，新浪管理层在90%的含义上仍旧是为广大新浪股东打工的职业经理人。如果业绩不佳，10%的股份和第一大股东的地位，并不能保证曹国伟和他的管理团队的地位稳固。

15.7.8　股权分散公司的管理层持股计划：改进公司治理的行动承诺

在股权分散的上市公司中，管理层购股，无论是从二级市场购买，还是定向增发，都能增加管理层与公司股东利益的一致性。近一二十年来，英美股权分散公司改进公司治理的一系列举措中就包括各种各样的公司董事和高管购买公司股票计划。这种股票购买计划的实施，是公司董事和高管向股东用行动表示一种改进公司治理和创造股东价值的承诺。现代公司治理的一条基本原则是出任公司董事和高管职务的人无需在法律法规要求上持有公司股票，但从最佳激励机制设计上看最好持股。中国的有关股权激励政策中，把独立董事排除在外，以为这样可以由独立董事对高管股权激励计划把好第一道关口，实际是一种思维的误区。

成熟资本市场和健全公司治理条件下，管理层购股计划主要是股权分散情况下完善公司激励机制，实现管理层与公司股东之间的激励相容，而不是实现股权集中和保持管理层控制权的手段。因为在公司治理机制健全、董事会到位的情况下，只要不是绝对控股，第一大股东都无法保证自己对公司的完全控制。1985年，作为公司第一大股东并同时身兼董事长的乔布斯可以被苹果公司董事会解雇（形式上是辞职）；1997年，乔布斯重新执掌苹果凭借的是声望和能力，而与股权无关。2009年1月，中国平安作为富通集团第一大股东，但无力阻止富通集团董事会有关出售其银行业务的决议通过。

任何一家上市公司，如果其管理层愿意以市场价格一次或者最好是持续性地购买公司股份并长期持有，都是会受到股东欢迎的，也可以说具有重要的改进公司治理含义。这也是那些股权极度分散的国际型大公司中都很常见、甚至是很制度化的一种做法。只是因为其股权的高度分散及股本规模的超级庞大，管理层持股占公司股份的比例并不是很高。与真正MBO、管理层全数买下公司那种激进的公司体制变革相比，管理层购股，即使是像新浪目前所做到的这种程度（管理层集体持股数额接近10%，以微弱优势成为了公司第一大股东），可以为公司建立起一种股东与高管之间更为利益相容的激励机制，但并没有在公司体制和根本利益结构上带来实质性的变革。

作为内容为王、中国第一新闻门户的新浪网，在中国以至全球华人世界的影响力是不言而喻的。股权分散、管理层持股、董事会和管理层里都是高手云集的新浪公司能否从此长治久安，对于中国公司走向股权分散、完善现代公司治理的步伐会有重要影响。

新浪公司注册地在英属开曼群岛、上市地在美国纳斯达克，主要业务在中国、主要人员是华人。英美式的公司法和上市规则下，中国人能否把一个股权高度分散的公司，在职业化的董事会领导和职业化的经理层管理之下做强做大，新浪公司可以作为我们的一个重要的观察坐标。汪—曹组合下的新浪公司，已经凭借分类董事会设置和毒药丸计划，成功阻击了一次盛大公司的“入侵”，并正在进行一系列重大的合并（与分众的合并），其进一步的发展方向调整和治理结构演化动态，非常值得我们密切关注。

第16章

改进中国上市公司治理：问题与建议

改进中国上市公司治理，可以写出完整的另外一本书。本章的目的是加深读者对中国公司治理“主要症结”的理解，因此我们只抓几个主要问题。首先是中国上市公司独立董事制度设计上的错位问题，然后探讨一下中国资本市场没有发挥出“外部治理”作用的原因——被短期利益所扭曲，接着我们聚焦一下中国主板上市公司和创业板公司治理中的问题并相应地提出改进建议，最后提出一种在中国现行状况（大股东操控）下改进上市公司治理的具体机制建议——“公司付费—专业服务—中小股东受益”的股东投票咨询服务。

16.1 中国上市公司独立董事制度的错位

16.1.1 独立董事是锦上添花，不能雪中送炭

中国的上市公司已经都聘请了独立董事，也都公告了独立董事的承诺书等等，但是很少看到有什么公司独立董事发表了引人注意的独立意见，以至很多人对中国的独立董事制度表示失望。许多公司在披露有关独立董事履行职责情况时的提法、语气，甚至篇幅、字数都如出一辙。诸如：“独立董事认真履行职责，发挥专业知识和特长，积极参与董事会决策，独立发表了自己的意见，通过了相关决议，维护了公司整体利益，体现了诚信与勤勉义务”云云。

中国的独立董事制度步上监事会的后尘，流于形式，这可能有两方面的原因。

一是制度设计和舆论宣传上都对独立董事赋予了过高的责任和希望。企望

英美公司治理系统中一种具体的锦上添花的做法到中国上市公司来雪中送炭。在英美国家，提高独立董事比例，设立董事会专业委员会等等，是公司出于融资需要和管理需要，为了在其单层董事会中引进德国等双层董事会的内部制衡机制和提高董事会的战略领导能力，而先自发行为，后逐步推广开来的。

二是对独立董事与整个公司治理系统的关系缺乏理解，对我们到底要让董事会干什么，我们到底需要一个什么样的董事会等等公司治理的根本性问题还缺乏一个共识和真正的理解。这未必是因为利益而不懂装懂，实际可能就是一个思想和知识的问题。正如凯恩斯所言，很多时候表面上看上去好像是利益在影响人们的行为，实际上影响人们行为的最大因素还是思想和知识。

英美公司治理系统中，是在有充分的中小股东法律保护、上市公司股权高度分散之后，通过引进非执行董事来提高董事会的独立性，通过首席独立董事和非执行董事例会等安排来解决那些执行董事自身有利益冲突的问题，如首席执行官业绩评估和高级经理层薪酬等敏感问题。外部董事总是难以足够了解公司业务而实际发挥作用，内部董事则总是因为太了解了而无法独立。所以要通过一个董事会的系统设计来提高董事会的质量、独立性和有效性。从董事会的规模、构成、委员会设置、董事的选聘和轮换、会议的有效举行等等多个方面来改进董事会治理质量。有的要在公司章程中明确下来，如独立董事的条件，正式董事会会议和临时董事会会议的法定人数和有效决议人数等等。但是更多的是形成一种公司董事会管理的惯例，各个公司会因其业务规模、所处行业和成长阶段不同而不同。比如纳斯达克上市的公司平均董事会人数要比纽约交易所上市公司董事会人数少，内部董事比例更高，这是由其公司的高技术和成长性以及竞争环境变化快等原因决定的。

任何一种具体的制度安排都要得到人们的充分理解并和有关方面匹配才能真正起到作用。增加独立董事对于改进中国上市公司治理质量肯定有积极作用，但是更重要的是提高整个董事会的质量。在赋予独立董事额外职责之前，要首先让执行董事们真正对全体股东以及整个公司负起责任来。立法上对所有董事作为一个集体负责的要求以及执法上的真正落实是一方面，管理上培育全体董事的职责意识也是一个重要的方面。国企改制而来的公司董事把董事长看作是领导，多元股权的公司董事则只想着自己所代表的股东等等传统观念不改变，导致董事会中形不成合作的局面，公司董事甚至就没有公司要各方合作共赢的意识。

中国引入独立董事制度之后，赋予了独立董事比执行董事额外的责任和权力，颇有一种独立董事是有关部门和社会派到公司董事会专门行使监管职责的特种部队的意思。可能是相对于发达市场经济国家来说，中国的市场经济规则建设太落后了，导致有关方面都很急切，抓住一个改善公司治理一个方面问题的良好做法就容易当作救命稻草，就容易孤注一掷、推进过度。总是很容易地把不同层次的问题混在一起，企图用一种手段来解决所有的问题。

很多偷窃股东资产的行为属于违犯刑法的问题，是不可能通过健全公司治理结构和完善董事会构成来解决的。上市公司有个持股份额极高的母公司存在等中国特有现象导致的严重、频繁的关联交易，以及由于有关部门查处内幕交易的调查能力和执法力度跟不上等导致的股市操纵和过度炒作等等，也都是不可能通过增加独立董事比例等提高董事会治理质量的做法来解决的。

最阻碍中国上市公司治理改进的股权结构层面的问题不可能通过独立董事来解决，独立董事的动力和能力都决定它不可能去和大股东相抗衡的。

国有股一股独大导致的公司治理不佳问题源于政府的国有资产管理体制问题。国有资产多头管理、多级代理、无人真正负有全责，需要通过改善国有资产管理体制、健全国有资产投资公司和授权经营国有企业董事会等办法来解决。如有关部门联合任命国有资产经营公司和授权经营国有企业董事会的一半成员、社会招聘一半成员，然后由董事会集体肩负所占用国有资产的经营责任，董事会负责选聘、激励和考核公司首席执行官。国有资产经营公司和授权经营国有企业董事会成员薪酬与考核标准由国家有关部门根据一定原则制定，董事会聘请的首席执行官薪酬及其以下成员薪酬则完全市场化，与政府任命的干部管理体系脱钩。

社会招聘部分的国有资产经营公司和授权经营国有企业董事会成员中，可以吸纳社会各界的优秀人士，尤其是那些经营成功的民营企业家。让那些经营有道的民营企业家进入国有资产经营公司和大型国有企业董事会，可能比让他们进入政协等方式，更能发挥他们可以对社会做出的贡献。与此同时，允许国有企业经营者和国有企业系统的高级经理人员出任民营企业董事会的董事，对提高民营企业管理质量以及发挥国有企业系统经理人员能力及其对整个社会的贡献也会大有益处。国有企业和民营企业通过董事会层面的双向进入、相互帮助，能够相互促进、使各自董事会成员背景都多样化，共同努力提高中国企业的治理水平。

个人或家族一股独大下公司治理仍然不佳的原因是保护中小股东的法律体系不健全以及资本市场的竞争仍然不充分等原因。根据标准普尔评分，香港家族控制下的公司治理比中国内地国家控制下的公司治理水平还低，原因就在于法律体系，尤其是股东集体诉讼制度不健全，证券犯罪的辩方举证责任制度缺位等。

提高董事会质量也不是仅仅提高独立董事比例的问题。提高独立董事比例只是提高董事会独立性和效率的手段之一。全体董事都要有独立的责任，公司董事会不仅要对股东会负责，还要考虑员工、监管机构等各种利害相关者的利益。是全体董事作为一个集体受托经营公司，因此董事会成员的相对稳定和适当更新与轮换，是改善公司治理质量的一个重要方面。董事会质量的其他决定因素包括，适宜的董事会人员规模和内外部董事比例，董事会的委员会设置，董事会的会议安排等等很多方面。

建立分类董事会可能是避免大股东操控董事会的一个重要方法。所谓分类董事会就是董事的任期时间交叉开，比如每年最多只有三分之一的董事任职到期可以更换。美国公司大约有60%左右设置了分类董事会制度。这一方法曾被作为经理人控制董事会防止并购的手段之一，因为并购者即使持有了控制性的股份数额，也不能马上控制董事会。在新近兴起的公司治理运动中，美国机构投资者反对公司分类董事会设置，因为那些股权已经高度分散的美国公司首席执行官，可以凭借分类董事会降低公司控制权市场对他们职位的威胁。已经拥有分类董事会的公司算是便宜了，没有的现在想搞一个则难了。但是在中国一股独大，公司控制权市场有待发展、并购还远远没有成为一种有效公司治理手段的情况下，分类董事会对于提高董事会的独立性有其积极意义。

16.1.2 独立董事保护中小股东：必然落空的期望

越是曾经名噪一时的企业，越是容易成为股东财产的掠夺者。有大股东对中小股东的掠夺，有上市公司内部人对全体股东的掠夺。最为无助、终必被掠夺的是中小股东。中小股东人多但力量小，这是集体行动的困境。如果道德存在，他们通过哭诉乞求于那些强者的良心；如果法律存在，他们通过投诉，乞求于社会正义之剑的保护。如果道德和法律都不存在，他们只能退出，导致资本市场成为不再有参与者的游戏场。股价下跌，资金退出，确有前景的工商业项目也无法实施。企业以至整个社会陷入充满猜疑和互不信任的恶性循环之中，发展和繁荣都无从谈起。现实可能不会像走向极端的理论推断那样可怕，但事物发展总有其自身的逻辑。作为一种人为事物的资本市场，各类参与者的态度和预期会影响其发展方向。社会科学家的很多预言和警告，正是希望事情不要往最坏的方向发展。

在国际资本市场上，基本有两类保护股东权利的机制，一是法律的保护，二是大股东的保护。从公司法、证券法到上市规则等一系列保护外部股东权利的手段，致使上市公司股权得以逐步走向高度分散。在没有充分的法律保护情况下，谁都不愿意当小股东，股权多元化和分散化的速度受到限制。大股东要承担起健全上市公司治理机制的重任，吸引中小股东积极进入，支持公司发展。如果大股东能够只从上市公司牟取作为股东的合理合法收益，则中小股东可以搭便车，分享上市公司成长的收获。在当前的中国，还很少有这样合格的大股东，无论国有还是民营机构，自身的治理水平还有待完善。

引入独立董事，会有一定的积极作用。但是证监会《关于在上市公司建立独立董事制度的指导意见》中，关于独立董事的定义则有过于严格的倾向，没有给企业管理留下足够的自由空间。

起源于英美国家的独立董事制度，其出发点是学习德国双层董事会的制衡机制，在单层董事会通过独立董事及由独立董事组成的审计、薪酬和提名等委员会达到单层董事会二元化、引入内部制约的目的。德国和荷兰等纵向双层董事会制国家，由股东和职工代表组成的监督董事会和由经理人员组成管理董事会是上下级、领导和被领导的关系。中国建立监事会但放在了董事会的旁边，授权线路不清导致其监督功能形同虚设。现在又在董事会中引入独立董事，增加一层制衡作用，增加一层上市公司运作的制度成本。

首先的一个问题就是独立董事，尤其是董事会审计委员会，和监事会之间的功能划分不清，让企业在实际运作中容易无所适从。更为严重的问题是，那么严格定义、那么责任重大而报酬机制又不清晰的独立董事，让我们上哪去找？用一位精于实务、言辞激烈的经济学家的话说，“你去当独立董事，你是傻瓜，你能斗过大股东？”我们要进一步问的问题是现在这种制度条件下产生的独立董事们，你保护中小股东的动力和能力在哪？

天助自助者，保护中小股东的最终力量来自中小股东自身。铺天盖地的宣传和大张旗鼓的培训以及正式的政策出台，很不容易建立起来的独立董事制度，要为中小股东提供自己保护自己的工具。可是在《关于在上市公司建立独立董事制度的指导意见》中规定“直接或间接持有上市公司已发行股份1%以上或者是上市公司前十名股东中的自然人股东及其直系亲属”不得担任独立董事，则把一支最可以利用的力量给排除在外了。这些人有作为股东的切身利益监管上市公司创造股东价值，并且也有相当的商业判断能力为上市公司提供独立董事服务。如果担心这部分人也会通过关联交易或内幕交易等行为来损害上市公司，则至少应该把这个1%的限制提高到5%或者10%。在中国目前这种多数上市公司第一大股东持股在50%以上的情况下，持股10%以下和进入了前十名的自然人股东，也没有足够的实际控制能力，可以通过关联交易等来损害其他股东利益。他们倒是更有可能尽心尽力地完成好《关于在上市公司建立独立董事制度的指导意见》所赋予的独立董事职责。

中国赋予独立董事的职责很重，可以聘请的独立董事范围则受到严格限制，实际出任独立董事的往往多是一些学者。中国的学者比较安贫乐道，比较清高，可能不会被一点独立董事津贴所收买去为虎作伥。但是中国商业运作的不透明和高度不确定性，导致中国没有企业实务经验的学者，没有足够的商业判断能力，很容易被空置、利用，甚至被操纵。兰州黄河和郑州百文等早有学者独立董事的上市公司都是鲜明的例子。美国公司的独立董事中，一半以上的人是其他公司的首席执行官等企业人士，然后是中介机构的专业人士，最后才是一到两名大学教授。独立董事不仅肩负“看家狗”的监督职责，还要能够为上市公司董事会增加价值。而且，即使只是完成好监督职责，也要具有相当的商业经验才行。

独立董事制度起源于互联网络兴起之前，上市公司召开股东大会成本很高，发达国家健全公司治理的努力方向是董事会中心主义的时代。互联网络兴起之后，技术创新改变了制度创新的方向，英美等发达国家也在修正董事会中心主义的过度倾向。因为过度的董事会中心主义容易成为上市公司经理人削弱股东权利、进行内部人控制的工具。中国上市公司股权分散化需要一个过程，独立和有效董事会的建设也同样需要一个过程。在目前这个阶段，还应该充分利用股东的力量，给股东参与公司治理提供制度和技术上的方便。

互联网络带来了网上召开股东大会的技术条件，降低了股东大会的成本，提高了股东参与公司治理的效率。英美等发达国家的公司开始积极推进在网上召开股东大会的进程，中小股东也可以不再只是用脚投票，可以用手投票了。与之相配套的股东投票咨询专业服务也在蓬勃兴起，让中小股东能够进一步用脑投票。这些专业的股东投票咨询服务机构，雇用专业人士分析上市公司年报和信息披露资料，就股东大会的议题事项给出专业的投票建议。一些个人财务管理软件甚至把这些专业投票咨询机构的投票建议集成进去，供投资者选用。这些专业投票咨询机构的研究服务，也可以为上市公司独立董事行使职责提供技术支持。既减少了中小股东和大股东之间的信息不对称和信息处理能力差异，也降低了独立董事和执行董事之间的信息不对称和信息处理能力差异。如果有关部门在大力推进独立董事制度建设的同时，能够同时推进网上股东大会和股东投票专业咨询服务的发展，中小股东的权利保护效果可能会更好。

16.2 短期利益是如何扭曲中国资本市场的

中国资本市场上有一种很有中国特色的逻辑：长期利好就是短期利空，长期利空就是短期利好。经常是接连不断的利好政策演化为没有实际利好作用的现实，是政策有问题，是股市有问题，还是我们的整个思维方式和证券市场体系有问题？为什么从证券投资者的关注焦点到有关股市评论文章，都在极力关注非常短期的利空利好和每一天的股价涨落？为什么不去多看看一些基本和背景性的东西？难道我们真的都成了凯恩斯的信徒？只有眼前一刻才是真实的，关于长期我们唯一能够知道的就是我们都会死去。

减持国有股份、解决非流通股的流通问题[①]，是健全中国资本市场，真正完善公司治理，最终解决中国现代企业制度建设和市场经济发展中一些根本矛盾所不能绕过的。但是由于有关方面缺乏必要的魄力、迫于中国股市上现有利益集团的压力或者是被利益集团所俘获，本不该停止的国有股减持停止了，本应该干脆彻底、短痛式地解决股权分置问题，演变成了拖泥带水、妥协怀柔的长痛方式，以致直到今天，中国资本市场还是半死不活、公司治理难于健全的状态。

16.2.1　停止国有股减持：不应该的屈服

2001年6月，为完善社会保障体制、开拓社会保障资金新的筹资渠道，支持国有企业的改革和发展，国务院发布了《减持国有股筹集社会保障资金管理暂行办法》。此后中国股市持续下跌，国有股减持遇到了多方面的反对。到2002年6月23日，国务院决定对国内上市公司停止执行《减持国有股筹集社会保障资金管理暂行办法》中关于利用证券市场减持国有股的规定。股市全线飘红，很多专家评论是“利股利民”“必然选择”“一项正确的选择”“股市最根本的利好”等等。经过长时间的低迷和调整之后，似乎真要来一个中长期的大牛市了。抛却短期利益关系，超然地审视一下整个事件，并从一个更长期的观点来分析，我们到底应该怎么看待这一问题？

当年意在增加企业经营压力的国有企业拨款改贷款，结果是形成了巨额的银行不良资产。分拆上市融资，让资本市场为国企脱贫解困做贡献，生成了一个宏观上流通股与不流通股分割的中国特色的资本市场，微观上母公司背负老弱病残，下属上市公司健全治理结构、独立发展受到母公司制约，持有不流通股的大股东和持有流通股的中小股东之间存在制度性矛盾的状况。减持国有股份、解决不流通股的流通问题、充实社会保障基金，是健全中国资本市场，真

① 中国特有的股权分类制度开始于1992年5月出台《股份公司规范意见》及其13个配套文件出台，明确规定在我国证券市场，国家股、法人股、公众股、外资股四种股权形式并存。建立证券交易所之后，国有股和法人股不能上市流通，演化出了股权分置问题。

正完善公司治理，最终解决中国现代企业制度建设和市场经济发展中一些根本矛盾所不能绕过的。

社会保障资金缺乏影响那些为国家贡献了几十年的老职工们的生活，也阻碍国有企业改革的步伐。他们的历史贡献体现在国有资产上，通过减持国有股份来充实也合情合理。笔者在1990年的一篇文章中就曾提出划出一部分国有资产来解决社会保障资金来源的问题[①]。靠征税来解决阻碍现期经济发展，场外协议转让价格低不说，关键是没有解决这部分股份的最终流通问题。不流通股的最终流通问题不解决，无论它的持有人是国家、外资企业、民营企业还是自然人，都不可能最终解决中国上市公司的公司治理问题。

资本市场治理公司的关键之点在于控制权转让，即通过兼并收购机制形成的公司控制权市场。有一个不流通的大股东存在，不流通的大股东又有很多与流通股股东不同的利益实现渠道，必然导致股东大会、董事会、监视会到独立董事，都很容易流于形式，成为摆设。除非我们作出激进的法律改革，剥夺或者至少是限制不流通股股东在股东大会上的投票权，比如不流通股股份每10股只有一个投票权。

不能真正解决上市公司的公司治理问题，中国企业就不可能做大做强，不可能真正走上国际竞争的舞台，中国的股票市场也就不可能持续稳定地发展下去，不可能真正地“牛”起来。

在现在这样一个制度基础上，中国的股票市场已经够“牛”的了。不用进行各种复杂的市盈率计算，因为不同行业、不同成长阶段的公司，最合理的市盈率本身就应该不同。如果可以找到一个最合理的市盈率标准，那也就不需要通过股票市场来发挥一个评价公司、配置资源的功能了。但是我们简单地比较一下那些同时有A、B、H股的公司不同股份的价格就可以发现问题了。境内流通股股东不仅是在养育境内的不流通股股东，还在补贴境外的流通股股东。

在一次有关公司治理问题的演讲结束之后，有听众提问我股民算不算股东，我真有些不知道如何回答这一问题是好。他不明白股民算不算股东，我不

---

① “收入分配与社会福利保障”，载刘国光主编《体制变革中的经济稳定增长》，中国计划出版社1990年版。

明白中国的股民你为什么要炒股？为什么会有那么多人愿意去参加一个权力和责任分配非常不对称的游戏，又为什么会有那么多人不把精力放在做好本职工作上，而每天花费时间去盯着那个大屏幕？这符合一个健康发展的市场经济所应该遵守的劳动分工的基本原则吗？话再说回来，是制度设计者就没把股民当股东，还是股民自己也就没想自己是股东？股市发展10年之后，蓬蓬勃勃地开展起了“投资者教育”工作，我在英文里只见过投资者沟通和投资者关系管理等词汇，没见过投资者教育一说，这词听起来怎么就感觉那么不平等？

社会保障资金不足问题是要解决的，不流通股的流通问题是要解决的，股民最终是要成为股东的。不管股市的短期涨落如何，最终还是要逐步规范，走上健康发展之路。

16.2.2　股权分置改革：长痛不如短痛

2005年4月29日，经国务院同意，中国证监会发布了《关于上市公司股权分置改革试点有关问题的通知》，股权分置改革试点工作正式启动。国有股减持和股权分置是高度重叠的两个问题，甚至可以说是一个问题的两面。从解决股权分置问题出发，淡化了“国有股减持”带给股市中人的巨大心理压力。但实际是先行设置好国有股减持的市场通道。

首批试点企业中三一重工、紫江企业和清华同方，两个通过了，一个没通过。据说是清华同方大股东太骄横，三一重工方面则根据方案出台后的市场反应及时调整，做出了让步。获得通过的先行者给后来者提供了一些有用的信息，后来者的方案逐渐呈现出一种趋同的态势，从而整个股改过程持续的时间还不算是“太长”。但是，问题的关键在于这是一个信息高度不对称的多方博弈，本身没有最优均衡解，“通过”与“不通过”这种决策的质量都是令人怀疑的。

与此同时，为了刺激积极性，把解决股权分置问题和维护股市稳定密切地联系在一起，有关方面不断地临时出台一些不太符合规范化制度建设方向的“利好政策”，已明确到位和未明确到位的如红利减半纳税、股改税收优惠、券商获再贷款、上市公司回购等等。令人怀疑有关方面的真实动机，是否是真的要彻底解决股权分置问题，为建立健全规范化的中国股市制度，提高上市公司治理水平铺平道路。如果是真要彻底解决这一问题，就应该通过法律手段快刀斩乱麻，一步到位。股权分置这样一个历史性问题的解决，只能面向未来，历史旧账是算不清楚的。当时就是那样的制度设计，当时的参与者是在知情状态下参与游戏的。现在要改变这种也许有过“历史贡献”，但是不利未来发展的制度规则，也应该通过有关的立法程序进行。

要说真正的补偿，已经无法补偿那些真正“贡献”了的“股民”了，其十之八九可能已经不是今天的“流通股股东”了。在此我想起美国独立战争结束后有关要不要全额兑付战争时期政府发行的债券问题。当时激烈争论，兑付与不兑付双方各有道理，实际债券持有者面临一种高度的不确定性，有人抛售有人收购。最后是以财政部长汉密尔顿为首的兑付派取得了胜利。但是兑付的结果是，汉密尔顿的亲戚朋友，通过在兑付政策正式公布之前掌握到的有关信息，通过非常低的价格大量收购了这些在市场上已经很不值钱了的债券而发了大财。今天的非流通股股东对流通股股东补偿，能避免得了这种情况吗？一个公司一个公司地所谓“博弈”，时间拖得越长，市场上信息优势者的投机、操控空间和机会也就越多。

可以说股权分置是羁绊中国股市进一步壮大和转向良性发展的一个毒瘤，没有十全十美各方面都能十分满意的解决方案。但是统一标准、迅速完成，既能减少市场混乱，压缩有关势力集团投机和操控市场牟利的时间和空间，也能尽快地使中国资本市场规范化和公司治理制度建设步入一个新阶段。

现在的结果是，表面形式上是股权分置改革算完成了，实质内容上是把问题转换了形式，不流通股问题变成了大小非问题，依旧存在巨大矛盾，依旧是禁锢中国资本市场发展的一个毒瘤。

16.2.3　只有改善公司治理，才能真正促进资本市场的健康发展

短期利益和短期压力扭曲中国资本市场发展的问题，不仅仅存在于政府和监管部门方面，还存在于市场相关主体的认识方面。对改进公司治理与保护中小股东利益及资本市场发展相互关系的认识，就是这方面的一个例证。

媒体揭露市场黑幕、学者呼吁规范公司治理、监管部门惩治违规操作等等诸多努力，受到有战略眼光者的肯定，也受到一些所谓“市场人士”甚至同样是以保护中小股东利益的名义的批评。一些人士认为，“着什么急规范，先发展再规范”，“规范的东西不要讲太多，讲太多就吓得政府不敢出台改革的新政策了”，甚至有人大肆宣称“没有炒股的人就不要谈资本市场”。

改善公司治理的种种努力，可能因不被充分理解而短暂影响股市信心，甚至导致一些中小股东的“套牢”，但是从长远来看，则是真正有利中小股东，有利中国资本市场的各类参与者的。

一个过度投机炒作甚至是“做局、坐庄”的资本市场，和一个相对理性、价值主导的资本市场，哪个对中小投资者更有利？就投机炒作来说，中小投资者永远都是跟风和受害者，永远都只能陷在做局坐庄者制造的市场噪音中。而在一个相对理性的资本市场上，有一些公司治理良好的公司股票可供选择，中小投资者还可以有一些相对可靠、风险适度的投资机会。再从长远来看，相对理性资本市场的建设和公司治理的改进，则需要真正的机构投资者和真正的职业经理人以及监管者等各个方面的共同努力。通过资金、管理和法律等各种途径和手段来营造互相促进的、自我增强的共赢机制。

在有关方面推动下，中国上市公司治理原则也已经走进中国1000多家上市公司。但是，我们从一些舆论以及一些企业人士听到的很多声音是这些与国际规范接轨的举措导致证券市场的窒息，是要把中国证券市场推倒重来。

引入国际标准的公司治理做法要和中国实际相结合，我们现实的政策出台中也确实存在着很多没有真正理解国际规范公司治理中一些具体做法的机理而生搬硬套，导致实际效果更差的情况。但是，在这个从技术到制度都日益一体化的世界上，公司治理机制，尤其是上市公司的治理机制正处于趋同，正在形成一个新的国际标准。领先企业和领先交易所之间在进行公司治理标准和制度上的竞争，使投资者保护成为一种自觉的行为，而不仅仅是应付监管部门。正如产品市场上顾客是上帝的理念确立一样，资本市场上投资者是上帝的理念也在逐步生成。只要消除行政控制，把资本市场逐步推向竞争，资本市场的竞争越来越激烈，同时加强法制建设和管理指导，健全公司治理、保护中小股东就会成为企业的自觉行为。

在中国，上市公司自觉改善公司治理，并能领先于监管部门的要求，也许还需要时日，但是不会太久。投资者不需要教育，需要的是沟通、协调和引导，也就是投资者关系管理工作，这是公司财务和融资的前沿课题，也是公司战略管理的新工具。通过投资者关系管理工作，让投资者理解你的战略，才会支持你的战略，你的事业才会成功。这是上市公司首席执行官，也是所有职业经理人都应该学会的基本技能。董事会秘书或者专职的投资者关系经理，应该负责帮助公司董事会做好这方面的工作。

中国已经出现因报名参加人数不够而推迟股东大会召开的现象，中小股东们对其投票权的冷漠已经到了不能不引起担忧的程度。作为理性的投资者，如果预期其参加股东大会，除了给董事会提案盖上橡皮图章之外，对公司管理和绩效表现不会有什么实质性的影响，何必“自掏腰包”去参加会议？更何况，即使通过参加股东大会和投票对公司的管理和绩效表现能够产生影响，也还存在一个“搭便车”的问题。上市公司仅仅为了自身能够合法存在下去，也已经不能不关注其股东，尊重其股东，加强与其股东的沟通。通百惠公司吁请中小股东参加胜利股东大会投票表决，并积极征集委托投票权。在两大股东之间股权数相差不多的情况下，中小股东们成了“中位投票人”，将起至关重要的作用。尝试争取中小股东的支持在中国股市上是“领先之举”，但如果不是临时抱佛脚，可能会更有实效。好在我们看到已经出现了上市公司积极主动与投资者沟通的趋势。已经有些公司开始约请其主要的机构投资者商谈公司战略，不管其实际沟通效果如何，这种沟通行动本身已经是一个有战略眼光的动作。

改善公司治理不会害了中小股东，也不会害了上市公司管理层。只是因为改善公司治理努力的投资回报期限比较长，使谁都不愿意真心投入。的确，改善公司治理会不利证券市场中那些目光短浅、胸无大志，只想捞一把就走的人。

16.3 改进中国上市公司治理

中国上市公司治理改进主要是迫于监管部门的压力，被动地随着强制性规范方面监管标准的提高而改进，形式上的改进多于实质上的改进。

经过多年的监管努力、法规完善和学习理解之后，市场力量和企业自主性的力量，开始在提升中国的公司治理水平上发挥一些作用了。如果说，以前由于再融资、并购和股权分置等方面一些管制规则上的限制，致使良好公司治理并不能给相关行为人带来多少明显的实际好处的话，现在的情况可是越来越不同了。企业改进治理水平的结果不再仅仅是做个“好人”，有个“好名声”那么简单了，而是可以转化为股东价值的提升、融资能力的增强和融资成本的降低，以及换股收购机会和成长空间的扩大。

一个值得注意的现象是，国控行业企业内企业受较强的“国有属性”控制而表现不会“太坏”，又享较高的“国有垄断”好处，缺乏市场压力，而不会积极改进，难于表现“太好”。

在有关部门的努力下，拥有“国有垄断地位”的企业，治理水平也有较大幅度的提高，但是相比于非国有和非垄断行业中企业的进步还是落后的，相比于市场的要求就更是差得太远。更有效率地配置国有资本，降低单体企业中的国有股权比重，以及打破以国有身份而进行的行政性的行业垄断，也许不仅仅是进一步提升中国公司治理水平的要求，也是提高整个中国经济的竞争质量和运行效率的要求。

16.3.1　加强董事和监事的责任，提高勤勉程度

现代公司治理的核心是董事与董事会的责任能否到位和董事会的运作是否优良顺畅，因为公司治理的其他各个方面的实质性改进都应该是由董事会来掌控的。

中国上市公在修订公司章程、完善董事会结构等规则和形式上改进公司治理的努力已经做得差不多了，下一步的主攻方向是公司治理“最佳实践”在各个层面行为上的落实。过去中国公司董事会与经理层之间交叉过大的特征已经基本消失，现在的主要问题是控股股东管理人员和上市公司董事会、监事会成员之间的交叉过大问题。高管报酬出现了大幅度的上升趋势，并且还主要是现金报酬的增长，在高管报酬的给付机制上基本没有什么改进。

董事会运作改进的步伐才刚刚开始，还没有深入到每一位董事的思想意识之中，也没有贯彻到审计、薪酬等关键的公司治理职责之中去。就董事会运作来说虽然出现了董事会人数趋少、普通非执行董事比例下降、董事会会议次数增加等积极变化，但是董事会会议出席率不高、董事会下设委员会数量和会议次数的不足等状态，并没有明显的改进。

中国公司董事会责任低下的一个重要原因是有关方面的认识问题。董事会成员很少参加有关监管部门的培训，公司也很少给董事会成员提供培训，导致很多董事会成员在意识上就没有充分认识到自身作为董事的责任。在中国目前的这种商业文化和公司法律环境条件下，出现这种情况也并不令人惊讶。从有关部门到社会各个方面，还习惯于关注和追究经理人，尤其是所谓“一把手”的责任，董事会集体决策和董事个人负责的理念还没有树立起来。2006年新修改的公司法才刚刚明确了董事的忠实义务和勤勉义务，实际执行中还缺乏董事因渎职而获刑的有影响的判例。

近几年来，数十项新修订的有关法律法规，和股权分置改革的基本完成，从公司治理的法规原则和制度基础上，大踏步推进着中国上市公司向国际公司治理水平看齐。在根据2006年生效的中国新公司法和新证券法及其他新法规，修改章程、调整有关条款方面，中国公司是紧跟节拍，甚至“亦步亦趋”的。但是公司治理实际行为上的改进要远比有关法律规范方面的进步小得多。把更高标准的公司治理从法规和原则落实到实际行为，可能需要一段相当长时间的学习、适应与调整过程。改进中国公司治理的关键环节都在于“执行”，在于一些新的公司治理最佳实践的落实和推广，而不是法规和原则规定上的进一步“提高标准”。

除了司法力度的加大之外，还需要从提高上市公司管理行为的方面增强董事的责任。人们看重经理人而忽视董事的责任，与中国上市公司规模普遍较小，管理难度不大、决策复杂程度不高有关。历史上由于配额制度导致中国上市公司数量众多，盘子偏小，股权分裂，阻碍资本市场发展，配股和增发融资方面的过度管制又导致上市公司齐步走，差公司难被并购，好公司难以大踏步扩张。公司规模小，内在的管理要求上缺乏董事会集体决策的迫切性，也使人们难以认识到董事会在公司治理中的重要性。结果是本末倒置，加强公司治理成了主要是满足监管方面形式化要求的问题。

中国上市公司董事会和监事会中的公司内部人比例都在下降，独立性有所增强。但是第一大股东性质和身份结构的特殊性导致中国上市公司董事会和监事会中外部人比例的增加只是提高了其相对于公司经理层的独立性，而难以提高其相对于控股股东或公司实际控制人的独立性。这种单向的董事会和监事会独立性的提高，虽然也可以在一定程度上促进董事会和监事会作用的发挥，但是实际效果非常有限。

因为内部董事和内部监事，可以在日常工作中就有有效的相互沟通，但是外部董事和外部监事则只能通过会议进行有效的沟通，外部董事和外部监事人数的增加，应该提高董事会和监事会的会议频率，但是实际却并非如此。在增加外部人比例这一结构问题已经解决了之后，董事会和监事会实际作用的发挥，需要大力提高董事和监事的勤勉程度。

16.3.2　善待利益相关者，保护中小股东，推进股权分散

利益相关者在中国公司治理中处于弱势，需要加强。中国上市公司的规模已经不小，已经有多家成为世界级大公司。在公司治理方面，尤其是比较薄弱的利益相关者作用和公司社会责任等方面，亟需向世界最高水平看齐。

美日欧等发达国家和地区在公司治理改革方向上有一个重要的两难选择问题，就是股东主权至上还是利害相关者导向。美国是股东主权至上，日本和欧洲国家则偏向于利害相关者。但是这两种模式中的任何一种都不是只顾一个方面而忽略另一个方面，实际只是一个重要性的顺序问题。股东主权至上论的逻辑是把利害相关者问题转化为长期股东利益问题，利害相关者论者则强调社会各个方面在同一个层面上对公司行为的约束和利益诉求。

不过在中国这样一个“股东文化”才刚刚起步的国家中，在强调公司社会责任的时候，一定不能忽略了公司对股东的责任。中国的公司治理发展还处在十分初级的阶段，甚至是还谈不上股东主权和利害相关者导向之间的选择问题。在中国上市公司治理中，股东权力和利益相关者作用这两个方面的表现都还很差。

在从股东、董事到经理这一公司治理的委托代理链条上，董事、经理是实际掌握公司经营权力的阶层。如果没有法律上对董事、经理要对股东和整个公司负责的严格要求，再没有有效的公司控制权市场发挥作用，董事和经理人市场也发育不充分，公司便事实上成为了经营者的公司，而不再是所有者的公司。

改进中国公司治理，还无须急于移植发达国家那些多么领先和最新的理念与做法，还需要进一步夯实良好公司治理的一些基本的制度基础。通过各种手段和各种渠道保障股东权利，提高股东在公司治理体系中的地位和作用。这方面，可以采取的措施很多，如改变国有资本的考核规则，保护民营资本的所有者权利，改进对中小股东的法律救济体系和完善衍生诉讼制度等等。

中国上市公司的股权集中度很高，而且往往又是集中在“国家”这样一个超级强势、地位特殊的股东手里，真正市场化的少数权益股东的权力行使空间很小，中小股东的地位就更是微不足道了。一方面过高的列为重大事项的购买出售资产和对外担保占总资产比例标准，以及过高的提名董事、监事候选人的持股比例要求，“有效”地削弱了少数权益股东的权力行使力度。另一方面又缺乏真正有力和有效的员工参与机制，以及其他各类利益相关者公司治理角色的薄弱，致使一体化的“大股东—董事—高管”对中国上市公司的强力控制，很少受到其他力量的约束。职工董事几乎没有，职工监事数量符合法律规定，但是陷于地位尴尬的中国公司监事会制度构架内，实际监控作用也很有限。

大力推动中小股东权利保护，同时加快股权分散步伐，已经成为中国公司实质性改进公司治理的关键挑战。只有中小股东权益能够真正得到的有力保护之后，才能有序有效地股权分散化，形成一个有效的公司控制权市场，才能以市场化的方式持续地推进中国上市公司治理的改进。

16.3.3 发挥金融机构和交易所的作用，引导公司自主改进治理

沪深两市公司之间公司治理水平差异很小，明显是它们的上市规则及监管标准本身没有多少差异，基本都只是一个中国证监会的“下属执行机构”，而

不是一个真正自律性的组织，规则制定权力和自主运作空间都很小。国际资本市场上，公司治理水平的竞争，很大程度上是由交易所之间的竞争所推动的。而中国目前的证券市场管理“中央集权”度太高，窒息了交易所本应有的更为积极的作用。我们应该逐步放松“中央管制”，增加交易所之间竞争，让交易所在竞争中提供出更好的“公司治理服务”。

另一个在发达国家公司治理中发挥重要作用，但在中国的公司治理中却是至今仍然无足轻重的角色就是金融机构。金融机构，尤其是商业银行，在一个国家的公司治理系统中之所以至关重要，一方面是因为它们自身的治理是否良好影响到整个经济系统的安全，另一方面就是它们的业务中所自然蕴涵着的对其他各种社会经济单位“现金流”的监督。尤其是对于制造业企业，银行承担着监控和参与治理的角色。金融业这些重任的有效承担，需要以其自身健康和良好的公司治理为基础。几大银行上市，银行自身治理加强，银行作为贷款人对客户企业的治理标准要求也会提高，会有助于中国企业提高治理水平。

与此同时，由于贷款融资交易成本的提高，以及上市、配股和公司债券等直接融资方面的管制放松和渠道拓展，上市公司也会逐渐更倾向于资本市场融资。只有资本市场成为企业资金来源的重要渠道，公司治理作为资本市场营销工具的作用得到充分认识的时候，企业才会真正有积极性自觉改进公司治理，向优秀企业的最佳公司治理实践学习。

在部分领先公司中开始出现一些自主性的公司治理改进行动说明，中国上市公司的治理水平提升逐渐在从一种完全是迫于监管压力的“强制性制度变迁”过程，转变为一定程度上源自市场压力的、企业自主性的“诱导性制度变迁”过程。

公司治理的根本意义还是在于公司价值和长期经营业绩的提高，任何形式上的规范都要服从于实际效益和良好行为的改进。近几年来，发达国家中除了美国之外，日本和欧洲都在朝向一个给予企业更多自主选择空间的方向改进公司治理。美国是原本企业在公司治理方面的自主空间很大，由于安然等公司欺诈事件的连续爆发，通过萨奥法案而加强了公司监管。中国2006年新修订的公司法，在加强公司自治方面有所进步，为企业自主改革公司治理提供了一定的法律支持，但是还需要资本市场竞争机制发挥作用，尤其是融资方面的竞争，才能激发企业经营者自主改进公司治理的积极性。

下一步有关推进中国公司治理的法律、法规和政策取向都应该是提升最低标准、强制落后者改进，同时增加企业自主选择的空间、鼓励领先者更为领先两个方面并重。要调整改进公司治理的“政策基调”，减少强制性的具体措施和治理机制安排，增加示范性和可选择性的制度安排。清理有关公司治理的法律和法规中一些僵硬的已经不合时宜的教条和框框，给企业自主性的公司治理改进和创新行为留出足够空间。有关立法和监管机构，也要在其作为“防止、限制和指令”者的同时，担负起保驾护航的角色。

16.3.4 完善信息披露制度，发挥资本市场的作用

中国在信息披露方面有较为明确的标准和严格的监管要求，上市公司只是照着做。但是，与那些国际领先公司已经把信息披露当作是一种公司与资本市场以及外界各个方面进行一种战略绩效沟通的工具相比，中国上市公司的信息披露行为及由此可以看出的其对信息披露意义的理解还都停留在很初级的阶段，只是应对监管要求，避免违规。

一个高标准的、有自觉因素的信息披露水平是与公司自主改进公司治理、加强董事会责任、提高股东和其他利害相关者作用以及发挥资本市场完整功能等密切相关的，需要这几个方面在整体上形成一种相互促进关系，进而形成一种公司治理的自我增强机制。

中国上市公司治理形式改进多于实质改进，源于监管要求的改进大于源于市场压力的改进，原因有两个方面。一个方面是监管者方面急于求成，过度学习发达市场上的一些表面做法而忽略了很多系统性的要素。另一方面是市场发育迟缓，羁绊于一些改革初始时期设置的、目前已经完全不适应市场发展的条条框框，不能发挥出资本市场的完整功能。这一点可以从公司治理水平与公司股票的市场溢价之间相关性很低上得到部分证明。继续改进中国上市公司治理，强制性标准的作用已经有限，下一步的主要动力应该来自多元化股东的积极行动和高度竞争的资本市场的压力。

资本市场有效性的决定因素很多，制度设计和监管政策是一个方面。中国

资本市场的制度设计缺陷还没有完全得到改正，监管政策上还有很深的“主管部门”习惯。没有把上市公司看作是完全的自我负责的法律实体和市场行为主体，太多的事情是由证监会（以及国资委等）作为“主管部门”来批准的。上市、增发和配股，都缺少市场化因素。跟改革后国有企业一只眼睛看市场一只眼睛看市长的行为类似，上市公司是一只眼睛看市场，一只眼睛看证监会和国资委。

市场不成熟、无效，也难于成熟、难于有效的另一方面原因是投资者构成的不合理。长时间的股权分置导致持股份额三分之二的股东隔离在资本市场之外，就不是一种完全的资本市场上的投资者，他们没有在流通股市场上交易股份的权力，公司股票在资本市场上的表现跟他们的利益没有直接关系。由于股权分置改革方式方法的问题，以及其结果的不彻底性，不流通股转换为“大小非”，还需要一个很长时间的消化过程。持股份额占三分之一的流通股股东以高度分散、持股量非常小的个体股东为主，他们的跟风炒作性多于投资性，也缺乏对基本面和公司治理、公司财务、公司战略等问题的深入分析能力。在这样一种自身有结构性缺陷的市场上，机构投资者也缺少成为价值投资者的内在动力。执行公司治理导向投资战略的机构投资者已经在美国和主要发达国家以及一些开放的新兴市场上大行其道十几年了。在投资者素以友好、安定和沉默为特征的日本，这几年也蓬勃兴起了关注公司治理问题的积极投资者运动。中国在大喊了多年公司治理之后，仍然很少明确关注公司治理问题的机构投资者。

应该适当加速推进董事经理持股，逐步放松上市和融资方面的管制，让公司来竞争，让市场来选择。把对公司高管的选择权和评判权都交给市场，让资本市场来管上市公司中的“干部”。良好公司治理在公司价值和股票价格上会得到表现，其与董事经理们自觉改进公司治理的积极性之间将出现显著的互相促进的正相关关系。

这些年来，股权分散、股权制衡，整体上市、公平关联交易，严格信息披露、严打内幕交易，强化董监高责任、加强内部控制规范，这一系列层出不穷的举措，对改进中国公司治理起到了一定的作用，但是都难以在根源和实质上让中国的上市公司把良好公司治理落在实处，其根本原因还是在于致力改进公司治理，对这些公司没有眼前就看得着的好处。

郭树清任证监会主席时提出“IPO不再审批行不行”的问题，引起了热烈讨论。其实这个问题，已经无需讨论——这种讨论，其实是脑袋（取消审批）与屁股（保留审批）之间的讨论。死气沉沉的股票市场、渐行渐低的发行价格，表明通过IPO审批牟利的把戏已经快要玩不下去了，屁股应该让位给脑袋了。取消审批制，把权利还给市场，让企业在投资者前的融资竞争（Competing For Capital）替换其发审委过会竞争，公司治理成为企业竞争优势的来源，得到企业的真正重视，才会得到真实的改进，而不仅仅是形式上的走样子。

16.4 创业板公司的董监事会运作与公司治理

16.4.1 创业板公司治理的总体特征

创业板公司没有主板上与国有控股有关的一些体制性的固有问题，也因此曾被寄予厚望，但是几年来的实践表现不佳。看来中国公司制企业的发展和公司治理改进，还要有一些制度和市场方面的基础性的重构努力。

人治为主，法治不足

创业板公司以民营企业为主，起源简单，所有权和谁负主要责任的问题清晰，这使公司的“治理”有了一个稳固的起点。但遗憾的是，创业板公司相对良好的公司治理，也还只是停留在了“老板明确”这样一个起点上，缺乏进一步的从人治到法治的制度化发展。人治为主、法治不足的主要表现是，核心股东控制权和股东参与度差异以及激励机制等导致了明显的公司治理水平差异，而在董事会和监事会等公司法定机关的运作方面，则基本上都是照猫画虎，形式上做得到、实质上差得远，区别不大。

合规有余，激励不足

创业板因为推出时间晚，从监管层到上市公司以及整个社会对公司治理问题的理解已经大为增强，但还是远远不足，偏重从合规（Conformance）、约束方面，缺乏从业绩（Performance）、激励方面对公司治理机制的理解与改进。导致这种状况的原因有两个方面。一是，上市公司监管层面（从证监会到交易所）一厢情愿地“重视”公司治理，努力地试图以监管手段促进上市公司改进治理，同时紧抓发行审批权力不放、改进治理的市场压力不足，导致上市公司只注重形式上的治理改进，忽视实质性的改进。二是，公司运作大环境特别是税制方面的不配套，导致上市公司监管层所致力推进的股权激励特别是员工持股难有实效。股权激励特别是员工持股制度的发展主要是源自税收激励，没有税收激励，资本市场又不够完善情况下，上市公司对于实施股权激励和员工持股是内无动力、外无压力，实施者也是实效有限。

16.4.2　董监事会、独立董事与董事会专业委员会

在中国证监会和深圳证券交易所的监管之下，创业板上市公司都依法设立了董事会和监事会，但这并不代表其实际运作上的真正到位——成为公司法人的有效机关，而非大股东和公司实际控制人的橡皮图章。

创业板公司的董事会和监事会治理表现出了一个非常显著的特征：“股东董事”发挥了主要作用。董事会规模相对小型、主要股东出任董事职务的公司治理表现更好，股东有更高的积极性参加股东大会，董事会和监事会被作为股东控制公司的工具也表现的更为勤勉。

根据中国证监会的监管要求，创业板上市公司都建立了独立董事制度，也基本都做到了独立董事占1/3的比例。但是，独立及非执行董事没有发挥多大作用，董事会的专业委员会更没有发挥多大作用。

独立及非执行董事发挥作用不大，董事会专业委员会形同虚设，不仅仅是创业板公司的状况，也是整个中国上市公司治理中的普遍状况。相比主板公司第一大股东控制，创业板的主要发起人控制结构状态，并没有给中小股东带来

更大一些的公司治理机会。

主板上市公司普遍有第一大股东的高持股比例，并且普遍是“集团下属企业”，这使独立董事很难发挥作用，来自集团的非执行董事能够发挥一些治理作用，公司实际控制在执行董事—经理人和集团职能部门手中。

创业板公司的第一大股东持股比例要比主板公司低，也普遍是独立公司（不是集团下属企业），这在表面看来，似乎有利于独立及非执行董事发挥作用。但是，由于创业板公司上市时间很短，没有增发和再融资，作为公司核心的前几大股东合计控制的股权比例比主板公司还高，公司还普遍牢牢控制在创始人和发起人手中，这使独立董事和不是重要股东的非执行董事都很难发挥实际的公司治理作用。

16.4.3 规范控股股东行为，健全公司董事会

创业板公司更少受到像主板公司所受到的国有企业那套体制影响，这使创业板公司治理改进可以更为自主地从内部做起，规范控股股东行为，健全公司董事会。

规范控股股东行为，增强创业板公司的稳定性和独立性

创业板公司多数不是像主板公司那样的分拆上市，绝大多数创业板公司的第一大股东是自然人直接持股。这带来创业板控股股东与主板公司控股股东相比的一个显著不同，就是创业板公司不像主板公司那样控股股东是集团公司和母公司，而是相互密切关联（一个家族人员或是共同创业人员）的几个自然人共同作为控股股东。

如果仅从第一大股东持股比例看，创业板公司的股权集中度比主板公司低很多，但是如果从前五大股东合计的持股比例来看，创业板公司的股权集中度甚至更高。

创业板公司的少数关联个人高度控股结构，导致创业板公司的行为受到控股股东们个人利益和偏好的严重影响。主板公司受母公司作为控股股东的影响，公司独立性主要受到与母公司之间的频繁关联交易的侵害，创业板公司则

受到实际控制公司的“自然人团体”的影响，公司独立性则主要会受到这些主要股东之间利益博弈动态的侵害。夫妻离异、朋友反目、个人财务目标和对公司期望的差异等等，都会导致创业板公司控股股东的稳定性出现问题，进而影响到公司的稳定性。

创业板公司作为已经上市的公众公司，可能在业务模式上还有一定的“创业公司”性质，但是在公司治理和管理上，必须脱离创业公司的“草莽英雄”状态，这些控股股东们要在他们个人和他们作为股东的公司之间划清界限。这里包括他们个人作为股东的财务利益、作为股东的投票权和公司的股东会—董事会—经理层决策程序之间关系的清晰界定。

为了避免创业板公司控股股东之间利益差异和冲突影响公司的稳定性与独立性，一方面需要特别强化创业板公司从股东大会到董事会和经理层的按程序决策规则，另一方面可以针对现状做些可行的特殊制度安排。这些特殊制度安排可以包括：在主要股东和公司股东大会之间建立起一个股东沟通与协调机制，如“家族委员会”或“控股股东有关公司事务的委员会”，通过这样一个委员会将主要股东之间有关公司事项的意见统一起来，形成一个声音，以免控股股东的不同声音给公司董事会和管理层的决策形成“噪音”。

考虑到目前中国创业板公司的股东构成和股权结构的特殊性，监管部门可以考虑将《公司法》第43条有关有限责任公司股东表决权的规定（股东会会议由股东按照出资比例行使表决权；但是，公司章程另有规定的除外）特许适用于创业板公司，建立起投票权不同的分类股份制度。具体可以分两步达成：一是主要股东之间达成协议，由关键股东给予适当补偿的方式，将投票权向关键股东集中；二是新股发行时，准许发行没有投票权或投票权比例低的新类型股份。有了这样的制度之后，可以减少主要创始人之间利益分歧带来的公司不稳定，也可以使创业板公司在关键创始人保持高度控制权的同时，实现财务上的股权分散。

目前民营创业板公司中，股权集中度高的公司业绩好。但是因此业绩好的公司，要保持高股权集中度，则难以通过公司股本扩张来实现公司的跨越式发展。基于加大公司自治的理念，在制度设计和监管政策上，准许创业板公司多一种股份类别和控制结构上的自主选择空间，由市场来挑选优胜者。

健全创业板公司董事会，提高其决策、监督和战略指导功能

创业板公司主要创始团队的高控股比例和高管理参与比例，主要人员“股东—董事—经理”的身份三合一，容易导致其股东会和董事会的形式化与过场化。如何让创业板公司的董事会真正运作到位，发挥其应有的决策、监督和战略指导功能是创业公司治理改进的一个关键环节。

创业板公司董事会的问题，主要表现在运作上的不足。董事会的委员会也同样是设置上有了，但是运作上普遍不到位。能够达到正常参与深度的创业板公司董事会比例不足20%，董事会委员会的运作能够基本到位（会议次数达到合适程度）的创业板公司比例也不足20%。

在主要股东担任经理人员、除了监管规则要求的至少三分之一独立董事之外，董事会中非执行董事比例不足，致使创业板公司的董事会很容易沦为“橡皮图章”，并且短期内很难有什么非常好的解决办法。可以尽力从以下几个方面加以改进。

加强董事责任追究，对于所有需经董事会决策而未经董事会决策的事项，严格追究所有董事的勤勉责任。

改善独立董事的提名和选聘机制，可以采取大股东回避提名制度，甚至可以采取股东分类提名和选举董事制度。法定比例范围内的独立董事由非控股股东提名，并由非控股股东单独选举。

从监管层面上限制执行董事比例不超过三分之一，引导公司选聘更多的非执行董事（持有一定比例股权但没有进入公司经理层的股东，以及其他可能并不符合监管规则要求的独立董事标准的外部人士）进入创业板公司董事会。

16.5 股东投票咨询服务：改进上市公司治理的一个设想

每一位公司董事都要基于整个公司的最佳利益而行事，为全体股东服务而不是为某一单个股东服务。但这很像是“为人民服务而不是为某一个具体人服

务”，搞不好变成以“人民”的名义为自己服务，因此需要明确一个股东大会的权力。股东大会的意思表达就是全体股东整体的意思表达。在发达的现代公司治理系统中，当股东因知识不足或股权过于分散产生集体行动困境的时候，债权人、媒体、司法、公司控制权市场等等其他各种机制都会伺机介入发挥作用。其中有一种非常重要但中国目前还完全没有注意到的机制，就是股东投票咨询服务。

16.5.1 为什么需要股东投票咨询服务

我们希望董事会代表全体股东监督经理层（要以董事会的二元化，增加外部董事为前提），董事会运作由公司付费没有了搭便车问题，但董事的选聘需要时间、精力和专业知识，并仍然存在着搭便车问题。

在股权高度分散情况下，没有一个股东会有足够的动力去挑选董事，挑选董事的任务便落到了董事会的手中。致使股东选聘董事组成董事会，董事会聘请经理层的法律逻辑，变成了经理层挑选董事，由股东会盖上橡皮图章，形成董事会的实际运作。在有控股股东（这在中国上市公司中较为普遍）的情况下，控股股东控制了董事及经理人员的选聘，外部股东（不能单独直接委派代表进入董事会、理论上包括所有持股比例低于董事会人数的倒数、与控股股东又没有关联关系的股东），尤其是中小股东处于消极状态，他们或者干脆不参与股东大会投票，或者投票不认真，简单地赞同管理层的建议。

外部股东不投票或投票不认真，并不是他们主观上没有积极性，而主要是客观上没有方便他们投票的便利，更没有使他们的投票能够“管用”的条件。对于个人来讲是没有能力判别所持股票的每一家公司的具体议案（尤其是有关董事人选），对于基金来讲可以雇佣专门人员研究，但每一基金都有专门研究人员成本太高。投资者为节省研究费用，从股东投票咨询企业（proxy advisory firms）购买研究服务。美国的主要股东投票咨询企业包括：Institutional Shareholder Services，Proxy Monitor，Investor Responsibility Research Center等。欧洲国家有Institutional Voting Information Service，Manifest Voting Agency Ltd，加拿大有 Fairvest Securities，美国的ISS在伦敦和澳大利亚有分部。它们已经建立起了为投资者服务的信誉，特别是类似于董事选聘、管理层薪酬和毒丸设置等管理层有利益冲突的问题。

16.5.2 公司付费—专业服务—股东受益

因为搭便车问题，只有持股量极大的一些机构投资者才可能自行研究或订购投票咨询企业的研究服务。要真正解决搭便车问题，需要由公司（全体股东）付费雇佣投票咨询企业（就像全体股东在为董事会的运作付费一样），然后全体股东都可免费使用该项服务。

股东投票咨询企业的尽职尽责问题可以比较容易地通过市场机制来解决。为避免公司管理层影响投票咨询企业的选择，任何投票咨询企业都可以通过付一笔列入费（比如500元）和研究服务报价（比如一年20万元）而被列入股东大会通知书（委托投票报告）中。被股东们选中的投票咨询企业得到公司付费，并使其下一年的公司股东大会投票建议能够被公司的所有股东免费获得。投票咨询企业的绩效和尽职尽责不由公司管理层控制，而是由其声誉和后续业务的损失来控制。尽管付给投票咨询企业的支票是由公司管理层签发的，但付给哪家投票咨询企业是由股东们决定的，这就避免了管理层施加影响的机会。由于研究服务需要数据、经验和能力的长期积累，其无形的“沉入成本”极大，而一次性收入相对数额很小，致使声誉和后续业务对其约束极大。在现行由投资者（股东）付费（机构投资者自行研究或付费聘请专业机构进行研究）的情况下，管理层也有动机去影响投票咨询。但研究者要保持独立和客观，因其业务或职业前景取决于这种独立和客观。

通过公司付费使全体股东都能平等地得到专业的研究咨询服务，可以提高管理层对股东的责任；可以使分散的个人股东们联结起来，从而大多数的股东投票能够独立于公司管理层的建议；可以减低股东投票咨询的成本，股东作为一个团体通过服务提供者的竞争性报价来购买得到了价格折让；公司付费还可获得税收好处——列入公司成本。

引入专业化的股东投票咨询服务机构之后，分散股东从挑选董事，转为挑选投票咨询企业，使股东的“挑选”更为有意义和可行。现行股东直接投票选举董事的做法，因有太多的潜在董事候选人需要其了解，而使股东实际只能接受现有董事会的“提名”。相比之下，只有几个或十几个的投票咨询企业，股东们可以作出真正有意义的选择，可以将其比喻为股东权力行使的市场化机制。分散在全国各地、成千上万的中小股东，只有通过投票咨询企业集合起来他们的意志，才能发挥作用。

在中国多数上市公司都有绝对控股股东的情况下，需要解决的关键问题是为外部股东参与公司治理创造便利，遏制内部人（控股股东和管理层）的控制权收益。在有控股股东存在情况下，如中国上市公司的典型情况，一家控股股东（国家股或法人股）和大量分散的流通股股东，为使控股股东不能“合法地”像控制董事会那样控制投票咨询企业的选择，需要资本市场竞争压力的逐步发展或通过法规和政府政策方面强制推行保护流通股股东权力的机制。

如通过在公司章程细则中规定只要有10%的股东投票，就可以由公司付费聘请一家投票咨询企业，致使分散的流通股股东至少可以获得独立的专业投票咨询服务。尽管做到这一点（在公司章程细则中加入这一条款）也需要大股东的配合，但市场竞争压力（新公司的发行成功和已上市公司的股价和配股需求）和政府强制要求可促成这一进展。

如果有忠实的内部人员（董事、经理）会比仅仅有来自外部的咨询意见，更好地保护中小股东的利益。只要有超过10%的中小股东选择了一家不同的投票咨询企业，就可以由公司付费再聘请另一家投票咨询企业。两家或是三家投票咨询企业同时提名董事（当然控股股东可以自行提名董事），按其各自所代表的股数投票选举。如果同时采用累积投票办法，可以更好地保证中小股东得到公平待遇。

为便利中小股东投票权力的行使，投票咨询企业可以在提供投票咨询建议的基础上，进一步代行投票，代行其得到委托的部分股东权力（如提议召开临时股东大会，监控公司运作，必要时代表股东提起诉讼）。此时的投票咨询企业便发展为公司监察企业（Corporate Monitor Firm），全面行使作为中小股东代表的、上市公司监察者的作用。

在股权高度分散条件下保持良好的公司治理，需要完善的保护中小股东利益的法律体系和诸多配套条件，如有关会计、审计和信息披露方面的法规，证券监管部门的监管和公司法规定的实际落实等等。在这方面，即使香港也还远远落后于美国，其他国家也均落后于美国。因为没有这些方面的配套条件，其他国家很少像美国那样股权高度分散的大公司，即使有，也往往缺乏有效治理。在缺乏源自法律法规的外部治理的情况下，再失去源自大股东的内部治理，会使公司行为更失去控制。

中国即使不停地加快中小股东法律保护方面的进程，恐怕也需要一二十年的时间。而引入专业的投票咨询企业和公司监察企业，是一种较好的替代性办法。这种市场化的办法能够促进相关法规的出台和落实，否则会使硬性出台的法规落空。法规的成文、发布，和发布之后被相关人员真正理解，再实际落实到行为之中需要很长一段学习时间。

通过修改章程，引入由竞争性市场来约束的投票咨询企业和公司监察企业的专业化服务，提高中小投资者利益保护程度，也同时会使欲出售新股的企业看到好处（更好的售价）。投资者喜欢这种切实可行的治理机制，设置了这种机制的企业及其控股股东（原所有者）在欲退出或发行新股时便会更好地实现其原有资本的增殖。如果有效，市场竞争会使这种治理结构逐渐盛行起来。

投票咨询服务的内容包括董事会规模和结构，委员会设置及其职能，董事会与经理层的权限划分，董事会及其各委员会的候选人提名，董事的选聘，管理层薪酬水平及结构等。

投票咨询服务的提供方式为，通过在股东大会投票通知书中列入报价和服务内容，由股东投票竞聘得到服务机会，由公司付费。公司要收取投票咨询企业一笔列入费（类似于竞标费）的目的是为了避免有人做“免费广告”，可以配套规定只要有5%的股东投了同意该咨询者的票，即可退回其列入费。只要有超过10%的股东同意，就可以聘请咨询企业，可以不止一家咨询企业。投票咨询服务费用定在20万元左右，可随企业规模大小及所跨行业多少而变。

在咨询者仅仅提供投票咨询服务情况下，股东获取咨询服务方式：咨询者将投票建议放在自己的网站，公司的网站以及随来年投票通知书一同披露其投票建议。在咨询者同时提供代理投票服务的情况下，股东通过将其代理投票委托书邮寄，或在网上授权（这里有股东身份识别的公证问题），咨询者代理投票。授权可采用指定意见或不指定意见两种方式。

16.5.3　中国上市公司治理结构自我完善行动

在以中小股东为主的中国股市上，为中小股东参与公司治理提供便利，是当务之急。通过“中国上市公司治理结构自我完善行动”，设置一种市场化和创新性的公司治理机制——“公司付费—专业服务—股东受益”，为外部股东尤其是中小股东搭起参与公司治理的有效通道，改善中国上市公司的治理结构和董事会质量，吸引那些以稳定和长期回报为取向的个人或机构，给公司带来稳定和忠诚的投资者基础，减少政府及大股东的不合理干预，使公司可以在较少股市异动干扰及其他短期事件冲击的情况下，专心于创造股东价值的经营活动。在中国目前有关法规还很不健全、资本市场还没有进入有序竞争阶段、上市公司治理结构好坏难分良莠不齐的情况下，这种市场化导向的机构和机制创新，有助于把那些真正为股东（全体股东而不仅仅是大股东）负责的公司突显出来，得到投资者的认可和支持，得到大踏步发展的机会。如果这一做法普及开来，对整个中国上市公司资本市场竞争力的提高和中国资本市场的良性发展也会大有助益。

“中国上市公司治理结构自我完善行动”所设置的“公司付费—专业服务—股东受益”机制的主要内容为：上市公司付费聘请公司治理专业服务机构，跟踪研究其公司治理和董事会运作情况，为投资者提供有关公司治理情况的独立意见和股东大会投票建议，公司的所有投资者均可通过互联网络或纸面媒体得到该专业机构的独立意见和股东大会投票建议。公司治理专业服务机构提供“独立意见”的范围包括：公司董事会的规模和结构；董事会的委员会设置及其职能安排；董事会和其委员会的成员资格及其贡献；董事与管理层人员的薪酬水平、结构和依据。公司治理专业服务机构提供的“股东大会投票建议”服务为：对公司年度股东大会上的提案提出具体的投票建议，针对每一项提案作出赞成、反对或弃权表示，并陈述理由。

通过“公司付费—专业服务—股东受益”机制和公司治理专业服务机构的专业服务，可以在以下两个方面促进中国公司治理结构的整体改善，提升中国企业的国际竞争力：减少投资者与管理层之间、中小投资者与大投资者之间的信息不对称，解决投资者监督公司和提升公司治理质量中的搭便车问题，协助分散的中小股东走出其参与公司治理面临的集体行动困境；为公司与股东之间、股东与股东之间的有效沟通提供一个新的渠道，一个新的平台和一种新的可能，让互联网络作为一种有效的传播和沟通工具，为中国投资者和中国上市公司带来便利、创造价值。

“中国上市公司治理结构自我完善行动”程序

①愿意参加发起“中国上市公司治理结构自我完善行动”的公司，聘请公司治理专业服务机构提供一个年度（从本年股东大会到下一年股东大会）的公司治理专业服务。

②在证券报刊上刊登公告，内容包括：

“中国上市公司治理结构自我完善行动宣言”，“行动宣言”以所有行动发起人的名义发布，在“行动宣言”后签署名字。

参加行动的公司名单，包括公司简称、股票代码和联系人（建议由董事会秘书任联系人）等。

公司治理专业服务内容的说明和解释，包括将会发布服务内容的媒体名称和互联网络地址，专业服务提供者的单位名称、联系人、电话号码等。

③在相关报刊上设立定期的“中国上市公司治理结构自我完善行动”宣传专栏，包括参加行动公司的公司治理情况描述，公司治理趋势评论等等。

④在接受服务公司发布下一年度股东大会召开公告的同时，公司治理专业服务机构同时提供关于该公司治理情况的独立意见和股东投票建议。

⑤在首次公司治理专业服务提供期结束时，即在接受服务公司下一年度股东大会上，由股东投票决定是否对该专业机构的公司治理服务满意，是否愿意继续聘请该机构提供服务，对愿意继续聘请的公司，继续提供公司治理专业服务。

设置“公司付费—专业服务—股东受益”机制公司的收益

①值此中国公司治理运动正在兴起、公司治理标准正在制定中时，抓住一个参与其中、施加影响的有利机会。

②会引起国内和国外证券财经媒体的广泛关注，使公司声名大振，在资本市场上树立“品牌”，取得率先行动的优势。

③有机会成为中国公司治理结构的榜样公司，成为监管部门和大投资者制定公司治理结构准则时的参考案例。

④可以提高公司的资本市场价值，吸引中长线投资者，夯实公司的投资者基础，在并购狂潮到来之前，提高公司抵御恶意并购的能力。

⑤凭借良好的公司治理和坚实的投资者信任，可以承担起资本市场上的价值评估者角色，增加并购其他企业的成功概率。

⑥可以减少股东的退出（股票抛售），提高公司股价的稳定性和抗跌性，增加配股、二次发行或分拆上市等资本市场运作的机会。

⑦为股东搭起参与公司治理的有效通道，可以从中有效地选择吸取一些对公司有价值的建议和意见。

⑧提高股东的参与热情，减少股东的投票冷漠，可以使公司的战略和提案更易于得到股东认可，避免陷入因没有足够的股东报名参加而开不成（不得已而推迟）股东大会的尴尬境地。

⑨股东可能同时是公司的消费者、雇员或潜在雇员，或具有其他作为公司利害相关者的角色，提高与股东的沟通效率，会带来公司整体形象和在资本、产品和人才等多个市场上竞争力的提高。

⑩以优异的公司治理和董事会运作技能，成为在投资者眼中有信誉、有身价的中国职业经理人（由市场定价的董事长、独立董事和总裁）。

设置“公司付费—专业服务—股东受益”机制公司的投入

①公司治理专业服务机构聘请费用。

②比法规和监管要求披露更多有关公司治理和董事会运作方面的信息。

第17章

从管理到治理：中国企业的案例故事

大概是因为中国公司治理结构问题的讨论源于国有企业改革，源于如何通过现代企业制度建设让国有资产增值保值，防止国有资产流失等等，导致人们对公司治理结构问题的理解过分偏重于所有者和经理人之间的利益冲突，以致一提起公司治理结构建设，人们想到的就是如何防止内部人控制，防止经理层偷盗所有者财产等等。实际上这是“中国国企情结”影响下的一种思维定势。不跳出这种思维定势的羁绊，就不能理解“公司治理”的准确含义；不能理解“公司治理”的准确含义，就必然使“现代企业制度”建设流于形式，最终也防止不了所有者资产的“流失”。

本章中，将公司治理的概念做一个扩展的理解，把公司治理的基本理念与企业管理的各个方面进行一个系统的融合，从而能够以一种“治理之道”来指导企业各个方面的管理行为。

17.1 公司治理：一个扩展的理解

17.1.1 企业家视角的公司治理

公司治理是合作关系管理

公司治理的英文“Corporate Governance”，是个含义很广的概念，绝不仅仅是人们通常所理解的狭义的“法人治理结构”，将其译为“合作关系管理”也许更为准确。并且公司治理也不仅仅是一个结构问题（治理结构），在结构之上有文化（公司治理文化）和系统（公司治理系统），在其之下有机制（公司治理机制）和工具（公司治理工具）等等。

小事可以单干，大事需要合作。签个合同是一次性的合作，形成一个组织则是密切的合作。公司治理问题的经济学理论研究正是威廉姆森从合同的治理结构问题研究提出来的（奥利弗·威廉姆森，2001）。组织有不同的形式，组织的发展也有不同的阶段。不同形式的组织和处于不同发展阶段的组织，在治理结构上具有不同的特点，需要一些不同的治理机制设计。在“合作关系管理”的含义上，医院、大学、报社等也存在“公司治理”的问题，也需要进行治理结构和治理机制的设计。

企业或公司要做大需要人力、物力和财力等各种要素之间的合作，需要有钱者出钱、有力者出力。公司治理要解决的问题就是出钱者和出力者之间的游戏规则。公司治理良好的公司，方方面面顺畅，从战略、理念到利益，都有解决各种冲突的规则。公司治理优秀的公司，从政府、行业协会到社区，从客户、供应商、投资者到员工等愿意与你维持长期关系，愿意支持你。

公司治理文献常常出现的股东呼声（Voice）一词就源于美国学者赫希曼所著《退出、呼吁与忠诚》，这是一本关于“合作关系管理”的经典之作，该书的副标题为：对企业、组织和国家衰退的回应（阿尔伯特·赫希曼，2001）。各类组织要想生存和发展，就必须倾听其成员的呼声、培育其成员的忠诚、减少其成员的退出，家庭、企业和国家莫不如此。

三个市场和管理的3R

把公司治理看作是合作关系管理，从组织发展角度理解公司治理，公司治理就是对各种要素投入者关系的协调与管理，公司要倾听其各类网组成员（要素投入者和利害相关者）的呼声、培育其忠诚、减少其退出。治理优秀的公司要在产品市场、劳动市场和资本市场等三个市场上成为领导者，获取领导者和领先者的利益，对公司的各类网组成员都有好处，使公司治理成为资产而不是负债，成为创建竞争优势的新工具。

企业的成员包括谁呢，或者换句话说，从企业家的视角看公司治理——其所要管理的合作关系——的基本含义是什么？企业要在三个市场上竞争：产品市场、劳动市场和资本市场。企业是以管理层为核心的一个三角，企业三角形的每一个角与一个市场交叉，吸纳这一市场上的成员参与，与该市场进行资源的交换。失去其中的任何一个角或者其中的任何一个角与其所属圆圈——市场的资源交换出现障碍，企业这一三角形都会失去稳定性。

企业要在产品市场上吸纳的最主要成员是顾客，进行顾客关系管理（CR）；要在资本市场上吸纳的是投资者，进行投资者关系管理（IR）；要在劳动市场吸纳的则是员工，进行人力资源管理（HR）。CR、IR和HR构成了企业“合作关系管理”的最主要内容。

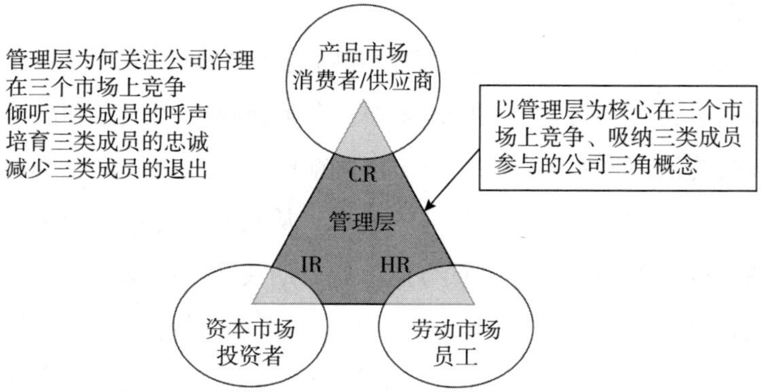

图17-1　三个市场和管理的3R

呼声、忠诚和退出：四类企业网组成员的表现

企业在产品市场上要吸纳的包括消费者和供应商两类成员，加上资本市场上的投资者和劳动市场上的员工，构成企业网组最主要的四类成员。企业作为一个组织的生存与发展取决于这四类成员的参与，企业必须倾听这四类成员的呼声，培育这四类成员的忠诚，减少这四类成员的退出。企业家或说企业的最高领导者所要管理的就是这四类成员：消费者、供应商、投资者和员工。公司治理、合作关系管理或者说现代企业制度建设所要解决的问题，就是要使这四类成员之间形成一个良好合作的局面，并事先设置好发生利益冲突时解决争端的程序。

专栏 17-1 呼声、忠诚和退出：四类企业网组成员的表现

	呼声	忠诚	退出
投资者	投票 提案 质询	长期持有 信任管理层 抵御并购 支持留利扩张 愿与企业共渡难关	抛售 拒绝认购 投票冷漠，或一旦有委托投票权征集者便进行委托
员工	合理化建议	积极参与、奉献 愿与企业共渡难关	辞职 消极怠工
供应商	合理化建议	积极改进质量 按时供应	质量下降 供货不及时 不再供货
消费者	质量投诉 赞扬或批评意见	品牌忠诚 重复购买	转向其他厂商

从管理到治理：老做法与新工具

国际市场竞争和知识经济发展等导致一系列的管理理念和管理工具方面的改变。要求更多的理而更少的管，更多的领导人色彩而更少的管理者色彩。纵向的命令和控制文化更多地被横向的协调与沟通文化所替代。当我们跳出组织的金字塔观而走向组织的网络观时，公司管理（纵向管理，命令与控制）就进入了公司治理（横向管理，协调与沟通）的阶段，在对待投资者、员工、消费者和供应商等企业网组的各类成员时，都要放弃那些老做法，采用一些新工具。

专栏 17-2 四类企业网组成员的管理：老做法与新工具

	老做法	新工具
投资者	只在上市、配股或被并购时才想到投资者，只要钱已到手股价涨落与我何干	自觉改善公司治理，提高股东会、董事会的质量及动作效率 把投资者关系管理作为一项常规性的工作
员工	过分官僚化的等级制结构 员工只能听命令干活 员工只需身体来上班，最好把头脑放在家里	扁平化和灵活的组织结构 建立员工自我管理团队 充分授权，激发员工的头脑 职工持股和职工董事
供应商	招标采购，只重视一次性的质量与价格比	进行供应链管理，重视长期关系，激励供应商为你的特殊需要进行专业化投资
消费者	短视做法，总以为买的没有卖的精，王婆卖瓜式的广告手法，重促销而轻营销	重组，建立面向客户的组织结构，进行常规化的客户业务发展和客户关系管理

人在遭遇重大挫折时才会深刻地反思和醒悟自己。企业处在还不错的状态时，有钱引进技术，愿意引进技术，却没有变革其组织文化和经营理念的动力。甚至会在文化和理念层面上非常自鸣得意，从而与新技术应用所要求的新组织规则和新管理理念发生激烈的冲撞。

人类已经步入了一个全球性的市场经济之中。市场经济就是过剩经济，与计划经济的供给机制导致什么都短缺正好相反，市场经济的价格机制导致什么都过剩。这是如今进入客户经济时代、客户至上的第一大原因。信息技术则促进了资源拥有者、生产者和最终消费者之间，供应商和客户尤其是最终客户之间传统的力量对比关系。信息的广泛和低成本传播，顾客的选择范围和选择成本大为下降，现在货比百家和以前货比三家的信息与搜索成本可能一样。更进一步地，顾客地位的上升，也在很大程度上改变了组织内部的结构——老板和员工、上级和下级之间的关系。组织结构不仅要扁平化，甚至是要倒过来，老板最好是承担一个教练和支持者的角色。

17.1.2 公司治理是资产而不是负债

前面我们给出了“以管理层为核心，在三个市场上竞争吸纳三类成员参加的公司三角概念”，理解了这个公司三角形和三个市场圆圈的关系之后，现在我们可以给出一个广义的公司治理的定义：各类利害相关者和要素投入者对公司战略方向与管理的参与和影响。而从公司管理层的角度看，则是组织战略管理——公司组织对其各类要素提供者和利害相关者关系的协调与管理。

管理大师德鲁克曾强调过，在这个新的时代，“我们更为需要的是治理（Governance），而不是管理（Management）”，这里的治理是一种更高层次的管理，就像我们更愿意说“治理国家”，而不说是“管理国家”一样。管理往往更多地含有凭借权力去“命令与控制”的意思，而“治理”则更多地含有凭借信誉去“协调与领导”的意思。

最新的管理理论把“领导”理解为“信誉的获得与丧失”（詹姆斯·库泽斯2000），从公司的角度来看，能够运用公司治理手段的董事长或首席执行官，才真正是“公司领导人”，他不仅要领导员工，更要领导投资者。实际上，无论自身为经理人员的巴纳德在其《经理人员的职能》一书中的理论总结，还是管理学者赫兹伯格在其《经理工作的性质》一书中的实证研究，都表明了早在1990年代公司治理运动蓬勃兴起的几十年之前，那些卓越的管理人员，作为管理实践和管理思想的领导者，已经进行了“公司治理”的运作。

柳传志曾说“小企业做事，大企业做人”。企业的“做人”就是建立健全一套公司治理机制，在产品、劳动和资本这三个市场均能建立声望和信誉。一些创业者做到一定程度要在人格上自我超越，才能吸引优秀人才加盟，而进一步的发展则是建立起一套公司治理的制度规范，进而使企业能够脱离一个自然人的能力局限。在这个意义上，可以说企业随其业务的发展与壮大，要在组织方面完善其公司治理规范，就如同一个人要随着其年龄与事业的成长，不断地自我修炼提升人格层次一样。

良好的公司治理是一项良好的业务或生意。投资者对公司治理良好的公司给予信任，愿意付出更高的价格购买并长期持有其股票；银行愿意借款给公司治理良好的公司，并可给予较为优惠的待遇；员工愿意接受较低的工资而获取在公司治理良好的公司的工作，在工作中学到东西，提高其职业声望；供应商和消费者愿意和公司治理良好的公司做生意，希望和公司治理良好的公司共同发展。

所有的上市公司，都至少要同时在产品市场和资本市场这两个市场上竞争，对于以成长性为主和着眼于未来收益的公司，资本市场的竞争甚至更为重要。资本市场上的“竞争成功”，才能有机会去做产品市场上的大项目，才能有持续和持久的动能去在产品市场上征战，才能有实力去领导市场、开拓市场和创造市场，才能变被动为主动。

中国企业如何能够取得投资者的信赖？我们相信，仅仅遵守公司法、证券法、上市规则、监管部门和交易所的要求是不够的。仅仅按法律规定的“法人治理结构”形式办事可以不犯程序性的错误，却不能保证企业有机制上的竞争优势，得到投资者支持。资本市场上的竞争如同产品市场上的竞争一样，要想取得竞争优势就得领先一步。国际上风起云涌的公司治理运动，正是那些领先公司与投资者、监管者等各方面共同推进的。通用汽车公司在许多许多投资机构及监管者提出公司治理准则之前，就率先于1994年公布了“通用汽车董事会关于公司治理中一些重大事项的指引”。代表经营者利益的美国企业圆桌会议（Business Roundtable，首席执行官协会）从1978年就开始关注公司治理，并发表了一系列有关报告。包括：“大型上市公司董事会构成的作用”（1978年1月），“公司责任声明”（1981年10月），“公司治理与美国竞争力声明”（1990年3月）和“公司治理声明”（1997年9月）等。

对于真正的企业家和管理者，公司治理是资产而不是负债。值此国际投资者积极参与公司治理、国内投资者参与意识迅速觉醒之际，领先公司已经开始自觉地把公司治理作为创建企业竞争优势的新工具。他们把投资者看作是公司的重要成员，倾听他们的呼声（投票、提案、质询），培育他们的忠诚（长期持有、信任管理层、抵御并购、支持留利扩张、与企业共渡难关），减少他们的退出（抛售、拒绝认购、投票冷漠或一旦有投票权征集者便进行委托）。他们不再是“只在上市、配股或被并购时才想到投资者，只要钱已圈到，股东价值与我何干”，他们自觉完善公司治理，提高股东会、董事会的质量与运作效率，把投资者关系管理作为一项常规性的工作。

17.1.3 仅有人财物不够，还需要组织资本

古典经济学家们着重论述了劳动、资本和土地是生产的三要素。那个时代没有现代这种巨型工商企业。正在萌生中的市场经济体系，似乎主要就包括了劳动、资本和土地三种要素，和与其对应获取工资的劳动者、获取利息的资本所有者和获取地租的土地所有者等三类人员。经济发展到20世纪20年代的时候，产生了一些大型企业和职业经理人，企业家似乎成为了一种新的生产要素。新古典经济学体系的集大成者马歇尔提出，在劳动、资本和土地之外，企业家才能构成了第四种生产要素。但是马歇尔的经济学体系中，仍然没有多少企业的位置，还是主要在描述一个市场体系的运转。企业只是一个生产函数，是一个黑匣子，劳动、资本和土地这三种要素，再加上一个企业家才能这第四种要素，共同把投入变成了产出。

经济学的伟大奠基人亚当·斯密曾评论道，股份公司这种企业形式不可能

发展起来，因为董事和经理人们受股东之托代人理财，不可能像业主型企业家们那样节俭和勤奋。但是现代工商企业却实实在在地发展了起来，跨国公司的年收入已经大于很多中小型国家的国民生产总值。为什么会这样，古典和新古典经济学所描述的市场体系是如此完美，我们何需这些巨型工商企业的存在？带着对这一问题的思索，一个年轻的英国经济学者科斯，对美国的大型工商企业进行了深入的调查，写出了那篇大名鼎鼎的论文《企业的性质》。科斯告诉我们，企业内部通过管理进行的交易成本低于在市场上进行买卖交易的成本时企业就会存在。由此进一步发展出了纷纭复杂的现代企业理论，包括委托代理理论、不完全契约理论、团队生产理论等等。

企业生存和发展，要有人力资本、货币资本和物质资本，也就是通常所说的人财物三个方面。使人财物在一起构成一个企业能够值得其存在和发展的第四种要素是企业的组织资本。企业组织资本这个第四种要素，应该能使人财物这前三种要素加在一起产生合力和协同效应，产生一加一加一大于三的效果。企业的组织资本来自于各种外部和内部要素提供者对企业的信任，来自于企业内部是否有一种成员间相互信任的文化，来自于企业作为一个组织在决策和管理等方面的合理与效率。消减内耗，形成一种合作、信赖与负责的机制、习惯和文化，是从家庭、企业到国家等各种组织生存、发展和强盛的最重要因素。福山的《信任——道德与社会繁荣》、赫希曼的《呼声、忠诚与退出——家庭、国家及一切组织的兴衰之谜》等书，所探讨的也都是这一根本性问题。还有一些文化学家和社会学家所提出的社会资本的概念，也基本上是这样一个含义。家和万事兴，所蕴含的也是同一理念。

现代公司型企业健全公司治理机制，就是要从董事会开始构筑基业长青的组织资源，积累组织资本。董事会正是股东们按股权比例付费聘请来作为一个集体打理公司业务的最重要的一种公司治理机制。建设一个专业型的董事会，不要使董事会与股东会权力同构，在董事会层面形成稳定与合作的局面，才能最终走向股东可以换、员工可以换、客户可以换，但是公司依旧存在并且能够持续发展和兴盛的状态。那些百年老店式的现代公司，都已经和其创始人、创始家族、原始股东等等没有什么关系了，累积下来的主要就是一种组织资本。

公司制企业的两个基本特点就是股东的有限责任和企业的永续生命。股东的有限责任带来了股东敢于投资、敢于放手让董事会经营。企业做好了股东投入的资本增值，企业做得不好股东只亏损掉投入的资本而不负连带责任。股东要积极参与公司治理，但是不能越位干预。如果股东越位干预的话，在公司破产、受到债权人起诉等情况下，则会被法院“撕破公司面纱”、承担连带责任。公司制企业的股东享受到了有限责任的好处，则相应地要有公司所得税和股东投资收入的个人所得税这一双重纳税的义务。法律上为公司制企业提供的独立于其股东的永续生命资格，则更是需要健全公司治理机制才能使企业能够在市场上实际生存和发展下去。

17.1.4 伟大公司的特质：基业何以长青?

西方思想中有一句广为流传的名言是：考验一个人是否具有第一流的才智，要看他能否同时心存两种理念或说理想，而仍然能够运作和保持行动的一致性。再通俗点说，就是要大俗大雅、至阴至阳，而不是半俗不雅、半阴不阳，夹在中间，灰色状态。

伟大公司并不是靠伟大的构想起家的，而是在不断的试错和醒悟之中成长起来的。伟大公司的一个关键特征，就是它们跳出了那些非黑即白的两难选择而并不平庸，它们用一种兼容并蓄的方法而使自己能够同时拥抱若干层面上的两个极端。比如，它们能够在变革和稳定之间，创新和控制之间，自主性和一贯性之间，低成本和高质量之间，短期业绩和长期战略之间，股东价值和社会利益之间，股东控制与职业管理之间，顽强地保有自己的核心理念和很好地适应社会之间，理想主义、价值观导向和务实主义、利润导向之间，靠有秩序的规则追求进步和进行机会主义的摸索之间，胆大包天的目标和谨小慎微的行动之间，以及实施一个按部就班的战略计划和保持对市场变化的敏锐性之间等等，都做到极致和最好。不是让黑白混成灰色，成为一个不清不楚的圆圈，而是同时和随时以阴阳两极区分目标，出世和入世互为目的和手段。

伟大公司并不需要眼光远大的魅力型领导，并且事实上过分魅力型的领导对公司的长期发展可能有害。那些伟大组织的创建者们志在创建一种能够持久的制度，而不是追求其个人成为伟大领袖。从总裁到首席执行官再到董事长，领导了著名的3M公司52年时间的威廉·麦克奈特可以说是默默无闻。3M公司由5位投资人（两位铁路经营者、一位医生、一位肉类市场经营者和一位律师）创建于1902年，麦克奈特1907年加入3M公司，从助理簿记员做起，后升为成本会计员、销售经理，1914～1929年任总裁，1929～1949年任首席执行官，1949～1966年任董事长。3M公司大名鼎鼎，麦克奈特却默默无闻。其他很多伟大公司如宝洁、索尼、波音、惠普和默克等公司的构建者们也都不是高知名度的魅力型领袖。

一心只想赚钱的人反倒赚不到钱，成功属于那些执著而又运气较好的人。在那些伟大公司中，尽量增加股东的财富或者追求最大利润一向都不是主要的动力或首要的目标。伟大公司追求一组目标，赚钱只是其中之一。它们都追求利润，但是同样为一种核心理念所吸引，有一种超越简单赚钱的使命感。但结果是伟大公司要比纯以营利为目标的公司赚到了更多的钱。

有一个不变的核心理念本身要比它是什么更为重要，不用问我们应该珍视什么，但是要问我们究竟实际珍视的是什么？理念一致的公司内部沟通成本极低，理念一致的公司更容易渡过危机和困难时期，理念一致的公司可以永远有一种朝向目标的斗志和动力。制度和组织结构需要被人们理解才能真正得到执行和有效地运行，理念和文化是支撑企业制度和组织结构的无形却有力的基础。杰克·韦尔奇对通用电气进行了大刀阔斧的改革，但是杰克·韦尔奇自身却也是通用电气造就出来的首席执行官。伟大的公司不会是每一个人的绝佳工作地点，只有符合公司核心理念和要求标准的人才会发现那里是他们绝佳的工作地点。伟大公司的最佳行动绝不全是来自复杂的策略规划，反倒有很多是来自试验、尝试错误和机遇。

欣然接受改变，但是不要摒弃个人的理念，企业也是如此。保持核心理念不变，但是要快速行动抓住市场的机遇。公司是个人为事物，但是那些伟大公司的成长历程却更像是个生物物种的进化过程。

17.2 并购与重组中的治理之道

17.2.1 胜利股份：控制权争夺战催生中国首份企业治理准则

不断上演的股权之争给中国证券市场带来了一些热闹。热闹之后多数人就忘却了，少数人在沉思；沉思之后多数人就放弃了，少数人在行动。热闹能够产生沉思就好，沉思能够产生行动就好，而落到实处的行动则比仅仅宣传炒作一番的行动更好。

在空前热闹——首次引入股东投票权征集战——的股权之争之后，胜利股份成为中国第一家制定《公司治理原则》的上市公司（2001年），比世界上第一个公布公司治理原则的美国通用汽车公司（1994年）晚7年，这7年的世间差距不能算太大。

胜利股份的公司治理原则晚于上交所公司治理指引（2000年11月），但与监管部门的公司治理原则基本同步，这在中国这个政府推动制度创新为主的国家已经着实不容易了。如果事事都等待政府来推动，我们的改革就还没有完成，我们的市场机制就还没有形成。从市场的观点来看，公司治理是资产而不是负债。公司治理是企业甚至国家创建竞争优势的新工具。国家通过提高公司治理标准为这个国家的企业在国际上提供一种信誉担保，企业通过提高公司治理标准为其在产品、劳动和资本三个市场上建立声望。当在健全公司治理方面，企业的行动领先于国家的行动，企业的标准高于国家标准的时候，我们的资本市场就开始疏离“跑部竞争”进入“市场竞争”时代了。

在一个健全的公司治理规则体系中，公司治理的企业标准——那些优秀企业董事会公布的公司治理原则处于最顶端，属于竞争压力企业的应对措施。在企业标准——优秀企业在公司治理方面的最佳做法之下，是一些大的机构投资者提出的公司治理原则，这些原则是非硬性的要求，投资者通过用脚投票和开口说话等方式来施加影响。国际上一些著名的大机构投资者均已公布了公司治理指引等，但我们还没有见到中国有机构投资者公布公司治理指引。再下一个层次是一些如OECD（经济合作与发展组织）和世界银行等国际组织所公布的公司治理原则，这些原则所提出的是一些准硬性的要求，通过被各个国家监管部门所接受而发挥影响。最下一个层次，也可以说是最基础的一个层次则是公司法、证券法、公司章程指引和上市规则中有关公司治理的硬性规定。这些硬性规定是那些已经被市场证明为标准的、可以普遍推广的公司治理最佳做法。

公司法是股东之间通过组建一个公司来共事所必须遵守的标准协议，公司章程则是具体一个公司的股东们在公司法的基本规范之下所进行的一些更为具体的有关公司治理规则的约定，公司治理指引则是一些更为细节的做法规范。从公司法到公司章程再到公司的治理原则，标准应该越来越高，规定应该越来越细。公司法和公司章程的执行是由法律来保护的，公司治理原则则更多的是管理的范畴，主要靠管理层自觉遵守。胜利股份作为一家上市公司，其企业标准的公司治理原则的贯彻和落实，则应该主要靠信息披露和投资者的监督。我不明白胜利股份董事会为什么不在股东大会召开之前先行公布其公司治理原则供讨论，以便提交股东大会审议时能有一个更好的版本。美国《财富》500强公司中的绝大多数都公开公布了其公司治理原则，一般是在其公司网站的投资者关系主页上公布。很多跨国公司甚至已经将其公司治理原则译成了中文放在其中文网站的投资者关系页面上。

胜利股份的公司治理原则篇幅长达A4纸80页，共五章19节。第一章是股东、股东大会和股东议事规则，董事、董事会产生、董事会职责、董事会业绩评估、董事会议事规则；第二章是独立董事、专门委员会、董事业绩评估及报酬；第三章是监事会职责、监事业绩评估及报酬；第四章是董事会秘书职责、信息披露；第五章是总经理任职条件、职责、业绩评估体系、监督约束体系及激励体系。

发达国家公司公布的公司治理原则内容主要集中在董事会的运作上，因为有关股东和股东会的运作已经主要由有关的法规来规范。如何建设一个有效和独立的董事会，是公司治理的企业标准所要解决的主要问题。在中国则需要在董事会的有效性、独立性之上再加上一个持续性问题。当前中国上市公司中要么董事会形同虚设，一切由大股东操纵；要么股权争夺不断，大股东一换董事会就大换血，“一朝天子一朝臣”，使上市公司高层总是处在一种人治结构和权力斗争之中。

中国上市公司治理结构完善——甚至可以说中国现代企业制度建设的成败关键在于董事会建设。建设一个有效、独立和持续的董事会，真正使董事会作为一个会议体来行使权力，是使中国公司从人治结构走向法治结构的关键环节。当然这不是单靠一个公司的力量所能解决的，这依存于政府及整个社会的“治理结构”的改进。

17.2.2 达能娃哈哈纷争：公司治理中的规则与实力

经济学上治理的概念本是源自交易费用理论集大成者威廉姆森有关合同治理问题的分析。合同本是由相关当事人之间本着平等自愿的原则签订的，但是随着环境和条件的变化，尤其是当事人之间实力对比的变化，在实际的执行过程中，不同当事人对合同实质的理解就会发生改变。这种改变往往是一种本来隐藏着的战略意图需要实现了。达能和娃哈哈的纷争，实际就给我们提供了一个这样的案例。

达能在合资之初就通过合同锁定了娃哈哈品牌归合资公司的排他性使用权。在娃哈哈集团的非合资企业一开始用娃哈哈品牌来发展产品的时候，达能并没有明确说什么，而是任由其发展。但是当非合资企业的娃哈哈产品已经发展到了很大规模的今天，达能则拿出了其早就准备好的武器：“要么由合资公司收编，要么放弃使用娃哈哈品牌”。如果娃哈哈的非合资企业没有发展起来，日后双方之间的争端也自然就不存在了。

指责达能是设下了圈套，是有预谋的强行收购，从感情上可以理解，但是却没有多少道理。达能所宣称要采取的“法律行动”，是有其根据并符合规则的。但是达能为什么不迅速采取法律行动，并且一再地给出宽限期，以至把事情在媒体上闹得沸沸扬扬，导致双方的声誉都受到影响？因为达能的根本目的还是要宗庆后及其娃哈哈产品和团队能够继续为其赚钱，成为实现其中国战略的一个重要工具。

但是宗庆后在借助了达能发展起来之后，觉得自己要继续受控于人有点委屈，更觉得自己已经积累起来了一定的实力可以叫叫板了。借助媒体力量、搞群众运动可能是在政治氛围比较浓厚的环境下成长起来的中国企业家们比较擅长的一套。但是这能否帮助其最终取得谈判桌上的胜利呢？

有关政府部门一方面表示了中立的态度，另一方面又出面制止了双方继续在媒体上打“口水战”，媒体方面也基本是积极跟踪和客观报道，没有一面倒，这些都可以说是体现了出了我们对待市场和企业行为的一种成熟。这一点，与当年新浪董事会解聘王志东首席执行官职务时，媒体以及公众舆论一面倒，指责“资本家”行为的状态，已经不可同日而语。

在公司治理领域，以实力叫板规则的案例很多，有成功的也有失败的。经理人叫板股东和董事会的成功例子是广告天才萨其。在他被股东们赶出了由他所创建的“萨其和萨其”广告公司的时候，他凭借公司最大客户英航的支持，成功地解除了他自己以及随之出走者的“竞业禁止”协议。美国积极倡导公司治理的机构投资者，也以其实力成功迫使很多在达拉华州注册、毒药丸和分类董事会等反并购措施“符合法律规定”的公司放弃这些做法。

失败的例子当然是更多了。当年尽管有媒体和公众舆论一边倒性的支持，但是王志东以其重要创始人的实力叫板新浪董事会解聘其首席执行官职务这一公司治理规则的行为还是失败了。不管网友们当时在情感上、语言上是多么地支持王志东，却并没有形成真正的“实力”。他们没有做到，“没有王志东都不再上新浪网”。众多新浪网友对王志东的支持，比不上一个英航对萨其的支持来得真正有实力。

达能拿起了合同，拿起了公司治理规则来打压宗庆后。从白纸黑字的商标使用权合同，到谴责宗庆后把董事会中讨论的问题在媒体上公开，属于泄露公司机密，违反董事的忠实义务等等，可以说是有理有据步步紧逼。宗庆后得到了娃哈哈职工代表、销售精英代表和经销商代表等等方面的支持宣言，但是这些宣言在多大程度上能够真正转化为“实力”？

17.2.3　上汽收购双龙：海外并购整合中的公司治理战略

中国企业并购海外企业向全球化经营进军，确实是一个值得称道的事情。过分的乐观和过敏的质疑都不是我们应有的态度。随着中国经济实力的提高，单向度的海外企业进入中国、并购中国企业的状态势必结束，转入一个中外企业相互并购的阶段。联想收购IBM个人电脑资产，上汽购入韩国双龙控制性股份等等可以看作是这一转变的标志性事件。

与联想收购IBM个人电脑资产相比，上汽购入双龙控制性股份，尽管在交易金额上小很多，但是对管理整合能力的要求，特别是对公司治理战略的挑战却不低，甚至是更高。因为前者在性质上是把IBM分拆出来的资产装进联想公司里，法律实体和经营主体仍然是联想公司，需要整合的主要是业务和运营问题。而后者则是上汽成为双龙的大股东，要在双龙原本面临的各种约束之下以股东的身份去"治理"。如果说在联想那里，购入资产后的业务整合和经营战略是并购能否最终成功的关键因素的话，在上汽双龙这里，上汽作为股东对双龙公司的"治理战略"则成为关键成功要素，业务整合（是否进行）和经营战略（是否介入和介入多深）倒是第二位的事情了。

作为国有企业的上汽，在中国所熟悉的公司运作环境和公司治理做法，拿到韩国去是完全不适用的。并且从产品覆盖范围来看，双龙是比上汽国际化和全球化程度都高很多的企业，这对上汽来说，在公司治理战略和业务运营战略上都是一步重要的跨越。上汽经营者在国内从来不会感觉到工会方面的什么强大压力，到了双龙却不断地面临着来自工会方面的强大压力。从全球范围来看，也许韩国企业还是受到工会压力比较小的，并不如欧美国家工会实力那么强大。尤其是在汽车产业，工会的力量更为强大。历史上，福特汽车公司跟工会甚至发生过严重的暴力冲突，欧洲一些汽车公司老板甚至不敢走到车间里去，因为实际发生过老板进入车间后被工人扣押起来做人质的情况。

在经济合作与发展组织（OECD）成员国里，韩国在雇员参与公司管理的强度方面是属于中等偏弱的。像澳大利亚、德国、挪威和瑞典等国家雇员有任命一部分董事会成员的权力；法国、意大利和挪威等国家在宪法上有雇员参与公司管理的权利；而韩国是有法律规定的工作委员会（Work Councils）制度，有此规定的国家还有澳大利亚、法国、德国和荷兰；雇员参与管理的法律地位最弱的国家是美国、英国和日本，上述三项全无。工作委员会（Work Councils）或译职工监事委员会（中船集团访欧报告译法）和员工代表会（台湾译法），是起始于德国1952年《企业基准法》的一种做法，规定雇佣5人以上的企业需成立该委员会，并赋予一定的管理参与权，包括有关职工福利原则方面的共决权，有关裁员、资产处置等方面的协商权和有关财务、经营情况方面的知情权等等。

包括工会和其他各种利害相关者的压力在内，共同构成了对企业经营决策的公司治理约束，作为大股东和经营者，必须在此约束下运作，可谓是“带着镣铐跳舞”。公司必须在保持各方利益基本平衡的状态下去创造价值，并进一步通过创造更大的价值而保持各方利益更好的平衡。对此，从并购行为开始到并购后相当长的一段整合过程中，都要有一个系统的公司治理战略考虑。尤其是并购后的磨合和整合期内公司实际决策机构和最高领导人的安排，如戴姆勒奔驰和克莱斯勒整合过程中的股东委员会和双首席执行官制度等等，对跨国并购、整合和最后的成功至关重要。

17.2.4　明基收购西门子手机业务：合作战略中的风险控制

明基和西门子手机业务之间并非一种典型的资产收购行为，而是各有意图的战略合作关系。明基要借助西门子的品牌和研发力量发展手机业务，西门子则是通过品牌使用授权、资金补助等付出处理掉自身无意继续经营的手机业务。这种合作的初衷应该说是良好的，但是如果对其中的风险因素事先没有充分的认识并备足应对手段，则会使这种合作陷入困境，难以为继。

明基西门子的教训不可谓不深刻，但审视一下导致这一败局的因素却不得不说都是一些最基本的风险因素。战略管理的标准教科书中都会至少列出以下一些合作战略中常见的风险因素：合约履行不好，对合作伙伴能力的判断错误，合作伙伴没能提供互补性资源，因与合作伙伴配合进行专用性投资而被套住，对合作伙伴战略意图的错误理解等等。此外，国际性的联盟合作可能因为管理风格、文化以及管制规则等方面的不同而难于处理。纵观明基西门子的发展状态和其最终结果，可以说在上述这些基本的合作风险控制上都出现了问题。

150年历史的西门子固然具有其品牌价值，但是这种品牌却并非往什么产品上随意一贴就能值钱。如果能有如此奇效，西门子的手机也就不会连年亏损了。手机业务在西门子自己手上持续亏损的原因是什么，明基决定接手之前对此是否有清晰的认识？自己是否有能力提供某种关键要素，解决其问题？就明基在合作之初十分看中的西门子的研发力量来说，是不是过于注重流程创新、擅长把一种已有产品做得更好，而忽略了产品创新、新特色和新功能的开发？明基像一块钱买欧洲古建别墅（已经无人居住的破旧古建别墅，一元钱卖给你，但是你要按照要求完成修缮和维护工作，实际是通过这种受限制的所有权的出让，换得了你去帮补他们维护古建筑）一样接手了西门子手机业务，却严重低估了其附带条件的限制和“维护成本”。

作为职工共决制和社会市场经济概念起源地的德国，职工福利高、工会权力大是全球有名的，想要像在中国这样廉价使用甚至粗暴地对待员工，随意加班、以灵活的名义而不遵守规则等等是断然不可能的。为了加快产品上市速度而牺牲严谨和严密性，降低质量标准也同样难以做到，否则“德国制造”或者说“来自德国的技术”也就不会再有其魅力了。像这样一些现在“总结”出来的败局原因，只能说明在这一合作项目上明基的事先准备工作做得实在是不足。对于那些正在摩拳擦掌、跃跃欲试通过并购实现快速国际化的中国企业来说，行动之前，可能要像学生应考前多做几套卷子一样，充分仔细地做好、做足合作战略中的风险控制这一基本功课。

我们也许并不能断然地说，后发国家企业通过并购跨国公司的某项资产或业务实现快速国际化这种做法是完全不可行的，但是我们可以肯定的是，这种操作模式中失败的概率肯定大于成功的概率。其中除了一些能否顺利整合等管理能力和风险控制等方面的“功课性”因素之外，还存在一个根本性的问题是：这种并购都是属于一个总体上的弱者去接手一个总体上强者的弱项（就像西门子的手机业务相比业内真正强者诺基亚和摩托罗拉而言是弱项），你有什么真正的核心能力去使这一弱项很快地做强？不能很快地做强的话，就是弱者接过来强者已经力不从心的包袱，不被压死就算不错了。企业核心能力的培养，就像个人的强身健体一样，除了每日苦练之外，没有速效药丸，没有捷径可走。

17.2.5　华源重组：并购与重组中的价值创造问题

从诚通重组华源到华润重组华源，本身没有多少实质性的差异，都是国字当家的一种资产转来转去的行为。有意思的是，华源这家著名的以并购和重组迅速扩张起来的企业集团，这么快就成为了被并购和重组的对象，不得不让我们深思并购和重组这种企业扩张策略的自身逻辑和其内在的价值创造问题。

如果不考虑资本市场上的套利性并购行为，市场经济条件下企业并购产生的一个重要原因是整合业务流程、消除过剩的行业生产能力。在行业生产能力过剩的情况下，那些资产使用效率更高和更有市场力量的企业，会通过并购方式消除过剩产能，并实现产业升级。但是在中国现实情况下，我们却看到很多仅仅基于某种融资能力的并购和重组行为。从已经崩盘了的德隆到危机中的华源，我们都可以看到一种仅仅或主要是基于融资能力的通过并购与重组实现跨行业急速扩张的现象。在这种扩张中，我们能够看到的是总资产规模和债务规模的快速膨胀，但却看不到多少过硬的产品和产品市场上的优良业绩。当脱离了产品市场业绩这一企业基石的“资本运作”令有关企业领导头脑发热、颇有巅峰体验的时候，这个企业的“资金链”断裂和崩盘也就为时不远了。企业的价值创造领域在于产品的生产，这种产品可以是有形的，也可以是无形的，但一定要给顾客带来实实在在的效用和使用价值。企业价值或说是股东价值，就长期和竞争市场来说，本质上是顾客价值的派生物。

从华源的快速并购扩张中我们可以看到其背后一定程度上是源自国资委的一味要求企业做大的驱动力。殊不知通过资产重组可以做大企业却不能做强企业。我们可以一夜之间通过合并国有企业创造出资产规模上世界第一的企业来，但是效率在哪，真正的强项和业务优势在哪？真正强大的企业是个生物体，是自然成长起来的。有效的并购与重组可以推动这种成长，但也要像器官移植一样，要有细胞的相互接纳和血液的相互融合。内功不足的企业，不能真正整合好并购或重组到一起的资产和业务，其结果是不断消耗企业有限的现金流，最终无以为继。不论是银行贷款还是上市融资，最后都是要以某种方式返还给投资人的。任何企业最终都必须要在产品市场上取得业绩，从顾客手上赚到钱，才能可持续地成长起来。

我们可以把目光从华润重组华源这一事件本身移开，看看所有那些资产规模上已经很大了的国资国企集团，很多都是有着如雷贯耳的企业名号，却没有几个真正在市场上叫得响的产品或业务品牌。除去一些行业垄断性的企业之外，很多集团甚至让人搞不清楚它到底是做什么的。

企业的成功是以产品的成功为基础的，没有优势产品的企业，“成功”也只能是一时看上去很美的空中楼阁。并购或重组的根本目的也在于构建企业的“产品能力”和“市场力量”，而不是简单的资产和销售收入的算术加总。企业经营中要善于运用并购和重组等手段，但是永远不要忘记并且要持续不断地运用“是否创造价值”这把尺子来检验其合理性与有效性。

17.3 战略管理中的治理之道

17.3.1 “资本运作”的实质：股东价值管理

资本运作热火朝天很多年了，但是到底什么是资本运作，恐怕没谁能够真正说得清楚。最近又有几位很令人尊敬的企业家，要学当“资本家”，专心去搞资本运作了；与此同时，还有很多企业家要有资本运营权一类的呼吁，甚至“圈钱高手”成为了某媒体赞赏一位企业家的美誉。我对此很是有些不解和担忧。

中国历史上是学而优则仕，结果是学术一直不能真正地发展起来。二十多年的市场经济发展之后，学而优则仕，学而优则商，商而优则仕，商而优则学，仕而优则学，仕而优则商，全来了。这些大概都属于个人“人力资本运作”的范畴。政商学之间，没有正常和活跃的人才流动恐怕不行，但是如果交流得无序甚至失范，恐怕只能是混乱和没有专业分工了。

国有企业系统里依旧是仕商难分，官员摇身一变而企业老总，企业老总摇身一变而政府官员，甚至有很多是同时兼任着政府官员和企业老总双重职务。一些半官半民的知名企业家，则是很难免地成为了商业领袖和某种社会思潮与力量的旗手。结果是闹出了很多实在让我们看不懂的事情。别的不说，就以资本运作为例吧。

知名企业家们张口闭口资本运作，政府官员尤其是主管经济工作的地方政府官员也是张口闭口资本运作，很多上市公司主业是什么看不清楚，资本运作上大张旗鼓。那么到底什么是资本运作？云里雾里地似乎做好主业之外的事情都是资本运作。一本有关资本运作的专著里罗列了100多种资本运作的内容，整个是一个什么都能往里装的筐了。

兼并收购是不是资本运作？兼并收购只是企业扩张时可供选择的一种战略手段而已。产品需求扩大，需要扩大生产能力，企业要考虑是自建还是收购，根据行业生产能力过剩还是不足情况，比较两种方式的成本而决定。如果企业自身某方面能力过剩、不能有效利用，卖出也是一种很好的选择。80年代以来国际企业的兼并和收购行为，已经不是60年代的那种混合多元化和扩张，而是企业瘦身和企业减肥运动的一个组成部分。各个企业都回归主业、出售没有竞争优势的资产，一些职能和辅助性活动则是采用外包方式。这样形成了一个企业之间的生态网络，导致企业之间的竞争演变为企业生态网络之间的竞争。

企业自有富余资金购买国债及其他金融产品等是不是资本运作？这应该是现金管理的内容。正如一名言所说，企业现金管理的最佳原则是“账上一分现金都没有，但是需要现金时能够随时得到。”企业的资产与负债之间要有一个安全而又有效的时间期限结构方面的匹配。一些上市公司大笔募集资金用于委托理财，这样的上市公司在承担什么职能，是不是演变为某种金融机构了？股东自己不能买国债、搞委托理财吗？我们何必还费那么多劲，支付那么多中介机构和公关、宣传费用来上市呢？

企业上市是不是资本运作？上市是企业融通外部资金的一种可行选择，并且上市和下市都应该是企业可以考虑的一种选择。如果企业的项目前景确实比较好，但是风险也比较大，靠内部融资发展不起来，靠银行贷款也不足以满足扩张的资金需求，上市吧，出让股权换资金。这时企业应该考虑的是能否卖出一个好价钱，也就是现有股东和经理人们对企业价值的判断和外部市场对企业价值的判断之间的差异大小。如果值得就上市，不值得就不上市。已经上市的企业，如果企业内在价值确实很大而资本市场没有充分认识，还应该选择下市呢。有实力的股东或者经理人在银行等类金融机构的帮助下，进行杠杆收购、管理层收购等等，来它个“股转债”也许是个更好的选择。

我们还可以这样一一列举下去一些所谓资本运作的事项来进行分析和解读。我找不到一个英文中能够跟资本运作准确对应的词汇，上述那些资本运作的内容可以在战略管理、公司财务等等课程里找到。当然，《兼并、收购与公司治理》等研究生课程里，可能会包括更多的类似于资本运作一词所指的内容。

真正的资本运作，就其精神实质来讲，应该是“股东价值管理”。股东价值管理，顾名思义就是从实现股东价值和创造长期股东价值的角度，来指导企业决策。当然，股东价值管理的引入和实现，需要有真正的股东存在，需要有股东能够规范和有效地发挥作用的机制和条件，需要有尽可能健全的公司治理系统。

17.3.2 吉利汽车：李书福与福特的异同

福特不是发明汽车的人，但却被称作是给这个世界装上轮子的人，是整个20世纪世界最受尊敬的20位企业家之一。要从当今中国的汽车产业中找一个与福特最为相近的人，还就是李书福了。

如果拿到目前为止的业绩来衡量，李书福与福特还差得很远很远，但是从出身、造车理念及个性等方面来说，李书福与福特还真是很有几分相像。而目前中国汽车业的其他风云人物，都与亨利·福特南辕北辙，全无相像之处。

与福特一样，李书福是农民出身，是完全自己白手起家创业的，而不是官员或者职业经理人。与福特一样，李书福致力于造“普通老百姓能够买得起的好车”，专注于技术和生产，不太重视管理和营销。李书福与福特一样，个性上都多少有些偏执，从不讳言自己的独特见解，哪怕是那些在世人看来有些偏激和不合时宜的见解。

但是，李书福与福特还是有很多的差异。这些差异，有主观上的、来自他个人的，也有客观上的、来自外部环境的。这些差异导致了李书福和他的吉利汽车，在今天仍然还很“弱小”，无力问鼎龙头老大的地位。1914年，自1903年成立的第11个年头，福特汽车公司的汽车销量超过了全世界其他汽车制造商的总和。2006年，吉利进军汽车业的第九个年头，终以20万的销量跻身中国市场七强的地位。如果消除或者大大减少这些差异，李书福能否在中国重演福特当年的“辉煌”？不能说肯定会，但是很可能会。

吉利，“造百姓买得起的好车”，战略定位很好，做得不够彻底。福特当年成功推出T型车后，就是专注于提高产量和生产效率，以至只有黑色的，因为黑色漆干得快，也拒绝附加任何“奢侈”甚至是“便利”性的部件。农民造的车，就要像农民的身体一样，浑身都是肌肉，没有一块累赘。福特车是给人们驾驶的，不是给人们炫耀身份的。拥有一辆福特车，你可以去到世界任何一个地方，但上流社会除外。福特为平民造车，为农民着想，甚至投入了很大的精力开发酒精燃料以替代汽油。福特想如果他的T型车能够用农作物做燃料而不是汽油，即可减少大气污染，又可避免资源的枯竭，更可以让农民致富而不是让石油公司发财。

不过应该说，在战略定位的一致性方面，吉利比奇瑞做得好一点。作为要以低成本取胜的汽车企业，应该就是一种基本车型，把发动机、变速箱和底盘等关键部件和骨架性的东西，质量上搞得绝对过硬，让人能够放心地开。吉利在这三个方面技术积累和实力是比较强的，有这个能力。奇瑞从超小的QQ到超大的东方之子，过于分散使用了新兴企业有限的各种资源和能力。

环境方面，吉利有成为中国“福特”的潜在市场机会，但是没有当年福特那样可以自由挥洒的空间。福特为了降低成本，一方面一改此前的手工作坊式的汽车生产方式，率先引入并持续改进其汽车生产流水线，扩大生产规模；另一方面进行高度的纵向一体化，甚至自建钢铁厂等。但是吉利呢，奔波数年才终得一张产品准生证。时至今日，新建生产基地还要受到所谓“产能过剩”调控政策的限制。

那些不符合市场规则的，因为官员自以为比市场聪明而搞出来的所谓“政策”，实际限制了民族汽车产业的发展空间。这已经不仅仅是李书福个人或者吉利汽车公司的不幸遭遇，而是我们民族、我们国家的一种悲哀。

17.3.4 从福特到用友：分红中的公司治理问题

1917年，福特汽车公司的主要投资者道奇兄弟因为公司盈利而不分红将福特告上了法庭，最后法院判决福特公司必须拿出1900万美元利润分红。福特不分红是因为他把公司发展作为“事业”，这1900万美元中有高达1100万美元还要分给福特本人。用友软件因为10股派6元的相对高比例分红，引发媒体上的大争论，招致民营企业控股上市公司大股东急于套现的指责。很多国有股主导的上市公司，又身处传统行业，主营业务已经没有什么发展前途了，却坐拥大笔现金不分红，或者搞委托理财，或者再去胡乱投资毫不相关、自身也没有什么明显竞争优势的新行业。对比这三种现象，我们应该思考一个公司治理中的根本性问题：谁来监督监督者？

国有控股型的上市公司，因为国有大股东本身的多级委托代理问题没有很好地解决，导致其选派出的董事和经理人没有切身动力去分红，“视融资所得为利润”，好大喜功、追求在职消费。流通股投资者普遍追捧那些有分红的企业股票，媒体和专业人士也都呼吁上市公司分红。由民营创业型企业、个人控股的上市公司和那些实行了经理层收购的上市公司所引发出来的高比例派现分红，又导致人们担心上市公司不把发展当回事，经理人大股东套现发财，采用另一种形式“剥夺”中小股东。把“剥夺”加上引号，是因为我们不赞同有关人士使用的这个过分感情化和过分激烈的字眼。由于发起人资产折股定价、公司股票发行价和上市流通价三者之间的巨大差异而引起的所谓不平等问题，这是由于中国股票市场的制度性结构所造成的。即使王文京不去分红，他那5000多万的净资产也已经在发行完成之后就变成了5个多亿。作为后进入的流通股股东现在心理不平衡了，那么应该先自问一下你为什么要去玩这个游戏？反过来，王文京先生大概对媒体的激烈争议和关注也没有充分的预料，否则也会采取一个更为稳妥的方式，至少会更为妥善地做好媒体关系和投资者关系管理工作。股票市场玩的就是信任，就是各方对未来的一种预期。

美国的创业者们，即使公司已经上市了，由于自身占有大额股份，为了取得一种平稳的退出，会通过换股将自己的小公司并到一个大公司里，先成为不引人注目的小股东，再逐步卖出股票去养老，这就是市场的监督。当然在中国，由于流通股和不流通股的分裂，流通股股价并不直接影响持有非流通股的控股股东的资产价值，他也就用不着太关心你流通股股东的反应。更何况中国的股票市场又是格外地没有记忆，什么事情都吵闹一阵就过去了，太多的事情都是不了了之，没有一个最后的明确说法，更谈不上什么落到实处成为惯例的明确做法了。看到太多国家和国有企业控制上市公司产生的弊端之后，我们头脑发热地渴望私人和民营企业控制的上市公司能够给我们带来公司治理方面的改进，但事实总也不像我们想象得那么顺理成章。正如标准普尔所评价的那样，家族控制的香港上市公司治理水平还不如国家控制的中国上市公司治理水平高。这让我们思考一个根本性的问题，国家的组织控制体系的退出并不必然产生一个有效的市场控制体系来替补。减少政府对市场体系的扭曲是我们改革的一个重要任务，促进市场体系自身的发育更是我们一步也不能再怠慢的艰巨工作。对于民营企业的上市，没有国有企业的那些复杂的、涉及到方方面面的政治和历史遗留问题，为什么不从一开始就让它全流通？在我们为了国有股减持而进行全民大讨论的时候，为什么还要制造新的流通股和不流通股分割的上市公司？

试想，如果用友这样的民营企业上市时就按全流通的结构来设置，一级市场和二级市场投资者都有一个明确的发起人股东在《公司法》规定的三年限制期之后可以自由转让的预期，这些后来的投资者们对其股票的估价还会那么高吗？可能就不会出现发起人1元、认购者36元、二级市场首日90多元之间的巨大价格差异了。反过来，用友公司的大股东们也会更为高度关心二级市场对其分红和战略决策的反应，小心维持市场信心。作为自利的人，谁都不会为了眼前的一点分红的小利而冒起大笔资产长期贬值的风险。何况这点分红，要纳企业所得税和个人所得税两次税收，中国的个人所得税又是累进率很高的。上市公司回报股东是一项很复杂的科学和艺术，美国的上市公司为了让他们富有的股东少纳一点个人多所得税，会采用回购股票来替代现金分红。因为分红收入要按累进税率纳税，最高税率近40%，而通过回购使公司股价上涨，可以让股东通过出售股票获取资本增值收入，长期资本增值收入（股票买入和卖出时间间隔在一年以上）最高税率才20%。而在中国，股票交易收入是20%的固定税率，目前还暂不征收呢。

无论如何，用友等公司的高额派现，并且派现总额不高于公司盈利额的话，大股东是把钱拿在明处，合规合法，与那些我们不知道的跟庄家联手炒作操纵股价获利或者通过关联交易获利，或者有钱不分胡乱投资的公司相比，进步一百步也不止。由此引起的争论，也反映了中国资本市场的进步，这就是信息的透明才会有的媒体关注和舆论监督。我想，这种监督方式可能比独立董事和监事会还起作用。按照组织控制的思维，就是上级授权并监督下级，对什么事不放心就派个监督者去，结果往往是监督者被俘虏，猫为老鼠服务了。在组织控制体系里，解决不了谁来监督监督者的问题，市场机制就是监督者的监督者。我们盼望中国的上市公司出现有个人利益能够替外部股东管好全体股东投资和公司资产的董事和经理人出现，包括自然人大股东。而他们个人是否会谋求私人的、股东身份之外的控制权收益，我们只能通过法律、信息披露和信誉等等机制了，市场机制就是这一系列的总和。美国有各种各样专门的研究机构，就是盯着上市公司的年报，尤其是对其董事会运作和经理薪酬情况进行分析。

17.3.5 中国公司股东分红纠纷问题的解决思路

分红与否本应不是大小股东之间的矛盾，公司盈余用于分红还是留在公司，对于大小股东来说是一样的，决策准则应该是留在公司更能增值还是分红股东自己再投资别处更能增值。

大小股东之间在分红问题上出现冲突，原因是对公司前景看法不一，更看好公司前景的股东愿意盈余留在公司，不太看好公司前景的股东则愿意分红后自己处置。对此类冲突的解决需要清晰公司战略和前景及相应的资金需求，由此达成一致认识，决定分红与否及分红多少。

想要分红改善生活的股东和不需要分红改善生活的股东之间也会有分红与否的冲突，对此类冲突的解决可以考虑采用“股票和现金互相替代的选择性分红办法”解决。比如决定公司分红，但是同时确定一个比较有吸引力的转股价格，给予所有公司股东用分红资金购买公司新股的选择权，这样愿意把钱留在公司的股东选择转股，持股数增加，愿意把钱拿走的股东选择拿走，持股数不变。

经理人和股东之间，参与公司经营者和不参与公司经营者之间会有矛盾，前者会倾向不分红、后者会倾向分红。从这个角度来看，持股经理人的看法会比较居中（不分红公司壮大有利其事业发展远期得利，分红则自己当下得利），应该得到更大的尊重。

上市与否及上市时间的不确定性增加了分红决策的难度。在确定不上市的情况下，股东除了分红没有其他的获得回报途径，慷慨一些的定期分红（固定比例的常规分红加根据效益情况决定的特别分红）比较重要。

在未来几年之内还要上市的情况下，现在分红则以少量为好。

保持一个连续分红的历史记录比较有利上市成功，但同时如果分红过多、公司净资产减少，相应地上市成功的资产价值倍增效应减小，对股东不利。中国目前情况下，任何股东通过分红拿走资金，都不会有公司上市所实现的资产增值效应这么巨大。给中小股东一个明确的公司还要上市的信心，明白人就应该不再吵闹分红了。

目前中国证监会鼓励公司IPO时就做分红承诺，这样承诺的公司容易审核通过，这就意味着公司上市后就分红，并且要多分红。这种情况下，现有股东忍一忍，上市后再开始慷慨分红，一是实现了资产倍增，二是上市后马上分红原始股东实际大大地占了新股东的便宜。

我曾给某公司董监事会成员讲过一天公司治理。他们随后要召开董事会，也是有些股东方吵着要分红。该公司当时采用跟随战略，行业领先公司发展到哪里，它们就要跟随到哪里（当时该公司所处行业市场处于宣传培育和开发阶段），公司需要把利润留在公司用于发展。公司CEO的两个回答，很有价值。

一是对表示个人理解公司发展需要资金，但是派其来担任董事的股东单位领导需要被说服才行，董事自己表示说不清楚、说服不了，该CEO表示公司可以派出专业团队去该股东单位讲解公司战略和不分红资金的用途。

二是对表示自己单位也是资金困难，需要分红资金解困的董事，该CEO表示，可以马上联系下家接手他们的股份。可能因为这个原因，该CEO当时对我讲课中提到的“回购可以是替代分红的一种手段”特别感兴趣。

17.3.6 改变募集资金用途的深层原因

公司上市后不按招股说明书所列项目使用募集资金，是中国境内上市公司中的普遍现象。这里有各种各样的原因，大致可以分为三类。

第一类是“坏人做坏事”，比如上市之前，发起股东们就没想用募集的资金来发展业务，而仅仅是用编造的项目来圈钱，如资金去向不明或者大股东挪作他用等等。对此类行为，在我看来就是一种经济欺诈，只有通过加大有关司法力度来解决。

第二类是“好人做坏事”，比如有的公司其业务发展很好，现金流充足，业务本身的关键成功要素或者说限制其发展的因素就不是资金短缺，但是在能得到上市融资机会的情况下，必然要编造出一些项目来合理化上市的目的。而上市之后，大量的募集资金没有实际合适的实业项目运用，把资金用于“委托理财”之类的。这种现象，是我们的上市体制和公司治理不力导致的。就结果来说，委托理财可能比乱投到那些不适合的实业项目可能还要好一些。

第三类是“好人做好事”，但是按现有的一些简单的规则评判是“坏事”。比如有些公司是由于上市运作周期很长、步伐缓慢，而项目的市场时机不等人，就在募集资金到位之前已经通过银行贷款等方式实际进行了有关的项目，上市到位之后就用于了有关的还贷和补充流动资金。还有的公司是由于，经过漫长的上市过程之后，市场情况发生了变化，原定的一些项目已经不适合做，作一些微调，或者是出于对股东资金负责的态度而投入到了一些其他的更为稳妥的用途之中。

第一类现象不需要多说，对于“坏人做坏事”只能“以恶治恶”。

对于第二类现象，需要反思的是我们的上市标准。我们的上市标准不是着眼于项目未来和公司前景，不是倚重于投资者的判断，而是完全由监管部门和一些专家来把关。这些部门和这些专家越负责任越偏重于要求公司有优异的历史业绩。恰恰是过去三年已经取得优秀业绩的这些公司，其所在行业和其现有产品的市场潜力可能等已经开发得差不多了。因为各个行业和各种产品都有其自身的生命周期，一下子再来一大笔上市募集资金必然没有什么合适的用途。结果就导致了大量的上市公司把募集资金拿出去搞“委托理财”。其实这样的公司就没必要，也不应该上市。上市公司拿股民的钱再去买股票或者国债等等，何如股民自己去买股票和国债。而且买股票和买国债的专家是基金，而不是上市公司。由于我们的上市行为受到的有效约束很少，上市之后业绩不好甚至是胡作非为，也仍然可以牢牢地掌握公司控制权，这样也就很少有企业不愿意上市，更谈不上自主选择下市了。这是中国股市制度设计上的一大弊端。

对于第三类现象，我想这是市场力量对一些不合理制度和低效率规则产生的一种自动纠正行为。问题是，我们如何区分这些合理和有效的改变募集资金投向行为和那些不合理和无效的改变募集资金投向的行为。理论上说，只能是加强公司治理，尤其是加强流通股股东和中小股东在公司投资项目选择上的发言权。只要股东们都了解了新情况、愿意改变资金投向，那就是合理的。有关监管部门和任何第三方不应该过多地去介入这种公司内部事务。

17.4 企业文化与人员管理中的治理之道

管理中的人文因素是从20世纪20年代的霍桑实验开始引起人们关注的。起初霍桑实验的目的是为了发现生产率最高的车间灯光的亮度，但是当时的管理科学主义者无法解释“灯光调高和调低工人生产率都提高”的实验结果。由此产生了新一派的管理理论，“影响实验中生产率变化的不是灯光亮度，而是参加实验的工人感觉到了自己在受到关注”。

17.4.1 人力资本对企业治理规则的影响

关于首席执行官兴起的一种流传甚广的说法是，人力资本走上历史舞台，介入企业制度建设之中。从安然、世界通信等公司的财务造假行为中，我们可以看到的景象是首席执行官们玩弄董事会于股掌之中，做假账欺骗股东。美国著名的《首席财务官（CFO）》杂志2002年的一份调查表明，美国大公司中

17%的CFO们曾迫于首席执行官的压力，被迫出具虚假财务报告。国内某上市公司为了保证配股业绩，董事长（多数中国公司事实上的首席执行官）以董事会的名义强令下属各分支机构必须完成董事会下达的业绩目标，迫使公司财务处长指挥下属分公司做假账。

从中外公司失败案例中可以看到的一个共同规律是，当没有实实在在的货币资本股东监控存在时，如果再没有一个有足够动力和能力，并能实际负起责任来的董事会的监控，首席执行官一人大权独揽，必然会导致公司走上欺诈之途。正如中国古语云，人无恒产则无恒心，在没有足够的货币资本和实实在在的财产作抵押的情况下，人们守信的约束力是不足的。如果他再有控制庞大资源的权力，想不犯错误可能都难。自古圣贤有几人？股权多元化、分散化，董事会集体受托经营公司等等，都是为了适应市场竞争发展、把企业做大而逐步创造出来的一套公司运作规则。如果企业的创始人和老板真的就不想让企业做大，那就大可不必遵守这一套复杂的运作规则。事实上，制度和规则太复杂了，往往会导致人们无法遵守，由此又会形成一种人们不遵守制度和规则的恶性循环。这是一个人类永远也无法根本解决的自由创新和制度规则之间的两难选择。

对人力资本的强调无疑加深了我们对现代企业制度的理解。但是，人力资本到底是什么，人力资本能不遵守基本的政治、文化和市场规则吗？真正地理解这一问题，要从一些基本的理论概念谈起。受过长时间劳动价值论教育的中国人，从情感上非常容易接受人力资本理论。实际社会经济生活是复杂和非常多样化的，如果没有一种很好的理论来简化性地描述它们，我们就无法真正地理解它们。正如理解二字的字面含义就是“按一种理论来解释”，通了则会有一种心理上的愉快和行为上的指导，不通则会导致心理上的苦闷和行为上的无所适从。劳动价值论把资本看作是物化劳动，人力资本论则把劳动看作是人力资本，都是试图用一种元素来解释多元要素的经济生活和价值创造活动。

那么在现代这种日益复杂和多变的商业环境中，劳动要素或说人力资本对企业制度规则的实际影响是什么呢？概括来说就两个方面，一是在公司治理层次上给人力资本要素更多的参与企业剩余分配的机会；二是在公司管理层次上给人力资本要素更多的自主权。一些具体的表现包括，公司法上放宽对人力资本要素占有股权比例的限制，薪酬体系上增加绩效薪酬和股权类薪酬的比重，公司组织结构安排上大力推进扁平化等等。这些近一二十年来企业制度和公司治理机制方面的伟大创造是不能因为公司欺诈案的揭露而否定的。美国在从传统产业向知识产业的转变过程中，工会的力量被自然消解，这是知识员工具有一种天然的自我保护才能所致。知识员工，你只能劝说他干活，不能命令他干活。知识员工只能靠事业激励才能真正出成绩，在大棒之下是编不出好软件、写不出好报告的。

任何事物，有好的一面就有坏的一面，人力资本的另一面就是人力成本，越高级的人力资本，成本也自然越高。近一二十年来，世界范围内追求自由市场效率的浪潮确实有其毁坏社会稳定和道德的副作用。就像中国打破大锅饭让一部分人先富起来的政策，在推动改革的积极作用发挥出来之后，也在一定程度上形成了不太容易逆转的贫富差距扩大趋势。美国在公司高管人员收入大幅度增长的同时，自1973年以来产业工人的工资水平就一直处于没有提高甚至下降的状态。中国的农民和工人在改革初期的收入迅猛提高之后，近些年也处于一种缓慢增长甚至是停滞增长的状态。

知识经济和网络经济中确实存在泡沫，但也确实是人类正在跌跌撞撞中迈入一个新时代的标志。维系传统经济的文化和制度统统受到了挑战。就像铁路等现代大工业兴起之时，也曾有过很多狂徒和骗子一样，这是一个似乎一切都要终结的时代。从流行图书的题目上就可以看出这点来：历史的终结、意识形态的终结、哲学的终结、组织化资本主义的终结、股东价值的终结，等等等等。似乎一切都在终结，那么正在开始的是什么？

17.4.2　戴尔电脑：企业文化的标准化与个性化

这是一个多元化的时代，企业文化也是这样，以至有文化和没有文化之间已经没有了区别。悲观主义者说我们正在步入一个文化的沙漠，乐观主义者说我们正在进入一个文化的丛林。

以直销模式创建IT业奇迹的戴尔计算机公司，会被“惠普之道”崇尚者斥责。事实上，这是个性化价值观对标准化价值观的批判。

戴尔计算机公司由于高度重视股东价值、实施严格的标准化的业务流程管理，被其公司一位员工斥责为“思想的坟墓”和“文化的废墟”。这位员工很有些激愤地指出：“几乎从不进行产品研发的戴尔在业务流程上竟有500多个专利！任何专业的思索与创新就像零部件交由OEM厂商一样，全部外包。”

“几乎从不进行产品研发的戴尔在业务流程上竟有500多个专利！任何专业的思索与创新就像零部件交由OEM厂商一样，全部外包”。我想这正是现代的市场分工与合作体系所带来的企业文化丛林。标准化企业文化与个性化企业文化在市场上相互依存而共生，不能说标准化企业文化是没有文化，是对企业精神的扼杀。

真正的企业和企业精神都是很现代的事情，不过一二百年的历史。正是标准化作业，大规模生产和大规模流通，才使企业这种组织形式成为现代社会的中坚力量。它一方面替代了很多传统上属于家族的职能，另一方面夺取了很多原属政府的职能。

传统上我们工作和生活不分，都在“家”的范围内完成。现在我们要将每日除去睡眠之外的大部分时间都用在工作单位，由此导致“工作成为了我们生活的一个重要部分”。于是我们就要求在工作单位也要有在家的感觉，于是我们就要求企业要像个“大家庭”，于是我们又进一步把“大家庭”作为衡量企业文化优劣的一把标尺。但是市场的生态是非常多样化的，在企业文化的丛林之中，“大家庭”式企业也只能是一个物种，并且到目前为止，还不是一个能处于主导地位的“物种”。

政府组织则为人们提供了一个严格得仅次于军队的等级制的范例。在政府之中，上级与下级之间是等级分明的。对于公务员来说，虽然不像军人那样“服从是天职”，但是要严格遵守上级给你的授权行事。你可以有提出建议的权利，但是不需要你去创新什么。

企业组织的文化形态则正是处在家庭和政府之间，可以有类似于家庭的融洽氛围和文化，但是要有严格的规则；需要有一定的等级制，但是要尽可能地使组织扁平化，消减等级制对人们创造力的抑制。戴尔实施非常严格的业务流程管理，但是高级管理人员和普通职员身处相同的小格子里，标识方面也只有其名字、没有头衔等等。这就是企业组织的文化特点，家庭的平等制和企业的等级制之间的某种混合物。

标准化、泰罗制和科学管理是支撑现代大型工商企业的核心构件，是企业大厦的承重墙，是不能随意发挥和改造的。而个性化、人性化和柔性管理，是市场经济发达之后的一种返璞归真，是一些装饰性的构件，是更好享用承重墙带来的空间的一些辅助手段。如果没有钢筋水泥所建构的硬性空间，柔性装饰实际是没有用武之地的。

个性化和重视组织中人的因素并没有否定、更不能否定企业作业流程的标准化。像戴尔这样主要是以销售领域上的流程创新立足于市场的企业，其销售流程上的标准化作业正是其核心竞争力的来源。它的信誉就是来自它在销售领域上没有销售人员的个人发挥。当一位整天以电话线和鼠标与世界联系的戴尔销售人员，去应聘那些需要发挥个人作用的其他企业的销售职位时，在整个面试过程中，没有与招聘人员做眼神上的交流，也许不算太奇怪。

由于历史上我们对泰罗制和科学管理原理的片面理解和简单化批判，而改革开放之后我们又被发达国家那些表面的最为时尚和现代的管理思想所吸引，从而忽略和没有真正认识支撑现代工业体系的标准化的流程管理。中国企业，尤其是那些要以低成本战略制胜的企业，需要补上科学管理这一课，需要建立并严格执行标准化的流程管理。

随便打开我们的商业报纸和杂志，不难发现因为关键销售人员跳槽而给企业带来重创的报道。为什么？就是因为你的销售流程没有标准化作业，你的客户关系和客户信任，都只承载在了销售人员个人的身上，而没有从销售人员个人身上转移到企业组织身上。我想，在戴尔计算机这样的公司，是不会发生这种事情的。

股东可以换，员工可以换，顾客可以换，但是公司依旧在，并且日益壮大，这就是现代企业制度的最大特点。公司生存于股东、员工和顾客三大利益团体的均衡点上。公司经营的目标偏重于股东、员工还是顾客，都有一个合适的度的限制。

戴尔公司注重股东利益，强调严格和标准化的业务流程管理，我看没有什么不好，反倒恰恰是我们中国企业需要大力学习的两个关键点。

17.4.3 安彩集团：管理的关键是做到位

尽管有一些很出色的国有企业，但是国有企业普遍状况不佳这是有目共睹的事实。国有企业做不好的原因到底是什么？是所有制问题，还是管理问题？所有制原因论者往往也是市场原教旨主义的信奉者，管理原因论者则往往或隐或明地抱有较强的计划经济思维。当一种争论涉及到意识形态或者是某种程度上的个人信念问题时，也就只有时间能够将其平息了。

相对于民营企业来说，国有企业确实在一定程度上存在着所有制问题导致的经营者动力不足或者动力扭曲的问题。一些优秀国有企业的存在和一些业绩不良民营企业的存在，不能证明所有制问题不重要，但确实证明了管理问题的重要性。

当所有者在位并且动力足够强烈之后，企业的管理能力便成为至关重要的问题。即使如曾是现代资本主义的王牌企业之一的英国巴林银行，也会因为最初一个看似很小的管理漏洞——担任巴林银行新加坡期货公司执行经理的里森一人同时身兼首席交易员和清算主管两职，而最后导致这家创建于1763年、已经光荣地走过了200多年历史的世界王牌银行陷入崩溃。

那么，管理的难点在哪里？管理要像技术一样需要持续不断的创新吗？如今各种各样、五花八门的管理新概念和管理新时尚，可能已经让一些非常兢兢业业、非常勤奋好学的经理人员焦头烂额。什么学习型组织、扁平化组织、灵活性组织，什么资产重组、业务重组、管理重组，什么全面质量管理、全面过程管理、整合营销传播，什么业务流程再造、管理程序再造、企业资源计划，什么利害相关者管理、投资者关系管理、顾客关系管理，等等等等。有些企业是哪个都尝试了，哪个都半途而废。真是应了那副对联：世间人法无定法然后知非法法也，天下事了犹未了何妨以不了了之。

科班出身和做学问的职业病导致笔者也很喜欢一些新概念、新思维。但是越多走访一些实实在在做得好的企业，越发现管理其实很简单，管理的关键是把一些最基本的东西做到位。笔者曾有机会到河南安彩集团和其下属的几家子公司调研，并没有发现什么武林秘籍和绝招法宝，最深的一点感触却是，同样是国有企业的安彩集团，凭借苦干和实干的精神，扎扎实实地坚持把一些最基本的管理工作做到位，就让两家已有几十年历史的老国有企业彻底地改变了面貌。

位于新乡的安彩集团美乐电子有限公司前身是国营第760厂，是“一五”时期国家投资兴建的156个重点项目之一。位于成都的安彩集团成都电子玻璃有限公司前身是原红光集团的玻壳资产，现在的大部分员工也是招聘来的原红光集团的员工。成为安彩集团的全资子公司之后，国有企业的产权性质丝毫未变，但是管理变了。

把社会上已经十分平常的重视知识、重视人才这样的口号和政策，实实在在落实到企业内部来，都曾有很大阻力，但是坚持住，贯彻到底，就见效。为了整肃劳动纪律，公司出台了迟到三次者解雇的政策。第一位撞上这一枪口的员工接受不了这个事实，但是新任总经理坚持原则顶住，“是你自己解雇你自己的，我的政策在先，你违规在后”。

在这家企业的厂区和办公室里，都见不到什么看似无事的闲人，因为有十分明确甚至有些严格和苛刻的岗位职责，离岗和串岗都是要受到严厉处罚的。在该企业车间墙上，我甚至看到了这样一句口号：“先做机器人，再做自然人。”这与现在人们大力倡导的以人为本、人性化管理等等是否有矛盾呢？我想我们没有办法，因为贫穷和落后，我们就必须在闲散的贫穷人和辛苦的富裕人之间做出更为倾向于后者的选择。

以现在的观念来看，泰罗和科学管理时代的很多做法确实有些残酷，但是中国的很多企业尤其是生产和制造业企业，还需要迈过这一关。过不了这一关，质量就上不去，成本就下不来，产品就卖不出去，在市场上就没有生存能力。在技术、知识竞争力还很弱的情况下，低成本、抢市场，也是我们不得不选择的战略。当然，我们希望中国的企业能够早日走出这一阶段，成为高增加值的生产者和市场领导者。

明确的职责、饱满的任务，把一些看似简单的管理持久坚持做到位，对于中国企业来说，还有一个附带却可能非常重要的好处，就是使工作中的人际关系简单化，避免“无事生非”。复杂的人际关系和无事生非，导致了太多的中国企业和各类组织政令不通、运转不灵。

17.5 企业成败的决定因素

决定企业成败的到底是产权还是管理，是一个能人还是一个团队，是创业的激情还是管理的理性？

17.5.1 变革的时代，成功乃失败之母

企业的创生和发展依存于一系列的条件和机遇。失败总是多于成功，如同第666次试验才成功了666粉。失败有时又能转化为一种新的成功，如同3M公司不干胶的诞生。有时物质上的失败又能转化为精神上的成功，悟出一些更高层次的道理，为以后的成功奠定一种企业经验和法人直觉的基础。凡此种种都是“失败乃成功之母”的喻义。但是在如今这个全球产品、劳动和资本全面一体化的时代，一切都在迅速变革，更需要我们体悟的是“成功乃失败之母”的深刻喻义。

国有企业老总就看政府的眼色，把企业经营当政治工具；民营企业老总就看产品市场，只有产品管理，没有公司管理；从机关下海的人就信“关系”，把政治当生意；上市公司形式上稍好一些，实质上是五花八门，都难脱旧胎，穿新鞋走老路，甚至走股市炒作操控这一新生的邪路。究其原因无非两个方面，一是各类企业家所处的文化和政策环境不同，从而形成各自的路径依赖；二是企业家自身的职业经历和个人经验形成了各自的心智模式。政策环境和企业家个性淹没了管理的理性和规则，是整个时代的病症还是这个文化固有的基因？

17.5.2 企业作为一种治理机制：产权的职能

根据新制度经济学理论，市场和企业是两种相互替代并相互依存的治理机制。市场是一次一次的合约，企业则是一组合约。由于客观的外部环境和主观的当事者心念都是动态和变化的，导致我们不可能签订一个能够穷尽一切或

然事项的完全合约。企业需要有人承担最后的风险，也就是需要老板。老板承担最后的风险，拥有最后的剩余收益——别人都走了还在那里顶着的人就是老板，这就是老板的产权职能。

产权极为重要，是企业理性的基础，也是企业的首要规则。企业需要产权，但是谁拥有产权更合理、更有效率呢？换句话说，最佳产权安排的原则是什么？回顾一下前面所讲的以企业家或管理层为核心、在三个市场上竞争、吸纳三类成员参加的公司三角概念。看看谁最有风险承担能力并且有承担风险的欲望，谁投入的资产专用性最强——在本企业很有价值而离开本企业则几乎没有价值或价值大打折扣，谁的投入对企业的成败最为关键并且其努力程度不可监控。这就是选择谁当老板的基本思路，也是最佳产权安排的三项基本原则。

17.5.3　企业作为一种治理机制：关键成功要素和控制权安排

组成企业进行紧密合作，不同特性资源的投入者之间要尽可能地事先讲清楚一些基本原则。以避免事到中途，投入通用资源的人以“退出”威慑来敲榨投入专用资源的人，或者是反过来。著名的公司治理问题专家、布鲁金斯学会研究员、《所有权与控制——重思二十一世纪的公司治理》一书作者玛格丽特·布莱尔女士，提出企业要以全面价值最大化替代股东价值最大化，所着重强调的因素就是员工对企业进行的“本企业专用的人力资本投资”。其他一些宣扬利害相关者模式公司治理的学者，一些批评金融市场短视的学者，以及团队生产理论等等，所要解决的也是这一问题——如何根据关键成功要素来配置企业的产权和控制权，如何通过最佳的产权和控制权安排来管理和预防合作中的风险。

不同行业和不同成长阶段的企业关键成功要素不同。随时审视外部的环境与自身的能力，识别关键成功要素，根据关键成功要素的不同进行股权和各层次控制权的调整与重新分配——这是动态企业理论和动态组织结构设计的精髓。

企业很小的时候，为了生存要打市场，哪顾得上什么管理。但是发展到一定阶段、企业有了一定的基础之后，一个人带一些喽罗兵打江山的时代已经过去了，为了上台阶，为了规范化，招聘来一些高层次高学历的人，但是创业者却不知道如何授权，如何建立管理的规则。满腔热情加盟进来志在作职业经理的人们则有老板是“叶公好龙”的感觉，自己有劲使不上，特别地“心累”。创业老板渴望建立规则、倡导建立规则，使自己能够轻松和解脱一些；但又惧怕建立规则，怕失去控制，怕失去身为“老大”的一些自由决策的快乐。人性的弱点会导致一些明显有利的合作多赢局面就是形不成。缺乏适时适宜的理论指导和适时适宜的沟通机制也是企业从激情到理性、从争斗到规则、从一个英雄的个人到一个默契的团队转换失败的一个重要因素。

理性来自激情之后的沉思，规则来自争斗之后的谈判。市场如战场，在市场上冲杀需要勇猛和激情，做企业则需要理性和规则。

17.5.4 从单靠中国式的人情纽带到并用西方式的契约关系

决定企业成败的到底是什么？经营大于管理还是管理大于经营？中国式的人情纽带和西方式的契约关系哪种方式更好？业务发展规模和组织发展阶段之间是否存在规律性的关系，什么样的规律？如此等等都是问题，没有一句话的结论。

中国企业做不大有文化上谁都不服谁、缺乏合作精神的原因，也有法律体系不发达、难于建立起信任关系的原因，更有变革时代人们时间眼界短浅等方面的原因。但是，对市场经济运作的一些具体机制的不理解甚至误解是一个重要的原因。美国每年大量的创新企业并不是技术创新，而是制度和具体的机制创新，业务和管理流程创新，各个层面上公司治理机制的创新！

产权是基础，产权明晰和多元化之后还需要管理；能人至关重要，有了能人之后还要建立团队；要永远保持创业的激情，但要适时适宜地增加管理的理性。

保持企业的持续成功，需要根据业务变化和具体条件变化，不断地变革产权结构和管理模式，融合能人和团队的关系，平衡创业的激情和管理的理性，从专注经营到平衡经营和管理的关系，从单靠中国式的人情纽带到并用西方式的契约关系。

参考文献

References

英文部分

[1] A. Shleifer and R. Vishny, 1996, "*A Survey of Corporate Governance*", NBER Working Paper 5554

[2] Carolyn Kay Brankato, 1997, *Institutional Investor and Corporate Governance*, IRWIN Professional Publishing

[3] Chuck Lucier, Steven Wheeler, and Rolf Habbel, 2007, *The Era of the Inclusive Leader*, strategy+business issue47, Summer 2007

[4] Corporate Board Member, PricewaterhouseCoopers, *What Directors Think*, Corporate Board Member 2005 Special Supplement

[5] Dennis C. Carey and Dayton Ogden, 2000, *CEO Succession*, Oxford University Press

[6] Douglas M. Branson, 1993, *Corporate Governance*, The Michie Company Law Publisher

[7] Frank M. Burke and Dan M. Guy, 2004, Audit Committee, 英文版，中信出版社出版

[8] Hirotsugu Sakai and Hitoshi Asaoka, 2003, "*The Japanese Corporate Governance System and Firm Performance: Toward Sustainable Growth,*" Research Center for Policy and Economy, Mitsubishi Research Institute, Inc

[9] Frederic W. Cook & Co. 2005a, *Non-Employee Director Compensation at the NASDAQ 100 and 100 Largest New York Stock Exchange Companies*; 2005b, *The 2005 TOP 250 Long-term Incentive Grant Practices for Executives*; 2005c, *Prevalence and Design of Executive Change-In-Control Arrangements at Each of the Top 50 NYSE and NASDAQ Companies*

[10] Hiroyuki Takahashi, 1999, *Corporate Governance in Japan: Reform of Top Corporate Management Structure*

[11] Hugh Patrick, 2004, "*Evolving Corporate Governance in Japan,*" Working Paper No.220, Working Paper Series, Center on Japanese Economy and Business, Columbia Business School, February 2004

[12] Igor Filatotchev, Gregory, Jackson, Howard Gospel, Deborah Allcock, 2007, *KEY DRIVERS OF 'GOOD' CORPORATE GOVERNANCE AND THE APPROPRIATENESS OF UK*, Published in January 2007 by the Department of Trade and Industry

[13] POLICY RESPONSES

[14] John Carver, 1997, *Boards That Make A Difference*, Jossey-Bass

[15] John L. Colley, JR., 2003, *Corporate Governance,* McGraw-Hill

[16] Kaplan and Minton, 1994, *"Appointments of Outsiders to Japanese Boards: Determinants and Implications for Managers,"* Journal of Financial Economics, 36（1994）, 225-257

[17] Kaplan, Steven, 1994, "*Top Executive Rewards and Firm Performance: A Comparison of Japan and the U.S.,*" Journal of Political Economy, Volume 102, No.3, 510-546

[18] Kang and Shivdasani, 1995, "*Firm Performance, Corporate Governance and Top Executive Turnover in Japan,*" Journal of Financial Economics, 38, 29-58

[19] Makoto Komiyama and Yukinobu Masaoka, 2002, "*Corporate Governance: A New Phase for Japanese Companies,*" NRI Papers, No. 47, May 1, 2002

[20] Mitsuaki Okabe, 2004, "*The Financial System and Corporate Governance in Japan,*" Policy and Governance Working Paper Series, Keio University, Japan, No.17

[21] Motomi Hashimoto, 2002, "*Commercial Code Revisions: Promoting the Evolution of Japanese Companies,*" NRI Papers, No. 48, May 1, 2002

[22] NYSE, 2003, *Final NYSE Corporate Governance Rules*, New York Stock Exchange

[23] OECD, 2004a. Survey of Corporate governance developments in OECD Countries; 2004b. OECD Principles of Corporate Governance, 2004; 2005a, Corporate Governance of State Owned Enterprise – a Servey of OECD Contries; 2005b, OECD Guidlines on The Corporate Governance of State-Owned Enterprises

[24] PriceWaterhouseCoopers, 2001, *the Board Agenda-Good Practice for Meeting Market Expectations*

[25] Prows, S. 1992, *"The Structure of Corporate ownership in Japan,"* Journal of Finance, 47

[26] Peter Wallace and John Zinkin, 2005, *Corporate governance—Marstering Business in Asia*, John Wiley & Sons （Asia） Pte Ltd

[27] Robert A. G. Monks and Nell Minow, 2004, *Corporate Governance,* Third Edition, Blackwell Publishing

[28] Ronald Gilson and Curtis J. Milhaupt, 2004, "*Choice as Regulatory Reform: the Case of Japanese Corporate Governance*," John M. Olin Program in Law and Economics Working Paper, Stanford Law School, No.282

[29] Takeo Hoshi and Anil Kashyap, 2001, *Corporate Financing and Governance in Japan,* The MIT Press

[30] Weinstein, D. E. and Y. Yafeh, 1998, "*On the Cost of a Bank-Centered Financial System: Evidence from the Changing Main Bank Relations in Japan*," Journal of Finance, 53, 635-672

[31] William Lazonick and Mary O'Sullivan, 2000, *Perspectives on Corporate governance, innovation, and Economic Performance,* The European Institute of Business Administration, 2000

[32] Yoshiro Miwa and J. Mark Ramseyer, 2002, "*Who Appoints Them, What Do They Do? Evidence on Outside Directors from Japan*," Harvard Law School, Discussion Paper No. 374. 07/2002

[33] Zhongjiyin,2005, *The Japanese Corporate Governance and Its Reform*, VRF series 405, Institute of Developing Economy, Japan.

[34] 虞政平主编，2000，《英国公司法规汇编——从早期特许状到当代公司法》英文版，法律出版社出版

[35] 英国议会，2006，Companies Act 2006

[36] 英国贸易产业部（Department of Trade and Industry），2006，*COMPANIES ACT 2006 EXPLANATORY NOTES*

日文部分

[37] ニッセイ基礎研究所, 2004, “株式持ち合い状況調査”2003年度版. http://www.nli-research.co.jp, 2004/11/09。

[38] 財務省財務総合政策研究所, 2003, “進展するコーポレート・ガバナンス改革と日本企業の再生”。

[39] 深尾光洋，森田泰子，1999,《企業ガバナンスの国際比較》，日本経済新聞社。

[40] 平田光弘, 2002,「日本における企業統治改革の現状と今後の方向」,『経営論集』第56号；2003,「日本における取締役会改革」,『経営論集』第58号。

[41] 末永敏和, 藤川信夫, 2004,「商法改正後の新しいコーポレート・ガバナンスと企業経営－社外取締役、監査役会など米国型機構、従来型機構の検討を中心として」。

[42] 末永敏和，長谷川俊明，稲葉陽二，2003,《委員会等設置会社重要財産委員会導入の実務》，中央経済新聞社。

中文部分

[43] 美国公司法规精选. 虞政平编译. 北京：商务印书馆，2004

[44] 美国索克斯法案. 张安华译. 北京：知识产权出版社，2007

[45] 欧盟公司法指令全译. 刘俊海译. 北京：法律出版社，2000

[46] 日本公司法典. 吴建斌等译. 北京：中国法制出版社，2006

[47] 特拉华州普通公司法. 左羽译. 北京：法律出版社，2001

[48] COSO（Treadway委员会发起组织委员会）. 企业风险管理——整合框架. 方红星等译. 大连：东北财经大学出版社，2005

[49] COSO（Treadway委员会发起组织委员会）. 企业风险管理——应用技术. 张宜霞译. 大连：东北财经大学出版社，2006

[50] COSO（Treadway委员会发起组织委员会）. 内部控制——整合框架. 方红星等译. 大连：东北财经大学出版社，2008

[51] Hewitt Associate. 薪酬委员会手册. 北京：中国财政经济出版社，2001

[52] IMA（美国管理会计师协会）. 财务报告内部控制与风险管理. 大连：东北财经大学出版社，2008

[53] 阿道夫·伯利等. 现代公司与私有财产. 甘华鸣等译. 北京：商务印书馆，2005

[54] 阿德里安·卡德伯里. 公司治理和董事会主席. 陈海威等译. 北京：中国人民大学出版社，2005

[55] 阿尔伯特·赫希曼. 退出、呼吁与忠诚——对企业、组织和国家衰退的回应. 卢昌崇译. 北京：经济科学出版社，2001

[56] 阿尔弗洛德·拉帕波特. 创造股东价值. 北京天则经济研究所等选译. 昆明：云南人民出版社，2002

[57] 埃达·登勒等. 董事会. 赵鑫福等译. 北京：新华出版社，1996

[58] 艾兰·布雷克. 董事会的构建. 刘有发等译. 北京：经济管理出版社，2003

[59] 奥利弗·威廉姆森. 治理机制. 王健等译. 北京：中国社会科学出版社，2001

[60] 奥利弗·威廉姆森. 资本主义经济制度. 北京：商务印书馆，2002

[61] 巴菲特. 巴菲特致股东的信——股份公司教程. 陈鑫译. 北京：机械工业出版社，2004

[62] 保罗·布朗塔斯. 卓越董事会. 冯学东等译. 北京：机械工业出版社，2005

[63] 保罗·戴维斯. 英国公司法精要. 樊云慧译. 北京：法律出版社，2007

[64] 鲍伯·特里克. 董事. 韩纪东等译. 上海：上海远东出版社，1997

[65] 鲍勃·加勒特. 董事会绩效. 李亚译. 北京：机械工业出版社，2005a

[66] 鲍勃·加勒特. 鱼从头烂. 詹正茂译. 北京：现代出版社，2005b

[67] 彼得·韦恩. 董事会博弈. 廉晓红译. 北京：当代中国出版社，2005

[68] 布莱恩·柴芬斯. 公司法：理论、结构与运作. 林华伟等译. 北京：法律出版社，2001

[69] 布莱恩·莱切姆. 董事长手册. 邱洪生等译. 北京：高等教育出版社，2004

[70] 出井伸之. 迷失与决断——我执掌索尼的十年. 北京：中信出版社，2008

[71] 大卫·纳德勒. 建构更佳的董事会. 梁晶等译. 北京：中国时代经济出版社，2007

[72] 戴维·科顿. 当公司统治世界. 广州：广东人民出版社，2006

[73] 丹尼斯·吉南. 公司法. 朱羿锟等译. 北京：法律出版社，2005

[74] 弗莱德·斯考森等. 公司治理与证券交易委员会. 方红星译. 大连：东北财经大学出版社，2006

[75] 弗兰克·伊斯特布鲁克. 公司法的经济结构. 张建伟等译. 北京：北京大学出版社，2005

[76] 富兰克林·艾伦等. 比较金融系统. 王晋斌等译. 北京：中国人民大学出版社，2002
[77] 海伦·艾斯顿. 董事会秘书. 何昌邑等译. 北京：华夏出版社，2004
[78] 何美欢. 公众公司及其股权证券. 北京：北京大学出版社，1999
[79] 亨利·罗伯特. 罗伯特议事规则. 袁天鹏等译. 上海：上海人民出版社，2008
[80] 詹姆斯·奈特. 基于价值的经营. 北京天则经济研究所等选译. 昆明：云南人民出版社，2002
[81] 詹姆斯·库泽斯等. 领导者：信誉的获得与丧失. 方晓利等译. 北京：中国经济出版社，2000
[82] 吉尔·所罗门等. 公司治理与问责制. 李维安等译. 大连：东北财经大学出版社，2006
[83] 杰弗里·戈登等. 公司治理：趋同与存续. 赵玲等译. 北京：北京大学出版社，2006
[84] 杰伊·康格等. 公司治理结构. 许静芬译. 上海：上海交通大学出版社，2002
[85] 克林·盖尔希克. 家族企业的繁衍. 贺敏译. 北京：经济日报出版社，1998
[86] 科林·卡特等. 董事会的作用与效率. 蔡曙涛译. 北京：商务印书馆，2006
[87] 拉尔夫·沃德. 新世纪董事会. 黄海霞译. 上海：上海交通大学出版社，2002
[88] 拉尔夫·沃德. 完善公司董事会. 高明华译. 北京：机械工业出版社，2006
[89] 拉姆·查然. 顶级董事会运作. 武利中译. 北京：中国人民大学出版社，2003
[90] 拉姆·查然. 高效的董事会. 曹植译. 北京：中信出版社，2006
[91] 莱纳·克拉克曼等. 公司法剖析——比较与功能的视角. 刘俊海等译. 北京：北京大学出版社，2007
[92] 梁能. 公司治理结构：中国的实践与美国的经验. 北京：中国人民大学出版社，2000
[94] 罗伯特·卡普兰等. 综合记分卡——一种革命性的评估和管理系统. 北京：新华出版社，1998
[95] 罗伯特·卡普兰等. 组织协同——运用平衡计分卡创造企业合力. 北京：商务印书馆，2006
[96] 罗伯特·克拉克. 公司法则. 胡平等译. 北京：工商出版社，1999
[97] 罗伯特·孟克斯. 公司治理. 李维安等译. 北京：中国财政经济出版社，2004
[98] 罗伯特·孟克斯. 监督监督人. 杨介棒译. 北京：中国人民大学出版社，2006

[99] 罗伯特·韦尔林. 公司治理案例. 吕彦儒等译. 上海：上海人民出版社，2008

[100] 罗尔夫·卡尔森. 所有权与价值创造. 王晓玲译. 上海：上海交通大学出版社，2003

[101] 罗杰·莫林等. 公司价值. 张平淡等译. 北京：企业管理出版社，2002

[102] 罗修章，王鸣峰. 公司法：权力与责任. 杨飞等译. 北京：法律出版社，2005

[103] 马丁·希尔伯. 新型公司治理. 付曼丽等译. 北京：中国电力出版社，2008

[104] 马克·洛. 强管理者 弱所有者. 郑文通等译. 上海：上海远东出版社，1999

[105] 马克·洛. 公司治理的政治维度——政治环境与公司影响. 陈宇峰等译. 北京：中国人民大学出版社，2008

[106] 玛格丽特·布莱尔. 所有权与控制：面向21世纪的公司治理探索. 张荣刚译. 北京：中国社会科学出版社，1999

[107] 迈克尔·波特. 竞争优势. 夏忠华等译. 北京：中国财政经济出版社，1988

[108] 迈克尔·波特. 竞争战略. 陈小悦译. 北京：华夏出版社，1997

[109] 迈克尔·波特等. 日本还有竞争力吗. 陈小悦等译，北京：中信出版社，2002a

[110] 迈克尔·波特. 国家竞争优势. 李明轩译. 北京：华夏出版社，2002b

[111] 迈克尔·尤辛. 投资商资本主义——一个颠覆经理职位的时代. 海口：海南出版社，1999

[112] 美国法律研究院. 公司治理原则：分析与建议. 楼建波等译. 北京：法律出版社，2006

[113] 美国国家员工所有权中心. 股票期权计划的现实操作. 张志强译. 上海：上海远东出版社，2001

[114] 帕特里克·邓恩. 董事会会议管理. 冯学东等译. 北京：机械工业出版社，2006

[115] 乔尔·塞利格曼. 华尔街变迁史——证券交易委员会及现代公司融资制度的演化历史. 田风辉译. 北京：经济科学出版社，2004

[116] 乔纳森·巴斯金等. 公司财政史. 薛伯英译. 北京：中国经济出版社，2002

[117] 乔纳森·查卡姆. 公司常青：英美法日德公司治理的比较. 郑江淮等译. 北京：中国人民大学出版社，2006

[118] 苏珊·舒尔茨. 董事会白皮书. 李犁等译. 北京：中国人民大学出版社，2003

[119] 泰德·纳杰. 美国黑帮——公司强权的扩张和民主制度的衰落. 北京：中信出版社，2006

[120] 唐纳德·邱. 公司财务和治理机制：美国、日本和欧洲的比较. 杨其静等译. 北京：中国人民大学出版社，2005

[121] 托马斯·科勒普罗斯. 法人直觉. 王诗成等译. 沈阳：辽宁教育出版社，1998

[122] 托尼·兰顿等. 公司董事指南. 李维安等译. 北京：中国财政经济出版社，2004

[123] 威廉·伯恩斯坦. 财富的诞生——现代世界繁荣的起源. 易晖等译. 北京：中国财政经济出版社，2007

[124] 威廉·拉让尼克等. 公司治理与产业发展. 黄一义等译. 北京：人民邮电出版社，2005

[125] 乌尔里克·斯蒂格等. 掌握全球化公司治理. 北京：中国人民大学出版社，2006

[126] 小艾尔弗雷德·钱德勒. 看得见的手——美国企业的管理革命. 重武译. 北京：商务印书馆，1987

[127] 小艾尔弗雷德·钱德勒. 企业规模经济与范围经济——工业资本主义的原动力. 张逸人等译. 北京：中国社会科学出版社，1999

[128] 小艾尔弗雷德·钱德勒. 战略与结构——美国工商企业成长的若干篇章. 北京天则经济研究所等译. 昆明：云南人民出版社，2002

[129] 小艾尔弗雷德·钱德勒. 大企业与国民财富. 柳卸林等译. 北京：北京大学出版社，2004

[130] 小艾尔弗雷德·钱德勒. 塑造工业时代——现代化学工业与制药工业的非凡历程. 北京：华夏出版社，2006

[131] 伊迪丝·彭罗斯. 企业成长理论. 赵晓译. 上海：上海人民出版社，2007

[132] 约翰·哈珀. 董事会运作手册. 李维安等译. 北京：中国财政经济出版社，2006

[133] 约翰·卡弗等. 创造价值的董事会. 詹正茂译. 北京：当代中国出版社，2005

[134] 珍妮特·丹恩. 公司集团的治理. 黄庭煜译. 北京：北京大学出版社，2008